未解之谜

大讲堂
双色
图文版

刘凤珍◎主编　周曲◎编著

中国华侨出版社
北京

图书在版编目（CIP）数据

未解之谜大讲堂 / 周曲编著 . —北京：中国华侨出版社，2016.12
（中侨大讲堂 / 刘凤珍主编）
ISBN 978-7-5113-6697-9

Ⅰ . ①未… Ⅱ . ①周… Ⅲ . ①科学知识—普及读物
Ⅳ . ① Z228

中国版本图书馆 CIP 数据核字（2017）第 040852 号

未解之谜大讲堂

编　　著 / 周　曲

出 版 人 / 刘凤珍

责任编辑 / 馨　宁

责任校对 / 王京燕

经　　销 / 新华书店

开　　本 / 787 毫米 × 1092 毫米　1/16　印张 /24　字数 /509 千字

印　　刷 / 三河市华润印刷有限公司

版　　次 / 2022 年 2 月第 1 版第 2 次印刷

书　　号 / ISBN 978-7-5113-6697-9

定　　价 / 48.00 元

中国华侨出版社　北京市朝阳区静安里 26 号通成达大厦 3 层　邮编：100028
法律顾问：陈鹰律师事务所
编辑部：（010）64443056　　64443979
发行部：（010）64443051　　传真：（010）64439708
网　址：www.oveaschin.com
E-mail：oveaschin@sina.com

前言

Preface

中国历史王朝更替，国都频迁，但华夏第一都到底在哪里？荆轲刺秦王壮怀激烈，其失败的原因究竟何在？徐福东渡寻觅不老灵药，是史实还是传说？马王堆古尸为何历经千年不腐？金缕玉衣真的能让肉体不朽吗？武则天生前文治武功，死后缘何以无字碑示人？孝庄太后为何下嫁多尔衮……关于远古文明、关于帝王将相、关于历史名人、关于社会文化，有太多的谜团等待人们去挖掘。

这些令人感到困惑不解的事件和现象广泛而真实地存在着，有些是人类当前的认知能力和科技水平所不能完全解释的，有些是其真实面目被历史尘封，还有些则是由于当局者的刻意隐瞒和篡改。它们所散发出来的神秘魅力，像磁石一般吸引着人们好奇的目光，并激发起人们探求其真相的强烈兴趣。在对种种谜团的破译和解析过程中，人们不但能够获得知识上的收益，还能得到愉快的精神享受。

鉴此，我们组织编写了这本《未解之谜大讲堂》，本书以知识性和趣味性为出发点，全方位、多角度地展示了从神秘传说到远古文明、从帝王后宫到文化名人、从自然奇域到人文建筑、从历史文化到军事政界等方面最有研究价值、最具探索意义和最为人们所关注的未解之谜，内容涉及政治、历史、文化、军事、科技、地理等诸多领域，可谓包罗万象。对于每个未解之谜，编者并未以一家之言取信于读者，而是在参考了大量文献资料、考古发现的基础上，结合最新的研究成果，客观地将多种经过专家学者分析论证的观点一并展示给读者，或引经据典，或独辟蹊径，或提供佐证，或点明主题，使读者既多了一个与大师们面对面交流的机会，又多了一条了解真相的途径，从而见微知著、去伪存真，努力揭示出谜团背后的真相。在写作风格上，本书力求通俗易懂、精准生动，将大量未知的事物与现象用深入浅出的语言完整表达出来，可读性强，满足不同层次读者的阅读需求。

同时，编者精心挑选了180余幅精美图片，包括实物图片、自然风光、建筑景观、出土文物、摄影照片等，与文字相辅相成、相得益彰。人物背后的故事、历史背后的真相、谜团背后的惊悚，诸多内幕与线索层层结合，直击事实真相，为读者展示出更广阔的认知视野和想象空间。

流畅的叙述语言、逻辑严谨的分析理念、图文并茂的编排形式、新颖独到的版式设计，将读者感兴趣的疑点与谜团全方位、立体地展现出来，使读者在轻松获取知识、提升科学和文化素养的同时，获得审美感受和愉快体验。

世上没有不可认识的事物，只有尚未被认识的事物，生命的全部意义就在于探索那些未被认识的事物。

——伽利略

目录

Contents

后宫秘事

名人谜团

军事之谜

文明探秘

文物科技之谜

神秘墓葬

文化迷踪

奇域之谜

历史悬案

作为一个独立的学科，历史无疑是完整的。然而作为一个纯粹的认知对象，历史又是不完整的。许多关键的细节都因为年代久远或缺乏史料等原因而湮没于往昔的沧桑岁月，而历史的玄机往往正隐藏在这消失的细节中。

扑朔迷离的历史悬案为历史真相披上了一层神秘的外衣，像磁石一样吸引着人们好奇的目光，并刺激着人们探究其庐山真面目。而在对种种历史悬案进行解析和破译的过程中，人们不仅能获得知识上的收益，还可以得到精神上的愉快体验。

"尧舜禅让" 是礼让还是篡位

尧是远古时期有名的贤德的君主，他是三皇五帝中的第四个帝。他不"唯亲是举"，大力举荐有才干的舜为自己的继任者，这就是历史传说中有名的"尧舜禅让"。但是现在有人开始怀疑这种说法的准确性，毕竟这仅仅是远古流传下来的一个传说，到了春秋时期，才有人把它诉诸于文字。所以，关于尧舜之间权力交接的真相，就成了一个千古疑案，后世的人们众说纷纭，莫衷一是，但争论的同时，这个千古未解之谜也为我们留下了很多美丽的传说。

大部分人还是比较认可"举贤"说的，因为这反映了我们中华民族的大公无私、唯才是举的传统美德。传说中，舜姓姚，他的父亲双目失明，他的母亲很早就去世了。后来，他的父亲又娶了一个妻子，舜的后母心胸狭窄，而且心肠狠毒。不久，后母生了个儿子，取名叫象。象好吃懒做而且飞扬跋扈，在父母面前，他经常说哥哥舜的坏话。舜的父亲也被他们拉拢到一起，站在他们的战线上。所以，夫妻俩和象常在一块儿商量，如何找机会害死舜，这样，象就可以继承父母的全部财产。但舜心地善良，并不介意他们的故意刁难。他还是一如既往地孝顺自己的父亲，对后母和弟弟也很好。

当时，尧已经八十六岁了。他觉得自己年老力衰，于是叫大家推举贤能的"接班人"，大家一致推举很有威望的舜。尧听了人们的推举后，决定先考验考验舜。于是，尧把自己的两个女儿娥皇和女英都嫁给了舜，并且派舜到各地去同人们一起干活。他先派舜到历山脚下去种地。在舜来之前，那里的农民经常为了争夺土地不时地发生一些冲突。等到舜到了那儿后，农民们在舜的教化和领导下就变得互相谦让，经常你帮我，我帮你，把生产搞得很好。之后又派舜到河滨去烧制陶器。原来那儿的陶工干活粗制滥造，陶器质地粗劣，等到舜一去，陶工们在舜的组织下，认真工作，制作出来的陶器十分精美。总之，舜每到一个地方，人们都愿意跟随着他。那时候，父权制已经确立，人人可以拥有财产。由于舜的才能，舜拥有了许多私有财产。

舜的父亲和弟弟象听说舜有很多财富，又起了坏心。有一次，父亲叫他修补粮仓的屋顶。当舜沿梯子爬上屋顶的时候，他们就在下面放起火来，想借机把舜烧死。舜在屋顶看见起火了，想找梯子时，梯子已经被狠心的父亲和弟弟藏了起来。幸好当时，舜随身带着两顶遮太阳用的笠帽。他灵机一动，双手平举笠帽，像鸟张开翅膀一样跳下来。舜轻轻地落在地上，一点也没受伤。舜并没有怪罪他们，还是像以前一样尊老爱幼。一计不成，他们又设计了一个陷阱。一天，他们叫舜去掏井。当看到舜跳下井后，象和他的父亲就在地面上把一块块石头丢下井去，把井填没了。他们企图把舜活活埋在里面。后来聪明的舜在井边掘了一个孔道，钻了出来。尽管父母兄弟对待自己不好，但舜还是像过去一样和和气气地对待他的父母和弟弟。最终，一家人就开始和和睦睦地在一起生活。

尧听说舜这样宽宏大量后感到很放心。于是在一个风和日丽的黄道吉日，尧在京城南郊举行了重大的禅让仪式。当尧庄严地把代表权力的权杖交给舜，舜恭敬地接过权杖的一瞬间，响起了雷鸣般的欢呼声。这就是一般历史书所说的"尧舜禅让"。因为它以群众推举或领袖授权为基础，所以人们称这种说法为"举贤说"。

还有一种说法是"拥戴说"。据说尧年老的时候，并没有想把帝位交给舜，而且当时尧的儿子丹朱也非常想继承父亲的大权，但碍于当时舜的声望迟迟没有下手。所以在尧死后，为了避免冲突发生，舜就避开丹朱到了南河之南。但那时天下的诸侯不到丹朱那里去朝见，反而跑来朝见舜。如果想打官司，他们不到丹朱那里去，都跑来找舜。于是，人们编出的歌谣不歌颂丹朱，却歌颂舜。经过诸侯和民众的拥戴，舜便接受了大家的好意，接替尧登上了帝位。关于这个典故，荀子和孟子是比较赞同的。荀子认为，舜之所以能登上帝位，那是靠了他自身的道德；孟子也说过，舜登上帝位是靠了上天的赐予和民众的拥护。

关于"尧舜禅让"，有人甚至从根本上进行了否定，他们认为禅让只不过是被儒家神圣和美化了的精神价值取向罢了，实际上舜是篡夺了尧的大权。这就是比较流行的"篡夺"说。史学专家是根据《史记》的记载：舜取得了行政管理大权后，曾经进行了一系列的人事改组。例如，舜起用了被尧长期排除在权力中心之外的"八恺""八元"，历史上称之为"举十六相"，这表明了舜在扶植亲信。而对尧信用的混沌、穷奇等，舜把他们排出了权力中心，这在历史上被称之为"去四凶"，这显然是排除异己。历经这次人事改组之后，尧的大势已经去了，他的悲惨命运也就开始了。《括地书》引用《竹书纪年》说："昔尧德衰，为舜所囚也。"又说："舜囚尧，……使不与父相见。"意思大约是，舜先把尧软禁起来，后来也不准他同儿子、亲友见面，以此来逼迫他让位。就连尧的儿子丹朱也被放逐到了丹水。

关于尧舜之间的权力交接，是和平交接，还是被迫让位，从古至今就存在着很多猜测。由于当时没有确切的历史记载，这也成为一个千古未解之谜。

盘庚是否迁都于安阳殷墟

商朝是我国奴隶社会的发展时期，从成汤到商纣，共传 17 世，31 个王，前后约有 496 年。商朝时，地域辽阔，势力最大时东到大海，南到长江流域，西达陕西西部，是当时的一个大国。商朝前期，王朝内部的政治斗争十分激烈，由此也导致外患不断，为保持国家的长治久安，商朝经历了 5 次迁都。公元前 14 世纪，商王盘庚把都城迁到殷，从此商王朝稳定下来，因此商朝又称为殷商。然而，历史上对盘庚是不是迁到了今天的安阳殷墟却有争议。

大多数学者认为盘庚确实是迁都至今日的殷墟。《尚书·盘庚》篇对这次迁都的情况也有不少记载。

商汤建国时，最早的国都是亳，也就是今天河南的商丘。这里处在黄河下游，经常闹水灾，灾后损失惨重，皇宫内部、王公大臣和贵族之间也是矛盾重重，常

商汤像

常有内乱发生。到皇位传到能干的盘庚手里时，他决定改变这种混乱的状况，以促进国家的稳定和发展，于是他决定再次迁都。但是迁都的过程很不顺利，他的这一举动遭到了许多王公大臣和贵族的反对，盘庚只好对他们晓之以理，声称自己是"视民利用迁""承汝俾汝，惟喜康共，非汝有咎，比于罚"，即他不是为了处罚那些贪图权力的人，而是为了人民的利益，为了让商朝更加稳固才决定迁都。而对那些反对迁都的人，盘庚威胁说要将他们斩尽杀绝，不让孽种留在新邑。但是，还是有大多数贵族固执地不肯搬迁。盘庚坚定地表明自己的立场："我主意已定，不会再改变了。"众大臣敌不过盘庚的坚持，终于同意迁都。于是盘庚带着平民和奴隶，渡过黄河，搬迁到殷（今河南安阳小屯村）。盘庚迁殷以后，在那里重振朝纲，缓解了王室内部的矛盾，促进了社会经济的发展，使衰落的商王朝又出现了一派繁荣的局面，以后二百多年，一直没有迁都。盘庚也因此被称为"中兴"之主，并为武丁盛世的到来，打下了基础。

经过三千多年的漫长岁月的洗礼后，商朝的国都已沦为一片废墟。近代，人们在安阳小屯村一带发现了大量古代的遗物。安阳位于河南省最北部，北临漳河水，西依太行山，是中华民族古老文化重要发祥地之一，殷指的就是今位于安阳西北郊的殷墟。在殷墟遗物中有10多万片龟甲（就是龟壳）和兽骨，而且上面还刻着很难辨认的文字，记载了当时社会政治、经济等各方面的情况，这些文字就是我们今天所说的甲骨文。另外，在小屯村还发现了大量的种类繁多、制作精巧的青铜器皿和兵器，后母戊大方鼎就是在这发现的，它高130多厘米，重875千克，上面还刻有富丽堂皇的花纹，其技术和艺术水平十分高超。而那里至今保留的宫殿宗庙建筑遗址、王陵墓地、星罗棋布的居住遗址、繁华的手工业作坊所体现出的宏大规模和王者气派都能证明那里曾经是商朝国都的遗址。

但是也有不少史学专家和学者认为盘庚并不是迁都于安阳殷墟，《殷本纪》中记有"帝盘庚之时，殷已都河北，盘庚渡河南，复居成汤之故居……乃遂涉河南，治亳"，他们认为盘庚迁回了故都所在地——商丘。成汤帝于公元前1600年灭夏，建都于商丘南亳。据《史记》记载：成汤五世孙仲丁迁都到河南郑州，仲丁弟河澶甲迁都到今河南内黄东南，六世孙祖乙又迁都于今河南温县东，八世孙南庚把都城迁到了今天山东曲阜，九世孙盘庚"渡河南，复居成汤之故居"。所谓"渡河南"，就是从黄河以北迁往黄河以南。所谓"成汤之故居"，就是指成汤建都南亳之前所居住的商丘县北部的北亳。也就是说，盘庚又回到了先商的祖先居住地——商丘。《竹书纪年》记载："盘庚十四年，自奄迁于北蒙，曰殷，十五年营殷邑。"而学者们认为把盘庚所迁往的北蒙的殷，说成是今天安阳的殷墟，这显然是错误的：第一，安阳没有被称北蒙和亳的说法；第二，成汤和帝喾从不曾在安阳居住和建都。所以

"渡河南，复居成汤之故居"所指的并不是安阳。至于在安阳小屯发现了商代出土文物和遗址，则是因为成汤的十三世孙武乙迁到了安阳小屯。晋代以后，由于个别史学家把北蒙的"殷"和"殷墟"混在了一起，所以后人才会误以为是安阳，以讹传讹，才有了今天的殷墟之说。

盘庚是不是迁都于殷墟，至今还没人能够下定论，有待专家学者们寻找更有说服力的史料和证据来证明。但是，不管史实如何，盘庚迁都后商朝社会的稳定和繁华显而易见，他为商朝的巩固和发展所建立的伟大功勋是不可磨灭的。

商鞅为何被五马分尸

商鞅是我国历史上有名的变法维新者。《史记·商君列传》上记载："商君者，卫之诸庶孽公子也，名鞅，姓公孙氏，其祖本姬姓也。"商鞅自少喜欢法家的刑名之学，后投身到魏国相公叔座的门下，任中庶子。公叔座临终前，曾把他推荐给魏惠王，魏惠王不纳。于是西行入秦，通过贿赂秦孝公的宠臣景监，见到了孝公。他向孝公上富国强兵之策，被任命为左庶长，主持变法。

新法推行之初，遭到旧贵族的反对，尤其是以太子为中心的上层贵族。新法规定"杀人者死"，贵族祝欢杀人后躲入太子宫中企图逃避制裁。商鞅在秦孝公支持下，坚决处死了他。新法规定"匿奸者同罪"，由于太子年幼，又是储君，应处罚负责教导他的师傅。太子驷的太傅公子虔受到处罚，后来又因再次犯法被处劓刑。太师公孙贾也触犯新法被处于黥刑。此后新法推行无阻。但是商鞅不知道，他的所作所为却引起了太子的强烈不满，也埋下了日后车裂之患。

新法推行十年后，"秦民大悦，道不拾遗，山无盗贼，家给人足。民勇于公战而怯于私斗，乡邑大治"，秦国国力大增，在诸侯中地位也日益提高，新法实现了富国强兵的理想，秦孝公封给商鞅商、於等地十五个邑作为奖赏。但变法也为商鞅树立了强大的敌人，宗室贵戚中怨恨商鞅的人很多，《史记·商君列传》上就说："商君相秦十年，宗室贵戚多怨望者。"有的曾劝他辞去官位，归还封地，一旦孝公去世，后果不堪设想，商鞅没有听从。

果然，孝公去世后，太子继位，为秦惠王。惠王即位不久，公子虔等人便上告商鞅谋反，在惠王面前挑拨说："如今百姓不论老少，知道的只是商君之法，却不知道是大王之法，商鞅好似人主，大王为人臣。大王还记得当年商鞅对您的处罚吗？"惠王听信谗言宣布商鞅谋反，派士卒追捕商鞅。商鞅闻讯逃到边关。晚上要住旅店。旅店主人不知他就是商鞅，说："商君的法令规定，收留没有证件的客人要受处罚。"商鞅听了感叹道："想不到变法竟是搬起石头砸自己的脚。"他连夜离开秦国逃到魏国，但魏人怨恨他曾率秦军攻打过魏国，不肯庇护他。商鞅便想经魏逃到其他国家，但魏国认为商鞅是秦国通缉的罪犯，秦国现在又很强大，如果不送回商鞅，会招来麻烦，准备把商鞅押送回秦国。商鞅闻讯后只得逃回自己的封地商邑，聚集封邑内的军队北攻郑国。不久，被惠王派来的军队围攻，在郑黾池被杀。

惠王还不解恨，下令将商鞅的尸体车裂示众，并诛灭了商鞅全家，还愤愤地说："以后看谁还敢像商鞅一样造反！"关于商鞅是否遭车裂而死，各有说法。司马迁在《史记》中说："秦惠王车裂商君以殉，曰：'莫如商鞅反者！'遂灭商君之家。"这与上述相一致。车裂即是"五马分尸"的酷刑，专用于镇压谋反、叛逆等大逆不道之人，在阶级矛盾特别尖锐的朝代更是广泛应用。《左传·桓公十八年》曰："而辕高渠弥。"辕即是车裂；《左传·宣公十一年》又云："杀夏征舒，辕诸栗门。"说明早有此刑，而商鞅便是触动了当时统治阶级的利益而遭此极刑，一代改革家便命丧黄泉了，留下是非功过与后人评说。

越王勾践到底有没有卧薪尝胆

　　越王勾践卧薪尝胆的历史故事，已经是尽人皆知了。这个历史故事说的是：传说在春秋时期的一场战争中，吴国打败了越国，吴军把越王勾践包围在会稽山上，致使越王在走投无路的情况下忍辱求和。从那以后，越国成为吴国的臣国，并受控于吴国。越王勾践像奴隶一般在吴国宫中服役3年，后来吴王免去了勾践的罪，让他回国去了。为了不忘亡国之痛、报仇雪恨，勾践在屋顶上面吊了一个苦胆，无论是出是进、是坐是站，还是吃饭睡觉，都要尝一尝苦胆之味，用来激励自己的斗志；而且他既不用床，也不用被褥，累了，便睡在硬柴堆砌的"床"上，以此锻炼自己的筋骨。越国最终灭了吴国，就是因为勾践这十多年的磨炼和实行的各种得力措施。

　　但历史上的越王勾践是不是真的用卧薪和尝胆两种手段来激发勉励自己的呢？首先从历史典籍来看，《左传》和《国语》成书年代较早，并且其中记载的史实也较为可信，因而具有参考的价值。但两本史籍中无论哪一本，在讲述勾践的生平事迹时，都没有记载越王勾践卧薪尝胆的行为。另外，在《史记》的《越王勾践世家》中，司马迁说："吴既赦越，越王勾践反国，乃苦身焦思，置胆于坐，坐卧即仰胆，饮食亦尝胆也。"其中，没有写到越王勾践卧薪之事。东汉时期，袁康、吴平作《越绝书》，赵晔作《吴越春秋》，这两本书虽然是专门记录关于春秋时期吴越两国的历史，但它们却只是以先秦历史为基础，又加上了小说家们的荒诞想象。《越绝书》中卧薪、尝胆都未提及；《吴越春秋》中的《勾践归国外传》也仅说越王勾践"悬胆在户外，出入品尝，不绝于口"，而根本没有卧薪之事。由此看来，在西汉的《史记》中最早出现了越王尝胆一事，没有出现卧薪之事；而在东汉时期的史料中仍没有出现卧薪之事。

　　有人考证，在北宋苏轼所写的《拟孙权答曹操书》中"卧薪尝胆"首次被作为一个成语来使用。但苏轼起草这封信时带有很强的游戏性，信中的内容与勾践无关，而是设想孙权在三国平分天下时曾"坐薪尝胆"。南宋时期，吕祖谦在《左氏传说》中曾经谈到"坐薪尝胆"的事情，但说的却是吴王。明朝张溥在《春秋列国论》中也说"吴王即位，卧薪尝胆"。以后，《左传事纬》和《绎史》两书中，都说是吴王夫差卧薪尝胆。但与此同时，南宋的真德秀在《戊辰四月上殿奏札》、黄震在《古今纪要》和《黄氏日抄》两书中，又说是越王勾践曾卧薪尝胆。然而，到北宋的苏轼提出了"卧薪尝胆"一词后，这事究竟是夫差还是勾践所做，从南宋直到明朝都没有结论。明朝末年，在传奇剧本《浣纱记》中，梁辰鱼对越王勾践卧薪、尝胆二事大加渲染。清初的吴乘权在《纲鉴易知录》中写道："勾践叛国，乃劳其凝思，卧薪尝胆。"后来，明末作家冯梦龙在其刊刻的历史小说《东周列国志》中也多次提到过勾践卧薪尝胆的故事，直到现在越王勾践卧薪尝胆的故事，才广为流传，但其真实性却需要考证。

另有一些学者认为，早在东汉时代成书的《吴越春秋》中的《勾践归国外传》中就有越王勾践"卧薪"之事的记载。该文说越王勾践当时"苦身焦思，夜以继日，用蓼攻之以目卧"。蓼，清朝马瑞辰解释说是苦菜。蓼薪，意思就是说蓼这种苦菜聚集得非常多。勾践准备了许多蓼菜一定是用来磨炼意志，"攻之以蓼"也可以说是"攻之以蓼薪"。这样，上述《吴越春秋》中的话的语意就十分明显：那时勾践日夜操劳，眼睛十分疲倦，就想睡觉，即"目卧"，但他用"蓼薪"来刺激自己，以便能够忍耐克服，避免睡觉。卧薪、尝胆分别是让视觉和味觉感到苦。后人把"卧薪"说成是在硬柴上睡觉，是曲解了《吴越春秋》的意思，因为"卧薪"是眼睛遭受折磨而不是身体遭受折磨。这种说法的结论是：勾践确实有过卧薪尝胆的行为，尽管后人误解了这个词语的意思。

若说卧薪尝胆这个故事是真的，为什么历史上这么晚才有记载？若说是假的，它却在民间广为流传，而且这两种说法都有根据。因此，它成为中国历史上的又一个未解之谜。

赵高乱秦之谜

赵高是秦始皇和二世皇帝宠信的权臣，他声势显赫，一时权倾朝野。很多历史学家有这样的看法：秦朝的覆灭，与这个人物篡权误国多少有些关系。

中国历史上著名的史学大师司马迁在《史记·蒙恬列传》中写到了赵高的身世："赵高者，诸赵疏远属也。赵高昆弟数人，皆生隐宫，其母被刑僇，世世卑贱。秦王闻高强力，通于狱法，举以为中车府令。"

赵高为什么能平步青云地进入秦王朝中央政权机关呢？这是因为他"通于狱法"，这一点与"喜刑名之学"的秦始皇不谋而合，因而成为秦始皇的心腹。秦始皇出巡途中病重，便让赵高给公子扶苏发送诏书，"以兵属蒙恬，与丧会咸阳而葬"，即让扶苏继承皇位。但是诏书还没发出，秦始皇已死，李斯在赵高的威逼利诱下，同他一起伪造了遗诏，扶助胡亥为二世皇帝，赐公子扶苏自尽。接着，他千方百计陷害并杀死了掌握兵权的大将蒙恬和蒙毅。胡亥继承皇帝大位后，赵高又怂恿他"尽除去先帝之故臣"，结果赵高帮助胡亥除去了许多秦的宗室大臣，连李斯也难免一死。从此，秦朝的中央大权完全被赵高掌握。

关于赵高的身世，历来众说纷纭。清朝人赵翼在《陔余丛考》卷四十一《赵高志在复仇》中曰："高本赵诸公子，痛其国为秦所灭，誓欲报仇……卒至杀秦子孙而亡其天下。则高以勾践事吴之心，为张良报韩之举，此又世论所及者了。"他自称，这种观念出自《史记索引》，得到许多人的认同，郭沫若先生主编的《中国史稿》第二册"秦末社会矛盾的激化"章节中就这个观点指出："赵高原是赵国远支宗室的后代，因其父犯罪被处宫刑，当了宦官……骗取了秦始皇的信任。"其实这种看法没能很好理解《史记》中所说的"生隐宫"。在今本《史记》三家注中有一段"索引"的记载说"盖其父犯宫刑"，指出并非是赵翼认为的"自宫以进"，以苦肉计进行报仇。另外，还有一种较新鲜的说法，认为赵高不是"宫人"，因为京剧传统剧目《宇宙锋》中有赵高逼自己的女儿嫁给二世这一出。

因此，有人认为赵翼的观点本意只不过是为了故作惊人之论，因为今本《史记》三家注中"索引"部分，并无这种内容。就算赵翼真见了什么"孤本秘籍"，此说也很难令人信服，因为这说法和《史记》原文大相径庭，而"索引"是唐人司马贞所作，其史料价值不能与《史记》并论。《史记·蒙恬列传》原文说赵高为"诸赵疏远属也"，并不是"赵诸公子"。因为"诸赵"一语，犹《史记》《汉书》中常用"诸吕""诸窦""赵"乃姓氏，并非国名。而"诸赵"实际上指的是秦国王室。《史记》中记载得很明确："太史公曰：'秦之先为嬴姓……然秦以其先造父封赵城，为赵氏。'"《史记·秦始皇本纪》也指出："秦始皇及生，名为政，姓赵氏。"可见，所谓"诸赵疏远属也"乃指赵高是秦王室宗室，因而所谓"赵高乃赵诸公子，痛其国为秦所灭，誓欲报仇"之说是不能成立的。

综上所述，赵高并非"痛其国为秦所灭，誓欲报仇"而乱秦政。事实上，赵高乱秦政的故事，只能供参考。如前秦王嘉（一说梁萧绮）撰《拾遗记》中记载一则故事说："秦王子婴立，凡百日，郎中令赵高谋杀之。"秦始皇的鬼魂在梦中对子婴说："余是天使也，以沙丘来。天下将乱，当有同姓欲相诛暴。"子婴因此"因高于咸阳狱"。这故事以天道轮回为凭，胡编乱造，当然令人难以相信。

其实，就算赵高是赵国公子，他曾为"宫人"，他与秦二世胡亥加紧盘剥百姓，又任意诛灭异己，滥用刑戮，使社会矛盾迅速激化起来，将建立不久的秦王朝推向崩溃的边缘，这一重罪也令他难辞其咎。曾经显赫一时的秦王朝就这样被陈胜、吴广领导的农民起义以排山倒海之势、雷霆万钧之力推翻了。

秦始皇"焚书坑儒"之谜

提起秦始皇，人们就会想起"焚书坑儒"这一典故，但是秦始皇到底有没有"坑儒"呢？

秦始皇统一六国以后，采取了一系列的措施，以便加强中央集权。在完成政治上的诸多加强控制的举措之后，秦始皇便开始了精神上的控制。公元前213年，秦始皇在咸阳宫为群臣及众多的儒生大排酒宴。在宴会上，围绕着是否实行分封制，众多儒生之间发生了激烈的争论。丞相王绾、博士生淳于越等人主张实行分封，而丞相李斯等则赞同郡县制，并指责淳于越等"不师今而学古""道古以害今"。最后秦始皇支持李斯的观点，并采用、实施李斯的"焚书"建议，下令：除了秦纪（秦国史书）、医药、卜筮、农书以及国家博士所藏《诗》、《书》、百家语以外，凡列国史籍、私人所藏的儒家作品、诸子百家著作和其他典籍，统统按时交官焚毁。同时，禁止谈及《诗》《书》和"以古非今"，违者定当严惩乃至判其死罪。百姓如想学一些法令，可拜官吏为师。从这一点来看，焚书的举动秦始皇肯定做过。

秦始皇称帝以后，力求长生不老，迷恋仙道，不惜动用重金，先后派徐福、韩众、侯生、卢生等人寻求仙药。侯生与卢生当初是秦始皇身边的方士，他们长期为秦始皇求仙人和仙药，却始终没有找到，因而心急如焚，忐忑不安。依照秦国的法律，求不到仙药就会被处死。因此他们深发感慨：像这样靠凶狠残暴建立威势并且贪婪权势的人，不值得给他求仙药。于是，侯生、卢生悄悄地远走他乡。

这件事使秦始皇十分恼怒，于是他下令，对所有在咸阳的方士进行审查讯问，欲查出造谣惑众的侯生、卢生两人。方士们为保全自己的性命，只得相互告发，最后秦始皇把圈定的460余人在咸阳挖坑活埋。

秦始皇的"坑儒"是"焚书"的继续。至于坑杀的人究竟是方士还是儒生，学术界各持己见。从分析"坑儒"事件的起因看，秦始皇所坑杀的人应该是方士；但从长子扶苏的进谏"众儒生都学习孔子的学说"来看，秦始皇所坑杀的又好像是儒生。而且东汉卫宏在《诏定古文官书序》中记载，秦始皇在骊山温谷挖坑用以种瓜，以冬季瓜熟的奇异现象为由，诱惑博士诸生集于骊山观看。当众儒生争论不休、各抒己见时，秦始皇趁机下令秘杀填土而埋之，700多名儒生全部被活埋在山谷里。于是有人便根据这一点而偏向于传统的说法，认为秦始皇确实有过"坑儒"的行为。

但有人研究诸史籍，认为"焚书"有之，"坑儒"则无，实是"坑方士"之讹。"坑方士"事见始皇三十五年，因为侯、卢二人求仙药不成，他们惧"秦法不得兼方，不验辄死"，骂了秦始皇一番后逃走。既然事端由方士引起，那么就只能是"坑方士"，当然不能说被杀的460余人中没有儒生，而全是方士，但是由其代表人物可推知，被杀的主体应该是方士，而被杀的原因更与儒家的政治主张和学派观点无关。所以即使被杀者有儒生，也并非因其为儒生而得罪，总是与方士们有某种牵连之故。因此绝无理由说秦始皇"坑儒"。尽管秦始皇早因"坑儒"之举背上千古骂名，然而，直到今天，秦始皇究竟有没有"坑儒"这一谜团还是没有解开。

秦坑儒谷
坑儒谷是秦始皇镇压不同政见者的地方，在西安市临潼区韩峪乡洪庆堡。

秦始皇为何不立后

一般说来，中国古代的帝王登基时即立皇后，旷世之主秦始皇却终身未曾立皇后，致使秦始皇陵园内一墓独尊，没有皇后墓。究竟是什么原因使堂堂的始皇帝没有立后呢？

对于秦始皇未立皇后之谜，千百年来，历史学者们争论不休。先前有学者指出，秦始皇未立皇后可能是由于他在位期间，秦国内部政局动荡不稳，对外兼并战争频繁，以致忽视了立后大事。但是，2004年，参加"秦俑学第六届学术研讨会"的历史学家们提出了不同的看法，他们认为立后关系秦王朝的政权建设，秦始皇未立后不是因为他不重视，或者是皇太后不操心，抑或大臣们不尽职尽责，而其根本原因应在于嬴政的性格缺陷及家庭环境影响。

据秦兵马俑博物馆副研究员张敏分析，从13岁登基到22岁亲政，在这9年的太平日子里，秦始皇未立皇后的原因应该跟他追求长生不老和后宫美女过多有关。秦始皇在位期间，曾四次巡视六国故地，其中三次召见方士，以求长生不老之药，甚至还派徐福率三千童男童女赴东海的神山求取神药。古代的皇帝立后，很大程度上是出于日后有嫡出皇子继承皇位的考虑。当时的秦始皇正有长生不死的愿望，所以，在一定程度上延迟立后的进程是很有可能的。

张敏副研究员还说："由于怨母而仇视女人的心理，使秦始皇长大后在婚姻能力上未能健康发展。宫中众多嫔妃，仅仅能满足他的生理需要。由母亲行为而形成的心理障碍，是秦始皇迟迟未立后的重要因素之一。"

说到这里，我们有必要把赵姬与嫪毐的故事交代一下。据史料记载，秦始皇的生母赵姬一度行为失谨，与嫪毐等人秽乱后宫。开始，秦始皇由于年幼无知，对此并不知情。他听信母后的话，请她迁往雍宫。从此母子不在一处。在雍宫，赵姬肆无忌惮地与嫪毐淫乱，连生两个男婴。嬴政仍不知晓，还在母亲的要求下，封嫪毐为长信侯，并赐给他数千奴婢，食邑山阳。

有一天，嫪毐与大臣饮酒，喝醉后彼此之间起了口角。嫪毐口出狂言："我是秦王的假父，你敢与我斗口，难道不识高下吗？"大臣不甘心受辱，遂将此言告诉秦始皇。嬴政听到这个消息，愤怒异常，密令人调查虚实。密报说，嫪毐本不是阉人，确有与太后通奸生子之事。

嫪毐得知消息，情急之下，伪造诏书调动卫兵攻打咸阳宫。秦始皇命御林军迎敌，嫪毐兵很快被击溃，嫪毐被擒。嬴政下令车裂嫪毐，又灭其三族，旋即派兵搜查雍宫，捕杀两个私生子。赵姬被拘禁，数年后赵姬亦死。

由此看张敏副研究员的推断不无道理。

另外，按照礼法，皇后为后宫之主，秦始皇深恐皇后对其不忠，觊觎他手中至高无上的皇权，所以才迟迟不立皇后。同时，秦朝后宫佳丽的行为处世态度也令秦始皇不满。后宫佳丽多为原六国子民，她们忘记了昔日的国亡主辱，一门心思地讨秦始皇的欢心。在秦始皇看来，"主辱而臣死"才是正理，因而对她们的不贞极为鄙视。因此，尽管他每日与宫女颠鸾倒凤，寻欢作乐，却从不以她们为意。

关于秦始皇重视贞节的观念，有学者以下面一则事例进行了佐证：当时，秦国有一位寡妇名清，青年丧夫，始终守节，克勤克俭，秦始皇极为赞赏，并破格赐令旁座。秦朝的等级制度是异常严格的，即便是当朝丞相，上朝时也只能站着。一个寡妇受到如此礼遇，实属难得。另外，秦始皇还为她筑造怀清台，以旌扬其节，至今蜀中尚有台山，亦称贞女山，相传就是这位寡妇的清居之地。

关于秦始皇不立后一事，张敏副研究员还提出了另外一个看法，即秦始皇统一六国后，东方六国的佳丽尽充秦始皇的后宫。从中选定一个既是名门之后又贤淑靓丽的女子也不是一件简单的事。况且秦始皇统一六国之后，认为自己功德无量，甚至超过了远古时代的圣王——三皇五帝，皇后的标准无从确定，选定皇后就更难了。

仅张敏副研究员一人就提出了如此多的观点，这个问题的复杂性可见一斑。

对于秦始皇不立皇后的原因，历代学者给出了各种各样的答案，但孰是孰非，至今仍然没有一个定论。

荆轲刺秦王为何没有成功

荆轲，战国时代卫国人。他的祖先是齐国人，后来迁移到卫国，卫国人称呼他为庆卿。到燕国后，燕国人称呼他荆卿。"荆轲刺秦"的故事流传至今。

"荆轲刺秦"是一则广为流传的故事。壮士荆轲为报燕太子丹知遇之恩，不惜以命作赌，前往秦国刺杀秦王。但令人扼腕的是，本来有把握的事却没能成功，荆轲成了"一去不复返"的失败的英雄。

为什么荆轲刺秦的行动没有成功呢？分析历史事实，不难发现，该行动中有着不应有的错误行为：一是用人失误，助手武阳虽为勇士，但关键时刻却又容易胆怯；二是荆轲本人对时机不能把握好，不能当机立断，结果误了大事。

荆轲是由田光推荐给燕太子丹的，田光是个很有眼光的人，他在向燕太子丹推荐荆轲时说："我暗地观察了太子手下的食客，都派不上用场。夏扶、宋意、武阳虽是勇士，但发起怒来，脸色会有变化。我知道有一个叫荆轲的人，神勇非常，发怒时，面不改色。此人博闻强识，身体强壮，性情刚烈，不拘小节。他志向高远，想成就大的功名，经常住在卫国。太子要成大事，非荆轲不可。"于是太子丹亲自送田光前往卫国迎接荆轲。"士为知己者死"，荆轲觉得自己应当有所回报。

荆轲说："现在有两样东西是秦王最想要的，一是樊於期的头，二是督亢的地图，而这两样东西我们都能提供，这样我们就胜算在握了。"

荆轲暗中求见樊於期，告诉他自己的打算，并对他晓以利害，结果樊於期为了报仇自刎而死，头坠到背后，死时没有合眼。

太子丹听说后，十分悲痛，但为了长久之计，只好把樊於期的脑袋装在盒子里封好，和燕国的督亢地图放在一起，作为献给秦国的礼物。太子丹派武阳陪同荆轲一起入秦，他们挑了个日子就出发了。

荆轲、武阳二人向西行进入秦国境内，到了咸阳。秦国掌管王族版籍的官员蒙白对秦王说："燕国太子丹惧怕大王的威名，现在献出樊於期的脑袋和督亢地图，想表达作为北部藩国臣民的一片诚心。"秦王果然很高兴，在百官和执戟卫士的护驾下召见燕国的使节，荆轲捧着樊於期的脑袋，武阳捧着地图。钟鼓齐鸣，群臣高呼万岁。见此情形，武阳非常恐慌，站在那里不能移动，面如死灰，秦王有了些疑心，荆轲回头看武阳，上前谢罪说："他在北方荒僻之地长大，没有见识，希望大王能原谅他，让他能够在您面前完成使命。"秦王这才相信，说："你过来，把督亢地图送上来。"秦王把地图展开，露出来一把短剑。荆轲眼疾手快，左手抓住秦王的衣袖，右手握剑直刺秦王的胸膛，又命令秦王说："现在，燕王的母亲病了，给我的时间紧迫，你想活的话，就按我的计划做！"秦王说："我同意按你的计划去办！我请求死前听听琴声。"他叫来美人弹琴，并唱歌道："罗绫做的单衣，可以扯开扯裂；八尺高的屏风，可以跳起跨越；辘轳宝剑，可以背后拔出来。"荆轲没有领会其中的意思，秦王依琴声做，拔出背在身后的剑，割断衣袖，越过屏风就跑。荆轲拔出短剑掷向秦王，可惜只刺穿了秦王的耳朵，短剑刺入铜柱，迸出火花。秦王趁机转身扑向荆轲，砍断了他的双手，荆轲背靠铜柱大笑，两腿张开，坐在地上，大声痛骂："大事之所以没能成功，是因为我想活捉你，迫使你订立归还诸侯们土地的契约回报太子。"这时侍卫们冲上前来杀死了荆轲。至此荆轲刺秦以失败告终。

但荆轲刺秦王究竟为什么失败，还有待于谜题的进一步揭开。

孟姜女哭长城是否真有其事

"孟姜女哭长城"是我国流传千古的古代民间传说，可谓妇孺皆知。为了纪念那位万里寻夫的孟姜女，山海关被后人认为是孟姜女哭长城之地，并在那里盖了姜女庙，登临庙宇的游人，无不动容。但有人认为，孟姜女哭长城的故事，纯属虚构。因为被指定为"孟姜女哭长城"之地的山海关所有的长城是秦朝以后才筑起的，而秦始皇所筑长城距山海关北去数百里。历史上有过哭倒城墙的记载，但故事发生的时间比秦统一六国要早得多，因此和秦始皇根本没有关系。

唐末有一首《杞梁妻》，诗中说杞梁妻为秦国人，她去长城哭吊筑长城而死的丈夫，"一号城崩塞色苦，再号杞梁骨出土"。到了宋代广为流传的杞梁开始有了姓，但有各种各样的说法，有说姓范，有说姓万，还有叫杞郎或喜良的。南宋郑樵曰："杞梁之妻，于经传所言者，数十言耳，彼则演成万千言……"看来孟姜女哭长城是由杞梁妻的故事演变而来的，而故事最后大致形成于北宋年间。

故事、传说毕竟代替不了历史事实，实际上并没有孟姜女哭长城这件事。但是因为这个故事的生动性与悲剧色彩，成了各朝各代人们借题发挥的素材。有种观点就认为，根据历代时势和风俗的不断变化，孟姜女哭长城也在不断变更。战国时齐都中哭吊盛行，杞梁战死而妻哭吊便是悲剧的材料。西汉时，天人感应之说盛行，杞妻的哭夫便成了崩城和坏山的感应。到了六朝、隋唐间，乐府中出现送衣之曲，于是送寒衣的内容增加了。可见孟姜女哭长城的故事是顺应了文化演变的潮流，随各时各地的时势和风俗而改变，并在民众的情感和想象基础上而发展起来的。

但也有人根本否定孟姜女即《左传》中的"杞梁之妻"，认为在封建社会，民不聊生，哭夫的题材并不少见，《左传》中也有记载，因此单凭哭夫就做出了论断，不能令人信服。还有的说，好端端的长城，竟然被一位妇女哭塌了，过于荒诞。再说，齐国的孟姜女被捏造成秦国的孟姜女，攻打莒城被改为修筑长城，这是故意往秦始皇身上栽赃。

2000 多年来，孟姜女哭长城的传说以故事、歌谣、戏曲等多种形式流传于我国广大地区。其故事的真实程度早已被撇到一边，人们欣赏的是孟姜女身上那种坚贞不渝的爱情和对统治者的坚定的反抗精神，真是"秦皇安在哉，万里长城筑怨；姜女未亡也，千秋片石铭贞"（宋文天祥书孟姜女庙楹联）。

历史上有无徐福东渡日本之事

徐福去过蓬莱仙岛吗？"蓬莱"因秦始皇遣方士徐福率三千名童男童女去寻找长生不老之药而得名。自唐开元年始，它就被命名为"蓬莱乡"，风景秀丽，有"海上仙境"的美称。据说秦始皇十分憧憬得到服后可以成仙的仙草"养神芝"，与天地同寿，与日月齐庚。于是授命徐福东渡为他寻找不老仙药。

《史记·秦始皇本纪》中注明徐福是个读书人，除了读儒书外，同时也阅读了大量关于阴阳五行、修真炼丹等方面的书籍。他交游非常广泛，当时和齐国的侯生、燕国的卢生交情甚好。

然而，历史上对徐福东渡到底到了何方却有争论，有人说去了日本，有人说去了南洋，也有人说到了美洲，更有人说到了海南岛。这当中，呼声最高的是说徐福当年东渡去了日本。

《史记》和《汉书》是中国历史上最有权威性的两部史书，这两本史书中都有记载徐福东渡日本，其可信度还是相当高的。此外，五代后周时期义楚和尚所写《义楚六帖》中说："日本亦名倭国，在东海中，秦时，徐福将五百童男，五百童女，止此国也，今人物一如长安，又东北千余里有山，名富士，亦名蓬莱。徐福止此，谓蓬莱，至今子孙皆曰秦民。"证明徐福东渡地是日本。而宋代欧阳修和司马光文集等都有相似的记载，他们

传说徐福东渡时启程的地点

也认为徐福东渡到日本，明初，日本和尚空海到南京，向明太祖献诗，还提到了日本的徐福祠。民间传说就更多了：徐福东渡是公元前中国历史上的壮举，秦始皇派徐福三次东渡求仙药，徐福求药不成，却把秦帝国高度发展的造船、航海技术和政治制度、文化艺术、生活方式，还有冶炼、农耕、建筑、医药、文字、货币、宗教、武术、服饰、瓷器和当时世界最先进的科学技术带到了日本，还带去了一批谷物种子粮食等，对于开发、发展日本的生产力是十分有利的，三千人繁衍生息的同时，也传播了中华民族的传统文化。

对此，日本也有大量的史志记载：《富士古文书》："徐福一行奉秦始皇之命，到富士山取不老长寿药，因以居也。"《国文通考》有如下记述："今熊野附近有地曰秦住，土人相传为徐福居住之旧地。由此七八里有徐福祠……"颇具说服力的是，当时徐福的东渡出发点千童镇有一项闻名遐迩的民间文艺活动"信子"，在偌大中国是独此一处，而在日本也有，只是名叫"尸子"；现在仍保留有徐福墓、徐福祠的日本新宫市，至今每年都要举行大祭仪式。此外，还有人根据古代中国和日本的海上往来，海船的营造规模和古文物发掘，推测了徐福东渡到日本的路线。

徐福在日本的地位很高，从九州到本州的20多处地点，流传着有关徐福的登陆地点、活动遗迹、祠庙和墓葬等传说，同类遗迹往往重复地见于多地，并且长期以来成为民间信仰崇拜的对象。尤其日本各地民众，称徐福为"王"，并尊他为"弥生文化的旗手"。日本现有徐福陵墓5座，祭祀庙祠37座，因徐福登临而得名的蓬莱山有13座，各种遗址和出土文物数以百计，各地历代传承和近代成立的徐福纪念组织和研究机构就有90多个，祭祀节典和仪式达50多个，以秦和徐为姓氏的有17个。在日本的佐贺、新宫、富士吉田这3个地方，祭祀徐福不仅是当地民众的重要信仰，而且已发展成重要的文化和旅游产业。参加徐福祭祀和纪念活动的，不仅有工、商、学、军和各界著名人士及民众，还有政界官员等。

徐福出海并东渡日本这一伟大历史事件，历来为中日学界所重视。中外文献对徐福航海并东渡日本对中日文化交流的重大贡献，都给予肯定性评价。

但是有些中日学者也对徐福东渡日本提出了疑问：他们认为，秦始皇灭六国后，中国人为了逃避秦始皇的暴政，大量移民日本，但是这其中并不包括徐福及其率领的童男童女们；徐福的故事只不过是民间传说而已，找不到可靠的历史文献来证明；更有人认为，徐福东渡日本的传说，是日本10世纪左右的产物，并非最先由中国人提出来的，徐福当时到的只是渤海湾里的岛屿，他在日本的事迹、遗迹、墓地，均属后人虚设；还有学者认为新宫市的徐福墓和其他遗迹都是后人伪造的。有的日本学者还做了实地调查，进一步证实了这一点。他们认为，徐福东渡日本的传说，是由于汉唐以后，日本和尚常到中国散布徐福的故事，被人不辨真伪地记入书中，发展到后来，人们就对这样的传说深信不疑了。

另外，又有学者认为，徐福东渡是历史事实，但不是去了日本，而是去了美洲：因为徐福东渡的时间与美洲玛雅文明的兴起相吻合，檀香山遗留下带有中国篆书刻字的方形岩石，旧金山附近有刻存中国篆文的古箭等文物出土，这些古代文物当是徐福这批秦人经过时所遗留的。

迷雾茫茫，徐福东渡究竟是不是去了日本，至今仍然是一个解答不出的谜。

阿房宫真的是项羽烧的吗

史书记载，西楚霸王项羽进入咸阳后，看到如此奢华的秦朝暴君享乐之所，心中大怒，一把火烧了阿房宫。从此人们一直认为阿房宫是项羽烧的。但现在不断有人指出，项羽烧的是秦始皇在咸阳的宫室建筑，而不是阿房宫。项羽究竟有没有烧阿房宫呢，如果没有烧过，那规模宏大的阿房宫又到哪里去了，为何消失了呢？

唐代著名诗人杜牧在《阿房宫赋》中对阿房宫有着脍炙人口的描写："覆压三百余里，隔离天日。骊山北构而西折，直走咸阳。二川溶溶，流入宫墙。五步一楼，十步一阁；廊腰缦回，檐牙高啄；各抱地势，钩心斗角。"这时候，其实杜牧见到的也只是阿房宫的残垣断壁，但我们仍可想象阿房宫宏伟的气势！《史记·秦始皇本纪》这样形容当时的阿房宫："前殿阿房东西五百步，南北五十丈，上可以坐万人，下可以建五丈旗，周驰为阁道，自殿下直抵南山，表南山之巅以为阙，为复道，自阿房渡渭，属之咸阳。"今阿房村南附近，有一座大土台基，周长约 310 米，高约 20 米，全用夯土筑起，当地人称为"始皇上天台"。阿房村西南附近，夯土不断，形成长方形台地，面积约 26 万平方米，当地称为"眉坞岭"。这两处地方是阿房宫遗址内最显著的建筑遗迹。

为何建造阿房宫，其名字含义还有众多说法，传说中秦王嬴政爱上过一个美丽的民间女子，芳名阿房，但这段美丽的爱情终究没有美丽的结局，为了纪念这位他深爱过的女子，秦始皇不惜耗费巨大的人力物力修建了极度奢华的阿房宫。

根据近年来的考古发现，专家认为，历史上有关项羽放火焚烧阿房宫的记载是不准确的。据考古队介绍，一年时间里，考古人员勘探的面积超过 20 万平方米，发掘面积也有 1000 平方米，但是发现的红烧土只有少量的几块。如果说是大面积的火烧 3 个月（此为史料所载）的话，红烧土应该遍地都是。除了红烧土外，还应有大量草木灰。

那么史书上记载的项羽烧的是什么宫殿呢？有人认为："项羽火烧的是秦咸阳宫。"而关于项羽火烧阿房宫、大火三月不灭的说法，秦汉时期的文献资料没有这

阿房宫图卷 明
长 252 厘米，宽 42 厘米。此图所绘依山殿阁，傍水楼台，山水相连，花木并茂，并有龙舟、游艇、宫人等点缀，生动再现了阿房宫的宏伟与壮丽。

样的记载，可能是后人对古文献的错误理解。他们说，《史记·项羽本纪》中记录的项羽在咸阳屠杀民众，"烧秦宫室，火三月不灭"。这里所说火烧秦朝宫室的地点在咸阳。《史记》中其他各篇更明确地说火烧秦朝宫殿的地点是咸阳。《高祖本纪》说项羽"屠烧咸阳秦宫室"，《秦始皇本纪》也说项羽"遂屠咸阳，烧其宫室"。咸阳是秦朝首都，所烧毁的也是首都宫殿，根本不是秦朝时地处渭水之南的上林苑中的阿房宫。这从后来的考古发掘中得到证实，秦咸阳宫遗址曾发现大片的红烧土遗迹。

阿房宫并非毁于大火，那么到底毁于什么？

有人说，阿房宫其实并没有想象的庞大，它是个未完成的工程，虽然秦始皇有意把它修建为庞大的宫殿群，但他还未来得及修好就死了。考古人员在一年多的前殿遗址勘探过程中，没有发现一枚当时建房普遍使用的秦代瓦当及其碎片。这说明当时阿房宫主体建筑没有封顶，他们分析说，"阿房宫可能是基础打好了，但宫殿没有完全盖好"。当时修建阿房宫一年多，秦始皇就死了，劳动力被拉去修秦陵墓，陵墓没修完，秦二世就垮台了，阿房宫的活也就没完工。这次考古发掘没有找到封顶的东西也是一个佐证。既然阿房宫只是个宏大的规划，基本上没有建造，那么阿房宫不见了就很好解释了，不存在被毁的问题。

不过大多数人认为，阿房宫即使可能没完成，但必定已经初具规模，有众多的建筑了。至于这些建筑如果不是被项羽烧的，那么如何毁坏这一问题仍是个千古谜，有待将来破解。

"三顾茅庐"是真是假

"三顾茅庐"这个成语典故的出处妇孺皆知。我国古代四大名著之一《三国演义》写刘备"三顾茅庐"请诸葛亮出山辅助他成就帝业的故事，将刘备的礼贤下士的态度写得栩栩如生，把刘备对诸葛亮的敬仰之情，关羽、张飞的居功自傲描绘得惟妙惟肖，入木三分。这段"三顾茅庐"的故事，是罗贯中根据陈寿《三国志·诸葛亮传》中的记载，加以艺术构思而创作的。但刘备为请诸葛亮出山究竟是不是"三顾茅庐"？学术界各有说法。

《三国演义》中关于这第一次见面的记载是：刘备带领军队驻扎新野时，徐庶对刘备说："诸葛孔明者，卧龙也，将军愿见他吗？"刘备说："你带他一起来吧。"徐庶说："可以主动登门去见此人，但不能让他来拜见您。"可见，刘备亲自到诸葛亮那里去请求拜见、赐教。共三次前往，才得以相见。但没有写关公、张飞同往，也没有说明是在茅庐中相见。

诸葛亮自己写的《出师表》中也说："先帝不以臣卑鄙，猥自枉屈，三顾臣于草庐之中……"这几句话，证据确凿。陈寿在《三国志》中写到了《隆中对》，对刘备三次往访以及诸葛亮论天下形势的内容记载得更为详细。刘备"三顾茅庐"一直被当作礼贤下士、重视人才的典范。刘备当时困难重重，急需人才，从情理上看，"三顾茅庐"是极有可能的，所以历代没有人对此事的真实性有过怀疑。

但现在有人提出另一种说法，认为"三顾茅庐"的记载难以令人相信。诸葛亮是位胸有宏图之士，刘备请他出山，当然正合其意，他岂能大摆架子，而不抓住这个可能失去的机会？当时的诸葛亮只有27岁，刘备则是个有声望的政治家，对诸葛亮怎能那样低声下气地苦求？虽然前一种说法中以《隆中对》作为证据，但当时，曹操几十万南征大军正威胁着刘备，《隆中对》不提这个紧迫的现实问题，是不合乎情理的。同时，刘备第一次见诸葛亮，不会安排现场记录。所谓《隆中对》，很有可能是后人附会《出师表》而杜撰的。据此，"三顾茅庐"之说就不可信了。

三国人鱼豢写的《魏略》中，也提到了刘、诸葛二人第一次相见的情景。《魏略》中说刘备屯兵于樊城时，曹操方已统一黄河以北，诸葛亮预见曹操马上就要对荆州发动进攻。荆州刘表性情懦弱，不晓军事，难以抵抗。诸葛亮于是北行见刘备。因为诸葛亮年纪小，刘备根本不重视他。诸葛亮通过谈论对当今政局的对策，才使刘备逐渐信任他。最后，刘备才"以上客礼之"。西晋司马彪《九州春秋》的记载也大同小异。

从诸葛亮本身的积极进取的态度来看，《魏略》《九州春秋》的记载也有一定的可信度。

有人则调和了这两种说法之间的冲突，认为"三顾茅庐"与诸葛亮的樊城自请相见都是真实可信的。清代学者洪颐煊在《诸史考异》中说诸葛亮初见刘备于樊城，刘备虽以上客待之，但没有特别器重他。等到徐庶举荐时，刘备再次相见，才逐渐有了很深的感情。并指出：在建安十二年初见，再次相见是在建安十三年。诸葛亮后来非常感激，因而记入了《出师表》中。

诸葛亮与刘备究竟是"一见"，是"再见"，还是"三见"，这只有当事人知道了，然而，"三顾茅庐"的故事却流传了下来，吸引了无数人。

梁祝的故事是真是假

梁山伯、祝英台的故事，除了口口相传以外，舞台艺术表现传播也相当多，在我国可说是家喻户晓。但是，历史上是否真有梁祝其人其事？如果有，他们是哪个时代、什么地方的人？或者根本就是"街谈巷议，道听途说"的"小说家"所造？这是个众说纷纭、饶有兴味的"谜"。

否定有梁祝真有其人其事者认为：梁祝和白蛇传、牛郎织女、孟姜女的故事合称"中国四大民间故事"，后来编成戏剧，尽管戏剧和故事都十分动人，但毕竟只是传说，因此事实上是不存在其人其事的。他们进而推论说：梁祝死后岂能化蝶？孟姜女焉能哭倒长城？至于织女和白娘子一为天女，一为白蛇所化，纯属"子虚乌有"，其理自明。这是一家之言，听来似乎很有道理。

然而，认为梁祝实有其人其事的也很不少。江苏某报的一篇短文，说祝英台本是明代侠女，梁山伯原是前朝书生。两人本来毫不"搭界"，但是祝英台为民造福，死后人们为她安葬，挖掘墓穴时发现下面有梁山伯墓，于是将他们合葬，才演化出"梁祝"故事来的。

其实，研究"梁祝"是否确有其人其事不是从今日开始的。历史上有些严肃的学者也进行过研究和探索。清代乾嘉时著名经学家焦循就是其中的一位代表。他通过参考《剧说》卷二中引宋元之际刘一清的《钱塘遗事》以及自己的亲身见闻，说全国至少有四座所谓"梁祝墓"。第一处墓葬地在河北林镇，见刘一清的《钱塘遗事》。第二处墓在山东嘉祥县，是焦循曾经亲眼见到祝英台墓的碣石拓片。他在《剧说》中说："乾隆乙卯（1795），余在山左，学使阮公（即阮元）修山左《金石志》，州县各以碑本来。嘉祥县有祝英台墓，碣文为明人刻石。"第三处墓在浙江宁波，这一说法是嘉庆元年（1796）焦循到宁波，"闻其地亦有祝英台墓，载于志书者，详者事云：'梁山伯、祝英台墓，在鄞西十里接待寺后，旧称义妇冢。'"焦循在记载中虽然没有说曾经亲眼看见这座墓，但据浙江一位老新闻工作者说，新中国成立前这个地方除有梁祝墓之说外，还有梁山伯庙。鄞县乡间还流传有"若要夫妻同到老，梁山伯庙到一到"的俗语，庙中香火还很盛。焦循进而查考地志。据方志记载："晋梁山伯，字处仁，家会稽，少游学，道逢祝氏子同往。肄业三年，祝先返，后山伯归，访之上虞，始知祝为女子，名曰英台。归告父母，求姻时，已许鄮城西清道原。明年，祝适马氏，舟经墓所，风涛不能前，英台临冢哀痛，地裂，而埋璧焉。事闻于朝，丞相封'义妇冢'。"第四处是扬州祝英台墓，焦循基本上持否定态度。他说："及吾郡城北槐子河旁，有高土，俗亦呼为祝英台坟。余入城必经此。或曰，此隋炀帝墓，谬为英台也。"清代另外一位著名学者毛先舒在《填词名解》卷二引《宁波府志》，和焦循记载鄮城（今鄞州区）梁祝墓大同小异，只是多了"今吴中花蝴蝶，盖橘蠹所化，童儿亦呼梁山伯、祝英台云"这么一句话而已。

根据焦循、毛先舒引方志中的记载，梁山伯在历史上实有其人，那时女子也没有缠足陋习，为祝英台女扮男装提供了一定的方便，而且志书上记载竟然如此详尽，因此不能排除历史上确实有梁祝其人其事的可能。

首次去西天取经的是玄奘吗

在中国，《西游记》的故事可谓家喻户晓，它以唐僧、孙悟空等师徒去西天取经的过程为线索，讲述了他们在西行途中与各方妖魔鬼怪比智斗法的传奇故事。小说里武艺高强、疾恶如仇的孙悟空大战白骨精、智取牛魔王，为取得真经立下了汗马功劳。相比之下，作为师傅的唐僧却显得那么优柔寡断、懦弱无能。但事实上，唐僧的原形——唐代的玄奘大师却是中国乃至世界佛教史上的一大功臣，也是我国古代西行求法高僧中成就最高、影响最大的一位。中国历史上西行取经的第一人是否就是他呢？后世有很多不同的看法。

一些书籍中是这么认为的。根据史书记载，玄奘当年是冒着偷渡的危险去西行取经的，并且在同行的胡僧中途退出之后，他孑然一身，仍然坚持独行于沙漠。唐太宗贞观三年（629），他从长安西行，经姑藏（今甘肃武威），出敦煌，经今新疆维吾尔自治区及中亚等地，历尽艰险，辗转到达印度。他在印度巡游了各方佛教圣地学府并学习研读了大量佛教著作，于贞观十九年(645)回到长安。孤征17年，亲行5万里，历经100多个国家（"所闻所履，百有三十八国"），玄奘大师西行求法后带回了大量梵文经典，并且把他在印度中亚的所见所闻写成了《大唐西域记》，详细介绍了印度各地的风土人情和宗教盛衰。此书不仅是历史研究的宝贵资料，也为今天考古工作提供了重要依据。可以说，玄奘是我国佛教传播史上一位重要人物。

但更多的人否认这种说法。众所周知，佛教是源于印度的。在中文的佛教教义里，西天往往是真理存在、终极世界的代名词。因为佛教是从古中国的西域传入的。公元前6～公元前5世纪，佛教在印度恒河流域创立以后，不久就向周边国家传播。汉代张骞出西域标志着丝绸之路的开通，促进了佛教的东传。佛教由印度西北部，东逾葱岭，沿着丝绸之路传入中国内地。但最初来中国的传教者，基本上都是笃信佛教的中亚各国的西域僧侣。据北大学者季羡林先生考证，汉地最早的佛经并不是直接从梵文翻译过来的，而是经中亚古代语言转译的。同时，由于所翻译的经典，大都是口译，而且是按照西域的思想习惯，中国人不易接受。结果，初期佛经的原本在经过西域各地的间接输入后，不是经本不全就是传译失真，在流传过程中常常产生自相矛盾的现象。佛教盛行后，一些佛教徒想要改变这一状况，于是决意西出阳关，发起西行求法运动，由此揭开了中外佛教文化新的一页。在佛教盛行的两晋和唐代，西行求法的人络绎不绝。据义净《大唐西域求法高僧传》所列就有近60人。但在古代生产力水平低下、交通极不方便的情况下，从我国内地到印度无论是走陆路还是海路，都需要经年累月，历尽千辛万苦，甚至付出生命的代价。据佛教史传的记载，在成百上千的求法高僧中，真正能够幸存下来、学成而归的，只是少数人而已。这样看来，玄奘大师应该是这幸运的少数人中最成功的一位了，而不一定是第一人。

那么，如果玄奘不是，谁又是西天取经的第一人呢？根据现存的史料来看，一般认为三国时代的朱士行应当是我国最早西行求法的人。他是三国时魏国的僧人，原籍颍川（治所在今河南禹州）。朱士行少年时出家，嘉平(249～253)年间，开始依羯磨法受戒成为比丘。他在出家后就埋首研读经典。在洛阳讲《道行般若经》的时候，他常常感觉到口译的经文文句艰涩不说，有很多又被删略，很难理解，因此就希望去西域寻找原本。魏甘露五年(260)，朱士行从长安出发，历尽艰险，终于到达当时大乘经典集中的地方于阗（今新疆维吾尔自治区和田一带），

玄奘像

经过 20 多年，才找到了原本梵文的《放光般若经》40 章，大概 60 多万字。原本希望能立刻将写好的经文送回国，但由于当地学徒的阻挠，直到西晋太康三年 (282) 才由他的弟子弗如檀（汉语译作法饶）等 10 人送回洛阳。元康元年 (291) 由无罗叉和竺叔兰等译出，计 20 卷。而大师朱士行却终身未能回汉地，80 岁病死于阗。虽然他所求得的经典只有《放光般若经》一种，译文也不算太完整，但在当时还是产生了很大的影响。有很多的学者如帛法祚、支孝龙、竺法蕴、康僧渊、竺法汰、于法开等，都通过《放光般若经》来弘扬般若学，更有后人假托其名作《朱士行汉录》，可惜在隋初连假托之作也已经散佚。但自朱士行后，西行求法的僧侣一时涌起，从三国到唐代，络绎不绝。只是成功者实在是微乎其微，史册上也无多记载。

"路漫漫其修远兮，吾将上下而求索"，也许正是这种为了寻求真理而不顾一切的坚强信念才给了前人那么大的动力，让他们心甘情愿前仆后继，为了取得真经而踏上充满荆棘的西行路。也许正是这样一种为了真理而不顾一切的执着精神才造就了这个民族雄汉盛唐的伟大文明吧。

"杯酒释兵权"之谜

"陈桥兵变"后，宋太祖赵匡胤登上皇帝宝座，为了巩固自己九五之尊的地位，将权力集中于自己一人之手，在赵普的劝说下，以"杯酒释兵权"夺去诸位功臣手中的兵权，从而将兵权牢牢控制在自己一人手中。这便是历史上有名的"杯酒释兵权"事件。长期以来，人们对此事件的真实性一直未加怀疑，但到 20 世纪 40 年代，某些学者考虑"杯酒"一事是否真有其事。这些年来，又有好些学者用不同的方式对"杯酒"一事提出质疑，认为此事"漏洞多多，难以置信"。其实，"杯酒"一事虽然在某些细节的记载上夸大其词，但后人也无法胡编乱造。作为一桩历史事件来说，确有其事。这些大事的进程，必定要有许多严谨、正规、周密的操作程序，不会是喝完一杯酒就发生的事情。但毫无疑问的是，它们又的确是通过杯酒一席间，创造出一种平和、智慧、诚挚的政治氛围的。所谓"杯酒释兵权"就是在如此的氛围中发生的一幕历史剧。

关于"杯酒释兵权"的史书记载，内容基本相同，下边摘录的是袁了凡、王凤洲合著的《纲鉴合编》中的一段：

一日因晚朝，与石守信等饮酒酣，屏左右，谓曰："朕非卿等不及此（石守信、高怀德、王审琦等是陈桥兵变的主要参与者）。然天子亦太艰难，殊不若为节度使之乐，朕终夕未尝安枕也，居此位者，谁不欲为之。"守信等顿首曰："卿等固然，其麾下欲富贵何？一旦有以黄袍加汝身，虽欲不为，其可得乎。"守信等泣谢曰："臣等愚不及此，陛下哀矜，指示可生之途。"帝曰："人生如白驹过隙。所以好富贵者，不过欲多积金钱，厚自娱乐，使子孙无贫乏耳，卿等何不释去兵权，出守大藩，择便好田宅市之，为子孙立永远不可动之业，多买歌儿舞女，且夕饮酒相欢，以终其天年。朕且与卿等约为婚姻，君臣之间两无猜疑，上下相安，不亦善乎。"守信等皆谢曰："陛下念臣等至此，所谓生死人而肉白骨也。"明日，皆称疾乞罢典兵，赐赉甚厚。如此安排，不但使石守信等高级将帅在一失（失去兵权）一得（与皇室联婚）中不会产生某种失落，更重要的是，使他们消除了一种将要被杀掉的猜疑，进而以另一种要进时就进，要退时就退的心态，在新的时代环境中适应各种阶级地位。值得一提的是，这批将帅虽然在"杯酒释兵权"中被解除了军权，调往各地为节度使，但统一战争一发生，他们当中又有不少人根据战情所需调回军队。

　　"杯酒释兵权"这种缓和的方式，既比较理性地缓解了皇帝与开国功臣之间的冲突，又使君臣之间保持了一种亲戚关系，使他们的关系更为亲密。"杯酒释兵权"就其直接意义而言，一是预防了禁军将帅内部钩心斗角，用兵权发动政变，重演"陈桥兵变"的史实；二是解决了开国将帅居功自傲、滥用职权的问题。因此，"杯酒释兵权"的成功，奠定了宋初政局的稳定基础，使北宋避免了重蹈五代短命王朝的覆辙。值得注意的是，"杯酒释兵权"意味着武人干政的终止，开启了偃武兴文之机。从政治的意义上看，"杯酒释兵权"所解决的，是中国封建王朝统治中的一个最难解决的问题——如何解决皇帝与开国功臣之间的矛盾。自建隆二年（961）七月后，绝大部分身为开国功臣的禁军将帅，既被降了官职，又保持了同皇帝的亲密关系。这表明，宋太祖与功臣宿将的矛盾已经融合在一种较为宽缓、平和的氛围之中了。

"烛影斧声"与宋太祖之死

　　赵匡胤于960年发动陈桥兵变，黄袍加身，做了17年皇帝，到976年便撒手归西了，正史中没有他死亡的明确记载，《宋史·太祖本纪》中的有关记载也只有简单的两句话："帝崩于万岁殿，年五十。""受命杜太后，传位太宗。"因此他的死一直是一个不解之谜，为历史留下了又一桩悬案。

赵匡胤像

　　文莹的《湘山野录》中记载，开宝九年（976）十月，那天天气极为寒冷，宋太祖赵匡胤急唤他的弟弟晋王赵光义进入寝宫，宋太祖斥退旁人，只留下他们两人自酌自饮。酒过三巡，已是夜深了，他见晋王赵光义总是躲在后边，极其害怕，自有几分得意。见殿前雪厚几寸，便用玉斧刺雪，还不时对他弟弟说："太容易了，真是太容易了。"当夜赵光义依诏没走，留宿于禁宫。第二天天快亮时，禁宫里传出宋太祖赵匡胤已经死了的消息。赵光义按遗诏，于灵柩前即皇帝位。

　　历史上所谓"烛影斧声"的疑案就指此事。有人认为"烛影斧声"也许不是疑案，只是晋王赵光义戏

— 021 —

兄夺位的借口。宋太祖安排后事是宋朝的国家大事，不可能只召其弟单独入宫，并且赵光义又在喝酒时退避。用玉斧刺雪，这正是赵匡胤与赵光义进行过争斗的状态，晋王一狠心杀死宋太祖。要是不这样写，这段史料也许会被封杀。

不过，关于光义戕兄的原因，史书上另有一种说法。《烬余录》称，赵光义很喜爱已归降的后蜀主孟昶的妃子花蕊夫人费氏。孟昶死后，花蕊夫人被宋太祖赵匡胤纳为自己的妃子，而且特别宠爱。赵匡胤因病卧床，深更半夜时赵光义胆大妄为，以为宋太祖已熟睡，便趁机调戏花蕊夫人，可没想到太祖惊醒，要用玉斧砍他，等到皇后、太子赶到之时，赵匡胤已经只剩一口气了。赵光义趁机逃回自己的王府，第二天太祖赵匡胤就驾崩了。由此可知，赵光义趁夜黑无人、赵匡胤昏睡不醒的时候调戏他觊觎已久的花蕊夫人，谁知赵匡胤突然醒来，也许是他盛怒之下欲砍赵光义，可是因为病体虚弱，体力不足，未砍中赵光义。赵光义觉得自己只有死路一条，不管用何种方式都不能取得其兄的原谅与宽恕了，预料到自己将会死得很惨，于是一狠心便杀死了自己的同胞兄弟，然后慌忙逃回府中。宋太祖赵匡胤是病怒交加而死，还是他弟弟杀死的呢，谁也不知其详。不过十分清楚的是，赵匡胤之死与其弟赵光义当夜在皇宫内院的行为有一定的关系。

对于这个疑案，也有一些人为赵光义开脱罪责，司马光的《涑水纪闻》记道："太祖初晏驾，时已四鼓，孝章宋后使内侍都知王继隆召秦王德芳；继隆以太祖传位晋王之志素定，乃不召德芳，径趋开封府召晋王。见医官贾德玄坐于府门……乃告以故，叩门与之俱入见王，且召之。王大惊，犹豫不敢行，曰：'吾当与家人议之。'入久不出。继隆促之曰：'事久，将为他人有。'遂与王雪下步行至宫门，呼而入……俱进至寝殿。宋后闻继隆至，曰：'德芳来耶？'继隆曰：'晋王至矣。'后见王愕然，遽呼官家曰：'吾母子之命，皆托于官家。'王泣曰：'共保富贵，无忧也。'"从这一记载来看，宋太祖赵匡胤过世时，他弟弟赵光义并不知晓，也没在宫中待过，似乎可以洗去"烛影斧声"的嫌疑了。

但是，赵光义即帝位，赵匡胤的长子德昭于 979 年被迫自杀、次子德芳又于 981 年无故而死来看，宋太宗赵光义还是摆脱不了"烛影斧声""戕兄夺位"的嫌疑。

狸猫换太子的真相如何

包拯于北宋仁宗皇帝时期在朝为官，因其公正无私被世人誉为"包青天"。广大老百姓有什么冤案、屈案都希望能由包青天来审理，"包青天"美名千古流传，他也的确是审理了一些重要的案件。传说中"狸猫换太子案"便是由包拯审理的。

据传，有一天包拯经过一地，有一位双目失明的老太太告状。包公见此婆口呼包卿，自称哀家，平民如何有这样口气？只见老太太眼中流泪，便将以往之事，滔滔不绝述说一番。原来，这位双目失明的老太太是当今万岁的亲娘，当初他生下仁宗时，被忌恨她的刘妃陷害。刘妃抱走仁宗，让自己手下太监郭槐去找了一只剥了皮的狸猫，对着皇帝说是李妃产下的怪胎。盛怒的皇上将李妃赶出后宫，李妃因而流落到此。后来，李妃同众人一起返京。因为"狸猫换太子案"事涉宫廷，所以审理起来必须要十分周密。包拯考虑了一番，决定分两步来审理此案。

先是让仁宗生母李后去见以前自己的好姐妹狄后，让狄后向仁宗提起此事，使仁宗深信不疑；接着就是最关键的第二步，使郭槐招供。郭槐是当初"狸猫换太子"一案的主谋，他是受了刘后的指使，但因为对刘后十分忠诚，死不招供。于是，足智多谋的包拯与公孙策就想出了一个办法，用鬼魂吓唬郭槐。所谓的鬼魂，是公孙策派人到勾栏院找来的妓女。寇承御是当初在"狸猫换太子"案中被害的一名奴婢，包拯让找来的妓女假扮她。同时，营造出一种阴间的凄凄惨惨的气氛。郭槐吓得魂不守舍，就将当初犯下的罪行招供了。就这样，案件顺利审理了。

五殿阎罗王　明

此图描绘了阴曹地府阴风惨惨的情景，据载包拯就是设计了这样一个场面，吓得郭槐如实招供。

《宋史》则另有一说。说李宸妃本是刘德妃的侍女，她怀孕时，刘妃已被立为皇后。刘妃请皇帝把李宸妃产下的儿子立为己子。为了弄假成真，将孩子从李妃怀里夺走，割断母子联系。后来，李妃儿子赵祯继位。天圣九年（1031），李妃得重病，次年去世，刘妃暗中吩咐以一品礼安葬李妃，以免以后赵祯知真相后怪罪自己。当时的宰相吕夷简又暗中吩咐内侍押班罗崇勋，给李妃穿皇后装入殓，并用水银宝棺。1033年，刘妃也去世，赵祯才知真相，准备杀戮刘府家人，但被宰相吕夷简劝阻。

综上所述，刘妃到底用什么方法把赵祯收为己子不得而知。

还有令人费解的是，赵祯登基之后九年间，李宸妃为什么会缄口不言，一直到死？这给世人留下一个谜。

王安石变法失败之谜

列宁曾称赞王安石是中国11世纪的改革家。然而其领导的"熙宁变法"来得快，去得也快，这其中的是非功过也只能留与世人评说。王安石（1019～1086），字介甫，晚年自号半山，抚州临川（今江西临川）人。他自幼读经学文，由于才华横溢，少年时已扬名当地。朋友建昌（今江西南城）名士曾巩把他的文章推荐给欧阳修，欧阳修大加称赞，后来他考中了进士科上第，封为淮南判官，从此开始了他的仕宦生涯。

在做了多年地方官之后，朝廷对他屡加提拔。嘉祐五年（1060）五月，王安石被任命为三司度支判官。他对当时宋朝皇帝上了一封万言书，规劝皇帝变法革弊，但是没有引起相当的重视。到了宋神宗即位，王安石得到重用，被任命为知府，后被擢为宰相。至此，王安石开始进入宋朝权力核心，并开始准备变法。

由于变法与当时的社会形势十分符合，王安石成了宋神宗时期一场大改革的策划人。"王安石变法"在当时产生了很大影响，但可惜的是，这场变法失败了。

变法的本意虽好，但是在执行过程中出现了太多失误。一石激起千层浪，变法在统治集团内部掀起了轩然大波，遭到当时皇族、元老重臣的反对，最后只得停止。但令人奇怪的是，当时提出取消变法的理由居然是"天灾"，说是因这场变法使老天爷震怒，因而不降甘霖，使人民饱受旱灾之苦。这种理由当然不足为信。之所以会有这么荒唐的结论，都是因为一个叫郑侠的人。

担任光州司法参军的郑侠曾被王安石提拔，心存感激，决心尽忠报国，回报王安石的知遇之恩。任满后入京述职，王安石向他询问在州县所见所闻，郑侠道："青苗法、免役法、保甲法、市易法，以及边疆的军事状况，都不大妙，使在下心不能安。"王安石认为话不投机，便不再询问。郑侠改任为监安上门。安上门是汴京新城的城门，新城南门有三个，中有南薰门，东为宣化门，西面的为安上门。监安上门就是守门的门官。是年大旱成灾，颗粒无收，四方饥民，纷纷逃难来京城谋食，每日出入城者众多，以致堵塞道路。从城上看去，扶老携幼的、肩挑手提的络绎不绝。人人面黄肌瘦，个个衣不蔽体。还有的披枷戴锁，负瓦扛木，为官家服役偿债。郑侠将看到的情况请画工画了一幅《流民图》送呈神宗，并上疏说："去年大蝗，秋冬大旱，今春不雨，都是大臣辅佐不以道所致。"认为这都是新法造成的。其实在那种年头，遇上这样的大灾荒，什么法也免不了百姓流离。不过推行新法，便把灾难一股脑儿推在它身上，皇帝和官老爷们就能心安理得了。郑侠的做法正好说明了这个问题，所以马上被皇上接受。神宗反复看图，长叹不已。特别是那篇文章写得有情有理，实在感人。其中说："陛下南征北战，将士总是将战胜的情形画成图献给陛下，从来无人将百姓疾苦状况画成图献给陛下的。臣算是第一人。所绘之图为在安上门每日常见的景象，但这只是实情之万一。然而，图中的这一点点情景，足已催人泪下。陛下看图之后，若能批准臣的请求，废除新法，治新党诸人之罪，十天之内，若天不降大雨，请斩臣之头，挂在宣德门外，以正欺君之罪。"而青州滕甫也上书说只要皇上废尽熙宁二年（1069）以来所行新法，就会"民气和，天意解"。一时间，自宫廷到朝野就形成了一股以天命、天意剿灭新法的逆流。后人看到这里，必定会想：他怎么有如此大的把握？即便上天有灵，他怎知十天之内必降大雨？其实他不过是用自己的脑袋与新法做赌注罢了。这一招还当真把神宗震住了，使他深受感动，彻夜不眠。第二天便命开封府发放免行钱，命三司调查新法有何不便，命司农寺打开常平仓，赈济灾民，命暂停追还青苗钱和免役钱，废除方田法、保甲法等，总共采取了18项措施。据说民间为此欢呼庆贺，恰巧，这一天下了一场透雨。而新法也就此泡汤了。

其实，那种年头，遇上这样的大灾荒，什么法也免不了百姓流离。这不过是皇帝的一个借口而已，他要以此事平息旱灾之年老百姓的不满情绪。因此，新法成为众矢之的，新法的推行者成了替罪羔羊。这就是变法因为"天灾"而失败的原因了。

岳母刺字是否确有其事

　　南宋抗金英雄岳飞背刺"尽忠报国"四字，昭示爱国心迹，历来为人称道。但是岳飞背部的字究竟是何人所刺，《宋史》没有详细记载，民间流传有多种版本，一种说法是岳母刺字，激励岳飞报效国家。也有人考证说，岳飞背上刺字乃是宋朝兵制使然。岳飞背上的"尽忠报国"究竟从何而来，历史上仍然是一个未解之谜。

　　岳飞背上刺有"尽忠报国"，历史上确有其事，很有可能源自岳母鼓励儿子上战场的意愿，但不是岳母亲手所刺。《宋史·岳飞传》有记载，当岳飞入狱之初，秦桧等密议让何铸审讯。岳飞义正词严，力陈抗金军功，爱国何罪之有？并当着何铸面"裂裳以背示铸，有'尽忠报国'四大字，深入肤里"。浩然正气，令何铸汗颜词穷。

　　北京师范大学历史系教授游彪说，岳飞背上刺有"尽忠报国"四个字，历史上确有其事。但是这几个字究竟是因为什么缘故，在什么时候，由什么人刺的，史书上并没有确切的记载。

　　清人钱汝雯《宋岳鄂王年谱》卷一云："靖康初始见宋高宗，母涅其背'尽忠报国'。"是说岳飞背上的四个字系"母刺"所为。据考证钱氏撰此年谱，取材于《唐门岳氏宗谱》，此谱成书较晚，材料来源庞杂，不足为凭。游彪教授也认为，岳母刺字虽是民间流传的一个典故，但还是有一些历史依据的。在宋金打仗的时候，岳飞是在现在的山西平定一带当兵，岳飞是一个很忠孝的年轻人，他很担心家里年迈的老母亲，为了安顿好母亲，岳飞就从战场回到了家乡河南的汤阴县。

　　岳飞的母亲姚氏是一个农家妇女，识字的可能性不大，所以不可能亲手在岳飞背上刺上"尽忠报国"四个字。但极有可能的是，他母亲为了鼓励他放心去战场打仗，请人在岳飞背上刺的。

　　关于岳飞背部刺字还有一种说法。岳飞久怀报国之志，曾三次从军抗金杀敌。他于宣和四年（1122）19岁时第一次应募入伍，背部刺字大约是此时所为，因为北宋末年"刺字为兵"的制度仍在贯彻执行。所以岳飞在背部刺上"尽忠报国"四字明志。

　　游彪教授对此提出了不同的看法，他认为通过分析宋代的兵制，可以推断岳飞背上的字不是因为他当兵才刺的。

　　两宋时期，是中国历史上唯一一个国家正规军完全靠募兵的时代。汉唐和元明清都是实行征兵制，所谓征兵就是一种兵役，只要是国家的公民，都要被强行服兵役。两宋的募兵制则是国家从老百姓中招募士兵，国家出钱雇佣他们。所以宋代的军队都是国家花钱养的雇佣兵，人员来源比较复杂，游民、饥民和犯过法的人都可以应募入伍，这就加大了管理的难度。

从宋太祖赵匡胤开始，为了加强对军队的管理和控制，"刺字为兵"就成为了一种规范运作的制度，只要是应募入伍的士兵，都要刺字作为标记。赵匡胤认为应该把兵和民分开，兵民分开控制，有利于国家的稳定，有利于皇帝的统治。南宋人牛弁《曲洧旧闻》也说："艺祖（即宋太祖）平定天下，悉招聚四方无赖不逞之人，刺字以为兵。"据古书零星记载，一般是取"松烟墨"，入管针（类似于管状针头）画字于身，直刺肌肤，涂以药酒即成。

岳飞刺字的内容和部位，都不符合宋代士兵刺字的规定。宋代有两种军队需要刺字，一种是禁军，就是国家的作战部队；一种是厢军，相当于现在的工程兵，国家的大型公共工程，比如修桥铺路等，都是由厢军来完成。禁军和厢军都有各自固定的番号，为了便于识别和管理，士兵刺字的内容基本上都是各自所属部队的番号，不会是其他的内容。这样使得士兵不能随心所欲地流动和逃跑。

还有牢城兵，比如说《水浒传》里面的林冲，他犯罪之后被发配到沧州当兵，这种兵是带有徭役性质的，也会刺上诸如牢城第几指挥之类的标记。

所以游彪教授说，从岳飞背部刺字的内容 ——"尽忠报国"来分析，不可能是他应募当兵的时候刺上去的，而且刺字的部位也不符合宋代的规定，宋代给士兵刺字叫作黥面，最开始刺在脸上，人为地把士兵和社会普通阶层分开，这对士兵是一种歧视。

宋代是一个重文轻武的社会，武将的社会地位十分低下。文官尤其是进士出身的人，社会地位都很高，武官则受到严重的社会歧视。因为当时就是一个尚文的时代，连军官都受到歧视，更不用说普通的士兵了。当然也不乏有开明的士大夫提出自己的看法，认为这种歧视士兵的做法并不太好，希望做一些必要的调整。后来有很多刺字就改刺在手臂、手心、手背或者是虎口上了。 而且给士兵刺字的目的是防止士兵逃跑或者犯法，便于管理和控制，所以才会选择刺在脸上和手心手背这些相对明显的地方。如果像岳飞那样刺在背上，太隐蔽了，根本没有任何标识作用。所以这也说明岳飞背部的"尽忠报国"不符合"刺字为兵"的募兵制度。

现在也有一些关于岳飞的史料记载，把"尽忠报国"写作了"精忠报国"。游彪教授认为这很可能和宋高宗有关系。岳飞在对抗金兵入侵的战斗中，立下了赫赫战功，为了表彰岳飞，当时的皇帝宋高宗御赐了"精忠岳飞"四个字给岳飞，并且让手下人做成了一面写有"精忠岳飞"的旗帜。以后凡是岳飞出征的时候，都会带上这面写有"精忠岳飞"的大旗帜。到了明清以后，"尽忠报国"就变成了"精忠报国"，这实际上是明清人的误解。

游彪教授说，明清时期，把"尽忠报国"变为"精忠报国"，更多的是在宣扬一种帝权，因为"精忠"这两个字是宋高宗御赐的。想要激励当时的老百姓在国家危难的时候，发扬这样一种精忠报国的精神。实际上，在元朝的时候，蒙古人占统治地位，汉人的社会地位相对低下。到了明朝，尽管朱元璋建立起汉人统治的政权，但实际上明朝时期，外患仍然很严重，北方的蒙古势力很强大，所以在这种情况下，需要全体老百姓用这种"精忠报国"的精神来巩固和捍卫汉人的政权。所以"尽忠报国"就慢慢流传成了"精忠报国"。

马可·波罗是否来过中国

马可·波罗是中国历史上家喻户晓的人物，是沟通东西方文化的圣人，他的《马可·波罗游记》在人类旅游史上享有盛誉，在《马可·波罗游记》中他讲述了自己神奇的中国之旅以及他返回意大利的经过，并详细地描绘了中国的繁华与富饶。

马可·波罗于1254年出生于意大利威尼斯市一个商人家庭，是有史可载访问中国的第一个西方人。马可·波罗17岁时，他的父亲带他一起去中国，于是，雀跃万分的马可·波罗跟随他的父亲、叔叔出发了，他们由古丝绸之路东行，经过叙利亚、两河流域和中亚细亚，越过帕米尔高原，经过三年跋涉后，于1275年到达元朝皇帝避暑行宫所在地上都（今内蒙古正蓝旗境内），拜见了元世祖忽必烈。他们在中国居留了17年，游历了中国的许多地方，他的观察力和记忆力相当惊人，他对不同地区的物产的观察非常细致；他很关注各个地方的商业活动、经济水平、风土民情、宗教信仰等；对所到之处的地形和交通状况的记载也很详细。不过，马可·波罗也爱夸大其词。1292年马可·波罗离开中国并于1295年回到威尼斯。不久后，发生了意大利西部城市热那亚的海战，威尼斯舰队战败，马可·波罗被俘入狱。在狱中，他口述东方见闻，由狱友鲁斯蒂凯洛记录成书，这本书就是著名的《马可·波罗游记》。

但是，对于马可·波罗在《马可·波罗游记》中谈到的中国之行，历来遭到人们的怀疑和讽刺。有人认为马可·波罗根本没有到过中国，《马可·波罗游记》不过是为传教士和商人利益编出来的传奇故事，是道听途说或抄袭一些阿拉伯人著作而来的；没有任何证据可以证明马可·波罗确实在中国旅居过，只不过是他的一些故事和当时的一些历史事件相符而已。

征税图

此图选自意大利马可·波罗（1254～1324）所著的《世界奇观》，描绘的是忽必烈的税吏征税的情景。蒙古统治者征收的最重的税种有盐税、糖税和煤税。

为什么《马可·波罗游记》中没提到茶叶、女人的缠足、印刷书籍以及长城等这些在中国人的生活中占有极大地位的事物呢？为什么没提及汉字和筷子的使用呢？为什么浩如烟海的中国文献没有记载马可·波罗的活动呢？此外，还有许多学者补充了《马可·波罗游记》的不确之处：记录成吉思汗死亡以及其子孙世系的关系有诸多失误之处；攻陷襄阳城、襄阳献新炮法的情况有可疑之处；马可·波罗在扬州做官三年也不足信；等等。

但是，几乎中国所有的元史和蒙古史研究者都认为马可·波罗到过中国，在这方面研究贡献最大的是杨志玖教授，他在《永乐大典·站赤》里发现了一篇十分重要的元代公文，记载了西亚蒙古伊利汗国的使团准备从泉州下海归国的事情，其中最引人注意的是史籍中波斯使臣的名字和返回时间与《马可·波罗游记》中马可·波罗所记录的完全一致。虽然公文里面没有提到马可·波罗的名字，但很有可能是当时马可·波罗在元朝的职位不太高。至于《马可·波罗游记》中没有提到筷子、茶叶、长城等，则是因为：第一，马可·波罗的口述不可能面面俱到，他没受过高等教育，著书环境是监狱，而且又是狱友记录的，难免会有漏处；第二，马可·波罗不提茶，很有可能是当时的蒙古人和色目人也不喝茶，而是喝马奶、葡萄酒和果子露；第三，马可·波罗很少接触汉族人，他也不识汉字，所以文中并没有提到汉字书法和印刷术。

究竟哪种观点最可信，马可·波罗到底有没有来过中国，看来还将成为一个长期存在的疑案。

明初"胡、蓝案"真相如何

谚语云："敌国灭，谋臣亡。"明朝建立以后，朱元璋从巩固自己政权的角度出发，不惜采取流血手段，大杀功臣，于洪武十三年（1380）杀丞相胡惟庸，洪武二十六年（1393）又杀了功臣蓝玉，并涉及到蓝党、胡党，约4万人受到牵连，这就是历史上的"胡、蓝党案"。

据《明史》记载，从洪武十三年到洪武二十六年的14年之间，他几乎将军中勇武刚强之将和明初的开国功臣谋杀殆尽。其株连之广，手段之烈，可谓亘古未有。

其实胡惟庸本没有什么重要功绩。他是定远人，早年曾在元朝做官。龙凤二年（1356），朱元璋到达和州时，他才投奔而来。

洪武六年（1373）七月，朱元璋任命胡惟庸为中书左丞相。当了丞相之后，胡惟庸倚仗自己的权力和地位为所欲为，完全不顾别人的利益，甚至连皇上也不放在眼里，他的这种做法，直接危及皇权的利益，这是朱元璋绝对不能允许的。朱元璋对此事早有察觉，为了削弱胡惟庸的势力，防患于未然，便采取了一些措施。洪武十年（1377）五月，他召李文忠与李善长共议军国要事，将胡惟庸排斥在外。九月，又将中书省衙署内的佐理官全部调走。洪武十一年（1378）九月，又命令六部所属诸司"奏事毋关白中书省"，从根本上切断上中书省与六部诸司及地方官员的联系，使中书省成了一个空架子，同时也大大削弱了胡惟庸中书省丞相的权力。

明太祖朱元璋像

胡惟庸也非等闲之辈，他清楚地知道，朱元璋这一招完全是冲他来的，但他绝不是那种轻易臣服的人，不久便与中丞涂节、御史大夫陈宁等人策划谋反。

　　谋反尚在计划中，不料朱元璋已先发制人。经过一番审讯，朱元璋在《昭示奸党录》中宣布胡惟庸犯有"窃持国柄，枉法诬贤，操不轨之心，肆奸欺之蔽，嘉言结于众舌，朋比逞于群邪，蠹害政治，谋危社稷，私通日本、蒙古"等罪状，下令赐胡惟庸与陈宁死刑，株连三族并诛涂节，余党皆连坐而死。被杀的胡惟庸的党羽共有1.5万余人。

　　洪武二十六年（1393）因大将军蓝玉专横跋扈，被告谋反，朱元璋又兴起了"蓝玉之狱"。

　　洪武二十五年（1392）八月，蓝玉的亲家、靖宁侯叶升因胡案被杀。蓝玉担心叶升的同僚把他给招出来，怕被朱元璋治罪，便想先发制人，起兵谋反，于是便与心腹密谋策划，决定在第二年的二月十五日朱元璋外出时起事。洪武二十六年（1393）二月初，离蓝玉计划谋反的日子不远，早已有所察觉的锦衣卫特务做好了逮捕蓝玉的准备。二月初八日，蓝玉入朝，立刻被逮捕，10天后就被处死，其家人亦全部被杀，朱元璋又借此机会除掉了功臣、文武大官2万人。

　　经过"胡、蓝案"，明初的元勋宿将被消灭殆尽。朱元璋下令将案犯的口供编辑成册，胡案有《昭示奸党录》，蓝案有《逆臣录》。"胡、蓝案"是朱元璋加强中央集权的一种措施。朱元璋是贫民出身，他和胡、蓝等人一起出生入死开辟江山时地位是平等的。但封建政体要求把当上皇帝后的朱元璋神圣化，而许多功臣大将从心理到行为都没有适应这种剧变，并且明初的诸多功臣在平定天下后成为新贵，占有大量田宅，政治上和经济上都与皇室统治发生了矛盾。像胡惟庸的"擅权挠政"，蓝玉的"进退自恣"都是专制皇帝所不能容忍的。

　　另外，朱元璋也是为其后代能坐稳江山而考虑的。他当时面临的是子弱孙幼的情况，需要消除有可能威胁后世皇帝的势力。正是这些因素使他大开杀戒。"胡、蓝案"便是绝对皇权的产物。

明"红丸案"幕后主使是谁

　　明代末年，宫廷接连发生离奇的三大案与神宗、光宗、熹宗祖孙三人密切相关，也和朝廷派系斗争紧紧纠缠在一起。三案成为明末政坛关键，各种势力纷纷介入，案件无法正常审理，因此变得扑朔迷离。著名的"红丸案"便是其中之一。

　　泰昌元年（1620）八月二十九日，在乾清宫，明光宗召见辅臣方从哲等13员文武大臣。诸臣向皇帝请安过后，皇帝开始询问册立皇太子之事。方从哲说："应当提前册立皇太子的日期，完成贺礼，皇上也就心安了。"光宗又让皇长子出来见大家，看着他对大家说："你们日后辅佐他，务必使他成为历史上尧舜那样的圣帝贤君，朕也就心安了。"方从哲等人还想说什么，光宗却开始问道："寿宫（神祠墓地）修没修好？"辅臣回答说："先帝陵寝已经修好，请皇帝放心吧！"光宗指着自己说："那就是朕的寿宫吗？"方从哲等人齐声回答："祝皇帝万寿无疆。"皇上仍然叮咛不止，反反复复，语无伦次，最后上气不接下气地哭泣着说："朕已经自知病重，难以康复，或者不久于人世。"说到这里，已是气息奄奄，用颤抖的手勉强挥一下，让众臣退朝，方从哲留下。

皇上问方从哲道："有鸿胪寺官（掌礼仪之官）要进药吗？人在哪儿呀？"方从哲回答说："鸿胪寺丞李可灼，说有仙丹妙药，臣下不敢轻信。"皇上听后，命宫中侍人立即传唤李可灼到御前，给皇帝看病诊脉，等他谈到发病的原因以及医治的方法时，皇帝非常高兴，命令进药，让诸臣出去，并令李可灼和御医们研究如何用药，一直定不下来，辅臣刘一燝说："我有两乡人同用此丸，一个失效，一个有效，此药并非十全十美。"礼部官员孙如游说："这药有用与否，关系极大，不可以轻举妄动。"没过多久，又有一位老奶妈来到御前，向皇帝问安。皇上催促众人配药，诸臣又回到御前，李可灼将药物调好，进到皇上面前，皇上从前喝汤都喘，现在服了李可灼的药，就不再气喘了。皇上反复地称道李可灼忠心可鉴，诸臣在宫门外等候。约一个时辰过后，有宫中内侍急报说："圣上服药后，四肢温暖，想进饮食。"诸臣欢呼雀跃，退出宫外。李可灼和御医们留在宫内。

到了傍晚，方从哲放心不下，又到宫门候安，正遇见李可灼出来，急忙打听消息。李可灼回答说："服了红丸药，皇上感觉舒畅，又怕药力过劲，想要再给服一丸，如果效果好的话，圣体就能康复了。"诸医官认为不宜吃得太急。但皇上催促进药非常急迫，众人难违圣命。众臣即问服药后的效果如何？李可灼说："圣躬服后，和前一粒感觉一样安稳舒适。"方从哲等人才放心离开。

谁曾想次日早晨，宫中紧急传出圣旨，召集群臣速进宫。一时间，各位大臣等慌忙起床，顾不上洗脸漱口，匆匆地穿上衣服，急奔宫内。但是当群臣将要跑入宫中时，就听传来一片悲哀哭号之声，明光宗于早晨归天了。这是大明泰昌元年（1620）九月初一日。

对于这突如其来的变故，满朝舆论哗然。在感到惊愕的同时，人们联想到新皇帝登基一个月来的遭遇，不约而同地都把疑点转到了郑贵妃身上。郑贵妃给太子献美女，指使崔文升进药，大家有目共睹，但李可灼是否受她指使，却没有实据。本来，光宗当时已病入膏肓，难以治愈，但因为吃了江湖怪药，事情就变得不简单了。最后，此案不但追查到郑贵妃，而且方从哲也被迫辞职，李可灼被充军，崔文升被贬放南京。但究竟幕后有主使吗？到底是谁？现在也不得而知。

李自成为何要杀谋士李岩

明末爆发了李自成农民起义。在李自成的起义队伍中，有一位著名的谋士李岩，他提出"迎闯王，不纳粮"的口号，为起义部队赢得了民心。对李岩的结局，《绥寇纪略》中做了记载：定州失败后，有人说河南全境都向明朝军队投降了。李自成大惊失色，同部下商议对策。李岩主动请缨，愿意亲率两万精兵，赶到中州，附近的郡县一定不敢再轻举妄动，就是有敢暴乱者，也能及早收拾它。另一谋士牛金星要闯王答应李岩的请求，闯王当时没有回答。不久，闯王恐怕李岩另有所图，这时牛金星向闯王进言，要寻找机会除掉李岩，得到闯王首肯。第二天，牛金星以李自成的名义召李岩到军营中饮酒，安排伏兵在营中隐蔽处，李岩和他的弟弟李年同时被擒杀。

李自成称王版画

这段记载虽有首有尾，但对李自成杀害李岩的原因交代得并不清楚。"恐怕李岩另有所图"究竟是何意？也许从李岩的身世能看出一点端倪。据正史记载，李岩原名李信，河南杞县人，明朝兵部尚书李精白之子，参加科举考试得中举人。因为力劝当地官府停征苛捐杂税，并拿出家中存粮赈济灾民，得罪了地方政府和豪绅，被捕入狱。李自成部队攻破杞县时，被救出狱，因而投降李自成，后因功绩被封为将军。从史料记载看，李岩出身于显赫的家族，与农民起义军本来就是不同的阶级出身。开始时他可能因为才能而得到李自成赏识，但李自成终究是农民出身，有其阶级保守性。后来李岩越是显露才华，他越是不高兴，甚至怀疑有一天李岩会取自己而代之，因而动了杀机。

当然，这样解释李自成为什么杀害李岩不足为据，仅仅是猜测之辞。

吴三桂"一怒为红颜"吗

明朝崇祯十七年(1644)春天，李自成率农民军攻占了北京，崇祯帝在景山自尽。此时辽东总兵吴三桂拥重兵驻扎在山海关。北面是南下的清兵，南面是提兵挺进的大顺军队。吴三桂的进退将对当时的战事起到近乎决定性的影响。最后，吴三桂选择了降清之路。于是吴三桂与李自成双方在山海关附近激战之时，关外的清军突然出现，攻击李自成军，李自成军措手不及，败绩而退。吴三桂引清军入关后，在清朝军事统一中国的过程中，立下了"汗马功劳"。那么吴三桂为什么投降清朝？是真心投降清朝吗？后代史家对此议论纷纷。

第一种说法是为了陈圆圆。

吴伟业（号梅村）在《圆圆曲》中写道："恸哭六军皆缟素，冲冠一怒为红颜。"这两句诗生动地揭示了吴三桂投降清朝的心态。"缟素"是为死去的崇祯帝戴孝，"红颜"自然是吴三桂的爱妾陈圆圆。

明朝末年清兵攻打到锦州，吴三桂在崇祯的命令下奔赴北方前线。由于明朝制度军中不能携带姬妾，所以吴三桂只能让陈圆圆留在北京。不料，李自成的起义军很快就攻进了北京城，吴三桂之父吴襄也投降了闯王的军队。当时吴三桂率领的军队乃是当时号称为"关东铁骑"的数万精兵，李自成和清朝都急于得到他。吴三桂自己则持观望态度，迟迟没做出决定。在这个关节上，李自成军队的一个将领刘宗敏听说了陈圆圆的美貌，便想要得到她。于是这位将领抓来吴襄，拷问陈圆圆的下落，并带兵到吴三桂的府上带走了陈圆圆。这个消息传到了吴三桂的军帐，吴三桂勃然大怒，拔剑斩案曰："大丈夫不能保一女子，何面目见人耶？"于是转而向清乞兵，使六军披麻戴孝，打着为大明王朝的崇祯帝报仇的旗号，带兵打入北京。就这样，吴三桂投降了清朝，成为了清王朝统一中原的开路先锋。接下来，他又引兵进攻李自成，接受清朝官爵，镇压大顺、大西政权，追杀南明政权永历帝，俨然是清王朝的一员猛将。

吴伟业的《圆圆曲》一出，吴三桂"冲冠一怒为红颜"的降清原因，几乎成为定论，但是有人提出了异议。他们指出，吴三桂降清不可能起因于陈圆圆被掠。对于一个帝王将相来说，女子不过是他们的玩物而已。陈圆圆虽然美貌，但是她不过是妓女出身，不过是被别人当作是礼品送来的政治投资。像吴三桂这样一个聪明的人，怎么可能为了她而确定自己的重大政治决策？从刘宗敏这方面讲也是不合情理的。刘宗敏是一个忘我投身李自成事业的人，是李自成手下的忠实部属，甚至曾经在危难的时候杀掉了自己的妻子追随李自成。他不会不明大义，为了一个女子而影响大顺政权前途。之所以会有吴三桂为陈圆圆而降清的说法，一方面是人们对吴三桂降清的讽刺贬斥，另一方面也可能是后人对此事的附会加工以及文学创作上的需要。

二是为父报仇说。

根据《辽东海州卫生员张世珩塘报》记载，当时李自成的军队实行了一项追赃助饷的政策，对明王朝的大小官吏严加拷讯，逼要银两资助军队。吴三桂的父亲、明朝遗臣吴襄，本来已经归顺大顺，然而也被捉拿拷打，强逼交银，"止凑银五千两"。后吴三桂得悉父亲被大顺军拷打将死，怒不可遏，于是放弃了本要投靠李自成的计划，转而投靠清朝，决计灭大顺，为父雪仇。

但是有学者认为此说不实。《明季北略》记载，吴襄投降大顺后，曾经充当说客，写信给吴三桂劝他降大顺。吴三桂对此非常生气，并因此声称断绝父子关系，说"儿与父诀，请自今日。父不早图，贼虽置父鼎俎之旁，以诱三桂，不顾也"。后来，当起义军以他全家性命相威胁的时候，吴三桂也同样置之不顾，结果全家三十多口人被杀。这样的一个人，可能为父报仇吗？他不过是为了自己的安全和帝位罢了，为父报仇不过是一块遮羞布而已。

第三种说法是说吴三桂投降清朝乃是出自阶级的本性。

李自成所率的农民起义军在进入北京后，基本保持着农民起义军本色。吴三桂也许曾经有过投靠李自成的想法，但是那不过是为了保全自己利益的政治投机罢了。尤其是当他知道李自成的军队在北京城内拷掠明朝降臣后，他对李自成的幻想就完全破灭了。而清朝对他则会是高官厚禄，他出于其大官僚地主阶级的本性，为维护本阶级利益，保证自己的荣华富贵，也必然会做出投降清朝的选择。

也有人认为，吴三桂并没有真心投降清朝，只是无可奈何之下的权宜之计。

当时的吴三桂虽然握有重兵，但是他的兵力在李自成和清兵面前也不过是微弱的力量。形势让他必须在两者之间做出选择。实际上，在引清军入关前，吴三桂是一贯坚持抗清的，吴三桂曾经多次严拒了明降清将领的劝降。在李自成攻逼下准备联清时，他写信给多尔衮只说在攻灭大顺政权后，"我朝之报北朝者，将裂地以酬"，可见他只是想借兵联合，并无投降归附之意。山海关战后，清廷对吴三桂极不放心，吴三桂的力量也远远不能控制当时的局面。但是吴三桂在发布的檄文中，称："周命未改，仍是朱家之正统。"并且要求"凡我臣民为先帝服丧，整备迎候东宫"，为明王朝摇旗呐喊。此外，后来他还招揽奇才，广植党羽，训练士卒，囤积财货，为反清复明做了不少的工作，最后终于在1673年起兵反清。持这种看法的人指出，对吴三桂的降清如果简单地视为卖国投敌，无疑是站在了大汉族主义和明王朝的立场上，对于吴三桂是不公平的。

然而这种说法，始终很难得到世人的同情和认可。尤其是对于后来吴三桂的起兵反清举动，后世普遍认为那不过是因为康熙下令削藩，吴三桂自感自己的地位受到了严重威胁，丝毫不是为了明朝。看来，对于吴三桂投降清朝的原因还要继续地争执下去。

李秀成投降书是真是假

忠王李秀成，太平天国后期重要的领导人之一，同时也是太平天国人物评价上争议最大的人物之一。当太平天国的京城被清军攻破后，他不幸被湘军俘虏。被俘后的李秀成一改往日之英勇，竟然在曾国藩的囚笼里写下了长达五六万字的《亲供》，即后人所说的《李秀成自述》。这篇《自述》使李秀成成了一个晚节不保的叛徒，给自己从前十余年无所畏惧的征战历程抹了很大的污点。长期以来，很多人对李秀成进行口诛笔伐。但是很多学者对李秀成投降书的真伪问题提出了质疑，认为这个由清政府宣布的投降书是非常有争议的，而以此书来断言李秀成是晚节不保的叛徒，这显然有失公允。

李秀成真的是叛徒吗？李秀成的投降书是真的吗？

李秀成投降书的原稿在后世一直不为外界所知。当时李秀成被害后，曾国藩命人将他的《自述》删改、誊抄了一份上报军机处，这份誊抄的文本后来由九如堂刊刻，即所谓的"九如堂本"。至于原稿的去处，世传曾国藩既没有将其上交朝廷，也不肯公开示人，而是私下扣留，他的后人也对此讳莫如深，严加保管，对外人一概保密。当曾国藩的刻本问世后，人们就对其真实性提出了种种怀疑。

有人从根本上否认了这个投降书的真实性。如吟唎的《太平天国革命亲历记》一文说："1852年，在太平军占领南京以前，满清官方即已捏造一篇他们名为《天德供状》的文件，伪托是叛军领袖的供状，谎称他们俘获了这个领袖。《忠王自述》很可能也是同样靠不住的。这篇文件或为某个著名的俘虏所伪造（他可能因此而得赦免），或为两江总督曾国藩的狡猾幕僚所伪造。"吟唎认为李秀成投降书根本就是别人伪造的，甚至李秀成被俘虏一事也可能是伪造的。

1944年，广西通志馆的吕集义来到湖南湘乡曾国藩的老家，在百般请求下终于在曾家的藏书楼中阅读到了投降书的原稿，抄补了5000多字，还拍摄了14幅照片，之后根据这些文字和原来"九如堂本"的2.7万多字出版了《忠王李秀成自述原稿校补本》。罗尔纲先生根据吕氏的校补本和照片进行研究，写出了著名的《忠王李秀成自传原稿笺证》。

李鸿章克复苏州图 清
同治二年（1863）十月十九日，李鸿章亲督大军进攻苏州。二十日，娄葑等各门俱被攻下，李秀成带万余人突围，谭绍光拼命死守。二十三日，太平军叛徒汪有为刺死谭绍光，苏州城破。

该书以笔迹、语汇、用词、语气、内容等方面的鉴定作为依据，指出曾国藩后人出示的李秀成《自述》的确是忠王的亲笔。例如，罗尔纲先生一字一句、一笔一画地拿"原稿"和庞际云收藏的李秀成亲笔答词28字真迹对照，还征求了笔迹鉴定专家的意见，最后断定"原稿"是真品。从内容看，"原稿"十分清楚地描述了从金田起义到天京陷落14年间的每个过程和细节，这是曾国藩难以捏造的。此外，罗尔纲还指出，"原稿"的称谓大都遵循太平天国的制度，这也不是旁人能够清楚知道的，曾国藩等人也不可能做到自然地遵守。而"原稿"大量的李秀成家乡的方言，更是曾国藩等人无法伪造的。

罗尔纲的这一观点曾一度成为定论，但是，随着曾氏后人所存的"原稿"的出版，更多人看到了李秀成《自述》的全貌。在20世纪的80年代前后，学术界再次掀起了一场论战，如荣孟源曾经两次撰文断定这份"原稿"并不是李秀成的真迹，而是"曾国藩修改后重抄的冒牌货"。他的理由主要包括以下几点：

首先，根据其他史料记载，李秀成的自述一共写了9天，每一天若干页。按照常理，全文应该有8个间隔，但是今天所见的《李秀成自述》"原稿"的影印本文字相连，每天都写到最后一页纸的最后一行字，看不出每天的间隔。何况，既然是每天各交一些，真迹就应该是散页或分装成9本，但是今本却是一本装订好的本子。由此可以推测，所谓的"原稿"显然是曾国藩派人将李秀成每天所写的真迹汇抄在一起的。

其次，根据很多材料的记载，李秀成当时写了5万多字，然而今天的"原稿"影印本却只有3.6万多字。那少了的1万多字到哪里去了呢？显然应该是被曾国藩撕毁了的。既然是被撕毁，那么"原稿"的内容就应该上下不相衔接。可是在影印本中，每页都标有页码，整齐清楚，并且前后内容完全相连，人为的痕迹十分明显，显然是删节后的抄本。

最后，从写作的形式等方面看也有问题。太平天国有严格的书写规定，而"原稿"的影印本中出现的"上帝""天王"等词多数并不抬头；一些该避讳的时候不避讳，不该避讳的时候却避讳了，如凡"清"字均不讳，而不该讳的"青"却写成了"菁"等。这些显然都是违背太平天国的避讳制度的。何况，这样的笔误在"原稿"中出现的次数很多，不能简单地看成是笔误。

针对荣孟源的意见，也有人提出反对。陈旭麓认为，我们不可能设想当时的李秀成好像后来的作家一样，有一个每天分节写出的章节安排。至于书写形式，李秀成作为一个成年人早就已经形成了通行的书写习惯，尽管他熟悉太平天国的书写格式，但因疏忽犯讳，并不奇怪。说曾国藩作假也不合情理，他若要作假应该是在上报军机处和刊刻的时候就完成，何必造个假东西当作宝贝传之后代？曾氏后人又何必要将这个显然会招来众议的假东西公之于众？而钱远熔认为这个"原稿"不仅是李秀成的真迹，还是完整无缺的。曾国藩只对它进行了删改，并没有撕毁或是偷换。对钱远熔"完整无缺"的观点，罗尔纲先生虽然不同意，认为"原稿"确实有被曾国藩撕毁的地方，但他仍然坚持"原稿"并不是冒牌货，是李秀成的真迹。

不仅国内学术界对《李秀成自述》的真伪争论不已，国际上也有很多人予以关注。1978年，国际友人路易·艾黎即对此发表了自己的看法："如果像曾国藩这样一个肆无忌惮的官吏竟然会不去充分利用被俘的李秀成来进一步达到自己的目的，这是绝对不可思议的。他可以先鼓励李写下他本人的历史，然后再通过他的专家用同样的纸张，以同样的文风，添加上有害于太平天国事业的东西。之后，在显示他本人宽宏大量的同时，对全部东西加以剪裁。"又说，"由于自首书是经过篡改的，所以，曾国藩对它的完整显得异常的敏感。他曾命令其家属不得给他人看这份自首书。我曾亲自在上海听见过他的孙子说过这件事。"还有一些国外学者持与此相反的看法，认为今天所见到的《李秀成自述》确实是李秀成亲手写的，等等。

李秀成生前在战场上英勇善战，对后期的太平天国的政治、经济、军事都产生了重大的影响。被后世争论了半个世纪之久的《李秀成自述》的真伪，也许是论断他功过的最好证据吧。世人希望这个谜能赶快解开。

袁世凯是戊戌变法失败的罪魁祸首吗

戊戌变法是中国历史上第一次资产阶级改良性质的革命，提起戊戌变法，人们会想起康有为、梁启超，然而，同时也会不由自主地想起袁世凯。因为在一般的正史、野史记载中，都说戊戌变法是败于袁世凯之手，认为正是袁世凯的告密导致了戊戌政变的爆发，这一观点的依据是袁世凯死后才公开发表的日记。

日记的大意是说，谭嗣同夜访袁世凯的那天，"气焰凶狠，类似疯狂""声色俱厉"地逼迫袁世凯带兵围颐和园，把慈禧太后废掉。袁世凯由于看见谭嗣同"腰间衣襟高起，似有凶器"，担心危及自己的生命，为了不吃眼前亏就假装答应谭嗣同。谭嗣同离去后，袁世凯连夜反复思量，决定第三天"请训"后马上赶回天津向荣禄告密。袁世凯在日记里口口声声说是为了"诛除误国误君之徒"以

"保全皇上"才告密的。袁世凯还向荣禄宣誓说"如累及上位，我惟有仰药死耳"，荣禄得报，当晚就入京向慈禧告变。日记的记录表明，9月21日的政变正是因为袁世凯的告密而发生的。

可是近些年来，因袁世凯告密导致戊戌政变的说法遇到了多方面的质疑。

有人认为，政变早在9月19日（八月初四）的那一天就已经发生了，因为19日慈禧已经提前从颐和园赶回皇宫，光绪皇帝处于被监视之中。光绪帝失去自由，这意味着政变的发生，21日宣布"训政"，仅仅是形式而已。所以袁世凯20日晚向荣禄告密已经与（19日）政变无关系了，因此并不能把戊戌政变归罪于袁世凯。

在这种说法的基础上，人们进一步提出：伊藤博文来华应该是政变的真正原因，而御史杨崇伊的密折则是政变的导火线。

因为在变法刚开始的时候，慈禧对变法并不反对，这从慈禧允许光绪颁布《定国是诏》的书中可以看出。在慈禧太后看来，只要不对她尊贵的地位构成威胁，她一概不管。康有为等人不过是一介书生，任他再闹也闹不到哪里去。

但是在变法期间有几件事情令慈禧感到恐慌，她才决定回宫发动政变。

一是光绪请求启用议事机构懋勤殿，它实质是一个专属于光绪的办事机构。慈禧认为这使光绪完全摆脱了她的控制，使她感到不快。

二是光绪召袁世凯到京，准备授以重任。而袁世凯掌握着兵权，自然引起慈禧警觉。

第三件也是最重要的一件事就是伊藤博文来华。9月12日，正当戊戌变法进行得如火如荼的时候，日本的实力派人物伊藤博文以"私人"的名义访华，维新派因此而大为振奋。康有为等人与伊藤博文接触频繁，许多维新派人士争相向光绪皇帝建议把伊藤博文聘请为顾问，以便辅助新政，同时说"中国转贫为富、转弱为强、转危为安之机实系乎此"。光绪帝采纳维新派的建议，决定9月20日（八月初五）召见伊藤博文。

在慈禧等人看来，维新派没什么可怕，可怕的是维新派与外国势力结合起来。所以变法刚开始时康有为等维新派主张联日英以拒俄，就遭到顽固派的极力反对，伊藤博文的到来，更使顽固派恐慌异常。9月18日（八月初三），御史杨崇伊起草了一个密折，通过庆亲王奕劻呈给慈禧太后。密折说"依（伊）藤博文即日到京，将专政柄""近来传闻之言，其应如响，依（伊）藤果用，则祖宗所传之天下，不啻拱手让人"。

因此，由以上的史实得出的结论是：戊戌政变的爆发与袁世凯的告密不存在直接的联系，伊藤博文来华才是政变发生最主要的原因。当时就有人评论说："八月发生的政变，皇上被幽禁，维新派遭到株连，新政被篡改，这样想法已非止一日，可是借口发难，却是因为伊藤的到来。"

第三种说法认为：戊戌政变发生的时间虽然确实为9月21日早晨，但是政变在荣禄还没有把袁世凯的密告递到慈禧那里的时候就发生了。而此时，袁世凯的密告尚未递到慈禧那里。根据这种说法得出的结论也是认为戊戌政变失败的原因并不是袁世凯的告密。

毕竟事实的真相现在已经难以辨明，然而无论如何，袁世凯所负上的千古骂名不会因为这个未解之谜而被洗刷。

"北京人"化石失踪之谜

1927年春天，在美国洛克菲勒基金会的支持下，周口店考古拉开了序幕。1929年12月2日，从北京大学地质系毕业的裴文中，在一个洞里发现了一枚"北京人"头盖骨。1931年，因为裴文中赴法国学习古人类学，贾兰坡开始主持周口店的挖掘工作。1936年，考古队员发现了许多头盖骨碎片。贾兰坡将这些头盖骨的碎片对碴粘好后竟然得到了两个完整的头盖骨。不久，他们又找到了一个头盖骨碎片。几天之内连续发现三个头盖骨，这一令人激动的消息传遍了全世界。

"北京人"化石的出土，为认识人类的起源做出了重大的贡献。但十分不幸的是，第二次世界大战以前挖掘出来的"北京人"化石除了三颗放在瑞典实验室的牙齿以外，其余都神秘地失踪了。

"北京人"化石如何失踪

周口店考古是在1937年7月7日卢沟桥事变爆发两天后停止的。当时周口店发现的所有古人类化石，都保存在北平协和医院里。可是，随着日本和美国的关系越来越紧张，人们也越来越担心，如果两国之间发生战争，日本一定会占领协和医院，那么，珍贵的"北京人"化石恐怕就会落入日本人的手中。怎么办？要么把化石运到抗战大后方重庆去，要么在北平找一个妥善的地方把化石秘密收藏起来，要么就想办法送去美国暂时保管，只有这三条路可走。经过认真的思考、比较，人们认为还是送到美国去比较安全。可是，在发掘周口店之前就有过这样的约定，即经费由美国洛克菲勒基金会提供，但标本不得运出中国。

为了确保化石的安全，协和医院的负责人与远在重庆的中国政府多次协商，最后征得同意，可以委托美国大使馆把化石运到美国暂为保管，但是等到战争一结束化石就得运回中国。

1941年2月初，包装在两个大木箱里的"北京人"和山顶洞人的化石，被移交给了即将离开北平撤回美国的美国海军陆战队，由海军陆战队上校阿舒尔斯特负责。12月5日，因为该部队要乘火车离开北平去秦皇岛，阿舒尔斯特就又让一名叫福莱的军医负责看管这批装有化石标本的箱子。福莱军医受命后，先行将这批箱子寄往秦皇岛霍尔坎伯兵营，接着他

1936年，北京周口店猿人遗址发掘的情形。

也赶到了那里。他打算在那儿改乘预计8日到港的美国轮船"哈里逊总统"号回国。

出人预料的是珍珠港事件爆发了，没等"哈里逊总统"号赶到，日军就占领了霍尔坎伯兵营，在那里的所有美国海军陆战队队员都成了俘虏，后来被押送到了天津战俘营。两个星期后，这些行李被运回天津，福莱军医领回了他的大部分行李。他把他个人箱子打开，发现属于他自己的现代人头骨标本不见了。而上校委托他保管的箱子虽然也在，但他没有打开检查，也就是说虽然箱子好像未被日军打开过，但并不能确定"北京人"化石是否还在箱子里。

初到天津战俘营时，福莱的行动还没受到限制，他就寻机将行李分别保管在三个地方：瑞士人在天津开设的仓库、法租界的巴斯德研究所以及几个中国朋友那里。后来，福莱军医没有了行动自由，他就不知道这些箱子的下落了。

其实，日本人早就注意到了"北京人"化石。据《裴文中关于"北京人"化石标本被劫及失踪经过报告》介绍，早在1941年12月7日珍珠港事件爆发前，日本东京帝国大学教授长谷部言人及其助教高井冬二就来过北平，高井当时还提出要到新生代研究室工作两周的请求。珍珠港事件爆发那一天的清晨，日本人迅速占领了协和医院，并详细检查解剖系的铁柜，然后进行封存，并派兵守护。

几天后，日本占领协和医院的负责人田冈大尉找到裴文中，说保险柜中所存放的全是石膏模型，追问"北京人"化石的去处。因为化石标本的装运是悄悄进行的，裴文中并不知情，所以也就无从说起。

另据有关报道说，日本人发现化石标本不见了之后，一面在报上大肆宣扬"北京人"化石"被窃"，一面指派侦探锭者繁晴负责搜寻工作。大约两个月后，锭者传出在天津找到了"北京人"化石的说法。但是很快就否定了找到的东西与"北京人"化石有关，之后不久，搜索工作就停止了。

第二次世界大战结束，日本宣布无条件投降后发布的公告，声称已将劫掠到东京的一批古人类化石连同劫掠的发掘工具一起，移交给了盟军当局，以便归还中国。然而中国政府从盟军总部接收到的日本归还物品清单中，却没有"北京人"化石。盟军总部也应中国政府之邀，动用驻日盟军参与广泛搜寻，结果一无所获。

目前，唯一健在的"北京人"头盖骨的"见证人"就是我国古人类学家胡承志。当年他年仅24岁，任北平协和医院新生代研究室技术员。据他回忆，1941年11月份的一天上午，大约是在珍珠港事件爆发前的18～21天之间，也就是3个星期左右，他突然接到美国的新生代研究室名誉主任魏敦瑞的女秘书的通知，把"标本装箱运走"。第二天，在医院解剖科技术员吉延卿的帮忙下，胡承志开始了小心的装箱工作。

他把化石从保险柜里一件件取出，给每件化石都穿了6层"衣服"：第一层包的是擦显微镜用的细棉纸；第二层用的是稍厚的白绵纸；第三层包的是医用吸水棉；第四层是医用细棉纱；第五层包的是白色粉莲纸；第六层用厚厚的白纸和医用布紧紧裹住。包完之后将化石装入小盒，并用棉花将小盒填满，然后分装在两只没有上漆的白色大木箱里。两个木箱一大一小，大的长160厘米、宽74厘米、高37厘米；略小一点的木箱长150厘米，宽和高均为74厘米。木箱内6面都垫有弹性很好的黄色瓦垄纸数层。小盒逐一放入木箱后再用木丝填满，然后将木箱封盖、加锁，并在外面分别标上"CASE1"和"CASE2"的字样。

装好之后，胡承志把箱子送到了协和医院总务长博文的办公室，然后，他就离开了，再也没有从事化石工作研究。

胡承志认为"北京人"头盖骨被不懂化石价值的日本人砸烂扔掉的可能性不大。"因为化石包装得极考究，整整包了6层。但凡有点文化的人，即便不完全了解化石的真正价值，也不会轻易将之丢弃。"

从整个运送的过程看，"北京人"化石并未真正遗失。但它们究竟在哪里呢？是被埋藏在哪儿，还是被人有意隐藏起来了？这就不得而知了。

追寻"北京人"化石

北京房山周口店发现的"北京人"遗址，毫无疑问是20世纪古人类学研究中最具价值的贡献，因为它将人类历史的年代推前了数万年，至今仍是目前全球发现最完整、最丰富、最具说服力的古人类活动遗存。也就是说，无论从科研角度还是从政治角度看，找到"北京人"头盖骨化石都是极具历史意义的一件事。所以，抗战胜利后，裴文中等中国许多古人类学者、考古学家一直都没放弃过对"北京人"的寻找工作。

1945年8月28日和同年的11月26日，裴文中先后两次致函中央地质调查所原所长翁文灏和现任所长李春昱，在信中，裴文中说："猿人标本前曾装二大箱交美国大使馆，惟未能运出，战争即行爆发。一年后东京帝国大学人类学教授长谷部言人和高井冬二来平，拟继续研究。曾找过胡顿问话未果。后日人至秦皇岛、天津及北平各处寻找，谓未找见，此后亦再无人追究……胡顿等猜疑标本或为日人得去，而故作不知。"信中裴文中还提出了至秦皇岛察访的请求，并提请赴日调查团代为留意"北京人"化石一事。

在此期间，裴文中还致信在美国的魏敦瑞，希望能寻求到麦克阿瑟情报参谋的合作，同时，他还在《纽约时报》发表了有关中国猿人标本失踪的文章。

同年12月，为了提高搜寻效率，裴文中应《大公报》记者徐盈之邀，撰写了《"北京人"在哪里》一文，在重庆、上海、天津三地发表。此举果然见效，文章发出不久，社会上就出现了"北京人"化石在日本的消息。1946年1月19日，一听到消息，翁文灏马上给美国马歇尔将军写了一封信，请求把"北京人"化石归还中国。可是，得到的东西虽与"北京人"化石有关，却不是"北京人"化石。

空欢喜了一场之后，中国政府又指令中国驻日代表团切实追寻，教育部还委派"清理战时文物损失委员会"专家李济之前往日本协助。但是结果却不令人满意，日方以"根据现有情况无法进行更深入的调查"将责任推得一干二净。

1948年12月6日，裴文中写信给李春昱说："弟前于李济之先生赴东京之时，曾函他，请询问高井冬二和长谷部言人，因他二人寻找之时，距遗失之时甚近，且曾询问在丰台集中营之美军陆战队官兵，更加利用日军军力寻找，当有所知。

然而据李先生到平时云，美军总部以不知二人下落为辞，竟求与二人一见而不可得。现高井冬二仍在东京帝大地质系任助教，岂能以不知下落回答之"，"日方之复函，谓曾询问日军中之在秦皇岛者，彼等当不知之，即知之亦否认之。故弟认为，关键仍在东京之盟军总部。如询问高井和长谷部及当时之日宪兵'锭者繁晴'，更为有力，且可得确实消息"，"对化石之下落推测，则为日人所得（即长谷部），因何以彼于寻找后，即不再寻找？协和之胡顿，亦如此想法；惟博文则认为不可能。然无论如何，则询问高井等，可得第一手资料，则无疑问。高井现对人表示(现弟之一学生在彼处读书)，曾寻找数月，毫无结果。纯系搪塞之辞。我们应知者为：曾于何处、何人寻找过，所得结果如何？要他历述所找之经历，他不能否认没有找过"，"惟找到之希望甚微，我始终认为，关键在'盟总'"。

为什么美方不调查被俘的陆战队员，也不愿中国方面会询高井？由此信可知，盟总和美国方面并不热心此事。由此，我们可以判断化石不排除流入美国的可能，因为美国科学家和陆战队员不但是当事人，还是化石遗失的最后见证人，按理说他们是最清楚化石的去向的，即便不知道在哪儿，至少他们也应该知道化石是在什么时候、什么地方丢失的。可迄今为止美方人士没能提供任何有利于化石回归的证据，这不能不让人产生怀疑。

看来，要找到"北京人"头盖骨化石只有靠我们自己了，可是，它又在哪里呢？

"北京人"化石可能在哪里

关于"北京人"化石的下落，流传有各种各样的说法。有人说"北京人"化石在运送美国的途中遗失了，可是从时间上来判断，这种可能根本不存在，因为"哈里逊总统"号早在抵达秦皇岛之前的长江口就触礁沉没了，福莱军医当然不可能带着化石登上这艘船。

还有人说"北京人"化石现在在美国，并且持这种观点的人还不少。1972年，美国总统尼克松访华，为了表示诚意，他想找到"北京人"化石作为礼物送给中国，但没有成功。可是，此事却引起了随行人员中的一位金融家贾纳斯的兴趣。回国后，他悬赏5000美元寻找"北京人"化石，虽然得到了很多线索，却都不是要找的标本。有一次，贾纳斯接到一位女士的电话，那位女士说"北京人"头盖骨化石就在她的手上。贾纳斯很激动，迫切要求与女士见面，双方约定在帝国大厦102层楼见面。见面后，女士只给贾纳斯看了一些照片。看着照片，贾纳斯疑为真品。可是，就在他们交流的过程中，有人给他们拍照。那位女士很生气，抓过照片就走了，贾纳斯没能追上。可是，后来照片传到北京，裴文中看后认为这不是"北京人"头盖骨化石。

20世纪80年代，美国的一位古人类学家夏皮罗在他的《北京人》(Peking Man)一书中说，一位原海军陆战队军人曾告诉他，化石辗转到驻津美海军陆战队兵营，被埋在了6号楼地下室木板层下。他因此提出了"北京人"化石在天津的地下室被调包的观点。人们也是据此判断"北京人"化石可能在美国的。经过调查，那个兵营现在是天津卫生学校，6号楼已在唐山大地震时倒塌，可是，根据图纸发现，这座楼没有木板层，铺的是水泥地面，所以化石不可能被埋在这里。

1993年3月8日，美国海军某部军官、历史学家布朗又提出了"北京人"头骨化石可能在纽约的观点。《纽约邮报》还曾发布过他悬赏25万美元寻找"北京人"头骨化石的消息。

说"北京人"化石在美国的还有一种说法，当时守护在美国海军陆战队总部与美国驻华大使馆相通的便门口的一个卫兵，半夜时曾看到两个人将一箱东西埋在了大使馆门外十几米的后院里。所以，人们猜测，这箱东西说不定就是"北京人"化石。对此，长期研究"北京人"去向的中国学者、光明日报出版社社长李树喜认为，既然中美已经就保管头盖骨化石事宜达成官方协议了，就不存在私埋的可能性。可是，谁都知道私埋的结果，不但可以说化石失踪了，还可以将其据为己有，运回美国了。难道这种可能性不存在吗？

不管支持"北京人"化石在美国的人有多少，毕竟到目前为止还没有一个确切的消息，所以，人们不免产生疑问，"北京人"化石会不会没在美国，而是在日本呢？道理很简单，如果当时美国陆战队队员的确在秦皇岛成了日军的俘虏，那么化石不在日本人手里又能在哪儿呢？

可是，如果这种说法成立的话，又如何理解战时日本方面的搜寻呢？针对这一点，有人说日本人不过是为了掩人耳目而已。不过，不可否认，化石也的确有不在日本人手里的可能。李树喜就认为化石在日本的可能性基本可以排除，并且据他说贾兰坡在世时也不相信"北京人"头盖骨在日本。认为化石标本不在日本，是基于化石本身的研究价值考虑的，也就是说化石只有用来研究才有价值。李树喜曾说："从常理来推测，'北京人'头盖骨之所以珍贵，主要在于其研究上的重要价值，关注的人多才有意义。假如在日本，无论是在政府手中，还是在民间，都应该将它公布出来，没有秘而不宣的道理，这样做没有任何意义。"

不过，这种想法是不是有些幼稚呢？毕竟这样最起码的行为，现实中的日本确实没有做到。战时日本从中国掠夺了大量文物，按上面的道理，日本应该主动归还，可是日方不但不配合，还要极力阻挠文物的回归。这种事情在一段时间以来时有发生。

尤其是20世纪80年代后期，古生物学家周兴国到东京举办"恐龙展"时，想进一步探查"北京人"的情况，请求与高井冬二面谈，可是却遭到了拒绝。在高井冬二的婉拒信中他不但否定化石到过日本，还断言化石"由海上运到了美国"。

可是，此举并不能扰乱周兴国的视听。周兴国认为，化石在日本的可能性比在美国的更大，因为日本有很强的掠夺性，化石遗失这件事毕竟是在日本人控制的局势下发生的。并且，日本在这方面也是有先例的，第二次世界大战期间就窃取过一枚爪哇人头骨化石，并且直到战后才被追回。

也有人认为遗失的头盖骨化石就在国内。对此，周口店古人类学研究中心的主任助理张双权说，经常会接到说见过"北京人"头盖骨的电话，但是进一步追查的时候，往往又都不是那么回事。

另据曹家骧的《考古发现漫笔》记载，1996 年初，一个叫仰木道之的日本人，从他的朋友的朋友处得知"北京人"头盖骨化石被埋在距北京城外东 2 千米的地方，那里还有一棵做了记号的松树。1996 年 5 月 3 日，中国方面得到这一信息后，各路专家先对北京日坛公园"埋藏"地点进行了探测，然后于 6 月 3 日上午正式发掘。发掘了近 3 个小时，一无所获。

在种种谜团无法解开的情况下，有人提出了不耐烦的猜测，装化石的两个箱子保存在秦皇岛的库房中时，该库房曾被日军抢劫两次，说不定在战乱中日军把化石摧毁了，而他们并不知道。如果真是这样，那岂不是中国，乃至全世界、全人类的一大损失？好在，就在人们要陷入绝望的时候，又出现了一种新说法——"北京人"头盖骨在沉船"阿波丸"号上。这一说法是由 20 世纪 70 年代美国方面提供的资料率先披露的。

"阿波丸"号是一艘日本远洋油轮，船长 154.9 米，宽 20.2 米，总吨位 11250 吨，建造于 20 世纪 40 年代，1945 年 3 月 28 日，被日本军队征用。在新加坡，"阿波丸"号装载了大批撤退的日本人，准备驶回日本，可是，在 4 月 1 日午夜时分，行至中国福建省牛山岛以东海域时，被正在巡航的美军潜水舰"皇后鱼"号发现。"阿波丸"号遭到数枚鱼雷袭击，3 分钟后沉没。船上 2009 人中只有三等厨师下田勘太郎一人生还，其他乘客、船员以及船上装载的 40 吨黄金、12 吨白金、40 箱左右的珠宝和文物、3000 吨锡锭、3000 吨橡胶以及数千吨大米，全部沉入海底。

1972 年，美国总统尼克松首次访华时，原想把"北京人"化石作为礼物送给中国，可是心愿未果，就又准备了一份大礼——"阿波丸"号沉没在中国海域的具体方位和装载货物清单。"北京人"头盖骨化石很可能也在上面。

1977 年初，我国对"阿波丸"号进行了打捞。在打捞过程中发现，伪满洲国政要郑禹的家藏小官印（玉印）及郑孝胥安葬时分赠后人的圆砚竟然也在船上。这说明，"阿波丸"号上果然有中国的文物，"北京人"头盖骨或许真的在这艘船上。

但也有人提出了疑问，按时间推测，如果化石真的落在了日本人的手上，那也应该是 1941 的事，为什么当时不将化石运回日本，而要等到 1945 年才装上"阿波丸"绕道东南亚运往日本呢？

如果，"北京人"头盖骨化石不在船上，那又在哪儿呢？在中译本著作《黄金武士》中，作者引述美国相关人士对话称，对于举世关注的"北京人"头盖骨下落一事，"我可以对《圣经》发誓，这些化石（"北京人"头盖骨）和其他财宝一起被放在（日本）皇宫的地下室里"。

说得像真的一样，不过在经过了那么多次的失望之后，人们不免会想这会不会只是文学作品用来吸引人眼球的一个噱头呢？

没有消息就是好消息，只要不能确切论证"北京人"头盖骨已经化为乌有了，那就有找到的可能，我们拭目以待吧。

帝王之谜

中国历史源远流长，历史上的帝王加在一起成千上万，他们有的对社会起过巨大的作用，影响了历史的进程，为后人所称颂；有的是过眼烟云，在历史画卷中仅仅留下了蛛丝马迹；有的则逆潮流而行，留下千古骂名。帝王是那个时代的代表，寻求帝王的身世与命运，掌握其遗踪以及史实记录的真伪，对了解其所在时期的历史有着重大的意义。

齐桓公死因之谜

齐桓公是姜姓、吕氏，名小白，公元前686年战胜了公子纠，夺得了君位，做了齐国国君。齐桓公即位后，管仲在齐国实行全面改革，国力迅速强盛；在外交上，"尊王攘夷"的旗号是齐桓公最先打出来的，他想借此得到中原各诸侯的信赖。他曾召集了9次诸侯会盟，充任了40年的盟主，是春秋时期第一个实力最强的盟主。

公元前645年，管仲病逝，临终前对齐桓公提出警告，要他疏远易牙、竖刁等小人。但齐桓公没有听从他的告诫，仍然重用这些人。公元前643年，易牙、竖刁等趁齐桓公患重病的机会，假借其命令，堵塞齐宫大门，并在大门前竖起一道高墙，任何人都不准进入宫内。因此，没有一个人过问病在床上的齐桓公，几天之后，齐桓公便神秘地死去。齐桓公的5个儿子谁也不管父亲的死活，只知道争夺权位，互相残杀。结果，齐桓公的尸体在寿宫中整整搁置了67天，都生了蛆，可仍然没人为他收葬。在《史记·齐太公世家》中有这样的记载："桓公病，五公子各树党争立。及桓公卒，遂相攻，以故宫中空，莫敢棺。桓公尸在床上六十七日，尸虫出于户。十二月乙亥，无诡立，乃棺赴。辛巳夜，敛殡。"

齐桓公究竟是怎样死的呢？他在宫中的最后几天究竟是怎样度过的呢？有人说他是被易牙、竖刁等小人关在宫中活活饿死的。但一代霸主在临死之前怎么会没有人照顾，活活饿死更是让人觉得荒谬之极，因此这种说法的可信度不是很高。

有人认为，齐桓公是被易牙、竖刁等人害死的。为了夺权，二人在宫中命人在食物中下毒，害死了齐桓公。但桓公死后，5个儿子互相争权，而二人的原有计划也落空了。更有人认为，正是桓公的5个儿子为了争夺权位，齐桓公在宫中迟迟未死，所以5个儿子命人害死了桓公。不管怎样，一代霸主落得如此下场，让人不由慨叹"是非成败转头空"。

奇货可居——秦始皇身世之谜

秦始皇嬴政是中国数千年专制时代的第一位君临天下、叱咤风云的皇帝。六国养尊处优的君主嫔妃、王孙公主、皇亲国戚无一不胆战心惊地揖首跪地、俯首称臣。然而，傲视天下的秦始皇内心却是异常脆弱，因为他对身世一直讳莫如深。

秦始皇是继秦庄襄王（子楚）之位，以太子身份登上王位的。秦始皇之母赵姬，据说曾为吕不韦的爱姬，后献予子楚，被封为王后。那么，秦始皇到底是子楚的儿子，还是吕不韦的儿子，后人争议不休。

《史记》中记载秦国丞相吕不韦本为河南濮阳的巨富，是远近闻名的大商人。但他不满足这种拥有万贯家私的地位和生活，野心勃勃，对王权垂涎三尺。

于是，吕不韦打点行装，到了赵国的国都邯郸，精心策划一个大阴谋，将正在赵国当人质的秦王的孙子异人，想法过继给正受宠幸的华阳夫人，转瞬之间，异人被立为嫡嗣，更名为子楚。

不久，国事生变。秦昭王、孝文王相继去世，子楚堂而皇之地登上王位，吕不韦被封为丞相。之后，吕不韦将自己的爱姬赵姬献给子楚，生下嬴政，被封为皇后，不料子楚仅在位3年就死掉了，于是他的儿子嬴政就顺理成章地继承了王位，这就是后来的秦始皇。

吕不韦认为嬴政是自己的亲生儿子，让嬴政喊自己为"仲父"，自己则掌管全国政事，成为一人之下、万人之上、权倾朝野、一手遮天的大人物，吕不韦在邯郸的密计实现了。

认定吕不韦和秦始皇有父子关系的说法，其原因是：

其一，这样可以说明秦始皇不是秦王室的嫡传，反对秦始皇的人就找到了很好的造反理由。

其二，是吕不韦采取的一种战胜长信侯嫪毐的政治斗争的策略，企图以父子亲情，取得秦始皇的支持，增强自己的斗争力量。

其三，解秦灭六国之恨。"六国"之人吕不韦不动一兵一卒，运用计谋，将自己的儿子推上秦国的王位，夺其江山，因此，灭国之愤就可消除了。

其四，汉代以后的资料多认为嬴政是吕不韦之子，这为汉取代秦寻求历史依据，他们的逻辑是，秦王内宫如此污秽，如何治理好一个国家，因此秦亡其速是很自然的。

后世人也有认为上述传说并不能成立的。

其一，从子楚方面看，即使有吕不韦的阴谋，但其实现的可能性也很渺茫。因为秦昭王在位时，未必一定将王位传于子楚，更不能设想到子楚未来的儿子身上。

其二，从秦始皇的出生日期考虑，假若赵姬在进宫前已经怀孕，秦始皇一定会不及期而生，子楚对此不会不知道。可见，秦始皇的生父应该是子楚，而非吕不韦。

其三，从赵姬的出身看，也大有文章。《史记·秦始皇本纪》记载，秦灭赵之后，秦王亲临邯郸，把同秦王母家有仇怨的，尽行坑杀。既然赵姬出身豪门，她怎么能先做吕不韦之姬妾，再被献做异人之妻呢？这样，就不会存在赵姬肚子里怀上吕不韦的孩子再嫁到异人那里的故事了。

身世之谜也只有留于后人去推测了，而"奇货可居"这个成语却由此流传于世。

秦始皇像

晋武帝传位傻太子之谜

司马炎，字安世，西晋开国皇帝，谥号武皇帝，史称晋武帝。晋武帝司马炎纵横沙场，果敢英武，为晋王朝耗尽了自己的半生心血。但是，他却将辛苦打下的江山交给一个傻儿子继承，致使宫廷内外血雨腥风，西晋王朝昏暗动荡，成了一个短命王朝。英明的晋武帝为何做出如此糊涂的事情呢？

从史料看，司马炎虽称得上英武果敢，但在感情上却柔若女子，有妇人之仁。他一生共有 26 个儿子，26 个儿子当中虽不乏聪慧之辈，但长子司马轨却不幸夭折，因此次子司马衷成了事实上的长子。按中国的继承人法则，司马衷要被立为太子，而司马衷却是个白痴，不谙世事。司马衷的痴愚朝野皆知。

太子司马衷在吃饭时对粮食很不爱惜，师傅李憙看不过去，就婉转地对司马衷说："殿下，碗中的米饭，一粒粒都是农民辛勤耕作得来的，殿下可知道稼穑艰难？如今旱荒严重，老百姓都没有粮食吃，都在忍饥挨饿。"司马衷听了这话，觉得十分奇怪，脱口说道："没有饭吃，干吗不吃肉粥？"师傅李憙哭笑不得。

太子司马衷的低能，武帝是十分清楚的，他知道这个儿子难以担负国家重任。但是杨皇后反对更易太子。杨皇后名艳，字琼芝，是陕西华阳人，父亲杨骏是魏国贵族，以功封蓓亭侯。杨皇后十分美丽，出自豪门大族，替武帝生下了三男三女，长子早逝，次子便是这司马衷。武帝数次担心地说太子不长进，天性愚钝，难以胜任大事。杨皇后每次都和颜反驳，儿子虽不聪明，但却忠厚纯良，好生教导，会有长进的。武帝试探地说，现在更易太子，还来得及。杨皇后摇头，说太子的名分已定了，决不能轻易改动，无论立嫡立长，都应是太子，破坏了这项法制，日后岂不乱了套？我坚决反对。

晋武帝司马炎像

优柔寡断的武帝就将希望寄托在两个派去考察太子的大臣和峤和荀勖的身上。

果敢刚毅的武帝司马炎在美人面前优柔寡断，下不了决心。武帝信任荀勖，尤其佩服荀勖的高深学问和不世之才。后来荀勖进奏，说太子有了进步，于是武帝相信了荀勖，放下心来，不再考虑更易太子。

太熙元年 (290) 四月，晋武帝司马炎病死，其子司马衷即位，是为晋惠帝。不过一年，皇后贾南风发动政变，杀死总揽朝政的大臣杨骏；接着又发生了"八王之乱"。建兴四年 (316)，刘渊的侄子刘曜攻破长安，俘获末代皇帝司马邺，西晋亡国。时距司马炎之死只有 26 年。

"和尚皇帝"梁武帝为何饿死于宫中

"千里莺啼绿映红,水村山郭酒旗风。南朝四百八十寺,多少楼台烟雨中。"这是唐代诗人杜牧的名作,诗中以生动的语言描绘了南朝佛教的兴盛。南北朝时,佛教大盛,南朝梁武帝萧衍是位吃斋信佛、极力倡导发展佛教的皇帝,他曾4次舍身到同泰寺(今江苏南京鸡鸣寺)当和尚。所谓舍身,一是舍资财,即把自己的所有身资服用,舍给寺庙。还有一种是舍自身,就是自愿加入寺庙为众僧服役。梁武帝于527年、529年、546年、547年4次舍身,第一次舍身共4天,最后一次长达37天。而每一次都是朝廷用重金将其赎回,寺庙也因他获得了可观的收入。他在位时,佛教在梁朝盛极一时,光当时的建康城内外就有佛寺500多所,僧尼10万余人。504年,他亲自率领僧俗2万人在重云殿的重云阁,撰写了《舍道事佛文》。

梁武帝一心崇佛,荒废了朝政,社会矛盾不断激化。梁武帝早年无子,过继侄儿萧正德为嗣子做太子,后来梁武帝生了个儿子,取名萧统,随即被立为太子,而侄子萧正德被改封为西丰侯。这让萧正德心里愤愤不满。正在此时,东魏大将侯景因与政敌高欢不合,转投了梁朝,梁武帝封他为河南王。侯景为人阴险奸诈,他看到皇族矛盾重重,认为有机可乘,于是勾结萧正德起兵发动政变,答应事成之后让萧正德做皇帝。最后叛军攻进了建康城,困住了宫城,后又引玄武湖水去漫宫城。梁武帝被困在宫里,一筹莫展,也没有人去过问他,这位皇帝最后竟被活活饿死在宫里,无独有偶,《中华野史镜鉴》上也曾记载:太清三年(549)三月,侯景攻下宫城。萧衍饮食断绝,口中苦涩,连呼:"蜜!蜜!"最后饿死于净居殿,时年86岁。萧正德最终也没做成皇帝,事成后就被侯景杀死了。

唐太宗为何发动"玄武门兵变"

唐太宗李世民是唐王朝的第二个君主,唐王朝的巩固和发展以至于出现为后世所称道的"贞观之治"就是他统治时期的事情。唐太宗李世民是通过"玄武门兵变"杀兄逼父登上皇位的。

对于"玄武门兵变"一事,史学家们历来有不同的看法,有人认为唐太宗李世民发动"玄武门兵变"是迫不得已才做的决定,那么,具体情况又是如何?还是让下面的历史事实来说话吧。

《旧唐书》说:"九年(626),皇太子建成、齐王元吉谋害太宗。六月四日,太宗率长孙无忌、尉迟敬德、房玄龄、杜如晦、宇文及、高士廉、侯君集、程知节、秦叔宝、段志玄、屈突通、张士贵等在玄武门杀了建成、元吉。六月八日,太宗被立为皇太子,各种政务概由太宗决断。"这就是有名的"玄武门兵变"。

《新编中国历朝纪事本末·隋唐卷》（上）是这么记载的：李渊建唐时，按嫡长子继承皇位的传统立建成为太子，封世民为秦王、元吉为齐王。在后来的全国统一大战中，李建成是储君，需要协助李渊处理政务，所以统一战争中的关键性大战，都是李世民浴血奋战，从而立下

唐长安城遗址

赫赫战功。李世民战功显赫，一方面使他逐渐产生了觊觎皇位的政治野心；另一方面也必然引起李建成的疑忌，而建成的疑忌，又增强世民"功高不赏、兔死狗烹"的恐惧，也越发要夺取最高权力。一场争夺皇位继承权的血腥宫廷斗争成为不可避免的了。于是，唐太宗李世民便策划了历史上有名的"玄武门兵变"。626 年 6 月 3 日（己未），世民向高祖密奏建成、元吉淫乱后宫之事，并说："他二人一心想要杀我。也许从今以后，我就永远也不能够看到父王您了，而我也不想在地府里见到他们。"高祖对他的上奏十分惊讶："明天我定要审问他们，你早就应该告诉我才是。"

第二天，在玄武门，世民带领长孙无忌等人埋下了伏兵，等待着元吉、建成他们一起到来。在这之前，张婕妤知道世民的意图，急忙飞报建成，建成叫来元吉商量对策，元吉说："我们最好是耐心观察形势变化，首先按兵不动，也不上朝。"建成说："我们防备严密，应当一块进朝参见，亲自探听消息去。"于是二人都入朝去了。二人来到临湖殿，察觉形势已变，想马上退回去，但是已经迟了。世民追上来，用箭把建成杀死，而元吉则被尉迟敬德射杀。东宫齐王府的将帅薛万成等人率领众人赶来，攻打玄武门。敬德将建成、元吉二人的头颅出示给他们，薛万成等人随即撤去。而这时高祖正在太极宫中的海池里和嫔妃们游戏划船呢！

世民让敬德进入侍候。身披铠甲、手持长矛、威风凛凛的敬德来到高祖身边，向高祖禀报道："太子和齐王叛乱，秦王的士兵已把他们杀了，恐怕惊动皇上，派我来保卫。"高祖对裴寂等人说："真是想不到，我今天会碰到这种事情，那么应该怎么处理呢？"萧瑀、陈叔达说："建成、元吉，本来打算造反，对天下又没有功劳，忌恨秦王功高望重，二人合伙狼狈为奸。现在秦王已经把他们给诛杀了，

昭陵六骏

　　唐太宗李世民为了纪念他当年驰骋沙场所立下的赫赫战功，贞观十年（636）命令："朕所乘戎马，济朕于难者，刊名镌为真形，置为左右。"于是贞观十一年（637）即将曾与他一同征战的 6 匹战马，由唐代著名画家阎立本亲自绘稿，选派当时的优秀雕刻家精心雕刻成 6 块浮雕，置于昭陵北司马门内东西两廊，是为"昭陵六骏"。

皇上如果想平安无事，只有把秦王立为太子，将国家大政交付于他，就安然无事了。"高祖说："这是我一向的心愿啊！"当时，秦府的兵将与建成、元吉两府的部下，还没有结束战斗。敬德向皇上建议，让皇上下达旨意，要宫廷内外一切朝臣武官都听从秦王管理，这样众人才安定了下来。高祖又召见世民安抚他，世民跪在地上恸哭许久。建成、元吉的子女等都被株连处死，于是立世民为皇太子，高祖退位，做太上皇。

唐太宗篡改过国史吗

唐太宗李世民是唐代难得的治国之君，在其统治期间，知人善任，察纳雅言；执法慎刑，重农恤民，使国家形成了历史上人人称道的"贞观之治"局面。他的雄才伟略、勤于政事甚为后人称道。但即使是这样一位旷世圣人，他的一生仍是有很多瑕疵的，"玄武门兵变"内情历来让人生疑，而他后来的修改国史也为后人议论不休。

那么，李世民为什么要修改国史呢？对此，史学家们有不同的说法。《新编中国历朝纪事本末·隋唐卷》是这么写官修正史的——设史馆修前朝史制度的确立是在唐初李世民统治的贞观时期。贞观君臣为唐皇朝的"长治久安"，十分注意"以古为镜"，总结历史成败的经验教训，尤其注重隋亡的教训。鉴于武德年间萧瑀等人尚未修成前朝著史，唐太宗深感改组旧史馆、建立一套新制度的必要。

贞观三年（629），太宗下令在中书省特置秘书内省专门负责修撰前五代史。同年闰十二月，太宗又下令将史馆移入禁中，设于门下内省北面，由宰相监修。从此以后，原著作局不再具有修史职责，史馆成为皇帝直接控制的门下省的一个常设机构，专门负责修撰当朝国史。

还有一种说法认为唐太宗的皇位并不是由合法继承得到的，而是其杀兄逼父的结果。这一行为不合乎封建法统和封建伦理，在封建统治者看来，也就不能贻示子孙，垂为法诫。因此，唐太宗夺得皇位之后，就着手修改国史，为自己辩护。这种说法认为贞观史臣在撰写《高祖实录》和《太宗时录》时，大肆铺陈太宗在武德时的功劳，竭力抹杀太子建成在唐朝创建过程中的功绩并极力贬低高祖的作用。但是这样仍不足以说明太宗继承皇位的合法性，于是他们又把修改国史的着眼点放在晋阳起兵的密谋上面。他们把晋阳起兵的密谋杜撰为太宗的精心策划，而高祖则完全处于被动地位，其目的在于把太宗说成是李唐王业的真正奠基人，使其皇位的获得近似于汉高祖自为皇帝而尊其父为太上皇那样的合法性。

唐太宗究竟出于何种动机要修改国史？这个问题迄今为止仍未有确定的答案，给历史留下了一桩疑案。

道士陈抟与宋太祖有没有赌过华山

陈抟是道家始祖之一，他一生大部分时间隐居在华山。在此期间，华山从不用缴税，这是为什么呢？

陈抟当时虽身在山林之中，而心在庙堂之上，时时注视着时局变化。自晋汉以后，陈抟听说改朝换代，便要伤心很多天，碰到有人问，却瞠目不答。据《隐武当山诗》记载："他时南面去，记得此山名！"至北宋，有人改"南面"为"南岳"，题诗其后："藓壁题诗志何大，可怜今老华图南。"《太华希夷志》中记载陈抟曾揽镜自照说："非仙而即帝。"这些传言未必真实，但说明陈抟志向本来很大。

陈抟尽管有着参与政治的宏大志愿，但缺少施展宏图的势力和才能，因此对封建割据统治者没有任何威胁。"曾践场屋，不得志而隐"的他，成了致力于一统天下的君主极力笼络的对象。后周显德（954～959）初年，陈抟在华山隐居为道，修整唐云台观居住。他总是闭门独卧，经日累月乃至"多百余日不起""花竹幽窗午梦长，此中与此暂相忘。"这诗多少透露出他的志向。周世宗好黄白之术，闻陈抟名，以为"必有奇才远略""以四方未服，思欲牢笼英杰"。显德三年（956），世宗命华州送到阙下，令于禁中肩户试其睡功，月余始开。陈抟热寝如故。世宗非常惊讶，问神仙、黄白、修养之事、飞升之道。陈抟反问说："陛下为天下君，当以苍生为念，岂宜留意于为仙乎？"世宗也不责怪他，任命他为谏议大夫。他都拒绝了。显德五年（958），世宗又令成州刺史朱宪带着50匹帛、30斤茶赐给陈抟。

传说陈抟早就认识宋太祖赵匡胤。当时，陈抟正在华山隐居，而赵匡胤只是一个浪迹江湖的无名小辈。陈抟善望气相人，知赵匡胤日后必成天子，便以华山为注与赵匡胤弈棋。赵匡胤自认为赚了极大的便宜，因为当时华山不是他的，便同意了。陈抟连赢赵匡胤三局，并逼赵匡胤立约为据。

后来赵匡胤创建大宋王朝后，华山的居民拒不纳税，并拿出赵匡胤的字据为证。这时，赵匡胤始知陈抟乃得道高人，便下旨华山免税。

但是终太祖一朝，太祖未曾召见陈抟，陈抟也没有要求召见。从陈抟与宋太祖的关系看，这似乎不近情理，遂成难解之谜。

赵匡胤华山围棋 年画

成吉思汗为何万里召见丘处机

在金庸的《射雕英雄传》小说中，最先出现的便是全真七子之一的丘处机。很多人认为丘处机只是一个虚构的人物。实际上，丘处机在历史上实有其人，而且还被成吉思汗召见过。成吉思汗封他为"神仙"、道教领袖，几次召对之后，放归。自此之后，全真教命运出现了转折，成为当时最具影响力的宗教之一。丘处机本人地位也被进一步提高。

但是，成吉思汗为何要千里召见丘处机呢？有人经过分析认为，成吉思汗召见丘处机的原因是：第一，就是常见的说法，成吉思汗要向丘处机讨长生不老之药；第二，就是通过对全真道教的掌控来扩大其影响力。

丘处机初次觐见成吉思汗时，受到了他的礼遇。见到丘处机后，成吉思汗十分高兴，赐坐宴饮。席间，他立即就问到了实质性问题："真人远来，有何长生之药以资朕乎？"

丘处机对这个问题肯定有所准备。但是他既不是江湖术士，更不是个骗子，他只能老老实实地回答："山人有长生之道，而无长生之药。"

道教的终极目标就是长生之道，但这种长生并非只是肉体的长生，主要应该是真性的修炼。但在一般人眼里，道教就是炼丹炼药，以求长生不老。所以成吉思汗有此一问。

成吉思汗千里召见丘处机的另一个原因是，为了通过丘处机及其领导的全真教，为他有朝一日讨伐中原做伏笔。而且，中原文化具有一种辐射力，"召上的大汗"也是心慕汉文化，而在某种程度上，中华文化的根基就在道教。因而他把丘处机奉为上宾。成吉思汗召见丘处机也是出于一种统治上的需要。要征服人，征服思想是非常重要的。蒙古铁骑所向披靡，但可在马上得天下，却不能在马上治天下，成吉思汗因而想要全真教助他一臂之力。当时因全真教在全国影响很大，成吉思汗想要利用其吸引力。因而到了后来，成吉思汗积极协助全真教，也是为了自己。由此看来，不论怎样，成吉思汗召见丘处机都是别有用心的。

明太祖大肆诛杀功臣目的何在

明朝开国皇帝朱元璋当过和尚的事众人皆知，然而，鲜为人知的是这个"出家人"出身的皇帝不以"慈悲为怀"，反而对杀人有着极大的兴趣，在建国之后，大肆诛杀功臣。

据说，官吏们在上朝之时，都要观察朱元璋把所佩戴的玉带放在哪个位置。如果朱元璋把玉带高高地贴在胸前，那么这一天杀的人及遭处罚的人就会少些；当玉带被他低低地放在肚皮之下，那就意味着今天要杀很多人。当时在京的官吏，每天早晨入朝之前，必先和妻儿诀别，以备不测。当上完朝平安回到家中时，全家就开始庆祝，因为自己又幸运地过了这一天。时间一长，有些人就受不了这种日子了，于是装疯卖傻的事就出现了，御史袁凯就是一例。

袁凯，字景文，松江华亭县人氏，他在元末的时候做过府史，洪武三年（1370）被荐授为御史。他是一个博学多才的人，而且口才很好，善于观察问题，提出问题，很让其他官员敬佩。但有一次，刑部报审一批案犯的判刑名单，朱元璋审批后主张全部处死。后来又派袁凯将这些名单送到皇太子朱标那里去复审，而皇太子却主张减轻刑罚，宽大处理。袁凯向朱元璋做了汇报，不料，朱元璋反问袁凯："我与太子的主张，哪个正确？"袁凯眉头一皱，计上心来，想了一个自以为十全十美的办法来，便回答道："微臣愚见，陛下主张全杀，这是执法；太子主张赦减，这是心慈，都有道理。"谁想到，朱元璋被这样的回答激怒了。他认为这是袁凯在耍滑头，于是就将他关进了监狱。袁凯在狱中绝食三天后才被释放。但当袁凯上朝时，朱元璋见了他就说："是持两端者。"袁凯发觉到事情不对劲，感到自己的末日就要到了，心里着实恐慌害怕，该怎么办呢？

于是，袁凯就装出疯傻的样子，朱元璋当然不相信会有这事，就要验一验这是否是真的。朱元璋叫人用木槌子槌袁凯，说疯子是没有感觉的。袁凯咬住牙，忍住痛苦，不叫出一声。这下朱元璋有点信了，以为袁凯真疯了，因此把他放回家。

御史严德珉是吴人，由御史提升为左佥都御史。洪武年间，他害怕杀身之祸，遂因病向朱元璋提出辞职。朱元璋极为生气，于是让人黥其面，也就是在严德珉的脸上刺上字并涂上墨，这就让严德珉的脸上一辈子都有这个耻辱的字迹。后来他被贬发配到广西南丹，几年后遇赦放还。从此，严德珉穿上布衣，甘愿做一个普通老百姓，竟活到了宣德年间。一次，由于某件事他被御史逮到公堂。他跪在堂下，说自己曾在御史台当过官，通晓那些法规制度。御史问他任什么官，严德珉回答说洪武中台长严德珉就是他。御史听了大吃一惊，马上向前把严德珉从地上扶了起来。严德珉回到了家中，害怕朝廷再叫他做官，于是收拾家当，离开了那里。果然，第二天御史到他家中探访，但发现已人去楼空。后来，有位国子监教授与他一起吃酒，见他脸上有刺字，还戴了顶破帽子，就问他犯了什么罪受到这种处罚。严德珉向教授讲了自己的亲身经历，接着又说以前国法如何严厉，做官的人经常是

厂卫机构

明代专制集权的强化达到了前所未有的程度。它首创了封建专制制度之下的特务政治。为了监视和控制臣民，保证他们对于皇帝的效忠，明太祖朱元璋在洪武十五年（1382）于南京设立了一个专门保卫皇帝并从事秘密特务活动的机构——锦衣卫。锦衣卫的长官指挥使，由皇帝的亲信心腹担任，其下设有17个所和南北镇抚司，以及千户、百户、总旗、小旗等属职。它直接向皇帝负责，遇有重大的政治案件，不受普通司法部门的审理，完全由锦衣卫查办。永乐十八年（1420），明成祖又设立由宦官统领的东厂；西厂是成化十三年（1477）所设；内行厂是正德初年设置。这些机构的头目，多由司礼监太监担任。厂卫机构用刑十分残酷，有廷杖、立枷等刑名，到魏忠贤当权时又设断脊、堕指、刺心、"弹琵琶"等酷刑。

不能保住自己性命的，这顶破帽子是很难才戴住的啊！说完还向北方作揖拱手，连称："圣恩！圣恩！"

袁凯、严德珉等辈，都是被逼成这样的，也都是被冤枉的，很是无奈，但固执的朱元璋却一意孤行，在惩治贪官污吏的同时枉杀了不少好官。而他究竟出于何种目的，我们无从知晓。

朱棣生母之谜

明成祖朱棣是朱元璋的第四个儿子，洪武三年（1370）被封为燕王，拥有重兵，镇守北平（1399）。建文元年，朱棣以"清君侧"为名举兵，这就是历史上有名的"靖难之役"。经过3年多的兵戎相争，建文四年（1400），朱棣终于攻占了南京，即皇帝位，改元为永乐。他又于永乐十九年（1421）迁都北京，以南京为留都。朱棣统治期间继续执行明太祖的削藩政策，巩固中央集权，为以后的"仁宣之治"奠定了基础。可以说，朱棣是历史上一位较有作为的皇帝，但是由于他是夺权上台，所以被正统思想家们斥为"燕贼篡位"。有关他的各种传说不胫而走，甚至连他的生母是谁，也成为争议的内容。其说不一，难以断定。

有说法认为朱棣的生母为马皇后。

旧抄本的《燕王令旨》中记载说："顾予匪才，乃父皇太祖高皇帝亲子，后孝慈高皇后亲生，皇太子亲弟，忝居众王之长。"《明太祖实录》中说："高皇后生长子，长懿文皇后标，次秦愍王，次晋王，次周定王。"《明史·成祖本纪》中也说："文皇帝讳棣，太祖第四子也，母孝慈高皇后。"与前说如出一辙。从这些官方材料看，可以肯定朱棣是朱元璋的第四个儿子，为马皇后所生。但是后世学者认为这其中有篡改之词，不能信以为真，一生致力于明史研究的学者吴晗就这样认为。

另外有一些史籍说马皇后并非生了5个儿子，只承认四子朱棣与五子周王为马皇后所生，而懿文、秦王、晋王则为妃子所生。《鲁府王牒》也说："今鲁府所刻玉牒，又以高后止生成祖与周王。"《皇朝世亲》《鲁府王牒》皆已早佚，这个说法难辨真伪。但是这些材料虽然说皇太子等人不是马皇后所生，却也都承认朱棣是马皇后亲生的儿子。

也有人说朱棣的生母是达妃。

明代黄佐的《革除遗事》中说，懿文、秦、晋、周王都是高皇后所生，而太祖朱棣为达妃所生。王世贞的《二史考》也曾引用这一说法。但是后人分析，黄佐把明成祖说成是达妃所生是别有用心的，不足为信。例如清代史学家朱彝尊在著作中指出，"黄佐的《革除遗事》与当时记建文事诸书，皆不免惑于从亡致身二录。盖于虚传妄语，就未能尽加芟削"。也就是说，黄佐的书对建文帝下台表示深深的同情，而对明成祖夺权大加贬斥，明显有个人感情色彩，所以记载的事情难免"虚传妄语"，故不可信。

另外有人说朱棣的生母为碽妃。

明朝末年何乔远的《闽书》、谈迁的《国榷》、李清的《三垣笔记》等根据《南京太常寺志》认为明成祖的生母是碩妃。这种说法也得到了近人傅斯年、朱希祖、吴晗等人的赞同。此志以明孝陵奉先殿的陈设为旁证，奉先殿中间南向列太祖、马后两神座，东边排列的是诸妃神座，而两边则独列碩妃神座。为什么碩妃会得到如此尊重？无疑因为碩妃是明成祖的母亲。清初的学者潘柽章、朱彝尊等也肯定这个说法。朱彝尊还考证了碩妃是高丽人。然而碩妃的来历历史上并没有任何记载，要知道这种说法是否可靠，就要考察《南京太常寺志》的可靠性。此记述是否来自第一手资料？是否真实？实在是难以说清楚。根据考证，《南京太常寺志》被收入《四库全书总目》，是明代人汪宗元所撰写。汪宗元是明嘉靖己丑进士，曾经任总理河道右副都御史，此书是他任南京太常寺卿时所撰，与明成祖生年元至正二十年（1360）相距了170多年。这样看来，他在记述朱棣生母时很可能是道听途说，而不是第一手资料。尤其可疑的是，《南京太常寺志》的说法在其他的史籍中都没有记载，因此其真实可靠尚难以说清。

还有一种说法认为朱棣的生母是元妃。

王世懋的《窥天外乘》记载："成祖皇帝为高皇后第四子甚明。而《野史》尚谓是元主妃所生。"王世懋所指的"野史"，是指《蒙古源流》。《蒙古源流》中说，明成祖是元顺帝之妃瓮氏所生，是元顺帝的遗腹子。"先是蒙古托衮特穆尔乌哈噶图汗（元顺帝）岁次戊申，汉人朱葛诺延年二十五岁，袭取大都城，即汗位，称为大明朱洪武汗。其乌哈噶呼图汗第三福晋系瓮吉喇特托克托之女，名格呼勒德哈屯，怀孕七月，洪武汗纳之，越三月，是岁戊申生一男……"刘献廷在《广阳杂记》中则说："明成祖非马后子也。其母瓮氏，蒙古人，以其为元顺帝之妃，故隐其事，宫中别有庙，藏神主，世世祀之，不关宗伯。有司礼太监为彭恭庵言之，余少每闻燕主故老为此说，今始信焉。"近人傅斯年所见的明人笔记则以为明成祖是元顺帝高丽妃所遗之子（《明成祖生母记疑》）。

这些野史、杂记都说得煞有其事，但是它们毕竟只是野史、杂记，说得再神乎其神也难以令人相信。近年更有人说，明成祖朱棣生母确实是马皇后。"碩"是瓮吉喇氏略语的不同译音，碩妃或瓮吉喇氏生明成祖的传闻，实属于无稽之谈。这其实是一则蒙古人编造出来的离奇的事，为的是以此证明元代国运不衰，后继有人。

明建文帝生死之谜

明朝开国皇帝朱元璋死后，由于皇太子朱标已于洪武二十五年（1392）先他而死，乃由皇太孙朱允炆即位，这就是建文帝，后世也称为明惠帝。然而，在惠帝刚即位不久，燕王朱棣就夺取了帝位，以讨伐齐泰、黄子澄为名，起兵北平（今北京），发动了历史上有名的"靖难之役"。1402 年，燕兵攻陷了京师（今江苏南京），燕王即位，是为成祖。就在朱棣攻入南京时，皇宫已是一片大火，建文帝下落不明。此后，有关惠帝已经出逃的传闻颇多，明成祖对此总是不放心，这件事也几乎成为他的一块心病。数百年来，建文帝的下落也是一桩争讼不决的历史悬案。综合各家说法，主要有"焚死"说和"逃亡"说。

一种说法认为建文帝是自焚而死的，据永乐年间修撰的《明太祖实录》中记录，燕王朱棣发动历史上有名的"靖难之役"。经过四年的征战，燕王获得全胜，建文四年（1402）六月十三日，燕王统领大军开进南京金川门。当燕王军队开进皇宫时，宫中已是一片火海，建文帝也没了踪影。与此同时，建文帝所使用的宝玺也毫无踪影。正史记载建文帝死于宫中的大火中。《太宗实录》卷九记载："上（即明成祖朱棣）望见宫中烟起，急遣中使往救，至已不及。中使出其尸于火中，还白上，上哭曰：'果然，若是痴骏耶！吾来为扶翼不为善，不意不亮而遽至此乎！'……壬申，备礼葬建文君，遣官致祭，辍朝三日。"仁宗朱高炽御制长陵后碑也说，建文帝殁后，成祖备以天子礼仪殓葬。成为明成祖的朱棣后来在给朝鲜国王的诏书中说：没想到建文帝在奸臣的威逼下纵火自杀。但是，太监在火后余烬中多次查找，找到马皇后与太子朱文奎的遗骸，建文帝是死是活无从得知。燕王为让天下知建文帝已自焚，曾作有祭文，但其坟墓处于何处，无人可知。明末崇祯帝就曾说过：想给建文帝上坟，却不知在何处？

另一种说法认为在南京攻破之时，建文帝曾想自杀，但在其亲信说服下，削发为僧，从地道逃出了皇宫，隐姓埋名，浪迹江湖。明成祖死后，他又回到京城，住进西内，死后葬于京郊西山。朱棣登位后，感到建文帝对他有一种无形的压力，因此多次派心腹大臣到处访问。永乐年间郑和下西洋的陪同官员中，有锦衣卫士，这显然就是用于暗中察访建文帝的。明成祖曾向天下寺院颁布《僧道度牒疏》，将所有僧人名册重新整理，对僧人进行了一次全方位的调查。从永乐五年（1407）起，还派人以寻访仙人张邋遢为名到处查找，涉及大江南北，前后共20余年。民间流言中，在许多地方都有建文帝的踪迹与传说。有的说建文帝逃到云贵地区，而且辗转到了南洋地区，直到现在，云南大理仍有人以惠帝（建文帝）为鼻祖。也有现代学者认为，当年建文帝潜逃后，曾藏于江苏吴县鼋山普济寺内，接着隐匿于穹隆山皇驾庵，于永乐二十一年（1423）在此病亡，埋于庵后小山坡上。

至于建文帝的下落到底如何，以上两种说法都无法提出令人满意的答案来。

明英宗在"土木堡之变"中为何被擒

明英宗朱祁镇是明代第六位皇帝，他前后共在位22年。

明朝中前期最主要的军事威胁来自于北部蒙古各部落。到明朝第六代皇帝朱祁镇统治期间，瓦剌部迅速崛起，也先任统帅。按照规定，瓦剌应该每年向明朝进贡马和骆驼，以换取所需的生活用品，明政府对周边民族采取绥靖政策，各国贡使入境之后，一切免费，并能以少量贡品换回价值高得多的物品。瓦剌部每年都会虚报进贡的人数和马匹数量，而明政府却睁只眼闭只眼，不予仔细追究。正统十四年（1449）二月，瓦剌部贡使人数达到2000余人，却虚报成

3000，权臣王振这次却一反常态，要求礼部官员按照实际人数赏赐，并减去马价的 4/5。

瓦剌部统帅也先大怒，借口明朝撕毁契约，于七月率领各部，分 4 路大军大举入侵明朝。也先亲率一路，攻陷大同，边关诸镇纷纷陷落。王振为压服群情激愤的大臣们，唆使年轻气盛的明英宗御驾亲征。几天之内，齐集 50 万大军和物资装备，仓促上路。但是由于没有计划，大军忽而北、忽而南，士兵们都忍饥挨饿，意志消沉，未上战场便已注定了失败的结局。大军七月十六日出发，八月初一到达大同，一仗未打，王振便被战场景象吓破胆，于是他下令回撤。撤退期间，他还想经由家乡回北京以夸耀乡里，后来因为担心大军会损坏庄稼而改道向东，到了八月十日，明军到达宣府，遭遇瓦剌部的追兵，大败而归，并于十三日退到土木堡。

经土木堡之变，明英宗被俘，50 万大军死亡过半，王振本人被护卫将军樊忠杀死。土木堡之变使朝野震惊，险些酿成了亡国之祸。

明万历帝数十年不上朝之谜

1584 年，即万历十二年，明万历帝终于摆脱了张居正和冯保二人在政治上对他的威胁，抹去了一切留在心中的昔日暗影，从此以后他真正感到自己是个名副其实的皇帝，他要堂堂正正、正大光明地去亲政，去施展自己的权力。

按照常理，曾经有过宏伟抱负的万历帝应该继续坚持张居正的改革，使 10 年来的成果发扬下去，促进明朝经济发展，建功立业。可是自从他亲政以后，这种情况却发生了逆转，他废除了所有张居正的改革，而且凡是对皇上、对政体有制约作用的规章制度，也都尽行罢弃，曾被革除的冗官冗费得以恢复。此外，万历帝还亲自谋划自己的生活用度，以养帝王之尊。

亲政后，他更加沉溺于酒色之中，变本加厉。据说后宫已有美女数以千计，但他还觉得不够，让太监、大臣们为他从民间广罗美女，以供他享乐。从此，日夜纵酒成为癖好，而且酒后必醉，醉后必怒，怒则打人。宫女、内侍稍有不如意处，便遭责打，重的常常被打死。他还逐渐学会了抽大烟、玩花鸟，在宫中常常以掷银叶为戏进行赌博，随着他年龄的增长，贪婪也在与日俱增。

玩物丧志，这是个定理。万历的生活开始极度堕落，少年时在母后严教下的寒窗苦读，雄心壮志，早已荡然无存了。他非常厌倦每日处理政务，批改奏章，于是常常把奏折留下来不做处理，也就是所谓的"留中"，这样时间长了也就不了了之了。及至后来又将日讲、经筵和早朝也一概停止了。大臣们长时间无法面奏皇上，便上疏央求万历，哪怕每月能临朝三四次也行。可是万历竟然觉得好笑，他认为天下是自己的天下，他自己都不着急，旁人何故着急。当时有个任职一年多的京官雒于仁看到皇上如此懒散荒怠，很是不安，于是就写给万历一份上疏《酒色财气四箴》，历数万历日夜饮酒、贪财好色等劣迹，希望皇上能够幡然悔悟。

万历看到上疏，勃然大怒，非治雒于仁死罪不可，后在大臣们劝解下才令其归家为民。从此以后，万历更是不理朝政，直到万历四十三年（1615）发生了"梃击案"，他才召见过一次群臣，使得满朝文武有幸得瞻天颜。这时，他已25年不临朝了，这也可称得上中国封建社会历代皇帝中的奇迹。

崇祯帝究竟如何死去

天启七年（1627）八月，熹宗病危，召信王入宫受遗命。不久熹宗撒手归天，年仅17岁的信王朱由检即位，大赦天下，次年改为崇祯元年（1628）。年轻气盛的崇祯皇帝面临的是一种风雨飘摇的局面。这位明朝最后的一位皇帝很想凭借自己的一腔热血力挽狂潮，重建太平天下。他即位后铲除阉党魏忠贤，一心想要中兴，但是最终李自成的农民起义军冲破了京城，明朝覆灭了，他自己也落了个自缢的下场。崇祯帝朱由检生性懦弱、无主见，而且他继位时的明朝已是政治腐败。崇祯皇帝也回天乏术，大臣们个个明哲保身，少有为社稷着想者。而且崇祯为人极易猜疑，大臣们更是小心翼翼、很少发言。就是到了起义军进逼京城的时候，也没有主动站出来为崇祯分忧的大臣。

当李自成的起义军猛烈进逼时，崇祯帝惊慌得完全失了主见，处处寄希望于大臣们，希望他们能提供妙计良策，甚至替他决断，但是危急之中，大臣们又能有什么办法呢？

崇祯十七年（1644）三月，每天崇祯帝都要召见大臣，有时候竟达到一日三次。起初大家都认认真真地替崇祯帝谋划，提出"南迁""撤关"等，可崇祯帝总是拿不定主意，大臣们也渐渐没招了。召见中，大臣总是惶恐地说："为臣有罪，为臣有罪！"然后就不再说话，实在被问急了，只是用些"练兵""加饷"等话来应付崇祯帝。每次召见，崇祯帝都非常不满，常常是中途拂袖离去，回宫后痛哭并且大骂："朝中无人！朝中无人！"

大明灭亡的前三天上午，崇祯帝来到东左掖门，召见了新考选官32人，问他们以急策。崇祯帝本想能从新臣中寻找到良策，可一见答卷，也全是些套话。召见未及一半，忽然有一太监送进一个密封，崇祯帝拆视后脸色突然大变，原来这是昌平（今北京昌平）失守的总报。李自成军已经攻到昌平，但是惊慌的崇祯帝仍无法从众大臣那里得到一计良策。

次日早晨，崇祯帝再次召见文武诸臣，半晌大家都沉默不语。崇祯帝流着泪恳请大臣们想办法，大臣们也是泪流满面地回应。忽然有位大臣大梦初醒一般，凑向前欲奏对，崇祯帝一见，马

崇祯帝像

上将泪水收住，准备细听，只听这位大臣说："当务之急为考选科道。"原以为是什么良策，不想又是老套话。可这位大臣一开头，许多大臣也跟着说这人当起，那人该用。崇祯帝早就不耐烦了，俯首在御案上写了七个大字："文武官个个可杀。"起身示意退朝。

关于崇祯的死，历来众说纷纭，计六奇《明孝北略》卷二十记载道："丁未五鼓，上御前殿，与二人手自鸣钟集百官，无一至者。遂散遣内员，手携王承恩，入内苑，人皆莫知，上登万岁山之寿皇亭，即煤山之红阁也。亭新成，先帝为阅内操特建者……遂自尽于亭下海棠树下，太监王承恩对面缢死。"又有《明史》卷三百零九《流贼传》说："十九日丁未，天未明，皇城不守，鸣钟集百官，无至者。乃复登煤山，书衣襟为遗诏，以帛自缢于山亭，帝遂崩。"而《明之述略》中却说："丁未，内城陷，帝崩于西山。"可见，对崇祯究竟是怎么死的，死于何地至今还是个谜。一个力图中兴的君主竟落得如此凄凉的下场，令人深思。最后一次上朝时，大臣们还是一副唯唯诺诺、支支吾吾的样子，出的计策无非是什么巡街闭门、不许出入等。这时候守城者来报，守城军队不敌。见城陷就在眼前的崇祯帝，不禁大哭，边哭边道："诸臣误朕至此！"自己拿不定主意，却要埋怨大臣。大臣们见形势"不可为"，便俯首同崇祯帝一起恸哭，哭声响彻大殿，甚为悲惨。到了中午，崇祯又召见大臣，此时大臣们已彻底看透了这位年轻且毫无主见的皇帝，干脆以沉默来回答崇祯帝，崇祯帝不禁大吼道："既然这样！不如大家一起在奉先殿统统自尽吧！"此话倒是说中了，十九日晨，崇祯帝在走投无路中自尽身亡。

顺治帝出家之谜

在清朝第二位皇帝顺治短短的一生中，他一共娶了19个妻妾，但是最讨他欢心的，只有董鄂妃一人。

在顺治眼里，董鄂妃就是他的心。虽然两人不曾有过任何誓言，但是，那种难舍难分的感情的确能感天地、泣鬼神。顺治十七（1660）年八月十七日，皇贵妃董鄂氏因病去世，顺治痛不欲生。为哀悼董鄂妃，他5天不理朝政。没过多久，他又亲自给礼部下了一道圣旨，特意采用追封的方法，给董鄂妃加封谥号：孝献庄和至德宣仁温惠端敬皇后。至于追加皇后应举行怎样的大礼，他命礼部要认真、详细、迅速商讨并递交他审议。

董鄂妃死后，顺治的心也随之而去，正如元稹所写的那样："维将竟夜长开眼，报答平生未展眉。"他不仅辍朝5日，而且将她晋封为皇后。在蔡东藩的《清史演义》里写道："顺治帝经此惨事，亦看破世情，遂于次年正月，脱离尘世，只留重诏一张，传出宫中。"此外，还有《清稗类钞》《清代野史大观》等书中均有关于顺治帝因董鄂妃去世而削发出家的故事。

顺治帝的离家出走，令清宫上下惊慌失措。他们为了不引起世人的非议，只得向外宣布：顺治皇帝驾崩。但是，这种谎言也瞒不了多久。很快，堂堂的大清皇帝为了一个女人而削发为僧的事就在民间广为流传了。

顺治一向好佛，宫中奉有木降忞、玉琳琇二禅师，印章有"尘隐道人""痴道人"等称号。他对木降忞曾说："愿老和尚勿以天子视朕，当如门弟子旋庵相待。"他早有削发为僧的念头。临宣布他去世前几天，他还叫最宠信的内监吴良辅去悯忠寺削发为僧，因此一些人认为顺治出家之因是与孝惠皇后不合，所以宠爱的董鄂妃一死，他就以此为借口皈依了净土。据说清圣祖康熙亲政后，曾经以进香为借口，多次到五台山看望顺治，希望顺治能回到宫中，但是顺治不为所动。康熙帝有诗哀悼："又到清凉境，巉岩卷复垂。芳心愧自省，瘦骨久鸣悲。膏语随芳节，寒霜惜大时。文殊色相在，惟愿鬼神知。"语气十分悲恸。又传说在康熙年间，两宫西狩，经过晋北，地方上无法准备供御器具，却在五台山上找到了内廷器物，这似乎又是一个顺治出家的证据。但民国时，明清史专家孟森的《世祖出家事考实》举出《东华录》等史书的记载，认为清世祖死于痘疹，没有出家；又认为吴梅村诗中"房"为天驷，"房里竟未动"是指顺治将幸五台山而忽然去世，后几句诗孟森认为是自责之词。所以顺治出家与否，仍然是一个谜。

康熙帝是怎样擒拿鳌拜的

顺治十八年（1661）正月初七日，顺治帝福临病故，庙号世祖。遗诏由8岁的皇三子玄烨即位，次年改元康熙（和平之意），即大清圣祖仁皇帝。但因其年幼，故由索尼、苏克萨哈、遏必隆、鳌拜四大臣辅政。康熙六年（1667）七月初七日，康熙正式开始御门听政。一切大权皆掌握在辅政大臣鳌拜手中。

鳌拜，姓瓜尔佳氏，满洲镶黄旗人。据史书记载，鳌拜"有膂力，尝挽强弓，以铁矢贯正阳门上，侍卫十余人拔之不能出"，又因他"从征屡立战功，历封公爵""国初勋旧，无不知有鳌拜者"，在任辅政大臣后更是"专权自恣，擅作威福"。在辅政的四大臣之中，索尼由于年老多病，于皇上亲政不久后就死了；遏必隆为人圆滑，为避开鳌拜的气焰，从不发表意见，总是畏首畏尾，随声附和，唯鳌拜意见行事；只有苏克萨哈遇事常与鳌拜分庭抗礼，最后因斗不过鳌拜，于康熙六年（1667）七月被害致死。从此，鳌拜更加肆无忌惮，凡是起坐班行，自动列于遏必隆之前。一切政事先在私下议定，然后施行，又将各部院启奏官员，带往自己家私下搞阴谋活动。诸多劣迹，不一而足。

年轻的康熙皇帝知道鳌拜人多势众，不能和他生拼硬撞，只能智取。于是康熙帝上演了一场智擒鳌拜的历史幽默剧。

为使鳌拜失去戒意，康熙把自己扮演成一个天真烂漫、不问政事而又贪于玩耍的孩童。他每天和一群同自己年龄相近的顽皮子弟，其中包括身强力壮的卫士们，在一起摔跤打拳。而实际上这是康熙在暗中训练捕捉鳌拜的卫队营，即善扑营。

康熙八年（1669）五月十六日，康熙帝亲自向善扑营做动员，部署具体方案。

康熙戎装像

他面向众人说：你们都是朕的左右老臣，然而你们害怕皇上，还是畏惧鳌拜？众人齐声回答说：我们当然敬畏皇上！于是康熙当众宣布鳌拜罪过，随后召鳌拜进宫。鳌拜一到，四壁早已埋伏好的武士、摔打能手一拥而上，鳌拜徒有招架之功，无还手之力，只好束手就擒。同时被捉的还有另一辅政大臣遏必隆和一等侍卫阿南达等。

清末文人李伯元在《南亭笔记》中曾对康熙擒鳌拜的过程进行了记载："诛拜日，康熙帝在南书房，召鳌进讲，鳌入，内侍以椅之折足者令坐，而一内侍侍其后。命赐茗，先以碗煮于水，令极热，持之炙手，砰然坠地，持椅之内侍乘其势而推之，乃扑于地。康熙帝呼曰：'鳌拜大不敬！'健儿悉起擒之，交部论如律。"

事后鳌拜等人被交付刑部审判。鳌拜罪状30条，本应处死，因其是世祖老臣，故软禁终身。其余重要党羽，全部处死。康熙取得了对守旧势力斗争的初次胜利。

康熙掌握实权后，紧紧依靠宿臣老将，如索额图、杰书、图海等人，采取了一系列革新朝政的措施，深得人心，同时医治战争的创伤，逐步恢复和发展社会经济，改变了生产倒退、民生凋敝的不安定局面，使久困于战乱和饥荒的人民得以休养生息。

秘密立储始于康熙吗

康熙是清代有名的圣君，有子35人，女20人，嫡出最长者为胤礽，康熙十四年曾被立为皇太子。后康熙在康熙五十一年(1712)十月，第二次废黜胤礽。第二年二月左都御史赵申乔上奏请求再次册立皇太子，这是二次废太子后，朝臣第一次为此事上奏请求。康熙看罢奏疏后，特别召集群臣说明此事。他说："立储大事，朕岂忘怀，但关系甚重，有未可轻立者……今欲立皇太子，必然以朕心为心者，方可立之，岂宜轻举。"谕旨表明，接受了两次废立太子的沉痛教训，又面临着错综复杂的储位之争的局面，康熙正在深入思考皇储关系、储君标准、建储方式等重大问题，力图寻找一个较好的办法，避免以往的失误；在没有找到可行方法之前，决不草率册立。他向群臣公开陈述他的观点，表明他在晚年已开始拟订新的建储计划了。

康熙在经过4年多的总结、思考以及对储君的精心选择后，开始实施他的建储计划了。

第一次建储之议出现于康熙五十二年（1713）。据《清世宗实录》载："康熙五十六年冬，圣祖仁皇帝召诸王子，面询建储之事。"朝鲜使臣于康熙五十七年（1718）四月从中国返回朝鲜后，禀告朝鲜国王："臣来时问太后葬后，当有建储之议。"建储之事虽然到处流传，反响很大，但人们对其具体内容却毫不知晓。这表明玄烨只是就建储一事征询皇子与重臣的意见，他本人并未表露态度，更未做出任何决定。可见他对储君人选、册立日期等重大问题，已开始有意识地采取保密措施了。

"长篇谕旨"出现于康熙五十六年（1717）十一月二十一日。康熙在皇太后病危、自己也重病缠身的情形下，召集全体朝臣，商讨建储的有关问题。"长篇谕旨"的说法便由此而来。

康熙五十二年（1713）二月及五十六年（1717）十一月两个谕旨构成了新的建储计划。与嫡长子皇位继承制度相比较，它的具体的方略，如皇帝全权决定储君人选，"有德者即登大位""择贤而立"的择储标准，对储君人选以及建储的有关问题的保密原则等，都比较新颖，而且秘密色彩浓厚，因而可称之为秘密建储计划。如果这个计划能贯彻执行，并且形成制度，将会减少传统建储制度的某些弊端，进一步加强中央集权。康熙对实施两千多年的建储制度进行了改革，尽管他本人并未认识到这样做的意义。

这一秘密建储计划的核心是皇帝全权决定储君人选，完全排除统治阶层中任何集团或个人对建储的干扰。从一定意义上讲，也是其他三部得以实施的先决条件。这一点得不到保证，其他三部分也无法实施。

虽然康熙通过"择贤而立"的方式选择储君，但其主观上并无废除嫡长子继承制的意图。康熙的宗法观念浓厚，认为诸子之中，"允（胤）礽居贵"。在胤礽被废后，他已无嫡子，皇长子胤禔也获罪幽禁，所以只能把目光投向其他庶子。

再者，对储君暗中进行培养、考察，储君如果表现不佳予以撤换时，由于没有让其知道这件事，不会引起任何不良后果，这样皇帝在对储君的选择上，就完全抓住了主动权。

雍正帝嗣位之谜

清康熙帝驾崩以后，皇四子胤禛在激烈的皇位争夺中登上了皇帝的宝座，这就是历史上有名的雍正帝。但雍正帝究竟如何嗣位至今仍是一个谜，是按遗诏之言登位还是篡位，众说纷纭。

官书中记载，康熙六十一年（1722）十一月冬至（初九）前，胤禛奉命代祀南郊。当时，康熙患病住在畅春园疗养，"静摄"政权。胤禛请求侍奉左右，但康熙因祭天是件大事，命他应在斋所虔诚斋戒，不得离开。到了十一月十三日，康熙的病情突然恶化，这时才不得不破例把胤禛召到畅春园来。而未到之前，康熙命胤祉、胤祐（七阿哥）、胤禩、胤禟、胤䄉（十阿哥）、胤祹（十二阿哥）、胤祥和理藩院尚书隆科多至御榻前，向他们宣布："皇四子胤禛人品极好，令人敬重，与朕很相似，因此他肯定能够继承大统，继承皇位。"此时，恒亲王胤祺因冬至奉命在东陵行祭典，胤禄（十六阿哥）、胤礼（十七阿哥）、胤禑（十五阿哥）、胤祎（二十阿哥）等小皇子都在寝宫外候旨。当胤禛来到康熙面前时，康熙还能够说话，告诉胤禛他的病情日益恶化的原因，但是到了夜里戌时，康熙就归天了。隆科多即向雍正宣布"遗诏"。胤禛听后昏扑于地，痛不欲生，而胤祉等其他兄弟则向胤禛叩头，并劝他节哀顺变，因此雍正就履行新皇帝的职权，主持康熙的丧葬之事。雍正曾特别强调：当日情形，"朕之诸兄弟及宫人内侍与内廷行走之大小臣工所共知共见者"。

从上面的情况来看，雍正的即位是由父皇康熙的寿终正寝后才开始的，是属于正常并且合乎法理的。对此，清代官书众口一词，都是同一个口径。后世有人根据雍正在品格、才干、年龄和气质上的众多特点以及雍正本人在皇宫中深藏不露、暗自修炼多年的特征，康熙对雍正的认识和父子感情基础，当时诸子争储互斗的背景，还有康熙在死之前留下遗诏的在场人物、地点、时间以及情节等来综合分析，认为雍正根据皇父"仓促之间一言而定大计"，是合法即位的，可信的。

但是民间传说中，雍正即位却是非法的，是篡位夺权。

早在雍正帝在世时，社会上就盛传：康熙帝要将皇位传给胤禛，在他患病的最后几日，曾经下旨要召胤禛回到京城，但是胤禛的死党隆科多却隐瞒了谕旨。致使康熙去世当日，胤禛不能赶到。隆科多于是假传圣旨，拥立胤禛为皇帝。此所谓"矫诏篡立说"的由来。另外有一种说法讲，康熙原来就有了手书，要把皇位传给十四阿哥胤禛，是胤禛把"十"改成了"于"字，于是遗旨明明传位于胤禛，却变成了传位于胤禛，此所谓"盗改遗诏说"的来源。那么，是谁来盗改了这个遗诏呢？有传说是雍正本人改的；有的说康熙把遗诏写在隆科多的掌心，而隆科多将"十"字抹去了；也有的说是由一些雍正府中所收养的武林高手所改写的；又有的说是雍正的亲生父亲卫某参与改的……

还有人认为，康熙原本要在胤禛和胤禛两人中选立皇储，而最终胤禛被选中，胤禛被任命为抚远大将军，确实说明康熙选择皇太子时他是候选人之一，而胤禛在康熙四十八年（1709）晋封为亲王，在皇子中的地位日益提高，先后22次参与祭祀活动，次数比其他皇子都多。此外，康熙对胤禛之子弘历宠爱有加，称赞其母是"有福之人"。由此可见，雍正是后来居上的皇太子候选人。也有人认为，临终时康熙本想让胤禛继承皇位，但他远在边疆，若将他召回再宣布诏书，在空位阶段必定会引发皇位纠纷，无奈之下只好传位于雍正。

总而言之，雍正继承皇位有着种种让人难以理解的疑点。这些问题使一些清史专家耗费了很多的精力，直到现在也没有能够得到很好的解释。可以说，在没有获得新的可靠材料之前，雍正的即位是否合法，仍然是个谜。这不仅仅是因为雍正在继承皇位上有很多令人费解的问题，而且他即位后的很多言行，尤其是与大肆诛戮贬斥功臣、兄弟、文人等事连在一起，更令人感到扑朔迷离。

乾隆帝的父母是汉人吗

看过金庸小说《书剑恩仇录》的人对书中的一个说法一定很好奇，因为书中说乾隆是陈家洛之兄。其实，小说中的说法并非空穴来风，是有一定来历的。

清末，上自官僚缙绅，下迄妇孺百姓，几乎人人皆知这么一个传说，清初的某个皇帝是浙江海宁陈家的儿子。这个皇帝是谁呢？有人便说是乾隆皇帝弘历。这一传说也见于一些私家所写的稗官野史之中。《清朝野史大观》卷一《高宗之与海宁陈氏》一文有这样的记叙：雍正帝胤禛当皇子时，与海宁陈氏很好，两家来往频繁。这一年恰巧两家在同月同日同时辰生子，只是胤禛家为女孩，陈家为男孩。胤禛命人抱来看看，但却偷偷把孩子换了。陈家发现孩子被换，大惊失色。但迫于对方权势，不敢追究，也不敢声张。不久康熙去世，传皇位于胤禛。胤禛即位后，陈氏一门数人也都官至显要。以后乾隆帝即位，对陈氏更是礼遇有加。乾隆六次南巡江浙，其中四次都到过海宁陈家，最后一次临走时步至中门，对陈氏说："以后若非皇帝亲临，这门不要轻易打开。"从此这座门就再也没被打开过了。

持上述观点之人还提出另外一些证据，海宁陈氏的宅堂中有两方皇帝亲笔书写的匾额，一方题为"爱日堂"，一方题为"春晖堂"。"爱日"一词，是从汉辞赋家杨雄《孝至》一文"孝子爱日"中来的，后世把儿子侍奉父母之日叫爱日。"春晖"一词是从唐代孟郊《游子吟》"谁言寸草心，报得三春晖"的诗句中来的。后人常以春晖来比喻母爱。这两方匾额的题词内容都有儿子尊敬和孝顺父母的意思。后来，与海宁陈氏的儿子相交换的那个女孩便在海宁陈家成长，到了婚嫁年龄便嫁与江苏常熟蒋氏，蒋氏专门为她筑了一座小楼，后世称之为"公主楼"。这些史料更让人坚信乾隆是汉人之子。

然而，也有人提出了反对的意见。

雍正帝有皇子10个，公主6个。乾隆帝是其第四子，推及情理根本没有把别姓的孩子换来当自己孩子来继承皇位的必要性。这是最有说服力的论证。

其次，从清代皇帝与海宁陈氏的关系来看，纯是君臣友谊。陈氏是清初的名门望族，在康熙、雍正、乾隆三朝，陈家历代都仕途通达，官居高职，煊赫一时。雍正初年，为了满足钱塘江下游经济发展和人民生活的需要，大举修建浙江海塘。但雍正帝忙于政务，而且海潮冲刷堤岸的危害还未到十分严重的程度，因此未能亲自前往。乾隆即位后，对这项工程非常重视，数次南巡，有4次来到海宁勘

乾隆南巡图　清

清乾隆皇帝曾经6次到江南巡视，并多次在海宁陈家驻跸，因此引来了诸多猜测。

察，那么既到海宁，总得有个合适的住所，而陈氏是康、雍、乾三朝宰辅，其家园是海宁名胜，亭台楼榭，花木扶疏，自然就成为接驾驻跸之处。这个园子本叫"隅园"，乾隆帝把它改名为"安澜园"。"安澜"即水波不兴之意，由此也可以看出，乾隆帝临视海宁，是为了巡视海塘工程，而不是为了探视父母。

至于那两块匾额，据史学家孟森考证，清国史馆编纂的《陈元龙传》中说：康熙三十九年（1700）四月，康熙在便殿召见群臣，说："你们家中各有堂名，不妨当场写给我。我写出来赐给你们。"陈元龙奏称，父亲年逾八十，故拟"爱日堂"三字。《海宁州志》还提到，康熙五十四年（1715）六月，因陈元龙胞弟陈维坤的妻子黄氏寡四十一年，便御书"节孝"两字赐之，又赐以"春晖堂"匾额。这就是说，两方匾额的题词是康熙帝根据臣下的请示书写的，与孝敬父母的意思根本没有任何联系。因而，说乾隆是汉人之子只是无稽之谈。

《清宫词》中有一首词说："冕旒汉制终难复，曾向安澜驻翠蕤。"词中暗指乾隆与海宁陈氏关系。然而，这其中关系究竟怎样，乾隆身世究竟如何只能成为未解之谜了。

道光帝为何将皇位传于咸丰

咸丰帝奕詝是道光帝旻宁的第四子，奕詝降生后，备受道光帝的宠爱，视之为理想的皇位继承人。

5岁时，道光便给奕詝请来名师杜受田教他学理文法。稍长，道光帝为培养其武功，经常让奕詝演习枪法，并时常带奕詝等皇子游猎南苑，策马扬鞭，张弓搭箭，意在养成尚武精神。后来，在一次出猎时，奕詝因急于求成，动作太快，身体失去平衡，从马上跌落下来，造成股骨错位，成了跛足。这使道光帝在日后皇位继承者的选择问题上，长期犹豫，久决不下。道光皇帝是于道光二十六年（1846）开始考虑立储的。当时有实力参加竞争皇太子的只有皇四子奕詝和皇六子奕䜣。在奕䜣和奕詝之间，为了考察他们的品行与能力，道光帝决定到南苑较猎以决雌雄。

傍晚，奕䜣和奕詝回宫向道光禀报战绩时，奕䜣所获猎物最多，奕詝却一无所获，道光帝不解，问其缘故，奕詝答道："儿臣以为现在正是动物繁衍孕育下一代的时候，我不忍心在这个时候杀死它们，并且我也不愿意以骑马射猎这些小的技艺，与兄弟们争个高下。"本来，道光皇帝看到奕詝一无所获，心里有些不高兴，但听到奕詝讲出这番话来，顿时眉开眼笑，连声说道："我儿果然有君子的风度。"

经过这番围猎较量，道光皇帝初步有了意向：立奕詝为储。道光皇帝是个优柔寡断的人。虽然南苑较猎，已经决定把皇位传给奕詝，但不久，他的心里又不平衡起来，因为他毕竟非常喜欢奕䜣。奕䜣自幼活泼好动，聪明伶俐，不管学文还是习武。他总是学得最快，记得最牢，运用得最好。从这两项殊荣上可以看出道光皇帝是如何偏爱奕䜣了。一是道光皇帝看到奕䜣读书能得大道，曾亲自为其书斋题写了"乐道书屋"四字匾额，这是其他皇子都没有得到的。二是道光二十九年（1849），为了奖励奕䜣的武功，特赐给奕䜣一柄金桃皮鞘白虹刀，准许他永远佩带，这也是其他皇子没有享受到的殊荣。另外，从奕䜣生母的升迁上也能看到道光帝对奕䜣的钟爱。奕䜣生母原来只是位于宫内第五位的妃子。道光十四年（1834），也就是奕䜣两岁时，她超越了和妃、祥妃，被晋封为贵妃。孝慎皇后死后，她在宫中居第二位。道光二十年（1840），孝全皇后暴卒后，她便总摄六宫之事，成了实际上的皇后。

由于对奕䜣的偏爱，道光帝决定再给奕䜣一次机会，考察一下奕䜣和奕詝的品行。一天，道光皇帝将两个盒子放到两个皇子面前。这两个盒子，一个是金的，一个是木的。金盒上雕满了姿态各异的龙，龙体闪烁着光芒；木盒上刻着麒麟，也被漆得黑亮。道光皇帝指着两个盒子说："这两个盒子，我儿各选一个。"奕詝和奕䜣互相看了一眼。奕詝平静地说："六弟先选吧！"奕䜣听了这话，也不谦让，顺手将金盒抓在手里。从这件小事上，道光皇帝感到，还是四子奕詝仁义慈厚，六子固然聪明，可是人品不如其兄，于是下决心把皇位传给奕詝。

清代改变了以前的嫡长子继承皇位的制度，实行秘密建储制度，即由在位皇帝对所有皇子做长期观察考验，选定皇太子后，朱笔书名，密定为储，藏之锦匣。锦匣两份：一份藏于乾清宫最高处"正大光明"匾额后，另一份由皇帝自己收藏。

道光二十六年（1846），道光帝将立太子朱谕正式写好。道光三十年（1850）正月，道光帝病笃，自知阳寿已尽，遂把军机大臣等8人召至寝宫，从床内取出装有朱谕的锦匣，递与诸大臣开启出示，正式宣布奕詝为皇太子。正月二十六日，奕詝在太和殿正式即位。次年改元咸丰，开始了清代咸丰朝的统治。

天花还是梅毒——同治帝死因之谜

清入关后第八代皇帝同治帝载淳，是叶赫那拉氏（慈禧）于咸丰六年（1856）所生，同时也是咸丰皇帝的独子。同治6岁时即咸丰十一年（1861）登基称帝，同治十二年（1873）亲政。但他于同治十三年（1874）十二月初五日即病逝，此时距其亲政日期不到两年。

对于同治帝的死因，众说纷纭，有的说是死于天花，有的说是死于梅毒。

近来，在清代档案中发现了属于清代皇帝脉案档簿（以下简称"脉案"）的《万岁爷进药用药底簿》一份。

据记载，同治帝于同治十三年（1874）十月三十日得病卧床。当天下午，太医院判李德立和御医庄守和诊断，结果是："脉息浮数而细。系风瘟闭来，阴气不足，不能外透之症，以致发热头眩，胸满烦闷，身酸腿软，皮肤发出疹形未透，有时气堵作厥。"御医只请第一次脉就能做出上述的明确诊断，主要是因为载淳之病来势很凶，"疹形"表发得较显著。御医对此开出了用生地、元参、牛蒡子、芦根等十二味药配制的"益阴清解饮"，进行避风调理。同治仅服了一次药，效果便显出来了。第二天早上，夹杂着瘟痘的疹形即透出，也不似昨日那样烦闷堵厥了。但是，疹痘初发，未至出透，致使"瘟热熏蒸肺胃，以致咽喉干痛，胸满作呕，头眩身热，气颤谵言"。御医议用"清解利咽汤"对此进行调理。巳初三刻服药后，效果明显，是日午刻即"脉息浮洪，头面周身疹中夹杂之痘颗粒透出"。

这样，经御医们精心医治护理不足两天，痘颗虽然开始表发了，有些症状也有减退的迹象，但是由于瘟热毒滞过盛，以致头面、颈项发出的痘粒很稠密，而且痘颗颜色紫滞，又有咽痛作呕，身颤口干，便秘溺赤之内症。很明显，痘粒透出后过盛的毒滞并没完全随之表发出来，最后用药无效，以至于身亡。

根据这些记载，有人便认为同治是死于天花，但这些记载只是宫廷里的片面记载，而民间的大多传闻却说同治帝是死于梅毒。

在一些正规学术著作里都记载着同治帝微服出宫，嬉戏游乐，甚至出入烟馆妓院的故事，如萧一山所著《清代通史》中就有同治因出游而患梅毒终致死亡的记载。

据记载，同治帝与皇后阿鲁特氏相亲相爱，但慈禧太后不喜欢阿鲁特氏。慈禧开始常命皇后等人陪她看戏。但皇后文静、不爱热闹，每次看到男女私情，则面壁而坐。慈禧本来对皇后就不满意，这样就更加不喜欢她了。皇后多次受责怪，依旧我行我素，慈禧便觉皇后故意不给她面子。而皇后对同治帝则是笑脸相迎，慈禧更认为她狐媚惑主，于是限制同治帝宠爱皇后，强令其移爱慧妃。而同治偏偏讨厌慈禧所喜欢的慧妃。于是，同治帝与太监佞臣常常微服外出寻花问柳。但同治怕臣下看见，不敢去京中较大的妓院名楼，专门找隐蔽的小妓院、暗娼等处。起初，人们对他的身份毫无所知，后来知道了也佯装不知。

一些王公大臣注意到同治帝微行纷传于内外，屡次劝谏同治帝而毫无成效。一次，同治帝对醇亲王奕谖当面劝谏一再抵赖，醇亲王只好把时间、地点一一指明，同治帝却一再追问他消息的来源。

虽然这些传闻的真实性还有待考证，但这些传闻传扬甚广，而同治帝又死得可疑，因此许多人怀疑他死于梅毒也就不奇怪了。

据说，同治帝从烟花巷院染上梅毒，开始时毫无察觉，后来脸面、背部显出斑点，才召太医诊治。御医一见大惊，不知如何是好，因此请命于慈禧。慈禧传旨，向外界宣布说皇上只是染上天花。于是，御医们按照出痘的医法开药，没有效果。皇帝大怒，责问："为何不按我的病医治我？"太医回奏："太后命之。"而且《翁同龢日记》中记载说："风声过大，且非两宫圣意。"同治愤恨不已。梅毒在当时是绝症，以天花治之，显然是为了掩盖丑闻，以免丢皇家脸面。所以同治后来就日益病重，下部溃烂而死。

同治究竟是死于天花还是死于梅毒，这两种说法各有各的来源，而且都能找出各自的证据，让人难以辨明，遂成清宫又一疑案。

后宫秘事

　　历史的演绎和文明的进步是多元化的，如同男女两性的相互依存。帝王政治的主流离不开后宫政治的映衬和补充，男性占绝对主宰的历史舞台，因为女性的加入而更加精彩，也更加充满了悬疑。

夏桀的爱妃妹喜是"间谍"吗

有施国是与夏朝同时期的一个小国，它的国内有一位叫妹喜的美女很有胆识，商便是在其帮助下灭掉了夏，被认为是中国有史以来的第一位女间谍。

有施国在与入侵的夏朝作战时战败。作为战败国，有施国国王为了复仇，将国中最美的美人妹喜送给了夏桀。据明代钟惺的《夏商演义》中说，妹喜是山东蒙山国君施独的女儿，其父母想把她进献给夏桀来实施复仇计划。

美貌绝伦的妹喜常常像男子一样佩剑戴冠，具有深不可测的多变性格。来到夏朝后，好色的夏桀很快就为其神魂颠倒，终日饮酒作乐。直至半月之后，外间击鼓奏事甚多……而桀即忙命罢朝。诸臣免朝，国事尽托太师。他整天抱着妹喜对其言听计从，昏乱失道。但国力不强的有施，尚无能力打败夏国。此时，强大起来的商国也派来一位名叫伊尹的间谍。伊尹是商国的一名厨师，商汤非常赏识他的智谋，因此派他去夏朝从事间谍活动。为了不让夏桀怀疑，汤施用了苦肉计，亲自追射伊尹，以示伊尹有罪逃亡。果然，夏桀非常信任伊尹。伊尹的真实意图被妹喜知道后，与他配合行动。妹喜主要从事破坏和离间活动，刺探夏的机密，调查中原地形；及时通风报信则是伊尹的任务。

妹喜在取夏的时机成熟后，又让伊尹向商和各诸国传播谣言，说夏桀曾做了这样一个梦，梦见西方和东方都出现了一个太阳，两个太阳搏斗，东方的太阳战胜了西方的太阳。东方的太阳代表的就是位于夏的东边的商朝。迷信的商朝人认为这是上天的旨意，于是大肆宣扬，最后率领诸侯消灭了夏朝。

在商灭亡夏朝的过程中，妹喜做出了重要贡献，但她不但没有受到赏赐，反而连同夏桀一道被流放到南巢。这可能是由于汤怕自己受不住过于妖艳的妹喜的诱惑而走夏桀的老路吧。

汉武帝后宫巫蛊之乱新探

在中国古代史上，秦皇汉武被相提并论。汉武帝一生大有作为，但在他在位时又上演了一幕幕巫蛊闹剧，致使皇后、太子、丞相和无数大臣都成为巫蛊的牺牲品，史称"巫蛊之乱"，它成为汉武帝一生洗不清的污点。

公孙贺是当时汉朝丞相，为了替儿子赎罪，他答应为汉武帝捉拿阳陵大盗朱安世。朱安世被捉后，为了报复，向汉武帝写了一封揭发公孙贺的信。朱安世在信中写出了公孙贺的种种罪行，甚至说公孙贺密谋要取代皇上，在皇上经常出入的甘泉宫路埋下木偶，巫蛊皇上。很快，这封信便转到武帝刘彻手中。

本性猜忌多疑的武帝看了这封信，雷霆震怒之下下令火速查究，查究的大事由江充负责。江充派手下罗织罪名，趁机把公孙贺的人马一网打尽。公孙贺与儿子公孙敬声一同被捕入狱，严刑拷打，蔓引牵连，使得很多人无端获罪。最终，公孙贺父子惨死狱中。江充还不过瘾，还要灭公孙贺全家，甚至皇后的姐姐卫君儒也未能幸免。

这一巫蛊案使武帝更加疑神疑鬼，总怀疑有人用巫蛊术来暗害他。因此，这种迷信猜忌之心又被江充利用了。江充除去了公孙贺后，把矛头指向别的手握重权的皇亲国戚。诸邑公主、阳石公主、卫青的儿子长平侯卫伉也都受到牵连，并全部被杀。江充非常得意，又把仇恨的利剑指向曾得罪过自己的太子刘据。

一天，武帝神思恍惚，隐隐约约看到几千个木人，手拿着兵器，凶神恶煞般向他袭来。他惊醒后，便觉得浑身酸软，毫无力气，锐气精力荡然无存。此后的武帝，精气散佚，身体一天不及一天。武帝认为此乃巫蛊所致，命江充从速查实。

江充和心腹按道侯韩说、御史章赣率领大量爪牙进入后宫，对每一个宫都掘地三尺，搜查木偶，甚至武帝御座下的地面也被挖掘了。太子东宫和皇后中宫，也要挖地三尺。

太子刘据和皇后卫子夫恼怒万分，但有圣旨在，太子、皇后也只能听之任之。江充分部挖完之后，奏报武帝，声称在东宫和中宫挖出的木偶为数最多，并且每个木偶身上都写了许多咒语，诅咒武帝，言辞不堪入目。武帝龙颜大怒，可仔细想想又不至于此，便召太子入宫，想要问个究竟。

太子得知自己被江充诬告，非常恐惧。太子清楚武帝偏信江充，打算出城面见父皇，解释清楚。他又有些畏惧，唯恐武帝不问是非曲直，就置自己于死地。

太子真的无计可施，在万般无奈的情况下采用了少傅石德的计策，派人佯称天子使者，收捕江充，一举把江充及其死党杀死。

江充被杀死后的当天夜里，太子派心腹假称天子使者，进入皇后居住的未央宫，告知皇后大祸临头，情况危急万分。太子调用皇后御厩车马、射士，私自派人打开长乐宫中储备武器的仓库，紧急调用长乐宫卫士，大肆搜捕江充党羽。京师长安乌烟瘴气，宫中血雨腥风，一时天下大乱。

太子刘据最终战败，带着残兵败将逃出京城长安。丞相刘屈耗率军占领京师后，把这次叛乱的主谋全部缉拿，太子宾客和太子少傅石德以及太子家小全部被杀。皇后卫子夫感到脱不了干系，也自杀身亡。

不久太子的行踪被发现，太子被迫自缢而死。

太子刘据全家死亡始尽，但武帝想不通，依然派人调查此事。一年后，此事才真相大白。太子真的是无辜，皇后也是冤死，这纯粹是由佞臣江充策划的一场宫

汉武仙台遗址
位于陕西省黄陵县城北桥山上的黄帝陵内，据说是汉武帝祈仙所用。

廷巫蛊冤案。史书记载，汉武帝时期的这些巫蛊案使两位太后被杀，两位丞相被腰斩，太子刘据和两位公主、皇孙罹难，加牵连的人前后超过 10 万人。晚年时汉武帝已感到巫蛊术的危害，了解到太子被巫蛊所害，遂诛灭江充家族，继而筑"思子台"，并在太子蒙难处筑"归来望思台"。武帝在思子台上老泪纵横，品尝自己一手酿成的苦果。

皇后为何称"梓童"

皇后是封建社会中最高统治者皇帝的正妻，位居六宫之首，称为国母，有相当显赫的地位。但是皇后有一个奇怪的称号，常常被皇帝称为或自称为"梓童"。多年以来，许多专家都在推测"梓童"二字为何意。

据有的专家考证，"梓童"一词最早见于《全相平话五种》，原作"子童"，原文为：

"妲己乃问天子曰：'大王前者行文字天下人进宝，近日进得何宝？将来与子童随喜看之。'"（《武王伐纣平话》）

"吕后：'子童领旨，九月二十一日未央宫下，斩讫韩信也。'"（《前汉书平话》）

"高祖圣旨言：'……寡人去游云梦，交子童权为皇帝，把三人赚入宫中，害其性命。'"（《三国志平话》）

"子童"逐渐被"梓童"所替代，是在明代小说中用于称呼皇后。例如《西游记》中"那国王急睁眼睛，见皇后的头秃，他连忙爬来道：'梓童，你如何这等。'"（《西游记》第八十四回）

又有研究者认为，最早出现"子童"名称的《全相平话五种》，成书于南宋之中或至元之初。通俗文字的蓬勃发展便在此时，随着通俗文学的发展，出现了大批新词，"子童"当是其中之一。

也有学者认为"子童"这个词汇事实上有根可寻，"小童"衍化而来便是"子童"。

《论语·季氏》中说："君称之曰夫人，夫人自称曰小童。邦人称之曰君夫人，称诸异邦曰寡小君。"可见，在春秋战国时期各诸侯的正配夫人自称为"小童"。

君夫人是诸侯正配夫人，与母仪天下的皇后相比又不是一个等级了。秦始皇灭六国后，就不再称王，而称皇帝，以表示比诸侯王要尊贵。以此类推，皇后也不能再沿称过去君夫人的各种称谓，但是事实表明，后来的皇后仍然沿袭前称。如《后汉书·皇后纪第十上·邓皇后》中便称皇后为"小君"："至各主为皇后。辞让者三，然后即位，手书表谢，深陈德薄，不足以充小君

女孝经图
此图描绘了后妃拜见帝王的情景。

之选。"这显然是对皇后的谦称。

那么到宋元时期，"小童"又为何变成了"子童"呢？有人考证，其中原因是受当时文化心理的影响。南宋至元，朱熹等人提倡的程朱理学、所谓的三纲五常被封建统治奉为永恒真理。压抑的政治因素，必然使话本作者及其使用者十分谨慎，即使"小童"有理可依，但为了避免有不敬之嫌也不用"小"来称皇后，于是用"子"代替"小"，以示尊敬之意。因"子"也有"小"义，"小童"便衍化为"子童"。

但"梓童"的称呼也是从"小童"衍化而来，"子"与"梓"在古时候是声韵相同的两个字，具有同音通假的条件，且"梓"有以下几个训释：《尚书大传》引商子曰："梓者，子道也。"《诗·鄘风·定之方中》："椅桐梓（疏）陆机云：梓者，楸之疏理白色而生子者为梓。"《正字通》："梓，百木之长，一名木王，罗愿曰：室屋间有此木，余材不复震。"

木之贵者为梓，而且梓在古人眼中是有子的象征。皇帝立皇后，不仅是为了母仪天下，更重要的是为了有子嗣，使皇位后继有人，以延续和维持王朝的长久统治。子嗣之事历代帝王都视为极重大之事，把建储称为立国本。所以用"梓童"来称呼皇后，也正迎合了封建统治者的这种心理。

上官婉儿为何不记武则天灭族之仇

上官婉儿是一代才女。在唐高宗时，上官婉儿一家被武则天抄没，然而上官婉儿一心服侍武则天，她为何就不记武则天的灭族之恨呢？

据说婉儿尚在母腹中时，其母梦中见大秤一杆，于是请教相士，相士掐指一算，惊呼："此子日后当称量天下。"待到婉儿出生，竟是一个女孩，大家都很失望，说相术骗人，无非为钱财而已，也就不再在意。等到婉儿祖父上官仪被武后杀害后，童年的婉儿与母亲郑氏被没入宫中为奴，本以为会暗无天日，可是等婉儿长成，她的才华开始在宫中显露出来。她博古通今，诗词文章尤为出色，甚至书法、数术、弈棋等无所不精。她的才名很快传到了武后的耳中并召见了她。当场面试时，小婉儿聪明伶俐，从容不迫，一挥而就，写了一首七言诗，其文辞精美，比起朝廷大臣们的腐儒酸调，可谓天上人间。尽管诗的字里行间不时透出对武则天的愤恨之情，可武则天并不计较，并感叹道："此女才智非凡，赛过须眉！"随后，她命上官婉儿离开掖庭，到她身边来当秘书。

上官婉儿接到诏命，心里非常复杂，这个权力至上的女人，曾是杀死自己家人的仇人，害得自己和母亲沦落为奴；现在，她又要将自己从困境中解救出来，委以重任，而且是随侍身边的贴身秘书，憎恨、感激、恐惧各种滋味涌上心头，烦恼无比。但是一个月以后，她就成了武后最信任的贴身女官。武后讨厌批阅表奏，起草诏命，便把这些事都给婉儿处理，由此也正应了"称量天下"的预言。朝廷大臣们也竞相奔走其门下。从此，上官婉儿对武则天由仇视慢慢转为拥护。

到中宗李显即位，上官婉儿更是大被信任，中宗被婉儿的才貌所迷，便将婉儿召幸，册封为婕妤，封其母郑氏为诮国夫人。

但此时婉儿并不高兴。因嫌中宗懦弱无能，在武后晚年时，她开始与武三思私通，并在诏命封旨上推举武氏，抑制唐中宗。此时的上官婉儿已变得心机重重，她为了讨好皇后韦氏，将武三思让给了韦氏。

景龙四年，韦后和安乐公主毒死中宗，立中宗年仅16岁的幼子李重茂为帝。韦后称太后，临朝听政，并派上官婉儿商请太平公主，想得到她的帮助。此事未果以后，韦后自当朝政，后来还想杀少帝李重茂和相王李旦。此事被相王第三子李隆基得知，他与太平公主合谋，联络御林军冲入皇宫杀死韦后和安乐公主。李隆基后来诛其逆党时，上官婉儿受此牵连被杀了。"称量天下"的一代才女从此香消玉殒。

杨贵妃未被立为皇后之谜

杨贵妃，名玉环，号太真，蒲州永乐（今山西永济南）人。杨玉环出于世代官宦之家，从小没有衣食柴米之虞，可以无忧无虑地抚琴吟唱，尽情歌舞，自幼就受到了良好的艺术熏陶。杨玉环天生丽质，被誉为我国古代四大美人之一，深得唐玄宗李隆基的宠爱。为博得她的欢心，唐玄宗对其要求千方百计地加以满足，不仅让她享尽荣华，连她的家人也都地位显赫，真可谓"一人得道，仙及鸡犬"。

但是为什么如此宠爱她的唐玄宗，只封她为贵妃，而不册封她为皇后呢？这一点比较奇怪，而且皇后的位子已虚悬多年了。杨贵妃又为什么不恃宠向唐玄宗提出册立皇后的要求呢？

对此，有的学者认为，这是因为唐玄宗看中的是自己儿子寿王瑁的妃子，唐玄宗为得到她，先让她做了一段时间的女道士，但毕竟是公公娶媳妇。在重视礼制的封建社会，这种败坏伦常的妇女哪有资格做"母仪天下"的皇后呢？唐玄宗不能封，杨也不好提。因而直到死，杨贵妃也未被立为皇后。

但也有学者持异议，认为这是宋朝以后的看法，思想较开放的唐朝并没有这种伦常观念，它的婚姻关系也比较自由随便。唐高宗李治便以唐太宗李世民的妃子武则天为皇后，他这是"儿子娶后娘"。儿子能娶后娘，公公当然也可以娶儿媳妇了。所以以上说法是不成立的。

还有一种说法认为，唐玄宗之所以不封杨贵妃为皇后，是从寿王身上考虑的。杨贵妃被夺走，给寿王留下了感情上的创伤，同时也埋下了一颗不定时的炸弹。再加上杨贵妃长期没有生子，皇后的位子很长时间没有人选，一旦发生重大变动，很可能引发宫廷政变，因而，考虑到多种因素，唐玄宗在过完61岁大寿的时候，就将册立杨玉环的诏书公布天下，立其为妃，而不是册立其为皇后。

尽管杨贵妃未被立为皇后，但宫中称她为"娘子"，礼仪与皇后相同。以其当时的地位来看，实际就是六宫之主，对于"集三千宠爱于一身"的杨贵妃来说，恐怕立不立皇后都是一样的。

杨贵妃真的被缢死了吗

　　杨贵妃是中国家喻户晓的一位绝代佳人。她那传奇的一生曾触发无数骚客文人的才情，为之吟诗作赋。然而，这位国色天香的美女究竟归宿如何呢？史书记载天宝十五年 (756) 六月，洛阳沦陷，潼关失守，盛唐天子唐玄宗狼狈地与众臣逃跑，其爱妾杨贵妃死于马嵬驿。可是，文人赋咏与史家记述是相差十万八千里的，因此杨贵妃的最后归宿，至今还留下许多疑问。

　　一种观点认为，杨玉环或许死于佛堂。《旧唐书·杨贵妃传》记载：禁军将领陈玄礼等杀了杨国忠父子之后，以"后患仍存"为由，强烈要求赐杨玉环一死。唐玄宗无奈，与贵妃诀别后只得下令，杨贵妃"遂缢死于佛室"。

　　也有人认为，杨贵妃也可能死于乱军之中，这可从一些唐诗中的描述看出。杜牧的"喧呼马嵬血，零落羽林枪"、张佑的"血埋妃子艳"、温庭筠的"返魂无验青烟灭，埋血空生碧草愁"等很多诗句，都认为杨贵妃被乱军杀死于马嵬驿，而不是被强迫上吊而死。

　　一些人称，杨贵妃之死存在其他的可能，比如有人说她实际上是吞金而死。这种说法只出现在刘禹锡所作的《马嵬行》一诗。刘禹锡诗中有段写道："绿野扶风道，黄尘马嵬行，路边杨贵人，坟高三四尺。乃问里中儿，皆言幸蜀时，军家诛佞幸，天子舍妖姬。群吏伏门屏，贵人牵帝衣，低回转美目，风日为天晖。贵人饮金屑……平生服杏丹，颜色真如故。"从此诗来看，杨玉环是吞金而死的，陈寅恪先生曾对这种说法颇感新奇，因而在《元白诗笺证稿》中提出质疑。陈氏怀疑刘禹锡听作《马嵬行》一诗，是流于"里中儿"，所以会有很多说法。可是，陈氏也没有排除杨贵妃在被缢死之前，也有可能吞过金，所以"里中儿"才一传十，十传百。

　　还有一种说法是，杨贵妃没有死在马嵬驿，只是被贬为庶人，并被下放于民间。俞平伯先生在《论诗词曲杂著》中对白居易的《长恨歌》以及陈鸿的《长恨歌传》做了考证。他本人认为白居易的《长恨歌》、陈鸿的《长恨歌传》之本意，蕴含着另一种意思。假设以"长恨"为篇名，写到马嵬就不写了，何苦还要在后面假设个临邛道士和玉妃太真呢？从而俞先生认为，杨贵妃并未死于马嵬驿。当时军中正乱，贵妃不明去向，只有金银散落一地。诗中详细说明了唐玄宗"救不得"之因，因此正史所载的赐贵妃一死，当然绝不会有。陈鸿的《长恨歌传》所言"使人牵之而去"是说杨贵妃被使者牵去藏了起来。白居易《长恨歌》说玄宗回长安后要为杨贵妃重造陵

杨贵妃骊山避暑图　清　袁江

玄宗即位之初就重用贤相姚崇和宋璟励精图治。姚崇讲究实际，宋璟坚持原则，守法则正，二人鼎力辅佐朝政，使赋役宽平、刑罚清省、百姓富庶。为安定皇位，稳定政局，玄宗采取出刺诸王、严禁朝臣交结诸王和抑制功臣等措施。为强化皇权，玄宗裁减冗官，加强吏治，革新政治。

玄宗比较注意发展经济。开元初年，流民人数巨大，玄宗采取检田括户、抑制兼并的措施，下令在全国清查户口和土地，安置逃亡人口，将籍外土地重新分给农民耕种。这样就打击了豪强地主的兼并活动，增加了国库收入。其次大力兴修水利，发展农业。玄宗当政期间，全国共兴建了56项农田水利工程，相当于全唐水利工程总数的20%以上。

玄宗即位后的一系列改革，使政治清明、百姓富庶、国力强盛、社会繁荣昌盛，唐朝达到了全盛时期。开元二十年，天下人口786万户、4543万人；开元二十八年，天下人口841万户，4814万人。唐都长安有人口百万，是著名的国际文化中心，也是当时世界上最大的城市。唐代不仅商业发达，而且对外贸易兴旺，往来于唐和波斯、天竺、大食等地的商船络绎不绝。数以万计的外国使节、商人、僧侣和留学生居住在长安。开元五年、二十一年，日本派出的遣唐使均在550人以上。

墓，结果是"马嵬坡下泥土中，不见玉颜空死处"，连尸骨都找不到。这就更证实了贵妃也许是被人救出。令人深思的是，陈鸿作《长恨歌传》时，恐怕后人不明其故，所以重点突出"世所知者有《玄宗本纪》在"，而"世所不知"者，今传有《长恨歌》。这分明是暗示杨贵妃没有在马嵬驿死去。

还有一种说法认为，杨贵妃最后逃亡到日本。1984年出版的《文化译丛》第五期，张廉译自日本《中国传来的故事》一文说，当时马嵬驿被缢死的，乃是个侍女。禁军将领陈玄礼为贵妃美色所吸引，不忍杀之，遂与高力士谋，以侍女代死。杨贵妃则由陈玄礼的亲信护送南逃，大约在今上海附近扬帆出海，经海上漂泊，辗转来到日本久谷町久，最终在日本安度晚年。但其生死情况究竟如何，至今仍令人难解。

萧皇后命丧《十香词》之谜

辽道宗耶律洪基是大辽第八代皇帝。道宗的皇后是萧氏。史书记载，道宗萧皇后命丧于《十香词》。

萧氏字观音，是兴宗的亲生母亲钦哀皇后弟枢密使萧惠的女儿。萧观音16岁便进入燕赵王王宫，美貌、才艺、家世无人能比，因而很快被封为王妃。入王

契丹族原是鲜卑族的一支，北朝时从鲜卑族中分离出来，自号为契丹。唐朝时，契丹分裂成八部，各部的首领叫作大人，八部大人又共推一人为部落联盟首领。就在黄河流域军阀混战时，契丹迅速发展。907年，在朱温称帝建立后梁时，耶律阿保机被推为部落联盟首领，统一了契丹各部。916年，阿保机称帝，建立契丹，并创制契丹文字，辽国由此开始。阿保机死后，耶律德光继位，947年改国号为辽。

宫的第二年，兴宗去世，耶律洪基继承了王位，为辽道宗。大丧过后，道宗便立丰姿绰约的萧氏为皇后。

3年后，萧皇后生下一子，道宗赐名为耶律浚。本来，道宗、萧后恩爱有加，但是道宗晚年，由于小人作梗，制造了一场淫词冤案，萧后因此丧命。这便是历史上有名的"《十香词》案"。

道宗时期，近侍耶律乙辛权倾朝野。萧皇后很是忧虑，便婉转劝说道宗，希望道宗不要沉溺游猎，荒废国事，更不要把政事全部委托乙辛，以免让重元之乱重演。

萧后的进言引起了道宗的重视。道宗下旨封太子为燕赵国王，取代乙辛，参与朝政，各部奏折先送太子过目。太子仁爱，刚正不阿。太子了解乙辛的所作所为，自然不愿跟其同流合污，因而对乙辛多加防备。太子参政，便开始对乙辛处处节制。乙辛知道太子即位，他便必死无疑，于是设下毒计陷害萧后和太子。

萧皇后中年时，道宗宠爱他人，皇后深宫寂寞，便写了一首情意绵绵的《回心院》词让诸伶弹唱。当时，诸伶中只有伶官赵惟一能把这首词谱成乐曲，并熟练地演奏弹唱。因此，赵惟一便常常进宫，面见萧皇后。不想，这却成了祸端。

乙辛先是在萧后身边布下眼线，随时监视萧后的行动。他收买了歌女单登及其夫朱顶鹤，将单登安置在皇后身边。单登深受萧后的信任，时常将萧后的一切密告给乙辛。

乙辛得知萧后作了一首《回心院》。萧后孤独时，常常写写诗词，或抄写佛经，于是计上心来。乙辛与张孝杰、萧十三商讨多时。最后，张孝杰按照乙辛的嘱咐写了一首淫词《十香词》。写完之后，第二天就交给了单登。

单登将《十香词》拿给萧后看，因为萧后很久没有被皇帝宠幸，所以读得特别有滋味，心境开阔起来。单登于是借此机会笑着请求说：这首诗奴才想要一份，希望皇后能亲自为奴才抄写一份，那可就太好了。萧后一笑，拿起笔抄了起来，抄得心旷神怡，极其舒畅。抄完以后，又即兴写了一首诗：

> 宫中只数赵家妆，败雨残云误汉王。
> 唯有知情一片月，曾窥飞鸟入昭阳。

太康元年十月，道宗从外游猎回来。乙辛让单登、朱顶鹤向皇帝告发萧后所作和伶官赵惟一之间有奸情，物证是《十香词》和萧后的诗。

道宗基本上认定了奸情属实，将萧后囚禁以后，便命乙辛审理。乙辛派心腹张孝杰主审此案。张孝杰对赵惟一用刑之

孟蜀宫女图 明 唐寅

毒，使赵惟一无法忍受，屈打成招。乙辛又据此上奏。此事震惊朝野，但也有一些大臣怀疑此案的真实，尤其是枢密使萧维信。萧氏和几位大臣共同面见乙辛，慷慨说到："皇后向来贤德，已生太子，母仪天下，且已添了孙子，您怎能听信奴婢之言，使皇后蒙冤？您身为辅政大臣，不努力化解此事，反而推波助澜，天下如何信服！"大臣们哪里知道，这一大冤案正是乙辛一手策划的。

乙辛、张孝杰承上赵惟一的供词。道宗看着皇后在淫词后附的《怀古诗》有些怀疑。道宗说，这首《怀古诗》是骂汉皇后赵飞燕的，皇后为什么这么写呢？张孝杰早已研究透了皇后的这首《怀古诗》。这时，张氏便从容地说道，这是皇后因思念赵惟一而作的。道宗再次大惊，问有何凭证？张氏说，诗中第一句和第三句中包含赵惟一三字。道宗再也坐不住了，立即下旨，族诛赵惟一，赐皇后自尽。

处决的命令下达以后，太子马上到道宗跟前求情，道宗置之不理。于是，宫人捧一匹白绫，来到萧后跟前。萧后泪如雨下，临终前怒气难消，便写了一首《绝命词》，然后关上门自杀身亡，时年 36 岁。

鎏金花鸟镂空银冠 辽

万贵妃长期得宠之谜

明英宗朱祁镇之子明宪宗朱见深 17 岁登上皇位。两宫太后周太后和钱太后共同做主择定吴氏为皇后，择日成婚。

谁知大婚之后，皇帝新郎还是常常住在嫔妃万氏那里，这使青春靓丽的吴皇后又气又羞。她不明白，论资色才学和门第修养，自己哪一点比不上徐娘半老的万妃？她更不明白的是，万妃比皇帝大了 19 岁，她凭什么能得到皇帝的恩宠呢？

原来，宪宗大婚前已和宫女万贞儿有了私情。据《明史》载，万贞儿原籍青州诸城（今山东益都一带），父亲万贵曾做过县衙掾吏，后来，因犯法流配边疆。万贞儿年仅 4 岁便入宫为奴，10 多年后已亭亭玉立，貌美如花。孙太后怜惜她，命她在红寿宫做事。宪宗小时常去祖母处玩耍，聪明伶俐的贞儿带着宪宗游玩戏谑，也就日益亲近，久而久之便成了好朋友。贞儿是个有心人，盼望有出头之日，于是一心巴结这位皇太子，对宪宗格外殷勤。景泰年间，宪宗虽独处深宫，但仍然不时受到宫廷政治风波的影响，提心吊胆地过日子，因此万氏就成了他最可信赖、最依恋的人了。

天顺六年，孙太后病死，年纪尚小的皇太子乘机让万贞儿做自己的贴身侍女。尽管贞儿已年过 30，看上去却不过 20 左右，且姿色尚佳，万贞儿与情窦初开的太子开始暗度陈仓。

宪宗即位后，唯恋着万贞儿一人。他想立万贞儿为后，但万妃是宫女出身，年纪又大了，长自己19岁，恐怕不容易。他迫于母命，又不能破坏了礼制，只得与吴皇后成婚，仅仅给了万贞儿一个妃嫔的名号。

万贞儿从来没有放弃过当皇后的野心，因为此时皇帝已完全拜倒在她的石榴裙下，她根本不把吴皇后放在眼里。据记载，万氏可谓固宠有术，她本来生得丰满娇艳，又加上长期服侍宪宗，深知其喜好，所以虽年长宪宗19岁，却常能讨其欢心。宪宗常外出巡游，每次万氏都身着戎装，佩刀侍立，或者乘马在前引导。艳妃戎装，别有风韵，竟使宪宗每顾之辄为色动。《明史》载："万氏专宠，六宫希得进御。"因此，她每次拜见吴皇后时，总是刻意板起面孔，甚至故意摆架子，这使吴皇后非常生气。起先吴皇后还能隐忍着，到后来实在忍无可忍，免不了说了她几句。可万妃不收敛便也罢了，还对皇后恶语相讥，一次惹得吴皇后性起，打了她几板子。

万妃被打后，找到宪宗又哭又闹，宪宗大怒，要找皇后评理。万妃心里得意，但又故意拦住皇帝说道："皇上你赶妾出宫吧，我又老又不会耍手段，不及皇后，这样你也不必生气，我也不用再受那杖刑了。"

宪宗见万妃被打成这样，恨死皇后了，心里怜惜万妃，发誓说："朕一定要废了这个泼辣的皇后！"

第二天，宪宗向两宫太后告状，说皇后举动轻佻，不守礼节，不能胜任后位，要求废了她。周太后劝说："刚刚册立一个月就要废掉，要让天下人笑话的。"

宪宗决定要废后，太后也没办法。吴氏被废，退居别宫，连带着司礼监牛玉也被罚往孝陵种菜。

万妃要皇帝向太后说情，封她为后。但因她年长，又出身贫贱，周太后始终不答应。

两个月后，周太后下旨册立王氏为皇后。王皇后十分软弱，自知不是万氏的对手，只得忍气吞声，做个有名无实的皇后罢了。后宫争宠，弱者的结局也只能是这样。

明代"壬寅宫变"之谜

自古以来，防备森严的地方不是监狱，而是皇宫。皇帝为防人行刺，日日夜夜命人巡逻守卫。明朝也不例外。

明朝皇帝的寝宫是紫禁城内的乾清宫。除了皇帝和皇后，其余人都不可以在此居住，妃嫔们也只是按次序进御，除非皇帝允许久住，否则当夜就要离开。

嘉靖年间的乾清宫，暖阁设在后面，共9间。每间分上下两层，各有楼梯相通。每间设床3张，或在上，或在下，共有27个床位，皇上可以从中任选一张居住。因而，皇上睡在哪里，谁也不能知道。这种设置使皇上的安全大大加强了。然而，谁又能防备那些守在他身边的宫女呢？

就是这群宫女，干出了惊天动地的大事，这就是历史上的"壬寅宫变"。"壬寅宫变"发生在嘉靖壬寅年(1542)，当时史料曾有如下记载：

嘉靖二十一年十月二十一日凌晨，十几个宫女决定趁嘉靖帝熟睡时把他勒死。先是杨玉香把一条粗绳递给苏川药，这条粗绳是用从仪仗上取下来的丝花绳搓成的，川药又将拴绳套递给杨金英。邢翠莲把黄绫抹布递给姚淑皋，姚淑皋蒙住嘉靖帝的脸，紧紧地掐住他的脖子。邢翠莲按住他的前胸，王槐香按住他的上身，苏川药和关梅秀分把左右手，刘妙莲、陈菊花分别按着两腿。待杨金英拴上绳套，姚淑皋和关梅秀两人便用力去拉绳套。眼看她们就要得手，绳套却被杨金英拴成了死结，最终才没有将这位万岁爷送上绝路。宫女张金莲见势不好，连忙跑出去报告方皇后。前来解救的方皇后也被姚淑皋打了一拳。王秀兰叫陈菊花吹灭灯，后来又被总牌陈芙蓉点上了，徐秋花、郑金香又把灯扑灭。这时管事的被陈芙蓉叫来了，这些宫女才被捉住。嘉靖帝虽没有被勒断气，但由于惊吓过度，一直昏迷着，好久才醒来。

事后，司礼监对她们进行了多次的严刑拷打，对她们逼供，但供招均与杨金英相同。最终司礼监得出："杨金英等同谋弑逆。张金莲、徐秋花等将灯扑灭，都参与其中，一并处罚。"

从司礼监的题本中可知，嘉靖帝后来下了道圣旨："这群逆婢，并曹氏、王氏合谋弑于卧所，凶恶悖乱，罪及当死，你们既已打问明白，不分首从，都依律凌迟处死。其族属，如参与其中，逐一查出，着锦衣卫拿送法司，依律处决，没收其财产，收入国库。陈芙蓉虽系逆婢，阻拦免究。钦此钦遵。"刑部等衙门领了皇命，就赶紧去执行了。有个回奏记录了后来的回执情况："臣等奉了圣旨，随即会同锦衣卫掌卫事、左都督陈寅等，捆绑案犯赴市曹，依律将其一一凌迟处死，锉尸枭首示众，并将黄花绳黄绫抹布封收官库。然后继续捉拿各犯亲属，到时均依法处决。"圣旨中提到了曹氏、王氏，曹氏、王氏是谁呢？据人考证，她们是宁嫔王氏和端妃曹氏。因此，有人根据这道圣旨得出结论，是曹氏、王氏指使发动了这场宫廷政变。

司礼监题本中记录了杨金英的口供："本月十九日的东梢间里有王、曹侍长（可能指宁嫔王氏、端妃曹氏），在点灯时分商说：'咱们快下手吧，否则就死在手里了（手字前可能漏一个'他'字，指嘉靖帝，或有意避讳）。'"有些人便以这一记载作为主谋是曹氏、王氏的证据。

然而有人则不以为然，认为如果主谋是曹氏和王氏，那么史料上应该记载宁嫔王氏和端妃曹氏的情况，而在以上所述的行刑过程当中，却从未见到过对

嘉靖皇帝骑马像

曹氏和王氏的处置的描述，因此主谋是谁尚不能断定。

"深闺燕闲，不过衔昭阳日影之怨"，是明末历史学家谈迁对此案的看法，但事实究竟如何，无人知晓，因此成为又一桩宫闱之谜。

孝庄太后为何下嫁夫弟多尔衮

1644年，皇太极驾崩。一场激烈的皇位之争展开了。有实力的竞争者有三个人：长子肃亲王豪格、皇太极十四弟睿亲王多尔衮和第九子福临。其中豪格和多尔衮都是拥有实力的亲王，得到八旗部队中半数的支持。这时福临的生母博尔济吉特氏看中了两红旗旗主礼亲王代善的辈分和威望具有能够左右大局的力量，便紧紧拉住代善，使两红旗长支持福临。然后又将镶蓝旗拉至麾下。最后，使多尔衮改变初衷，拥戴福临。幼主福临即位后，多尔衮把持国柄，成为摄政王。

《清朝野史大观》这样记载：多尔衮还以顺治的名义向天下颁布诏书：皇叔摄政王现在是单身，他的身份、地位和相貌，皆为国中第一人，太后非常愿意放弃自己的地位嫁给他。因此"太后下嫁"之说自明末清初即已流传。

至于太后下嫁皇叔多尔衮，一直以来，史学界有着各种不同的看法。有的根本就不承认此事；有的说这件事是千真万确，也是符合满族传统的。满族入关前由奴隶制向封建制迅速过渡，但还保留着兄死则妻其嫂等遗俗，而且博尔济吉特氏既然要为自己的亲生儿子谋皇位，扩大政治势力是其必由之路，因此用新的联姻来扩大自己的势力还是符合情理的。至于下嫁时的规模怎么样，有没有向天下颁发诏书，这还需要进一步的考证。一些颇具历史价值的史书确切地记载了这件事。清蒋良骐在《东华录》中记载说：多尔衮"自称皇父摄政王，又来到皇宫内院"。假如太后没有嫁给他，假如他没有以皇父的身份对待顺治帝，那么，他经常出入内院，恐怕是皇室宗亲所不能答应的。而且，多尔衮死后，朝廷破格追封他为诚敬义皇帝。

朝鲜《李朝实录》对此事也有记载。书中说，顺治六年二月，清廷曾派使臣到朝鲜递交国书。朝鲜国王李倧从见国书中将多尔衮称为皇父摄政王，便问道："贵国咨文中有皇父摄政王的称法，这是什么意思？"使臣回答："去掉'叔'字，是朝中可喜可贺的事啊。他和皇帝就成了一家人。"

《清圣祖实录》记载说，康熙二十六年十二月，孝庄文皇后得了重病，即将死去时，孝庄文皇后对康熙说："太宗文皇帝梓宫安放在那里已很长时间了，不可因为我而去打扰太宗皇帝的安息。我迷恋你父皇、皇父及你，不忍远去，所以在附近选一块地安葬了就行了。这样，我也没什么可以遗憾的了。"清朝讲究帝后合葬，显然，孝庄文皇后是觉得下嫁皇叔多尔衮，愧对太宗，于是就借口说不愿葬得太远，单独就近安葬。孝庄文皇后的要求不合情理，但作为孙子的康熙是亲耳听到孝庄文皇后的遗言的，当然得遵守，于是他把孝庄的灵柩停放在东陵。到了雍正继承皇位时，才将灵柩葬入东陵地宫。

南明弘光政权的兵部尚书张煌言在《建州宫词》中也讲述了这样一件事实："上寿称为合卺樽，慈宁宫里烂盈门；春宫昨进新仪注，大礼恭逢太后婚。"这事在当时很可能是尽人皆知的，否则，张煌言也不会这样撰写。四川师范大学图书馆收藏着一部《皇父摄政起居注》，注后有刘文兴写的跋。跋称：清宣统初年，内阁库坦妃家君刘启瑞当时是阁读，奉命检阅库藏，得顺治时太后下嫁皇父摄政王诏。于是，这件事便在整个朝野传开了。

另外，20世纪30年代，明清史大师孟森著《太后下嫁考实》，力辩此事全无。也有学者认为张煌言诗，不能作为太后下嫁确证。其诗系远道之传闻，故国之口语，诗非信史，不足为凭。而蒋氏《东华录》所记"皇父"，是清君主对某个臣下的尊称，或是清世祖封多尔衮为"皇叔父"后以其定鼎功勋显著，无可晋爵，乃以"皇父"为封。"皇父"之于皇帝仍为臣下。而满族旧俗有直呼尊者为父之例，多尔衮前封"皇叔父摄政王"，满文直译为"汗（君）的叔父父王"，因此这并不表明多尔衮为福临的皇父。

综上所述，"下嫁"是否确有其事，目前难以做出定论，只待新的材料发现和新的研究工作展开，才能解开个中之谜。

董鄂妃身世之谜

清初皇帝顺治是历史上有名的多情种子，他爱美人不爱江山，在自己钟爱的妃子去世后，开始万念俱灰。据民间传说，顺治因董鄂妃去世心灰意冷，遁入空门。而董鄂妃究竟是何人呢？是顺治以一般途径纳入宫中的妃子，还是另有来历？

据汤若望回忆录记载，顺治皇帝狂热地爱上了一位满籍军人的夫人，并在这位军人斥责他夫人时，打了此军人一个耳光，于是这位军人因愤致死，或自杀而死。皇帝于是把这位军人的夫人收入宫中，并封为贵妃。这位贵妃于顺治十七年（1660）产下一子，皇帝本预备立他为将来的皇太子。但是这位皇子竟于数星期之后死去，其母不久亦去世。这与《御制董妃行状》中说董妃"后于酉冬生荣亲王，未几王薨"的记载相合。于是有人推测董鄂妃实为这位军人之妻。

不过，谁是那个军人，为什么他的夫人在宫禁中竟能自由出入，实是耐人寻味。从其夫人与皇帝的亲近情形看，必为近臣。有人于是开始猜测此军人即是顺治之弟太宗第十一子博穆博果尔，即襄亲王。此人卒于顺治十三年（1656）七月初三日，终年16岁。董鄂妃于同年八月间在其18岁时即被册封为贤妃，从时间上推测，正好27天的服制刚满。

对董鄂妃进宫时情形，当时诸种史书均没有做过详细的记载，仅仅有顺治在挽词中说她在18岁时，以其德优而被选入宫中。可是选秀制度规定，超过17岁的女子就没有权利参加选秀了。董鄂氏若18岁时才去应选，别说"以德选入掖庭"，就是和众"合例女子"竞争而进宫做侍女的可能性也很小。那时选秀的合适年龄一般在13岁至16岁之间，若把初选、复选、择配、成婚和与襄亲王一起过日子的时间等因素考虑在内，董鄂妃参加选秀的年龄应在 15 岁左右，也就是顺治十年前后。董鄂氏进宫后没多长时间，顺治便将其赐为襄亲王博穆博果尔的妻子。

清初有各宗室及亲郡王命妇轮番入侍后妃制度，作为襄亲王妻子的董鄂氏，当然有进宫的资格。长时间周旋于内宫，这样自然而然就有机会与皇帝交往。顺治十一年四月，孝庄太后觉察到儿子与他的弟媳之间有不正当的勾结，赶忙命令停止命妇入侍后妃之例，说以前根本没有此定制，应"严上下之体，杜绝嫌疑"，这似乎就是针对顺治与董鄂氏的不正当关系而言。

襄亲王与顺治是同父异母的兄弟，而董鄂氏却是襄亲王的妻子。顺治这种强占弟媳的可恶行为当然不但有辱国体、宗门和家法，更严重的是恶化了满蒙贵族的政治关系，因此孝庄太后当然要竭力反对。首先，她废弃了亲王郡王命妇入侍后妃的旧例，以便不让儿子和董鄂氏继续来往，接着册立孔四贞为东宫，想使顺治转而宠幸孔四贞，可是她所做的一切均没有效果。顺治为了得到弟媳，逼死胞弟，夺占弟媳。对于顺治的种种行为，孝庄太后在无可忍耐时终于亮出"杀手锏"，将董鄂妃除去，也因此导致了顺治出家的闹剧。

清顺治皇后孝康章皇后像

以上说法只是一些人的推测而已，在民间，关于董鄂妃的来历还有另一种说法，认为董鄂妃即为明清之际江南名妓董小宛。

董小宛姓董名白，字青莲，又字小宛，她在 19 岁时嫁给了当时有名的才子冒襄。冒襄的《影梅庵忆语》记载了董小宛的生平，《忆语》中追述她的生平时不吝笔墨，但对小宛生病及丧葬等事却语焉不详。冒襄写道"到底不谐，今日验兑"，似乎董小宛不是病死，病死应作悼亡之词，而不至于生出"不谐"之叹。于是有人推测说冒襄以小宛被掳之日作为祭辰，托言小宛已死，实则被掳入宫，赐姓董鄂，晋封贵妃了。

到底董鄂妃是顺治弟媳，还是民间传说之董小宛，尚无人做出肯定的结论，董鄂妃的来历与顺治是否出家一样，成为千古之谜。

清孝贤皇后去世之谜

清乾隆皇帝写过一篇《述悲赋》，这篇赋是为追悼其孝贤皇后而写的，写得感人肺腑，然而以后谁又能知道孝贤皇后的去世与乾隆之间的关系呢？

在一个偶然的机会，乾隆看见了美貌非凡的皇后的嫂嫂傅夫人，然而，却无法见面。有一次，乾隆以皇后生日为名，要见傅夫人。到了中秋节这天，坤宁宫内外非常热闹。宴饮开始后，大家热热闹闹行起酒令来，你一句，我一言，你一盅，我一杯，闹成一片。这位傅夫人向来不胜酒力，连饮了几杯之后，脸颊微微泛红，连坐都坐不稳了。乾隆见她已经醉了，把侍宴的宫娥叫了过来，叮嘱几句，叫她们把她扶进宫中休息。

大家休息了一小会儿，重新入席喝酒。只是忽然不见了皇帝，皇后命宫人去找，未找到，但也没有时间管那么多了，只好继续招呼客人。等到酒尽人散，仍不见皇帝的踪影。皇后心下奇怪，又命宫人去看看傅夫人怎样了。过了好长时间，才见这名宫人回报说："傅夫人所住房门关得紧紧的，不方便打扰。"皇后联想前情，心中明白了几分。

第二天早上，乾隆帝仍照常坐朝，傅夫人起来后去坤宁宫向皇后辞谢。皇后意味深长地看了她一眼，微笑着说了一句："恭喜嫂嫂！"傅夫人一下子面红耳赤，急急忙忙告辞离开了。

自从那天之后，皇后对待皇帝也有了一些转变，不像以前那样温情脉脉了，有时竟向皇帝投来一种幽怨的目光，使皇帝心中很难受。因为羞愧，他不像以前那样时常去坤宁宫了，皇后也就更加怀疑皇帝对她冷淡了。皇后本来有个儿子永琏，已由皇帝按家法秘立为太子，但不幸生病死了，乾隆帝千方百计地安慰她，并劝她再生嫡子，并一定将之立为皇储，并追封永琏为端慧皇太子。几年过去了，皇后又生下一子名永琮。刚好皇后的情绪处于低潮之际，永琮又因得天花死了。皇后受不了一次又一次的打击，哭得死去活来。

于是，乾隆帝为了安慰皇后才以东巡为名，带了皇后出京游玩，谁能料到就这样与皇后永别了。

乾隆带着皇后灵柩马不停蹄地赶回京师，在长寿宫设立灵堂，丧礼特别隆重。乾隆除为皇后服缟素12天外，还亲自撰写了祭文《述悲赋》，抒发了自己对皇后的思念之情。乾隆把自己的才华充分发挥出来，写得十分哀婉，读了之后令人肝肠寸断。然而有谁能知道帝后之间的这段纠葛呢？

皇后生前曾为自己向乾隆讨过谥号，那是皇贵妃高佳氏死时，乾隆以谥号"慧贤"追谥，皇后便说："我死后，以'孝贤'二字为谥号，可以吗？"因此，乾隆帝便按照她的遗愿，追谥为"孝贤纯皇后"。乾隆十七年将她葬于孝陵（清世祖顺治帝陵寝）西侧胜水峪后面。随后乾隆在此处为自己建造陵寝裕陵。另外，还格外加恩于皇后母家，封皇后的大哥为公爵，傅恒为保和殿大学士兼户部尚书，可谓"全家恩泽古无伦"，达到了顶峰。然而，却无人知晓乾隆、傅夫人、孝贤皇后三者之间的三角关系了。

恭亲王奕訢

恭亲王奕訢是道光帝第六子，咸丰帝同父异母弟。咸丰帝病死热河后，他协助慈禧太后发动"辛酉政变"，开创了有清一代太后垂帘的先例。政变成功后，奕訢企图以议政王身份总揽朝内外一切大权，与权力欲极强的慈禧太后发生了严重冲突。光绪十年（1884）三月，清流派中的活跃人物、日讲起居注官盛昱上书朝廷，指责以奕訢为首的军机处用人不当，使清军在广西、越南的中法冲突中坐误事机，要求将负有责任的军机大臣予以惩治。慈禧太后立即借此把奕訢等人逐出军机处，开去奕訢一切差使。奕訢被迫交权，以养病的名义赋闲在家。

慈禧是如何除去顾命大臣的

慈禧太后是家喻户晓的名字。关于她的事，史书、影视等反映较多，几乎泛滥成灾。慈禧太后叫那拉氏，因祖居叶赫，通称叶赫那拉氏。那拉氏是满洲镶蓝旗人。父亲惠征，曾任安徽徽宁池广太道道员。咸丰元年，那拉氏17岁，选入后宫，封懿贵人。4年后晋封懿嫔。再过两年，生皇长子载淳，进封懿妃，次年晋封懿贵妃。这时，那拉氏在宫中位居第二，地位仅次于皇后钮祜禄氏。

由于那拉氏受过一定文化教育，通汉文，浏览过史书，因此经常出入办理政务的殿阁，帮助身体虚弱的咸丰理政，参与政事。3年以后的咸丰十年，那拉氏随咸丰帝逃往热河。她以果断的判断力和惊人的记忆力渐渐崭露头角，表现出了在政治上的野心。咸丰帝惊讶、钦佩之外，日益对那拉氏的参政感到恼火。逃奔热河以后，辅弼大臣肃顺乘机进奏，力劝咸丰像汉武帝那样立太子而杀太子的生母钩弋夫人，除掉那拉氏以绝后患。咸丰懦弱不忍，对此犹豫不决。但这件事却使那拉氏心惊胆战，惶惶不可终日，唯恐哪一日有不测之祸降临。

咸丰十一年七月，咸丰帝病逝，太子载淳即位，为清穆宗，年号同治。

咸丰临死时命令怡亲王载垣、郑亲王端华、协办大学士户部尚书肃顺、御前大臣景寿及军机大臣穆荫、匡源、杜翰、焦佑瀛八人为赞襄政务王大臣总摄朝政，奉6岁的皇太子载淳即位。慈禧对肃顺等人掌权后使她"声威大减，诸所钻求，不敢轻诺"（见于《热河密札》）的局面极为反感，必欲去之而后快。实际上，肃顺等人也与那拉氏一直针锋相对，如同世仇。

慈禧太后首先策动东太后钮祜禄氏站在自己一边，同八大辅臣对抗。接着，秘密联络留守北京办理洋务的咸丰帝六弟恭亲王奕䜣。奕䜣一直受到肃顺等人的排挤，也十分不安。几天以后，奕䜣在各国大使的默许下，以奔丧为名，赶到热河和西太后那拉氏密谋。据薛福成的《庸庵笔记》记载，叔嫂见面后，"两宫皆涕泣而道三奸之侵侮，因密商诛三奸之策"，并决定回京发动一场政变，"今各兵九月十二日到此"（见于《热河密札》）。为保证回京途中的安全，派胜保带兵在北京至承德间沿途布防，以免肃顺等人先行下手，遭其暗算。而奕䜣这时也争取到外国列强的支持，向慈禧保证"外国无异议，如有难，唯奴才是问。"（见于王闿运的《祺祥故事》）。双方进行了两个小时的秘密协商，谈话的主要内容大约有两个方面，一是推翻赞襄制度，由他们掌握国家大权；一是准备发动政变。奕䜣回京后与亲信僧格林沁胜保掌握了清廷的嫡系武装，与慈禧站在了一边。御史董元醇进奏谄媚，奏请两宫皇太后办理朝政。两太后召见载垣等辅臣入议，载垣等以本朝未有皇太后垂帘听政为由，拟旨驳回。西太后那拉氏不发折旨，引起了一场激烈的争论。

咸丰十一年九月二十八日，两宫太后和小皇帝一行抵京郊，奕䜣出城迎接，双方在当天开始密商政变后的政治权力的划分问题。次日，西太后那拉氏命肃顺等大臣护送咸丰帝灵柩回京，自己则偕幼子载淳和载垣、端华等走小道先行回京入宫。这天，先由两太后在宫中召见奕䜣、文祥、桂良、贾桢、周祖培等人，在经过一番哭诉、试探，确信留京大臣对诛除肃顺等人毫无异议之后，随之抛出九月十八日奕譞在热河行宫草拟的"上谕"。内称："载垣、端华、肃顺朋比为奸，总以外国情形反复，力排众议……特面谕载垣等，着照所请传旨。该王大臣奏对时，哓哓置辩，已无人臣之礼。拟旨时又阳奉阴违，擅自改写，作为朕旨颁行，是诚何心？且载垣等每以不敢专擅为词，此非专擅之实迹乎？此皆伊等辜负皇考深恩，朕若再事姑容，何从仰对在天之灵？又何以服天下公论？载垣、端华、肃顺着即解任……"（见于《清代档案史料丛编》）

这时，载垣、端华尚不知发生了何事，当两太后召见奕䜣等人时，竟在宫门外大喊大叫进行阻止。紧接着又迅速发下一道"谕旨"，将载垣、端华、肃顺革去爵职拿问，交宗人府会同大学士及六部、九卿等官共议其罪。这时，肃顺则刚走到京郊密云，睿亲王仁寿、醇郡王奕譞连夜赶去，在卧室中将其拿获。最后处死肃顺，令端华、载垣自尽，将景寿等革职充军。

十月初一日开始对参加政变的王大臣论功行赏，任命恭亲王奕䜣为议政王。

十一月十一日，举行登基大典，次日，慈禧便开始了长达半个世纪的垂帘听政。

东太后慈安死因之谜

在清朝的历史上，作为两宫皇太后之一的东太后慈安是与西太后慈禧一样举足轻重的人物，然而光绪七年三月初十（1881 年 4 月 8 日），一向健康无病的东太后慈安在 12 小时内竟突然发病及暴卒，实在出人意料。从此，慈安之死成为清宫的一件疑案。东太后慈安，姓钮祜禄，谥孝贞显皇后，为满洲镶黄旗人，于道光十七年七月十二日（1837 年 8 月 12 日）出生，其父穆扬阿，曾任广西右江道。咸丰为皇子时，钮祜禄氏就已经是他的侧福晋。由于他的嫡福晋（萨克达氏，后上尊号孝德显皇后）于咸丰即位前已经去世，钮祜禄氏遂于咸丰二年（1852）二月被封为贞嫔，五月晋贞贵妃，十月又册立为皇后。1861 年 11 月咸丰帝死后，她被尊为母后皇太后，上尊号慈安，与慈禧太后共同"垂帘听政"，众人称她为"东太后"或"老佛爷"，与西太后慈禧相对应。

慈安与慈禧形成鲜明的对比，她是位德高望重的好皇后，因此众人痛惜其暴崩，并对其死产生了怀疑。东太后当时 45 岁，小西太后慈禧两岁，"体气素称强健"（孔孝恩、丁琪著《光绪传》），而当时西太后慈禧正病卧在床。所以听到噩耗，很多朝臣都以为是"西边出事"了，等得知结果后惊诧不已。许多官员提出怀疑，尤其是左宗棠，立即大喊有鬼。翁同龢的《翁同龢日记》中记载说："则昨日（初十日）五方皆在，晨方天麻、胆星，按云类风痫甚重。午刻一按无药，云兴脑混乱，牙紧。未刻两方虽可灌，究不妥云云；则已有遗尿情形，痰壅气闭如旧。酉刻一方天脉将脱，药不能下，戌刻仙逝云云……呜呼奇哉！"仅 12 小时便由发病至死，岂不

"奇哉"？

据说，慈安太后在暴卒的当天还曾经视朝。而当时枢府王大臣奕䜣、大学士左宗棠、尚书王文韶、协办大学士李鸿藻等觐见慈安，都见慈安面无病状，仅是两颊微红，犹如醉色，没有什么特别之处。午后，军机诸臣退，内廷忽传孝贞太后驾崩，命枢府诸人速进议，诸大臣惊诧不已。因为以往帝后生病，总是在军机检视之下传御医用药。而此次忽然传太后驾崩之消息，确实非常奇怪。诸臣入至慈安宫，见慈禧坐矮椅，目视慈安小殓，十分镇静地说："东太后素来健康，怎会突然死去？"语时微泣，诸臣皆顿首慰藉，均不敢问其症状。最后草草办完了丧事。

根据慈禧以上的表现，人们便认为是慈禧毒死了慈安。而且，传说咸丰帝留给慈安一封密诏，要她必要时处死慈禧。慈安在慈禧的哄骗下焚毁了密诏，把自己对抗慈禧的一件最大的武器也毁了，慈禧便毒死了她。

对慈安太后暴卒的具体原因至今还存在着争议，除中毒之说外，还有自杀、自然死亡等说。"自杀"说来自《清稗类钞》，书中说："或曰：孝钦实证以贿卖嘱托，干预朝政，语颇激。孝贞不能容，又以木讷不能与之辩。大恚，吞鼻烟壶自尽。"《清朝野史大观》里又用"或曰慈禧命太医以不对症之药致死亡"来说明慈安为用"错药致死"。不管是"毒死一说"还是"自杀"或"错药致死"说，都有一个共同点，即慈禧害死了慈安。不过也有学者认为慈安为"自然死亡"，徐彻的《慈禧大传》则倾向于"病死"说。作者认为慈安不善理政，例如召见臣子时说的话分量不足，只会询问其身体状况、行程远近等，所以她根本不会妨碍慈禧在政治上的权力，慈禧也没必要害死她。

徐彻提出了《翁同龢日记》中的关于慈安发病的两则记载作为证据。一则是慈安太后26岁时曾经患了"有类肝厥"疾病长达24天，甚至达到"不能言语"之程度。另一则是同治八年（1869）十二月初四日，慈安太后"旧疾发作，厥逆半时许"。"厥症"主要表现为突然昏迷、不省人事、四肢厥冷，轻者昏厥时间较短，重者则会一厥不醒甚至死亡。但这也只是徐彻的一家之言，至于慈安太后暴卒的真正原因，只能是作为清宫的疑案成为人们茶余饭后的话题。

中国古代后宫中的"三婆"之谜

在我国古代，三婆就是稳婆、医婆和奶婆，民间妇女一般是不能进入皇宫的，但宫廷中的这三种妇女可按劳领取薪酬，有的还可免除其全家的终身徭役，同时由于她们有机会接近帝后，更有享不尽的金银财宝及高官爵位。

明代蒋一葵的《长安客话》中最早出现了稳婆一词："就接生婆中预选名籍在宫以待内庭召用，如选女则用以辨别妍媸可否，如选奶口则用等第浮汁厚薄隐疾有无，名曰稳婆。"就这段文字分析，在我国古代宫廷中，稳婆和接生婆这两种职业是可以互换的，稳婆在一定时候是可担任接生婆的职责，因此在古代也把接生婆称为稳婆。由此可见，负责接生是稳婆的第一个职责。稳婆的第二个职责是

养育皇子 明
图中所绘为两个奶妈哺育、抚养皇子的情景。

对宫廷选女"以辨妍媸可否"。就这一方面而言，明代以前就已经出现了稳婆一职，而且这种对入选宫女的辨别事实上是对女子进行裸体检查。东晋时的《汉宫春色》中详细记录了汉惠帝张皇后入选以前被稳婆检查的情况。

由此我们可以得出这样的结论：我国古代至少在秦代时已出现稳婆这一职业，而且稳婆对送选女子进行裸体检查已成为皇帝婚姻中一个必经过程。进而发展到宋明时期，伴随人们对贞操观念的进一步加强，稳婆在皇宫中的地位亦越来越重要，并且对女子的检查也以其是否为处女为主。

稳婆的第三种职责是对入宫的奶婆进行检查，主要检查报名奶婆是否有疾病，是否乳汁厚薄，依奶水的多少而定级别，选择其中奶水最多、质量最好的一个人，为她改变发型、换新衣服入宫，以等待喂养皇子或公主。

医婆这一职业，我们从字面上来看，就是我国古代掌握一定医术技能的妇女。汉代的义姁是我国史书记载的第一位医婆，她悬壶济世，受到了广大人民的欢迎。

古代宫廷中的医婆就是当时的女性御医，由于她们能救人于危难之中，能起死回生，所以皇家对她们是很感激的，义姁弟弟的拜官、冯氏的被封，都是意料之中的事。

古书上称奶婆为奶妈或乳母，从字面含义上看来，指的是用奶水来哺育他人之子的女性。奶婆在上古时代就已出现，《礼记》中就有规定：天子、诸侯、大夫之子有资格可请奶婆，士之子必须由妻自己喂养。宫廷选奶婆要求很严，在年龄、相貌、身体健康等方面都有明确严格的规定，一旦入选，在饮食方面就有限制。

由于中国古代的宫廷制度要求后妃知礼遵法，有母仪天下的威严，处处表现出一种大家闺秀的肃穆形态。于是，在皇子幼小的心里，亲生母亲成了一种可敬而不可亲的人物。而相反，宫廷中的奶婆肩负着哺乳养育皇子的职责。皇子在宫里，从小接触的就是奶婆。奶婆常常伴他游玩耍闹，皇子对奶婆往往比对生母还亲，长大以后，这份感情仍还存在，以至于我们在中国古代的史书上常常可以见到奶婆被册封、死后厚葬的事例。

名人谜团

　　中国历史每走到关键处，总会出现几颗璀璨的星。他们或成就了惊天动地的盛世伟业，或留下了可歌可泣的千古传奇，或咏叹了大千世界的波澜壮阔，或展现了世间的人情冷暖、世态炎凉。因为他们的出现，中国的历史才被演绎得如此丰富多彩。

　　名人自然而然地受到世人的关注，名人背后的谜团也为人津津乐道。世事的变幻和岁月的沧桑依然掩盖不住那些谜团所散发出来的魅力，被历史尘封了的古籍卷宗中透露着揭开谜团的蛛丝马迹。人们不会因为年代久远就失去了追寻真相的兴趣，相反，那些充满了传奇与神秘的往事正等待着人们去探求，去阐述。

黄帝是传说中的人物吗

古书中有"三皇五帝"的说法，其中"五帝"是指东方太皞、南方炎帝、西方少昊、北方颛顼和中央黄帝。而传说中，黄帝是中华民族的祖先。然而，他究竟是人还是神？为什么被称为"黄帝"？现在仍然众说纷纭，没有统一的说法。

有学者认为，黄帝是神话传说中的雷电之神，后来才崛起而为中央黄帝。相传他长有四张脸，能同时顾及到东、西、南、北四个方向。无论什么地方发生了事情，总逃不过他的眼睛。后来，他战胜了东、西、南、北四个天帝，建立了自己的神国。

黄帝和炎帝停战言和后组成的统一的部落联盟，成为中华民族的祖先。所以，今天的中国人自称"炎黄子孙"。

也有学者认为，黄帝实有其人，他应该是原始社会末期一位部落联盟的首领。《史记·五帝本纪》记载："黄帝者，少典之子，姓公孙，名轩辕。生而神灵，弱而能言，幼而徇齐，长而敦敏，成而聪明。轩辕之时，神农氏世衰，诸侯相侵伐，暴虐百姓，而神农氏弗能征，于是，轩辕乃习用干戈，以征不享，诸侯咸来宾从。"

这些记载似乎说明历史上的黄帝实有其人，是中华民族的形成与发展的创始者。因此，说他是人更有道理。那么，他又为什么被称为"黄帝"呢？

据说，黄帝在五个天帝中，是管理四方的中央首领，又因专管土地，而中原的土地是黄色的，故名"黄帝"。学者们认为，这反映了上古时期，人们对黄土地的崇拜。古史称他为"以土德为王"。后世之人以此而崇尚黄色，把黄色演变成一种权力和尊贵的象征。历代帝王穿的"龙袍""马褂"都是黄色，就是由此引发而来的。

在中国的历史典籍和神话传说中，都有许多关于黄帝的记载，但因年代久远，许多说法都已经无法考证。然而，黄帝作为中华民族的始祖却是不容置疑的。

周公为什么没有取周成王而代之

西周时期，周武王驾崩，太子成王年纪尚小，关于周公作为叔父如何处理当时朝中政治局面的这一问题，从春秋时期到现在，一直是众说纷纭。《左传·僖公二十六年》称，周公曾"股肱周室，夹辅成王传"；《左传·定公四年》又记，成王在武王之后继位时，"周公相王室以尹天下"；《史记·周本纪》也载，由于天下刚刚稳定，成王还在少年时期，"周公……乃摄行政，当国"。从这些可了解周公只是"夹辅"或"相"成王，"摄（代为）行政"，并没有篡夺王位的意思。《孟子·万章》说得更为详细，"周公尔有天下"。

然而有些史料中记载，周公的所作所为并不是这样的。

《荀子·儒效》和《淮南子·记论训》都说，周公想要夺取天下。清代王念孙《读书杂志》解释说，周公想要得到天子的皇位。《礼记·明堂位》和《韩诗外传》卷三又称：周公想要坐上天子的位置。《尚书·大传》更明确指出，周公身居要位，管理着天下的国事。据今所考，《尚书·大诰》中的"王"把文王称为"宁王"，也称作"宁考"。"考"，是对已故父亲的称呼。文王的儿子是周公，文王的孙子是成王，所以只有周公才能称文王为"考"。《尚书·唐诰》又载："王若曰：孟侯，朕其弟，小子封。"周公的同母弟是康叔，"封"即为康叔之名。《康诰》中的王对康叔称"弟"，显然这个"王"又是周公。据上述条件可知，身居王位的周公的确自称为王。

为什么周公会僭位称自己为王呢？根据《尚书·金縢》的记载，周公曾对太公、召公说："我不管理国家，我没有办法告慰我的先王。"众所周知，武王死后，国家还未统一东方，这就有待于让自己的子嗣完成统一大业。由于成王尚年少，不能担负起这个重任。周公经过深思熟虑，觉得如果自己不称王，则各诸侯就会造反，先王的统一大业将毁于一旦，自己死后无法向先王交代。《荀子·儒效》也说，周公"履天子之籍"的原因是"恶天下之倍（背叛）周"。的确，由于刚创下基业，政局不稳定，成王年幼无知，还没有治理国家的能力；如果想巩固新生政权，就需要经验丰富的君主。其实，武王在临死前也想把王位传给周公。《逸周书·度邑解》记武王曾称赞周公为"大省知"，认为只有周公"可瘳于兹"，能稳定周初的政局，因而主张"乃今我兄弟相为后"，应该由弟来继承王位。当武王把自己的想法告诉了周公时，周公"泣涕共手"，即感激又害怕，并说自己不能这么做。这足以证明，周公并不是想篡权夺位。故《韩非子·难二》说："周公旦假为天子七年。"他也只是代替成王打理国事，等成王长大再主动交出权位。《汉书·王莽传》载，群臣上奏说："周公掌握大权，那么周朝就有道，且王室安稳，如若不然，周朝就有灭国的危险。"正因如此，周公才以天子的身份，对众多的大臣发号施令，常常称为天命。很明显，周公是为整个江山社稷做打算，才会"假为天子"。

但是，有些史料对此还有另一种说法。《荀子·儒效》记载说，周公屏除成王而继接武王来治理天下，有人说"偃然固有之"，这怎么不是想篡位呢？《史记·燕召公世家》又记当时"召公疑之"，《鲁周公世家》也记载周公对太公、召公解释过这个问题。召公、太公都是贤明之人，如果当时周公安分守己，怎么都怀疑他呢？特别是管叔、蔡叔他们都害怕周公的所作所为对于成王会有很大的威胁，所以才会发生暴乱。看着管、蔡的表现，足以证明他们对周王朝的忠心。关于管叔、蔡叔"受赐于王""开宗循王"之事，在《逸周书》中的《大匡》《文政》等篇中都有记载。所以顾颉刚曾说："他们二人确实是武王的好助手。"周公运用计谋让他的哥哥按照"兄弟相为后"应该继位的管叔到京城以外的地方做官，又在管、蔡发动暴乱起兵东征杀死了他。

纵横家鬼谷子有无其人

据传，我国战国时代纵横家的鼻祖鬼谷子为楚国人，姓名传说不一，曾经在鬼谷隐居，因以鬼谷子自号，人们也这样称呼他。

鬼谷子像

第一种说法否认鬼谷子其人的存在。乐一在注《史记·苏秦列传》时说："苏秦欲神秘其道，故假名鬼谷子。"他认为鬼谷子就是苏秦。清朝人翁元圻在注《国学纪闻》时说法更为明确："秦仪，即鬼谷子。"有人认为鬼谷子是对隐士的泛称，唐朝人李善注《文选》说："鬼谷之名，隐者也，通号也。"既然认为鬼谷子只是泛称隐者，实际上也就是否认鬼谷实有其人。现在学术界也有人认为鬼谷子非历史人物。1984年，湖北人民出版社出版的《湖北历史人物辞典》列了很有名的慎子、鹖冠子，但未列鬼谷子。《古今伪书考补证》讲到鬼谷子时说："史记所记，得之传闻，本不足据。"又说："其人无考，况其书乎？"《宗教辞典》也称其是"中国古代传说人物"。

第二种说法认为鬼谷子是神。据《仙传拾遗》记载，鬼谷子"疑神守一，朴而不露，在人间数百岁，后不知所之"。杜光庭《录异记》也认为："鬼谷先生者，古之真仙也……自轩辕之代，历于商周，随老君西化流沙周末复还中国。"

第三种说法对鬼谷子的有无半信半疑。清朝人秦恩复以为"或云周时豪士，隐于鬼谷者，近是"（四部备要本《鬼谷子》）。所谓"近是"即接近正确，并没有完全肯定。现在也有学者认为"欲证鬼谷子真有其人，终不可得其确"，同时认为"鬼谷其人，又不全虚"（《古籍整理论文集·鬼谷子研究》）。新版《辞海》《辞源》在介绍鬼谷子时，前面都冠以"相传"二字以示不作确切肯定。

第四种说法认为鬼谷子是战国时楚国人。现在介绍鬼谷子的文字不系统，不完整，也不可靠，但根据大量见于古籍中的资料，历史上确有鬼谷子其人。

《史记》最早记载鬼谷子，司马迁与鬼谷子生活的年代相隔较近，根据苏秦、张仪谢世的年纪推测，最多也就一两百年，因此司马迁所记应当是比较可靠的。《史记》虽无鬼谷子传记，但是在《苏秦列传》中太史公记曰："苏秦者，东周雒阳人也，东事师于齐，而习之于鬼谷先生。"在《张仪列传》中也说张仪是鬼谷子的学生。另外，司马迁在《史记·太史公自序》中有一段引文："故曰，圣人不朽，时变是，虚者道之常也，因者君之纲也。"司马迁未注明出处，但是唐朝人司马贞在《索引》中指出："此出《鬼谷子》，迁引之以成其章，故称'故曰'也。"可见司马迁与司马贞都曾见到过鬼谷子的著作。

许多鬼谷先生遗迹尚在湖北当阳鬼谷洞附近。据《舆地纪胜》记载，此洞"即鬼谷子隐处"。今鬼谷洞外石壁上嵌有3块石碑，均系清光绪五年重修大仙洞的石碑记，其中有一段曰："清溪寺山后五里许，有大仙洞，系战国时鬼谷大仙披门仙师修真之所……残碑隐隐有字迹，（鬼谷庙）大约始于晋。"在鬼谷洞东南2千米处有棋盘山，亦名云梦山，据《当阳县志》称"传鬼谷子对弈处"。

综上所述，历史上究竟有无鬼谷子其人尚无定论，要揭开谜底，还需要充足的证据和深入的研究。

屈原为何投汨罗江

"长太息以掩涕兮，哀民生之多艰"，"路漫漫其修远兮，吾将上下而求索"——这些都是伟大的政治家、文学家屈原留下的光辉诗句。屈原是中国历史上第一位杰出的浪漫主义诗人。他忠君爱国，忧国忧民，一生都在与邪恶势力做不屈不挠的斗争。然而，当时楚王信任奸佞小人，屈原一次又一次地受到迫害。最后，楚都被攻破，屈原自沉汨罗，谱写了中国历史上爱国主义的可歌可泣的诗篇。历史上一向认为屈原是殉国，然而关于其死因，后世除了这一看法外，还有许多其他的看法，所以屈原自沉汨罗的原因也就成了一个让世人争论不休的谜。

清代的王夫之认为屈原自沉是为殉国。屈原哀叹自己的国都被攻破，国家被灭亡，人民颠沛流离，无家可归。昏庸腐朽的顷襄王又不能抵御强秦。眼看着自己的国家即将被灭掉，屈原无比的痛苦，于是便自己投进了汨罗江以殉国难。现代人郭沫若也坚持并发展了这种说法。他说，"屈原活到了六十多岁，他的流窜生活已经过了好久，然而他终究是自杀了。自杀的动机，单纯用失意来说明，是无法说通的。屈原是一位理性很强的人，而又热爱祖国，从这些推断来说明，他的自杀应该有更严肃的动机。顷襄王二十一年的国难，情形是很严重的。那时，不仅郢都被破灭了，还失掉了洞庭、王渚、江南。顷襄王君臣朝东北避难，在陈城勉强地维持了下来。故在当年，楚国几乎遭到了灭亡。朝南方逃的屈原，接连受到迫害。一定是看到了国家的破碎已无可挽救，故才终于自杀了。"

而姜亮夫等人则认为屈原之所以自杀是为了自己光明磊落的道德理想。诗人在自己的绝命词《怀沙》中庄严地说："世界混沌没有人了解我，人心不能说啊。知道死亡是不能躲避的，因此希望不要吝惜它。明白地告诉君子，我将成为他们这一类人。"正是在这种"举世皆浊我独清，举世皆醉我独醒"的黑暗世界中，屈原才愤而投江，捍卫自己的高洁。不仅仅如此，坚持屈原自杀为"洁身"的人还强调，尽管屈原不是因为白起攻破楚郢都而"殉国难"，但他是激愤于昏君佞臣的不识忠良、祸国殃民才愤而投江的。这样的死，不是怯懦，也不是想要逃脱责任，而是以死来表明自己对邪恶势力的抗议。虽然他的死同样是出于对楚国前途和命运的担忧，但从最实质的意义上讲，他是为了自己的道德理想而死。

第三种说法是认为屈原在奸佞横行的楚国受到严重的迫害，不断被流放，但是他的忠君爱国之心，从来不曾泯灭。他没有办法使楚王觉悟，只好投水而死，希望以自己的死来唤起楚王的觉悟。这就是有些人的"尸谏"的看法。

当时楚怀王已死掉，顷襄王继位后变本加厉。屈原一直主张联合齐国抵抗秦国。但是这个时候的顷襄王早已忘记国土沦丧、父亲被骗客死异国的国耻家仇，反而与齐国断交，认秦国为好友；内部则骄奢淫逸，任凭奸佞弄权。就这样，全国上下内无良臣守备，百姓离心，外有虎狼之秦国，楚国已经面临着亡国的大祸。满怀救国济民之志的诗人受谗言而遭受罢黜和放逐，欲报国而无门。顷襄王最后一次放逐屈原时，屈原感到自己的报国之梦已经完全绝灭。诗人身心交瘁，他怒斥了楚王的昏聩，并写下了"不毕辞以赴渊兮，惜壅君之不识"的诗句，决心以死谏来震醒无能的庸君。

为了证明这一点，还有人在"尸谏说"的基础上，增加了屈原效法彭咸一说。屈原《离骚》中有"愿依彭咸之遗则"一句。据说彭咸是殷朝的贤良大夫，他劝谏君王而不被采纳，于是便投水而死。屈原既"愿依彭咸之遗则""将从彭咸之所君"，则暗示了自己最后在衰志不堪时，将选择投江道路，以死作为最后的一谏。

除了以上3种分析，后世乃至当今文学界历史界还有人从屈原的心理倾向、政治人格等方面来讨论屈原死因。前者认为屈原充满了悲剧性的双重人格，这种人格精神必然使他发狂，从而必然走向悲剧。后者认为屈原崇圣和忠君的政治人格酿成了他自杀的悲剧，因而他的死实际上是一种"殉道"行为，也就是对理想的坚持。这些说法更多地吸收了西方精神分析的方法，与其说是分析屈原投江的原因，不如说是现代人的一种文学上的分析，所以不足为后世广泛流传。

韩非死亡之谜

中国历史上最早从理论上提倡"权术"论的人物恐怕就是韩非了。韩非是战国时期韩国人，著名的思想家。他曾经拜荀卿为老师，继承和发扬荀卿的法学思想，同时又吸取法学前辈李悝、吴起等人的学说，最终成为法家的集大成者。韩非的"法治"思想，以及提出的"法""术""势"等主张，对后世产生了极大的影响。因为当时正是群雄争霸之时，韩非的这种封建君主专制理论，是很适用于当时情势的。据说秦王嬴政看到他的文章后，非常急于得到韩非。但是韩非来到秦国后不但没被重用，反而很快被投入秦国监狱走上了不归之路，这是因为什么？

有人认为韩非是死于李斯的嫉妒陷害，这种说法自从王充《论衡》中阐述"韩非之死，乃李斯忌才所致"后，已经成为史学界普遍的看法。司马迁《史记》中也有这样的记载。《老庄申韩列传》中记载到，韩非出身于韩国的贵族世家，师从荀子，与后任秦国宰相的李斯为同窗学友。适值韩国日渐衰落，韩非屡次上谏韩王变法图强，却不被韩王所用。于是韩非发愤著书十余万字，来阐发自己的法治主张。这些作品后来传到秦国被秦王嬴政看到。嬴政读后大为叹服，激动地说，如果自己能够得到韩非这个人，则"死不恨矣"。当得知韩非是李斯同学时，便下令攻打韩国，索要韩非。韩王本就不想用韩非的主张，现在自己处在秦国的攻打下，毫不吝惜地将韩非献出，美名曰将韩非"派遣到秦国"。

　　韩非到了秦国后马上被秦王接见。据说韩非本人有点口吃，但是他深刻的思想令秦王折服。秦王非常赏识韩非，大有相见恨晚之意。李斯看到这个情形，深知自己不如韩非，感觉自己的地位受到了严重的威胁。于是李斯对秦王说："韩非是韩国公子，他能真心为大王您吗？现在大王想吞并诸侯，他终究会为韩国而不能为秦国，这是人之常情。不能为秦国效力，大王您现在又留着他甚至送他回国，这是祸患的开始。不如找个过错用法律把他诛杀吧。"李斯这段话说得非常有技巧，句句充满对秦王和秦国的忠诚。一向对李斯很信任的秦王觉得李斯言之有理，便下令查办韩非，将韩非囚入监狱。李斯的目的初步达到，当然不能允许自己的计划落空。为了尽快铲除了韩非这个威胁，避免因秦王后悔而生出他事，他派人送去了毒药。韩非很想到秦王面前申诉，狱卒和李斯却不给他这个机会。可怜的韩非，昨日还是秦王座上客，今日就成了阶下囚，含冤而死。待到秦王后悔让人赦免韩非时，发现韩非已经死了。而李斯则说韩非是畏罪自杀，秦王半信半疑，但人已死了，也只作作罢。

　　也有人为李斯申冤，说李斯不可能杀韩非。原因有很多。若李斯是嫉贤妒能之人，他又何必把韩非的作品介绍给秦王？并且当时秦王不过是对韩非很赏识而已，还没有对韩非加以重用，作为当时绝对有权的李斯来说，韩非还不足以构成对自己的威胁吧。在这种情况下，李斯为什么要加害韩非呢？

　　与李斯"奸嫉贤良"版本相反的是，《战国策》中所记载的韩非之死则是说韩非自取灭亡。当时，楚国、吴国、燕国和代国四个国家打算联合起来抵抗秦国，秦国派姚贾出使四国。姚贾用重金贿赂四国，瓦解破坏了四国计划。姚贾回国后受到秦王重赏。韩非就攻击姚贾拿国家的钱自己去交朋友，还指出姚贾出身的低贱。姚贾在秦王面前反驳说，以财宝来贿赂四国，出发点是为了秦国谋利，而不是为了自己的利益。如果是为了自己交朋友，何必又返回秦国呢？虽然自己的出身低贱，名声不好，但是有一颗效忠君主的心，哪里像有些人，只是在那里说却不做任何实际的事情，专门挑别人的毛病。秦王认为姚贾的话非常有道理，更加信任姚贾，而对"挑拨是非"的韩非则冷落起来，最后杀掉了韩非。这样看来，韩非遭到杀害，是因为他自己嫉妒别人，是搬起石头砸了自己的脚。

　　后世人还认为，杀害韩非是秦王的主意，李斯就算是再受到秦王的宠幸，他也不敢自作主张杀死韩非。为什么说是秦王自己的主意呢？秦王嬴政是一个寡恩多忌的人，尽管他爱惜贤才，欣赏韩非的理论，但是韩非出身于韩国贵族这一事实终究不能消除秦王对韩非的戒心，始终害怕韩非会暗中为韩国出力。并且，韩非来到秦国后，只是谈自己的君主集权主张，不谈统一天下（作为韩国公子的韩非也不可能谈），因此，秦王并不重用他。但是，放回韩非，必定又要给韩国增添一个抵抗秦国的好帮手。秦王怎么可能放他回去？相反，若是杀了韩非，不但他的学说可以为自己所用，而且也为秦国铲除了威胁，不是一箭双雕吗？这样分析，秦王杀死韩非是必然的了。这还可以从《史记》中看出来，书中说秦王对韩非的死感到后悔，但是他可曾去追究李斯的擅自谋杀罪？可曾为死去的韩非正名？不过是简单的"后悔"而已。

还有人认为，是李斯等大臣杀死了韩非，但是这并不能说明韩非死亡的实质，韩非实际是死于秦国和韩国之间的政治斗争。战国时期，各个诸侯国都极力保全自己，尤其是竭力对抗秦国这个一心消灭它国统一天下的大敌。韩国派韩非出使秦国，实际上就是为了保全韩国。李斯和韩非两个人，一个忠心于秦国，一个热爱韩国，两个人之间的矛盾是不可避免的。韩非必然要破坏李斯攻打韩国的计划，而李斯站在秦国要兼并六国的立场上，必然也要揭穿韩非出访秦国的目的。韩非与李斯、姚贾的矛盾冲突并不是如《战国策》中所说的是韩非个人的嫉贤妒能，也不是李斯本人与韩非有什么个人恩怨，而是秦国与韩国政治斗争的反映。所以说，韩非的死是当时秦与韩尖锐的矛盾斗争的反映。

关于韩非的死因究竟如何，韩非究竟是死于谁手，至今也没有更确凿的证据证明。一代大思想家死因未明是个历史的遗憾，但是想到韩非的理论终为后世所用且影响至今，韩非本人也算是重于泰山了。

李广为何难封侯

"但使龙城飞将在，不教胡马度阴山！"这是唐朝著名边塞诗人王昌龄的诗。诗中的"飞将"是指汉朝的将军李广。李广是一位颇具传奇色彩的人物，他一生征战无数，为汉王朝立下了累累战功。然而不知为什么，这样一个优秀的军事将领，又在那样一个帝王开疆拓土、以封侯赐爵奖励军功的年代，却始终没有得到封侯，后世遂有"冯唐易老，李广难封"一说，文人亦用以慨叹自己的命运。

李广为何终不能得封侯？

一说认为李广之所以不得封侯乃是因为"杀已降"。李广在世的时候，眼看着身边的大大小小的将领都已经封功授爵，而自己身经百战却始终身居下僚，心里感到十分疑惑。于是他找到"操望气之业"（相面）的王朔，请教说："自汉击

李广射石图 清 任颐

唐代诗人卢纶有诗曰：林暗草惊风，将军夜引弓。平明寻白羽，没在石棱中。这首诗讴歌了汉代飞将军李广高超的箭术和惊人的胆略。清代著名画家任颐根据此诗及李广的故事绘制了这幅水墨画。

匈奴而广未尝不在其中，而诸部校尉以下，才能不及中人，然以击胡军功取侯者数十人，而广不为后人，然无尺寸之功以得封邑者，何也？岂吾相不当侯邪？"王朔问李广平生可有憾事，李广自言说任陇西太守时，曾杀过已经投降的八百名羌人，这是自己最后悔的事。针对此，王朔说："祸莫大于杀已降，此乃将军所以不得封侯者也。"这个看法在日本史学界得到了相当多的人的赞成。但是这一说法明显带有强烈的唯心论色彩，且王朔不过是以李广之憾事来消除李广心中不得封侯的怨气罢了。国内持此说法的人不多。

明人董份认为，"广不能忘一尉之小憾，乃知功名不成，非特杀降也，亦浅中少大度耳，其不侯故宜"，认为李广是一个心胸狭窄的人，因此不得封侯。此说是以李广"杀霸陵尉"为依据的。史料记载李广曾因兵败而丢了将军的职位，被贬为庶人的李广一天夜晚回家路过霸陵亭。霸陵尉不予放行，李广手下的人说情道："这是过去的李将军。"酒醉的霸陵尉轻蔑地回敬道："当今的将军尚且不能夜行，何况过去的将军！"后来李广复职，很快就借故杀了霸陵尉。董份以此认为李广乃"少大度"之人，所以功名不成。

宋朝人黄震则以为："李广每战辄北，因踬终身。"即认为李广是一个常败将军，因此自然得不到封赏。司马光也持这种说法，认为当时的将军程不识虽然没有功劳，但是也没有失败，而李广却经常使军队陷于覆亡之境地，既然如此，当然不能封侯。但是这种说法显然是不合理的。做出此说的依据多是《史记》，但是司马迁写《李将军列传》的时候仅仅记载了李广一生中的几次战事，而不是说李广大小七十余战，一无战功。倘若李广屡战屡败，司马迁何以称他为"名将"，匈奴兵何以敬畏地称之为"飞将军"？

一说认为李广"治军不严"，所以受此冷遇。宋朝人何去非认为："自汉师之加匈奴，广未尝不任其事，而广每至败衄废罪，无尺寸之功以取封爵，卒以失律自裁者，由其治军不用纪律。"这种说法显然也经不起推敲，因为何去非显然忽略了李广本人小事上可能不拘一格，但是对征战大事还是肃审慎严的，并且他的部下也个个愿意为之冲锋陷阵。并且，所谓李广"治军不严"的说法，不过是和程不识的治军整严相对而言。而司马迁明确指出，李广和程不识一样都是好将军，不过是治军方式不同而已。

还有一种说法认为李广的不公平待遇乃是由于汉武帝的偏见和卫青的压制。李广数次征战失利，使汉武帝对他产生了偏见，觉得他"数奇"（即不吉利），不胜重任。所以李广最后一次出征时，汉武帝就嘱咐统帅卫青，不让李广居前夺首功。卫青也出于私心，让好朋友公孙敖出任前锋，代替了身为前将军的李广，致使李广失道触犯军律，遂自刎而死。这种说法从汉武帝时代的政治、军事上探索原因，视野较为开阔，但是依然有很多的疑点。

　　李广自杀前慨而言"岂非天哉！"王维亦在诗中感叹"卫青不败由天幸，李广无功缘数奇"，然而真的是一句"天意"就能解释了吗？李广悲剧的一生，犹让今人唏嘘着。"李广难封"之谜的揭开，也许能让人稍微释怀吧。

王昭君为何出塞

　　"千门万鼙赴荆门，生长明妃尚有村。一去紫台连朔漠，独留青冢向黄昏。"这是大诗人杜甫写王昭君的著名诗句。王昭君是历史上的四大美人之一，西汉时出塞到匈奴。有关昭君出塞的史料，《汉书·匈奴传》和《后汉书·南匈奴传》等正史中都有所记载，但是，关于昭君出塞的原因，却一直是个众说纷纭的话题。

　　昭君出塞首见于《汉书·匈奴传》。该传记载说："竟宁元年，单于复入朝……自言愿婿汉氏以自亲。元帝以后宫良家子王嫱字昭君赐单于。单于欢喜……王昭君号宁胡阏氏，生一男伊屠智牙师，为右日逐王……复株累单于复妻王昭君，生二女，长女云为须卜居次，小女为当于居次。"昭君出塞后大约460多年，范晔在其《后汉书·南匈奴传》中又对此事做了进一步的说明，解释了昭君出塞的原因，说她入宫后多年未受召幸，因而心生怨愤，正当此时匈奴呼韩邪单于到汉宫求亲，于是昭君就向元帝求行，自愿和番。临行前，"昭君丰容靓饰，光明汉宫，顾景裴回，竦动左右"。元帝被昭君的美貌震惊，非常后悔，但是又没办法失信于匈奴，所以只好让她去了匈奴。范晔的这种说法基本上是一个完整的故事，指出昭君出塞的原因是她多年不得见幸于皇上，在怨愤的情况下自愿和番。而后代文人在此记载和民间传说的基础上添枝加蔓，逐渐演化成一个个情节丰满的昭君出塞故事，而各种故事关于昭君出塞的原因又不尽相同。

　　比较常见的说法是昭君受奸人陷害不得不去匈奴。据说，汉元帝有很多的后宫佳丽，因此不可能常见到每个宫女。于是他让画工给各个宫女画像，按照画像选召宫女。宫女们为了能被皇帝召幸，不惜重金贿赂画工，希望把自己画得漂亮些。初入宫廷的昭君未得此道，又自恃貌美，不愁皇帝不召见。所以当画工毛延寿给自己画像的时候，她不仅没有贿赂毛延寿，相反还对他的暗示加以讽刺。毛延寿很生气，所以就把昭君画得很丑。就这样昭君在后宫消磨了几年青春。

　　恰好这时候匈奴呼韩邪单于来朝，要求娶汉家女子为妻。元帝正愁无法抵御匈奴的侵犯，见呼韩邪单于来朝求娶，觉得正是开展和亲外交的好时机，立刻就赐其五名宫女。昭君久居深宫，寂寞冷清，积怨很深，于是她主动要求远嫁匈奴。汉元帝见有如此主动的宫女，马上就答应了她的请求。

辞行的大会上，昭君将自己盛装打扮，她的明艳动人令满庭佳丽黯然失色。元帝见到昭君惊叹不已，非常后悔，但是既然已经将她许给匈奴王，自然君无戏言，所以只好忍痛割爱，让她出塞和亲。但失去如此绝代佳人使他大为恼火，于是杀掉了索贿作弊的画工毛延寿。

据史载，昭君的和亲使汉匈关系从此和睦，边境安宁，百姓安居乐业。昭君本人也很受呼韩邪单于的宠爱，称其为"宁胡阏氏"，意思是说通过这次和亲，将与汉家建立永远和好安宁的关系。汉元帝也很高兴，下诏改元为竟宁元年，表示取得永久和平相处的局面。

这个故事描写了一个弱女子牺牲个人以保护国家，并且是在满怀愁怨的情况下远嫁塞外，因而昭君赢得了后世的同声叹息。但是这个带有唯美倾向的故事往往被认为是文人骚客用来抒发自己对君主的不满。并且有人查证，这个故事中的一些情节与史实是有出入的。

首先，匈奴经过汉武帝时期的征讨以及内部的纷争，势力已经大减。到汉宣帝时，呼韩邪单于曾两次到长安觐见汉皇，决心归依汉朝，协助汉朝征服保护边境，因此这个时候边境形势已经趋于和平安宁。等到汉元帝即位的时候边境已经安宁，这才是改年号竟宁的原因。并且正是竟宁元年时呼韩邪单于来朝求亲，说明并不是因为昭君的出塞使边境安宁。

其次，毛延寿索贿不成报复王昭君的说法，很可能源于笔记体小说《西京杂记》。这本书是由晋代好事的文人缀合而成的，成书时间距昭君时代有300多年。画工丑化昭君而被杀的故事本来是小说家言，而后世又将《西京杂记》中所列六名画工之首的毛延寿当作导致昭君悲剧的罪魁祸首，更是有附会的嫌疑。

第三种说法更为浪漫，颇似后来唐玄宗痛舍杨贵妃的情节。

这个说法说，才貌双全的昭君与汉元帝一见钟情，恩爱无比。而画工毛延寿获罪朝廷后逃窜到匈奴，向单于献上昭君的画像，并盛赞昭君之美貌。单于于是向汉朝强索昭君，并欲发动战争。元帝最后迫不得已，割爱送昭君出关。单于得到昭君后，对昭君宠爱有加，并主动与汉室和善，送解毛延寿归汉，为元帝所斩。后元帝因思念昭君，

昭君出塞图　明　仇英

昭君出塞的故事在唐宋两代主要出现于诗词里，从北宋中期开始，成为常见的绘画题材，元明清三代，更是频繁出现于各种文学艺术作品和手工艺制品当中。

怏怏成疾，当年就死去了。两年后，昭君因不愿改嫁而保节自尽。后人对昭君出塞对边境安宁所做出的贡献推崇备至，写诗赞道："为救苍生离水火，甘教薄命葬烟尘""将军杖钺妾和番，一样承恩出玉关。战死生留俱为国，敢将薄命怨红颜"等，高度赞扬了昭君的忠君爱国精神。元代散曲家白朴曾有《汉宫秋》传世，大致采用此说，只是写昭君在去匈奴的途中，投水自尽，更为悲壮。

关于昭君出塞原因的说法，民间传说和史籍记载各不相同，有些不乏为后世杜撰的东西，因此可信度不高。但是由于史料没有对此做出明确记载，所以昭君出塞的原因依旧是一个谜。杜甫说"一去紫台连朔漠，独留青冢向黄昏"，也许，昭君的青冢只能在历史中继续诉说自己的故事了。

"闭月"之貌出谁家——貂蝉身世之谜

在古代四大美人中，最迷人的当属貂蝉了，因为她竟让英雄豪杰为之神魂颠倒；也数她最不可捉摸，因为人们至今还没有弄清楚她的本来面目。关于她的身世，主要有以下4种观点。

第一种观点认为她是王允的歌妓。王允，东汉太原祁县（今属山西）人，字子师。初为郡吏，灵帝时，任豫州刺史，献帝登基后任司徒。王允为了铲除董卓，想用美人计来达到目的。于是他想到了貂蝉，王允对她说明了其中情由及利害关系，并要求她助一臂之力。貂蝉按王允的要求，以她的美色挑起了吕布和董卓之间的矛盾，最后，利用吕布杀了董卓，为王允排除异己立下了汗马功劳。事成后，貂蝉在花园里为王允祈祷拜月，正巧此时有一片彩云遮月。王允见之曰："貂蝉美色使月亮躲到云后面去了。"据此，后人都传说貂蝉有"闭月"之容。

第二种观点认为她是董卓的婢女。董卓，东汉陇西临洮（今甘肃岷县）人，字仲颖。本为凉州豪强，灵帝时，任并州牧。昭宁元年（198）率兵入洛阳，废少帝，立献帝，专断朝政。曹操与袁绍等起兵反对，他挟献帝西迁长安，自为太师，后来为吕布所杀。据《后汉书·吕布传》载："卓以布为骑都尉，誓为父子，甚爱信之。常小失意，卓拔戟掷之，布拳捷得免。布由是阴怨于卓。卓又使布守中阁，而私与侍婢情通，益不自安。"这段记载的就是凤仪亭掷戟之事。由此可知，貂蝉是与吕布通情的董卓婢女。

第三种观点认为她是吕布之妻。据《三国志·吕布传》注引《英雄记》载："建安（汉献帝年号）元年六月，夜半时，布将河内郝萌反，将兵入布所治下邳府，诣厅事阁外，同声大呼，布不知反将为谁，直牵妇，科头祖衣，相将从溷上排壁出，诣都督高顺营。"又载："布欲令陈宫、高顺守城，自将骑断太祖（曹操）粮道，布妻谓曰：'宫、顺素不和，将军一出，宫、顺必不同心共守城也，如在蹉跌，将军当于何自立乎？妾昔在长安，已为将军所弃，赖得庞舒私藏妾身耳，今不须顾妾也。'布得妻言，愁闷不能自决。"这里描述的这位科头祖衣的妇人，就是吕布之妻貂蝉。

还有一种观点认为她是吕布部将秦宜禄之妻。据《三国志·关云长传》注引《蜀记》曰："曹公与刘备围布于下邳，云长启公：'布使秦宜禄行求救，乞娶其妻。'公许之。临破，又屡启于公，公疑其有异色，先遣迎看，因自留之。云长心不自安。"从这段记载中可知秦宜禄的妻子是很有姿色的。另外，因为关羽先想娶其为妻，可是由于曹操"自留之"，所以引起关羽的妒忌。他妒火中烧，一刀便把秦宜禄的妻子给杀了。元人杂剧《关公月下斩貂蝉》就是以此事创作而成。因此，秦宜禄之妻也成了传说中的貂蝉。

貂蝉作为四大美女之一，其红颜薄命委实令人悲叹。

曹操为何至死不称帝

"往事越千年，魏武挥鞭，东临碣石有遗篇"，曹操是毛泽东笔下的风流人物。看一下曹操的一生，不管他自己怎么说，他是由不自觉到自觉地在一条通向帝王的道路上一步步前进着。如果说建安元年（196）前曹操在这方面的努力还只是一种不动声色的铺垫，那么从建安元年起，他就开始在这方面迈出了坚实有力的步伐。建安元年八月，曹操亲至洛阳朝见汉献帝，随即挟持汉献帝迁都许昌，将献帝变成了自己手中的一个傀儡和一张王牌，取得了"挟天子以令诸侯"的优势。献帝任命曹操为大将军，封武平侯，后来因为袁绍不满，曹操才将大将军的职位让给袁绍，自己改任司空，兼车骑将军，并从此开始主持朝政。

随着实力的增强，曹操对于朝政的控制也越来越严密，献帝的傀儡化程度也就越来越深了。

建安二十二年（217）四月，献帝诏令曹操设置只有天子才可使用的旌旗，外出时像皇帝那样，左右严密警戒，不让行人通行。五月，曹操修建了诸侯有权享受的学宫泮宫。六月，曹操任命军师华歆为御史大夫。十月，献帝诏令曹操像天子那样头戴悬垂有十二根玉串的礼帽，乘坐专门的金银车，套六马。同时，封长子五官中郎将曹丕为魏国太子。

就这样，曹操完成了夺取帝位和世袭权力的所有准备，在通向帝王的道路上，几乎已经走到了终点。曹操不但早已在事实上控制了朝廷的一切大权，使自己成了一个实际上的皇帝，而且在形式上，他也同皇帝没有什么两样了。曹操唯一没到手的，只不过是一个皇帝的名号而已。

事实上，曹操的代汉意图早就昭然若揭，但至死他也没有迈出最后的一步。他要把这最后一步让给自己的儿子完成。曹操为什么自己不称帝呢？主要考虑到以下几个方面：

其一，孙权劝他称帝是从自己的利

曹操逼宫年画

益出发的。孙权认为这样做可以获得曹操的信任，从而实现吴、魏之间的和解，自己就可以专心对付蜀汉。襄樊之役中，孙权为了从刘备手中夺回荆州，从背后袭击关羽，帮了曹操的大忙，但却得罪了刘备。吴、蜀之间长达十年的联盟关系就此结束，这时他比什么时候都更需要缓和同曹魏的矛盾，否则会陷入腹背受敌的不利境地。其实，孙权认为曹操如果真的称帝，拥汉派将会强烈反对，曹操因此陷入困境，减轻对吴国的威胁。因此，孙权阳奉阴违，曹操看穿了孙权的意图，不肯轻易上当。

其二，从当时形势看，如果贸然称帝，确实会给政敌和拥汉派势力一个舆论上的借口，使自己在政治上陷入被动。综观曹操的一生，内部的反对和反叛大都发生在他被封为魏公、魏王之后，就是最好的证明。因此，继续维持献帝这块招牌，对于安抚拥汉派，巩固内部，仍有不可忽视的作用。

其三，至少从建安十五年(210)起，曹操一再"自明本志"，说自己绝对没有代汉自立的意图，言辞恳切，说了差不多十年，现在如果突然改变主意，否定自己，对自己的声誉名节必然会造成不利影响，不如坚持把戏演下去。

其四，更重要的是，曹操是一个讲求实际的人，只要掌握了实权，虚名并不重要，"施于有政，是亦为政"一语，是他内心想法的真实写照。

此外，建安二十四年(219)曹操已65岁，年纪大了，估计自己将不久于人世了，这也可能是他不愿称帝的一个原因。

总之，曹操不当皇帝，是从策略上全面权衡得失后所做出的决定，是一种周密而明智的谋虑。

诸葛亮娶黄氏为妻探秘

诸葛亮的名字家喻户晓，成为智慧忠贤的化身，他辅佐刘备共图大业，最终使蜀汉政权成了三国鼎立的一极。他的一生，奇闻逸事很多，"孔明择妇"便是其中之一。

诸葛亮不仅有才，而且相貌俊伟，据《三国志·诸葛亮传》记载，诸葛亮"身高八尺，犹如松柏"。但他却选了一位"瘦黑矮小，一头黄发"的黄氏为妻，诸葛亮为何要娶黄氏呢？传统观点认为，诸葛亮重才不重貌，是注重人的内在美。黄氏自幼才识过人，颇有心计，诸葛亮早在成婚前就有所耳闻。这不无道理，但并非全部。其实，诸葛亮娶黄氏，是出于一种政治上的考虑。《三国志·诸葛亮传》裴松之注所引《襄阳记》记载："黄承彦者，高爽开列，为沔南名士。谓孔明曰：'闻君择妇，身有丑女，黄头黑色，而才堪匹配。'孔明许，即载送之。时人以为笑乐，乡里为之谚曰：'莫作孔明择妇，正得阿承丑女。'"

另一种说法是诸葛亮家境贫寒，出身卑微，自幼丧父，少年时代便过着流离转徙的生活，吃尽军阀混战的苦头，深受强宗豪族的压迫。后来跟着在南昌做豫章太守的叔父诸葛玄生活。14岁时，叔父因官被削而投靠了刘表；17岁那年，叔父死了，他从此没了依靠，就在襄阳城西20里的隆中定居。他虽然住在乡下，但他不想无声无息地隐居一辈子，他时刻关心着国家的盛衰，有着为国家尽忠的抱负，怀着如此壮志雄心，他立志要登上政治舞台而建功立业。

这种政治上的考虑无疑会影响到诸葛亮的婚姻大事，甚至还牵涉到了家人的婚事。这也是为在地主集团的上层站稳脚跟，以便今后一展宏图。为此，他在家庭婚姻方面，做了3件事：第一，他把姐姐嫁给了荆州地主集团中在襄阳地区颇有名望的首领人物庞德公的儿子，庞德公对其赏识备至，称他为"卧龙"，从此，他就在荆州站稳了脚跟；第二，诸葛亮为弟弟娶了荆州地主集团中在南阳地区数得着的人物林氏之女为妻；第三，也是最重要的，他自己择妇结亲，当然要服从既留荆州又能结交望族这一政治目的，这也就是诸葛亮在荆州而不到其他地方去的原因。所以，诸葛亮娶了那个黄氏。

诸葛亮像

诸葛亮为何不怕众人耻笑，而娶黄氏呢？换作别人也许他会犹豫，但是黄氏之女他就娶定了，一是因为黄承彦在当地有相当声望；二是因为黄妻蔡氏和刘表的后妻是姐妹关系，做了黄家的女婿，就攀上了刘表这门皇亲。

据《诸葛亮新传》记载：当黄承彦当面问及诸葛亮时，他当即"拜谢泰山"，一锤定音，把从未见过面的黄氏要了过来，从而为诸葛亮进入地主集团开了"绿灯"，他是无论如何也不会放弃这个"进身之阶"的。

从封建历史文化来说，贤妻、美妻、正妻要相夫教子，帮助丈夫治理家业，诸葛亮深受传统文化的熏陶，在自己的婚姻上，自然遵循"贤妻美妻"的风俗，而据《三国志》记载，诸葛亮其后确实又娶过一妾。但诸葛亮娶黄氏的动机仍有争论，待后人再研究探寻吧。

达摩真的"面壁九年"吗

大家都知道，在武侠小说中，少林弟子历来是各大门派中的佼佼者，少林拳更是威力无穷，名扬天下。但也许你并不知道少林拳的创立者是一位名为达摩的印度僧人。其实，达摩是中国佛教禅宗的开山鼻祖，是中国佛教史上非常神奇的一个人物。关于达摩的生平事迹，众说纷纭，莫衷一是，其中最著名的是他在少林寺"面壁九年"的故事。那么，达摩在历史上究竟是一个什么样的人？所谓面壁九年又到底是怎么一回事呢？达摩究竟有没有面壁九年呢？

据史书记载，达摩是天竺国佛教禅宗第27代祖师般若多罗的嫡传弟子。有一天，达摩问他的师傅般若多罗大师："我得法以后，应该到什么地方去传法？"般若多罗回答说："去震旦。"达摩遵照师傅嘱托，东行来到今中国。首先在南朝都城金陵晋见了梁武帝萧衍。据敦煌发现的《坛经》抄本讲，梁武帝问他，自己的一生造寺布施供养，有什么功德？达摩回答说，没什么功德。就这样得罪了皇帝，结果被驱逐出境。在南方不受欢迎的达摩，只好渡江北上到魏都洛阳。在过江的时候，达摩看江面宽阔、水深流急，没有船只，正愁着没法渡江，看见附近坐着一位老婆儿，身边放着一捆芦苇。就问道："老人家，你是准备用这捆芦苇渡江吗？"老婆婆没有说话，只是点了点头。达摩心想：一个年迈老人可以踩苇过江，我为什么不能呢？于是便恭恭敬敬请求说："老人家，请赐一苇渡我过江。"老婆婆仍然没有说话，顺手抽出一根芦苇递给达摩。达摩双手接过，告别老人，来到江边把芦苇往江面上一放，轻轻踏上芦苇，顺顺当当过了长江。

后来他几经流浪，终于到达了少林寺。这半隐半现的处于山脚下密林深处的小寺庙与世隔绝，正是僧人修炼的好地方。于是达摩决定留在这里。不久，他便在庙后面山坡上的3/4处发现一个小山洞。这个石洞大概有3米高、6.6米长，方方的洞门，正好朝阳敞开，冬暖夏凉，空气清爽。洞前还有一块小草坪，周围浓荫蔽日，不见天空，于是达摩决定就在这里修行坐禅。相传，达摩在这个石洞里，整日面对石壁，盘膝静坐。一次，达摩发现自己刚坐下修炼不久，便不知不觉开始打瞌睡，他被自己的惰性激怒了，并且认识到打瞌睡是绝不会达到佛教的终极境界的，于是，他毅然地用刀割断了自己的眼皮，扔出了山洞。不久以后，在达摩眼皮落地的地方竟长出一棵茶树芽。从此他不说话，不持律，默然地终日面朝石壁，双眼闭目，五心朝天，在"明心见性"上下功夫，在思想深处"苦心练魔"。洞内静若无人，万籁俱寂，入定后连飞鸟都不知道这里有人，竟在达摩的肩膀上筑起巢穴来了。达摩在山洞里待了九年，一直修炼达到佛教的终极。

后来，当达摩离开山洞开始传授禅宗时，弟子们发现，他坐禅面对的那块石头上，竟留下了一个达摩面壁姿态的形象，衣锦织纹，隐约可见，宛如幅淡色的水墨画像。在今天的嵩山少林寺西北的五乳峰的山腰，还有一个达摩洞。这是一个临崖开凿的洞，石洞幽邃，深约7米，宽3米。洞前有一座明万历三十二年(1604)雕刻的双柱单孔石坊，额上南面刻"默玄处"三字，北面刻"东来肇迹"四字，洞内有达摩及其弟子的石像。人像石旁有诗曰："九年面壁佛祖在，灵石显影精气神。"还有另一种说法是，达摩在少林寺面壁修行整整十年，而不是九年。即通常说的"十年面壁"，就是从这衍生出来的。

有学者提出，所谓"面壁九年"的说法的真正原因是达摩所传的禅。以《楞伽经》为依据，他提出"理入"和"行出"的修行方法。所谓"理入"就是"壁观"。有人把"壁观"理解为"面壁静观"，于是就产生了"面壁九年"的说法。所谓"面壁"是比喻通过修行，使人心如墙壁、不

嵩山少林寺达摩洞

传说达摩曾在此洞面壁九年，其身影也因此神奇地印在石洞壁上，后由寺僧将印记凿下，供于寺内，可惜被北洋军阀纵火焚毁。

偏不倚。实际上是要去除人的思维和认识作用，对于客观事物不起分别和执着。即"令舍伪归真，凝住壁观，无自无他，凡圣等一，坚住不一，不随它教"。这样就能"与道冥符，寂然无为"，达到佛教所说的"涅槃"境界。

但也有人认为，达摩面壁的故事根本是后人杜撰的，只是表达一种佛学修炼的信念。达摩面壁九年的真实性是被后人质疑的——那么长的时间，不吃不喝也不睡觉，整日端坐在石洞里，这根本不符合生理规律。而且，今天的达摩洞里所谓的影壁，其实只是一些轮廓模糊的石纹线条。这显然是后人钦敬达摩面壁九年的坚定信念和他感天地、化顽石的决心，根据石壁的自然纹理和形态，逐渐揣度描摹而成的。就连达摩这个人，历史上也是众说纷纭，有说他是"南天竺人"，有说他是"波斯国胡人"。根据道宣《续高僧传》记载，菩提达摩是南印度人，因其"游化为务，不测所终"，所以生卒年不详。而据禅宗的《传法宝记》等资料记载，达摩曾六次被人下毒，最后是中毒而死。《洛阳伽蓝记》里说达摩"自云一百五十岁"，其实这也是作者杨衒之据传闻而记的，他本人也没见过达摩。

其实，不管达摩有没有面壁九年，这种修行的方法对我国禅宗的影响是十分深远的。

红拂女夜奔李靖之谜

关于"红拂女夜奔"一事，《虬髯客传》中有详细记载。

隋炀帝游幸江都，令司空杨素留守京城，全权负责京中的事务。

一天，当时还只是一个穷书生李靖来杨府求见，准备献给杨素一条治邦安国的策略。杨素一如既往，很傲慢地接待了李靖。李靖很恭敬地对杨素施礼，说道："现在天下大乱，英雄豪杰纷纷造反，您是朝廷重臣，应时刻考虑如何收罗天下英雄，不应如此接待来客。"杨素这才严肃地起身，开始认真地与李靖交谈，非常高兴，仔细地听取了李靖的意见，然后退下。

在李靖侃侃而谈的时候，杨素身边一位非常漂亮的侍女，一边手执红拂，一边专注地看着李靖，当李靖告辞时，这位侍女靠近窗户急忙命人去打听一下来人叫什么名字，住在何处。李靖一一做了回答，侍女口中念叨着离开了。回到旅馆，当天夜里刚到五更时，李靖忽听有低低的敲门声。李靖起来问是谁，原来是位身穿紫衣、头戴帽子的人，还用手杖挑着个包袱。李靖忙问："客人是谁？"那人回答说："我是杨素府上执红拂的侍女。"李靖忙将她请进屋里。来人脱去衣帽，竟是位十八九岁的漂亮女子。她脸上没有脂粉，衣着华丽，对着李靖下拜，李靖惊讶地回拜。她对李靖说："我伺候杨素已有很长时间了，见到的人也很多，可没有人能与你相比。常言说，菟丝、女萝附着于大树，才能生存，我一个弱女子，只能和它们一样，所以才跑来投奔你。"李靖说："杨司空在京城权势无人可比，倘若让他得知，那怎么得了？"红拂女说："他已经没有什么可怕的了，只是比死人多一口气而已，侍女们知道他不会有什么作为，很多人都已偷偷跑掉了，他知道了也不怎么追查。我的行动很周密，你就放心吧。"李靖问她姓什么，她回答说："姓张。"问她排行第几，她说："老大。"李靖这才仔细地端详这位女子，她的相貌，她的仪态，她的气质，她的言语，是那样的完美和谐，真是仙女下凡。他没想到会得到如此佳人，很是高兴，但转念一想，又有一阵恐惧袭上心来，心里焦虑不安，不断地窥视窗外，担心有人追来。

过了几天，已听到一些杨府查找红拂女的消息，但并不很紧急，红拂女仍然扮成一个男子，与李靖一起乘马冲出城门，奔往太原。

这便是一段著名的关于唐朝名将李靖的风流韵事。历史上倒是流传着一部《李靖问对》的军事著作，在宋朝元丰年间此书被列为武经七书之一。但关于此书的真伪历来争论不休。学者胡应麟、汪宗沂等人就说："《李卫公问对》，其词旨浅陋猥俗，兵家最乏足采者，而宋人以列《七经》，殊可笑。"（见于胡应麟的《四部正伪》）而又有学者马端临在《文献通考》中提出不同看法。他说："唐《李靖兵法》世无全书，杂见《通典》，离析讹舛……然晁、陈二家以为取《通典》所载附益之，则似即此书。然神宗诏王震等校正说既明见于国史，则非逸之假托也。"看来关于李靖兵书的著者问题至今还是个谜。

骆宾王下落之谜

以一句"试看今日之域中，竟是谁家之天下"而让武则天赫然变色的骆宾王，是初唐诗坛的活跃人物，为"初唐四杰"之一。这位四杰中年辈最长、阅历最多之人，其遗闻也最富有传奇色彩，其中他的下落至今仍旧是一个谜。

骆宾王一生壮志飘零，沉沦下僚。唐高宗仪凤四年时，他被升任为侍御史，又因屡次向武则天上书言事而被诬下狱。在狱中，他写下"露重飞难进，风高响易沉"的千古名句抒发自己的悲愤。武则天称帝后，大肆斥逐李唐王室旧臣，并大量起用武氏家族成员。光宅元年（684），对武则天政权极为不满且自身仕途失意、郁郁不得志的骆宾王参加徐敬业发动的扬州兵变，被辟为艺文令。这期间，他起草著名的《讨武曌檄》。该檄文历数武则天的秽行劣迹和阴谋祸心，备述起兵的目的，申明大义。结尾处"试看今日之域中，竟是谁家之天下"，气势非凡，极富号召力。据说武则天看了檄文后，赫然变色，连忙询问檄文为谁所写。被左右告知是骆宾王后，十分惋惜，并说："这个人有这么大的才能，却流落到这个地步，这是宰相的过错啊。"惜才之心溢于言表。但是由于徐敬业武略不够，所以扬州兵变才三个月就遭到失败。唐人郗云卿在《骆宾王文集序》中记载道："文明（唐睿宗年号，684 年）中，与敬业于广陵共谋起义，兵事既不捷，因致逃遁。"后来《新唐书·骆宾王传》沿用这个说法，也用"宾王亡命，不知所之"来描述骆宾王的下落。骆宾王的下落之谜由此而始。

在众说纷纭的说法中，流传较广的大体有以下几种说法：

第一种说法是说兵败后骆宾王被杀，《旧唐书·骆宾王传》《资治通鉴》《新唐书·李勣传》等书都如此记载。此说法认为，徐敬业兵变失败后，骆宾王等人准备逃走，抵达海陵时，遇到风浪受阻于遗山江中，骆宾王被徐敬业的部将王那相所杀，传首东都，并牵连家族。具体记载如《资治通鉴》说："乙丑，敬业至海陵界，阻风，其将王那相斩敬业、敬猷及骆宾王首来降。"另外，骆宾王的世交宋之问曾写过一篇《祭杜审言学士文》在这篇文章中，宋之问也说骆宾王"不能保族而全躯"，看来骆宾王不仅自身未保，而且家人乃至族人都遭到牵连而被杀。

骆宾王像

骆宾王（约 638 ～约 684），唐婺州义乌（今属浙江）人，为初唐四杰之一，长于诗歌骈文，风骨凝练。

第二种说法认为骆宾王在兵败后逃脱隐居，也有人说他是削发为僧。郗云卿在《骆宾王文集序》中所谓"兵事既不捷，因致逃遁"就是骆宾王并未被杀的证明。根据这种说法，兵变失败后，官军没有捕获徐敬业和骆宾王，他们害怕武则天会治他们的罪，因此以假乱真，杀了两个面貌酷似徐、骆的人，将其首级报送京师。事实上骆宾王和徐敬业二人均逃脱并在后来落发为僧。最早说骆宾王出家为僧的人是唐朝人孟棨，根据他的《本事诗》记载，宋之问有一次在杭州灵隐寺玩月赋诗，吟出两句："鹫岭郁岧峣，龙宫锁寂寥。"然而苦于没有佳句可续。正在这时，走来一位老僧，听罢宋之问的诗后，立刻说道："何不云：楼观沧海日，门对浙江潮？"并接着连吟十句诗完篇，句句精妙非凡，令宋之问惊叹不已。老僧吟罢一去不复见，宋之问再去拜访也没有找到他的影踪。后来宋向人打听这位老僧，得知此人竟是骆宾王。

还有人说骆宾王是逃匿于今天的江苏南通一带。根据明代人朱国祯《涌幢小品》所记载，明朝正德年间在南通城东发现了骆宾王的墓，墓主衣冠如新。这座墓后来被迁到了狼山，至今遗迹犹存。清人陈熙晋的《骆临海集笺注·附录》中还记载说，雍正年间有自称是李勣十七世孙的李于涛，他说他们家的家谱中记载说，扬州兵变失败后，骆宾王与徐敬业的儿子一起藏匿于邗之白水荡，后来骆宾王客死崇川，据说骆宾王的陵墓就是徐敬业的儿子修的。

第三种说法是说骆宾王投江水而死。唐人张鷟在《朝野佥篇》说："骆宾王《帝京篇》曰：'倏忽抟风生羽翼，须臾失浪委泥沙。'后与徐敬业兴兵扬州，大败，投江水而死，此其谶也。"就是说，骆宾王最终死于江水中。不过这种说法加入谶语之说，且没有资料加以旁证，所以并不广为流传。

现世对骆宾王下落的争论主要集中在前两种看法上，即兵败后骆宾王究竟是被杀死还是逃脱得生。主张骆宾王被杀的人认为，除了《新唐书·骆宾王传》说骆宾王"不知所之"外，其他所有的正史记载都说他是兵败被杀。而宋之问说骆宾王"不能保族而全躯"的那句话，则更是有力的证据，因为凭宋之问和骆宾王的亲密关系，宋的话是足可信的。至于孟棨《本事诗》所言宋之问与骆宾王在灵隐寺月夜联句一事，被指斥为荒诞不经。因为宋之问和骆宾王本是熟识的密友、世交，相逢时怎么可能会不相识？

与之针锋相对的，主骆生者认为，《本事诗》固然存有缺漏，但是这并不排除官军为邀功请赏而用假首级报送朝廷的可能性。同朝人郗云卿是奉诏搜缉骆宾王的遗文，他说骆宾王"因致逃遁"，必定是有所根据的，不可能信口雌黄。至于宋之问的"不能保族而全躯"，并不能作为骆宾王被杀的证据。因为宋之问是骆宾王的好朋友，他自然是熟悉骆宾王的，那么他可能是在辨认出报送京师的乃是假骆宾王的首级后才说的那句话。他可能说出真话吗？一来他要帮好友活命，肯定不能说真话；二来恐怕他也不愿意得罪送交首级的官军。所以，用宋之问的一句话作为骆宾王兵败被杀的证据，是难以站住脚的。

由于这些关于骆宾王下落的史籍记载的相互矛盾，这桩公案一直争论不休。何时能有定论？恐怕要等新的、确凿的材料出现后才可能知道。

唐代诗人李白死亡之谜

集诗仙、酒仙于一身的唐代诗人李白是杰出的浪漫主义诗人，关于他的死，后人有多种说法。概括起来，一种说法认为他是死于疾病；另一种说法则带有浓厚的浪漫色彩，那就是认为他死于"揽月落水"，即溺水说。

李阳冰为李白诗集写的《草堂集序》说李白是病死的，以后的碑碣著述多沿用此说。范传正的《墓铭》中即有"至今尚疑其醉在千日，宁审乎寿终百年"的文字。李白嗜酒成性，特别到了晚年，"狂饮"更是他生活中的一个重要组成部分，所以醉而致疾极有可能。晚唐诗人皮日休作《李翰林诗》（《七爱诗》之一），其中有"竟遭腐胁疾，醉魄归八极"的说法，明白地指出李白因醉得疾。郭沫若考证说，61岁的李白曾游金陵，往来于宣城、历阳二郡间。李光弼东镇临淮，李白曾决定从军，到了金陵发病，只得半途而返，此时李白处于"腐胁疾"之初期，估计当为脓胸症。郭沫若又说，他62岁在当涂养病，脓胸症慢性化，胸壁开始穿孔，成为"腐胁疾"，十一月卒于当涂。

《旧唐书》上则说，李白因为饮酒过度，引发疾病，而死于宣城。这种说法也有一定的道理，纵观李白一生，坎坷流离，经历曲折。爱酒、爱月，恃才而狂，傲视权贵。他才气冲天，却命运多舛。晚年穷极悲苦却又不甘寂寞，常感慨自己的一生。他胸怀大鹏之志，却只能听任命运之神的安排，发"中天摧兮力不济"的不堪、"白发三千丈"的幽怨，无奈，只得呼酒买醉，可惜"举杯消愁愁更愁"，大量的酒精已经使他的肌体受到侵蚀损害，但他仍贪杯，直至病入膏肓而不可救药。推断其死因，人们认为他族叔李阳冰的话应该是可信的。

李白"溺死"说也有一定的依据。五代王定保《唐摭言》说："李白着宫锦袍，游采石江中，傲然自得，旁若无人，因醉入水中捉月而死。"宋代洪迈《容斋随笔》中记载类似，不过在前面加了"世俗言"三字。"世俗言"的意思是这是民间的一种出于美好的想象而产生的传说。值得一提的是，这种带有浪漫色彩的民间传说的出现，是在李白去世不久，而不是在王定保或洪迈的记述之时就已广为流传了。到了元代，王伯成编《李太白流夜郎》杂剧，其中有李白落水的说法。虽然艺术无法与现实等同，但其出处也有一定的真实性。

对于李白诗歌的爱好者来说，他们更愿意相信李白是"揽月落水"而死。因为他有许多诗是写月的，他把月亮看成是高尚皎洁的象征。所以人们愿意接受他的死与月亮有关之说。但李白究竟是因"揽月落水"而死，还是发病而死，只有诗人自己知道了。

唐代第一女诗人薛涛生死难明

"吴越饶莺妓，燕赵多美姝。""宋产歌姬，蜀多才妇。"当卓文君与司马相如的佳话在峨眉与锦江之间传诵不息的时候，成都又出了一位著名的才女薛涛。唐代三百多年，女诗人不过十数，首屈一指的便是薛涛。薛涛八九岁知音律，能随口续父诗。她"仪容颇丽，才调尤佳"，性情敏慧，思想开朗，善于词辩，少女时期便以诗才闻名。薛涛的书法亦名重当时，其行书笔力峻激，颇具王羲之书法之神韵。她还创制出了深受欢迎的诗笺，后人称为"薛涛笺"。可是，由于女子在封建社会受轻视，有关薛涛的可靠资料留下的不多，又无正式传记，她的生卒年，历来众说纷纭。

张篷舟认为，薛涛生于中唐的大历五年（770年，是年大诗人杜甫卒），贞元元年（785）韦皋镇蜀，召她侍酒赋诗，遂入乐谱，时年16岁，卒于大和六年（832）夏，享年63岁。

张篷舟主要的论据在于薛涛卒年的确定。韦皋镇蜀之初，南越献孔雀一只，皋依薛涛之意，开池设笼以栖之。至大和五年秋，孔雀死。次年夏，薛涛也卒。

刘禹锡等人的诗集及白居易复刘禹锡书对此事均有所提及。有关的诗句被张篷舟详尽地引用了，如刘禹锡《和西川李尚书〈伤孔雀及薛涛〉之什》："玉儿已逐金环葬，翠羽先随秋草萎。唯见芙蓉含晓露，数行红泪滴清池。"芙蓉夏季盛开，当秋即谢。诗的三四句说芙蓉尚含晓露，如红泪滴清池，可知其卒在夏。诗的第二句咏孔雀之死，"先随秋草萎"，当指涛卒上年之秋。

四川文史研究馆彭芸荪认为薛涛生于贞元元年或二年，卒于大和六年秋冬间，终年四十七八岁。

彭芸荪的考证主要是：第一，《蜀笺谱》中说"段文昌为作墓志"，段文昌曾两次镇蜀，再次镇蜀在大和六年冬，在大和九年死。据此，薛涛之死，必在大和九年之前。第二，薛涛诗集中有《筹边楼》诗。筹边楼在大和五年春夏间修建，至秋落成。薛涛《筹边楼》有"平临云鸟八窗秋"之句，时薛涛尚在。第三，薛涛诗集中有《棠梨花和李太尉》诗。李太尉即李德裕，于大和四年十月到川，大和六年冬离任。李德裕曾有伤薛涛之诗。今李诗虽亡逸，但刘禹锡的《和西川李尚书〈伤孔雀及薛涛〉为什》可为证。据此，薛涛必在李德裕未离任时，即在大和六年冬前死亡。根据以上的考证，彭芸荪认为薛涛之卒，是在李德裕将离任，而段文昌将到任之时，即大和六年秋冬间。又有万历洗墨池刻本《薛涛集》："涛及笄，以诗闻外，客有窃与之燕语。时韦中令皋镇蜀，召令侍酒赋诗。"彭芸荪据此又考证：韦皋贞元元年任西川节度使，至十二年加同平章，始称韦相国，或韦相公；至十七年兼中书令，始可称韦中令，或韦令公。《上韦令公》诗可见于薛涛诗集中，因此侍酒赋诗，必在贞元十七年以后，韦皋兼中书令时薛涛及笄，方15岁，至韦公召见，或有一二年时间，则薛涛此时当十七八岁。由此可推证，薛涛于贞元元年或贞元二年出生。

薛涛究竟生于何时，卒于哪年，众说纷纭。张篷舟先生只能说"仅存希望于墓志原物之能及早出土而已"。

黄巢死因何在

"待到秋来九月八，我花开后百花杀。冲天香阵透长安，满城尽带黄金甲。""飒飒秋风满院栽，蕊寒香冷蝶难来。他年我若为青帝，报与桃花一处开。"提到这两首诗，人们一定会想起唐朝末年农民起义的首领黄巢的霸气。当年黄巢率领起义军转战南北，攻克唐都长安，建立大齐政权，坚持斗争达十年之久，沉重地打击了唐朝的统治。唐僖宗中和四年即884年，起义军在唐朝军队的疯狂镇压下最终失败，黄巢本人的生死结局随之也成了一个谜，至今难以定论。

正史上的记载大多是黄巢被杀和自杀两种说法。

一是黄巢兵败被杀。《旧唐书·黄巢传》记载说，黄巢入泰山，时溥派遣大将张友和尚让之众追捕黄巢军队。黄巢军队退到山东泰山的狼虎谷后，黄巢手下部将林言杀死黄巢并斩杀黄巢弟弟黄邺、黄揆等7个人的首级，连同其妻子一起送到了徐州。《僖宗纪》和《时溥传》也都这样记载。后来司马光写《资治通鉴》也采用了这种说法。

一是黄巢兵败自杀未果，最后请外甥林言帮助结束生命。《新唐书·黄巢传》如此记载说，时溥派遣陈景瑜与尚让追战黄巢至狼虎谷，黄巢计穷，对林言说："我欲讨国奸臣，洗涤朝廷，事成部退，亦误矣。汝取我首献天子，可得富贵。毋为他人利。"林言不忍心杀黄巢，黄巢于是自刎，但是没有成功。林言忍痛斩杀黄巢，连同黄巢兄弟及其妻子，皆"函首，诏书将诣溥"。而太原博野军又杀了林言，与黄巢的首级一起送到时溥那里。

与黄巢被杀和自杀说法相对的是黄巢兵败遁入空门为僧。这种观点认为，起义军失败后，黄巢没有死，他虎口脱险，做了和尚，并得以善终。宋朝邵博在《河南邵氏闻见后录》中曾指出："唐中和四年六月，时溥以黄巢首上行在者，伪也。东西二都旧老相传，黄巢实不死，其为尚让所急，陷泰山狼虎谷，乃自髡为僧得脱，往投河南尹张全义，故巢党也。各不敢识，但作南禅寺以舍之。"我们从实际的情况分析，如果说林言在狼虎谷杀掉了黄巢，并献其首级到徐州，则两地相距有约五六百华里，即使是快马也要3天路程，而徐州至成都，两地相距三四千里，马不停蹄，日夜兼程，也需要20天。当时又正是酷热的夏天，"函首"恐怕早就腐臭无法辨认了。何况被"函首"的有黄巢兄弟六七人，其中就没有与黄巢状貌类似的吗？这也就难免会出现邵博在《河南邵氏闻见后录》所说的"以黄巢首上行在者，伪也"的情况。而在官修或钦定的史书中，黄巢遁逸得脱之类的事情是绝不敢被直说的，这也正是新、旧唐书和《资治通鉴》等正史的记载所值得怀疑的地方。而我们借助于野史、笔记小说的记载，却往往可以寻找到更符合事实的答案。

除《河南邵氏闻见后录》的记载外，还有很多其他相关的记载。如陶毂《五代乱离纪》说，黄巢遁逸免死，后来削发为僧，且有诗云："三十年前草上飞，铁衣著尽著僧衣。天津桥上无人问，独倚危栏看落晖。"邵博也还曾说过，他曾多次到相传黄巢舍居过的洛阳南禅寺游览，见壁上有黄巢穿着僧服的画像，"其状不逾中人，唯正蛇眼为异耳"。根据当时人所说，寺庙中还有黄巢在上面题诗的真绢本。宋人还有多种笔记进一步认为黄巢兵败后遁入空门，做了和尚，又依河南尹张全义，舍于洛阳南禅寺，最终迁居明州（今浙江宁波）的雪窦山，法号雪窦禅师。张端义的《贵耳集》说："黄巢后为缁徒，曾住大刹，禅道为丛林推重。"他临入寂的时候，指一指脚下，有"黄巢"两个字。据说，南宋时候，雪窦山上还有黄巢的墓，每年邑官都要派遣人祭祀。对于那两首相传是黄巢所作的诗，宋人赵与时在《宾退录》中曾指出，这两首诗作是取唐诗人元稹的两首《智度师》诗拼合而成，乃是伪作。但是他所否定的仅仅是诗的不可靠，对黄巢的结局并没有阐述，更没有否定黄巢遁隐的可能性。

所以黄巢的下落究竟如何，还是值得怀疑的。若没有新史料的发现，想确定其真正的结局恐非易事。

李师师是否流亡到江南

李师师是北宋末年冠盖满京华的名妓。据说她不仅色艺双绝，而且柔肠侠骨，慷慨仗义。

与李师师有密切关系的当然是大宋皇帝宋徽宗。宋徽宗虽然治国无方，却是个工于琴棋书画、喜欢寻花问柳的风流天子。他久闻李师师芳名，就打扮成常人模样混出宫外，去一睹李师师这位旷世佳人的风采，从此一发不可收拾，成了李师师那里的常客，弄得汴京城内满城风雨，路人皆知这位风流天子的丑事。据说后来徽宗不满足于与李师师偷偷摸摸的情人关系，干脆公然接李师师入宫，"名正言顺"地册封为李明妃和瀛国夫人。李师师的"幸福生活"直至徽宗后来禅位给钦宗、她被逐出宫废为庶人为止。

徽宗宣和七年即1125年冬天，金兵分东西两路南下，东路军直驱汴京，惊破了皇帝的美梦。软弱的宋徽宗连忙下诏书禅位给儿子钦宗，自己则顾不上他的李师师，躲进太乙宫，号为"道君教主"，过休闲生活了。第二年正月，金兵包围汴京，据说李师师献出了自己的家资给朝廷，以助饷抗击金兵。但钦宗继位后，为满足金人索取巨额赔款的要求，派人到处搜寻市民的钱财。靖康之年，尚书省奉圣旨曰："赵元奴、李师师，曾经抵应倡优之家，逐入籍没，如违并行军法。"就这样，李师师等京城名妓家产被"籍没"，李师师从此一贫如洗。这些在《三朝北盟汇编》上有明确记载。此后，金兵第二次围攻汴京，将徽宗、钦宗二帝及其后宫嫔妃俘掳北去，北宋于是终告灭亡。宋亡后，对于李师师的下落，各家的记载就大相径庭了。

一是殉节说。有一本逸名的《李师师外传》是对此叙述最为详尽的一篇。在这篇传中，说金人攻破汴京后，主帅扬言曰："金主知其名，必欲生得之。"后来，大汉奸张邦昌费了好大的周折，终于帮助金兵找到她，献给金营。宴席之上，李师师慷慨陈词，自称"告以贱妾，蒙皇帝眷，宁一死无他志"。又痛骂张邦昌等汉奸："你们这些人享受着高官厚禄，朝廷有哪些地方亏待了你们，反而做每件事都是为了斩灭社稷！"说完，用金簪刺喉自杀，没有死，又将金簪折断吞而死之。对于这一记载，清代曾有人表示相信，并且称赞李师师"慷慨捐生一节，饶有丈夫概"，清人黄廷鉴也称誉道："师师不第色艺冠当时，观其后慷慨捐生一节，饶有烈丈夫概，亦不幸陷身倡贱，不得与坠涯断臂之俦，争辉彤史也。"但是，大多数学者对这个说法不以为然或表示怀疑，认为不过是后人写的一个传奇故事。鲁迅也将这篇《李师师外传》编于"唐宋传奇"之列，且认为是南宋人所作。

二是出嫁说。有的书中说，李师师在汴京失陷后落入金兵手中并被俘掳北上，被迫嫁给一个年老军士为妻，耻辱地度过了一生。但是有的人认为，此说也不可靠，因为李师师在宋徽宗禅让后就被驱逐出宫。金兵攻破汴京掳走二帝和后宫的时候她已经当了道士，并不在金人求索的范围之内。

南宋时候，关于李师师下落何处，有另外一种说法，并且此说流传甚广，诸书所载也比较相近，这就是"南渡说"。《青泥莲花记》记载说，靖康之难后，师师辗转南渡，有人在"湖、湘间"见到过，已是"衰老憔悴，无复向时风态"；《墨庄漫录》则说，李师师是流落到浙江一带，"士大夫犹邀其听歌"，同样是"憔悴无复向来之态"。后来流落到湖、湘间，为商人所得。此说已经为学术界许多人接受。

然而，李师师其人到底如何结局呢？红颜自古多薄命，李师师到底只是一个贫贱的女子，她留给后世的，除了那些风流韵事，还有一个凄楚未解的归宿之谜。

抗金英雄岳飞死因探秘

岳飞（1103～1142），字鹏举，相州汤阴人，出身贫苦农民之家。联金灭辽时应募从军，曾在张所部任统制，并与王彦一起抗金。后随宗泽守东京，任都统。宗泽死后，他投身张浚部，并逐渐成为南宋重要的抗金将领，立下赫赫战功。建炎四年，收复建康（今江苏南京）；绍兴四年，大败刘豫齐军，收复襄阳等六郡，封清远军节度使，后封为武昌开国侯，联络两河义军，部署北伐。绍兴八年年底，他反对高宗与秦桧的议和，并上表提出"金人不可信，和好不可恃"。绍兴十年，郾城一战，大败兀术统率的金兵主力，收复颍昌、郑州、洛阳等重镇。在抗击金兵的战斗中，岳飞率领的"岳家军"常常以一当十，勇往直前，声威大振，甚至金军中都流传着"撼山易，撼岳家军难"的悲叹。可是，就在收复中原即将实现的大好形势下，宋高宗赵构却连发十二道金牌，下令收兵，岳飞挥泪含恨退兵。不久，岳飞被高宗、秦桧以"莫须有"的罪名杀害，其子岳云和部将张宪也被杀。

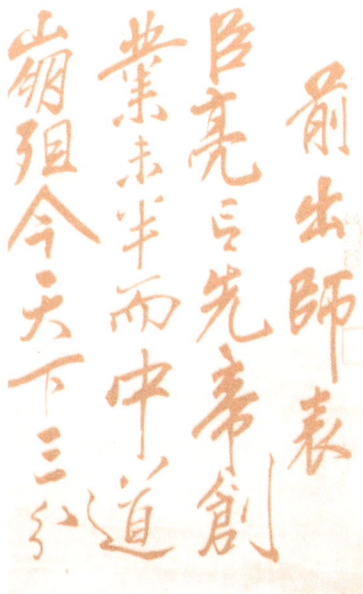

前出师表 岳飞书

直到孝宗即位，冤案平反，岳飞墓才迁至景色秀丽的栖霞岭下。岳飞墓前铸有四个跪着的铁人，其中就有宰相秦桧夫妇。几百年来，到此悼念岳飞的人们都要唾骂奸臣秦桧。岳飞为秦桧所害，这似乎已成为不容置疑的铁案。

但是，有人认为杀害岳飞的元凶并不是秦桧，秦桧只不过是这个元凶手下的一个鹰犬！

第一，秦桧没有杀岳飞的权力。有人指出，当时秦桧虽然很受高宗的信任，但还没到摆布高宗地步，因此也不能为所欲为地恣意铲除异己。绍兴九年，秦桧正积极对金议和，枢密院编修官胡铨上书反对，并请求皇帝"斩秦桧之头挂诸街衢"。秦桧对此人恨之入骨，但也不敢任意杀害他。由此可知，对战功赫赫的岳飞，他更不可能擅自处置了。

第二年，金兵违背和议，一举攻占了河南地区，秦桧惶惶不可终日，生怕高宗因此迁怒于自己的议和政策，他此时惶恐不安，正是自保不足的时候，因此，他没胆量背着高宗杀害岳飞。需要说明的是，岳飞的狱案又称作"诏狱"，程序严密，外人无法插手。这样，即便秦桧权力再大，公开"矫诏"杀人也是不合情理的。

第二，秦桧及刑部主审岳飞一案，曾上书定岳飞、张宪死罪，但并没有定岳云死罪。可上书高宗后，岳云也没能幸免于难。由此可见生杀大权还是在高宗之手。

第三，秦桧死后，高宗为秦桧制造的许多冤假错案平了反，但唯独对岳飞一案不肯昭雪，而且对许多大臣申请为岳飞平反的奏折不予理睬。

这一切都足以证明，高宗才是杀害岳飞的元凶。

高宗出于什么原因要害死自己倚为军事支柱的岳飞呢？而且宋太祖赵匡胤曾传下秘密誓约，规定后世子孙"不得杀士大夫及上书言事人""子孙有逾此誓者，天必殛之"。在北宋历朝，这条誓约执行得非常严格，高宗为何敢违约破例？这在认为高宗是杀害岳飞元凶的学者中存在着争议。

有的学者认为"帝之忌兄，而不欲其归"。高宗眼见岳飞一心要"迎二圣"，而徽、钦两帝一旦回来，自己的皇位就不保了。他害怕中原光复，因而杀了岳飞。

另一部分学者则认为并不是"迎二圣"。高宗杀岳飞，主要原因是怕他在外久握重兵，跋扈难制，危及自己的统治，对武将的猜忌和防范，是赵宋王朝恪守不渝的家规。只要武将功大，官高而权重，就意味着对皇权构成威胁。岳飞个性刚强，"忠愤激烈，议论不挫于人"，不容易与人合作，绍兴七年（1137），他上书奏请高宗立储："乞皇子出阁，以定臣心。"同年，他又因守母丧，未经高宗批准便自行解职，把兵权交给张宪。这两件事犯了高宗的大忌。再加上高宗曾在金营做人质，又有从扬州南渡等惊险经历，对金兵始终心存恐惧。对战争前景，他既怕全胜，又怕大败。胜则怕武将兵多，功高而权重，败则怕欲为临安布衣而不能。他想当个安安稳稳的太平皇帝，因此一心求和。所以，秦桧利用岳飞部下的告密来证明岳飞的跋扈，正好迎合了高宗害怕岳飞立盖世之功、挟震主之威的心理，加上岳飞又是反对和议最强烈的主战派，故而下令杀了岳飞。

岳飞和岳家军

岳飞治军严谨，纪律严明。"冻死不拆屋，饿死不掳掠"是岳家军的口号。岳家军平时训练十分严格，作战勇猛，金军慨叹："撼山易，撼岳家军难"。作战时岳飞经常身先士卒，与士兵共甘苦，从不居功自傲，赢得了广大人民的崇敬之情。在其戎马生涯中，他亲自参与指挥了126仗，未尝一败，是名副其实的常胜将军。

陆游与唐琬爱恨离愁之谜

陆游是南宋的爱国诗人，在文学创作上的成就一直受到后人的高度赞誉，那首《示儿》中"王师北定中原日，家祭无忘告乃翁"的爱国情怀和悲愤至今还让人唏嘘不已。因为陆游一生坚持抗金主张，因此也屡次遭到统治者集团投降派的打击，政治上郁郁不得志；同时，陆游的感情经历也很曲折，他早年的那首《钗头凤》词背后的凄婉的爱情故事一直被后人传诵着。

陆游题刻碑亭
碑亭位于江苏省镇江市焦山山麓，刻有陆游的书法。

"红酥手，黄滕酒，满城春色宫墙柳。东风恶，欢情薄，一怀愁绪，几年离索。错！错！错！春如旧，人空瘦，泪痕红浥鲛绡透。桃花落，闲池阁，山盟虽在，锦书难托。莫！莫！莫！"

《钗头凤》是陆游写给表妹唐琬的。绍兴十四年（1144），不满20岁的陆游与舅舅的女儿唐琬结为夫妻，婚后两人的生活甚是美满。然而让人疑惑不解的是，陆游的母亲竟然对自己的内侄女非常不满，先是百般挑剔和刁难，最后甚至蛮不讲理地逼陆游和唐琬离婚，硬将一对恋人拆散。接着，陆母又让陆游另外娶了自己所中意的王氏女，唐琬也迫于家长之命改嫁给同郡的赵士程。

时隔10年，这个春天陆游到故乡禹迹寺南的沈家花园游玩，恰好唐琬和后夫赵士程也到此游玩。陆游看到了唐琬，想起了别后10年来消息的隔绝和人事的变迁，难以消散的伤痛又在心中涌起，于是提笔在墙上题了那首悲恸绝伦的《钗头凤·红酥手》。"错！错！错！"和"莫！莫！莫！"的悲叹中包含着多少心酸！唐琬看到这首词后，心中的愁苦也是不言而喻的，回到家以后，也和了一首词，不久就郁郁而终。

这一幕婚姻悲剧，成为诗人心底不可平复的创痛。即使后来时过境迁，一切已是旧迹，但陆游总是无法忘掉它。即使是在晚年时，每当年底，陆游总还要登上禹迹寺的楼上眺望，并写了很多诗抒发自己心头的隐痛。比较著名的是陆游75岁时候写的诗："城上斜阳画角哀，沈园非复旧池台。伤心桥下春波绿，曾是惊鸿照影来。梦断香消四十年，沈园柳老不吹棉。此身行作稽山土，犹吊遗踪一泫然！"此时已经距离唐琬逝世40余年，陆游却依旧如此伤感！读来犹让人潸然泪下。

面对这样一个悲剧，人们不禁猜疑：既然陆游与唐琬志趣相投、婚姻美满，陆游母亲为何反而会逼着儿子离婚？最早的一则记载陆游、唐琬悲剧史料《耆旧续闻》中只是简单地记载二人的婚姻悲剧，并没有明确说明陆母不喜欢唐琬的原因。在这之后，刘克庄在《后村诗话》中说，陆游的父母担心陆游因沉溺儿女情而荒废学业，所以才逼迫儿子离婚。但是这种说法仅仅是一种推论，没有实际的证据加以证明。

陆游第一次应考失败，当时是 18 岁，还没有和唐琬结婚。如果陆母果真有那么崇高的精神境界，为什么要让儿子年纪轻轻且刚刚落第时就急急忙忙地娶妻？陆游第二次应试本来是名列第一的，但是当时权贵秦桧弄权，陆游因为触怒了秦桧而被贬黜落榜。这时陆游是 29 岁，唐琬早已经被离弃，甚至陆游与续娶王氏所生的长子已经有 5 岁了。可见，陆游科场不利，与唐琬的婚姻没有任何的关系，唐琬在这方面是不应该受到任何指责的。由此说陆游的父母是为了国家、民族的利益、为了陆游的前途和事业而逼自己的儿子离婚，是不足以服人的。

陆游曾经有一首诗名为《夏夜周中闻水鸟声甚哀，若曰"姑恶"，感而作诗》。有人根据此诗推测说，唐琬婚后一直都没有生孩子，而老夫人弄孙心切，又听信了别人的谗言，于是便逼迫儿媳离婚。但是单纯地从陆游的诗词中的某个字句来推断陆游夫妻二人被逼分散的缘由还缺乏充分证据。

另外有一种说法是说，唐琬嫁到陆家后，由于不通人情世故，礼节不周，因而使老夫人对她很不满意。后来陆游考试落榜，陆游的父亲也因为主张抗战而触怒了秦桧被革职，恺郁而死，这都给了陆游母亲以很大的刺激。而唐琬是一个心胸豁达的人，对公公的死没有行诸于颜色，陆母当然很不高兴。而一个偶然的机会让陆母老夫人遇见了王氏女，王氏女的端庄孝顺让陆母非常满意，归来后她便强迫儿子与唐琬离婚，以"不孝翁姑"为理由休弃了唐琬而娶王氏。当然这种说法也是有很多疑点的。比如说陆游和王氏结婚的时候在二十三四岁，而陆游父亲去世是在这之后，这时候唐琬早已经离开了陆家，怎么可能有前文所说的"遇见公公死不行诸于颜色而得罪婆母"之事？

不管怎么说，在这个婚姻悲剧中，陆母的责任是不能推卸的。在那样一个讲究"孝道"的社会中，陆母可以行使自己封建家长的威严命令儿子，那么所谓"欲加之罪，何患无辞"，她的目的是达到了。至于她究竟为何硬要拆散儿子和唐琬，陆唐二人的悲剧之因究竟为何，还有待于后人根据史料进行进一步的研究。从这样一个谜案，人们也看到了封建社会婚姻制度的残酷、陆唐二人悲悲切切的爱情，有情人终不能成眷属，犹令今人感叹。

明代名臣刘基死亡之谜

刘基，字伯温，明朝开国功臣，朱元璋认为他能与张良、诸葛亮、王猛相比。当群雄角逐之秋，朱元璋如鱼之不可离水一般信任刘基。1367 年朱元璋建立政权机构时，便任刘基为御史中丞。洪武元年 (1368)，朱又在《御宝诏书》和《御史中丞诰》中说他有经天纬地之才，能决胜于千里之外。

但是，当朱元璋当了皇帝以后，刘基在朝中时常受到排挤和打击，尤其受到李善长、徐达等淮河西集团的打击，屡受挫折，处境艰难，后来又被"钦赐"还乡，最后竟暴死于家中。

早在洪武三年 (1370) 七月，朱元璋在给刘基的《弘文馆学士诰》中，用极不客气的话讥讽刘基在这么大把年纪的情况下，不回家抚育儿女，却仍恋恋不舍地留在他身边，想激他引退，显然这时朱元璋已厌弃刘基。这年十一月，朱元璋大封功臣，只封刘基为诚意伯，食禄只有二百四十石，而李善长则封为韩国公，食禄四千石，其中的分歧之大，显而易见。

洪武四年（1371）正月，朱元璋任命汪广洋为右丞相，胡惟庸为中书左丞，同时赐刘基告老还乡。二月，刘基第二次回到青田。

可是，刘基在家仍不得安稳。当初，刘基请求在浙闽之间一片名叫"淡洋"的空旷地带设立巡检司，恰好碰到逃军造反。刘基派长子刘琏入京报告朱元璋，没有先通知中书省。胡惟庸以左丞掌中书省大权，心中一直怨恨刘基以前反对自己做丞相，此时遂乘机报复。他指使刑部尚书吴云派人陷害刘基，说淡洋之地有王气，刘基想占为己有作为墓地，百姓反对，他便请设巡检司，结果激成事变。这无异于谋篡，于是朱元璋削夺了他的俸禄。从朱元璋后来的《钦赐归老青田诏书》来看，朱元璋对胡惟庸深信不疑，认为刘基不可饶恕。

刘基明白，沉默是金就是最好的选择。为了消除朱元璋的疑忌，他立即回到京师，不做任何辩解。

洪武六年（1373），丞相汪广洋被贬广东，胡惟庸为相，独掌中书大权。刘基对此感到忧愤不已，还因此得了一场病。

正在这时，据《诚意伯刘公行状》载，洪武八年"正月，胡（惟庸）丞相以医来视疾，（刘基）饮其药一服，有物积腹中如拳石。公遂白于上，上亦未之省也，自是疾遂笃。三月，上知公且不起，御制文遣使驰驿送之归"。不久，刘基便含恨去世。

5年以后，御史中丞涂节揭发左丞相胡惟庸与御史大夫陈宁谋反时，刘基暴死的秘密才公开。原来，是胡惟庸指使他带的医生在药中下了毒。刘基死后不久，他的长子刘琏在江西参政任上也被胡惟庸的党羽所逼，跳井自杀，死时只有32岁。洪武二十一年至二十三年间，刘琏之弟刘璟按父亲说的进京，朱元璋曾多次当面对他说，是胡惟庸一党害死了他的父亲和哥哥。

胡惟庸正月探视刘基，刘基三月病重还乡，四月死去，可知胡下的是慢性毒药，以此不被别人察觉。但此事是否与朱元璋有关，不得而知。因为，朱明知胡、刘二人如水火不容，却仍要派胡去看望刘基。刘基服药病得更重，向朱元璋反映情况时，他为什么不加以调查？朱赐刘基归老青田的诏书中为什么又说"君子绝交，恶言不出"，并把刘比作恋恋不舍旧巢的鸡？刘基死时，朱为何不加怀疑而后又说得这样肯定？胡惟庸探病，本为朱元璋所派，为何《明实录》和《行状》于洪武八年条内却对这一情况不加记载，莫非有所忌讳？所以钱谦益以历史学家的笔触暗示朱元璋有授意或者怂恿胡害刘基的意思。

刘基像

也还有人认为刘基长期体弱多病，40岁时便已"齿脱头童"（见刘基的《落郑子亭问齿》）了，因此刘基"寿终正寝"的可能性很大。

不论刘基死因如何，总有一点是可以肯定的，他死于明初统治集团内部的斗争。

郑和为何下西洋

郑和，我国乃至世界航海史上最出色的航海家之一。明朝永乐三年（1405）至宣德八年（1433）的29年间，他奉明成祖朱棣之命，7次下西洋，先后到达非洲、亚洲两大洲的30多个国家和地区，最远到达非洲的东海岸，创造了远程航海史的壮举。可惜当年郑和航海的全部档案都被当时的兵部侍郎刘大夏付之一炬，后人难以对郑和航海的史料加以详细考证，于是就有了关于郑和航海的诸多谜案，其中一直让后世学者疑惑不解的是郑和下西洋的动机。人们的问题是：郑和为何下西洋？朱棣称帝后为何忽然将目光转向了茫茫大海？

关于郑和下西洋的第一种说法是认为郑和远航乃是奉明成祖朱棣之命，寻找建文帝。众所周知，明成祖朱棣是通过谋反登上皇位的。当初建文帝朱允炆为了巩固皇权，相继废削了握有军政大权的周王、齐王、代王、岷王等藩王的职权。燕王朱棣唯恐自己被废，并且他对皇位觊觎已久，早就不甘心让自己的侄子为帝，所以就借口"朝无正臣，内有奸恶"，起兵谋反，号称为"靖难"。战争持续了4年之久，朱棣取得了最终胜利，登上了皇位，随即将都城迁至北京，称明成祖，改年号为永乐。就在朱棣大军攻破南京城时，建文帝朱允炆在一场大火中下落不明。虽然朝廷宣称建文帝已经在大火中丧命，但是朱棣心里明白这只是为了安定民心的做法，建文帝实在是"不知所终"，甚至他一直怀疑建文帝已经出逃。这种推测自然让有"篡位"之名的朱棣不得心安，为了彻底除去建文帝卷土重来的可能性，他多次派人四处秘访建文帝的下落。郑和就是朱棣派出寻找建文帝下落的一支。近年来，有学者考证说，为了寻找建文帝，郑和不但下西洋，而且3次东渡扶桑，去过日本。

第二种说法说寻访建文帝最多不过是郑和远航的一个附带任务，说他是"专程"寻找建文帝踪迹则不合情理。他们认为郑和的远航有军事目的。如《明史·郑和传》说郑和远航"欲耀兵异域，示中国富强"；近代学者梁启超说，郑和下西洋是"雄主之野心，欲博怀柔远人，万国同来等虚誉"；尚钺在《中国历史纲要》中也指出，郑和下西洋"大概是想联络印度等国抄袭帖木儿帝国的后方，牵制它的东侵"，从而保证明朝的安全。而以郑和航海时的巨大规模，

郑和像

郑和(1371～1433)，本姓马，小名三保（宝），回族，明云南昆阳（今晋宁）人。明初入官为宦官，赐姓郑，并为内官监太监。永乐三年(1405)奉命与副使王景弘等率舰通西洋。之后，又远航6次，先后经30余国。最后依次航行回国后，病死于南京。

势必也能够实现这个目的，因为在郑和远航的 15 世纪，世界范围内还少有如郑和船队那样大的规模和气势，船队所展示出的强大的军事实力足以震慑异域。

第三种说法认为郑和航海以经济目的为主。明成祖为了增加财源，弥补财政亏损，派郑和出海远航。史实表明，郑和的船队与其所到之处的居民开展了很多的经济贸易，不仅满足了明朝官方对外贸易上扩大市场的需求，而且沟通了西洋大国对明朝的"朝贡贸易"，收效甚好。并且有史料表明，明代的中国已经被纳入世界贸易体系，与亚洲、非洲的几十个国家都有贸易往来，不但明朝官府、周边国家，甚至连沿海官绅、百姓都从中获得了巨大的经济利益。鉴于这样总体的经济环境，说郑和远航是出自经济目的是有一定根据的。

第四种说法认为郑和航海以政治目的为主。朱棣知道自己有篡位的坏名声，所以在他登基后积极采取各种措施来塑造一个好君主的形象。郑和下西洋的巨大规模向外界展示了自己所统治的国家的恢宏气势，这正是朱棣造成万国来朝的盛世局面以稳固政权的方式，并且也借此瓦解政敌势力。学者根据史料分析，郑和前三次航海，与东南亚、南亚沿海诸国建立了友好关系；后四次则向东亚以西的未知世界探访，开辟了新航路，使海外远国都"宾服中国"。也就是说，郑和远航已经达到了朱棣的既定目标。此外也有人说，郑和下西洋是政治和经济的双重目的，是"一箭双雕"的行为。

第五种说法则认为上述的诸种说法都有失偏颇，他们认为郑和下西洋是有阶段性的目的的。前三次的目的大致有三：一是追寻传说中逃往海外的建文帝的下落；二是镇抚海外的臣民，同时也是为了炫耀国威；三则是为了扩大海外贸易，沟通与南洋诸国的联系，保持南部海疆的和平。之后的四次下西洋，更多的则带有探险和猎奇的性质。朱棣是一个雄心勃勃的人，对南亚以西的未知世界很感兴趣，同时也想让他们对自己所统治的明王朝有更多的认识，因此派郑和开辟新航路，让海外诸国"宾服中国"。

尽管有这么多关于郑和远航原因动机的推测，但是至今并没有真正的结果。一个大陆国家为何要进行如此大规模的远程航海，也就在刘大夏对史料的"付之一炬"中成了千古难解之谜。

于谦被杀之谜

于谦，字廷益，号节庵，少时即"慨然有天下为己任之志"，永乐十九年(1421)中进士，走上仕途。他为官廉正，极有才干，又因在宣德元年(1426)镇压汉王朱高煦叛乱中的出众表现而受到宣宗赞赏。宣德五年(1430)，于谦任兵部右侍郎，多次上书，兴利除弊，但引起权贵不满，遭谗被贬，后因边防吃紧，入京任兵部左侍郎。土木堡之变后，瓦剌大举内犯，于谦运筹帷幄，捍卫了明朝，立下了盖世功勋。而后于谦大力改革军制，受到景帝重用。但同时也引起了更多人的嫉妒，最后被诬陷入狱，于景泰八年(1457)被处死。一代名臣于谦突遭横祸，成为千古奇案。

此事还得从明英宗时说起。史载，英宗正统十四年，年仅 23 岁的英宗不听劝阻，受自己佞臣王振的唆使，下令自己御弟郕王朱祁钰驻扎京师，自己亲自点精兵 50 万挥师北上，迎战蒙古瓦剌部，结果在土木堡兵败被擒。

古语说得好：天下不可一日无主。可是此时此刻，英宗已成异邦阶下囚，皇太子尚年幼无知，也先部落随时都可能兵临北京城，这怎能让大臣们不忧心如焚呢？

当年九月，在大臣们的拥戴下，郕王登基，是为景泰帝。可虽然这样，依然无法平定民心，英宗带领的 50 万精兵已全军覆没，京城仅余不足 10 万的兵力，且都是羸弱之卒。一些贪图享受、贪生怕死的大臣这时候煽动王公贵族向南逃，侍讲徐珵甚至公开地散布谣言，声称天降灾祸，唯有南逃才可以消灾免祸。

大臣们不停争吵，景泰帝无所适从。就在这时候，新任兵部尚书于谦再次站出来，厉声喝道："凡倡议南迁者，立斩不饶！"

翌年，也先惨败，向明朝请和。因此，在瓦剌过了一年游牧生活的英宗被迎回北京，被迫接受"太上皇"的尊号，住到了南宫。

景泰八年一月，皇帝突然身染重病，卧床不起，这便为新年的宫廷罩上了一层阴云。景泰帝废了英宗皇储，立自己儿子为太子，不料未满一年，他唯一的儿子却死了。从这时起，皇储之位始终未定，这理所当然地成为宫廷阴谋活动的极好温床。

就在正月十六夜里，武清侯石亨、太监曹吉祥、都御史徐有贞等趁皇帝卧病休养、朝廷内外人心浮动之机，把做梦都想复辟的"太上皇"朱祁镇迎回了金銮大殿，而朱祁钰在其兄复位的欢庆声中撒手人寰。

英宗复位后，徐有贞、石亨等少不了加官晋爵。他们大权在握，就着手下一步的行动：陷害忠良，排除异己，首当其冲的就是于谦和王文。石亨始终嫉恨景泰帝让于谦做兵部尚书，再加上北京保卫战中于谦明智地否决了自己拥城固守的方案，石亨对此耿耿于怀。而那徐有贞正是那时候散布谣言、鼓吹南逃的徐珵。

石亨、徐有贞等捏造王文、于谦"逢迎景泰篡位"，并且声称于、王二人看到景泰帝一病不起，就阴谋迎立襄王。英宗对那两个奸臣毫不怀疑，所以命石亨和他的党羽都御史萧维桢主持会审。

萧维桢、石亨对王文、于谦进行严刑拷问，逼迫其承认一切罪行。王文对其无耻行径非常气愤，厉声质问道："召迎亲王必须有金牌，派人也要有马牌才行，现在这两样东西在哪里？"问得那两个奸臣无言以对。于谦冷笑着对王文说道："你无须费口舌了，这是他们的诡计，目的就是置你我于死地，辩解也是徒劳。"

一连审了几天，于、王二人依然不招供。石亨等人又缺乏证据，只好以于谦和王文阴谋迎立外藩为名，请求凌迟处死这二人。明英宗念及于谦的功劳，不太情愿地签发了处死王文、于谦的旨令，但是，他把凌迟改为斩首。

几天后，王文、于谦慷慨就义。

唐伯虎点秋香之谜

明代吴中才子唐寅，字伯虎，号六如居士。他恃才孤傲，放浪不羁，每每遇到开心之处，则纵情开怀，放浪形骸。民间就流传有"唐伯虎点秋香"的故事。

唐伯虎的确曾为一个女子隐名为佣。这在《中国野史大观》中有记载，但只不过这位女子并非叫秋香，而叫桂华，是当时锡山华虹山学士府中的一名女婢，深得华夫人喜爱。唐伯虎对她一见钟情，因而以一才子屈身为佣，最终赢得了美人归。所以说，"唐伯虎点秋香"可能就是唐伯虎赚妻桂华这一故事的演变，唐伯虎没有点秋香，但是点了桂华。

一天，唐伯虎出去游玩，碰见了在华府为奴的桂华，对她一见钟情。从此唐伯虎怎么也摆脱不了那个漂亮女婢的身影，最终想到一个办法，就是到华府隐名为佣，改名华安伺机而动。

他到华府先为伴读。结果一手好文章让华学士对他刮目相看，将他留为亲随，掌管文房。一应往来的书信，均令华安处理，没有不合华学士心意的。因此，华学士对华安更加器重，恩宠有加。

不久，掌管华府典铺的主管不幸病逝，华学士便让华安暂时先代管其事，掌管典铺。华安不负所望，典铺的出纳账目有条有理。华安的工作也特别小心谨慎，秋毫无私。

华学士非常满意华安的工作，意欲将其升任为典铺的主管。但唯有一点使华学士不很放心，华安眼下尚是孤身一人，没有妻室，万一哪一天他一走了之的话，委任其主管这样的事务，岂不是有点儿用人不当？

华学士觉得眼下这样还很难对华安委以重任，必须等到华安有了妻室，心真正安定下来才好，于是找媒婆，商议起为华安择偶婚配的事情来。

最终，华安和桂华终于在华学士及其夫人的鼎力帮助下，拜过花堂，适时完婚。婚后二人情投意合，恩爱日深。

其实，早在 20 世纪 80 年代就有人指出唐伯虎并没有点过秋香，如苏州市文联段炳在《光明日报》上写过：唐寅并未自称过"江南第一风流才子"，未点过秋香。唐在 29 岁时的科场冤案过后，本想以"功名命世"的他变成了一个"春光弃我竟如遇"的感伤者，变成了一个"猖狂披氅卧茅衡，万里江山笔下生"的失意者。在这种潦倒落魄的窘境里，曾经自谓"布衣之士"的唐伯虎决不会说出"江南第一风流才子"之类自大之语的，更无心去干什么三笑点秋香之事。

因此到底真相如何，也就不得而知了。

唐寅像

戚继光斩子了吗

"封侯非我愿，但愿海波平"，这是明朝著名的军事将领戚继光的诗。人们永远都不会忘记这位将领在反抗倭寇的历史中的光辉业绩。

戚继光出身将门，世袭登州卫指挥佥事，长期在山东、浙江一代担负抵御倭寇的重任。从小就目睹倭寇对沿海人民残酷蹂躏的他，对倭寇充满刻骨仇恨。他立志要荡平倭寇，拯救黎民于水火之中。那句"封侯非我愿，但愿海波平"正是他非凡抱负和坦荡胸襟的真实写照。

明朝历史上的倭寇，不同于一般的海盗，他们往往都是有着严格纪律的军事组织。要战胜这些倭寇，只有更加严格的纪律才行。戚继光就是一个以严于治军而闻名的军事将领。他经常以岳家军为榜样，对士兵进行教育，并且坚持与部下同甘共苦。历史记载，戚继光的军队号令严，赏罚信，因此所向披靡，威震四方。"戚家军"对于倭寇来说，无异于让他们丧魂落魄的"丧钟"，却是国家和百姓的救星。

这样的一支钢铁军队哪里是一朝一夕就能铸造成的？戚继光必然要为此付出沉重的代价。最为典型的，就是浙江、福建一带盛传的戚继光斩子的种种传说。

关于戚继光斩子的说法史籍多有记载。如福建《仙游县志》记载："戚公至莆田，将出师，烟雾四塞，其子印为先锋，勒马回，且求驻师，公怒其犯令，杀之。"年代比戚继光稍晚的沈德潜也曾说过："戚继光斩子……此军法所不贷，不得已也。"清代《四库全书总目提要·子部·兵家类存目》中还收录了戚继光自己所写的《纪效新书》，其提要曰："第四篇中一条云，若犯军令，便是我的亲子侄，也要依法施行，厥后竟以临阵回顾，斩杀长子，可谓不愧所言矣，宜其所向有功也。"

看来戚继光斩杀自己的儿子是因为此子在战场上临阵回头，违反了戚继光制定的军纪，所以戚继光怒而杀之。连自己的儿子违纪也毫不例外地受到严惩，如此严明的纪律，也无怪乎戚家军屡战屡胜了。

深究其细节，史籍记载说戚印"临阵回顾"，对戚印如此做法的原因，除《仙游县志》中所说的"烟雾四塞，其子印为先锋，勒马回，且求驻师"外，后人还有多种其他看法。有人说，戚印原本奉命诈败，以诱敌深入，但在战场上看到形势大好，杀敌心切的他便不肯诈败，与敌人进一步交锋。虽然最后大胜，但是他的自作主张还是违反了戚继光的命令，因此被戚继光斩杀。有人说戚印奉命出征，途中得知敌军数倍于己，恐怕寡不敌众，决定暂时回军，此举为戚继光所不能容许，因而被斩。还有人说，戚继光有军令，不许在战斗中回顾或退回，但此次战斗中戚继光因为战马中流矢而落马，戚印担忧父亲的安危，回马探视，结果乱了行列，差一点使战斗失利，因此戚继光回到军营后依法斩子。

戚继光斩子之说在民间有很大的影响，浙江临海县至今还有纪念戚印的"太尉庙"，福建福清也有"思儿亭""相思岭"等古迹。

但是，有人认为戚印是否真存在还是一个问题，认为所谓戚继光斩子很有可能是被后人杜撰出来的，是为了赞扬戚继光严明的军纪。郭沫若就持这种看法。

首先，查证正史，至今没有发现戚继光斩子的记录。所有对戚继光的事迹有明确记载的正史如《明史》、尹璜《罪惟录》、董承诏的《戚大将军孟诸公小传》、汪道昆的《孟诸戚公墓志铭》等书都没有提及过此事。《明史·戚继光传》说"继光为将号令严，赏罚信，士无敢不用命"，但此书虽然认为戚继光与同为当时名将的俞大猷相比"操行不如，而果毅过之"，但是也同样找不到戚继光斩子的痕迹。而戚继光斩子是严明军纪的表现，绝非是见不得人的，所以这些典籍不予收录的原因当不是为了隐讳什么，而是根本就不存在这个故事。

其次，此事与戚继光的《年谱》有颇多不合之处。天启壬戌年（1622），戚继光的几个儿子编订了年谱。这本年谱对戚继光的事几乎是有闻必录，但是却没有有关斩子的蛛丝马迹。从《年谱》中还可以了解到非常重要的一点：戚继光于嘉靖二十四年（1545）与王氏结婚，即使婚后立即得子，到他于嘉靖三十四年（1555）赴浙江抗击倭寇时其子也不会超过16岁，16岁或许可能随父从军，但是怎么可能充当先锋？史载，戚继光在他死前半年之时，还曾经建立孝思祠祭祀其历代祖妣，在他自己撰写的《祝文》中，有"今有五子一侄奉承蒸尝"的话。这"五子"是指祚国、安国、昌国、报国、兴国，此五子中长子祚国也是在1567年出生的，当时戚继光在闽、浙的抗倭已经结束有一年左右的时间，即戚继光在南方抗倭的过程中是没有儿子的。还有史料记载，戚继光在福建抗击倭寇时，曾在1563年到兴化九鲤湖祈祷九鲤仙，祈祷的内容之一就是"续嗣之忧"。如果当时他已经有可当先锋的长子戚印，又怎会有此祈祷？这一条史料也可以证明当时确实戚继光确实没有儿子。

从以上的分析无疑可以得出结论，即戚继光并没有戚印这个儿子。从"戚印"这个名字与戚继光诸子的显在区别也可以看出，戚印最多也不过是戚继光的一个义子。

袁崇焕被杀之谜

袁崇焕是明朝末年主持抗击后金的著名将领。明朝末年，后金军队进攻明朝，袁崇焕率领部队东征西战，曾一度收复辽东失地，沉重打击了后金军队，为保护明朝立下了汗马功劳。然而就是这样一位杰出的军事将领，却在崇祯二年即1629年的十二月被崇祯皇帝逮捕下狱，第二年的八月被杀害。袁崇焕为什么会被崇祯帝杀死？他究竟犯了什么罪使得崇祯帝如此发怒？这一直是历史上被人关注的问题。

一般的看法都认为，有功之臣袁崇焕之所以被崇祯帝所杀，是因为崇祯帝听信了阉党余孽的诬告，中了皇太极的反间计。也就是说，袁崇焕是被崇祯帝误杀的。明朝与后金军队开始作战的时候，后金军队在关外两次被袁崇焕军击败。后金军队领教了袁崇焕的厉害后，于崇祯二年避开了辽东防线，转而绕道进攻北京，这就是历史上的"己巳之变"。袁崇焕闻讯快速回京师援助，在北京城下再一次痛击后金军队。后金军再次吃了袁崇焕的苦头后，皇太极深知，如果不除掉袁崇焕，进取中原是不可能实现的，于是他心中顿生一计。这就是"反间计"。

早在后金军进攻北京的时候，朝中就有人散布流言诬陷袁崇焕，说袁崇焕是有意引金兵深入，目的是为了结城下之盟。这些流言使崇祯帝疑心大起。关于皇太极施行的反间计，蒋良骐《东华录》有详细的记载，文中说，开始的时候后金军队抓获到明朝的两个太监，命人严密看守。这时候副将高鸿中和参将鲍承先遵照皇太极的计谋，故意坐在离两太监不远的地方，假装做耳语状说："今天我们撤兵，不过是个计谋……袁巡抚有密约，事情马上就能大功告成了。"当时姓杨的太监在那里仔细地窃听两人的谈话。时辰到庚戌时，后金军将两个太监放了回去。杨太监回到皇帝身边后急忙将袁崇焕与后金有密约的事告诉了崇祯帝，至此崇祯帝对袁崇焕背叛自己的事情深信不疑，"遂执袁崇焕入城，砾之"。袁崇焕的兄弟和妻子也受到株连，被流放到几千里外的边远省份。据说，后金军队的这个反间计得益于皇太极对《三国演义》的喜欢。皇太极平素经常读《三国演义》，对其中的奥秘非常清楚。这个计划就是他巧妙用《三国演义》中的"蒋干中计"策，借崇祯帝之手剪除劲敌袁崇焕。崇祯帝不幸中了敌计，将忠臣误杀。这种自毁长城的举动使东北防备受到了极大的影响，从而直接导致了明朝的迅速灭亡。

但是有人对这个说法提出了疑问：皇太极固然熟知兵法计谋，难道崇祯帝就是个无知的庸才吗？历史记载证明显然并非如此。一些研究者认为，崇祯帝杀袁崇焕根本是蓄意杀戮，而不是清朝后来津津乐道的因中"反间计"而误杀。袁崇焕被杀的真实原因，是崇祯帝担心袁崇焕及其东林党人妨碍他的专制皇权，袁崇焕是皇权与大臣之权冲突的牺牲品。

明朝年间太监专权是很常见的现象。崇祯帝即位后，为了除掉阉党对自己的威胁，起用东林党人，有效地削弱了阉党对皇权的威胁。但是当阉党对皇权的威胁减弱时，崇祯帝又开始削弱大臣的势力，即从依靠东林党转而回归到依用阉党群小。袁崇焕正是在这个环境下崛起的，自然成了阉党余孽倾陷的对象。袁崇焕耿直、豪放，敢说敢为，这正是阉党余孽所畏惧的，也是所有的皇帝所不喜欢的。同时袁崇焕又主持整个对后金的战局，有很大权势。自古以来臣子权势稍重必然容易遭到皇帝的猜忌，偏偏崇祯帝的猜忌心又是极强的，他之所以开始起用东林党人又继而起用阉党就是为了实现自己旺盛的专权欲望。这个时候的袁崇焕无疑是走在钢丝上，稍有不慎就会惹上杀身之祸。然而也很不幸的，袁崇焕是一个好的军事将领，却不能洞察君主的心思，他先斩后奏杀了明辽东悍将毛文龙就是一大不慎，崇祯帝"骤闻，意殊骇"。尽管事后袁崇焕亦悔悟道："毛文龙是大帅，不是像我这样的臣子所该擅自诛杀的。"但是这件事让崇祯帝心中杀袁崇焕的想法已经坚定。明末史学家谈迁就说，袁崇焕擅自杀死毛文龙，"适所以自杀也"。

　　崇祯帝开始时之所以不杀袁崇焕，一方面是缺少足够的借口，更主要的原因是那时崇祯帝对袁崇焕"五年复辽"充满了期待，因此暂时容忍了袁崇焕目中无君的举动，只是在暗中采取了很多监视和牵制的措施。"己巳之变"之后，后金兵大举入犯，继而围攻北京城，这时的崇祯帝对袁崇焕复辽已经不抱希望，至此君臣之间脆弱的依存关系不再存在，杀袁崇焕就是必然的了。而正在这个时候，皇太极施行了反间计，内廷阉党也捏造了袁崇焕引敌协和、擅主和议、专戮大帅三大罪状，崇祯帝立刻借此机会将袁崇焕投入监狱。

　　说崇祯帝是中了皇太极的反间计，这是不能服人的。因为人们可以根据史料得知，从袁崇焕的入狱到被杀戮，前后共有八九个月，这么久的时间里，崇祯帝是有足够的时间来辨明是非的。同时还有史实表明，反间计、诬告并不能瞒过崇祯帝，也就不足以置袁崇焕于死地。崇祯帝决定杀袁崇焕，是从巩固皇权、防止大臣结党、彻底摧毁东林党势力这些目标出发的，反间计只是为促成崇祯帝逮捕袁崇焕下狱制造了一个合适的借口而已。

　　自古"信而见疑，忠而被谤"，忠臣们的下场果真都是这样的吗？袁崇焕究竟是为何被杀？是君主昏庸不能识别敌人的诡计，还是君主猜忌不能留下权臣？谜的破解还需要后世的进一步考究。

李自成真的当了和尚吗

　　李自成，明末农民起义军的著名领袖，号称"李闯王"，他所领导的农民起义直接推翻了明王朝的统治。就在他已经率领军队进入北京城，准备登基称帝的时候，由于明将吴三桂迎清兵入关进攻起义军，李自成迎战失利，被迫退出北京向西撤退。此后，这位领袖的结局——死于何时何地，因何而死，直到今天仍然是众说纷纭、莫衷一是。

　　目前，流传较广的说法有两种：一是削发为僧，圆寂而终；一是兵败后被杀。

　　关于李自成出家为僧的说法，最早见于乾隆年间澧州知州何璘《澧州志林·书李自成传后》。他认为，李自成兵败后，"独窜于石门夹山为僧"，法名"奉天玉和尚"。所谓夹山，即夹山寺，该寺内遗有与此说相关的一些碑记塔铭、诗文残板，以及奉天玉和尚的骨片和包括宫廷玉器在内的许多遗物，寺西南15千米有遗冢岗，岗上有传为闯王疑冢的墓40余座。何璘说自己到夹山进行考察时曾见到一位口音似陕西人且服侍过奉天玉和尚的老僧，此僧对何璘出示了奉天玉和尚的画像，特别像史书所记李自成的模样。又因李自成曾自称为"奉天倡义大元帅""奉天玉"即"奉天王"多一点，恰好用以隐喻奉天王。此外，1681年所作的《梅花百韵》木刻版中，有"金鞍玉镫马如龙"和"徐听三公话政猷"等诗句，说话口吻和气势显然与一般的和尚迥然。其弟子野拂所撰碑文及有关文物，又都可与何璘的文章互相引证，显示出奉天玉和尚应该就是李自成。

至于李自成出家为僧的动机，人们分析说这是形势所逼。当时农民起义军的敌人是清军，抗清已经成为当务之急，因此，必须联合国内的其他武装力量来对抗清军。根据当时的形势，李自成可以联合的力量，只有湖南何腾蛟拥立的唐王朱聿键部。这就面临着一个问题：联合何腾蛟，部队就必须交何腾蛟指挥，但是何是唐王的，李自成已经是皇帝，皇帝怎能听从宰臣？这在情理上是难以接受的。并且，李自成逼死崇祯皇帝，深恐唐王不能谅解他。所以，李自成就采取了假死、隐居等做法避开矛盾，让他的妻子高氏和李过出面与何腾蛟联合，从而实现自己抗清的夙愿。

有人否定李自成出家为僧的看法，他们认为何璘的记述并不可靠。如奉天玉和尚的画像与史书记载李自成"状况狰狞"的面目有出入；根据《梅花百韵》中诗歌的口气就下结论过于武断，如此等等。

那么，李自成的结局是什么？他们认为，通山县九宫山才是李自成的最后归宿。《清世祖实录》记载说："被俘贼兵俱言，自成窜走时，携随身步卒二十人，为村民所困，不能脱，遂自缢死。因遣素识自成者，往认其尸，尸朽莫辨。"另一种记载说，清顺治二年五月初二，李自成东征途中转战江南，为清军所挫，折向湖北，兵败单骑脱逃至九宫山，曾于黄土洞中躲藏，后来误入圈套，被程九伯手下的寨勇包围而战死。

假使李自成真的被杀死在九宫山，那么就有了一个新的问题，即他是死在湖北的九宫山还是湖南通城的九宫山。三百多年来，在史学界占主导地位的说法是后者。

今天通城九宫山附近居住的续、廖、杨、姚等百姓中间，还流传着一种说法，这在同治《通城县志兵事》有所载，说李自成被害后，他的侄子李过夺回李自成的尸体，以衮冕葬在罗公山下（通城九宫山的又一名），并灭了一个村子而后离去。这也可以证明李自成是死在湖南通城的九宫山。

关于李自成的归宿，依旧是一个难解之谜。

郑成功暴死之谜

郑成功是我国著名的民族英雄。明清之际，台湾被荷兰殖民者占领。明永历十五年(1661)，郑成功率领将士数万人，从厦门出发，经过澎湖，在台湾鹿耳门的禾寮港登陆，对荷兰总督所在地赤嵌城进行了围攻。8个月的激烈战斗后，荷兰总督终于投降，台湾回归祖国的怀抱。之后，郑成功在台湾建立了行政机构，推行屯田，极大地促进了台湾社会经济的发展。可以说，郑成功对祖国统一所做出的贡献是可以彪炳千秋的。

然而就在郑成功收复台湾仅仅5个月之后即1662年6月23日，正当郑成功想要在台湾进一步有所作为的时候，他却忽然死去，年仅38岁，留给后人无限的惋惜。由于关于郑成功的死因没有确切可依据的史料，也就给后人留下了深深的疑惑，以致众说纷纭。

同时代人对于郑成功死亡情况的记载都比较简单。不过几乎所有

郑成功军用过的大刀

的史籍都记载郑成功是病死的，一般是说他"偶伤寒""感冒风寒"。同时代人李光地在《榕村语录续集》中还提到"马信荐一医生以为中暑，投以凉剂，是晚而殂"。

正是由于过于简单的记载，导致了后世人的种种猜测。于是有人说郑成功是由于"狂怒而闷窒致死"，有的说是"身染肝郁病症，内伤外感，又缺药物，终致死亡"，还有人说郑成功得肝病、肺结核病、恶性疟疾、流感等，外国学者乔治·菲力浦甚至认为郑成功是得了"骤发癫狂"的疯狂病。看来郑成功最后得病是可以肯定的。

也有人在心理上和精神上寻找郑成功死亡的原因。当时郑成功的儿子郑经与乳母通奸生子，郑成功下令将其处死，郑经惊恐之下竟然想要和清军妥协，这使性格刚强且崇尚礼教的郑成功在精神上受到了极大的刺激。除这个外，由于清政府的海禁给粮食接济造成了重大问题，吕宋华侨受到西班牙殖民者的残酷迫害，永历皇帝蒙难，祖坟被掘，自己的父亲等10余人被处死在北京等，如此多的事情任哪一件都足以造成对郑成功的打击。继而一次急性感冒作为直接原因夺去了身体处于疲惫虚弱状态的郑成功的命。

诸多说法中，最骇人听闻但是也最广为流传的说法是郑成功乃为人毒死。

夏琳的《闽海纪要》中说，郑成功当时的病并不严重，病中"尚坐胡床谈论，人莫知其病"。汪日升的《台湾外纪》也有类似的记载，说在他死的当天，他还"登台观望"，然后回书室，请《太祖祖训》出，边阅看边饮酒。如此谁会相信他是病死的？因而，林其泉先生指出，根据郑成功临终前的异常情况以及当时郑氏集团内部的矛盾，可以推断郑成功是被人用毒药毒死的。林先生进一步分析了郑成功被人害死的理由。

当时郑氏集团内部暗藏着很多危险因素。郑成功的儿子郑经生活失检，对郑成功十分畏惧；兄弟侄子辈中的郑泰长期掌管郑军的财政大权，拥资数百万，虽得郑成功的信任，但是却心怀叵测。郑泰一心想让郑成功在困难和打击下自败，结果不仅没有如愿以偿，台湾反倒在郑成功的努力下形势大好，这当然使郑泰感到不安。如此他孤注一掷，毒杀郑成功就是有可能的了。此外，郑成功平时纪律严明，赏罚分明，性情又十分暴烈，使包括他的长辈亲族在内的很多人被处以极刑。这自然引起了一些人的不满和恐惧。人心惶惶下，最容易引起解体和离心，"其下常惧株""人多思叛"。结果不少人在清政府的高官厚禄下叛逃，另一部分很可能会铤而走险，支持和参与阴谋篡权，甚至谋划杀害。

根据史料记载，历史上暗杀郑成功的活动不止一次。据说，清王朝曾多次收买郑军内部的人来实施暗杀。有一次收买了郑成功的厨师，计划在食品中投放孔

雀屎来毒杀郑成功，后来此事虽然没有造成严重的后果，但是足见反对势力对郑成功的谋杀阴谋是存在的。

另一个疑点是马信的死。马信是清朝的降将，后来投靠郑成功任都督并得到了郑成功的信任，他在郑成功死后神秘死亡。郑成功去世的当天，马信曾经"荐一医生以为中暑，投以凉剂"，当天晚上郑成功就死了。人们分析认为，马信很可能直接参与了谋杀郑成功的行动，至少了解一部分内情。谋杀的主谋者收买了马信，事后又来个杀人灭口，以防止其泄密。

从郑成功临死前的状况看，也完全可推断他为中毒而死。汪日升的《台湾外纪》说他"以两手攀面而逝"，夏琳的《闽海纪要》说他"顿足抚膺，大呼而殂"，吴伟业的《鹿樵纪闻》说郑成功死时"面目皆抓破"，沈云的《台湾郑氏始末》说他"啮指而卒"等。所有的这些记载，都可以看作是毒性发作时的症状。《闽海纪要》还记载说郑成功临终前都督洪秉诚调药以进，被郑成功扔到了地上，然后"顿足抚膺，大呼而殂"。为什么会有这样的举动？可能郑成功当时发现了有人在毒害他，只是为时已晚。

郑成功的死在当时也引起了人们的怀疑，大家都认为这是一起谋杀，主谋就是郑泰。如前文所说，郑泰早就居心叵测，有篡权之心，很可能还与清政府有勾结，他很可能就是谋杀郑成功的凶手。可惜郑成功的继承人郑经在逮捕郑泰后，发现郑泰有大量银款放在日本，于是就将注意力集中到银款上，并且他原本就对父亲的死存有侥幸，当然不愿意进一步追查。因此，郑成功的死因也就没有得到认真的追究，当然几百年后，就更疑雾重重了。

郑成功被毒死一说，毕竟只是在蛛丝马迹中的一种猜测，并没有直接的文献记载加以证明。要破解这位民族英雄的死因之谜，还需要我们更进一步的努力。

明末名妓柳如是为何自缢身亡

柳如是祖籍浙江嘉兴，原姓杨名爱，小字影怜，号蘼芜君，后改姓柳，名隐，又改名是，字如是，号河东君、我闻女士。康熙三年(1664)五月二十四日，其夫83岁高龄的钱谦益溘然长逝，随后几天，柳如是即悬梁自尽。那么，这位明末名妓自缢身亡的真正原因是什么呢？后人大致有以下几种不同的观点。

传统说法认为柳如是是为钱谦益殉节而死的。有人认为，这可以从两人的结合和婚后情况来证明。常熟人钱谦益学识渊博，誉满海内，柳如是对他慕名已久。两人经过一段时间的唱和，加强了彼此了解，增进了友谊，感情很好。第二年春天，两人终于结为夫妻，在从松江回常熟的船上成婚。虽然当时柳如是才24岁，正值青春妙龄，而钱已是年届花甲的白发老翁，但两人婚后感情还算不错，常在一起旁征博引，订讹考异，间以谐谑，琴瑟和谐。钱谦益曾经是"东林党"领袖，在社会上的知名度极高。钱谦益死后，柳如是为他殉节是可以理解的，也在情理之中。

也有人认为柳如是之死是为了抗争恶势力。学者楚南等人认为，柳如是自杀的壮举显示了她对封建制度的大胆抨击，钱谦益人生中有几大污点，柳如是是极为不满的。顺治元年(1644)李自成攻克北京，崇祯帝自缢身亡。五月，福王朱由崧由马士英带到南京，称监国，不久称帝。钱谦益因谄事马士英，被起用为礼部尚书。第二年，即弘光元年五月，清兵渡江，弘光逃跑，钱谦益及总督京营戎政赵之龙、大学士王铎等迎降。这是钱谦益人生道路上的两大污点。对此，柳如是常心怀不满，多有讥讽的话，并曾多次劝钱谦益自尽，均未果。当钱暮年不得意而说"要死"时，柳讥讽他说："当初不死，现在已经晚了。"因此，柳如是未必一定会为钱谦益殉节。另外柳如是一生历尽辛酸曲折，她始终在追求获得人的尊严，在这方面她宁为玉碎，不为瓦全。

还有人认为柳如是被逼自尽的。钱谦益死后，家族中迅速爆发了一场争夺家产的斗争，即所谓"钱氏家难"。在钱氏家族看来，柳如是以钱谦益妾的身份掌握家政大权是莫大的耻辱，他们早已积怨在胸，现在钱谦益去世，顿感柳已失去依靠，立即爆发了一场家变。于是，族人钱曾、钱谦光等人在恶霸豪绅钱朝鼎的指使下，趁钱谦益新丧，大吵大闹，敲诈勒索，逼迫柳如是交出房产钱财，甚至掠夺田地600亩，童仆十几人。柳如是来钱家20余年，一直大权在握，从没有受人之气。如今，丈夫的尸骨未寒，便遭到无耻小人的当面凌辱，如何忍受得了，在进退无门、忍无可忍的情况下，她仍镇定自若地对早晚坐逼的族人说："稍静片刻，容我开账。"然后，她独自登楼，紧闭房门，悬梁自尽。她写下遗嘱，打发长子钱孙爱、女儿和女婿等上衙告状。因此，《中国历代才女小传》等书都认为柳如是实际上是被族人追逼而自杀的。

但是，明末名妓柳如是自杀的真正动机到底是什么，至今仍是一个众说纷纭的谜，尚无定论。

清代名将年羹尧为何被雍正赐死

提起年羹尧，人们就会想起血淋淋的血滴子，因为在传说中，年羹尧总是用血滴子残酷地杀死其对头。在为雍正除掉许多对头之后，年羹尧也没有得到好下场，最终为雍正所杀。但雍正为什么要杀掉年羹尧呢？这个问题至今没有定论。

年羹尧，字亮工，康熙三十九年(1700)中进士。为人聪敏，豁达，娴辞令，善墨翰，办事能力亦极强。后受到雍亲王的重用，各皇储争夺皇位时，他利用自己的精明才干，时时向主子雍正出谋献策，奔波游说，深受青睐。更使主子高兴的是，年氏将自己的亲妹妹献给了他，以示忠诚。那时，主仆二人曾发誓，死生不相背负，从此交情更加深厚。君有情，臣有意，再加上年氏的才能，官阶越升越高，不到十年即升为四川巡抚。接着，又升为川陕总督，独掌军政大权，成为雍正心腹。

年氏受到雍正的宠幸是在雍正二年(1724)十月年氏来京陛见以前，具体地说，在七月中旬以前，即平定西海叛乱以后。年氏手握重权，荣立青海大功，君臣之间，无猜无疑，如雍正所谓"千古君臣知遇榜样"。但七月中旬后，尤其是陛见抵署以后，即十二月初，雍正使出浑身解数开始置年氏于死地，雍正为什么转变得这么快？年氏的死因究竟是如何呢？

有人认为年羹尧的死与雍正帝夺嫡有关。学者孟森的《清代史》、王钟翰的《清世宗夺嫡考实》等持此说。据说康熙帝临终时指定十四子胤禛嗣位。四子胤禛串通年羹尧、鄂尔泰、隆科多，矫诏篡位。其时，十四子胤禛在西北为抚远大将军，原可挥兵争位，然受制于川督年羹尧，遂无能为力。胤禛即位后，改元雍正，为酬报年羹尧拥立之功，大加恩赏。然而这不过是灌"迷汤"，雍正帝实已对这些知情者存有杀心，最终还是找借口除掉了他。

有些人不同意此说。他们认为雍正初年年羹尧受宠，并非是雍正帝为他灌"迷汤"，而是皇帝对他效忠辅弼的奖励。雍正帝继位之时，年羹尧尚在四川平乱，并未参与其间，所以不可能知情，故上说不能成立。《清史稿》《清代七百名人传》等作者，都认为年羹尧是恃功自傲而致被杀。《清史稿》载："羹尧才气凌厉，恃上眷遇，师出屡有功，骄傲……入觐，令总督李维钧、巡抚范时捷跪道送迎……公卿跪接于广宁门处，年（羹尧）策马过，毫不动容；王公有下马问候者，年颔之而已。世宗前，亦箕坐无人臣礼。"《清代轶闻》作者说"年挟拥戴功，骄益盛"，且年羹尧残暴对待部下，任人唯亲，乱劾贤吏，引起公愤，也为雍正帝所不容，故被杀。

年羹尧成败之速，异于寻常，对于其死因的种种说法，人们到现在还是难辨真假，难怪被史学家列为"雍正八案"的首案。

和珅受宠之谜

清以来，明君屈指可数，乾隆帝是其中较为突出的一个。但令人奇怪的是，在这样的一个贤君身边，竟时刻跟随着一个奸臣，这个奸臣就是和珅，民间有"和珅扳倒，嘉庆吃饱"一说。然而为什么这样的奸臣会受到乾隆的无比宠幸呢？

有人认为，是因为和珅善于揣摩乾隆的心思。有名的"乾隆下江南"就是和珅鼓动而成的。一次，主仆二人说起江南秀丽风光，繁华都市，乾隆帝道："朕也想重游江南。但顾虑南北迢遥，劳命伤财，朕所以未决。"和珅道："圣祖皇帝六次南巡，非但未招致民怨，反而被颂为圣君。古来圣君，莫如尧舜，《尚书·舜典上》也说'五载一巡狩'，可见自古巡览就是胜典。但凡圣君，道本相似，何况国库殷实，金银充足，区区巡游不会耗费多少库银。"和珅这一席话，正好逢迎了皇上仿效先祖、学尧舜的喜好，乾隆遂降旨预备南巡。和珅亲自为皇上监督龙舟等南巡的设施，华丽奢侈之极，库银由和珅流水般地挥霍掉了。和珅也因此更加得到皇上的宠信，被升为侍郎。

这种观点认为，和珅论文论武，都没有什么才能，但因为他善玩心理战术，逢迎皇上，才受皇上的恩宠。乾隆五十五年（1790），有个叫尹壮图的官员向皇上呈奏，各省库金银亏空。和珅对其怀恨在心，上奏请皇上命尹壮图再去查实，暗中派了自己的亲信前往。结果尹壮图被降职，原因是所奏不实，和珅更得宠信。官库虽然空虚，但和珅却以各种名目进行搜刮，所以皇帝不愁没银子花，而和珅也更加受宠。

然而，关于和珅受宠的原因，还有另外一种说法。据记载，在乾隆帝还是宝亲王的时候，曾钟情于马佳氏，而这马佳氏正是雍正皇帝宠爱的妃子。宝亲王时年17岁，情窦已开，常在没人的时候和马佳氏调笑。一天，不知为何，马佳氏误撞到宝亲王的眉际，被皇后钮祜禄氏看见，以马佳氏调戏皇子为名，下令将马佳氏拉到月华门勒死。宝亲王听后，流着泪到月华门前，此时的马佳氏已奄奄一息，宝亲王便放声哭道："我害了你。"便咬破自己的指头，滴一点血在妃子的颈上，说："我今生无力救你，来生以红痣相认。"话至此，马佳氏淌了两行眼泪便魂归西天。宝亲王又仔细端详了马佳氏的脸面，吩咐用上好的棺木盛殓，并买通宫女把马佳氏贴身的衬衣脱下来，日日同眠。他登基后，这件事渐渐淡忘了。而和珅酷似马佳氏，那颈上也有一颗鲜红的血痣。因此，和珅被乾隆认为是马佳氏再世，开始受到万千宠爱。御书房是他和皇上同榻而眠的场所。和珅做出百般娇媚的样子，使皇帝更加相信他就是第二个马佳氏。

而且，据考证，和珅所居住的恭王府中有一条地道可直接通往皇宫。据说和珅每次就是通过这条地道，直接到达宫中与皇帝幽会的。

事实的真相究竟如何？和珅到底由于何种原因受到宠信？这些君臣之间的故事只能留给后人评说了。

林则徐死亡之谜

林则徐，提到他人们就会很自然地想到"虎门销烟"这个让中华民族扬眉吐气的一幕。这位清朝末年著名的政治家、伟大的爱国者，他领导了禁烟运动，第一个奋起组织抵抗外国侵略，并放眼世界，探求新知，主张学习外国先进技术，被称为"放眼看世界"的第一人。1850年，清朝道光三十年，在广西道上，被任命为钦差大臣的林则徐驰赴广西赴任，日夜兼程百余里，到广东普宁县洪阳镇后于11月22日猝然去世，终年66岁。

这样一位朝廷官员在赴任途中忽然死亡，不能不让人们产生种种怀疑。历史上关于林则徐的死因说法各异，疑云重重。

一种说法认为林则徐是在赴任的途中病死的。在《清史稿》中就有着这样的记载，文中说林则徐"行此潮州，病卒"。施鸿保的《闽杂记》中，对于林则徐死亡前夕的情况还有比较详细的记载：

林则徐像
林则徐（1785～1850），字元抚，一字少穆，晚号俟村老人，清福建侯官（今福州）人。著有《林则徐集》《云左山房文钞》。

虎门销烟

道光十九年(1839)四月二十二日，林则徐在虎门开始销烟。在场群众成千上万，争相观看这一次焚烟活动。林则徐先让兵士在海滩上挖成两个15丈见方的池子，池底铺上石条、四壁栏桩钉板，防止渗漏。又在前面设一涵洞，后面通一水沟。之后，将水车从沟道推入池子，将盐撒进，又把鸦片切成小块投入卤水中，浸泡半小时后再将石灰投入，池中立刻水汤滚沸，围观群众欢呼声震天动地。退潮时，兵士启放涵洞，池中水汤随浪潮鼓动送入大海。然后再用清水洗刷池底，不留下半滴烟灰。在连续20多天的时间里，收缴的鸦片全部被销毁。

"公患痔漏久，体已羸，至是力疾起行，十一日抵潮州，复患痢，潮守刘晋请暂留养疾，不可。次日遂薨于普宁行馆。"

另有一些学者认为，林则徐积劳成疾而死，到了普宁时病情恶化乃是其直接的原因。林则徐一生为官40年，足迹遍及全国各地，曾经自称为"身行万里半天下"。这种长期走南闯北的动荡生活，给他的健康造成了极大损害。而在禁烟运动中，他禁烟有功却反遭贬斥，被发往伊犁。在伊犁戍边期间，他又患了鼻衄、脾泄、疝气等病症，一直到后来也没有痊愈。道光三十年的时候，清廷因为广西的拜上帝教起义，屡次召林则徐回京就职，林则徐都因为自己的病体而未能奉召，最后清廷任命他为钦差大臣，林则徐以国家利益为重，只得抱病驰赴广西督理军务。到达广东普宁县洪阳镇时，他的病情恶化，最后因医治无效而死。

林则徐在洪阳镇时，因为病重曾经在当地的"黄都书院"疗养。黄介生医生介绍当年曾祖医治林则徐病的经过时说："林则徐十六日到揭阳后，县令怕承担责任，借口揭邑名医黄华珍已往普邑执业，请大人速往就诊。"当到达普宁洪阳时，"林则徐又吐又泻，经黄医生切脉后断定由于长期患病，身体虚弱，加上旅途奔波，外感风寒，以致又吐又泻。病已危笃，仅能设法急救。当即立下脉论、症论、方论及附上药物。因为侍从医官系北方人，认为用药剂量太轻，没有给服。越日，黄医生复诊，断言'昨天未服所付药物，现已病入膏肓，无救活。虽再服药，惜已失去治疗时机。'"林则徐病逝后，黄华珍医生将诊病资料上报朝廷审核，御医确认用药正确，还亲赐"杏林春满"匾给黄医生。

还有的说法是根据林则徐的《讣文》和林则徐的儿子林汝舟的《致陈子茂书》等材料得出的结论，认为林则徐腹泻是因为没有服药且日夜赶路，所以病情日益严重，之后虽然服药后略有好转，但是由于仍旧在日夜赶路，所以导致"胸次结胀"，引发了心肺旧疾，以致"两脉俱空，上端下坠"。如此元气大亏、脾胃虚寒的情况下，医生又错投了"参桂重剂"，结果又使咳喘加剧。林则徐已是66岁高龄的老人，哪里能经得起这样的折腾？终于因无法救治而死去。

与林则徐病死这种说法相对的是认为林则徐乃为洋商暗害而死。张幼珊的《果庵随笔》中记载说："禁烟事起，广州十三行食夷利者，恨林公则徐刺骨……后公再起都师粤西，彼辈惧其重来，将大不利，则又预以重金贿其厨人谋，谋施毒。公次潮州（应为普宁），厨人进糜，而又以巴豆汤投之，巴豆能泄泻，因病泄不已，委顿而卒。或劝其公子穷究其事，清例，凡毒死者，须开棺验视，家人忍而不请。

其是疆吏虽微有所闻名，亦不欲多事。"广东《东莞县志·逸事余录》中所记载的内容与上述的记载大体相同，并且还直接指出了谋害林则徐的是广东十三洋行总商伍氏（伍绍荣）。因为伍氏曾被林则徐在查禁鸦片时缉拿，因此对林则徐记恨在心，这次听说林则徐起任广西巡抚，伍氏担心林再次复职督抚广东，所以就特地派亲信对林则徐施行谋害活动。

引起人们怀疑并坚定人们这种"林则徐被毒死"说法的主要原因是林则徐弥留之际所大呼的"星斗南"。"星斗南"是什么意思？有人考证，林则徐是福建人，福建话"星斗南"的发音与"新豆栏"相同。而"新豆栏"是广州十三行附近一条街名，当地聚居洋商。林则徐之所以大呼"新豆栏"，说明他在已经意识到是十三行洋商谋害自己，他的呼喊是提醒人们记住洋人和汉奸的罪行。

后来有学者指出，厨子投毒之事纯属乌有。林则徐是钦差大臣，随从必定是很多的，他的次子也伴随在身边。如此森严的戒备，一个来路不明的厨子想要下毒谋害，岂是随便就能做到的？还有一点，按照清朝的规定，像林则徐这样奉旨赴任的官员的食宿，应该由州县当局或驿站供应，不必自带厨子，那个厨子又怎么能得逞呢？从十三行谋害的动机上说也是不足信的，因为林则徐此次赴广西，与广东十三行并没有直接利害冲突，十三行洋商何必要冒如此大的风险谋害林则徐呢？

然而各种推论都还没有足够充分的证据加以证明，因此这位民族英雄的死因还有待于进一步的考证。

曾国藩为何没有称帝

曾国藩在太平天国运动威胁清王朝统治时，投笔从戎，通过组建湘军，掌握地方大权，到1863年湘军攻下南京后，曾国藩已经控制了整个统治集团，就军事实力而言，他比清政府已经超出了很多，他当时有三十万的军队可以直接调动，其中曾国荃率领了五万多人的嫡系原湘军，李鸿章的五万淮军也都会听他的指挥，还有左宗棠的楚军，关键时刻，也都不会干涉他的行动。而清政府呢？僧格林沁是清政府军事力量的主要支柱，可他的部队已被北方的捻军死死地牵制住，根本动弹不得。若曾国藩振臂一呼，在19世纪60年代从清政府的手中夺回统治权，应当说并不困难，但曾国藩除了在一些具体问题上不同意朝廷的做法之外，却没有实质性的反朝廷的行动。而且，曾国藩在攻下南京后，便把大批的湘军都裁撤了，朝廷因此便没有了后顾之忧。对这些问题，正史中除了讲他如何对朝廷忠心不二外，别的也没有什么了。但事实上，曾国藩没有接受其弟曾国荃以及一些下属的意见而拒绝称帝，原因并不单纯。曾国藩为何拒不称帝？一般归结为三点原因：忠君报国思想、条件不成熟和为了统一。

曾国藩满脑子的忠君报国思想，深受晚清理学大师唐鉴的影响。他起兵就是为了保卫地主阶级利益，保卫清朝，保卫明教。他的个人追求就是做个中兴名臣、封侯拜相、光宗耀祖。

相较其余两个原因条件不成熟，即"势所不能"，似乎更有说服力。曾国藩即使想当皇帝，时势也不允许他这么做。当时清政府虽衰落，但科尔沁亲王僧格林沁拥有一支强大的以骑兵为主的军队。而且湘军攻陷天京后，人心思归，战斗力锐减。最关键的一条，湘军起兵是以"保卫儒教"和"忠君保国"为号召，一旦曾国藩称帝，很可能湘军要成为众矢之的。再说，也没有所谓"友邦"的帮助，曾国藩称帝未必能得到国际承认。他对朝廷认识得再清楚不过了。而且朝廷对于汉人的防范，尤其是防范那些握有重兵的汉人，却是老谋深算、戒备森严的。咸丰帝询问王世全赠剑事，衡州出兵前夕降二级处分，刚刚接到鄂抚的任命却又把他撤掉了。德音杭布由盛京派到军营，多隆阿从金陵来到武昌，这些事时时存在于曾国藩脑海中，并时常冒出来，将他的心刺痛。眼下虽然湘军兵力在苏、浙、赣、皖南等处都拥有绝对的控制权，但官文、冯子材、都兴阿等环伺四周，尤其是僧格林沁的蒙古铁骑在防范着他。所有这一切，似乎早就是为着防备湘军而部署的，只等湘军一有反叛端倪，他们就会马上围过来。还有左宗棠、沈葆桢，位列督抚，有着显赫的功绩，早就对曾国藩感到不满了，而朝廷竭力笼络，使他们之间出现矛盾，从而达到分化的目的。可以说，曾国藩手中自从掌握了几千团勇，朝廷便时时戒备着他，到现在对他的防备不但没有减弱，随着他的名声和功劳的隆盛反而越来越强了。

倘若与朝廷分庭抗礼，湘军内部的人首先就会出来反对，而这人一定便是目空一切、睥睨天下的左宗棠。曾国藩心想，老九的头脑未免有些简单，论打仗，不但老九比不上左宗棠，眼下海内将才，没有人能够对付得了他。到那时，左宗棠的形势是极为有利的，集全国之粮饷兵力，消灭曾氏家族的湘军，这可比消灭太平军容易多了。这一点上，比起其和曾国荃来说，高明万分。

当然，曾国藩真称帝的话，势必会引起社会动荡，各地又要出现割据的局面，天下统一的局面就要被打破了。因而从客观上说，曾国藩拒不称帝也是一件好事。

洪秀全死因之谜

太平天国运动是中国历史上一次规模宏大的农民起义，洪秀全则是这次农民起义的杰出领导，但到了1864年6月1日，太平天国处于生与死的边缘。那天，清军几十万大军已包围天京城，太平军在京城外的防御工事几乎全部崩溃。祸不单行，此时洪秀全又突然去世！

关于洪秀全的死亡，历来众说纷纭。主要的说法有两种，一是说他因病而死，另一种说法认为他是绝望自杀。离豫明在《洪秀全》一书中认为洪秀全是因病而死。该书说由于长期的劳累与斗争，再加上太平天国内棘手的事务使他健康状况不断恶化。据书中记载，洪秀全5月中旬病倒，6月1日病死。钟文典著《太平天国人物》中则说当天京被围，"性情激烈而又不肯失志"、极其自负的洪秀全，日夜焦躁，但又无计可施，卧病三日，终于在 1864 年 6 月 1 日逝世。

一般近代史教科书基本上持"病死说"，如曾作为大学历史系教材的《中国近代史》（中华书局 1979 年版）就明确写道："天王洪秀全因病逝世。"但 20 世纪 60 年代出版的不少历史书，如郭沫若的《中国史稿》、范文澜的《中国近代史》、牟安世的《太平天国》、束世澂的《洪秀全》等均说洪秀全是"服毒自杀"。

洪秀全在 5 月 30 日即他死的前日发布了一条诏令，说："大众安心，朕即上天堂，向天父兄领天兵，保固天京。"这可看作他不愿被俘，决心以身殉国的临终遗嘱，而且自杀选择比较符合他一贯的性格特点。洋人富礼赐曾在《天京游记》上说："天王五十一岁，身材高大，体格健壮。但待厌倦尘世之时，将有龙车自天下降，彼将乘之上升。"这种说法也在一定程度上附和了自杀说。在天京危急之时，洪秀全曾写一首诗明志，说："神爷试草桥水深，为何吃粥就变心？不见天兄舍命顶，十字架上血漓淋。不见先锋与先导，立功天国人所钦！"有人认为在这首诗里，反映了他要以先烈萧朝贵、冯云山为榜样，献身于革命理想和事业的决心。另外，太平天国的军事总统帅李秀成在《李秀成自述》中说："九帅之兵处处地道近城。天王斯时焦急，日日烦躁，即以四月二十七日服毒而亡。"洪仁玕在《洪仁玕自述书》中也说："在我们之中其享福最久者，首推天王。起自广西田间首事诸人，唯彼存留至最后，而其结局并非丧在妖军之手，却在自己之手。"另外曾国藩给朝廷的奏稿也为自杀说提供了依据。另一份奏折里，有一个来自掩埋洪秀全遗体的人的口供：洪秀全于"四月二十七日，因官军攻急，服毒身死，秘不发丧"。（见《曾文正公全集·奏稿》卷二十）此外，在一些史料中还有对洪秀全自杀细节的说明。在李秀成部下任职多年的英国人吟唎在《太平天国革命亲历记》一书中写道："敌人逼得太平王吞金自尽。"赵烈文在《能静居士日记》同治三年六月十九日（1864年 7 月 22 日）的记述说："昨日擒伪松王姓陈，浔州人，言伪天王实于四月内死，或言知事不谐，吞金而绝。"

"病死说"的支持者认为，像洪秀全这样一个伟大的农民起义领袖不可能服毒自杀。"自杀"是阶级敌人和封建文人的"诬蔑"之词。白寿彝主编的《中国通史》中说，天京被围后，"城中被困缺粮，饿死者日增，洪秀全命'合城俱食甜露，可以养生'。甜露是《旧约》圣经神话中上帝从天降下的一种食物，洪秀全这里所指的是一种草。他自己久食此草，因而得病"，最终去世。因而"病死说"论者认为，20 世纪 60 年代，曾国藩后人公开的李秀成自供"手迹"不一定是李秀成亲笔所为。而且《李秀成自述》中的"天王斯时（四月）已病甚重，四月二十一日而故"与洪仁玕说的"卧病二旬升天"、幼天王说的"老天王病死了"说法相似，可作为病死说的证据。

持这两种说法者双方各执一词，针锋相对，而洪秀全之死这一疑案还是没有彻底解开。

张之洞营救"戊戌六君子"之谜

张之洞，字孝达，一字香涛，号壶公，晚年自号无竟居士。同治三年入仕，为朝中清流派首领。在中俄交涉事件中，张之洞处理得当，受到慈禧赏识。光绪七年至十年，张任山西巡抚，大力整顿吏治，并严禁鸦片。光绪十年，张受命筹划拱洪，任署理两广总督，此间他开始兴办洋务。中日甲午战争后，张上书请求变法图强。此间，他与维新派关系复杂，既出资赞助，又极力阻挠，而"戊戌变法"失败后，又设法营救"戊戌六君子"中的杨锐。其中缘由令人费解。

继"公车上书"后，维新派利用各种方法宣传变法。光绪二十一年(1895)八月，在北京创办《中外纪闻》和强学会。

《马关条约》签订后，张之洞反对协议，变法运动兴起。张之洞积极支持，并且上《吁清修备储才折》，说明"修备储才急图补救"，并为北京强学会捐银5000两。这一位手握重权、拥护"新法"的重臣引起了康有为的注意，康有为把为张之洞推崇的丁立钧推为强学会总董之一，在强学会略有眉目之后，立刻启程南下，赶往张之洞处活动。

但是，张之洞的"变法"是和改良派不同的，对康有为的"孔子改制"更加强烈不满。在《时务报》风靡全国时，张顺水推舟，下令大家订阅。而梁启超的笔锋犀利，难免有些过激的话，张之洞只有让报馆经理汪康年加以限制，必然使汪、梁之间产生了裂缝。梁启超的议论越来越激烈，张之洞终于无法容忍。

维新变法失败后，西太后回紫禁城，将光绪帝软禁了起来，又一次"训政"，发动政变，同时通缉康、梁，逮捕了谭嗣同、杨锐、刘光第等人。

此事传到武昌，张之洞立刻倒向西太后，开始压制两湖地区的维新变法运动。他首先将湖南的南学会解散，改保卫局为保甲局。

张之洞不但镇压维新运动，对其大肆攻击，还为了取悦西太后，主动抓捕康、梁等人。清廷在康、梁逃往日本后，电告驻日公使李盛铎，叫他秘密捉拿康、梁，并派人借口考察商务赴日行刺。张之洞见了日本领事小田切，请求协助缉捕康、梁，张之洞的要求没有得到日本的同意。于是张之洞想派张斯洵去行刺，以致引起日本政府抗议。

张之洞在戊戌政变时期的这种做法极大破坏了自己的声誉。但是，他却曾为营救自己的"得意门生"杨锐而不辞奔波。

九月二十一日，慈禧再次"训政"。二十四日，杨锐被捕，关在了刑部大牢。张之洞知道后，急电盛宣怀，请顺天府尹夔龙及户部尚书、协力大学士王之韶营救杨锐。同时他致电在北京的湖北按察使，提出杨锐是由湖南巡抚陈宝箴保荐，"与康没有关系"；在给瞿鸿的电文中，请他找王文韶、刚毅帮忙。在二十七日晚，他还致电在天津的荣禄，表示要亲自为杨锐作保。但是，刚毅由于杨锐说他昏愦无知，而且阻挠变法导致没有成功，反而在慈禧面前鼓煽："此辈多杀几个何惜？"

中日甲午战争后，帝国主义列强掀起瓜分中国的狂潮，民族危机空前严重。就在德国强占胶州湾的消息传出后不久，康有为第五次赴京上书光绪帝，提出变法自救的强烈主张。这份上书亦被阻，但其内容已在北京广为传抄。

后康有为第六次上书光绪帝，即著名的《应诏统筹全局折》，继续强调变法的急迫性，并提出具体措施。光绪帝一心想改变国事贫弱的局面，于是决心接纳维新主张。

1898年5月，恭亲王奕䜣病死，变法阻力减少。康有为即刻鼓动帝党官员上书敦请变法，光绪帝接受建议，于6月11日颁布由翁同龢和草拟的《定国是诏》，变法运动正式开始。16日，光绪在颐和园召见康有为，商讨具体变法措施。光绪任命康有为总理衙门章京上行走一职，准予专折奏事；赏杨锐、刘光第、谭嗣同、林旭四品卿衔，擢为军机章京，参与新政。变法期间，光绪帝发布了上百道变法诏令，包括：政治方面设制度局，裁减冗员，提倡西学等；军事方面设厂制造军火，改用西法精练军队。这些措施虽然是没有触及根本政治制度的变革，但都有利于民族资本主义经济的发展和近代资产阶级进步思想文化的传播。

随着变法运动的高涨，以慈禧为首的顽固派与维新派的矛盾也日益尖锐。

1898年9月28日，慈禧太后下令杀死谭嗣同、康广仁、刘光第、林旭、杨锐、杨深秀六人，他们被称为"戊戌六君子"。

西太后异常地厌恶变法，对"康党"势不两立。二十八日，她就将被捕的谭嗣同、康广仁、刘光第、林旭、杨锐、杨深秀六人在北京菜市口处死，史称"戊戌六君子"。

李莲英死亡之谜

清朝末年，在人们心中留有深刻印象的除了"老佛爷"慈禧外，恐怕就是大太监李莲英了。这位幼年家境贫寒的小太监，因为善梳新髻，加上在慈禧与八大臣夺权时立下了大功，从此一跃而成为慈禧太后最宠信的太监以及同治、光绪两朝的太监大总管。

慈禧死后，李莲英再没了靠山，于是托词年老体衰而出宫。1911年3月4日死去，年64岁。这位昔日红极一时的李莲英，在他得势的年月里，不知道有多少冤魂丧命在他的手上。他自己的下场如何？是寿终正寝，还是死于非命？

历史上对李莲英的死亡情况有较明确记载的是《清稗类钞·阉寺类》一书。该书记载说，李莲英在"孝钦后（即慈禧太后）殂死后，不意又为隆裕后所庇……迨其病卒，隆裕后特赏银2000两"，也就是说，慈禧太后死后，李莲英又受宠于隆裕太后。后来在李莲英病死之后，隆裕太后还特意赏赐2000两银子。李莲英的后人也一再宣称："我祖父是善终，享年64岁。"又说："我祖父因得急性痢疾，医治无效而病故。由得病到病终仅四天时间。"在《李莲英墓葬碑文》中也写道，"李莲英退居之时，年已衰老，公殡于宣统三年二月初四日"。正是据此，才有李莲英宣统三年(1911)病死的说法。

但是世人对此一直持怀疑的态度。李莲英果真是病死的吗？要确定他的死亡之因，必须确定其墓葬情况。只要能找到李莲英真墓，就能对李莲英是否善终做一个结论。

那么，李莲英到底葬在哪里呢？有人以为李莲英墓在北京海淀区恩济庄。

这里本来就是清代太监的茔地，慈禧太后生前曾赐给李莲英一块高敞之地，因此，李莲英应该是葬在这里。民间还有传说认为李莲英墓是在清东陵慈禧墓旁，但是有人提出否定看法认为，清东陵是清代帝王嫔妃安葬的地方，李莲英再怎么红极一时，毕竟也只是个奴才，不可能有资格葬在这里。此外还有说其墓在永定门外大红门李家墓地。总之，众说纷纭。

1966年"文革"期间，一天，北京海淀区恩济庄六一学校校文革主任带着几个红卫兵，砸开了坐落在校园内的古墓，这座古墓相传就是李莲英的真墓。走进墓里，人们不意间发现了一个极大的秘密。人们发现，李莲英的墓极其考究，里面有很多的陪葬品，每一件都是稀世珍宝。棺材完整无缺，里边一具尸身盖着被子躺在那里，然而在整个尸体部位只有一颗已经腐烂干净的拖着三尺长辫子的骷髅头，还有一双鞋底，此外都是空荡荡的，连一节指骨都没有找到。

人们推测认为，既然李莲英墓里所有的宝物没有任何被盗的痕迹，并且从他1911年的死亡到1966年的掘墓，前后仅55年，尸骨怎么可能腐烂到"颗粒无存"？

李莲英墓的初见天日，使李莲英"得善终"的谎言就不攻自破了。但是真相又到底如何呢？于是关于其死亡的原因又有了多种说法。

在民间有"李莲英被人暗杀于河北、山东交界之处"的说法，但是说法也各异。有人说李莲英手中有大量的财产，连他自己也说过"财大祸也大"，说明他早就预感到自己会因财产问题而招致祸害。最后果然是他身边的人密谋他的财产而杀了他。另一说是说李莲英有个侄女，嫁在山东无棣县，李莲英偶然来了兴致前去探望她，途中经过山东和河北的交界处被人杀死。当时两个随从吓得魂飞魄散，只拾起一个血淋淋的人头，用包袱一裹，马不停蹄地逃回北京。等到再派人返回李莲英的尸身时，早已不见踪影。

也有人说李莲英是在回自己所住的南花园路上被人暗杀的。慈禧死后，李莲英退居南花园。他知道大势已去，因而终日郁郁寡欢。这一天他怀念故主，于是自己来到东陵拜谒慈禧陵寝，结果在回来时的路上被人杀死。

说李莲英被暗杀，无论是为财还是为了其他，都是可以成立的。李莲英生前权倾朝野，与慈禧狼狈为奸，坑害了很多人，当然人人为之切齿。慈禧死后，李莲英尚受隆裕太后眷顾，退居南花园养老，再次让人们恨之入骨。所以一旦他失去靠山，成为众矢之的就是必然的了。

还有一种说法是认为李莲英被小德张所杀。小德张是隆裕的亲信，经常鼓动隆裕查办李莲英。李莲英为此急忙向袁世凯的亲信江朝宗求救，在江朝宗的周旋下，总算暂时转危为安。小德张不甘心，于是也去结交江朝宗。江朝宗见小德张是当今太后身边的红人，当然不会拒绝。一次，江朝宗下帖请李莲英在什刹海会贤堂吃晚饭，一向轻易不出门的李莲英因为对江朝宗感恩，破例准时来到会贤堂。席散后，李莲英路经后海时就被土匪杀害了。

至此，人们基本可以断言李莲英不得善终，死于非命。至于他为什么被杀、在何处被杀、为何人所杀，这仍然是一个未解之谜。

军事之谜

军事无疑是人类历史不可或缺的一个重要组成部分。在中国军事史上，许许多多的关键细节已经因为年代久远、资料缺乏或是某种其他原因而湮没于往昔沧桑的岁月之中，而诸多军事史上的玄机往往正隐藏在这消失的细节里。这些扑朔迷离的军事疑案极富传奇和神秘色彩，吸引着人们好奇的目光。

中国是何时开始建立军队的

关于我国的军队诞生于何时，一直难以确定。

唐代杜佑编撰的《通典》第一百四十八卷记载："三皇无为天下以治，五帝行教兵是兴。所谓大刑用甲兵而陈诸原野。于是有补遂（有的书作斧遂，传说中的古代部落）之战，阪泉之师。"最近出现的《中国军事史·历代战争年表》也收录了这次战争，并根据南宋罗泌的《路史·后记三》改为"神农伐斧遂"。银雀山汉墓出土的《孙膑兵法》"见威王"一段中也有"神农战斧遂"的记载。因此上古的神农时期是史书记载中建立军队的最早时间。这些记载说在神农时期已建有军队，而且还因斧遂对神农不臣服，神农领兵去讨伐，但研究者多数认为，传说中的神农伐斧遂，很可能是一次部落冲突（战争）。因为那时还没有国家，没有阶级。从当时的社会生产力看，也还没有建立军队的条件，而部落中是否有少数人员从事军事工作的问题，由于缺乏当时的文字记载，无法进一步考证。

另一种记载是汉代司马迁撰写的《史记·五帝本纪》："炎帝欲侵陵诸侯，诸侯咸归轩辕。轩辕乃修德振兵……与炎帝战于阪泉之野……蚩尤作乱，不用帝命，于是黄帝乃征师诸侯，与蚩尤战于涿鹿之野。"以上这段文字中，"修德振兵"的"兵"字，"征师诸侯"的"师"，指的都是军队。这段文字说明军队出现在原始社会末期，也就是公元前26—公元前22世纪黄帝时期，那时不仅皇帝有军队，而且诸侯也有军队。

再有一种记载是《尚书·甘誓》，记述了夏帝启与有扈氏"大战于甘"。战前，夏启召集了六军的统领——六卿，进行了动员。《史记·夏本纪》也有载："有扈氏不服，启伐之，大战于甘。将战，作甘誓，乃召六卿申之。"这指出军队是在公元前21世纪，我国第一个奴隶主专政的夏王朝。现行的历史教材认为奴隶社会的起点就是夏朝，奴隶主贵族为了统治奴隶阶级的平民，开始建立军队，制定刑法，修造监狱。但如果仅是根据《尚书·甘誓》论证军队，那是不够的，因为这篇文章也还有争议，不能作为信史，有的认为它是后人伪记或假托之文。

还有一种看法认为，军队的出现是在公元前16—公元前12世纪的殷代。从河南安阳殷墟出土的甲骨文中已有"或"（国）字，字意是用武力保卫人口，这个武力意味的是军队。甲骨文中还有"王乍三自右中左"的记载。师的简写便是"自"，"乍"是"作"字，创立的意思。总的意思为：王创立了右、中、左三支军队，这三支军队均以师为编制单位。甲骨文还记述了商代的军队，由徒兵和车兵组成，每个师约有一万人。

商周时期军队出征的情景

军队使用铜制兵器，有百人团体和千人团体采用十进制编组，车兵使用的战车，编有驾马两匹或四匹。车上有甲士三人，一人御车，一人持戈矛，一人操弓箭。徒卒跟随车后。从这些资料看，商代的军队无论在数量上、组织装备上、作战方式上都达到了一定的水平。这显然不是最初军队的原生状态。那么，军队究竟建立在什么时候，看来还有待于大家进一步探讨。

中国文官武将是何时分开的

　　国家体制的一个重大变革就是文武分离，这是社会政治、军事发展的必然结果。文武官员分开，是指有了专门指挥作战的武将，文官不再作战，史学界均是这样认为的。但是，人们对他们分开的具体时间持有不同的观点。

　　《史记》和《淮南子》称：黄帝时已设立"司马"等军事首领官职。《今文通典·尧典》和《古文通典·舜典》称：夏王朝设立了"司徒、司马、司空"等文武官职。《尚书·洪范》称：商王朝有"司徒、司空、司寇"和"马、亚、射、戎、卫"等文武百官。从上述古籍看，夏商体制一直沿袭到西周，虽然文官武职已分门别类地设立，但卿、大夫既管理政事，又受王命率兵出征，司马只主管平时军事行政，而无统兵之权，战时统帅由天子临时任命，征战结束即将统兵之权上交天子。根据以上所述，文官武将在西周以前是不分的。

　　但周王室在春秋时已衰落，各诸侯都有自己的军队，据《史记》《国语》记载，军队的最高统帅是国君，天子常亲自率兵作战，也有不少文官武将去领兵作战。例如《左传·隐公五年》中记载周桓王二年北制之战，郑庄公派大夫祭足、原繁、泄驾、公子伯和子元率兵抗击燕军，而那时大夫便是文武一体。又如《左传·僖公二十二年》记载，周襄王十四年，宋桑楚泓水之战，宋襄公统帅宋军，太宰子鱼和大司马公孙固辅助；楚成王派成得臣、斗勃等军将统帅楚军。再如《左传·昭公二十七年》记载，楚昭王元年，吴军包围潜城，楚王派王麇（主管宫廷）、王尹寿（主管营造、手工业），统帅救兵增援。《左传》中的详细史实证明，文官武将直到春秋时也未分开。

　　战国时期，地主阶级兴起并逐步掌握政权。由于以前不分国家的文武官员、卿、大夫等贵族平时管理政务，战时统兵作战，集军事政治权力于一身引起君权旁落弊端，于是统治阶级采取文武分职的办法，以相、将为百官之首。这样，几千年的封建君主专制体制得以确立。相似的记录还可见于《尉缭子·王霸篇》《吕氏春秋·举难篇》。所以，战国才出现了专职将军和独立的军事系统。这一点是得到公认的，并记载于《中国军事史》《中国政治制度史》中。

　　战国时期，战争规模扩大，士兵总量不断增加，军队指挥成为一种艺术。一支军队的指挥必须要有军事方面的专业知识，富有管理、训练和指挥作战的经验。《韩非子·显学》称："明君之吏，宰相必起州郡，猛将必发于卒伍。"《史记》和《吕氏春秋·异宝》中，还有战国取消分封制、授给爵位的标准是看作战成果的大小、许多将帅都从军中选拔的记载。一批名将例如吴起、孙膑、乐毅、白起、廉颇等，正是遵循这个原则选拔出来的。这时，在朝中管理政事的只是文官，而且他们也不再率领军队出征。例如，著名的马陵之战和长平之战，庞涓统帅魏军，田忌（孙膑为军师）统帅齐军，王龁（后为白起）统帅秦军，廉颇（后为赵括）统帅赵军，而他们都是专职武将。

综上所述，史学界普遍认为，战国是文官武将分开的具体时期，而且一直延续至今。但是，也有人认为它始于春秋。至于到底是什么时候，也只能等考古发现来澄清了。

古代战争中所用的弩是怎样发明的

弩是在我国古代比较流行的一种狩猎工具，它在我国武器发展史上地位非常重要。历来许多学者都对它产生于何时发生了兴趣。我国学者早在解放前就开始深入研究，但由于当时客观条件的限制和研究方法的不同，所以得出的结论也各不相同、难以一致。一种说法是认为，在中华民族形成之时就发明了弩，《古史考》记载"皇帝作弩"。但很多学者认为这种说法依赖于传说，不足为信。徐中舒在《弋射与弩之溯源及关于此名称之考释》一文中提出，弩在商代就已出现。在甲骨文中有一"弘"字，这"弘"字就是弓上有一臂，与弩的形象比较一致，这可以说明商代已经使用弩。但是，也有一些学者认为"弘"字的解释并不是这样。

后来，史学界又把这一尚未解决的问题提了出来，并展开了一番争论。1961年，郭宝钧在第二期《考古》杂志发表了《殷周的青铜武器》一文，他说："发矢的漆弓和木弩（弓有臂者）长沙也有发现（指长沙战国墓中的发现），唯铜制的弩机在战国还未制作。"他的这种说法很快便引起了异议。

不久，《考古》杂志又发表了周庆基《关于弩的起源》一文。周庆基认为战国时铜弩已经出现，因为在《贞松堂集古遗文》与《三代吉金文存》等文章中均有战国铜弩之记载。而且，我们从《南越志》记载中看，战国时代我国人民制造铜弩机也完全是有可能的。《南越志》记载："龙川有营涧，尝有铜弩牙出水……父老云：'越王弩营处也'。"周庆基在考证郭宝钧文章中的不足后，提出了弩应该是春秋时期楚国人发明的观点。首先，从文献记载来看，《吴越春秋》曰："陈音对越王道：'弩生于弓，弓生于弹……（楚）琴氏以为弓矢不足以威天下……乃横弓着臂，施机设枢，加之以

赵武灵王胡服骑射

刀，然后诸侯可服。'"其次，从考古发掘来看，在长沙战国墓中已出土了木弩，说明楚国人最早普遍使用弩。后来，随着互相交流与发展，中原的韩（《战国策》载）、魏（《荀子·论兵篇》载）等国家也开始制造弩，到了战国末年，又发明了"连弩之车"。刘仙洲《中国机械工程发明史》一书也同意周庆基的这一看法。

近几年来，一些学者从民族学角度入手，提出了一种与众不同的观点。宋兆麟、何其耀等通过对纳西族的地弩、独龙，鄂伦春族的地弓等少数民族的手指弩进行深入研究之后，发表了《从少数民族的木弩看弩的起源》一文。他们认为过去研究者把铜弩机的出现作为弩产生的标志是不准确的，而弩发明的标志应该是木弩的出现，这样一来，他们便把弩的起源追溯到原始社会晚期。

牧野大战究竟发生在哪里

发生于公元前11世纪的牧野大战，是周灭商的一次决定性战役。周是我国一个古老的姬姓部落，到第十五世先王周文王时，周已经成为商朝西方的一个强大方国。那时候正是商王纣统治时期。

商纣荒淫残暴，沉溺于美女酒色，不理朝政，却又喜欢发动武力战争，于是造成了整个国家民生疾苦，商朝统治摇摇欲坠。周文王这时也被商纣囚禁。获释返国后，与姜尚等人秘密策划以周代商的策略，决定表面上继续臣服于商，暗中则整顿政治和军事以扩大势力。文王死时，已是"天下三分，其二归周"了。文王的儿子姬发即位，这就是历史上著名的周武王。武王九年，在盟津大会诸侯，愿意从周伐商、自动而来的诸侯达八百之多。两年后，商朝统治集团内部出现了空前的分裂，商纣听信谗言，杀死了王叔比干，囚禁了箕子，微子逃到别的国家，商朝分崩离析，纣已经无法再维持他的统治了。

周武王认为攻打商朝的时机已经成熟，于是率领兵车300辆，虎贲（周王的近卫军）3000人、甲士4.5万人，联合了庸、蜀、羌、卢、彭、濮等方国部落，向东讨伐商纣。当武王率领大军从盟津渡过黄河，到达距离国都朝歌仅70里的牧野（今河南淇县西南）时，商朝的军队主力还在东南战场，一时难以调回。纣王只好把大批奴隶和从东夷抓来的战俘匆忙武装起来，驱上牧野战场。商朝军队虽然有70万人之多，但军士都十分痛恨商纣，根本无心与周军作战，于是就在前线倒戈，引导周军，进攻商纣。当夜，商纣见大势已去，就在鹿台自焚而死。第二天，商朝百姓都立于朝歌郊外以迎武王，武王在群臣拥下率军进入商都。这就是历史上著名的牧野大战。

古籍上关于牧野大战的记载很多。《诗·大雅·大明》第七章、第八章歌咏了牧野大战的壮阔和浩大。那么这样一场规模浩大的战争，到底发生在什么地方呢？所谓"牧野大战"的"牧野"，又相当于今天的什么地方呢？历来学者对此说法并不一致。

古文献上关于牧野的位置也有很多记载。《尚书·牧誓》孔安国作的传说："牧野，纣近郊三十里地名牧。"许慎《说文解字》说："坶，朝歌南七十犁地，《周书》

武王与纣战于坶野。"许慎所说的"坶"也就是"牧",这两个字在许慎的年代是通用的。《通典·州郡》:"郊野之地,即纣都近郊三十里即此也。"这些记载,都没有明确指出牧野的具体所在,只是指出了它的大体方位,这就导致了后人对牧野具体所在的推测与争论。

范文澜先生主编的《中国通史简编》认为:"牧野在'河南汲县'";郭沫若主编的《中国史稿》认为"牧野"在"今河南淇县南",并且补充说"距朝歌只差七十里";而翦伯赞主编的《中国史纲要》却说"牧野"在"今河南汲县北"。总起来说,关于"牧野"的位置,一说即汲县,一说在汲县北,一说在淇县南七十里。他们的说法,都有自己的依据。当然也有一些学者提出了另外的看法,孙作云在《商周之际的"牧野大战"的"牧野"在哪里》一文中认为,牧野有广义狭义之分,广义的"牧野"包括河南地界中的黄河以北,北及辉县一带的地方。这一片区域在商代曾是牧区,所以人们称为"牧野";狭义的"牧野"就是今天的河南新乡到汲县一带,直到今天河南新乡城北仍有一个村庄叫"牧野村",今天的河南师范大学就坐落在这,这里很可能就是古代牧野地名的遗留。范毓周同志的《"牧野"考》也认为"牧野"就是"今新乡师院所在地的牧野村"。不过他认为新乡师院所在地的牧野村,古为牧邑,"而武王伐纣,誓师及陈兵之处的牧野,则为牧邑之郊野,约在今新乡以北靠近淇县附近的一个比较开阔的地带"。这就是说,"牧野之战"不是在牧村(牧野村)展开的,而是在牧野村以北靠近淇县附近展开的。

20世纪80年代也有学者提出,"牧野"不是一个具体的地名,而应该是一个泛称的方位名称。人们所说的"牧野"应该是商朝都城周围区域的泛称。代夫在《"商郊牧野"辨》一文中举例说,《尔雅·释地》曾说:"邑外谓之郊,郊外谓之牧,牧外谓之野",因此,他认为《尚书·牧誓》中的武王"朝至于商郊牧野",应该读谓"朝至于商郊、牧、野"。郊、牧、野指的是商朝国都外的四周,是由近及远的一个区域范围,而不是具体的地名。宋人夏撰在他写的《尚书详解》中曾明确地指出"牧野乃凡郊外之统名。"

所有的这些说法,只是今人根据文献记载和民间传说而得出的种种推测,牧野大战究竟发生在哪里呢?我们仍旧难以做出定论。

孙武到底有没有著《孙子兵法》

我国古代的军事文化十分灿烂,以《孙子兵法》为其杰出代表。《孙子兵法》又称《吴孙子兵法》,通称《孙子》,为中外人士奉为兵书之鼻祖,相传为春秋吴将孙武所撰。在中国古代,这部经典的兵法著作为军事家的必读书,在宋代官定的军事教科书《武经七书》中位居首位。只有熟读《孙子》、考试合格的从军行武者才能被授武职。《孙子》传入西方,也有数百年历史。据说拿破仑滑铁卢失败后,曾十分后悔没有早读此书,否则或许能免遭失败。今日经营工商企业的日本、西方企业家，常有使用《孙子兵法》而取得成功的。

然而对于吴国将军孙武到底是不是《孙子》的作者，却有一番争论。战国时《商君书》《韩非子》等提到过"孙吴之书"，指的是《孙子兵法》和《吴子兵法》，但并未说明作者即是孙武。

汉代司马迁《史记·孙武列传》正式记录了孙武的事迹："世俗所称师旅，曾道《孙子》十三篇，吴起兵法，也多有敌弗论。"他肯定地说《孙子》十三篇为孙武所著。此后千年之间，无人对《史记》之说提出怀疑。但到了宋代，又出现了疑问：历史上是否确有孙武其人？孙武真的写了《孙子》？持怀疑观点的有宋人陈振孙的《直斋书录题解》、叶适的《习学纪言》等。怀疑者们认为：第一，他的名字和事迹有可能是司马迁的误闻或是杜撰，《左传》未提及；第二，一些孙武所处时代不可能出现的名词、事件、状况出现在《孙子》中，例如春秋时代仅称大夫为"主"，臣僚以"主"称国君是三家分晋后的事，而《孙子》中称国君为"主"；第三，《史记》同时记载了齐将孙膑的事迹并有兵法理论，但并未专门说明有《孙膑兵法》，也许是太史公将一书误作二书，一人误作两人。因此，《孙子》或被说成是春秋、战国之时山村处士所写，或被认为是孙膑所撰，还有的说是秦汉时的人伪托。

但是，陈振孙、叶适的怀疑论遭到了许多学者的反对，如明代宋濂的《诸子辨》，清代的《四库全书总目提要》的撰者等。这些意见认为：严肃、认真的史家太史公在本传中所叙孙武、孙膑事明明白白、翔实可靠，《汉书·艺文志》明确提出古兵法有《齐孙子》（孙膑）和《吴孙子》（孙武），实无可疑。至于《左传》，本身也非完整之历史记录，也有可能出错，不能仅凭其中偶遗之记载即断定《史记》之文字为误谬。《孙子》原文定出自春秋之世，只是后代人在其中篡入了若干涉及后世名物之文字。先秦古籍常有此种现象，即便是《左传》本身，也不例外，《孙子兵法》核心内容的真实性、历史性和孙武的著作权不足以受到影响。

1972年山东临沂银雀山汉墓竹简本《孙膑兵法》和《孙子兵法》的出土，为解决这番争论提供了一些重要的资料，有可能揭开历史真相。因为已考订出墓葬年代是西汉初年，而且竹简《孙子兵法》恰好有十三篇，所以可以证明：第一，至少在西汉初年《孙子》已经存在，其篇目内容与今天基本一致，曹操整理《孙子》，并无大的改动。第二，确实有《孙膑兵法》这本书。第三，确有孙武、孙膑两人。第四，《孙子》并非孙膑著。第五，《史记》所记载史实基本可信。有一种意见认为，《孙子》的作者之争应该暂停，

孙子像

《孙子兵法》是不是孙武所作，也许不大重要，人们关注作者之谜，只能说明对这部书的重视和对先祖的敬仰。

孙武肯定是《孙子》的作者。

由于竹简本的可信度还是一个疑问，因此不能证明《孙子》成书的具体时间，也无法证明《孙子》从成书到竹简抄录时，其间有无重大修改。不能直接证明《孙子》就是孙武所作，因而还有待于进一步的考古发现和研究，以解开《孙子》的作者之谜。

庞涓指挥过马陵之战吗

马陵之战是历史上的一次著名的战役，众所周知，孙膑在这次战役中杀死了庞涓，司马迁在《史记·孙子吴起列传》中记载了这次战役。魏国在公元前343年末进攻韩国，韩国向齐国求救。第二年，齐威王为救韩国而派大将田忌、军师孙膑，发兵攻打魏国。这场战争中，将军庞涓是魏国军队的指挥。他看到齐军援兵来到，便放下韩国转而攻打齐军。齐军军师孙膑献上一条妙计，让士兵装出一副害怕的样子，并且让军队一天接一天后退，第一天的行军营地有10万个灶，第二天减为5万个灶，第三天再减为3万个灶，这就是著名的行军灶之计。三日后，庞涓行军到此看到这个情景，喜出望外，放弃步兵，率领其精锐骑兵日夜兼程来追齐军。孙膑在马陵设下埋伏，马陵地势极为险峻，道路颇窄。孙膑在一棵砍去树枝的大树上写上"庞涓死于此树之下"8个大字，并在树的周围设下埋伏圈。果然，庞涓率领魏军在当晚追到马陵地区，想点火看看这树上究竟写了什么文字。庞涓还没有读完树上的字，周围隐蔽的齐军便已万箭齐发，魏军顿时乱成一团。庞涓在走投无路的情况下，拔剑自刎，齐军趁此机会大败魏军。从司马迁的这段记载来看，庞涓是指挥过马陵之战的，但在历史上还有另一种说法。

1972年，在山东临沂银雀山出土的汉简《孙膑兵法》中的《擒庞涓》一篇这样记载：魏军大将庞涓在公元前353年也就是马陵之战前11年的桂陵之战中，被齐军活捉。当时魏国攻打赵国国都邯郸，派将军庞涓带8万兵马出击。齐国也派将军田忌，军师孙膑领8万兵马去援助赵国。孙膑建议派齐城、高唐两城的都大夫率军先攻打守备森严、"人众甲兵盛"的平陵以迷惑魏军。结果齐国这两个大夫未进入平陵攻战，在路上就遭到了魏军侵袭，齐军大败。魏国开始骄傲轻敌，不把齐国放在眼里。接着，孙膑为了"以怒其气"，派遣轻战车到魏都大梁的郊外，让极少的士卒分散跟随在战车之后，显出一副兵少将寡的样子。正在全力攻赵的魏军统帅庞涓得知这个情况，并不知是骗局，转而率领精兵强将日夜兼程回到大梁与齐军进行决战。于是孙膑故意施计，追击到桂陵，生擒庞涓。《孙膑兵法》为孙膑弟子所写，它十分清楚地记载了孙膑在桂陵之战中生擒庞涓的事，应该说可信度也是很高的。既然在桂陵之战中齐军已经俘虏了庞涓，他怎么还能在马陵之战中再指挥魏军作战呢？如果说庞涓在桂陵之战时已经中了孙膑伏兵狙击之计，他怎么会不吸取教训，在马陵之战时再次受骗呢？

但司马迁在《史记》中多次提到马陵之战的魏将是庞涓。如《魏世家》中说，当时魏军任庞涓为将，太子申为上将军。结果，魏在马陵失利，齐国擒住太子申，杀了庞涓。再如《田敬仲完世家》中说，这次战役齐国救韩，赵来打击魏，使魏军大败于马陵，虏太子申，杀大将庞涓。再如《六国年表·魏》在马陵之战的当年记载："齐虏我太子申，杀将军庞涓。"

考察以上两种说法，关键就是庞涓在桂陵之战与马陵之战之间的经历，在这一段时间内，他是否被释放回魏国并重新担任将领？于是有的学者认为，桂陵之战，庞涓落入齐军之手，但不久后就被放出来了，又一次担任马陵之战中的将领，和孙膑再次交战。《水经·淮水注》引《竹书纪年》中的记载说，在桂陵之战的第二年，魏惠王调用韩国军队，在襄陵打败了齐、宋、卫三国联军。齐国见局势危急，就传楚将景舍在中间调和，也就在这个时候，庞涓被释放。

但《水经·淮水注》中毕竟只是转引其他书籍中的记载，其真实性如何，魏军将领庞涓是不是被俘而又释，是不是东山再起之后参加了马陵之战，至今仍无法确定。

项羽为何不肯过江东

说到项羽，人们一定都会记得他的"力拔山兮气盖世"，也都还能想起楚汉战争中他的英勇和最后的悲壮。李清照曾写诗说："生当作人杰，死亦为鬼雄。至今思项羽，不肯过江东。"这首笔力千钧的诗热情讴歌了项羽不肯忍辱偷生的英雄行为，寄托了自己对时局的愤慨。但是，项羽究竟为何不肯过江东？古往今来，人们猜测纷纷，却并没有一致的看法。

在《史记·项羽本纪》中，司马迁认为项羽之所以自杀而不肯过江东，是"羞见江东父老"，这也是目前影响最大的说法。司马迁在《项羽本纪》中记载说，项羽被刘邦军队追赶，逃到乌江江边。乌江亭长停船在岸边对项羽说："江东虽小，地方千里，众数十万人，亦足王也。愿大王急渡。今独臣有船，汉军至，无以渡。"项王笑着回答道："天之亡我，我何渡为！且籍与江东子弟八千人渡江而西，今无一人还，纵江东父老怜而王我，我何面目见之？纵彼此不言，籍独不愧于心乎？"之后项羽与刘邦军做了最后的一拼，后自刎而死。司马迁以激昂悲凉的笔调记述了穷途末路中的项羽仍不失其壮士本色的光辉形象。这样一种英雄气概，多少年来一直为后世所歌颂。每每提到项羽的死，人们总会唏嘘不已。

还有一种说法出自宋人刘子翚的《屏山全集》，他认为项羽之所以说出那样一番话是怀疑亭长有诈。刘子翚认为，当时刘邦正悬赏千金邑万户侯购项羽的性命，而在项羽身处那样的困境之时，亭长说那样好听的话，项羽难免怀疑亭长在说谎骗自己。"羽意谓丈夫途穷宁死，不忍为亭长所执，故托以江东父老之言为解尔。"他还说，项羽之所以选择逃到垓下，是希望自己能够逃脱，但是受到农夫的诓骗而陷入大泽，因而知道"人心不与己"，他怎么敢再贸然地听信亭长的话？所以项羽才不再寄希望逃脱再起，而选择了与刘邦军死战到最后。这种说法虽然只是刘子翚自己的推测，但是也在历史上有一定的影响。

还有一种说法产生于 20 世纪 80 年代，该说认为项羽所以决然自杀是"为早日消除人民的战争苦难。"例如吴汝煜先生就认为，长期的内战给人们带来了极大的痛苦，项羽认识到这一点后，产生了尽早结束这场

张良吹箫破楚兵 清
秦末天下纷争，刘邦与项羽战于垓下。韩信十面埋伏，张良吹箫作楚歌，令军士四面歌之。项羽闻声，疑楚军皆降汉，乃召虞姬入帐，饮酒吟歌诀别，虞姬慨然自刎。项羽闻出重围，至乌江，见所从兵马无几，以无颜见江东父老而自刎。图中项羽坐帐中，虞姬侍立于旁，空中有张良骑鹤吹洞箫。

战争的想法。因此他放弃了乌江亭长劝他东渡为王的意见，毅然自刎而死。对此观点有人提出反对，认为项羽是一个很残暴的人，这一点可以找到充分的史料作为依据。《史记》中就记载了项羽在灭秦过程中屠襄城、坑杀 20 万降卒的行为。此外，楚汉战争爆发后，他依旧没有改掉滥杀恶习，"所过多所残灭"。这样的一个人，怎么可能以牺牲自己的方式来消除人民的痛苦？这显然不符合项羽"欲以力征经营天下"的性格特征。

吕仰湘还提出了独特的"敌生我死，成人之美"说。他认为，项羽一直信奉"非他即我"的斗争哲学。当他胜利的时候，他要把敌人彻底消灭，而受到阻碍时，他就甘愿把自己毁灭。乌江自刎，是这种品性的最后一次迸发，是一种既不委屈自己，又能成全别人的选择。因此，导致项羽不肯过江东的，是项羽独特的个性和奇特的心理因素，是他个性发展的必然结果。

张子侠先生则在反驳了一些看法后提出了自己的观点。首先他对有较大影响的认为项羽"羞见江东父老"的说法提出了质疑，认为此说看似有理，实则不然。项羽在自杀之前曾遭遇了多次失败：他的军队在垓下被刘邦大军包围，爱姬自杀而手下散落；因为受到农夫的欺骗而身陷大泽，狼狈不堪；还有身边只剩下二十八骑、"自度不能脱"。如果谈及项羽是因自己葬送了八千江东子弟而无颜见江东父老，那么如前所述的失败他为什么没有因羞愧而自杀？恰恰相反，从前的那些失败虽然也令项羽陷入了极端的窘迫之中，但是却没有动摇他东山再起的决心。而他被刘邦大军追赶时，由陈下到垓下，又南逃至阴陵，至东城，最后来到乌江边，这一系列的逃跑路线，表明他正是打算要退守江东。可是为什么终于来到乌江，并且有人愿意助他渡河时，他反而生出羞愧之心要与刘邦决一死战？这显然与他一直以来的撤军计划不符，是不合情理、不合逻辑的。张子侠认为，司马迁是为了使史书的情节更为完善，所以才补充了这个结局，但是后人却将此当成了信史，并传之于世。

此外还有一种分析，认为项羽是楚国人，而楚人素有兵败自杀的传统。如春秋时期打了败仗的楚国将军子玉就在兵败后自杀，楚国大夫屈原也是投汨罗而死。项羽当时已经弹尽粮绝，兵败至此，对于项羽来说是不能接受的，所以他决计不肯过江东，而只会选择自杀这样一种行为。

项羽究竟是不能过江东，还是不肯过江东，至今也没有定论。学术界的纷争并不能影响项羽在世人心中的壮士形象，他的英雄气概依旧为人们广泛地传颂着。

西汉大将军李陵投降匈奴之谜

李陵（？～公元前74年），字少卿，陇西成纪（今甘肃静宁西南）人，飞将军李广的孙子。年轻时为侍中建章监。

天汉二年（公元前99年），李陵向汉武帝请求攻打匈奴，收复国土。汉武帝很欣赏他这种勇气，就准奏了这次军事行动。

李陵于这年九月率5000人从居延出发，经过了30天的长途跋涉，到达浚稽山（约在阿尔泰山脉中段），在山下遇到了匈奴的军队。单于用3万大军包围了李陵军，李陵命令前队的人拿盾和戟，后队的人都持弓弩。他下令："听到鼓声就向前冲，听到锣声就停止。"匈奴见汉军少，就一直向前挺进。李陵指挥弓弩手，千弩齐发，单于的士兵顷刻间死伤一大片，匈奴兵顿时大乱，急急忙忙向山上逃跑。汉军乘胜追击，杀死匈奴数千人。

就在这节骨眼上，李陵军中有一个叫管敢的兵士，被李陵的校尉韩延年辱骂，一气之下跑去向匈奴投降。他还向匈奴讨好，对单于说："李陵的军队没有后备支援，弓矢也快用完了。"管敢还把李陵的排兵布阵告诉了单于。

由于单于洞悉了李陵的虚实，知道他是孤军作战，便放心大胆起来。他还按照管敢的主意，用许多骑兵攻打李陵。李陵率汉军向南走，还没有到鞮汗山，弓矢都用光了，汉军被单于困在峡谷中。单于乘机用垒石攻打，汉军死伤惨重。最后致使李陵被擒。此时，边关便报李陵降敌。

汉武帝听说这件事后，十分恼怒。朝中大臣也都大骂李陵。单单太史令司马迁对皇上说："李陵这个人诚实而讲求信义，他为国家常常奋不顾身。现在他处境不幸，我们应同情他。况且，李陵只带步兵5000人，面对匈奴8万大军，转战千里，弹尽粮绝，赤手空拳同敌人拼搏。这种勇往直前、无所畏惧的精神，即使古代名将也不过如此而已。他现在身陷匈奴，但是全天下的人都知晓他的战绩，他不死，估计是还想再为汉朝立功。"

司马迁的一番话，非但没打动皇上的心，皇上反而定司马迁"为陵游说"之罪，处以宫刑。从此，司马迁打消了仕进的念头，忍辱负重，专心致志撰写《史记》，以此来宣泄自己心中的愤懑。

那么李陵为什么向匈奴投降呢？事实是李陵在匈奴数年杳无音信，皇上派公孙敖带兵去设法抢回李陵。公孙敖去匈奴后无功而返，为了回复皇上、完成任务，他带回了关于李陵的消息，告诉皇上说："听说李陵在那边训练匈奴兵，要攻打汉朝。"皇上听到这个消息，大发脾气，命人把李陵母亲、李陵弟弟及李陵的妻儿都杀了。其实，替匈奴训练士兵的人是李绪，一位早年投降匈奴的汉都尉，公孙敖显然是张冠李戴了。

就在李陵投降匈奴的前一年，苏武出使匈奴被扣。后来，李陵宴请苏武，李陵给苏武斟满酒说："你不降匈奴，忍辱负重，名扬天下，功劳盖世。"李陵推心置腹地告诉苏武说，"我投降的目的原本是想找机会劫持单于，为国家效劳。却不料汉皇不了解我的心志，杀了我的老母和妻儿，绝了我的归路。"苏武说："过去，我深知老友的为人处世的态度，但现在你的处境不同过去，是非功过，也只好由人们去评说。但是我决不能做对不起国家的事。"

李陵听苏武说完后，长叹一声："比起苏君来，我这个人真如粪土一般。"说罢，热泪纵横，起身吟唱了一首《别歌》：

"径万里兮度沙漠，为君将兮奋匈奴。路穷绝兮矢刃摧，士众灭兮名已颓。老母已死，虽欲报恩将安归！"

一曲歌罢，李陵朝着南方跪拜不起，苏武望着他，叹息不止。这就是李陵"身在异族心在汉"的故事。

曹操赤壁战败之谜

赤壁之战是中国历史上一次著名的以少胜多的战役，究竟是什么原因使曹操在赤壁之战中打了败仗呢？一般人认为曹军失败的致命原因是遭遇火攻。《三国志·蜀书·先主传》载："权遣周瑜、程普等水军数万与先主并力，与曹公战于赤壁，大破之，焚其舟船。"司马光在《资治通鉴》中也说，黄盖"乃取蒙冲斗舰十艘，载燥荻、枯柴，灌油其中，裹以帷幕，上建旌旗，预备走舸，纱于其尾。去北军二里余，同时发展，火烈风猛，船往如箭，烧尽北船，延及岸上营落"。曹军败在火攻上，证据确凿。可是，随着社会进步，近些年来，有论者提出了许多关于火攻论的质疑。他们认为曹操之所以会失败，是因为军队遭遇疾病瘟疫，导致战斗力丧失，而不是由火攻造成的，更为详尽的是，他们说是血吸虫病造成曹军赤壁战败的。

血吸虫论者也是根据史籍提出这一论点的。如陈寿在《三国志·魏书·武帝纪》中叙述赤壁之战时，并未提及"火攻"这件事。他说，曹公到了赤壁，与刘军大战，不占上风。后来发生瘟疫，士兵大部分都死了，于是带领部队回去。从曹军主帅曹操在战后写给孙权的一封信中可看出，他不承认失败是因为遭到火攻，其中写道："赤壁之战，有疾病侵袭，我烧船而退，使周瑜白捡了这个好名声。"而曹操所说并不是唯一凭证，《吴书·吴主传》中也有曹操自己烧掉战船一说："曹公烧剩余船而退败。"由此论者认为，火攻一说不足以取信。曹军失利主要原因就是瘟疫，即血吸虫病，其理由是：

第一，我国古代早已存在血吸虫病，远古医书中的周易卦象便有"山风蛊"之病症，在 7 世纪初的《诸病源候论》中也有关于血吸虫病一类的记载。现今，研究者在出土于 1973 年的长沙马王堆 1 号墓中的女尸肠壁及肝脏组织中发现了大量血吸虫卵。由此可以看出，早在汉代，血吸虫病之患就在长沙附近存在着。大量调查资料表明，与赤壁之战有关的地区为血吸虫病发区，尤其是湖南湖北一带。

第二，论者根据赤壁之战的时间与血吸虫病的易感染季节推断，血吸虫病的流行季节正好是曹军迁徙、训练水军的秋季。曹军从陆地转战水中，是最容易染上此病的。血吸虫在人体中的潜伏期为一个月，它们在一个月以后才会使人出现急性症状。所以曹军在训练时期已经染上此病，个把月后，进入冬季决战时期，此病也已进入急性期，致使曹军遭受此痛折磨，不堪一击。孙刘联军也同样是水上训练和作战，为什么不会染上血吸虫病呢？关于这个问题，论者认为这要根据人免疫力的强弱来看。孙刘联军长期居住于南方疫区，具有一定抵抗力，即使得此病，也不会这么严重。曹军都是北方人，抵抗力差，所以患此病的症状严重，因而溃败。

然而，血吸虫病说也不可尽信，它比火攻论的争议还要多。《新医学》1981 年 11 期与 1982 年 5 月 25 日的《文汇报》就这个问题相继载文展开争论，他们认为：

第一，曹操在邺而不是在疫区江陵训练水军，那里不是血吸虫病疫区，感染的可能性不是很大。

第二，史书确实记载曹操烧船退军一事，但烧船的地点不在赤壁而在巴丘，时间不在赤壁大战时，而在曹军兵败退到巴丘时。

第三，血吸虫病的潜伏期一般在一个月左右，少数在两个月以上，潜伏期越长，发病的症状也就越轻，所以即使曹军在秋季患上了血吸虫病，到大战爆发时才发病，曹军的身体状况也不会很糟糕。

第四，曹操的水军大部分是居于血吸虫病流行区的湖北人，跟孙刘联军的免疫力没有什么差别，除此之外，补充给曹操的刘璋军队也是来自疫区四川的士卒。所以，孙刘联军在免疫能力上与曹军没有高低强弱的分别。

火攻论不可尽信，血吸虫病说也有缺陷，那么，曹操在赤壁战败的原因，只能作为一个千古之谜留存于人们心中了。

诸葛亮斩马谡仅仅是为失街亭吗

"失街亭"的故事几乎人人皆知，诸葛亮挥泪斩马谡的故事也家喻户晓，有很多人为马谡不平，认为胜败乃兵家常事，仅仅打败了一场战争便要被斩，诸葛亮的军法是否太过严厉呢？但马谡被斩的原因究竟是什么呢？仅仅是因为失街亭吗？

朱大渭在《马谡被杀真相》一文中指出，虽然失街亭是马谡"罪在必诛"的导火线，但是常言说胜败乃兵家常事，不应因一次败仗就让将领"罪在必诛"。但就算街亭一战胜利了，按军法马谡也该杀，因为他不仅违反军法，而且还畏罪潜逃。因此朱大渭认为，马谡是违抗了诸葛亮的正确领导而失街亭的。《三国志·蜀书·诸葛亮传》载："马谡举动失宜，违亮节度，大意为所破。"街亭的失守，不是一个小的错误，而是在战争最关键的时刻，马谡自作主张一手造成这个严重后果，按军纪应斩马谡。俗话说"军纪如山"，特别像诸葛亮这样的人物更是治军严谨。正像诸葛亮回答蒋琬时所说："若不按军法斩马谡，谁还会服从指挥，如何能'讨贼'呢？"朱大渭还指出，马谡不但不承认错误，还畏罪出逃。按照当时军中的法规，如果将士临阵脱逃，就要被处死，所以失街亭正是马谡被斩的原因。

有人不同意这种说法，因为马谡在战前颐指气使，吹嘘自己"熟读兵书，颇知兵法"；在战时，他骄傲轻敌，让军队驻扎在山上，舍弃有利地形，不切实际地用"置之死地而后生"的兵法，副将王平几次劝说都没有用，因而他是个赵括般的危险人物。马谡这个危险人物根本不是"杰出将才"，而只是一个"成事不足，败事有余"的人，因而司马懿听说诸葛亮派马谡来时，笑曰："徒有虚名，乃庸才耶！孔明用如此人物，如何不误事！"马谡领命时立过军令状，表示"若有差失"，则"乞斩全家"。但结果他令军队全军覆没，耽误国事，还使诸葛亮险些被司马懿所擒。因此综合以上因素，正是因为马谡在战前、战时、战后的各种表现的综合，造成了马谡的被斩，而马谡的被斩，绝不仅仅是因为失掉了一个小小的街亭。所以尽管马谡没有畏罪投敌，而且认识了自己的错误，临死前还留了一份遗书给诸葛丞相，使全军官兵感动得痛哭流涕，但诸葛亮最后还是杀了马谡以谢众人。

尽管马谡被斩还存在各种各样的谜团，但总之还是造成了诸葛亮"出师未捷身先死，长使英雄泪满襟"的结局，让后人为之扼腕叹息。

诸葛亮写过《后出师表》吗

三顾频频天下计　两朝开济老臣心

这是后世对诸葛亮的赞颂。诸葛亮是在中国人心中有较高地位的政治家和军事家。当年刘备能在东汉末年那样一个群雄争斗的时代里建立蜀汉王朝，诸葛亮可谓功不可没。刘备死后，他的儿子刘禅即位。蜀汉政权在诸葛亮的主持下向曹魏政权发动了六次北伐。历史记载，227年"一出祁山"之前，诸葛亮向刘禅呈递了《前出师表》，第二年"二出祁山"前又写了《后出师表》，"鞠躬尽瘁，死而后已"，就是其中最为著名的一句。

查诸史料，《后出师表》是刘宋裴松之注《三国志》时引录东晋习凿齿《汉晋春秋》的，而《汉晋春秋》中的这篇《后出师表》又是出自三国孙吴张俨的《默记》。除此之外，当时较为著名的史籍中，都没有收录《后出师表》。

因此，人们不得不向传统说法提出了疑问：诸葛亮真的写过《后出师表》吗？

有人做出了否定的回答。他们的理由是：

首先，《后出师表》的立意完全不同于《前出师表》。在《前出师表》中，诸葛亮雄心勃勃，充满对北伐必胜的信心，并明确地表决心说"愿陛下托臣以讨贼兴复之效；不效，则治臣之罪，以告先帝之灵"。而在《后出师表》中，语气则明显沮丧，竟有"然不伐贼，王业亦之；惟坐待之，孰与伐灵"。不仅没有了往日之雄心，而且还做了自我贬低。凭诸葛亮一向的表现，自然不会如此。

其次，《后出师表》中说"议者谓之非计"，看似是为说服别人进行北伐。但是根据历史记载，当时蜀汉并没有人反对北伐，那么诸葛亮何必有此一说？

再次，《后出师表》中提及了一些与史实明显不符的事情，还有一些人名错误。《后出师表》中说："自臣到汉中，中间期年耳，然丧赵云、阳群、马玉、阎芝、丁立、白寿、刘郃、邓铜等及曲长屯将七十余人。"但是此表上于建兴六年的十一月，而《蜀志·赵云传》则说赵云"建兴七年卒"，并且阳群、马玉、阎芝、丁立、白寿、刘郃、邓铜等人，史书上都没有记载。可见，《后出师表》肯定有问题。

最后，从文辞风格上，前后《出师表》迥然不同。《前出师表》辞意恳切，风格高迈；而《后出师表》有大量的意义雷同、辞意庸陋的句子。两篇风格如此不同的文章，显然不是出自一人之手。

否定《后出师表》为诸葛亮所作的学者认为，《后出师表》可能就是张俨所作。但是有人提出，张俨其人对诸葛亮的北伐持有相当的乐观态度，这与《后出师表》中的悲观失望完全不同，因此不可能是张俨所作。又有人提出伪造《后出师表》的人可能是诸葛亮的侄子诸葛恪。诸葛恪在吴王孙权死后被任命为吴大将军。诸葛恪为了树立自己的威望和掌握兵权，打算发动对魏的战争，但是此举遭到了全国上下的一致反对。于是诸葛恪就伪制了《后出师表》，以使自己的伐魏主张有一个旁证，因此表中才有"议者谓为非计"一句。

对上面的观点，也有学者提出反对意见，认为《后出师表》确是诸葛亮所作。他们认为，由于诸葛亮和诸葛恪的亲戚关系，使诸葛恪完全可以得到诸葛亮的文字，因此《后出师表》确实是出自诸葛亮的手笔。"出师一表真名世"——诸葛亮作完《前出师表》后，究竟有无写作《后出师表》？这还是一个谜。

淝水之战是以少胜多吗

淝水之战，是 383 年东晋与前秦在今安徽寿县一带进行的一次大战。"风声鹤唳，草木皆兵"的历史典故即出于此。

316 年，西晋王朝灭亡。当时，占据陕西关中一带的氐族统治者以长安为都城，建立前秦政权。357 年，苻坚做了秦王，他采取一系列改革政治和发展经济、文化的措施，使前秦国力迅速强盛，并基本统一了北方。在南方，琅邪王司马睿在建康（今江苏南京）称帝，建立东晋王朝。东晋占有今汉水、淮河以南的大部分地区。这样，就形成了秦晋南北对峙的局面。

383 年 8 月，苻坚发兵南下，三路进军，攻打东晋，共有步兵 60 余万、骑兵 27 万、"羽林军"3 万余骑；百万大军从东到西，绵延千余里。在苻坚重兵压境下，晋孝武帝采纳了谢安、桓冲等人的主张，下令坚决抵抗。他派将军谢石、谢玄等率兵8万沿淮河西进，以拒秦军；又派将军胡彬率领水军5000增援战略要地寿阳（今安徽寿县）。

同年10月18日，秦军前锋攻占寿阳。胡彬所部水军走到半路，得知寿阳失守，退守硖石（在寿县西北25里）。秦军为了阻挡晋军主力西进，又派兵5万进至洛涧（今安徽怀远县以南之洛水），并在洛口设置木栅，阻断淮河交通。胡彬因困守硖石，粮食用尽，处境十分艰难，写信要求谢石增援。不料胡彬的求援信也被秦军截获。由此苻坚判断晋军兵力很少，粮食十分困难，应该抓紧进攻，遂把主力留在项城（今河南项城），只带了8000骑兵赶到寿阳。苻坚先派尚书朱序到晋军劝降。朱序原来是东晋防守襄阳的将领，襄阳失守时被俘。朱序到晋军以后，不仅没有劝降，反而透露了秦军情况，并且建议说，如果秦兵百万全部到达，晋军难以抵抗，现在应趁它还没有到齐，迅速出击，打破它的前锋，大军就会溃散。

听过朱序的建议，晋军将领谢石、谢玄于11月派猛将刘牢之率领精兵5000进攻洛涧。刘牢之分兵一部到秦军侧后，断敌退路，亲自率兵强渡洛涧，夜袭秦军大营。秦军果然抵挡不住。主将梁成战死，5万秦兵大溃，抢渡淮水，淹死1.5万余人。洛涧的胜利，鼓舞了晋军的士气。晋军水陆并进，展开全线反攻。苻坚在寿阳城上，看到晋军严整，攻势猛烈，十分恐惧，竟然把淝水东面八公山上的草木都当成了晋兵。

洛涧失利后，秦军沿着淝水西岸布阵，阻止晋军反攻。晋军将领谢玄派人用激将法对苻坚的弟弟苻融说：如果你把军队稍向后撤，让出一块地方，使晋军渡过淝水，两军一决胜负。秦军诸将都认为不能让晋军渡河，但苻坚却说：可以稍退一步，等到晋军兵马半渡之际，再用骑兵攻击，一定可以取胜。于是苻融指挥秦军后撤。秦军本来内部不稳，这一撤，造成阵势大乱，不可遏止。晋军乘势抢渡淝水，展开猛烈攻击。朱序在阵后大喊："秦军败了！秦军败了！"秦军后方部队一听，争相逃命。苻融见势不妙，急忙驰马赶到后面整顿部队，结果被晋军追兵杀死。晋军乘势猛追。秦军人马相踏，昼夜溃退，听到风声鹤唳，也以为是东晋追兵。就这样，几十万秦军，逃散和被歼灭十分之七八，苻坚本人也中箭负伤，逃回洛阳。号称百万的前秦军队，被七八万东晋军队打得落花流水，这在中国战争史上是罕见的。

东山报捷图 明 仇英

谢安（320～385），字安石，陈郡阳夏（今河南太康）人，卒后赠太傅，谥文靖，是东晋的一代名相。《世说新语》中关于他的词条最多，记载也最丰富。图中表现的正是《世说新语》中描述的"东山报捷"场面：报捷的童子侍立在一旁陈述战事的胜利，而谢安仍专心下棋，镇定自如。

因此，淝水之战历来被当作以少胜多的典型战例载入史册。

就是这样一个人人称颂的经典战例，却有人提出了质疑。他们对双方兵力之比提出新的见解。首先，前秦的百万军队是虚数。从当时北方人口的估计数看，前秦全国有百万军队已是惊人数字，即使有，苻坚也不可能全部征调伐晋，至少要留一些驻守各地重镇。更重要的是，这虚数百万也没有全部赶赴前线，苻坚到彭城时，凉州、幽冀、蜀汉之兵均未到达淮淝一带，因而根本没有参加淝水之战。

其次，当时集结在淮淝一带的军队，是苻坚的弟弟苻融率领的 30 万，他们也没有全部投入战斗，而被分布在西至郧城、东至洛涧 500 余里长的战线上。驻扎在寿阳及其附近的军队，充其量不过 10 万。加上苻坚从项城带来的"轻骑八千"，也不过 10 多万人，况且战争发生时，这些军队也不会全部投入战斗。正因为寿阳一带兵力不多，苻坚才会在看到晋军严整的阵容时，心中无底，产生草木皆兵之感。

最后，晋军共 8 万精兵，除刘牢之所率 5000 人进军洛涧外，均参加了战斗。当时，晋军在长江中游地区布置的兵力，本来就较雄厚，再加上新投入的 8 万，因此当秦、晋双方沿长江中游至淮水一线交战的时候，晋方在前线至少有 20 万以上兵力。再考虑到前秦军长途跋涉、晋军以逸待劳；前秦内部意见分歧、晋军上下一心等各种因素，晋军占了一定优势。因此，不论从两军交战的时候，还是从整个战役情况看，淝水之战时双方投入的兵力，是大致相当的。

长期以来，秦晋淝水之战是以少胜多、以劣势之军打败优势之军的辉煌战例。如今又提出了秦晋双方兵力之比的新见解，淝水之战是否以少胜多又成为未解之谜，有待进一步破解。

"安史之乱"究竟是谁引发的

唐代社会由治转乱开始衰弱的明显标志，无疑是"安史之乱"。那么"安史之乱"究竟是谁引发的呢？不外乎以下几个方面的原因：

第一，人君德消。

开元二十四年冬，唐玄宗自东都回到西京，从此"不复东幸"。李林甫曾说"知上厌巡幸"。玄宗自此便开始"怠于政事"，这位刚刚经过数年"家事"烦恼的天子，这时已寻得精神上的寄托，终日沉溺在新的欢乐之中，整日与太真"娘子"如胶似漆，根本不会有太多的心思放在勤政上！

荒怠政事、思慕长生，随之而来的绝不会是厉行节俭，只能是崇尚奢靡，也就是所谓的"心荡而益奢"。

第二，宰相误国。

自开元末年开始，玄宗"渐肆奢欲，怠于政事"，这就给宰相专权造成了可乘之机。先是李林甫"在相位十九年，养成天下之乱"，后是杨国忠钩心斗角，取而代之，以聚敛而"终成其乱"。

杨国忠"终成其乱"一方面是其穷凶极奢，聚敛钱财；另一方面是千方百计欲"以激怒（安）禄山，幸其动摇，内以取信于上"。天宝年间，安禄山恩宠日渐加深，又握有兵权，"（杨）国忠知其跋扈，终不出其下，将图之，屡于上前言其悖逆之状，上不之信"。杨国忠还指使门客前去刺探安禄山"阴事"或"围捕其宅"，或将其安插在京官中的耳目贬官，使得"禄山惶惧，遂举兵以诛国忠为名"。

第三，天下势偏。

开元中期以来，良将精兵都戍守北方，使天下之势偏重。而且，节度使权重。每一节度使领若干州，是这个地区最高军事长官，功名卓著者往往可以入朝为相，所以节度使地位颇重。

时至开元中后期，"天子有吞四夷之志，为边将者十余年不易，始久任矣；皇子则庆、忠诸王，宰相则萧嵩、牛仙客，始遥领矣；盖嘉运、王忠嗣专制数道，始兼统矣"。

后来，安禄山得到宠幸，势力膨胀，兼统三镇，封东平郡王。最终，杨国忠多次激怒安禄山，"欲其速反以取信于上"；安禄山则"决意遽反"，以"将兵入朝讨杨国忠"为借口，在范阳起兵，终于酿成大乱。

杨家将奋战抗辽是真是假

杨家将忠肝义胆，在抗辽保宋的战争中屡立战功，功勋卓著。其故事催人泪下，至今仍广为流传，尤其是杨家第一代英雄"杨老令公"的英勇事迹更是令人钦佩称颂。

辽国景宗在982年去世后，由12岁的辽圣宗耶律隆绪即位，他的母亲萧太后执政。这时，有人向宋太宗上奏章，认为辽国政局变动，正好可以趁此机会把燕云十六州失地收复过来。宋太宗借辽国"主幼国疑"的大好时机，就在雍熙三年(986)发动了第二次进攻辽国的战争。

但是，辽军勇猛异常，很快宋军就已失去战争主动权，宋太宗便令各路宋军后撤，但给西路军一个任务，那就是在放弃四州时，把当地居民迁往内地。当时应、寰二州已失守，想把四州百姓撤出来十分困难。杨业建议派兵佯攻，吸引寰州辽军，并且派精兵埋伏在退路的要道，掩护军民撤退。监军王侁反对杨业的意见，他认为有精兵数万，不怕辽军，主张沿着雁门大路，大张旗鼓行军。杨业却说，现在敌强我弱，要避敌锋芒。而王侁却讥笑他，主将潘美也支持王侁的主张。杨业只好带领手下人马出发。临走的时候，他伤心地流泪，指着前面的陈家峪对潘美说："我兵败之后，退到这里，希望你们在这个峪口两侧，埋伏好步兵和弓弩手。等我退到这里，您就带兵接应，两面夹击，也许能转败为胜。"

等到战后，杨业退到陈家峪，已经是太阳落山的时候。杨业退到陈家峪口，只见两边静悄悄的，见不到宋军人影。那么潘美带领的主力到哪儿去了呢？原来杨业走了以后，潘美确实也曾经把人马带到陈家峪。可是等了一天却听不到杨业的消息，王侁认为一定是辽兵退了。他怕让杨业抢了头功，就催着潘美把伏兵撤去，离开了陈家峪。等到他们得知杨业兵败，他们又往另外一条小道逃跑了。

杨业来到约定伏兵地点竟没有接应，非常生气，但却没有办法，只好带领部下转过身来，跟追上来的辽兵拼死战斗，兵士们也个个奋勇抵抗。但是后来辽军越来越多，及至最后，杨业身边只有100多个兵士。他含着泪，高声向兵士说："你们都有自己的父母家小，不要跟我一起死在这里，赶快突围出去，也好让朝廷得知我们的情况。"

兵士们听了这些话，再看看杨业浴血奋战的情景，都感动得流下了热泪，他们没有一个愿意离开杨业的。最后所有的兵士都战死了，杨业的儿子杨延玉和部将王贵也牺牲了。

杨业的结局是怎样的呢？民间广为流传的说法是杨业身负重伤，知道壮志难酬，在绝望中，一头撞死于李陵碑上。

岳家军为何没能直捣黄龙府

绍兴十年，岳飞率领岳家军抵抗金人的进攻，一路乘胜追击，金人一筹莫展，很多人都准备投降。岳飞十分高兴，对将士说道："让我们继续努力，直捣黄龙府（今吉林农安，为金人都城），必与诸君痛饮。"众人也一齐欢呼："直捣黄龙！直捣黄龙！"

但是数日以后，形势大变。主和的秦桧打起了自己的小算盘，如果岳飞能以武力夺取中原，说明和谈的决策完全错了，他的决策就是错误的，那么他的宰相也就难以做下去。即使朝廷对此不说什么，他也应该主动辞职。对这种局面他怎么能坐视不管？所以，他先叫唆言官向高宗奏请下令撤军，以免和谈破裂。此时此刻，岳飞当然不肯撤军，上疏说道："如今金兵锐气尽失，丢弃辎重军械，仓皇渡河北去。天下豪杰向风归顺，士卒用命。收复河朔，指日可待。这样千载难逢的机会，稍纵即逝，万万不可撤兵。"秦桧知道将在外君命有所不受，单凭一纸命令，岳飞绝不肯听，于是他采取措施，釜底抽薪，先从小处抽起。闰六月二十七日（己亥），他让刘锜暂领顺昌府事，而将顺昌知府陈规改任庐州，以后不久，又命刘锜为沿淮制置使，撤到淮河一线；二十八日（庚子），据说是因大雨淮西宣抚使张俊从亳州撤军还寿春（今安徽寿县），淮西宣抚副使杨存中也从宿州（今安徽宿县）撤到泗州（今江苏盱眙）。最后，秦桧上奏皇上说："岳飞孤军奋斗，不可久留中原，请朝廷下令班师。"于是朝廷连下十二道金牌召岳飞回师。

金牌的正式名称是金字牌，由递送文书的人佩戴，其作用就是使人一见就知道有紧急命令。金字牌本身并不含有班师回朝意义，主要只是表示事情紧急。它实际上只是紧急文书的一种标志，此后"声名大噪"，纯粹是"秦桧十二金牌召岳飞"这一故事影响的缘故。其实，在古代紧急文书中使用的标志并非单独由"金字牌"包揽，还有黑漆白字牌、黄漆青字牌、黑漆赤字牌等，它们的作用与金字牌基本一样。

及至七月，金兵得悉宋朝大军已退回淮河一线，只余岳飞孤军战斗，便调集各路人马，集中对付岳飞。岳飞难以支持，于是派人向刘锜告急。刘锜遣统制官雷仲出兵太康（在今河南境内）以牵制金军。但是杯水车薪，无济于事。岳家军中部将杨再兴、王兰、高林先后战死。岳飞知道独力难支，只好于七月二十一日（壬戌）退军。岳飞撤兵后，中原州县很快又重新落入金人手中。

成吉思汗的骑兵为何能横行欧亚

蒙古骑兵向来所向披靡，百战百胜，攻城略地，少有败绩。那么，他们为何能征善战呢？固然蒙古人打起仗来有许多办法，并且也善用策略，但是蒙古骑兵服从、骠勇、顽强的精神却是他们胜利的最重要因素。蒙古骑兵纪律严明，即使因小事违反军纪，也动辄受笞刑或受死。所以，蒙古骑兵打起仗来非常勇猛，快速灵活，当然所向披靡，无可匹敌。

骑兵的勇敢是从小训练出来的，他们从 3 岁就被绑在马背上，从此一生几乎都在马背上度过。蒙古马气力、耐力也非常惊人，它驮着骑者，能日行 120 千米，而且途中只需要休息一次，喝水进食。这样使得蒙古军队占尽优势，他们能迅速集中兵力，从而可以造成人马众多、声势浩大的假象。

蒙古军队的组织异常严密，而且调起来灵活迅速。1 万名战士分成 10 个千人队，1 队分为 10 个百人队，这万名战士由大汗的一个亲戚或亲信指挥。2 万人可组成一军。另外，大汗亲选 1 万名"体格矫健，技能好"的人，组成精锐的"护卫军"，在平时分为 4 班守卫，战时随大汗出征。

虽然全军的统一命令是由快马下达，但是将在外君命有所不受，个别将领在作战时享有极大自主权利。军队消息非常灵敏，在大军前面有斥候部队，随时将敌情送回军队总部。

而且在斥候部队前面还有大量敌后探子，他们潜入敌城打探情报，扰乱人心。蒙古人特别喜欢结交商人，并招募商人从事谍报工作，可能是大多数商人唯利是图，比较容易予以收买吧！

此外，蒙古大汗还有一种最有力的武器，就是计划周详、时时刻刻对敌人施行心理战术。如果大汗想攻取的繁盛城市不愿意投降，那么，他们最终一定逃不掉屠城的下场。当时最大而兴盛的撒马尔罕和内沙布尔两城，就由于这个原因先后被夷为平地，居民无一幸免。这个消息传开后，别的城市就不敢抵抗。但是有的即使投降也不一定能避过厄运。基辅城中的俄罗斯王公投降前虽得到宽大保证，但最后还是被扔到饮酒祝捷的桌下活活压死。阿富汗西北边境赫拉

蒙古骑兵图 元

特城的居民在听到赦免消息后走出城外，却被全部杀死，整座城也被夷为平地。

蒙古人虽然有时候不免会杀伤无辜，有时还驱赶老百姓到阵前做挡箭牌，却并不轻视他们征服的民族，反而热衷于学习。但是最后，他们逐渐沉溺于养尊处优的生活中，失去了游牧民族的活力，这应该是导致其衰亡的一个原因。

蒙古铁骑灰飞烟灭之谜

蒙古铁骑曾经横扫欧亚，不可一世。一部元史，实际上也是一部征战史。蒙古族起源于额尔古纳河一带，唐时称为"蒙兀室韦"，起初以狩猎为生，后来发展为游牧民族。12世纪时，在中国长城以北蒙古高原地区，西起阿尔泰山，东至大兴安岭，蒙古人的游牧部落到处都有。蒙古部落首领为"汗"，贵族称为"那颜"。他们养有专职战斗的亲兵，称为"那可儿"。每个游牧单位称为"古列延"，意思是"圆形"。他们居住在毡帐里，逐水草迁徙，每到一地便将毡帐支起，位于中央的是首领的毡帐，众多毡帐围成圆形，称为"古列延"。各部落之间由于争夺水草、牧场，时常发生战争。12世纪后期至13世纪初，成吉思汗经过约20年的战争统一了蒙古高原。

成吉思汗名铁木真，出生于蒙古部落贵族家庭。父亲是乞颜部首领，遭人暗算早逝。铁木真9岁丧父，随部落成员四处流浪，母亲带铁木真兄弟谋生，日子十分艰辛。但是生活逆境磨炼了铁木真的顽强意志和不屈性格，使他逐渐成为一位智勇双全、胸怀大志的蒙古青年。他有野心要做全蒙古的大汗，让整个大草原服从自己的指令。他开始收罗父亲旧部，与草原英雄勇士结交，组建自己的武装队伍，准备大展宏图，统一蒙古。他首先依附克烈部的王罕，与王罕联合将扎木合击败，接着又打败王罕独立，征服另一强敌乃蛮部，逐渐统一了蒙古各部。

1206年，蒙古各部贵族首脑云集斡难河（今鄂嫩河）召开大会，共同推举铁木真为全蒙古大汗。在大会上，30多岁的铁木真在欢呼声中荣登大汗宝座。巫师向他传达天意说："地上各部已经为你征服，土地归你所有，人畜归你所有，你乃诸王之王，普天下之汗，上天旨意，你要号称'成吉思汗'。""成吉思汗"意为"大海"，即拥有四海的大汗，也就是所谓的"自东向西，上天皆以付我"。新生的蒙古帝国疆域东自兴安岭，西至阿尔泰山，南达阴山山脉，北连贝加尔湖。

蒙古汗国建立后，成吉思汗将原来的部落单位打破，将各部牧民重新编制，统一划分为万户、千户、百户，各设长官，由原来的部落氏族首领担任，称万户长、千户长、百户长，官员实行世袭制。各编户单位既是行政组织，也是军事组织，平时放牧，战时出征，兵牧合一，全民皆兵。除设立庞大的牧民武装外，成吉思汗帐下另设万人近卫军，称为"怯薛"，是大汗直接统领的王牌精锐之师，也是蒙古对外作战的中坚力量。成吉思汗还颁布了名为"札撒"的蒙古法典，设断事官断狱，并借用维吾尔字母拼写蒙古语，开始创制蒙文，用蒙文记录事务。蒙古汗国在成吉思汗手里成为组织健全、兵力强盛的游牧国家。此后，又经过70多年的大规模战争，统一四海，建立了一个大元朝帝国。

连续数十年的征服战争，使元朝的版图较之前朝大大扩展。东北的辽阳行省，领土至库页岛、鄂霍次克海；北部的岭北行省，领土已远跨北极圈，顶端至拉普帖夫海；西北至新疆东部；南部云南行省，领土至今泰国境内；西南则到西藏；东南则濒临东海，横跨欧亚两洲，建立起世界上规模空前的宏伟帝国。

元帝国为何形成了一个分裂局面？事实上，从一开始元帝国就未统一。至于原因，要从成吉思汗时期说起。成吉思汗生前曾把蒙古军征服地区分封给4个儿子，后来随着征服区日益扩张而形成四大封国，又称四大汗国：窝阔台汗国辖蒙古西部地区，察合台汗国辖今新疆维吾尔自治区及中亚地区，伊儿汗国辖伊朗、阿富汗、西亚等地，钦察汗国辖多瑙河下游、俄罗斯与西伯利亚西部地区。四大汗国受蒙古大汗的册封，名义上属于蒙古汗国的封地。蒙古建"元"后，连四大汗国在内，元帝国实际上成了独立的5个国家。

另外，元帝国始终处在阶级矛盾、民族矛盾、政权内部矛盾的紧张状态中，没有能够建立起稳定的政治统治。再加上连年征战，尤其是那些对外征服扩张战争不得民心，必然激起当地人民的反抗。一代帝国也就这样灰飞烟灭了。

抗倭名将胡宗宪缘何被历史遗忘

在明嘉靖年间众多的抗倭将领中，要把他们的事迹一一都做个介绍无疑是件很费力的事，比较熟悉的有戚继光、俞大猷，也有历史上出现不是很频繁的朱纨、张经、王忬、卢镗、汤克宽等人。胡宗宪也在抗击倭寇的斗争中有过很大贡献。其中，最突出的功劳便是诱杀倭寇中的中国籍大首领汪直（又作王直）、徐海等人。历史上的胡宗宪确是一个威风凛凛的伟岸男子，足智多谋且胆略过人，与倭寇作战时，每每身先士卒，冒着炮火羽矢，亲临战阵，指挥作战。虽然在他报捷请功的奏折中常常多有夸大，但与倭寇数十仗也确实是少挫多胜，是戚继光以前对倭寇最具威胁的人物。

然而，国内有关胡宗宪的影视作品并不多，且常常是作为严嵩的党羽而以一个无足轻重的角色出现，而且一般也是以一个典型的颟顸官僚的形象出现。为什么多年之后，曾经叱咤风云的人物如今却被人们冷落，被历史遗忘了呢？

胡宗宪，字汝贞，号梅林，安徽龙川人。嘉靖十七年（1538）进士，初任山东益都县令，在任期内因为精明能干，政绩凸显，可能是在破案方面能力比较突出，声名在外，引起朝廷的注意，而屡获升迁。胡宗宪是个文官，在扳倒张经后，又扳倒张经的继任者杨宜，并取而代之成为兵部侍郎，总督东南军务，统领整个东南的军队，担任起平复倭患的重担。所以在他担任军队统帅指挥作战的时候，就不能再称之为文官了，而是一个将领，又因为他战绩彪炳，所以也不妨称之为"名将"。

赵文华也曾与倭寇作过战，但他被倭寇打得落花流水，溃不成军，还连带着让胡宗宪也吃了一场大败仗。不学无术的赵文华通过虚报战功升为工部尚书，又在严嵩的帮忙下取代了大臣沈良，兼任右副都御史，提督浙闽军务。赵文华之所以明知倭寇不好理治，还争着揽这个瓷器活，冲着的就是手里有胡宗宪这个金刚钻，他的目标

《筹海图编》 明 胡宗宪

就是私吞两浙、江淮、闽粤几省所征召的丰厚军饷。于是，他把除征发粮饷以外的所有军务很爽快地交到胡宗宪手上。

至嘉靖年间，江浙一带倭寇泛滥。嘉靖三十四年（1555），胡宗宪任浙江巡按御史，旋提为总督，总制7省军务抗倭灭寇，并联手时任工部侍郎的赵文华，得到明世宗的重用。胡宗宪召徐渭、沈明臣、茅坤、文徵明为幕僚；以俞大猷、戚继光、卢镗为大将。胡宗宪按察浙江，当时倭寇的主要首领徐海、陈东和麻叶在乍浦一带建立据点，四处抢掠。

胡宗宪对倭寇也并非一味没有章法地绞杀，他曾在外交上做过努力。他请旨朝廷派使臣与日本政府建立联系，约束本国海寇。但此时正是日本传奇英雄信长发动一统诸岛的大内战的时代，因此外交上的措施没起到什么作用。但从日本回来的使臣陈可愿却带来了一个倭寇中国籍首领汪直与其义子毛海峰有意归顺的消息。胡宗宪立即将此事上报，兵部的官僚们对此甚为谨慎，认为汪直希望明廷开市通贡的要求无异于是对朝廷的要挟，"其奸叵测"，对汪直颇为猜忌。于是，令胡宗宪严加防备，并令转告汪直，要表示诚意，就得先灭了舟山群岛一带诸倭寇的巢穴再说。

汪直等人要求招安做官，以冲州撞府来增加谈判筹码，就很有点当年梁山好汉逼招的味道。其实，如果能处理得好，这是个简单解决倭患的机会。中国历代就有招贼为兵的传统，如宋时的名将杨再兴。许多招降来的反政府武装到后来往往会成为国家支柱、朝廷干臣。但汪直等人要求"开市通贡"，就很可能是其最终悲剧的根源。

此后，胡宗宪得到兵部授予他的"便宜行事"的权限，便意味着他可以有很大的空间以实施他的对敌计划而不受过多的干涉。胡宗宪在徐海等海寇头子之间制造矛盾、挑起他们自相残杀，利用这一办法，各个击破。胡宗宪以战功获得殊荣，官至太子太保、兵部尚书，并加少保。

胡宗宪于戎马倥偬中还曾辑著《筹海图编》十三卷，书中收入浙江沿海地形、防务、战具、倭变、战事等情况，内容翔实，记载入《明史》之中。此外，还著有《三巡奏议》、《督抚奏议》、《忠敬堂汇录》等。

嘉靖四十四年(1565)，胡宗宪自杀身亡。隆庆六年(1572)为其平反，追谥襄懋。

众所周知，他因为阿附奸相严嵩的义子——大明朝十大奸臣之一的赵文华，

并曾伙同赵文华参与陷害抗倭功臣兵部侍郎张经，冒领张经抗倭的战功，而成为他人生的一个无可原谅的污点，人们称其为奸臣。因此在他活着时名声就不大好，死后更被当作严党的走卒成为士人与百姓眼中的另类，这也许就是他永久地失去与后来的抗倭功臣戚继光、俞大猷等人一起成为受人敬仰的民族英雄的资格的原因之一。

李自成的军队为何不堪一击

17世纪40年代初，明朝终于在一系列农民起义中土崩瓦解了。

推翻明朝的英雄李自成雄心勃勃，他个性放荡不羁，坚信他就是人心所向。他不能容忍任何事情阻挠他的成功。

1644年春，通向北京城的大门终于向李自成的军队敞开了。这座由为数不多的宦官指挥军队防守的北京城，在势力浩大的起义军面前不堪一击。

当李自成的起义军入城时，京城的人们走出家门，拥上街头，欢迎这位英雄。"新皇帝万岁"的标语挂满了街头。但是，此后不久热烈的欢迎就被恐怖所取代，其部将腐化堕落，大肆饮酒作乐，烧杀抢掠，战斗力大大降低。现在该是清军最后攻打北京的时候了。

清军的领导者是努尔哈赤。努尔哈赤16世纪末开始统一女真各部，并建都盛京，建立后金国。他创立了八旗制度，使得他拥有了一支英勇善战的军队。

占据北京的农民军领袖李自成为防清兵入关，曾多次派人招降明朝山海关守将吴三桂，但都没有成功。在这种形势下，李自成挥师东征，直奔山海关。

吴三桂得知农民军前来进攻的消息后，非常焦虑，立即派人向多尔衮求助。多尔衮接到了吴三桂的乞援信后，极为高兴，认为清军找到了一个理想的引路人。这样，满汉官僚地主阶级在共同对付农民起义军的目标之下相互勾结在一起了。

可是，李自成对满汉地主阶级的这种联合力量缺乏足够的认识，尤其对即将到来的大战认识不足，在思想上和军事行动上没有做任何必要的准备。这就注定了他在这场激战中失败的结局。李自成失败后退出北京撤回西安，从此一蹶不振。

满族征服者于是宣称清朝是明的合法继承者，皇太极已在一年前去世，他5岁的儿子福临从而成为清朝定都北京的第一位皇帝，建年号"顺治"。他的叔叔多尔衮是主要的辅政大臣。

清政府为何在第一次鸦片战争中战败

1840～1842年，英国殖民者对中国发动了一场侵略战争。这场战争是由于英国强行向中国推销鸦片而引起的，故称鸦片战争，也叫作第一次鸦片战争。

1840年8月11日，英军闯入天津，向直隶总督琦善递交了英国首相帕麦

广州海战图 清

这幅英国凹版图画中，一艘中国战船因被英国战舰"奈米西斯"号开炮击中而烧毁。此战发生于 1841 年 1 月，地点在珠江三角洲亚森湾，在两个小时的作战中，11 艘中国战船被击沉，500 名船员阵亡，而英军只有几人受伤。"奈米西斯"号是英国的第一艘铁甲战舰。在这样的战舰面前，中国海军的木船不堪一击。

斯顿给清朝的照会。在照会中，他们向清政府提出赔款、割地等侵略要求，引起清王朝极大震动。在此危急时刻，大臣们纷纷把斗争矛头指向主战派林则徐，说他禁烟操之过急。他们转向以琦善为代表的投降派，道光帝遂派他去与英国侵略者谈判。8 月 22 日，钦差大臣琦善赴广东继续办理中英交涉，并将林则徐、邓廷桢等官员革职查办。他一反林则徐所为，立即惩办积极抗英的清军将领，并将珠江口附近防务设施全部拆除，遣散水勇、乡勇，还大骂广东人民都是汉奸，企图以此举措来讨好英国侵略军。琦善的卖国行为，更加助长了英军的气焰。

1841 年 1 月初，琦善擅自与英国侵略者秘密地签订了《穿鼻草约》，其中包括割让香港、开放广州、赔偿烟价 600 万元等条款。

1841 年 2 月 6 日，英军向虎门炮台发起猛攻。3 月，奕山率领大军齐集广州，但他们都不会打仗，贪生怕死，很快，便在广州城竖白旗投降求和。27 日，奕山同英国侵略者签订了屈辱的《广州和约》。和约规定：清军退离广州六十里；奕山缴纳 600 万元的所谓"赎城费"，然后英军退至虎门。9 月，道光帝为挽救浙江前线战场的败局，任命自己的另一个侄儿奕经为扬威将军，侍郎文蔚等为参赞大臣率军前往浙江指挥军事。奕经同奕山一样腐败无能，在南下途中，尽情地游山玩水，丝毫不顾前线吃紧，到苏州便屯兵不前，整天沉溺在花天酒地之中。

1842 年 8 月 29 日，耆英、伊里布等人与璞鼎查在英舰"汉华丽"号上签订了丧权辱国的不平等条约——中英《南京条约》。签约后，英军舰船陆续撤往定海一带，第一次鸦片战争遂告结束。

洪秀全在"天京事变"中起何作用

历史上最大规模的农民运动——太平天国运动最终是失败了，人们努力找寻着其失败的原因，而作为这次农民运动转折点的"天京事变"，也引起了人们极大的兴趣。然而，直到今天，"天京事变"是怎样造成的、究竟是谁造成的还是一个谜。

1856 年，一场"太平时，王杀生"的历史悲剧在太平天国的首都发生了，这就是"天京事变"。

最通常的说法是杨秀清"逼封万岁"与洪秀全"密诏杀杨"的说法。综合起来，大概如下：

攻破围困天京的江南大营后，指挥作战的东王杨秀清十分骄傲，把功劳都归于他一人，心存篡窃之心。杨秀清借口西线紧急，把北王韦昌辉、翼王石达开等人派到前线督师。天京后方只剩下天王和杨秀清自己，杨秀清认为时机已成熟，就假借天父的名义将天王洪秀全召到东王府，假装"天父"的口气要洪秀全封其为"万岁"。

洪秀全假装高兴。二人于是决定在下月杨秀清生日时，正式晋封。

洪秀全还宫后，一面命令宫内女兵防守皇城，以防东王偷袭；一面派人送密诏给在长江上游督师的北、翼二王，令他们火速返京，勤王护驾。韦昌辉得到密诏后，立即带领3000精兵赶回天京城外，在守城军官的配合下，趁着深夜悄悄进入城内，与燕王秦日纲合兵一处，攻入东王府。杨秀清和他的爱妃正在睡觉，被突然到来的秦日纲一刀杀死，刀刃穿出后背。

杨秀清被杀死后，韦昌辉和秦日纲把东王府男女数千人全部杀死，其中包括杨秀清的母亲及妾侍54人。

太平天国史专家罗尔纲在《太平天国领导集团内讧考》一文中这样解释"天京事变"发生的原因："天京事变"是洪秀全和杨秀清之间矛盾的总爆发，杨秀清企图夺取太平天国的最高领导权，"逼封万岁"，可是洪秀全自然不让，密令韦昌辉把杨秀清杀死。

洪秀全是太平天国革命运动的开创者，是太平天国的最高领袖，但太平天国的军事、政治和宗教的实权被杨秀清所控制。杨秀清开始时把洪秀全当作傀儡，用以号召群众，后来由于军事的胜利，就想把洪秀全一脚踢开。但是，洪秀全是一个刚毅不屈的农民革命领袖，他一生都为坚持太平天国反封建反侵略的路线而不屈不挠地进行斗争，洪秀全当然不能让人把他作为傀儡，更不能让人把他一脚踢开。因而，当杨秀清"逼封万岁"，企图篡夺太平天国的最高领导权时，洪秀全就命令韦昌辉把杨秀清除掉。

但到了20世纪70年代末，许多学者对"天京事变"提出了不同的看法，或认为杨秀清并未"逼封万岁"，而是洪秀全鉴于杨秀清的功劳"主动加封"；或认为杨秀清实际上已是"万岁"，没有必要"逼封万岁"；或认为，洪秀全加封杨秀清为"万岁"是为了激起韦昌辉的杀心，以借刀杀人，天京事变完全是洪秀全一手导演的；或认为洪秀全并没有密令韦昌辉杀杨秀清，而是韦昌辉擅自所为，假借天王的旗号"矫诏杀杨"。

同时，更有学者认为杨秀清"逼封万岁"的说法完全是一个政治谣言。杨秀清完全就没有必要"逼封万岁"，理由是如果说杨秀清为了夺权，则业已大权在握的杨秀清不需要再夺取什么权力。如果说封万岁是为了尊荣，则赐封万岁者（洪秀全）仍然比杨秀清高出一头，这样的做法对于杨秀清于名于实都没有任何益处。

那么谣言又是从何而来的呢？持以上说法者认为这要看谣言对谁有利，据此就不难找到制造谣言的线索，因为造谣者总是编造对自己有利的谣言，不会编造不利于自己的谣言。比较洪、杨双方，谣言自然对洪秀全有利而对杨秀清不利，因此，杨秀清不可能是造谣者。杨秀清如果是洪秀全下令杀害的，作为杀害的理由，这一谣言只能直接来自洪秀全；如果杨秀清是韦昌辉擅杀的，这一谣言就只能来自韦昌辉。但是，韦昌辉造谣，也得要洪秀全同意，因为"逼封万岁"这样的谣言，必须得到洪秀全的认可。归根结底，最终都是由洪秀全造成的。

在当时，天京的兵权由杨秀清控制着，北王、翼王等又在外领兵。身在天王府内的洪秀全要除掉杨秀清，就必须借助北王和翼王的力量。怎么办呢？于是洪秀全就故意上演了一场"加封万岁"的闹剧，然后再把杨秀清"逼封万岁"的风声放出去。不论"天京事变"的造谣者是谁，总之，这场起义领导者的内讧使得太平天国元气大伤，太平天国运动从此由盛转衰，最终失败，让人不由不扼腕叹息。而洪秀全本人，则成了这一事变的最大胜利者，成了名副其实的"天王"。

太平天国北伐的主帅是谁

1853 年 5 月，太平天国建都天京（今江苏南京）后，派遣了一支约两万人的精锐部队，从扬州出师北伐，锋芒直指北京，目的是巩固自己的政权，彻底摧毁清王朝统治。这支部队一路突破清军优势兵力的阻击，跨皖北，战河南，飞渡黄河，挺进山西，威震清廷，一度抵达天津附近。咸丰帝闻讯后，吓得准备逃往热河。虽说声势壮大，不幸的是，由于孤军深入，后援不续，最后北伐失败，全体将士壮烈牺牲。

不过，谁是这次北伐的主帅便成为这一页悲壮历史上的一大疑问。

李开芳、林凤祥、吉文元、朱锡锟、黄益芸等都是太平天国此次北伐的主要将领，主帅当是李、林二人中的一位，但李、林二位究竟谁为主帅，至今都难以确定。原因之一是，据史料记载，李、林二人的名次排列很不固定。郭廷以的《太平天国史事日志》《金陵杂记》《畿辅平贼纪略》等书记载时，将李排

太平军作战图

在林之前。《畿辅平贼纪略》载："初，粤匪洪秀全、杨秀清等窜居江宁，连陷镇江、扬州，乃遣伪丞相李开芳、林凤祥、吉文元等渡江，自浦口窜扰皖豫两省。"咸丰朝《东华续录》《戴经堂日钞》等则刚好相反，将林放在李之前。如《戴经堂日钞》云："闻阑仪河口捕获渡河贼五人……讯供贼目林姓等……自扬州坐船至浦口……约万余人。"还有些史料交错排列这二人名次。因此，究竟谁先谁后，人们不得而知。原因之二是，二人官职、品级不分上下，相差无几，谁都有成为领衔主帅的可能性。

目前史学界出现两种不同意见。一种意见断定林凤祥是北伐主帅。这是因为北伐军在太平天国癸丑三年五月十六日从朱仙镇发回天京的战况"禀报"中排在第一位的是林凤祥，其后是李开芳、吉文元、朱锡锟。还有癸丑三年四月杨秀清给林等人的诰谕也与此相类似。另外，与林同时被俘的将领欧锦、陈亚末的供状中，也有"四月跟林凤祥……占住连镇，林凤祥令李开芳领人往攻高唐州"以及"是年四月，我跟林凤祥、李开芳、吉文元三个伪丞相，过黄河……"的话，这为证明林在李之前，林在李之上，北伐主帅非林莫属提供了有力证据。

与之相反的另一种意见认为北伐主帅应为李开芳，他们用以下事实作为依据：第一，李秀成在"天朝十误"头三条中指出："一误国之首，东王令李开芳、林凤祥扫北败亡之大误；一误因李开芳、林凤祥扫北败后，调丞相曾立昌、陈仕保、许十八去救，到临清之败；一误因曾立昌等由临清败回，未能救李开芳、林凤祥，燕王秦日纲复带兵去救，兵到舒城杨家店败回。"这里李秀成三次肯定、毫不含糊地将李放在林之前。总理过天朝国政的洪仁玕在其自述中，亦把李列于林之前。

壬戌十二年底，太平天国将这些战死的北伐诸将作为开国功臣，追封为王。太平天国制度规定，在封爵前面必须"冠以衔系"，李开芳的全衔是"殿前春季电察天军顶天扶朝纲请王合千岁"，林凤祥的全衔是"殿前春季电察天军顶天扶朝纲求王协千岁"，从其官职排列的次序来看，李排在了林的前面，当为北伐主帅。

这里指出，以上双方所引的材料都是真实可靠、毋庸置疑的。那么，它们相互矛盾、莫衷一是的原因是什么呢？亦即说，李开芳和林凤祥二人，究竟谁是太平军北伐的主帅呢，这实在是一个难解之谜。

石达开兵败大渡河之谜

石达开在洪秀全领导的太平天国运动中，以其卓越的智慧、高超的军事指挥艺术，在反封建压迫斗争中建立了不可磨灭的功勋。然而，这么一个忠心耿耿的优秀人才，最后的结局却是率军远走，继天京事变后再次导致了太平天国的分裂，自己也在兵败大渡河后引颈就戮。那么石达开究竟为何要出走呢？

究其原因，有人说石达开出走的最根本的原因在于，农民领袖洪秀全的不能放弃一己私利而顾全大局。

1856 年夏天，太平天国领导集团洪秀全、杨秀清、韦昌辉之间为争夺天国领导权力爆发内讧，史称天京事变。它的发生正值太平天国运动发展的全盛时期，给太平天国造成极其惨重的损失，断送了军事上的大好形势，破坏了队伍的团结。

石达开部下留下的双刀

天京事变后，在天国首义诸王中，除洪秀全和石达开两人外，死丧殆尽。洪秀全的威望已大大下降，无论从威望、才干来说，石达开确是辅理政务、统帅军队、安抚百姓的理想人物。

作为农民革命领袖的洪秀全，本应从天京事变中吸取教训，以大局为重，做好队伍的团结工作，但是，他为保住自己的帝王位置，任人唯亲，猜忌忠直，终于又发生了逼走天国重要领导人物石达开，造成太平天国力量又一次大分裂的严重事件。

刚经历过刀光血影的天京事变，谁不盼望有一个像石达开这样的人物来辅助国政，稳定局势。况且，在当时严峻的形势下，环视满朝文武，要找一个能力挽狂澜、收拾人心、重振危局的人来，除石达开外，再无他人。因此，从解救燃眉之急考虑，也不得不采取权宜之计，召石达开回京辅政。十一月，石达开带军从宁国经芜湖回到天京，受到天京军民的热烈欢迎，"合朝同举翼王提理政务"，洪秀全亦加封石达开为"电师通军主将义王"，命他提理政务。

石达开回京辅政，是他勇敢抗击韦昌辉滥杀暴行斗争的胜利，对洪秀全曾给他加以"反顾偏心罪"，下诏通缉，以"官丞相，金六百两"的赏金"购其首级"的错误做法，他亦不计较，显示出不计个人恩怨的宽阔胸怀和崇高品德，这就博得天京广大军民的尊敬。因此，石达开回京辅政，是他本人崇高的威望、品格和文武具备的才能为广大军民所信赖和拥戴的结果。

回京后，在他辅政的半年里，政治上安定人心，加强团结，重用人才，甚至连杀害了他全家的韦昌辉的父亲和兄弟都得到保护。他以正义的行为，竭尽全力，把天国从面临覆亡的危机中挽救过来。

天国的形势稍微有了转机，洪秀全又把斗争的目光转向内部。原来，洪秀全并没有从天京事变中吸取正确的教训，杨秀清独揽大权和逼封万岁的情景不断在他眼前出现，因而他时生疑忌。尤其是眼见石达开辅政，功绩卓著，又见石达开"所部多精壮之士，军力雄厚"，对其兵权的集中更为忌讳，再加上石达开为首义之王，威望极高，这都使洪秀全深为不安，他"时有不乐之心"，日夜思虑，"深恐人占其国"，使洪氏一家一姓的天下失之旦夕。他从维护洪氏集团的统治地位出发，对石达开进行限制、排挤。遂封其长兄洪仁发为"安王"，又封其次兄洪仁达为"福王"，干预国政，以牵制石达开。

洪秀全对安、福二王的封赏，由他自己直接破坏了太平天国前期"非金田同谋首义、建有殊勋者不封王爵"的规定。在挟制、架空石达开的同时，还要夺取他的兵权，"终疑之，不授以兵事，留城中不使出"，甚至发展到对石达开有"阴图戕害之意"。石达开已然无法施展其聪明才智和匡国辅政的志愿，也对洪秀全及其集团能否继续保持太平天国和建立统一的"天朝"失去信心和希望，不禁发出"忠而见逼，死且不明"的叹息。

1857年6月2日，石达开离开天京，前往安庆，一路张贴布告，表明"吾当远征报国，待异日功成归林，以表愚忠耳"的原因，从此离京远征，一去不返。

在他出走后短短的时期，广大太平军将士们很快就纷纷离开洪秀全，投奔到他的麾下，很快聚集起了几十万人，成为太平天国最重要的一支军事力量。6年中，他转战江苏、安徽、江西、浙江、福建、湖南、湖北、贵州、广西、云南、四川11个省，除了宝庆、桂林两府外，一路都是战无不胜，攻无不克。1860年，他攻克南宁时，手下还有精兵20多万。他计划分兵三路，北上四川，效仿三国时的诸葛亮，占天险之利，退可以守，进可以攻，北与当时纵横中原的捻军紧密配合，东与天京遥相呼应，荡平群妖，夺取全国胜利。不料就在这以后的3年中，形势急转直下，先是20万精兵东归，接着是西征失利，最后竟然全军覆没在大渡河边的紫打地。导致这一悲剧结果的原因到底是什么？特别是大渡河边的全军覆没和翼王的自缚清营请死，实在令人难以理解，找不到任何令人信服的答案。英雄的末路的确令人惋惜，然而百年之后这神秘的谜团依然没有找到一个合理的回答。

甲午战争日军登陆之谜

甲午中日战争的失败是清政府的一个耻辱，当时，日军首先在山东登陆，然而，具体位置在什么地方呢？

一说荣成登陆。甲午战争时期的荣成在今荣成县城崖头东北80多里的龙须岛西部。甲午战争期间在北洋舰队"定远"舰任职的陈兆锵持此说。

二说龙须岛登陆。持此说者较多。海军提督丁汝昌在日军登陆的当天，将日军活动情况电告李鸿章，电文中说："两船向龙须岛驶，二十二船在灯塔处或二英里处或八英里游弋，必是倭船有登岸之举。"北洋海军覆亡时，《会陈海军覆亡禀》中有记载说："至十二月二十五日（即1895年1月20日），倭以水陆劲旅自龙须岛登岸，破荣成县城，攻桥头等隘。"（《甲午战争有关奏折史料》，国家图书馆藏）。另外，曹和济所撰写的《津门奉使纪闻》中亦持此说。

三说落凤港登陆。落凤港位于龙须岛南侧、荣成湾的北端。山东巡抚李秉衡在日军登陆的第二天电告清廷称："昨调倭岛、里岛防营折赴龙须岛，尚未赶到，而倭人于落凤港登陆，径赴荣成县。"甲午战争期间曾一度上书言事的易顺鼎说："二十五日，倭以运船四十艘，载陆兵由落凤港登岸，扑荣成县。"（见于《盾墨拾余》）池仲祐在《海军实记·述战篇》中亦持此说。当代史著，未曾采用此说。

四说金山嘴登陆。在日军登陆的第二天，当时镇守威海卫南帮炮台的总兵刘超佩将日军登陆和中国军队抵抗的详细情况电告李鸿章，电文中这样说："二十五日早四点钟，倭船三四十只在龙须岛、倭岛、里岛游弋，嗣于龙须岛、倭岛交界之金山嘴水深处下兵……贼兵蜂拥而上，枪队不能存身，退回荣成。"

由此可见，日军登陆具体地点之说，众说纷纭，莫衷一是。

谁埋葬了北洋水师

众所周知，日本的联合舰队打败了北洋水师，慈禧太后挪用海军经费造船舫，致使邓世昌的炮弹打不响！北洋水师就此销声匿迹。似乎事情很简单明了，没有任何疑问。可是，《军人生来为战胜》的作者金一南却发出了质问的声音：史实证明，无论是经费还是硬件装备，北洋水师一点不比日本的联合舰队差，为什么却打了败仗，彻底消失了呢？

以往的说法往往把矛头指向动用了海军经费的慈禧和清政府，但是有学者对此进行了仔细的考察，做出了如下结论：北洋水师从1861年筹建到1888年成军27年间，清政府一共投入海军经费1亿两白银，年平均300万两。日本政府从1868年到1894年26年间共向海军拨款9亿日元，折合成白银才6000万两，每年合计白银230万两，日本政府的总投入只是同期清政府投入的60%！

就硬件装备方面，北洋舰队的装甲数量和质量都超过了日本联合舰队。铁甲舰方面，北洋水师与联合舰队的数量比是6∶1，中国遥遥领先；非铁甲舰方面，8∶9，日本略胜一筹。"定远"号、"镇远"号的护甲厚14寸，即使是"经远"号、"来远"号的护甲厚也达9.5寸。日本方面，即使威力最大的"三景"号舰，也缺乏北洋舰队这样较大规模的装甲防护。而北洋舰队的"定远""镇远"两艘铁甲舰综合了英国"英伟勒息白"号和德国"萨克森"号铁甲舰的长处设计而成，各装12英寸大炮4门，装甲厚度达14寸，堪称当时亚洲最令人生畏的铁甲堡式铁甲军舰，在世界也处于领先水平。就火炮而言，无论大口径火炮，还是小口径火炮，北洋舰队均占优势。200

"济远"号后主炮 清

毫米以上大口径的火炮，北洋舰队与联合舰队的比例是 26 : 11，中国遥遥领先；小口径火炮方面，北洋舰队与联合舰队的比例是 92 : 50。只有中口径火炮方面，日本稍稍领先，中日比例是 141 : 209。就平均船速说，日舰每小时比中国舰快1.44 节，优势似乎不像人们形容得那么大。清政府正是基于这种力量对比，才毅然对日宣战。

然而就是在这样的前提条件下，庞大的北洋舰队全军覆没，日本联合舰队却一艘未沉。巨额军饷堆砌起来的一流的海军不经一战，原因何在？到底是谁埋葬了北洋舰队？

随着满族中央政权的衰弱，汉族官僚李鸿章等人纷纷崛起。清政府没落的专制体制，由此而产生的腐败政治，进而在军队中形成了不良风气：置民族国家利益于不顾，曲意取宠，一味迎合，追逐个人利益。久而久之，国家民族和军队的事情就蜕变成为个人获取利益的幌子招牌。以李鸿章为首的洋务派兴局厂、练新军，轰轰烈烈，在相当一部分满清权贵们看来，北洋水师就是李鸿章的个人资本。李鸿章兵权益盛，御敌不足，挟重有余，不可不防。因此，朝臣们为了削弱李鸿章，不惜削弱北洋海军！限制北洋海军就是限制李鸿章，打击北洋海军就是打击李鸿章。总理海军事务大臣奕譞醇亲王欲以海军换取光绪帝的早日亲政，会办海军事务大臣李鸿章则欲借海军重新获得一片政治庇荫。1888 年北洋水师成军以后，军费投资就越来越少。海军只是他们各自政治角逐中的筹码，谁还真正为海军的发展考虑？

此外，多种资料证明，北洋水师 1888 年成军以后，军风被各种习气严重毒化。当时的《北洋海军章程》有规定，总兵以下各官，皆终年住船，不建衙，不建公馆。提督丁汝昌则在海军公所所在地刘公岛盖铺屋，出租给各将领居住，夜间住岸者，一船有半。而作为高级统帅的李鸿章，也对这种视军纪章程为儿戏的举动，睁一只眼闭一只眼。直到对日宣战前一日他才急电丁汝昌，官兵夜晚住船，不准回家。有备才能无患，而这样的军队如何打仗？

另外，在清兵部所定《处分则例》中明确规定，官员宿娼者革职。可一旦北洋封冻，海军岁例巡南洋，率淫赌于香港和上海。甚至在北洋舰队最为艰难的威海之战后期，"来远""威远"被日军鱼雷艇夜袭击沉的那夜，"来远"号管带邱宝仁、"威远"号管带林颖启就登岸逐声妓未归。

官员带头，规章制度形同虚设。这样，严明的表面掩盖着的是一盘散沙，全然没有集体凝聚力和战斗力。

等到临战迎敌的时候，北洋舰队首先布阵就陷入混乱。刘步蟾摆的是"一字雁行阵"，而丁汝昌的命令却是各舰分段纵列，摆成犄角鱼贯之阵。等到实际战斗时的队形却又变成了"单行两翼雁行阵"。阵形乱变不说，即使如此勉强的阵形，待日舰绕至背后时，就再也没坚持住，各舰都是各自为战。

战争一开始，敌人尚在有效射距外清兵就慌忙开炮，"定远"舰刘步蟾指挥首先发炮，非但未击中目标，反而震塌前部搭于主炮上的飞桥，丁汝昌和英员泰莱皆从桥上摔下受了重伤。这一炮就先让北洋舰队失去了总指挥！命运攸关的4个小时的海战从始至终几乎没有统一指挥！再看刘步蟾、林泰曾二位总兵，竟然无一人挺身而出替代丁汝昌指挥。

除去以上这些原因，有组织、携船艇的大规模遁逃和部分人员不告而别，

"致远"舰上的部分官兵

致使人员减少士气大减。面对这样一个全军崩溃的局面，万般无奈的丁汝昌"乃令诸将候令，同时沉船，诸将不应，汝昌复议命诸舰突围出，亦不奉命。军士露刃挟汝昌，汝昌入舱仰药死"。

官兵"恐取怒日人"而不肯沉船，使"镇远""济远""平远"等10艘舰船为日海军俘获，显赫一时的北洋舰队就此全军覆灭。

"如大树然，虫蛀入根，观其外特一小孔耳，岂知腹已半腐。"到底是谁埋葬了北洋水师恐怕真的不能简单地归结到某一个原因或某一个人的身上吧?

"东方马其诺防线"为何土崩瓦解

乌苏里江边的虎头枢纽据点是日本关东军精心设计并驱使1万多名中国劳工耗时6年修筑的坚固要塞，号称"东方马其诺防线"。

1945年8月8日22时50分，苏联向日本宣战。8月9日0时，苏地面部队在对日作战最高司令官华西列夫斯基的指挥下从3个方向向关东军展开了猛烈进攻，同时空军对中国东北的主要城市和日军的主要防御设施实施了大规模的空袭，空降部队则在长春、沈阳等城市实施机降，像一把尖刀插向了日军的腹部。日本关东军被分割成数块，南北不能相顾。

在随后的战斗中，日本关东军大多一战即溃，但在一些局部战斗中，日军仍负隅顽抗，其中尤以虎头要塞之战最为激烈。当时有1900余名日军在此坚守。苏军久攻不下，便改换战术，先用训练有素的哥萨克狙击手封锁日军的火力点，在控制了要塞的洞口和通气孔后，将汽油灌入地下工事，用燃烧弹点着，使不少日军被烧死或窒息而死。苏军还将自动火炮开到要塞的坑道口边，近距离用火炮直接对洞口内连续轰击。最后，虎头日本守军除约70人逃跑外，其余全部被击毙。

战前苏军统帅部估计，结束对日作战短则两三个月，长则需要半年以上。因为，日本关东军虽然在兵力和武器装备上较之苏军处于下风，但他们毕竟有

近百万之众，在中国东北已经营 14 年，熟悉当地的地形、民情，还建造了大量坚固的防御工事。可事实上交战仅 13 天关东军就土崩瓦解，1945 年 8 月 22 日，在长春关东军演习场，关东军山田乙三司令官率 97 名将领向苏军投降，个中缘由令人深思。

其实就在 1945 年 4 月德国宣布投降后不久，苏联便开始着手对日作战的准备。为了达到突袭成功的目的，苏联军方可算是煞费了一番苦心。由于苏联在远东的铁路线距离边境只有 2 ~ 4 千米，苏军在运输过程中实施了周密的伪装，在靠近边境地区，白天只少量增加运输车次，夜晚进行"饱和"运输；为了不让日军发现战略意图，苏军部队到达集结地域后，严格保持无线电静默，并控制人员的户外活动，一切的准备工作都在秘密的进行之中。

但是，如果把所有的成功都归结于苏军的保密措施，隐蔽作战企图，似乎并不能彻底解释在关东驻扎了 14 年的日本军队溃败的原因。的确有军事研究人员曾对此提出过质疑：关东军怎么可能对其 3 个多月的大规模兵力调动毫无察觉？

根据新近公开的日本军方秘密档案显示：造成日军疏忽的主要原因是，日军在战略判断上出现了失误。日军一直将美军视为盟军对日作战的主力，特别是美国投下原子弹后，日军将美军可能对日本本土的登陆行动作为防御的重点。对于苏军是否会攻击日本，虽然也考虑过，但最终认定苏联没有把握在两个月（8 ~ 10 月）之内击败关东军，因为 10 月份以后中国东北就要进入冬季，他们是不会选择在天寒地冻的环境下对日作战，所以即使苏联红军发动全面进攻也应该是在来年春季以后。基于以上的判断，日军非但没有对苏军的秘密部署有所察觉，也没有任何准备，就在苏军利用雨夜发动全面进攻的时候，关东军司令官山田乙三甚至还在丹东找歌舞伎寻欢作乐。

人们不妨假设一下，如果日军能够对苏军行动提前有所判断的话，恐怕苏军很难在半个月之内就击溃关东军。未来高技术战争具有突发性、节奏快、初战就是决战的特点，这对战略判断提出了更高的要求。指挥员在做出判断时，应将科学的定性分析方法和定量分析方法有机结合，充分运用信息技术手段，对战略形势、敌我力量对比、敌军可能的行动等诸多因素进行由此及彼、由表及里的动态分析，从而为正确决策奠定坚实的基础。

对于"东方马其诺防线"的失陷，还可以听到这样的一些声音：在苏联军队的大举进攻下，日军只在个别防御地段做过一些顽抗，而且只是处于一种被动挨打的消极防御水平，根本没有主动地反击，这才是他们失败的必然原因。

然而事实是不是这样呢？据曾经参加过这场战争的日本退伍老兵回忆，当时日本关东军在东北全境层层布防，并在一些险要地段精心构筑坚固防御堡垒，形成数道防线，希望以分兵把口、分层狙击的战术手段抵抗苏军的进攻。但是，当时苏军来势汹汹，以机械化部队进行快速的大纵深作战。"他们先是在日本关东军的薄弱防御地段打开缺口，然后立即扩大突破口，高速向纵深推进，再以空降部队的纵深机降，使日军的防御体系彻底瓦解。"

就此观点，克劳塞维茨也曾指出："纯粹的防守同战争的概念是完全矛盾的，在战争中防守只能是相对的。"

无论是因为战略上的判断失误，还是因为没有处理好进攻和防守的关系，"东方马其诺防线"的失陷依然成为日本法西斯军队彻底失败的标志性战役，这一战役留给人们的也不仅仅是战斗本身，究竟日军的失败是必然还是偶然都将由后人来评说。

国民党政府对日索赔为何受挫

据中国人民解放军军事科学院研究统计：在日本侵华战争中，中国军民死伤3500万人；中国的财产损失，据估计，直接损失 1000 亿美元，间接损失 5000 亿美元。日本长达 14 年的侵华战争，给中国人民带来了深重的灾难和巨大的财产损失。作为战胜国的中国，无论是出于民族感情还是按一般的国际惯例，都有权向战败的日本索取战争赔偿。

开罗会议后，同盟国各国都把战后对日索赔提上了议事日程。国民党政府成立了行政院抗战损失调查委员会，加紧系统调查工作。向日本索取战争赔偿，是抗战胜利后国民党政府外交活动的重要内容之一。

1945 年 11 月 18 日，国民党政府外交部通过了《关于索取赔偿与归还劫物之基本原则及进行办法》。其中规定：1. 日本对中国赔款以实物为主；2. 中国与其他国家相比，受害最巨，故对日索取各项赔偿，应有优先权，如盟国实行总额分摊，中国应占日本赔偿总额的 50% 以上；3. 凡在中国境内之日本公私财产，全部归中国政府，以做赔偿之一部；4. 日本境内可以充当赔偿之各种实物，应交中国以做赔偿之一部，这些实物包括军需工业及重工业工厂设备；5. 日本每年应将若干原料和产品，在规定期限内分期定量运交中国做赔偿之一部。

由此可见，抗战结束不久，国民党政府就已放弃了向日本索取军费赔偿和以货币支付赔款，所索要的实物赔偿也不是依中国所受损害数，而是依据日本当时的赔偿能力而定。

当时有关日本赔偿的核心问题是日本国内的实物拆充赔偿，在这一点上，

1945 年 9 月 2 日，日本在东京湾美国军舰"密苏里"号上签署投降协议，日本外相重光葵和总参谋长梅井义辉，在美军总司令麦克阿瑟将军面前签署了投降书。

盟国之间意见分歧很大。美国主张将日本工业限制在 1926～1930 年的水准，而其余工厂尽速拆充赔偿，以"复兴东亚工业，监视日本之再起"。国民党政府则拟定了"日本赔偿设备紧急拆迁项目"，拆充赔偿的工厂设备中，中国不应少于 50%。因各国争吵不休，至 1946 年底拆充赔偿工作仍无法进行。

从 1946 年 9 月起，国民党政府多次要求美国单独行动，执行先期赔偿。1947 年 2 月 14 日，美国向远东委员会提出《日本赔偿先期交付案》，规定拿出拆充赔偿额的 30%，先期分配给中、英、荷、菲四国，其中中国占 15%，英、荷、菲各 5%。4 月 8 日，《日本赔偿先期交付案》开始实施。中国共运回三批工厂器材设备，第一批是机床工具类，共 7686 部，重 52034 吨；第二批是试验设备类，1960 具，重 7350 吨；第三批是电气设备及剩余设备类，1639 具，重 19166 吨。其中电气设备有 1.5 万千瓦的蒸汽发电机一套，450 千瓦的汽动发电机三套。这三批器材设备从 1947 年 4 月底开始分别运往青岛、上海和台湾基隆，至 1949 年 5 月全部运完。

战后初期，为了抵御前苏联在亚太地区的扩张，美国曾竭力扶持国民党蒋介石政权，并积极支持国民党政府对日索赔。例如，在 1947 年 9 月远东委员会分配各国摊赔额时，美国不仅帮助中国取得总额的 30%，而且表示愿意将自己所获的 6% 也给予中国。

时至 1947 年底，一方面，国民党政权在内战中连遭惨败，日渐颓废，美国失去了对它的希望；另一方面，随着美苏对立日益加剧，美国在 1947 年 5 月通过了援助欧洲的"马歇尔计划"，企图以此来遏制前苏联在欧洲的影响。美国从全球战略出发，开始考虑日本未来在远东的地位和作用，因此对索取日本赔偿问题已经兴趣不大。于是，美国便不再支持国民党政府对日索赔。

到了 1948 年 1 月，美国陆军部长洛耶尔明确表示要扶持日本，使之成为"防御今后远东方面的新的共产主义威胁的堡垒"。5 月，美国政府放弃鲍莱计划，认定日本基本战争能力已被消除，其余工业应予保存，日本工业水准应维持在 1936 年的水平。过去曾经决定要拆除日本重要工业的 3/4，现在只需拆除 5 种工业。到了 1949 年 5 月 12 日，美国政府竟然片面通知远东委员会会员国，决定停止拆迁作为临时赔偿的日本工厂设备。这样一来，国民党政府只获得先期允诺分给中国 15% 中的极小部分，约 2200 万美元，与最初期望的 50% 及 1947 年 9 月远东委员会分配给中国的摊赔额 30% 相距甚远，赔偿已成为一种名存实亡的摆设。

国民党败退台湾后，仍继续向日本索取赔偿，但态度已不十分坚决。而此时，美国主张各盟国放弃赔偿要求，为的是达到建立反共反华的军事防线，重点扶持日本的目的。1951 年初，美国加快了缔结对日和约的步伐。

1951 年 9 月 4 日，美国在中、朝等主要作战国家缺席的情况下，于旧金山与日本政府签署了《旧金山和约》，在实质上取消了日本的赔偿，由此也引起了许多国家的强烈不满。就这样，由于美国对日本的大力扶持以及国民党政权自身的软弱无能，抗战胜利后国民党政府的对日索赔以失败而告终。

文明探秘

　　一段段远古的文明在回望中逐渐展露出她神秘的笑靥。神秘的秦陵兵马俑、璀璨的三星堆文化、消失的楼兰古国……它们中有的涉及一时一事，有的扩及一国一族，更有的牵涉到一个失落的世界。人们已经解答了很多，就像一个成人一般追寻着自己儿时的记忆。可是解答的越多，无法解答的也就越多。

半坡遗址之谜

黄河，我们的母亲河，她孕育了众多的文明，创造了灿烂的文化。半坡遗址就是在她身边的村落，这个遗址告诉了我们太多的东西，又留下不少谜团。半坡遗址是 1953 年被考古队发现的，随后几年中，考古工作者进行了多次发掘，渐渐揭开了这沉睡了 6000 多年的原始村落的面目，它位于陕西省西安市东郊，当时林木繁茂，自然环境异常优美。发掘中考古工作者认识到这是一个典型的原始村落，有较高的发展水平。但村民们的生活状态具体如何，人们之间是什么样的关系呢？这些都有待于发掘材料的证明。

半坡村落遗址南北长 300 余米、东西宽 200 余米，呈椭圆形，南部为居住区，北部为公共墓地。东北角有烧陶窑址。居住区、墓地与烧陶窑址之间有一条大壕沟相隔。这条壕沟长 70 多米，宽深各约 5～6 米，向两边延伸，起防护的作用，被壕沟围绕的是居住区。居住区内，最显著的是中间有一座大房子，其结构和建筑方法是半地穴式的。所谓半地穴式，是指建造时先挖出一个平整的坑，然后再搭建房屋，以使房子一半处在地坑中，这种方法在技术落后的情况下易于使房屋稳定。大房子门向东开，中间为火塘，其作用应是村落成员们举行集体活动的地方，如商量大事，接待外族重要来客，可以称为全村的政治文化中心。北边有许多小房屋，小房子的房门都朝向大房屋，形成不甚规则的半圆形房屋群。

中小房子有半地穴式和地面建造式两种，从外表来看有圆形和方形之分。墙壁是用草和泥抹成的，房屋中心都有一个灶坑，是村民们做饭的地方。从房屋中灶炕附近的灰烬中发现有烧残的兽骨，没吃完成堆的螺蛳，可以看出半坡村人早已脱离茹毛饮血的蛮荒生活，过上了比较殷实且安定的日子。

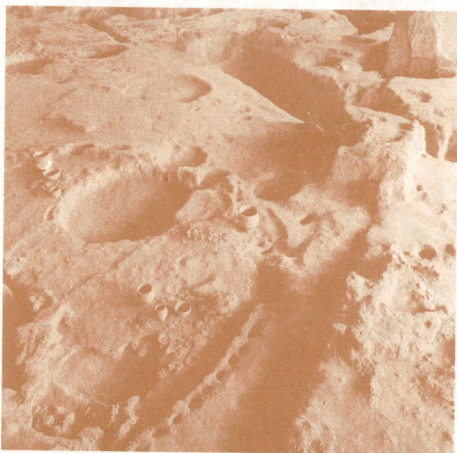

半坡遗址 仰韶文化半坡型
陕西省西安市半坡。半坡遗址出土的彩陶可以说是中国彩陶文化辉煌的开始。

半坡人已知道进行农业生产，使用石头、兽骨和陶片制造的工具。石器以磨制为主，但仍有少量的打制石器。有些磨制石器也只是在打制的基础上，仅对刃部稍加磨制。石器制作方法的改进对人类来说有重大意义，标志着人类具有了征服自然的能力。遗址中发现生产工具达 600 多件，有斧、铲、锄头。先民们就用这些工具焚树造田、种植粟等农作物，这是典型的"刀耕火种"。在一座房子下面还发现了一陶罐保存完好的粟，粟虽已碳化，但皮壳却清晰可辨。这是半坡人过上了农业生活的有力证明。

当然，渔猎还是村民们非常重要的食物来源，从遗址中发现许多的渔猎工具和残留的大量兽骨可以推测出来。打猎使用的工具丰富多彩，最重要的是弓箭，有不同的样式，仅箭头就有柳叶式、三棱形、扁平三角形、圆柱尖头式等。弓箭的使用，让人们的捕猎能力提升了一个台阶，可以更安全、快速地捕到猎物。

陶器也是村民生活中重要的物品，有各种形状的盆、罐用于储藏、煮食物，盛水等。村中有一个公有的制陶作坊，制陶技法已很发达。早期的制法以捏制法为主，到了中晚期开始出现用转速很慢的转轮加以修整的制法。彩陶是具有代表性的一种陶器，彩陶花纹是在制作陶坯过程中绘上去的，然后入窑烧制，这样彩绘可以经久不脱。彩绘多以红色和黑色为主，题材多样，色彩对比强烈。内容除了人物形象外，还有反映动植物、天文等各个方面的写实图案。其中尤其以鱼形纹居多，最具代表性。这些彩绘早已超出实用的范畴，而是先民们创作的文化艺术了。在一些陶器的彩绘上发现了较多刻画符号，有人认为是早期的文字。也有人认为只是随意留下的，并没有什么意义，也无法识读。究竟是不是文字，仅从这些符号是不能确定的，如果哪一天也能像甲骨文一样发现众多材料，说不定汉字史又要向前推了。

在居住区附近有氏族的公共墓地，排列有序，位于居住区之北。这里已发掘出成人墓170多座，各墓排列纵横有序，成人墓多为一人一墓，合葬的较少。随葬品为日常生活用的陶具诸如罐和壶之类。半坡人对成人和小孩是用不同方式埋葬的。小孩墓地发现有70多座，绝大部分就是葬在屋旁，用瓮装着，不入公共墓地。可能是夭折不祥不能入氏族墓地，也可能是由于灵魂观念及"亲子之情"，把幼儿留在身边。

随着发掘的不断深入，半坡村民的生活状态逐渐明了。整个村落，居住区是中心，四周有防护沟，沟北为墓地，东边为窑场，从这种统一规划可看出，人们过的是一种有组织的生活。房屋的大小相近，随葬品数量及质量上相似，所以人们之间并无贫富差别。总之，他们过的是一种集体而平等的原始村落生活。

华夏第一都到底在哪里

中华民族有悠久的历史，从早期的人类到原始氏族社会，这片土地上有过我们祖先的身影。随着生产力水平的提高，社会不断进步，尧、舜、禹三代之后，禹的儿子启废除统治权禅让的传统，夺权成立父子相承的国家——夏。"夏"也便成为我国历史上第一个国家政权，我们今天对于夏代的了解相当贫乏，只有少数文献中一些零星的记载。由于商都殷墟的发现，对商王朝的文明状况，我们有了较清楚的了解，而此前的夏代却仍是一片空白，几乎都要让人淡忘这个曾统治华夏几个世纪之久的王朝。如果能找到夏朝的国都遗址，我们就不会对夏代如此迷茫，但作为华夏第一都的夏都到底在哪里，长期以来一直是困扰历史学家的难题。

有人说是位于山西省运城市的夏县，据称，因我国奴隶社会第一个王朝夏朝在此建都而得名，号称"华夏第一都"。其历史悠久，为中华民族的发祥地之一。相传是嫘祖养蚕、大禹建都的地方，素有"禹都"之称。不过至今还没有在夏县找到有说服力的文化遗址。

有人说应该是在今许昌西部的禹州。禹州市是中华民族发祥地之一，大禹因治水有功曾在此受封"夏伯"。禹的儿子启继位后，于钧台大宴天下诸侯，建立了中国历史上第一个奴隶制国家——夏朝，亦被称为华夏第一都。夏都是在禹州吗？目前仍不得而知。

1959 年夏，中国科学院考古研究所组织了一支考古队，开始了探寻夏都的田野

青铜爵 二里头文化
高 20 厘米，尾长 26 厘米，河南省偃师市二里头出土。这是二里头文化中最具代表性的青铜器，造型细巧，素面而无纹饰。

考察。从传说中夏人活动的中心地区豫西开始，在拨开重重迷雾后，考古队将目光锁定在河南偃师二里头，集中对其进行考古发掘。以此为标志，中国考古学界开始进入了有目的、有计划地探索夏文化的时期。

早期奴隶制夏王朝的存在无可非议，但由于文献和考古资料的缺乏，夏代的文化面貌始终无法确认。20 世纪 60 年代末，考古工作者在河南省偃师县二里头村发现了一些古文化遗址，出土陶器十分特殊，介于龙山文化与商代之间，引起了学术界的极大兴趣。二里头村，位于偃师县西南 9 千米的洛河南岸。古文化遗址包括二里头、圪当头、四角楼、寨后和辛庄 5 个村，面积 375 万平方米。1957年发现后，1959 年开始进行发掘和研究工作，先后发掘面积达 1 万平方米。文化遗物的特征介于龙山文化晚期和商文化早期之间，尚属首次重要发现，命名其为"二里头文化"。 这处遗址的最下层被确认为夏文化，出土有铜刀，为我国发现最早的青铜器。其上层为商代文化，发现有大型宫殿基址，面积达 1 万平方米。遗址中出土了大批工艺精良的铜器与玉器，应为夏商时期的都邑遗址，在考古学上占有极重要的地位，对了解和研究夏商文化的历史有很大意义。

经过几十年的研究，可以确认二里头遗址是一座早期王城。但这座都城是属于商代还是夏代却还不清楚。2003 年，考古人员又在现已发现的中国最早都城遗址"二里头遗址"中找到了两座大型宫殿建筑。其中一座，呈缺了一个角的长方形，东西长为 110 米左右、南北宽 100 米，东北部折进一角。整个庭院范围都是建造在高于地面半米的夯筑平台上。庭院四周为走廊，除西廊是外有墙、内有走廊外，其余三面中间都是墙，内外皆有走廊，说明在庭院北、东、南三面可能还会有相邻的庭院。这座宫殿的样式，后代有许多建筑都沿用。新的宫殿建筑群的发现又吸引了人们的目光，无论从其规模，还是样式都是皇宫大院的建筑。

这两座宫殿遗址的特殊处和意义，不完全在于认定它们是王宫，更重要的是

它们被发现的位置。早先考查知道二里头遗址所处的社会，很大可能是处于夏商两代分界的时期，其上层是商文化遗留，其下层为夏文化遗留。而这两座宫殿初步考定是处于夏文化层，那岂不是说，我们可以确定这是夏代的都城了吗？有位考古专家激动地说，"这意味着人们几乎可以从中触摸到中国第一个王朝的脉动了"。

然而事实上，二里头遗址是不是夏都并未得到公认，首先就此遗址本身的时期争论仍在继续，有人说属于夏文化晚期，有人说属于商文化早期，更为普遍的说法是"界于夏商之间"。历史学家冷静地说，"二里头遗址本身还存在着许多未解之谜，作为都城的二里头，它的内涵布局及其演变过程、它的文化面貌及其社会生活与组织结构、它的族属国别以及人地关系等诸多课题，目前还只是粗线条的把握"。

殷墟是商代的古都吗

时间上推到 1899 年，那时还是清朝末年，当时的北京国子监祭酒王懿荣，因为患病而吃药。他随便翻看一包刚买来的中药，以检验药的成色，发现一块"龙骨"上有些奇异的刻画符号。他没有轻易放过这个发现，而是立刻去药店查探，得到更多的有字龙骨，综合这些材料他得出这些符号肯定是商代的文字。此后他就不断以高价收购这些甲骨，一些商人也投其所好。此事逐渐为人所知，很多人便纷纷加入收购的行列，从此甲骨身价倍增。因为有巨大的利益，知道甲骨文来源的商人便长期隐瞒真正的出土地点。10 年后，著名甲骨文学家罗振玉终于得知出土位置——河南安阳小屯。

甲骨出土数量不断增多，古文字学者罗振玉在 1910 年释出了十几位商王的名号和死后的谥号，这更加证实了小屯村就是湮没的殷墟。

公元前 16 世纪前后，商汤灭夏，在中原地区建立了商。在当时特殊的历史背景条件下，商王盘庚曾 5 次迁都，最后定都于殷。直到商纣亡国，255 年间殷一直是商代晚期的统治中心。周取代商以后，殷民迁走，殷都也在漫长的历史变迁中沦为一片废墟。

甲骨的发掘工作也经历了几个不同阶段，大体分为：早期的滥采滥挖、中期的低水平集众发掘、前中央研究院的科学发掘、新中国成立后科学系统发掘。

1899 年，甲骨文为世人所知后，其身价陡增，当地地主、农民、古董商等为牟取暴利集众挖掘。1904 年冬，小屯村地主朱坤率先集众在小屯村北地、洹河南岸的农田中建起了挖掘工地，大肆挖掘甲骨达数车。同村人霍文元、刘金声等人见有利可图，也集众挖掘，双方为了争夺甲骨还发生了群体械斗。最后，安阳知县下令禁止私掘，但禁令并未维持多久，私掘现象依然严重。

后来，前中央研究院历史研究所成立之后，便派董作宾于 1928 年 8 月到安阳小屯村调查甲骨出土及保存情况。董作宾在小屯村一带多处调查走访，了解到近几年在小屯村仍有甲骨出土，便从村民手中收购了部分甲骨。经过这次调查，前中央研究院认为小屯村的地下还有甲骨出土的可能，遂从 1928 年 10 月至 1937 年先后进行了 15 次考古发掘。参加发掘的主要工作人员有李济、梁思永、董作宾、郭宝钧、石璋如等。这 15 次发掘中，第 1 至第 9 次以小屯村为重点，得甲骨 6500 余片；第 10 至第 12 次以距小屯村 3 千米远的洹河北岸的侯家庄为重点，挖掘了王陵墓葬，但没有甲骨出土；第 13 至第 15 次仍以小屯村为重点，得甲骨多达 1.84 万余片。其中收获最大的一次为 1936 年春开始的第 13 次发掘，出土甲骨 1.7 万片，并有完整和较完整的龟腹甲 200 多个。

通过这 15 次科学系统的发掘，他们不但发现了很多商代晚期的遗址、墓葬，同时还获得有字甲骨 24918 片。后来，前中央研究院从中选出近 1.3 万片辑成《殷墟文字甲编》和《殷墟文字乙编》。这 10 年的殷墟发掘是在考古专业工作者指导下进行的，出土的甲骨等文物也收归国有，因此这是甲骨学史上的极大收获。特别是后 5 次发掘，对殷墟建筑基础的遗留及墓葬的排列情况都做了详细研讨，为中国考古学的形成奠定了基础。

新中国成立之后，文化部设立文物局。从 1950 年春到 1977 年，文物局对殷墟进行了十几次有组织、有计划的科学发掘工作，共获得有字甲骨 5000 多片及商代青铜器等珍贵文物，并使商代殷都的面貌整体呈献在世人面前，获得了甲骨学史上的空前收获。

甲骨文并不是一种处于起源阶段的简单文字，无论从文字的形体结构还是史料证据上，都说明甲骨文是一种比较成熟的文字。在距今约 6000 年的西安半坡遗址出土的陶器上，有二三十种刻画符号，郭沫若和于省吾先生通过考证都认为其是汉字起源的简单文字。约距今五六千年的大汶口文化时期的文字，更被认为是处于发展阶段的早期文字，而且其形体与商周文字较为接近。因此，许多学者都认为，在甲骨文字出现之前，中国的汉字可能已经经历了两三千年的发展和演变。

甲骨文已经不是最初的简单符号，它是商代文明的标志之一，其发达与成熟在许多方面都有所表现。从已出土的甲骨文看，其句子的构成已经具备了现今汉语的表达方式的雏形。不仅甲骨文中的词句已经具备了后来汉语表意方式的基本特征，而且甲骨文中的单字也已经具备了后来汉字的主要特征。汉代许慎《说文解字》中提出包括象形、指事、会意、形声、转注、假借在内的"六书"，甲骨文字也已经大体具备了这"六书"所包括的内容。

从甲骨文中可以看出，商朝，人们对神的崇拜已经具有宗教意义。人们通过向神灵卜问来预测吉凶祸福，这在当时是非常流行的。甲骨文就记录了大量的占卜辞。

据研究发现，当时用于记录占卜辞的龟甲和牛胛骨是经过精心修饰的。在殷商时代，龟甲主要从南方进贡而来。据专家鉴定，出土于殷墟的龟甲多是取材于南方江淮、珠江流域的胶龟，其特大者则是产于我国近海的海龟。

学者们从一块已破译的甲骨上得知：商代武丁时期，一个雀地的诸侯一次向商王进贡"五百龟甲"。从其他甲骨文材料看，向殷王室进贡龟骨的人多为殷王之官或附属的方国之人。雀地的诸侯一次就送来 500 只龟，可见当时殷王室储存的龟甲数量是十分庞大的。

当时的社会，畜牧业已很发达，可以提供大量的卜骨。1973年在安阳小屯发掘的 H99 是当时存放骨头的一个窖穴，里面存放着大量未经加工过的牛胛骨。可见，卜骨也是预先收集，以备随时取用的。

从发现的甲骨看，它们都有被锯、削、刮、磨的痕迹。卜甲一般是将乌龟的甲壳分成凸起的背甲和较平的腹甲两部分。连接背甲与腹甲左右两边的甲片，就叫甲桥，其位置在乌龟的前后足之间。在锯开上下甲时，甲桥留在腹甲上。腹甲、背甲都要经过一系列的整治。要除去鳞片、胶质等，背甲一般从中间剖开，并将中脊凸起部分锯去，在上面钻一孔。卜骨主要用牛肩胛骨，不分左右。其整治方法是将骨的顶端骨臼的圆形削磨成月牙形，以使骨臼与骨面平整。

甲骨经整治加工以后，还要经过钻凿才能用于占卜。钻凿是在甲骨的反面加工出窠槽，由呈椭圆形的凿和呈圆形的钻作用而成。钻和凿都只加工到距甲骨最薄的地方而不透过骨面。钻凿大致有三种：一是有钻无凿，二是有凿无钻，三是钻凿并用。

甲骨钻凿完毕，即已完成了占卜前的所有准备工作。当时的占卜内容是十分丰富的。

占卜的起始程序叫"灼龟"。钻凿的第一种和第三种，都是在钻处进行烘烤，这叫"灼"。第二种则在紧挨凿的左边或右边施灼，称"单灼"。在甲骨反面施灼之后，它的正面就会出现裂痕，直裂的兆纹称为"兆干"，横裂的称为"兆枝"。占卜者就是根据兆枝的走向来判断吉凶祸福。

在占卜结束之后，把所问之事刻写于卜兆旁边，这就是卜辞。卜辞刻在甲骨的正面和反面的均有，但前者居多，这以武丁时期甲骨文为多。有的卜辞正面刻不完，就在反面接着刻。早期甲骨文中多见这种正反两面相衔接的卜辞。

殷人契刻卜辞有一定的格式。一篇完整的卜辞可以分为前辞、命辞、占辞和验辞四部分。前辞，也叫叙辞或述辞，记述占卜的时间和占卜者。命辞，也称贞辞、问辞，即命龟之辞，是向龟陈述要卜问的事。占辞，即根据卜兆而判断吉凶。验辞，即将占卜之后应验的事补刻下来。

甲骨上的卜辞除契刻以外，还有朱砂或墨书写的卜辞，这种书写的卜辞字形特别粗大，比同一版面上的刻辞字形大得多。

继发现甲骨后，大规模的发掘工作随之而来，于是，一座标志古代文明的都市遗址——殷墟遗址被发现了。

甲骨文 商
河南省安阳市殷墟出土，台湾省台北市"故宫博物院"藏。1936年殷墟甲骨的发掘取得了重大进展，1.84万余片甲骨在沉睡3000余年后重现世间。上图是这次发掘中出土的较完整的骨片。

殷墟是商代后期的王都所在地。河南安阳市西北 2.5 千米的小屯村是遗址的中心，洹水两岸的后岗、武官村、高楼庄、花园庄、孝民庄、侯家庄、四盘磨、大小司空村等 10 多个村庄都在遗址的范围内，总面积约 24 平方千米。

殷墟遗址从 1928 年开始共经历了 15 次发掘。抗日战争爆发后，发掘工作被迫停止。1949 年，殷墟的发掘继续进行，直到今天尚未间断。从遗址上看，小屯村是当时的王宫所在地。到目前为止，已发掘出 70 多处房基遗址，其中有大型宫殿和宗庙基址，也有小型居住址，都排列有序。在房基附近还发现有 700 多个大小深浅不同的窖穴，这些窖穴大都用来贮藏粮食、器具、甲骨，少数则作为居穴。在小屯村也发现有墓葬，它们集中分布在宗庙基址周围，多为人祭坑。另外，在遗址的东边曾发现包括有名的妇好墓在内的属于王室贵族的中型墓。

王陵区分布在洹水北岸的侯家庄和武官村一带。在这里共发现 13 座大墓和千余座小墓、陪葬坑，其中赫赫有名的商王大墓就在武官村。据推测，大墓多半是王陵，小墓和陪葬坑应该是附属于大墓的陪葬墓和人祭坑。

古代居民遗址和墓地在其他各村也有发现，但规模较之都略小，在小屯村东南的苗圃北地和小屯村西北的北辛庄分别发现了规模较大的铸铜和制骨作坊遗址。

殷墟是我国考古史上最早的、历时最长的、规模最大的考古发掘之地，所获实物资料也极为丰富，其中经科学发掘所得刻字甲骨将近 3 万片，青铜器多达几千件，以及不计其数的玉、石、骨、角、牙、蚌、陶等各类遗物。所有这些都是研究商代历史最珍贵的实物资料。

总之，甲骨文与殷都遗址是一个难得的文物宝库。甲骨文中还有许多内容没有破译，它们和许多历史问题联系在一起，形成一个个谜案。研究甲骨文字，将有利于揭开许多历史谜团。

三星堆文化之谜

三星堆遗址位于四川省广汉市南兴镇北，这里有一条古河道叫"马牧河"，河道北岸的阶地形似月牙，人们便给它起了个美丽的名字——"月亮湾"，而三星堆则得名于河道南岸的 3 个大土堆。三星堆遗址的最初发现，是非常偶然的。1929 年 2 月的一天，家住广汉市太平镇月亮湾的燕氏父子在浇灌农田的过程中，锄头锄到了一块石板，他们满怀惊奇地撬开石板，竟发现了满坑光彩夺目的玉石器。虽然不懂文物但他们却认定这是宝物，于是燕氏父子便在深夜偷偷将一共 300 多件玉石器取出，搬回家中。过了一年，燕氏父子见周围并无异常反应，为了牟利，他们便携带这些玉石器到城市的少城路——以前最大的古董市场去卖。据说这些被他们变卖的玉器至今仍下落不明。如此多的罕见之宝涌入市场，一时间，广汉玉器在古董商和古玩家之间炒得沸沸扬扬。大批所谓的"淘金者"纷纷涌向月亮湾，去寻觅宝物。

三星堆遗址能以真面目示人也得益于一个机缘，就在燕氏父子出卖那些玉石器的时候，也带了一些送给当地驻军旅长陶宗凯。此人乃一介武夫，对古董一无所知，但他找到了当时在华西大学地质系任教的葛维汉先生，请他帮助鉴别。葛维汉先生来自美国，对古董有所研究，他看到这些玉石器后，眼前为之一亮，没想到如此精美的玉石器也会出现在西南地区，他初步认定了这些玉器是周代礼器，是稀世珍宝。就在1933年秋，葛维汉先生与同是华西大学教授的林铭钧先生、戴谦和先生等人组成了对三星堆遗址进行考察的考古队。考古队在发掘中，发现了许多陶器、石器、玉珠、玉圭等稀世珍宝。1936年，考古队将发掘所获加以整理分析，在《华西边疆学刊》上发表了《汉州初步发掘报告》的文章。在报告中，把有关遗址文物

祭祀坑
四川省广汉市三星堆出土。三星堆商代文化遗址1号祭祀坑长4.4米，出土了为数众多的玉器、陶器和青铜器等。

称之为"广汉文化"。不幸的是，第一次发掘工作仅仅持续了4年，就被1937年开始的日本侵华战争阻断了。

第二次正式的发掘工作开始于20世纪50年代初期。为配合宝成铁路的建设，考古学家们又一次来到了月亮湾进行考古调查，继续十余年前对遗址的勘探。他们采集了大量石器和陶器标本，根据初步考证，他们确定该遗址可能是西周时期的古遗址。1963年的一次规模较大的发掘是由四川大学历史系考古学教授冯汉骥先生带领他的学生进行的。他们来到月亮湾的高地上，极目远眺，顿感这是一个不凡之地。冯先生深有感慨，他认为这里极有可能是古代蜀人的"都城"。后来的考古发掘证明了他的预言是正确的。

1980年，在全面发掘条件成熟的情况下，由四川省文物管理委员会组织的对三星堆遗址抢救性的发掘全面展开了。这次历时3个月的发掘，收获颇丰，不仅出土了不少的陶器、玉器、石器，并且还发现了大量的房屋基址和4000多年前的墓葬。这些陶器、石器让人们了解了4000多年前古蜀人的文化特点，从而也从它们身上见识到了古蜀文化和古蜀人的生活方式。在这次成功发掘的激励下，考古学家们锲而不舍，继续前进，试图进一步揭开古蜀王国之谜。1986年7月23日凌晨2时30分，他们又有了一个重大收获。考古学家以竹签为工具，在谨慎的挑土过程中，发现了一小点在灯光照耀下闪闪发光的黄色物体，他们耐住性子，继续挑土，不一会儿，黄色物体显露的面积越来越大，还显出花纹来。先是一尾雕刻逼真的鱼映入眼帘，接着人们又发现了一只振翅欲飞的小鸟。这弯弯曲曲的

黄色物体不断地延伸，竟长达一米多，令人惊奇的是，上面除了刻有鱼、鸟纹外，竟然还刻有一个王者之像。考古人员将这一发掘物称为"金腰带"。意识到此发现非同小可，他们立即向政府请派军警保护现场，局面得以控制后，考古人员才公开了发现古蜀王"金腰带"的消息。一时间舆论哗然，三星堆又一次成为世人关注的焦点。继"金腰带"之后，大量的玉器、象牙、青铜器及金器也被陆续发现，尤其是青铜器中的各式人头像和黄金面罩是中国考古史上的首次发现，具有十分重要的意义。

在考古人员不知疲倦的奋战下，一具具神奇的青铜面具，一件件晶莹剔透的玉器，闪闪发光的金鱼、金叶，离开了它们沉睡的泥土，发出了熠熠光辉。尤其是 1986 年发现的两座祭祀坑，是三星堆遗址的代表，它们的发现令世人瞩目。其中一号祭祀坑位于三星堆土堆南侧 100 米左右，坑是一个口大底小的长方形，坑内大概有 400 多件文物出土；二号祭祀坑位于一号祭祀坑东南，相距大概 20 米，是一个坑壁稍微有些倾斜的长方竖穴，从这个坑里出土了 439 件青铜器，131 件玉石器，此外还有骨、象牙等器物。这些 3000 年前的青铜人像雕塑，在中国古代文明史上十分罕见，在东方乃至世界艺术史上都占有十分重要的历史地位。其中一件大型青铜立人像的发掘，填补了美术史上商代大型雕塑的空白，它总体身高将近 3 米，是目前为止发现的几尊最大的青铜铸像之一。人像面部的器官雕刻得栩栩如生，头上还戴着用羽毛装饰的发冠。它手臂的动作好像是在进献贡品，人像身着饰有巨龙、云雷、人面花纹的衣服，看上去十分华丽。无论是从它的面部表情、身体动作，还是衣着来看，都体现了浓厚的宗教色彩。因此，有的专家推断这个青铜大立像可能是一个象征着王者的"司巫"。在二号祭祀坑还出土了 41 件铜人头像，它们的大小、面部比例、神色与真人非常接近，大概也是巫师的形象。

在这两座祭祀坑中，人们还发现了一种被专家称为有"不死"或"通天地"功能的神树，那就是用青铜器制作的铜树。其中最大的一棵，高近 4 米，由树座、主干和三层树枝组成，体态挺拔，装饰十分精美。树下底盘为圆环形，上有一个描绘着云气状花纹的山形树座。高大的树干一共有 3 层，一层向外伸出 3 根枝条，每一根枝条上都站着一只鸟，枝端挂着一个桃形的果实，十分精巧。除此之外，更让人称奇的是，在树座下面背朝着树干跪着 3 个人像，他们的表情十分威严庄重，越发使神树显得神圣无比。这棵神树是目前世界上发现时代最早、形体最大的一株，据推测，后世兴起的"摇钱树"可能就是在此基础上发展而成的。两座祭祀坑中除了青铜立人像和铜树外，还有玉石器和青铜礼器也是颇为重要的。出土的玉器，其中一部分像斫、斧、凿、刀、锄、舌形器、椭圆形穿孔附饰等，具有浓厚的地方特色，很明显是当地人制造的、蜀人本来就有的玉器；而另一部分像玉璋、玉琮、玉戈、玉瑗等，它们的制造则体现出中原文化的影响。

三星堆遗址重新出现在世人面前，它的社会影响和学术意义是十分重大的。英国《独立报》曾以《中国青铜像无与伦比》为题发表文章，称三星堆青铜像是"古代最杰出的艺术制品"，而这次大量的青铜文物的出现，也将使人们对中国金属制造的认识上升到一个新的高度，让我们感受到了一个高度发达的早期蜀王国文明的无穷魅力。从对三星堆遗址的研究来看，商的势力和商文化的影响确已达到了成都平原。虽然过去专家们在研究殷墟卜辞时也曾发现有"征蜀""伐蜀""至蜀"的记载，然而遗憾的是，由于人们怀疑商王朝根本无力攻入像四川这样的遥远之地，所以这些记载以前并没有引起人们足够的重视。至于商文化是如何从遥远的中原地区传入四川的，专家们提出种种推测，著名历史学家李学勤先生经过考察三星堆出土的若干青铜器，认为商文化可能是在向南推进的过程中，经由淮河流域，穿过洞庭湖，沿着长江流域逐步发展到四川地区的。

历史渐渐离我们远去，唯有在对这些遗迹和遗物的考察中，我们才能探寻到过去的讯息。当然，我们从中所感受到的只是一个早期蜀王国灿烂文明的物质表现，至于它那深厚的文化底蕴和神秘的青铜艺术则需要我们慢慢地去品味、去欣赏。

巴蜀古国之谜

四川古称巴蜀，"巴"指川东，"蜀"特指以成都为中心的川西平原。今天的四川简称蜀，"蜀"是象形文字。《说文解字》称"蜀，葵中虫也"。说它是桑树中的虫，也就是蚕，这些象形字中有很多像是长着大大眼睛的蚕。传说中第一代蜀王名叫蚕丛，最大的功绩就是教民种桑养蚕，正因为这样，后人爱戴他、崇拜他、敬仰他，尊奉他为蚕桑纺织业的鼻祖之一。而蚕丛又有"纵目"的异相特征，因此"蜀"字很可能就起源于对蚕丛形象的客观描绘，而"蜀"也成为一个族名、国名、地名被流传下来。历史上一直认为巴蜀地区偏居西南一隅，是一片蛮夷之地，建国前人们还相信"蜀无礼乐，无文字"的说法。但建国后的考古工作证明，四川地区在古代的时候并不是毫无礼仪的荒夷之地，它的文明和中原文明一样是中华民族多元一体文明中的一"元"。

大家都知道，四川在秦朝后被称为"天府之国"，说是李冰父子修建了都江堰，改变了以前四川地区有水则涝、无水则旱的局面。那么是不是以前这个地方就穷苦不堪呢？成都市的几处发掘可以回答这个问题。成都的十二桥遗址在1958年底、1986年至1987年，经过两次发掘，在商代的地层内，发现了大型木结构建筑遗址，房顶、梁架、墙体、桩基、地梁等，基本保存完好。大型地梁式宫殿建筑与小型干栏式建筑浑然一体，错落有致，分布面积为1.5万平方米以上。在以十二桥遗址为中心南北延伸的数千米，还发现多处商周时期古遗址，它们的规模和形制与十二桥相同，应该是成都这个总遗址的不同组成部分。这么大的建筑规模和成熟的建筑艺术说明在商周之际的成都已是一个相当发达的地区。2001年2月以来在成都市金沙村发现商代晚期至春秋时期的大型遗址，年代当为商代晚期至西周早期，分布范围约3平方千米，遗址内有明显的规划迹象，各部分的功能有不同的区域划分，每一处都有一定的布局结构。在这里出土了大量的精美文物，其中包括金器40余件、青铜器700余件、玉器900余件、石器近300件等共计 2000 余件，还发现大批象牙和数以万计的陶器、陶片等。大量的物品和成熟的城市建设理念从不同的角度说明这个地区的经济已经发展得不同凡响。墓葬的奢华程度也可以说明这个问题。成都市商业街在 2000 年 8 月至 2001 年 1 月发掘的墓葬中，有一处被确定为蜀王开明氏王朝晚期（约相当于战国早期偏晚）的大型多棺合葬的船棺、独木棺墓葬，墓坑长 30.5 米，宽 20.3 米，面积达 620 平方米，墓坑中现存船棺、独木棺葬具 17 具。船棺规模、形制宏大，最大的一具长达 18.8 米，为其他地区所未见。随葬品虽被盗过，仍出土陶器 103 件、铜器 20 件以及漆、木器 153 件等。并且遗迹显示，墓葬之上还应该有布局规整的地面建筑。

如果说这些还不足以说明古巴蜀国和中原一样礼乐并重的话，我们同样可以从考古工作者那里找到证据。四川新都战国木椁墓：1953 年到 1956 年考古工作者在成都北郊清理了一座大型土台，这个土台残高 10 米，台底 103.6 米见方，最上层 31.6 米见方，为三级四方形土台。关于土台的年代，开始定为西周到战国。后经过研究，认为这个土台始建年代应该是商代。关于土台性质，一般认为是集会、观望和祀典的场所，或古蜀国巫觋通天地的神坛，即大型礼仪中心。

1980 年在四川新都发掘了一座战国早、中期之际的大型带斜坡墓道的土坑木椁墓，椁内分出棺室和 8 个边箱，棺具为独木棺，椁室出土青铜器 188 件，青铜器多 5 件成组，或 2 件成组，显示出特殊的礼制。作为古代文明重要标志的乐器在巴蜀大地上也有发现，1972 年在重庆涪陵小田溪战国土坑墓就出土了 14 件一组的错金编钟。另外不少器物上的宴乐图案中也常有针对乐器和歌舞的描绘。

至于巴蜀古国有没有自己的文字这个问题，考古工作者给出的答案也是肯定的。20 世纪 70 年代他们在四川的郫县发现两件带有铭文的的青铜戈，在新都发掘出一件有铭文的青铜戈，1973 年在重庆万县发现一件有铭文的青铜戈，1959 年在湖南常德 26 号战国墓出土一件巴蜀铭文青铜戈，这些青铜戈上的文字似汉字而非汉字，为确证巴蜀有文字提供了重要的物证。1979 年到 1980 年在四川省青川清理 82 座土坑墓时发现了 400 多件器物更有说服力，从其中出土的秦武王时在巴蜀推行田律的木牍看，这批墓的年代为战国中期和晚期。同时出土的漆器上有刻画文字，既有汉字，又有一些不为人知的符号，这些符号与汉字夹杂在一起，为巴蜀符号确属文字提供了坚实依据。

从以上的考古发现中我们可以得知，古巴蜀国至少在秦以前就出现了相当发达的文明。那么这些文明的起源又在哪里呢？它是怎么传播和发展的呢？它与中原的文明又是一种怎样的关系呢？三星堆怪异的铜像、僰人高挂陡崖的悬棺等也是那么有力地吸引着世人的眼睛。我们到底什么时候才能真正地走进这个曾经辉煌的古老国度呢？面对人类好奇的追问，滔滔的江水、巍巍的青山都沉寂无言。

巴人王朝为何湮没

提起"巴人"也许会让人感到陌生，但只要想起四川一带又称"巴蜀"和"阳春白雪，下里巴人"这一著名典故，可能头脑中会有这样一种朦胧印象——巴人不就是居住于我国西南的古老民族吗？是不是喜欢浑身涂上油彩，头戴羽毛，跳奇怪舞蹈？也许你还会有落后、蛮荒的感觉。其实这种印象是不完全对的，神秘的巴人早在公元前十几世纪就有可以与中原强大的商王朝相媲美的青铜文明。巴人祖先和黄帝是同一支，还是独立地创造长江文明的源头？曾经极其辉煌的巴国社会生活状态怎么样，最终又为何湮没？对此人们有不同的猜测。

巴人起源于湖北清江下游长阳的武落钟离山。巴人为夺取盐业资源曾与以盐水神女为代表的某个母系民族展开争战，并赢得了战争。这是巴人与盐的第一次结合。其后，"巴盐"与"盐巴"在三峡一带上演了一场横贯数千年的大剧。巴人领袖廪君战胜盐水神女后，在清江边（清江古称夷水）建筑夷城，建立了巴王国。这是一个奴隶制国家，是巴人建立的第一个巴国。巴人以虎为图腾，好鬼神，实行祖先崇拜，廪君则是他们最伟大的祖先。在以后的历史中，巴国的军队参加了周武王伐纣的联盟军，成为前锋部队，戴着百兽面具，跳着"巴渝舞"冲锋陷阵，打败了殷商军队。战后巴人受封子国。这就是《华阳国志》中所称的"巴子""巴子国"。此后，巴国在楚国和秦国两大强国的夹缝中艰难求存，节节退守，终被秦国所灭。

对于巴国的文明，有人说是同黄河文明并列的长江文明的源头。巴人在湖北的生活有个漫长发展过程，独自由原始氏族形成众多部落，再到后来组成5个核心部落"巴、樊、覃、相、郑"，他们在很长的时间里平等相处，无君臣之分。当各部落不断壮大，终于到了需要一个君主统领联盟的时候——"乃共掷剑于石穴，约能中者，奉以为君"。廪君胜出，成为巴人领袖，由于团结，从此强盛起来。而后在长期的发展中，迁入四川，在险山恶水中，独自产生了高度的物质文明和精神文化。在迄今发现的巴人的许多文物上，都有着被专家们称之为"巴蜀图语"的刻画符号，动物的、植物的、人物的，造像奇特，这些古怪的印痕，究竟是发源于巴人原始的艺术灵性，还是大自然神秘莫测的烙印？是装饰品还是占星术？至今仍是一个难以破译的悬念。不过可以肯定这是巴人的精神文化创造，是否是早期的文字呢？史学界一度曾认为巴国只是个好斗的邦国，但却发掘出了"礼乐"用的编钟，显示了巴国具有完整的礼乐制度，而且采用高超的饰金银工艺。出土文物中还有造型奇异的随葬兵器，柳叶形的青铜剑，荷包形的青铜钺。巴国还有独特的生活方式、风俗，如至今让人迷惑不解的"船葬"和"悬棺"。巴人确实创造了高度发达的文化，虽然最后被秦所灭，但早在灭亡的8个世纪前就与西周并流，共同汇入华夏文明的发展轨道。

但有人持不同意见，认为巴人在廪君一统部落前就与中原黄帝关系紧密，巴人与中原华夏属同一来源，甚至认为是黄帝所统率众多部落中的一支。而且，与巴人并称的蜀国，据说和"夏"同出于黄帝之孙颛顼。巴国出土的大量精美青铜竟然与千里之远，被"蜀道难，难于上青天"的高山深谷相隔绝的殷商青铜器有完全相同的样式。因此巴国的文化并不是完全自生，而是与中原文明"本是同根生"。巴人与周代有关系比较明确，但是否与黄帝、夏、商有关系还是个谜。

关于巴国的另一个未解之谜是巴人为何突然失踪了，在历史中变得杳无音信。十数万巴人神奇失踪之谜，千百年来无数人为之苦苦追寻，试图找出谜底，但都是难得其解。第一种说法是巴国被秦军灭后，其人口也被全部坑杀，这种说法也许更多是基于秦军的残暴和坑杀赵军 20 万之说上的猜测。

第二种说法是巴国人在灭国后，除死伤外都大规模迁移了。最近陕西商洛地区考古专家在探寻商洛 900 多个神秘洞窟起源时，又有了失踪巴人的惊人发现。据了解，商洛发现的神秘洞窟均面山、临水，故每每进洞，须越过湍急的河流。洞内呈长方形，四壁平整，人工开凿痕迹明显。就目前已知的巴人习性而言，神秘洞窟的本身就与巴人在川生活有着许多相同之处。又发现了船棺葬的残存物，而且还有一些巴人文物相继出土。这些文物与三峡地区出土的巴人文物几乎如出一辙，其器具上的符号也惊人的一致。于是有人产生了一个大胆的猜想：一度失踪的巴人是否像陶渊明《桃花源》所描述的那样，为躲避战乱而隐居起来？神秘洞窟莫非是已经消失了的古代巴人的桃花源？

第三种说法是巴人并没有失踪，也没有离开本土，他们就是现在土家族人的祖先。从 20 世纪 90 年代中期开始，专家们利用 DNA 遗传技术试图分析古代巴人和今天土家族人的关系，多次对三峡和清江流域一带的土家族人的血液和悬崖峭壁上的骨骸进行了基因对比实验。后来史料上之所以不见巴人，是因为巴国不存在了，也就没有人称呼巴人，而他们的后裔依然生活在这片土地上，形成土家族。考察土家族的生活方式、习俗与遥远的巴人的确很相似。不过这种说法也没有得到公认。

奇异的巴人王朝曾有过血与火的历史，在史书记载上无一不是与战争相关联，这是个伟大的王国，还存在太多的谜没有解开，让我们暂时无法进一步窥探他们的奋斗历程。

长城的两端到底在什么地方

长城是中华文化的瑰宝、人类文化的财富。"不到长城非好汉"这句话更是每个中国人耳熟能详的名言。现在长城不但是中国人心中的圣地，而且世界各地的人也对它敬仰不已，只要提到中国，便会想起中国的万里长城，只要来到中国，就一定要去万里长城。中国的长城号称万里，实是当之无愧，并无疑义，但长城的两端到底在什么地方却有着不同的说法。因为长城的修筑前后历经

万里长城是有史以来最长的建筑，然而它依然没能抵挡住侵略者。

2000 多年，很多长城并不是绵延不绝连在一起，以及早期修筑的颇多损坏，以至对长城两端所在地的认识出现了不同的意见。

第一种说法是据《史记·蒙恬列传》载："秦已并天下，乃使蒙恬将三十万众北逐戎狄，收河南（今内蒙古自治区河套以南），筑长城，因地形，用险制塞，起临洮，至辽东，延袤万余里。"这句话表明了秦始皇修建长城的两端，即临洮和辽东。秦始皇修的长城其实包括三段，东段起于现在内蒙古自治区德化县内，向东基本上是沿着今内蒙古自治区和河北交界处蜿蜒东行的。进入辽宁以后，折向东南，一直延伸到朝鲜境内的平壤大同江北岸，其终点即是所谓的"辽东"。秦始皇长城的中段，从东至西由内蒙古自治区兴和县，北依阴山，南靠黄河河套，西抵乌兰布和沙漠北缘。西段长城，经考察西起甘肃省岷县，循洮河东岸向北至临洮县、兰州，再东折至榆中县。

专家认为今天的岷县就是秦朝时期的临洮县，是秦万里长城的西边起点。现在其遗址旁树立着一块碑，写的却是"战国秦长城遗址"，原来在春秋战国时期各诸侯国都修过长城，秦国也不例外。这一段从临洮起点的长城就是秦昭王时修建的，后来秦始皇加以修缮。可惜的是，经过时间的侵蚀，我们很难相信西起临洮的这一段长城是否存在过，因为几乎看不到绵延于山川田野的城墙。为了探访秦朝是不是在这里修过长城，有人几十年来走遍这里的每一个角落，寻找昔日的长城，并且找到了很多秦代遗物，不过这并不能证明修长城之说，因为这一带本来就是秦朝活动区域，找到一些秦遗物并不能说明问题。

第二种说法是万里长城东端到辽东，西端为现在新疆维吾尔自治区罗布泊地区。此种说法是基于汉代所修筑的长城之上的。汉朝时期，北方游牧民族匈奴强大起来，不断在汉朝边境滋事，为此，汉高祖刘邦亲征匈奴，但却以惨败结束，被围困了七天七夜，后来用谋士陈平的策略，才得以逃脱。在匈奴威胁下，汉初国力衰弱，只得年年给匈奴交纳大量贡品，以求平安，但边境的骚乱并没有完全停止。经过汉初几代皇帝的休养生息政策后，汉武帝时国力空前强盛。于是汉王朝不再唯唯诺诺，而是主动出击，派遣大将卫青、霍去病等率军多次给予匈奴巨大的打击。经过一系列战争，打通了甘肃经河西走廊到新疆维吾尔自治区罗布泊的交通要道，并使西域各王国臣服于汉朝的统治。

汉武帝在军事进攻的同时，还着手另一项工作即是大规模修筑长城。汉武帝有四次大规模的修筑，第一次在公元前127年，在击溃盘踞在此地的匈奴后，将防御匈奴的北方边界推进到今内蒙古自治区阴山南麓的原秦始皇长城一线。第二次在公元前121年，夺得被匈奴占据的河西走廊，而后几年修筑了由今甘肃永登县至酒泉的长城，东面与秦始皇所修长城相接。第三次在公元前111年，用了两年时间，修筑了酒泉至玉门关段的长城。最后一次修筑长城是在公元前104年到公元前101年，修了玉门关至新疆维吾尔自治区罗布泊段的长城。

那么，长城的西端是否应该认为是在罗布泊呢？汉代在河西走廊到罗布泊的这段长城和我们一般概念中的长城不同，只有相隔的城墩、烽火台，而它们之间缺少相连接的城墙。不过其功能却是相同的——驻防，互相通报敌情。如果不认为是长城，那么这条千里屏障又如何称呼。

第三种说法是长城分别是东到山海关，西到甘肃的嘉峪关。这两座雄关修建得气势磅礴，至今保存完好，又经过多次修复，一东一西相互对峙，所以被认为是万里长城的两端。此说其实是明长城的两端。明代是最后一个大规模修筑长城的朝代，在其统治的200多年中几乎从没停止过长城的修建，因为明朝有着更为严重的边患。在周边众多实力强大的政权的压力下，明朝为求得安宁与和平，只得年年用大笔银子在崇山峻岭中铺就一条坚固的防线。朱元璋建立明政权，占领北京，推翻元朝的统治。此时的元政权并没有被消灭，而是退出了北京，回撤到今长城以北，仍有东至呼伦贝尔湖，西至天山，北抵额尔齐斯河及叶尼塞河上游，南到现在长城一线的广阔地域。而且元政权的统治者并没有完全死心，而是时时不忘收复失地，重主中原。在陕西、甘肃、辽东都有不服从明政权的规模庞大的军事政权，时刻让明朝统治者寝食难安。明代中后期，北方女真族政权兴起，更是成为明朝廷的心腹大患，这时修建长城的工程也更为浩大。

还有人认为万里长城的东端并不是山海关，而是辽东鸭绿江畔。只是因由山海关到辽东一线修筑比较简陋，到现在基本被损坏，所以认为万里长城是明代修筑得比较精良的嘉峪关与山海关之间一段，其两端是这两座雄关。

万里长城的两端到底在什么地方，以什么时候为标准来定，众说纷纭，至今尚无定论。

秦始皇陵兵马俑之谜

1974年3月，在陕西省临潼县（今西安市临潼区）秦始皇陵东面3里的西杨村，几位农民在奋力打井的时候发现了一个陶制人头。农民们十分泄气，因为据说挖井挖到人头是一件很不吉利的事。于是，他们悄悄把人头埋好，又换了个地方继续挖井。可是，没想到同样的情况又发生了，这次他们挖出许多陶制的身体和手。农民们感觉蹊跷，于是他们迅速地报告了有关部门。有关部门立即派考古工作者展开钻探和发掘工作。当地表层被掘开时，神话般的奇迹就展现在人们面前。在5米多深的深坑内站满了身披铠甲、手持兵器威武健壮的武士俑和拖拉木制马车的陶马俑。这就是举世震惊的一号兵马俑。1976年6月，第二号和第三号兵马俑坑又相继在一号俑坑的北侧20米处被发现。

秦始皇兵马俑共分3个坑，每个坑都是独立的一组建筑。这些建筑都是通过在地下挖坑的形式修建而成。

一号坑为步兵、车兵混合编组，坑四周是回廊，东西两端是守卫军队，南北两侧则排阵设防，中间9个过洞里，每个过洞四纵队组合，兵车相间，构成主体。二号坑在一号坑东端北侧20米的地方，总面积约6000多平方米，为步兵、车兵、骑兵混合编组。该坑平面布局较为复杂，分东、西两区。东区即"曲天"之首，东西长 26.6 米，南北宽 38 米，面积约 1050 平方米。东西两端各有一南北向长廊，中间是东西向过洞 6 条，洞、廊相通。全区陶俑分为跪射武士俑和步兵武士俑，这些武士俑均面向东方。西区共有 14 条过洞，其兵种主要是车兵和骑兵。三号坑位于一号坑西端北侧 25 米处，呈"凹"字形，东西长 17.6 米，南北宽 21.4 米，深 5 米左右，面积约 520 平方米。坑内有一辆绘满彩图的战车，车后有 4 件陶俑。正中两件，前为铠甲武士俑，后为武官俑。三号坑出土陶俑 68 件，地位十分重要，是秦俑坑的统帅部。

那么，这些威武雄壮、栩栩如生的兵马俑究竟是怎样造出来的呢？这里还有一个传说呢。

据说，虽然拥有一个宏伟壮观、巨宝无数的陵墓，但秦始皇仍不满意。他向丞相李斯降旨，让李斯征集 4000 对童男童女准备为他殉葬。李斯想：营造陵墓、修筑长城已是民怨沸天了，如若再征集 4000 对童男童女以备殉葬，岂不是等于火上浇油。到那时百姓万一起兵造反，秦朝江山覆灭了不说，自己也难逃一死。想来想去，他想出了一个好办法。于是，他赶紧上奏秦始皇说："启奏皇帝陛下，臣李斯冒死直言，征人殉葬，必将引起骚动，不如以陶人陶马殉葬，以壮皇帝声威。"秦始皇听了十分高兴，让李斯立即征集能工巧匠到咸阳烧制陶俑。

那么，这些陶俑和陶马是如何制作出来的呢？从目前发掘的兵马俑来看，其制作方法是先制造出不同的模具，然后利用模具分别制造出不同的陶俑，再烧制而成。陶俑的头与身躯的连接部和俑臂与肩部的连接部有明显的接痕，这说明这些部分是先单独制作出来的，然后，在烧制前，用泥条把各部分连成一个完整的陶俑，最后才进行烧制。足踏板是用单模制成，再粘接在陶俑脚下。俑的头、躯干、手臂中空，而脚、腿、手却是实心的。这说明当时制作时是自下而上，先做脚和腿，再用合模法制造躯干，最后再把各部分连接起来。最后，等胎干后，装窑火烧，出窑上彩。

陶马的制作比陶俑更为复杂细致，工艺水平更高。其制作方法是，先分别做出马的腿、躯干、头、颈、尾等，然后再把各部分套合粘接。连接后，再在初胎上涂一层细泥，雕塑刻画筋腱、肉褶纹、毛丝纹及马饰等。然后通体涂细泥一层，并打磨圆润光滑。

秦俑的造型，运用了模、塑、捏、堆、贴、刻、画等 7 种传统的泥塑技法，把体、量、形、神、色、质等基本要素表现得淋漓尽致。秦俑不仅体态丰盈、生动逼真，而且其身上各部位都涂上了不同的色彩，

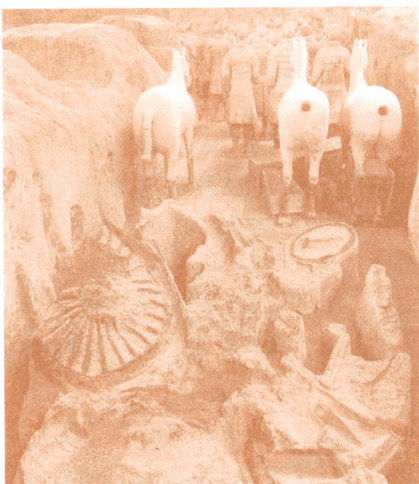

战车遗迹 秦
陕西省西安市临潼区秦兵马俑一号坑出土。近景处的战车遗迹可以清晰地看出大火烧后的草木灰痕迹。这让后人对当日的大火产生了无限遐想。

显得更加活灵活现、栩栩如生。因此，有人称秦俑艺术是"三分雕塑，七分彩绘"。

众所周知，世界上有七大奇迹，它们分别是埃及金字塔、巴比伦空中花园、土耳其月亮女神庙、奥林匹克宙斯神像、罗德岛太阳神巨像、小亚细亚摩孛拉斯国王陵墓、埃及亚历山大灯塔。不过，除了埃及金字塔外，这些古迹都因地震、火山和战争的破坏而永远地消失了。然而，当历史巨轮驶入 20 世纪后，世界上突然出现"第八大奇迹"，它就是已享誉全球的秦始皇兵马俑。

1974 年春，陕西临潼县发现秦兵马俑的消息一夜间传遍世界各地。不久，《美国国家地理》杂志便以《神奇的兵马俑》为题向世界各国介绍了秦兵马俑的情况。1976 年 5 月，新加坡总理李光耀来到秦俑坑，他是第一个以外国国家元首的身份来参观兵马俑的。李光耀参观后，激动地说："这是世界的奇迹，民族的骄傲。"第一个提出秦兵马俑是世界第八大奇迹的说法的是法国前任总统希拉克。1978 年他参观秦兵马俑后，说："世界上原有七大奇迹，秦俑的发现可以说是第八大奇迹。不看金字塔不算真正到过埃及，不看秦俑不算真正到过中国。"1980 年 9 月，新华社记者王光麟在《新民晚报》上发表了一篇题名为《参观世界第八大奇迹——秦始皇兵马俑博物馆巡礼》的文章。这是秦兵马俑第一次以"世界第八大奇迹"的称号出现在报纸上。

随着兵马俑在世界范围内的声誉越来越高，秦俑开始走出国门。在短短几年时间里，它们先后到过十几个国家的 40 多个城市去参加展出。据统计，在展出期间，参观秦俑的观众共达到 1000 多万人次。每到一处，都会引起该地区的轰动。

堪称"世界第八大奇迹"的秦朝兵马俑，自 1974 年重见天日以来，一直深深吸引着世界无数的专家学者慕名而来。人们无不为其宏伟的气势、精湛的陶制技术所折服。

那么，如此气势磅礴的兵马俑的主人是谁？修建如此大规模的兵马俑坑其目的究竟是什么呢？

一直以来，人们坚信这兵马俑的主人不容置疑，就是历史上赫赫有名的秦始皇。因为只有秦始皇才能有如此魄力修造这么大规模的兵马俑，也只有雄才大略的秦始皇才配得上建造这么气势非凡的兵马俑！

确实，作为中国第一位统一全国的封建帝王，秦始皇杰出的政治才能与军事才能是无与伦比的。所以，不少人认为，统一全国后，为了表彰军功，宣扬其统一大业，秦始皇就下令塑造了这些兵马俑，并使之面向东方，"以示秦始皇坐西向东，吞并六国，统一全国的决心和气魄"。不过，也有人认为兵马俑是秦始皇为自己建造的陵园建筑结构的一个组成部分，象征着驻扎在京城内外的军队。不过，还有人认为秦兵马俑坑并不是秦始皇的陪葬坑，不属于陵园的组成部分，它仅仅是一种具有纪念碑性质的建筑物。其目的也是为了显示皇威，宣扬战功。

以上观点虽有差异，但都是基于一点，那就是承认兵马俑的主人就是秦始皇。事实真是如此吗？史书上对秦始皇统一全国后的一举一动，包括收缴兵器，统一文字，修筑长城、建造陵墓等都记得一清二楚，奇怪的是唯独对其建造兵马俑坑只字不提。这是否有悖于常理？

于是有人大胆提出，秦兵马俑的主人并非秦始皇，而是秦始皇的祖母宣太后。宣太后曾经参与过秦国的朝政，权力很大。因为她是楚国人，所以她死后，她的儿子秦昭王就命人塑造了这些兵马俑，象征着护送队，护送宣太后重返故乡。这种看法也不是妄加揣测的，理由如下：

其一，秦兵马俑坑位于咸阳（今陕西西安）以东，面向东方。宣太后的故乡是东方的楚国。所以如果真是宣太后的护送队，那朝向的方向应该是正确的。

其二，据有关专家研究，秦兵马俑根本不具战斗力！兵马俑坑虽然阵容强大，有马也有车，但其列队方式与战国时期的作战方式不符。据考证，在已发现的三个俑坑中，一号俑坑为右军，二号俑坑为左军，三号俑坑为指挥部，却唯独缺少最重要的中军。一直以来，人们是这样解释的，四号坑也许就是拟议中的中军，之所以没有建成，是因为这时爆发了历史上著名的秦末农民起义，大部分修建陵墓的刑徒都被调去镇压起义军了，后来随着秦的覆亡，这项工程也就不了了之。如果兵马俑坑是宣太后的，问题就迎刃而解了。既然不是作战用的，当然就没有必要存在中军了。

其三，秦始皇统一全国后，为让天下人手无寸铁，无法发动叛乱，曾收缴天下的兵器。这些兵器中很大部分都是铁制的。奇怪的是，兵马俑中发掘出来的兵器全是青铜器。以前只是认为既然兵马俑只是象征性的，就没有必要使用正式的新式武器，用已淘汰的青铜器就足够了。可是，我们想想，按秦始皇的个性，他会愿意屈就吗？但如果是宣太后的护葬队，问题就另当别论了。宣太后死时铁制兵器比较少见，那时还普遍使用着青铜武器，既然并非打仗，使用青铜器又有何不可？再说，即使有，那也是非常珍贵的，当时正值用兵之际，怎么可能大量花费在这里呢？

其四，第三号坑内，也是三个坑中地位最重要的一个坑内，有鹿角及动物朽骨一堆。以前认为"这是古代打仗前举行祭祀天地和祖先的仪式时遗留的迹象。是为祈求神灵保佑，并进行鼓动性誓师，称之为'祷战'"。也许这根本就不是什么"祷战"，而是一个普通的殡葬仪式呢。

其五，前面已提及，关于秦始皇建造兵马俑，史书上没有任何记载，这也就反证了秦兵马俑的主人是宣太后而非秦始皇。即使不是宣太后的，至少也不能说是秦始皇的。

秦兵马俑的主人究竟是谁？秦始皇、宣太后，还是另有其人？谁也说不清楚。不过，在3个坑中，二号坑正在发掘中，在这过程中能否发现新的证据，我们拭目以待。

秦兵马俑距秦始皇陵1000多米，共有3个坑，总面积达2万多平方米。在一号坑北侧约20米处，还发现了一个未建成的兵马俑坑，即四号坑，有学者猜测它可能是计划内要修的后勤部队俑坑，但也有人认为是象征中军的兵马俑坑。

至于为什么突然停建，则很可能是秦末农民起义扰乱了修建计划。

可以看出，原来这些兵马俑是整齐有序地排列着的，但是，一号坑和二号坑的考古发掘现场却是一片残破的景象，一号坑的全部和二号坑的一部分有明显的因火焚烧而塌陷的痕迹。里面的兵马俑有的东倒西歪，有的身首异处，有的头破腹裂，有的臂断腿折。陶俑、陶马身上的彩绘经火焚烧后大都脱落，而坑上面架设的棚木、芦席、顶梁木等也都成了灰烬或者焦炭，坑周围到处是经过大火焚烧而成的赤红色的红烧土。如此景象不能不让人产生疑问，是谁焚烧了秦兵马俑坑呢？又是为什么要焚烧它呢？

对于这个难题，最流行的是"项羽、牧童焚毁说"。据《汉书》转引刘向的疏文："秦始皇帝葬于骊山之阿……天下苦其役而反之，骊山之作未成，而周章百万之师至其下矣。项籍燔其宫宇，往者咸见发掘。其后牧儿亡羊，羊入其凿，牧者持火照求羊，失火烧其臧椁。"其他史籍中也有不少类似的记载。所以，不少学者认为秦兵马俑就是项羽和牧童烧的。但是，也有人反对此说。他们认为，刘向之所以这样写，是为了谏阻汉成帝营建奢华的陵墓，这是一种援古讽今的方式，并不一定就是事实。何况，细细品味此文可以发现，文中仅提到项羽、牧童焚烧秦始皇的陵墓而并没有明确提出焚烧的就是秦兵马俑。事实上，纵观全文，刘向只字未提兵马俑。

牵马陶俑 秦

由于在三号坑中发现有一堆动物骨骼朽迹和一段残缺不全的鹿角，说明了在秦代卜战仪式依然存在。再以古代丧葬制度和民俗学的资料为据，有人提出，秦兵马俑的火不是别人而正是秦人在陵墓建成之后自己放的。在古代以及一些少数民族的丧葬礼仪中，放一把火来烧毁祭葬物品和墓前某些建筑物是一种很常见的风俗，认为只有这样，死者才能够在阴间继续享受。不过，这种说法也有说不过去的地方。既然要烧，为什么只烧一号坑和二号坑而独有三号坑幸免于难？就算是秦人自己放火烧的，那么从建成到焚烧的间隔时间应该不会太久，可奇怪的是，根据现场考古发掘来看，俑坑底下普遍都有二三十厘米厚的淤泥，这种淤泥层绝非是短时间内就能够积累出来的。这也说明了在秦朝灭亡之前兵马俑是安然无恙的。所以，这种"葬礼仪式自焚说"也是站不住脚的。

那么，秦兵马俑到底是怎么起火的，或者说究竟是被谁焚毁的？要解答这个难题，只能靠进一步的探索。

丝绸之路通向哪里

现在如果我们去西方，乘飞机最多不过一天就可顺利抵达。然而，在遥远的古代，我们的先民们在西行时，不论是走陆路，还是走海路，不知要克服多少艰难险阻，要花费多少倍的时间。我们的祖先早在距今两千多年前的西汉时期，就不断探索着外面的世界，经过不断的努力，终于走出了一条连接东西方文明的陆上通道，这就是著名的"丝绸之路"。

这条路由中原出发经过新疆维吾尔自治区一带，而后又通向更远的印度、西亚。最早开通这条道路是在汉代，张骞出使西域后，大规模的商贸活动就兴起了。出于研究的需要，人们给它取名，如"西域之路""中西古商路"等，但都没能通行。1877年，德国著名的地理学者李希霍芬在其著作《中国》里，首次将古代中国与中亚南部、西部以及印度之间的以丝绸贸易为主的交通路线，称作"丝绸之路"。而后1910年，德国历史学家赫尔曼在其著作《中国和叙利亚之间的古代丝绸之路》一书中，根据新发现的文物考古资料，进一步把丝绸之路延伸到地中海西岸和小亚细亚，确定了丝绸之路的基本内涵，即它是中国古代经由中亚通往南亚、西亚以及欧洲、北非的陆上贸易交往的通道，因为大量的中国丝和丝织品经由此路西传，故此称作"丝绸之路"，简称"丝路"。

近年中国各地的考古发现表明，在古代世界，只有中国是最早开始种桑、养蚕、生产丝织品的国家。古罗马帝国的显赫军事统帅和政治家恺撒大帝，有一次身穿一件丝绸制作的长袍，出现在罗马剧场，那轻柔光亮的质地、轻盈飘逸的效果让恺撒显得分外耀眼。剧场的人顿时对恺撒的这件长袍产生了浓厚的兴趣，他们认为这件衣服简直是"天堂上才有的东西"，因此称恺撒穿的衣服为"天衣"。没过多久，在古罗马贵族就以能拥有一件丝绸衣服而引以为荣。中国的丝织品流传广远，是中国人民对世界文明的重要贡献。所以把这条中西交通的商路称以"丝绸"为代称就得到了广泛的认同。

"丝绸之路"通向哪里？有许多说法，首先其起点就有两种不同观点。

第一种观点认为，"丝绸之路"的起点是西安。史书记载张骞出使西域是从西安开始，后来西汉与西域的交往都与当时的都城"长安"

丝路交易图 伊朗

西亚人绘制的丝绸之路贸易图中，中国人与西域人在进行贸易活动。贸易的大宗主要是中国瓷器、西域金银器，当然还有大量的丝绸。

相关，因此说起点为西安有充分的证据。第二种观点认为，从商贸角度说，真正值得称为起点的应是洛阳。洛阳历史悠久，自古就是能与西安相媲美的繁华城市，在西汉虽然不是都城，但有繁荣的经济，是全国商品流转站，在这里交易而后路经西安再向西域进发。在东汉，洛阳成为都城，更是一个国际大都会。隋唐时期是"丝绸之路"最兴盛之时，当时洛阳已经是一个规范的经贸中心，其兴建有3个市场：北市、南市、西市。3个市场各有分工，其中以南市规模最大。南市以商品交易为主，最繁荣时有商户三四千家，除了小商品零售外，与百姓生活密切相关的丝绸、瓷器、皮毛、珠宝、金银等商品由此批发到全国各地乃至国外，因此南市不仅在国内占有重要地位，也是当时重要的国际商业贸易中心。河南省洛阳市考古工作者新近在发掘一批唐朝墓葬中，首次出土3个胡俑，这3个留大胡子、高鼻梁、着大开领胡服、腰挎皮水囊的胡俑，一个为牵驼俑，两个为立俑，个个颜色鲜艳，栩栩如生。这说明当时洛阳已有西来的商客络绎不绝，这为洛阳丝绸之路"起点说"提供了有力的佐证。

对于"丝绸之路"的终点有诸多观点。第一种观点认为"丝绸之路"其实就是到新疆维吾尔自治区，这段路才是中国商人常走的路。到了新疆维吾尔自治区，即古西域，就把货物倒卖给西域诸国，而后返回中原。至于西域诸国又与西亚相互贸易就与我们不太相关了。第二种观点是丝路终点是西亚波斯湾附近。丝路是中西交流的路线，以商贸为主，中国商品两汉时就已经在西亚强国古罗马和其他国家通行，可见交流的密切。而且1世纪，东汉甘英沿着"丝绸之路"，率领官员代表东汉出使西亚各国，他就到了亚洲最西部，只因遇到大海阻隔没再向前进发，所以说丝路终点是西亚。第三种观点认为，丝路应该更远，其终点是北非，在北非考古中已经发现中国的古瓷器。中国的商品能到那里是无疑的。

历史苍茫，丝路已离我们远去，我们甚至连它的终点都不清楚，不过古老的丝路处处都是中国文明的遗迹，是中国文化西传的见证者。

塞外雄关玉门关之谜

一提到玉门关，人们便会联想起大漠孤烟、缭绕烽火和离愁哀怨的画面。

这在很大程度上是由于唐代诗人王之涣那句"春风不度玉门关"给人们的印象太深刻了。

其实，1000多年前，玉门关是丝绸之路上的一个繁华的边关。那里万里晴空鸿雁高飞，茫茫旷野驼铃急促，商队络绎不绝，旅客川流不息。沿着这条道路，中国把美丽的丝绸、精致的瓷器、特产的茶叶、独特的中草药、率先发明的火药、造纸和印刷术传送到世界各地。同时，中国又从"丝绸之路"上引进了不少特色的东西，例如苜蓿、菠菜、葡萄、石榴、胡麻、胡萝卜、大蒜、无花果等原来没有的作物，渐渐从西域到中国落地生根。汉朝时，从伊犁河流域引进乌孙马，从大宛引进汗血马。从"丝绸之路"还传来了西域各地的音乐、舞蹈和宗教，使中华文化艺术吸取了新的养料。

玉门关遗址
地处甘肃敦煌市西北90千米处小方盘城。西汉武帝时设置为通往西域的重要关隘，常设重兵驻守。它与西南之阳关同为当时通往西域各国的门户——出玉门关为北道，出阳关为南道。

玉门关地处"丝绸之路"的咽喉要道，控制着河西走廊以西的北线。翻开地图，在甘肃西部边陲地区不难找到"玉门关"。然而，这是现代的玉门关市，它与历史上的玉门关名同实异。现在的玉门关市，是中国大西北的一座石油城。

根据古籍记载，玉门关在敦煌西北90千米的地方，人们在这一带的荒漠之中，发现了一个名叫小方盘的土城堡，它曾经被认为是汉代玉门关遗址。登上古堡远眺，它的北面，有北山横亘天际，山前有疏勒河流过。残存的汉长城由北向南，连贯阳关。在这里还发现过写着"玉门都尉"的木简。看起来像是"铁证如山"，小方盘定是玉门关无疑。

然而，对这座里面仅有几间土房，大小与北京的四合院相差无几的古堡，今天也有人提出了质疑：难道当年设有重兵守备、通往西域的重要交通孔道，竟是这样的一个小据点？

虽然，人们对于汉代玉门关的故址莫衷一是，但是，人们宁愿把这仅存的古堡视为玉门关的遗迹。千百年来，多少人千里迢迢来到这里瞻拜，登上古堡，遥望大漠，追忆祖先的光辉业绩。在古炮台上，人们会思念起汉朝大将李广浴血奋战的壮烈场面，可以"听到"唐朝诗人王昌龄"黄沙百战穿金甲，不破楼兰终不还"的豪迈歌声。

夜郎古国在哪里

夜郎古国因"夜郎自大"这一成语而家喻户晓，千百年来无人不知。

公元前28至公元前25年，夜郎最后一个国王"兴"举兵与周边诸侯发生战争，汉朝官员仅派使者去劝说。但夜郎王兴并不买账，还杀了使者，于是汉朝发兵灭了夜郎。夜郎古国退出历史舞台，由于它的鼎鼎大名，现在许多地方争着说自己是夜郎古国的旧地所在，更使得这一问题迷雾重重。

首先是"贵州说"，认为夜郎国无可置疑的是现在贵州境内。《后汉书》中记录了夜郎国的产生："夜郎者，初有女子浣于月逐水，有三节大竹流入足间，闻其中有号声，剖竹视之，得一男儿，归而养之。"古夜郎民族以竹为图腾，贵州多竹，今境内的仡佬族、彝族、布依族等少数民族都有奉竹为神灵的习俗，不少地方还建有"竹王祠"。贵州省会贵阳简称"筑"，也是"竹"演变而来。从考古发掘来看，贵州也有众多证据。新中国成立后，在贵州境内不断有夜郎国文物被发现，考古工作者9次在赫章可乐发掘的200多座夜郎民族墓葬中的出土文物，足以支撑那里曾是古夜郎人居住中心区域之一的论断。其次是"湖南说"，他们认为，史书中记载的夜郎文化均带有浓厚的楚文化气息，其国都应在楚地，并提出怀化西部属古夜郎发源地，而新晃县就是夜郎古国的核心区域。持"湖南说"的人认为，他们的观点并不否认夜郎国也包含有贵州的一部分地方，不过夜郎古国的核心和起源是在湖南湘西，那里现在的民风同样有夜郎古国的影子；还有人认为夜郎古国的中心在四川、在云南。夜郎古国在哪里？依然是个未解之谜。

楼兰古国是什么样子

楼兰，一个动听的称呼，犹如少女芳名。楼兰遗址在罗布泊西岸，今天新疆维吾尔自治区的若羌县。现在看来是满目凄凉、寸草不生之地，天上没飞鸟，地上没走兽。曾经在此地的楼兰古国有什么样的神秘，在其中发现的3880年前的"楼兰美女"是谁？让我们一起来探寻。

7世纪唐代高僧玄奘取经回来路经楼兰，所见为"城郭岿然，人烟断绝"。可知这时候，楼兰已经是个空城了，仅剩下雄伟的城郭。随着自然的变迁，7世纪楼兰古国所在的整个罗布泊都变成荒漠，楼兰古国也湮没在千里黄沙中，一度被人忘却，人们甚至怀疑历史上是否曾有过这个国度。时间一年又一年，尘封的王朝丝毫没有向世人展示她美丽容颜之意，不断地在身上累积厚厚的尘土。

1900年，瑞典探险家斯文赫定率领一支探险队来到塔克拉玛干沙漠的罗布泊一带。由于带路的向导爱尔迪克的迷路，他们在孔雀河下游偶然发现一座神秘的古城遗址。第二年，这支队伍再次来到这片不毛之地。这次探险，他们揭开了世界考古史上楼兰文明的序幕。经过数天的发掘，在古城找到钱币、陶器、丝织品、粮食，以及几十张写有汉文的纸片、100多片竹简和几管毛笔。通过与中国历代有关楼兰古城的文献做比较，考古学家认为这些文物都属于楼兰文明，从而确定这座被湮没的古城就是楼兰。埋在沙漠中的古城终于重现于世！

一个充满神秘色彩，并略带伤感的文明也由此向世人敞开心扉。通过那依然严整的古城建筑遗址，数量众多的石器，做工独特的铜铁器，充满异域风情的饰品以及饱经沧桑的古代文书，楼兰将昔日的繁荣昌盛再现于世。

令考古工作者费解的是：楼兰古国是如何从一个繁华的城邦湮没于沙漠中，并最终成为一所神秘的死城的？楼兰在消失了1000多年后，究竟发生了怎样的变化？"青海长云暗雪山，孤城遥望玉门关。黄沙百战穿金甲，不破楼兰终不还。"这是著名的唐诗《从军行》。在这首诗中，楼兰作为一个重要的军事目标出现。事实上，楼兰是汉代西域的一个小国家，它位于塔克拉玛干沙漠的东部。据说，它曾经是一个繁荣富庶的国家，地理位置优越，地处"丝绸之路"要道。中国古代文献中也有关于楼兰的许多记载，最早的是司马迁的《史记》。这些记载，大部分来源于张骞通西域经过楼兰回国后的叙述。汉代的一条丝绸之路要经过楼兰古国，楼兰也因此成为中原与西域各国交通往来的枢纽。到汉朝时，它改名鄯善国，成为西域重镇；三国时期，成为魏属国；西晋时期，封鄯善王为归义侯；到了4世纪，为零丁国所灭，至此，楼兰在历史上消失了。从1901年斯文赫定的初次发掘，到1980年中国考古学家的最新考察，这一系列活动都初步再现了楼兰古国的灿烂文明景象及其对沟通中西文化所起的重要作用。在遗址上发现的文物中，有许多古币，比如中国汉代的五铢钱，还有大量的器具用品，如丝织品、陶器以及漆木器。令人惊奇的是，竟然有公元初就已经被广泛使用的佉卢文，并且有希腊、罗马的艺术品，还有流行在中亚撒马尔罕、布哈拉一带的用文字书写的纸片残件，波斯的地毯残片，以及具有罗马、波斯风格的壁画等。所有这一切都无可辩驳地说明了楼兰古国在中西文化交流中的枢纽地位。

为了唤醒那沉睡已久的楼兰古城，开辟楼兰文明考古的新时代，1979年，我国新疆维吾尔自治区考古研究所组织了楼兰考古队，进驻楼兰古城。在这里，出土了3800年前的楼兰女尸，发掘出了古城的建筑遗址，以及大量的石器、铜铁器、饰物、文书等，往昔楼兰的繁荣仿佛又展现在人们的面前。

其中，最为著名的就是"楼兰女尸"。在通往楼兰的古老通道上，有一大批古墓，几具完好的女尸就排放在一座座奇特而壮观的古墓里。这些女尸脸庞不大，下颏尖圆，高鼻梁，大眼睛，双眼微闭，神态安详，几乎个个是年轻貌美的姑娘。她们赤裸的身体用毛织毯包裹，由起连接作用的骨针或木针点缀着，足下为做工精良的短筒皮鞋。她们头上戴着帽檐为红色的素色毡帽，几支色彩斑斓的雉翎点缀其上，其美貌可想而知。同时，墓中还出土了大量的器物，有木器、骨器、角器、石器、草编器等。其中木器还有盆、碗、杯和锯齿形刻木。为什么这些女尸在这里沉睡了千百年还保存得如此完好？这些女尸是些什么人？这都有待于人们去深入地研究和考证。

与此同时，楼兰古城的建筑风格和技术也引起了人们的广泛注意。古城遗址东西长335米，总面积10万平方米。城墙采用夯筑法建造，大概是由于地域相近的原因，它与敦煌附近的汉长城相似。城墙的四方还有城门，城

楼兰遗址
新疆维吾尔自治区若羌县，楼兰是塔克拉玛干沙漠中"丝绸之路"上繁荣的商旅驿站和贸易中心之一。而今天都湮没在历史的黄沙之中，不过残存的遗址仍然能显示出昔日这里所拥有的辉煌。

内有石砌的渠道。城区以古渠道为中轴线，分为东北和西南两大部分。东北部以佛塔为标志，西南部以"三间房"为重点，散布着一些大小宅院。

其中，东北部佛塔的外形如同覆钵，与古印度佛塔有几分相似。在佛塔附近，考古队发现了木雕坐佛像和饰有莲花的铜长柄香炉等物品。同时，许多钱币以及来自不同国家和地区的物品也被发掘了出来。这一系列发掘从理论上验证了这里曾是"丝绸之路"上贸易的中继站，有过辉煌繁华的昨天。

西南部的"三间房"遗迹，是楼兰古城中用土垒砌的唯一现存的建筑遗址。考古人员在此清理出织锦、丝绢、棉布和小陶灯等物，还发现了一批比较完整的汉代文书。历史学界从文书的内容上判断，这里曾是一座个官署。在三间房西南的宅院遗址里，考古队清理出了大量的生活用品，如木盘、木桶，以及许多家畜的骨头等。这些具有重要生产和生活作用的器物，都在无声地诉说着这里昔日的文明和沧海桑田。

无论楼兰留给了我们多少珍贵的遗迹，多少令现代人叹为观止的不可多得的美丽，那曾经水流清澈、水土肥美的可人绿洲，曾经令世代楼兰人眷恋的心灵家园，最终还是被无情的黄沙吞噬了。难道楼兰古城的消失真的是一个现代人不可推测的神秘力量所为？事实恰恰相反，从出土文物来分析这个问题，考古学家指出，这一问题应当和富有神秘色彩的罗布泊联系起来考察。古楼兰国气候湿润、植被繁茂，汉魏时期的罗布泊就位于古楼兰遗址附近，当时北面的孔雀河与南面的车尔臣河都汇入了塔里木河，然后经库鲁克河在楼兰城注入罗布泊，罗布泊湖水孕育了楼兰城的文明。但是，由于塔里木河流水携带大量泥沙沉积湖中，湖底逐渐淤高，终于使塔里木河无法流入而另择流道，从而导致了罗布泊的干涸。4世纪时，由于罗布泊向北移动，使得楼兰城水源枯竭、树木枯死，往昔兴盛的城邦面临着死亡的威胁，城内的居民们纷纷弃城远走，寻觅新的水源，而楼兰古国也随之渐渐消失。除了河流改道、罗布泊缩小以至迁移造成了楼兰古国的消失之外，也有不少研究者猜测人为因素与社会环境的影响也是一个重要原因。古楼兰的废弃以及城邦周遭的沙漠化产生，直接与当时的居民兴修水利迫使孔雀河、塔里木河南流进行灌溉，造成了孔雀河、塔里木河改流不再流入罗布泊相关联。由于中国历史上战争频繁，各民族的纷争不断，这也对当地人们生产生活产生了重大影响。或许出于这种原因，楼兰古城最终如同其他湮没在荒漠之中的城市一样，告别昔日的辉煌而消失了。

以上种种论述虽然提出了有关楼兰古城及其所代表的楼兰文明的一些假设，但是，关于楼兰王

楼兰女尸

新疆维吾尔自治区若羌县，这具女尸已有3800年的历史。具有白种人特征。身着羊皮衣服和鞋子，头戴装饰着鹅羽的羊毛帽子。对这具有着1.5米高、40岁左右的女性尸体检查表明，她的肺部被沙漠风尘和煤烟侵入。随着气候的变化，环境日益恶劣，这里的人们不得不面对那几百米高的流沙，加之河流枯涸，居民开始迁移，最终楼兰如其他古城一样被风沙所湮没。

国的衰退以致湮没的谜底并没有真正揭开。楼兰古国的居民究竟是哪个民族？在楼兰衰落后，他们迁居何处？他们的后代又在何方？至今仍无人能够解答。

尼雅文明为何消亡

20世纪初，在我国西北部塔克拉玛干大沙漠边缘的尼雅地区，英国探险家斯坦因发现了一座古城。古城遗址规模庞大，东西宽约7千米，南北长约26千米，许多城墙、房舍、街道、佛塔的轮廓依然保存相当完好，其气势磅礴，堪与著名的古罗马庞贝城相媲美。更令人惊讶的是，从这里挖掘出的大量珍贵文物，其中还有很多书写了奇怪符号的木简。这些发现立刻使尼雅一夜间轰动了世界，那些奇怪的符号是文字吗？如果是的话，写的又是什么？为什么在这沙漠之地会有具有高度文明的古城？这座古城是如何从历史上消失的？

在尼雅考古发掘中发现的奇怪的木简符号，经专家考证确实是一种叫佉卢文的文字。这是一种早已消失的文字，起源于公元前4世纪印度西北部，公元前3世纪印度孔雀王朝的阿育王时期就是使用此种文字。2至4世纪曾流行于新疆楼兰、和田一带，而此时在印度随着贵霜王朝的灭亡，佉卢文也随之消失了，距今已经绝迹1600多年，当今世上只有极少数专门的研究者能读懂它。佉卢文能在异国他乡流行起来至今还没有非常合理的解释。不过这似乎并不重要，重要的是木简上的佉卢文写的是什么内容呢？

在解读它们时发现，木简内容也许揭示了尼雅为什么消亡。其表述的多是各种命令，如"有来自某国人进攻的危险……军队必须上战场，不管还剩有多少士兵……"，"现有人带来关于某国人进攻的重要情报"，"某国人之威胁令人十分担忧，我们将对城内居民进行清查"。这些文字字体是弯曲形的，没有标点，字与字之间无间隔，给解读带来了困难。但就从一些零星的只言片语我们可知，尼雅王国受到了某个王国的威胁，而且该国力量异常强大，尼雅几乎无力抵抗，只有忐忑不安地等待着那悲惨的命运。因此尼雅的消失，是不是因为那个令尼雅害怕的王国的致命一击呢？

新疆维吾尔自治区一带古时又称西域，公元前后有诸多小王国，当时都臣服于强大的汉王朝。尼雅遗址属于当时某个小王国当属无疑，但又是哪个小王国呢？有人认为是史籍中记载的精绝国。精绝国位于昆仑山下，塔克拉玛干大沙漠南缘，与今天的尼雅遗址十分接近，而且精绝国的消失也是在二三世纪，与尼雅王国的消失时间上重合。不过当时的精绝国可不是滚滚黄沙，而是气候宜人、水草丰茂的一片绿洲。二三世纪，中原处于东汉末年和三国两晋的慌乱与纷争中，无暇他顾。致使西域诸多势力较强的王国没有顾忌，也掀起了兼并弱小王国的战争，木简上的佉卢文记载了尼雅的恐惧。无情的战火殃及尼雅，伟大的文明淹没在血腥的厮杀中。

另一种说法是，尼雅被毁是尼雅人自己造成的。从遗址及所发现的文物可以看出，当年的古城盛极一时。清澈的尼雅河从城郊缓缓流过，众多水道交织，大小湖泊星罗棋布，周边是茂密的林木将遥远的大沙漠隔离。但尼雅人的活动却不断地对环境造成了破坏，特别是在 1700 多年前，生产方式粗放。人口的增加破坏了植被，又大肆砍伐树木，致使水源枯竭。塔克拉玛干大沙漠最终把尼雅吞噬。现在的尼雅遗址中房屋建筑被厚厚的黄土掩埋，只露出一些残垣断壁，到处是破碎的陶器，累累的残骨，还有干尸常常暴露在废墟中。要是当年富庶的尼雅人能看到今天的破败景象，也许他们就会珍惜那片神赐的绿洲。

尼雅的命运令人扼腕叹息，同时又告诫人们：我们只有一个地球，如果不珍惜，即使再辉煌的文明也会成为一片荒凉的废墟。

敦煌莫高窟之谜

敦煌坐落在甘肃河西走廊的西端、党河的绿洲上，是中国西部的一座边陲小城。汉武帝元狩二年（公元前 121 年），汉朝在那里设置了武威、酒泉二郡，酒泉郡下辖敦煌地区。10 年后的汉武帝元鼎六年（公元前 111 年），汉朝又在此增设了张掖、敦煌二郡，这就是所谓的"河西四郡"。

前秦建元二年 (366) 对敦煌来说是一个具有特殊意义的年代。据史志记载，敦煌的第一个石窟就开凿在这一年，其建造者是一个名叫乐僔的和尚。乐僔和尚师徒四人来到敦煌城东南的三危山下时，看见了三危山上的奇景：夕阳照耀下，山峰发出灿灿金光，在乐僔的幻觉中，仿佛有千万个佛在金光中显现。虔诚的乐僔在三危山下顶礼膜拜，并立志要建造佛窟。他四处化缘，请来了一批工匠，在这沙漠的绿洲上开始了建造石窟的工程。

隋唐时期，敦煌莫高窟进入了全盛时代。隋王朝虽然在中国历史上的统治时间只有 38 年，但保留到现在的佛窟却有 110 个之多。在莫高窟现存的 492 个洞窟中，有一半以上建于唐代。安史之乱后，吐蕃乘机侵占河西走廊地区，统治敦煌长达 70 年。吐蕃也是一个信仰佛教的民族，莫高窟不仅没有因为统治者的改换而遭破坏，还增添了许多具有吐蕃风情的新窟。9 世纪中叶，唐朝收复了河西走廊的东部。858 年，敦煌世族张议潮领导河西走廊西部的人民起义，推翻了吐蕃贵族的统治，收复了敦煌及其附近地区，并遣使向唐报捷。不久，唐宣宗任命张议潮为归义军节度使，统领河西十一州之地。唐朝灭亡后，中国进入了五代时期。后唐同光元年 (923)，后唐政府任命曹义金担任归义军节度使。中原地区虽然动荡不安、军阀割据，但河西走廊地区在曹氏家族的治理下，却呈现出一片繁荣昌盛的景象，莫高窟的佛洞也在持续地开凿着。

后来，党项族建立的西夏控制了河西走廊一带，这个政权统治敦煌达 200 年之久，这一时期仅留下了为数不多的小规模石窟。1227 年，西夏被蒙古灭掉，蒙古族也是崇奉佛教的民族。在这一时期，元朝统治者在莫高窟又开凿了一些洞窟。1524 年，明朝政府封闭了肃州（今甘肃酒泉市肃州区）西面的嘉峪关，敦煌和内地完全隔绝，莫高窟就在中原文明的发展中被遗落了。

在 1000 余年的历史中，莫高窟的石窟在 10 多个朝代的众多统治者手中不断修缮、添新，也不断倾塌、毁损。总体来说，经历了以下几个阶段。

（1）初期。十六国时期是敦煌莫高窟石窟艺术的诞生期。366 年，前凉的乐僔和尚在鸣沙山崖面上揭开了莫高窟艺术的第一页。这一时期的石窟内容以弥勒菩萨、禅定佛、说法佛为主要遗像。它们沉思俯视，垂悯下界，很具有时代特征。北魏时期是石窟艺术的大发展时期。439 年，北魏灭北凉，统一河西地区，并设置敦煌镇。这一时期的主要窟型是有人字坡顶和中心塔柱的"塔庙"（或叫"支提"）窟，壁画内容除本生故事外，多以千佛为主要题材。西魏灭亡之后，北周统治敦煌 20 余年，其统治者宇文氏尊经重儒，宇文邕还曾经念佛，这使得敦煌的石窟艺术得到了很大的发展。现存北周时期的洞窟内容丰富，描写细腻，人物渲染艺术手法多样，在技巧上充满探索精神，为丰富石窟艺术的表达能力提供了许多有益的探索。

（2）鼎盛期。隋朝的两个皇帝隋文帝、隋炀帝都十分信佛，把佛教尊为国教。隋文帝杨坚还诏令全国凡破坏佛像者均以"恶逆论"，从而增加了石窟造像的威严，也使佛教迅速传播开来。唐贞观十六年（642），翟思远一家修造的今编第 220窟建成，这是莫高窟艺术的一个里程碑。武则天时期，由于她笃信佛教，再加上不断对西域用兵，从上到下为佛教与石窟艺术的发展奠定了良好的社会基础，许多方面都超过了前代。从神龙元年（705）到建中二年（781）是盛唐时期，也是唐朝由盛转衰的时期。为了维持西北地区的安定，唐朝大大加强了河西的保卫力量，仅玉门、安西、敦煌三地就屯兵 1.45 万人。当时的将军、都护、军使出兵西域，都带着许多文士、诗人、歌童、舞女、医人、星相术士、画匠、织工等各类随军服务人员。于是，内地的新画风、新技法在莫高窟有了直接的体现。莫高窟的中唐时期称为吐蕃时代。吐蕃时代壁画塑像在精致细腻方面是盛唐艺术的发展，笔墨精湛，线描造型的准确、生动都应是唐代艺术向深度发展所取得的成就。晚唐开凿的莫高窟石窟现存 60 个，在形式上和内容上较吐蕃时代有一些差异。首先，出现了大幅的《劳度叉斗圣变》，这是沙州民众推翻吐蕃统治的喜悦心情的直接反映。其次，《维摩诘经变》中吐蕃赞普的形象从壁画中消失。最后，经变中以汉族世家豪族的夫人子女代替了蕃装人物，给人耳目一新的感觉。

（3）衰落期。五代时期莫高窟的艺术风格是晚唐的继续。五代的壁画比较粗犷，特别重视笔、墨、色彩的结合效果，所谓"焦墨其中略施微染"的画法被广泛应用。西夏在莫高窟的早期做法是改修前代洞窟，其画风受甘州和西州回鹘画风影响较大，壁画上的人物造型和装饰纹样，与伯孜克里克石窟的壁画十分相像。元朝统治者也笃信佛教，当时全国比较流行萨迦派的金刚乘。因此，莫高窟现存的元朝石窟几乎都属于风格迥异的金刚乘藏密画派。明朝推翻元朝的统治后，封闭了甘肃酒泉西面的嘉峪关，繁荣近 1200 年的敦煌莫高窟艺术宣告结束。

敦煌莫高窟是我国古代佛教文化的集大成者，是一座举世无双的佛学宝库。

按其艺术形式可将敦煌莫高窟艺术分为彩塑壁画和佛教典籍两大部分。莫高窟前后历时1000多年，保留下来的彩塑达2400多尊，皆出自历代能工巧匠之手，风格多样，千姿百态，所以它不失为我国最大、最系统、最为珍贵的一份雕塑遗产。

莫高窟最早的彩塑是十六国时期塑造的，其表现题材比较简单，人物形象带有一些印度人的味道，塑造手法也存在石雕的痕迹，没有充分发挥泥塑特有的自由伸展的性能。隋朝时候，彩塑的形式开始有了明显变化。佛与菩萨由北魏以来的"秀骨清像"变得雍容厚重。唐朝是莫高窟彩塑的极盛时代，艺术家们充分发挥他们的艺术天赋，创造出了丰富多彩、风格迥异的艺术造型，并使塑像更接近写实，使佛与菩萨"世俗化"，并最终成功地打破了"神"与"人"的界限，使莫高窟艺术更接近生活。

莫高窟壁画的总面积达4.5万平方米。它所反映的范围虽然没有包罗佛教所有的经典内容，但几乎涉及了佛教经典的各部类宗派历史。莫高窟的壁画内容按其性质大体上可分为经变、说法图、民族传统神话题材、供养人像、图案装饰等5大类，其中内容最多的是经变。经变就是佛经故事画，画这种壁画的目的就是向人们灌输佛教思想。它们描绘的内容都是庄严简洁、没有污浊烦恼的西方极乐世界。壁画构图一般都很严谨，描写细腻。说法图是供养们供养礼拜的形象。北魏晚期的说法图，场面宏大，人物众多。中间的佛庄严神圣，两侧的菩萨却生动活泼、绰约多姿。他们有的交头接耳、窃窃私语，有的手舞足蹈、翩翩而起，有的虔诚献花，有的挽臂游戏，已冲淡了宗教法堂的庄严气氛，增添了浓厚的人间情趣。隋朝时，壁画内容发生了很大变化，说法图已减少，单身菩萨增多。这时期把菩萨画得都很美，几乎不再受西域影响，他们着俗装，衣饰华丽，不受固定仪型束缚，和现实世界中的人物很接近。唐朝时说法图已经退到一些次要的、不引人注意的地方，但这一时期的壁画达到了最高水平。供养人像也叫宗教"功德像"，是当时造窟人或参与造窟的人的肖像。佛教传入我国之后，人们又把所谓的"前世""轮回"结合在一起，寄托在佛的世界里，希望"轮回"得到幸福。装饰图案主要绘于藻井，还有的画在龛楣、椽间和主体画的边上，它没有什么太大的意义，主要是起装饰作用。这时期的各式图案明显受西域的影响，有劲健和美妍之风，尤其是莲瓣式的龛楣，组织得更为精巧富丽。

力士像 唐
甘肃省敦煌市莫高窟第194窟。唐代的莫高窟雕塑使力与美得到了绝妙的结合。

现在敦煌被人们关注不是因为其悠久的历史，也不是因为辉煌的过去，而是因为莫高窟艺术宝库的发现，因为莫高窟藏经洞的发现。

一个世纪前的中国，正处在日渐衰弱的清朝末年，偌大一个莫高窟艺术宝库由一个云游而来的道士看管起来。这个道士就是那个一提起便让人切齿的"王道士"。王圆箓，原是湖北麻城的农民，因麻城连年旱荒，生活无着，他便逃到肃州（今甘肃酒泉），做了一名边防军卒。退伍后无事可做，就当了道士。王道士云游到莫高窟后，就在今天的第143号窟居住下来。此时，敦煌寺院住的多为红教喇嘛，诵的是番经，唯独王圆箓能诵道经，且说汉语。因此，当地人大都请他礼忏，他的生活状况得到了明显改善。

王道士有了些钱后，为积功德，聘请人改造佛窟。1900年5月26日，王圆箓早早起来，他要清扫莫高窟北端七佛殿下第16号石窟甬道中的积沙。他把这个7米长的甬道内的积沙清除掉后，甬道两壁露出了宋代人画的菩萨像，虽然画工并不精细，但保存得相当完好。王圆箓漫不经心地观瞧着墙上的壁画。这时，甬道的北壁忽然产生了一声巨响，墙上裂出一道缝隙。他吃了一惊，赶紧凑上前去，用旱烟管在裂了缝的墙壁上敲了几下。

结果让王圆箓吃惊不已，墙壁竟然是空的！王圆箓心里一阵激动，料想其中必藏有宝物。王道士轻描淡写地打发走了雇佣的人，耐着性子等到晚上，便悄悄地去打开了这道伪装的窟壁，找到了用泥封着的洞口。

王圆箓打开了这个洞口，一扇紧闭的小门出现了。他打开小门，里面是一个黝黑的高约160厘米，宽约270厘米，略带长方形的复室，室中堆满了数不清的经卷、文书、绣画、法器等。王道士感到不知所措，他取出几份经卷，一路小跑来到县衙，送给县长汪宗翰。汪宗翰见多识广，知道这些古物的价值，便仗势向王道士索要了一批画像和写本。甘肃学台叶宗炽通过汪宗翰，也得到了不少藏经洞的藏品，其中有宋乾德六年(968)的水月观音像。他建议藩台衙门把这批文物运到省城来保存。昏聩的清政府觉得花高昂的路费运送这些"废纸"根本不值得，便没有采纳这项建议，只是发出了一纸命令，让王圆箓封起藏经洞，从此就不再过问了。

1900年5月26日，道士王圆箓的发现使已经十分荒凉的敦煌再次成为世人瞩目的焦点，许多"学者"慕名而来。

盗取莫高窟宝藏的始作俑者是俄国的勃奥鲁列夫。1905年，当他听说敦煌石室发现古代经卷写本，便于当年10月到了敦煌，以少量的俄国商品做交换，从王圆箓手中骗去一大批珍贵的文书经卷。勃奥鲁列夫将卷带回国后，对此秘而不宣，直到1963年世人才知道这一情况。

继勃奥鲁列夫之后来到敦煌的是斯坦因。他对中国文化并没有什么认识，然而凭着冒险家追寻宝藏的本能，一听到这个消息便匆忙赶到中国，带着一个姓蒋的助手直奔敦煌，想办法结识王道士。

斯坦因想用金钱从王圆箓手中收买经卷，王道士看着斯坦因手中白花花的银子，虽然十分眼馋，但还不足以消除他对神灵及官衙的畏惧，斯坦因想用金钱收买的计划落空了。斯坦因常常光顾王圆箓住的洞窟，千方百计讨好王圆箓，想弄到宝物。一天，他忽然对王道士住处的壁画发生了兴趣，感到自己似乎找到了攻关的钥匙。原来，王道士住进这个佛窟后，剥去了原来的壁画，请人在上面重新画上唐僧西天取经的故事。斯坦因便决定由此突破。其实，斯坦因对玄奘事迹知道得并不多，他多方查找资料。经过准备之后，便和王道士谈起唐僧及其西游来。他装出一副对玄奘无比崇敬的神情，而且还说自己循着玄奘的足迹，历尽千难万险，从印度穿越峻岭大漠才来到了敦煌。他说得天花乱坠，让王圆箓对他无比崇拜。

深夜，王圆箓终于再次打开了密室的门，拿出一些经卷写本给这位"司大人"看。第二天，王道士又答应了斯坦因的请求，把他引进了密室。斯坦因首次获准进入藏经洞密室，初睹其中所藏丰富文物，简直目瞪口呆。他看见那小小密室里的物品，虽然不是井井有条，却是前所未见的经文卷帙。暗淡的油灯照明下，密密麻麻，一包包的手抄本堆在那里，几乎有 3 米高，后来经过测量，知道这密室容积近 14 立方米，几乎满是手抄本和书卷，密室内只留下仅能容两人站立的空间。

从那以后，王圆箓对这位洋大人放松了警惕，任由他进出密室，为所欲为。看到时机成熟，斯坦因告诉王圆箓说有成捆藏品要暂时拿出来做学术研究，而这样做绝非渎圣，因为抄本、书卷让诚心向道的人鉴赏等同宣扬佛法，功德无量。斯坦因还不断捐一点钱资助重修寺院，而且从来不提购买经卷的事，让贪心的王圆箓十分欢喜。斯坦因一边讨好王圆箓，一边利用中国助手屡次乘夜窃取大捆的珍贵文物背到营房。最后，这个以寻宝有功而被英国皇室封为爵士的家伙，共弄到 24 箱稀世奇珍，共计 3000 多卷经籍，另外 5 箱装着满满的绢帛以及 200 多部经书。

斯坦因盗宝成功的消息，极大地刺激了其他帝国主义者的贪欲，他们争相派"考察队"前往敦煌。

1908 年，法国汉学家伯希和也来到了莫高窟，他凭着对中国文化的研究，在斯坦因没有挑走的经卷中挑走了更珍贵的 6000 多卷写本和一些画卷，装满了 10 辆大车，几经辗转运到巴黎。他还给带不走的塑像和壁画拍了照片，印出了 6 大本，名为《敦煌千佛洞壁画集》，又把洞窟编了号码。他还拿着极少的一部分汉文写本来到北京炫耀，他的行为引起了爱国学者的极大愤慨。1909 年，北京学部才正式发布文告，并拨款到甘肃，命令敦煌县令陈泽把千佛洞所剩的古写本全部运到北京。然而这批宝贵的文化遗产在启运来京的途中被各地官吏层层盗窃，又因此受到很大损失。这批文物全部运到北京后只剩下 8697 卷了，经整理后保存在京师图书馆。

1911 年 10 月，日本人吉川小一郎和橘瑞超率领大谷光瑞探险队也赶到敦煌，从王道士手中骗得古写本经卷四五百卷和两尊精美的唐代塑像。

1914 年，斯坦因又来到中国，用 500 两银子从他的"旧友"王圆箓手中"买"走了 600 多卷古写本经卷。至此，他共骗得织绣品 150 多方，绘画 500 多幅，还有图书、经卷、印本、写本共 6500 多卷，成为敦煌艺术宝藏的第一盗匪。同年，俄国人鄂登堡也来到敦煌，盗走了不少文物和塑像，还剥去了一些壁画。

1924 年，美国人华尔纳匆匆来到敦煌，他用事先准备好的特殊化学胶布剥离盗走 26 方唐朝洞窟中的壁画，还窃取了几尊唐代塑像，这些东西现在收藏在美国哈佛大学的福格艺术博物馆和波士顿博物馆。

帝国主义分子掠夺的敦煌莫高窟文物数量十分惊人，仅北魏到北宋的古写本就有两万多卷。内容包括佛经、道经、摩尼经、诗赋词曲、小说、方志、信札、户籍、账簿、借贷契约、历书、医书等。除此之外，还有绘画、织绣等工艺美术品 1000 多件，其中有一件唐咸通九年 (868) 的一卷刻本经卷，卷头有一幅"佛说法图"，是世界上最古老的一件雕版印刷品，也是被盗文物中最珍贵的一种。

敦煌莫高窟的文物被劫掠后，莫高窟也随之名扬世界，国内外学者们从各种专门学科的角度，对以敦煌为研究对象的学术领域进行深入的研究，形成了独特的"敦煌学"（Tunhuangology）。

敦煌藏经洞经卷的发现，对人们研究历史、文化、佛教等都产生了深远的影响。当然，如同许多其他宝藏被发现一样，围绕敦煌经卷的谜团也随之而来——如此丰富的经卷是被谁封藏起来的？封藏这批经卷又是出于何种目的？这些问题从所藏经卷被发现到现在，一直悬而未解。有人认为敦煌各寺院把没有用途的书卷集中在一个洞窟中，形成了藏经洞，这种说法被称为"废弃说"。

主张"废弃说"的代表学者是盗取敦煌文物的第一大盗匪——斯坦因。日本学者藤枝晃也主张"废弃说"，他认为废弃的原因是随着中国印刷术的发明，印刷的佛经取代了卷轴装的佛经；图书馆的重新布置导致了原来的卷轴佛典遭到废弃，时间是在 1002 年以后不久。

有人对此提出了不同意见，认为洞中的经卷是因为躲避战乱而有目的地藏起来的。主张"避难说"的代表人是另一位盗取敦煌文物的名流——法国汉学家伯希和。伯希和认为唐代发生了"安史之乱"以后，驻扎在敦煌的军队被调入内地平定叛乱，吐蕃人乘机占领了敦煌，这一时期史书上称为吐蕃占领时期。1038 年党项在敦煌建立了西夏政权的统治。藏经洞中的藏品却没有西夏文书，而且藏品的堆放也没有一定的顺序和分类，所以伯希和认为在第一次党项攻打敦煌时，为避免兵灾，当时僧人匆忙将这些东西堆入洞中，封了起来。中国有的学者也主张"避难说"，但他们认为经卷的收藏并不是发生在党项攻打敦煌的时候。有些中国学者认为北宋绍圣年间 (1094～1097)，黑汗王朝向北宋提出攻打西夏的请求，得到了北宋王朝的回应。当地僧人为了防止佛教典籍在战火中毁灭，主动采取了保护措施，将经典汇集一处，藏入洞中，并在外面画上壁画，进行了精心伪装。

究竟藏经洞中的经书是谁藏的，什么时候藏的，还是被抛弃的，至今还没得到完满的解答，仍是个未解之谜。

悬空寺之谜

　　悬空寺位于山西浑源县，距大同市65千米，是国内仅存的佛、道、儒三教合一的独特寺庙。属于国家重点文物保护单位。悬空寺始建于1400多年前的北魏王朝后期，北魏王朝将道家的道坛从平城（今山西大同）南移到此，古代工匠根据道家"不闻鸡鸣犬吠之声"的要求建成了悬空寺。悬空寺距地面高约50米，悬空寺建造的位置山势陡峻，两边是直立100多米、如同斧劈刀削一般的悬崖，而悬空寺就建在这悬崖上，它给人的感觉像是粘贴在悬崖上似的，从远处抬头望上去，看见的是层层叠叠的殿阁，只有数十根像筷子似的木柱子把它撑住。而悬空寺顶端那大片的赭黄色岩石，好像微微向前倾斜，马上就要塌下来似的。于是有不少人用建在绝壁上的"危楼"来描述悬空寺，那么这座绝壁上的危楼又是怎么建造的呢？它又为什么要建造在悬崖绝壁上呢？又是什么原因使它历经千年仍旧保存得如此完好呢？

　　近些年来，专家们对悬空寺进行了多次实地考察，提出了许多新观点。有专家认为悬空寺之所以能够建在悬崖上，主要是由"铁扁担"把楼阁横空架起。专家们介绍说，从三官殿后面的石窟侧身探头向外仰望，会发现凌空的栈道只有数条立木和横木支撑着。这些横木又叫作"铁扁担"，是用当地的特产铁杉木加工成为方形的木梁，深深插进岩石里去的。据说，木梁用桐油浸过，所以不怕被白蚁咬，还有防腐作用。这正是古代修筑栈道的方法，悬空寺就是用类似修筑栈道的方法修建的，把阁楼的底座铺设在许多"铁扁担"上。与此同时，也有专家指出悬空寺之所以能够悬空，除了借助"铁扁担"之力以外，立木（即柱子）也立下了汗马功劳。这些立木，每一根的落点都经过精心计算，以保证能把整座悬空寺支撑起来。据说，有的木柱起承重作用；有的是用来平衡楼阁的高低；有的要有一定重量加在上面，才能够发挥它的支撑作用，如果空无一物，它就无所借力而"身不由己"了。还有专家认为悬空寺全寺40间殿阁，表面看上去支撑它们的是十几根碗口粗的木柱，其实有的木柱根本不受力，所以有人用"悬空寺，半天高，三根马尾空中吊"来形容悬空寺。而真正的重心撑在坚硬岩石里，利用力学原理半插飞梁为基。也就是在山崖上先开凿好窟窿，将粗大的飞梁插到这些窟窿里，这插到山里的一大半支撑着楼体，露在外面的一小半便是楼阁的"基石"。这样，看上去像是空中楼阁平地而起，实际上楼阁的重心在山体。悬空寺到底是怎样建造的，专家们各持己见，争论不休。

　　那么悬空寺又为什么要建造在悬崖绝壁上呢？又是如何保存得如此完好呢？人们也是说法不一。有人说以前这里暴雨成灾，只好把寺建在悬崖上，悬空寺处于深山峡谷的一个小盆地内，全身悬挂于石崖中间，石崖顶峰突出部分好像是一把伞，使古寺免受雨水冲刷。山下的洪水泛滥时，也免于被淹。也有人说以前这里是南去五台、北往大同的交通要道，悬空寺建在这里，可以方便来往的信徒进香。而且浑河河水从寺前山脚下流过，当时常常暴雨成灾，河水泛滥，人们以为有金龙作祟，便想到建浮屠来镇压，于是就在这百丈悬崖上悬空修建了寺院。另外，也有人指出这里的山势好像一口挂起来的锅一样，中间凹了进去，而悬空寺恰好就建在锅底。这种有利的位置，不仅

凌空欲飞的悬空寺金碧辉煌，十分壮观。

使得塞外凛冽的大风不能吹袭悬空寺，而且寺院前面的山峰又起了遮挡烈日的作用。据说，在夏天的时候，悬空寺每天只有3个小时的日照时间，这也正是悬空寺为什么能够历经千多年风吹日晒，仍然牢牢地紧贴在峭壁上的重要原因之一。近些年有专家指出，悬空寺之所以历经千年而保存得如此完好，除上述原因外，也归功于它奇特的建造。悬空寺除一进寺门有一条长不及10米，宽不到3米的长方寺院可容数十人外，其余楼台殿阁尽由狭窄廊道和悬梯相连，游人只能鱼贯缓行，不会造成拥挤现象，这就大大减轻了游人对廊道和悬梯的压力。另外也有专家认为悬空寺还有一个与众不同的特点，就是"三教合一"。在寺院北端的最高层，有座三教殿，我国佛、道、儒三大教派的释迦牟尼佛、老子、孔子端坐一殿。自古以来，各教派为赢得百姓崇信，各执己见，争论不休，故天下寺殿多是分立，而悬空寺却将三教融入一殿，实为罕见。而悬空寺内佛、道、儒三教兼有，历代朝野臣民对其都倍加爱护，这也是其完好无损的一个重要原因。

　　远望悬空寺，其凌空欲飞，似雏燕展翅；近观，如雕似刻，镶嵌在万仞峭壁。"飞阁丹崖上，白云几度封。蜃楼疑海上，鸟道滑云中"。古代诗人用这样优美的诗句赞美悬空寺，并非夸张。唐朝大诗人李白游完悬空寺，大笔一挥，写下"壮观"二字。明代旅行家徐霞客当年游历到此，惊叹悬空寺为"天下巨观"。悬空寺以其独特的建筑风格和文化内涵吸引着古往今来的游人，那一个个至今尚未被世人解答的谜也给悬空寺增加了几分神秘。

扶风法门寺探秘

　　法门寺是我国著名的古刹，位于陕西省扶风县城以北的法门镇。法门寺始建于东汉。据史料记载，古天竺（印度）国王为弘扬佛教，各地分葬佛祖释迦

牟尼的真身舍利，于是在世界各地建塔，法门寺即是其中之一，并以珍藏佛指舍利而闻名于世。

民国二十八年 (1939) 修整时，法门寺寺院殿宇焚毁殆尽，仅明代修建的砖塔独存。1981 年，因雨积水，明塔半边倒塌。政府拨款重建寺塔，并整修了殿宇。相传法门寺塔下藏有佛祖释迦牟尼的一节手指骨舍利，因此寺塔又尊称大圣真身宝塔，所以当 1987 年清理塔基时，佛指舍利成了万众瞩目的焦点。

考古工作者非常小心地除开黄土，发掘到法门寺塔下地宫后室的藻井大理石盖，透过西北角的裂缝，当手电筒的光照进去的时候，反射出了一道道耀眼夺目的金光。推开地宫两扇厚重的石门，于 1987 年（佛历二五三一年）5 月 5 日凌晨 1 时，正是农历四月初八，释迦牟尼佛祖的诞辰，考古工作者发现了供奉于地宫的佛陀真身舍利。整座地宫结构复杂，用材讲究，雕饰精美。在目前全国已发掘的塔基地宫中是独一无二的。这种三室制的地宫，显然是模拟人间埋葬皇帝的最高规格的墓室构筑的。

法门寺塔地宫出土的遗物约 170 余件，可分为两大类：一是 4 枚佛指舍利；二是为供奉舍利而奉献的物品。奉献的物品有金银铜铁器、瓷器、玻璃器、珠宝玉器、漆木器、石质器、杂器以及大量的纺织品和货币。由于都是唐代皇室贡奉的物品，所以数量大、等级高，錾文内容丰富。仅金银器就有 121 件，与佛教有关的造像和法器有菩萨像、香案、舍利棺椁、宝函、阏伽瓶、锡杖、如意、钵盂等；日常生活用具有盆、盒、茶箩子、碗、碟、香炉、香囊、茶碾子、笼子、盐台等。这批金银器是长安的文思院和江南地区制造的。文思院是专为皇室制作金银器的手工业作坊，是当时工艺水平最高的制造所。江南地区在晚唐也是制作金银器的主要地区，都曾向朝廷进献过金银器。出土的石刻有石碑、灵帐、阿育王塔等，其中记述了奉献物品的名称、数量、器重以及奉献者的名衔等，使我们确切了解了出土器物的名称，使以往一些不确切的称谓得以纠正。

所有的出土文物都与塔中瘗埋的舍利有关，如捧真身菩萨，是全国数以万计出土文物中独一无二的稀世珍品。菩萨原置于地宫中室的东北角，完好地盛放在银棱檀香木宝函之中。菩萨头戴化佛花蔓冠，花蔓冠边缘串饰珍珠。上身袒露，双手捧着上置发愿文的镏金银扁荷叶形银盘，下着羊肠大裙，单腿跪于莲座上，通身装饰珍珠璎珞。菩萨手捧的金匾呈长方形，匾栏上贴饰 16 秋宝相花，匾上錾文："奉为睿文英武明德至仁大圣广孝皇帝，敬造捧真身菩萨永为供养。伏愿圣寿万春、圣枝万叶、八荒来服、四海无波。咸通十二年辛卯岁十一月十四日皇帝巡庆日记。"通观全像，菩萨与像座构成一个完整的曼荼罗，即密教的坛场。唐懿宗咸通末年，迎法门塔佛指舍利入宫内，即置于菩萨双手捧着的荷叶形盘内，供帝后嫔妃们顶礼膜拜，所以称为"捧真身菩萨"。懿宗登基后，内忧外患，于是想通过迎佛骨来缓和阶级矛盾和安定政治局面。唐咸通十四年 (873) 三月二十三日，从法门寺地宫中迎出舍利，经安福门送入宫内，放置在捧真身菩萨双手捧持的荷叶盘上供养。因此，这尊捧真身菩萨既是唐代最隆重崇佛的产物，也是唐代最后一次迎佛骨的见证。它的历史价值还在于是迄今为止唯一有皇帝名号的文物。

据历史文献记载，我国境内曾有四大名刹供奉释迦牟尼真身舍利。岱州五台及终南五台之舍利，在唐武宗会昌年间灭法时敕令毁坏；泗州普王寺之舍利也于清康熙十九年(1680)沉入洪泽湖中，此三寺的真身舍利已无法见到。唯有法门寺地宫是目前国内得以保存释迦牟尼真身舍利的地宫。地宫于唐懿宗咸通十五年(874)封闭直至这次发掘，1113年间从未被移动过。这次发掘共发现佛指舍利4枚。唐据唐释道宣《集神州塔寺三宝藏通录》记载，唐显庆五年(660)春三月，敕取法门寺舍利往洛阳宫中供养，"皇后（武则天）舍所寝衣帐直绢一千匹，为舍利造金棺银椁，数九重，雕镂穷奇"。

法门寺所收藏的佛指骨舍利，极其受到历代信佛帝王的尊崇与信奉，在唐代时更是达到了狂热的程度。自唐太宗以降，朝廷多次加以殊礼，据唐宪宗敕命撰写的《佛骨碑》中所记载："太宗特建寺宇，加以重塔；高宗迁之洛邑；天后荐以宝函；中宗纪之国史；肃宗奉之内殿；德宗礼之法宫。"第一次奉迎佛骨发生在唐贞观五年(631)，唐太宗开启塔墓，以舍利示人。舍利出土之时，瑞光四射，四方民众，蜂拥寺内，同观佛光。从此，震荡大唐朝野达200多年之久的"佛骨旋风"拉开了序幕。

第二次奉迎佛骨发生在唐显庆五年(660)，唐高宗李治一生信奉佛法，对于"三十年一开闭，开则五谷丰登，兵戈自息，天下太平"的礼迎佛骨之事自然热衷。敕令将佛骨从法门寺迎请到东都洛阳，并由道宣律师主持法事。在由法门寺经长安到洛阳的数百里路途中，僧俗士民络绎不绝，翘首踮足，急欲一睹佛骨风采。这次礼佛活动时间很长，规模很大：佛骨在京师供奉了4年之久才送回法门寺，

法门寺塔

陕西省扶风县法门镇，苍松翠柏与蓝天白云无法掩盖佛指舍利的夺目光芒。经过千年历史风云变幻，佛经的吟诵依旧回荡在耳边：微尘映世界，瞬间含永远。

并敕令为舍利建造了九重金银棺椁，以为供奉，皇后武则天也施舍了衣帐、直绢1000匹。

第三次奉迎佛骨是在武则天称帝后的武周长安四年(704)，武则天早年为妃嫔时，曾被迫迁出宫中，削发为尼，度过了一段黄卷青灯的孤苦年华，便和佛教结下了缘分。于是，崇佛的高潮再度掀起，一时之间，烧指顶缸者争先恐后，舍财投宝者不计其数，种种香花鼓乐、华盖幡幢，如海如潮，盛况空前。

第四次礼佛发生在唐肃宗上元元年(760)，"安史之乱"尚在继续，国难当头，唐肃宗临阵奉佛，希望止息兵戈，社稷安宁。这次奉迎佛骨的时间和规模都比前几次小得多，气氛也很不同，"道俗瞻恋，攀缘号诉，哀声振薄"，一派三界火宅、众苦煎熬的悲戚景象。

第五次奉迎佛骨在唐贞元六年(790)，当时的唐朝处于"藩镇割据"的局面。藩镇诸将，胡族甚多，尤崇佛教。唐德宗的奉佛之举，或许正是为了笼络这些地方实力派吧！

第六次奉迎佛骨是在唐元和十四年(819)，唐宪宗派专使往法门寺，将佛骨迎入宫供养三天，然后率皇室人员及文武百官一一礼拜，并交京城佛寺轮流供奉。唐宪宗的这一举动震动京城，王公士庶奔走相告，"焚顶烧指，千百为群；解衣散钱，自朝至暮；转相仿效，唯恐后时；老少奔波，弃其业次"。整个长安城掀起崇佛狂潮。这使刑部侍郎、著名文学家韩愈十分忧虑，奋笔写下《谏迎佛骨表》上奏皇帝。他拍着胸脯慷慨激昂地表示：假如佛陀真能显灵，施人祸祟，那么所有的灾祸都由我韩愈来承担，上天做证，决不反悔。崇佛极深的唐宪宗哪能接受韩愈的逆耳忠言，一怒之下，要将韩愈处斩。众宰臣苦请从宽，最后韩愈得免死罪，但被贬到当时边远瘴疬的广东潮州。

迎请佛骨最为铺张的莫过于唐咸通十四年(873)，第七次迎取佛骨。是年春，唐懿宗诏令大德高僧数十人恭迎法门寺佛骨，朝中百官纷纷上疏劝阻，但唐懿宗却说：只要能见到佛骨，死也心甘了。为了奉迎佛骨，在皇帝的亲自安排下，长安倾城出动，官民齐做准备，从长安到法门寺的100千米之间，车马昼夜不绝，沿途都有饮食随时供应，称"无碍檀施"。沿途制作数以万计的浮图、宝帐、香舆、幡花、幛盖、幛伞。其中用金银宝物制成的宝帐香舆，用孔雀鹬毛装饰宝刹，宝刹小者高一丈，大者二丈高，抬一座宝刹要用轿夫数百人。迎请佛骨的仪仗车马，由甲胄鲜明、刀杖俱全的皇家禁军导引，文武大臣护卫，名僧大德供奉，长安各寺僧众拥戴，成千上万善男信女膜拜，音乐沸天，旗旌蔽日，绵亘数十里。长安城里的豪富还在每条街上用绸缎结扎成各式彩楼，并饰以珠玉金宝，五光十色，巧夺天工。同时，他们还施舍钱物，号为无遮会，争奇斗富，场面之盛令人叹为观止。唐懿宗亲往佛寺，恭迎佛骨入城，并顶礼膜拜，泣不成声。在奉迎佛骨的日子里，召请两街供奉僧入内，赏赐金银布帛，还把佛骨迎入皇宫内道场，设金花帐、温情床，铺龙鳞之席、凤毛之褥，供奉三日然后送出，先后安放于安国寺、崇化寺，宰相以下文武百官竞相布施金帛供奉。由于皇帝带头迎拜佛骨，长安城内虔诚的佛教徒更是如痴如醉。为了表达对佛的虔敬，有的在佛骨面前砍断自己的左臂，用右手拿着断臂，一步一叩首，血流满地；有的肘行膝步，爬到佛骨面前；有的用牙咬断手指，用火烧手指，在佛骨面前发誓许愿；还有的头顶干草，点火燃起，直至头顶焦烂，哭卧于佛骨面前。在这场规模空前的迎请佛骨活动中，君臣士民皆激动不已，沉浸在宗教狂热之中。除皇室、百官、豪富争施金帛外，长安城内各坊里百姓组织社团，凡居民无论男女长幼，每人每十日捐钱一文，积钱无数，法门寺地宫内的稀世珍宝，大多是唐懿宗迎请佛骨送归时奉献的。然而，唐懿宗在大张旗鼓奉迎佛骨的第二年便死去了，唐僖宗继位登基后，立即诏令将佛骨送回法门寺，在仪式上也大大从简，远没有迎出时那番热闹了。饱经流离、生逢衰世的百姓，呜咽流涕，执手相谓："六十年一度迎真身，不知何日能再见。"

自唐代起，茶艺广为盛行，茶具也是各种各样，美不胜收。烹茶、啜饮呈礼仪化、规范化和艺术化，特别是陆羽的《茶经》问世后，越来越多的人开始饮茶。陆羽因此也被奉为"茶神"。法门寺地宫中出土的多种茶具，虽配套不甚严格，但仍可做一组器物，它们各专其用又互相配合，为我们认识晚唐饮茶方式提供了重要的实物资料。

地宫出土的镏金镂空鸿雁纹银笼子，通体镂空，纹饰镏金，两侧口缘下铆有环耳，环耳上套置提梁，上有银链与盖顶相连。笼子底部边錾"桂管臣李杆进"六字。

唐宋饮茶，烹煮时可先将茶团饼碾成茶末。因此碾是烹茶的重要器具。《茶经》里说茶碾用木制，讲究的则用银制。地宫出土的镏金鸿雁流云纹银茶碾子，浇铸成形，纹饰镏金，通体为长方形，由碾槽、辖板和槽座组成，碾槽嵌于槽身之中，底部弧形，便于碾轴反复运行。槽身两侧饰天马流云纹。与碾子配套使用的是碾轴，地宫出土的镏金团花纹银锅轴，錾文"锅轴重一十二两"，浇铸成中间粗壮、手执处渐渐锐小的圆杆，两端刻花。碾出的茶末要过箩。箩细则茶浮，粗则水浮。因此，对箩孔的粗细有一定的要求。地宫出土的镏金飞天仙鹤纹壶及门座银箩子，钣金成型，纹饰镏金，箩外底錾有铭文。茶箩为仿木制的箱匣结构，由盖、身、座、箩、屉五部分组成，残存的纱箩极细密，反映这时茶末颗粒已很细。这组茶具上多处刻有"五哥"字样。僖宗李儇为懿宗第五子，册立为

法门寺地宫发掘现场
陕西省扶风县法门镇。

皇太子前宗室内以"五哥"相称。这组茶具是僖宗供奉的，茶是佛前供奉品之一，因而奉献茶具是在情理之中的。

此外，还出土有蕾纽摩纹三足架银盐台、壶门高圈足银风炉、镏金四出花纹银箸、镏金银龟盒等，它们分别用作盛盐、鼓风、拨炭、贮茶等。总之，法门寺地宫出土了一整套晚唐时期的饮茶用具，如此齐全的配置，在我国尚属首次。对研究唐代饮茶史，其重要意义是不言自喻的。

乐山大佛如何能保存得如此完好

乐山大佛坐落在乐山市峨眉山东麓的栖鸾峰，依凌云山的山路开山凿成，面对岷江、大渡河和青衣江的汇流处，造型庄严，虽经千年风霜，至今仍安坐于滔滔岷江之畔，又名凌云大佛。乐山大佛是世界现存最大的一尊摩崖石像，有"山是一尊佛，佛是一座山"的称誉。乐山大佛雕刻细致，线条流畅，身躯比例匀称，气势恢宏，体现了盛唐文化的宏大气派。

关于乐山大佛的开凿，历史上还有一段传奇佳话。乐山大佛古称"弥勒大像""嘉定大佛"，开凿于唐玄宗开元初年（713）。当时，岷江、大渡河、青衣江三江于此汇合，水流直冲凌云山脚，势不可当，洪水季节水势更猛，过往船只常触壁粉碎。凌云寺名僧海通见此甚为不安，于是生发修造大佛之念，一使石块坠江减缓水势，二借佛力镇水。海通募集20年，筹得一笔款项，当时有一地方官前来索贿，海通怒斥："目可自剜，佛财难得！"遂"自抉其目，捧盘致之"。海通去世后，剑南川西节度使韦皋，征集工匠，继续开凿，朝廷也诏赐盐麻税款予以资助，前后历时90年，大佛终告完成。可就是这座享誉世界的大佛，历来仍有许多争论。

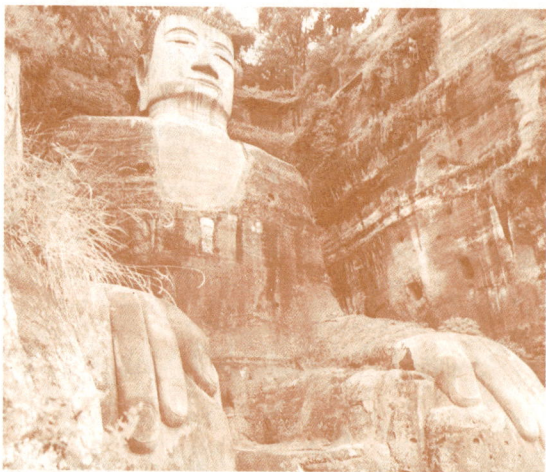

乐山大佛
又称凌云大佛，其姿态端庄安详，是中国也是世界最高大的一尊石刻大佛。大佛依凌云山的山路凿成，面对岷江、大渡河和青衣江的汇流处，虽经千年风霜，至今仍安坐于滔滔江河之畔。

乐山大佛的高度究竟是多少？有千年之久的乐山大佛又是如何保存得这么完好呢？

乐山大佛的规模在各类书籍上多有记载，人们比较统一的意见是，大佛头长14.7米，头宽10米，眼睛长3.3米，鼻子有5.53米长，肩宽24米，耳长7米，耳内可并立二人，脚背宽8.5米，可坐百余人，但关于大佛的高度说法不一。宋代的《佛祖统纪》《方舆胜览》，明清的《四川通志》《乐山县志》等书中，都记载乐山大佛高"三百六十尺"，也就是相当于现在的 110 米左右。新中国成立后，科研部门采用吊绳和近景测量的方法对大佛进行了多次测量，确认乐山大佛高 71 米。《中国大百科全书》《中国名胜辞典》《中国名山大川辞典》等字典书籍上也明确写有乐山大佛的通高为 71 米。但 1990 年由上海辞书出版社出版发行的《中国地名辞典》却把乐山大佛的高度定义为 58.7 米，而且这一观点也同样有很多权威专家认同。

为什么同一座静止不动的石佛，它的高度会有两个差距如此大的数据呢？据有关专家介绍，这两种观点的主要分歧是定义乐山大佛"通高"的不同。文物界在测查文物时，将文物整体的最高点和最低点之间的差称为"通高"。中国的佛像底部多有莲花座，测量时通常将佛像和底部与之相连的莲花座看作一个整体，佛像的高度也就是从莲花座底端到佛像的顶端的长度。

就乐山大佛来说，人们对它的莲花座的看法不一致。有人认为大佛脚下有两层莲花座，一层是大佛的足踏，而在足踏下面还有一层更大的莲花座。因此他们认为大佛的通高应该以最底层的莲花座为起点进行测量，也就是大佛高 71 米。与此同时，还有人认为大佛脚下只有一层莲花座，因为与乐山大佛类似的隋唐时期建造的弥勒佛像都只有一层莲花足踏，乐山大佛没有道理在足踏下再加一层莲花座。也有人认为，所谓莲花足踏下一层更大的莲花座，实际上是莲花足踏下的一层石基，只不过建造者为了美观庄严在石基的边缘上刻了一些莲花图案。因此这层石基不能计算在大佛的高度之内，所以持这种观点的人把大佛的通高从莲花足踏开始算起，也就是 58.7 米。究竟乐山大佛最底下一层是莲花座，还只是一层石基，人们争论不休，至今未有定论。

那么，乐山大佛历经千年又是如何保存得如此完好呢？近些年来，通过专家们对乐山大佛的考察研究，不断揭开大佛的一些秘密。专家们认为乐山大佛具有一套设计巧妙、隐而不见的排水系统，对保护大佛起到了重要的作用。在大佛头部共 18 层螺髻中，第 4 层、第 9 层和第 18 层各有一条横向排水沟，分别用石灰垒砌修饰而成，远望看不出。衣领和衣纹皱折也有排水沟，正胸右向左侧也有水沟，它与右臂后侧水沟相连。两耳背后靠山崖处，有洞穴左右相通；胸部背侧两端各有一洞，但互未凿通，孔壁湿润，底部积水，洞口不断有水淌出，因而大佛胸部约有 2 米宽的浸水带。这些水沟和洞穴，组成了科学的排水、隔湿和通风系统，防止了大佛的侵蚀性风化。也有专家指出，大佛的雕刻结构对大佛的保存起到了至关重要的作用。人们观赏这尊世界第一大佛，往往只看到依山凿就的外表，看到它双手抚膝正襟危坐的姿势，而对它的部位结构则看不真切。其实，细究他的形体结构，是很有趣味的。乐山大佛屹立千年仍然风采依旧，究竟是什么原因使他如此"坚强"，人们仍在争论探索。

故宫为何称为紫禁城

故宫旧称紫禁城。明永乐四年至永乐十八年（1406～1420），明成祖开始修建故宫，明、清两代24个皇帝在此执政。

紫禁城为皇家宫殿，红墙黄瓦，金碧辉煌，为什么称皇家宫殿为紫禁城呢？大致有如下三种说法：

一种说法认为这与古时候"紫气东来"的典故有关。传说老子出函谷关，有紫气从东至，被守关人看见，不久，老子骑着青牛姗姗而来，守关人便知道这是圣人。守关人请老子写下了著名的《道德经》。因此紫气便被认为具有吉祥含义，预示着帝王、圣贤和宝物出现。由此可知紫禁城中"紫"大有来头。皇帝居住的地方，防备森严，寻常百姓难以接近，所以称为紫禁城。

另一种说法认为紫禁城的来历与迷信和传说有关。皇帝自命为是天帝之子，即天子。天宫是天帝居住的地方，也自然是天子居住之地。《广雅·释天》曰："天宫谓之紫宫。"因此皇帝住的宫殿就被称为紫宫。紫宫也称为紫微宫，《后汉书》说："天有紫微宫，是上帝之所居也，王者立宫，象而为之。"《艺文类聚》记："皇穹垂象，以示帝王，紫微之则，弘诞弥光。"

还有一种说法认为紫禁城的来历与古代"皇垣"学说有关。古时，天上星垣被天文学家分为三垣、二十八星宿及其他星座。三垣指太微垣、天市垣和紫微星垣。而紫微星垣是代称天子的，处于三垣的中央。紫微星即北斗星，四周由群星环绕拱卫。古时有"紫微正中"和"太平天子当中坐，清情官员四海分"之说。

既然古人将天子比作紫微星垣，那么紫微垣也就成了皇极之地，所以称帝王宫殿为紫极、紫禁、紫垣。"紫禁"的说法早在唐代即已有之，王维《敕赐百官樱桃》诗曰："芙蓉阙下会千宫，紫禁朱樱出上兰。"北京故宫占地1087亩，南北长961米，东西宽753米，周长约7华里，全部殿堂屋宇达9000多间，四周城墙高10余米，称这座帝王之城为紫禁城不仅名副其实，且含天子之城的意思。考察故宫中的建筑，象征着"天"的崇高和伟大的太和殿，位于故宫中极，是最高大突出的地方；象征着天和地的乾清、坤宁二宫紧密相连；它们两侧的日精、月华二门，象征着日和月；而象征着十二星辰的东西六宫以外的数组建筑则表示天上的群星。这些象征性的建筑群，拱卫着象征天地合璧的乾清、坤宁二宫，以表明天子"受命于天"和"君权神授"的威严。

文物科技之谜

　　文物是中国古代文化的重要组成部分，也是中国文化与文明的重要载体，具有鲜明的民族风格、独特的审美特征、高超的艺术水平和深远的历史价值。科技则是人类摆脱蒙昧、走向文明的巨大推动力，代表一个国家、民族的先进程度和发展方向，科技的历史就是浓缩了的人类发展史。围绕着文物与科技，亦有许多无法解释的谜题：红山文化女神庙里的女神是谁？勾践剑与夫差矛为何在湖北出土？马王堆古尸为何历经千年不腐……

远古岩画之谜

我国考古工作者在内蒙古自治区狼山发现了一些远古时代的岩画。其中一幅画让人百思不得其解，上面画着两个桃子形状的东西，中间偏上方有两个圆圆的小洞，有点像人的两只眼睛，不过，如果这是张人脸却又不见鼻子和嘴巴。在这张"脸"的上方和周围画着很多的球状体，星星点点，纷纷洒洒，有人说是宇宙中的星星，也有人说是飞行器，自天而降。所以，很多人干脆把它称为"天神图"。

在韩乌拉山峰下东边沟口的岩画上，也发现了一些奇异的人头像。其中有一幅人头长着一张方嘴，两只圆眼睛，脑袋上还布满了线状物，就像古人形容的"怒发冲冠"。有人说是头发，有人说是天线，在画中还刻着"大唐"两个字。为什么写上这两个字呢？如果这指的是这些岩画的刻画年代的话，为什么不画佛也不画道呢？要知道，在唐朝，宗教画是非常流行的啊！这到底画的是哪一家的神灵呢？

无独有偶，考古工作者在宁夏回族自治区贺兰山东麓也发现了一批稀奇古怪的远古岩画，共约300幅。其中北侧一块距离地面1.9米的岩壁上画着一幅人像写意画令人过目难忘。这幅画高20厘米，宽16厘米，头朝向西南方向，戴着一个又大又圆的密封式头盔，头盔与紧身连体套装浑然一体。头盔中间有一个圆形孔洞，也许是观察窗。整个头部就像是现代戴着头盔的宇航员。奇怪的是古代不可能有宇宙飞船，古人也不可能看见过今天的宇航员，那么，他们的灵感是怎么得来的呢？

事实上，类似这样的岩画不止在中国，在世界范围内都屡有出现。在非洲撒哈拉大沙漠中，欧美一些国家的考古学家在恩阿哲尔高原的丁塔塞里夫特也发现了一些神秘的人头画像。这些画中的人戴着奇特的头盔，衣着也臃肿可笑。刚开始学者们都不知道这幅画是什么意思。直到美国人造飞船上天，人们才恍然大悟。原来，撒哈拉沙漠岩画上人头上戴的奇特头盔正是现代宇航员的头盔！而这些画中人穿着的非常臃肿的服装也酷似现代宇航员的宇航服！我们不禁要问同样的问题，非洲的这些远古人类又是从哪里得来的艺术灵感呢？这是人物写真呢还是远古人类虚构出来的？如果真是人物写真的话，这些撒哈拉沙漠居民真的见到过天外来客吗？

在古代交通不发达的条件下，世界中的许多民族和地区都不约而同地留下了如此怪诞的图案，这不是能用"实属巧合"这类话能搪塞过去的。自古以来，全世界各个民族都有关于天神们开天辟地的神话

远古时代的岩画

传说，除了反映远古人类的艰难创业历程，是否也反映了人类祖先对于古代天外来客的原始记忆呢？也许，正是原始人类对这些具有高度文明的天外来客充满了崇拜，把他们当作神来膜拜，并把他们的形象画在了石壁上。

这些岩画真的是对天外来客的记忆吗？恐怕这个谜一时还无法解答。

塞外彩色陶罐来自何方

在新疆维吾尔自治区乌鲁木齐南郊乌拉泊水库旁的一座古墓中，曾出土了一件彩色单耳小陶罐，罐高 14.8 厘米，口径 9.5 厘米，底径 5.5 厘米。这是一件敞口短颈、鼓腹圆底的陶罐，在颈腹间还有一宽带状的单耳。陶罐为手制，外涂一层土红色的陶衣，陶衣上通体涂绘暗红色的花纹。陶罐颈部是上下两排三角形花纹，腹部为上下两个三角形花纹演变而成的勾连的涡卷纹，耳柄上绘有斜纹方格网状纹，口沿内壁还绘有一圈带纹。整个陶罐制作精巧，色泽艳丽，纹饰醒目，是一件美丽的原始艺术品。令人惊异的是在哈密哈拉墩地区和乌鲁木齐南山阿拉沟地区的古墓中，均发现了同样的陶罐。这是古代哪个民族的创造？陶器上彩绘的三角纹、涡卷纹表现了什么？这些问题令人百思不得其解。

其实，提起彩陶，人们马上就会联想到著名的仰韶文化。瑞典著名的地质学家安特生在当时征求农商部以及中国地质调查所的同意，并且与河南渑池县政府联系，取得当地政府的支持。安特生一行于 1921 年 10 月第三次奔赴仰韶，进行正式的挖掘工作。此次发掘从 10 月 27 日开始到 12 月 1 日结束，历时 35 天。这是安特生在中国进行的最大和最详细的发掘工作，其影响直至今日。安特生把这些远古人类遗存命名为"仰韶文化"。由于仰韶文化的主要特征就是彩陶，因此人们也把仰韶文化称之为"彩陶文化"。这在中国历史上还是第一次运用现代科学的"文化"概念取代了传统史学的神话传说。

距今 6000 多年的半坡彩陶上就绘有鱼纹、蛙纹等动物花纹，更有宽带纹、三角纹等几何形花纹。在生产力还十分低下的远古时代，人们何以制造和绘饰与那个时代极不相称的彩陶文化，至今仍是个谜。面对琳琅满目的彩陶文化，我们为其灿烂的风采所倾倒，也因此迷茫不解而困扰。彩陶文化的研究者总结出彩陶的种类繁多，比如倒三角纹、大倒三角形的网状纹，还有倒三角纹演变而成的涡纹、竖条纹、平行短纹、树枝纹、弧线纹、棋盘格纹等。另外研究者也发现很多地方的出土陶器上的花纹样式及其构造方法上都比较类似，那么，世界上是不是存在着一条彩陶文化带？是不是在新石器时代晚期，有一支以彩陶文化为代表的先进农业集团由西向东进入了中国的黄河流域，然后这条线也就在中国境内绵延开来，形成了从新疆到中原的彩色陶器文化？英国考古学家赫伯森先生推论："彩陶文化的传播路线应该是由西向东的，源头是中东的两河流域，因此在中国的西部特别是新疆地区一定会留下传播痕迹，很有希望发现相同的彩陶。"事实上塞外彩色陶器的发掘呼应了这一推论。

民俗学专家告诉我们，在古代，人们对墓穴的朝向的选择，往往是一个民族认为自己民族的来源之所的方向，表示对于远古时期故土的怀念。而通过观察总结我们可以知道，半坡遗址中所有的墓穴都朝向西方，同属于仰韶文化的北首岭、姜寨、横阵、元君庙、史家等史前遗址的墓穴朝向也与半坡相同。在位于河南西南部的淅川发现的仰韶文化遗址中，墓穴的朝向为西稍微偏北，而郑州和洛阳地区仰韶文化遗址中的墓穴，朝向基本上是西稍微偏南。而与仰韶文化关系紧密的齐家文化范围内的甘肃永靖县史前人类遗址，其墓穴分为南北两片，南部墓穴99座，朝向全部西偏北，而北部墓穴29座，朝向一律正西，也是以西为主。而新疆维吾尔自治区察吾乎沟、罗布泊、焉不拉克、艾丁湖、苏巴什、巴里坤草原、伊犁河谷地区、阿拉沟等地发现的彩陶文化墓穴的朝向，也都是朝向西方。那么如果民俗学家所总结的可以与彩陶文化现象相合并的话，彩陶的文化迁徙方向是不是就可以被认为是从西到东的？但是这些也只是猜测和推论而已，并不能确切地说明什么结论。在新疆维吾尔自治区发现的彩陶作为一种文化的代表或者最先昭示，它必然带给我们广阔的空间去接近曾经的辉煌与智慧。

红山文化女神庙里的女神是谁

1983 年 10 月，在辽宁省建平、凌源两县交界处的牛河梁，考古学家发现了又一处红山文化祭祀遗址，推测其原来是一座女神庙，出土一件面涂红彩的泥塑女神头像，头高22.5 厘米，面宽16.5 厘米，形体与真人相当。这是迄今为止新石器时代陶塑遗物最重要的发现。牛河梁红山文化"女神庙"遗址的发现，大约分属5 或 6 个个体的女神像的陶塑残块。尤为珍贵的是神庙主室西侧发现的接近真人大小的彩塑女神像，肢体虽已残碎，但头部基本完好，较为完整的还有肩臂、乳房、手等。在此以前还在喀左东山嘴红山文化的祭祀遗址中发现了两个小型孕妇塑像。据研究，女神庙已残碎的女像可能也与孕妇像一样同属坐姿，女神头部两眼都用圆形玉石镶嵌，更显生动。这 3 尊女神像虽有大小的不同，但显然都是原始崇拜的偶像。红山文化年代跨度约略相当于仰韶文化时代，距今已 5000 多年。

红山文化是距今五六千年前，一个在燕山以北、大凌河与西辽河上游流域活动的部落集团创造的农业文化，因最早发现于内蒙古自治区赤峰市郊的红山后遗址而得名。红山文化全面反映了我国北方地区新石器时代的文化特征和内涵。其后，在邻近地区发现有与赤峰红山遗址相似或相同的文化特征的诸遗址，统称为红山文化。已发现并确定属于这个文化系统的遗址，遍布辽宁西部地区，几近千处。20 世纪 80 年代中期，对辽西东山嘴牛河梁红山文化女神庙、祭坛、积石冢等进行了一系列的发掘。喀左县东山嘴遗址坐落在山梁顶部中央，面向东南，俯瞰大凌河开阔的河川。这是一处用大石块砌筑的成组建筑遗址，呈南圆北方、中心两侧对称的形制。南部圆形祭坛旁出土的陶塑人像中，有在我国首次明确发现的女性裸像。

与东山嘴相距仅三四十千米的凌源、建平两县交界处，分布着大规模红山文化遗迹，包括牛河梁女神庙、祭坛、积石冢群。牛河梁居大凌河与老哈河之间，为东西走向的山梁。这一带地理环境优越，红山文化遗存密集；以高高在上的女神庙及广场平台为中心，十几个积石大冢环列周围，并且都和远处的猪头形山峰相呼应，形成一个互为联系的祭祀建筑群。目前，发掘工作限于局部，但女神庙已出土大量泥塑人像残块，可辨别出至少分属6个人像个体。其中最小的如真人一般大小，主室出土的大鼻大耳竟是真人的3倍。泥塑人体上臂、手、乳房等，与泥塑禽兽残块以及彩绘庙室建筑构件、墙壁残块等，无一不是杰出的艺术作品，而一尊较完整的人像头部，尤为雕塑佳作。头像结构合理，五官比例准确，表情生动逼真，她不仅是我国文明黎明时期艺术高峰的标志，也是亿万炎黄子孙第一次看到的5000年前用黄土塑造的祖先形象，对中华文明起源史、原始宗教思想史的研究具有极其重要的意义。女神庙全长约22米，宽约2～9米，主体建筑长18.4米。庙由多室组成，主室为圆形，左右各有一圆形侧室。主室北部为一近方形室，南部似有三室相连，成一横长室；左右对称，主次分明，布局严谨而又有所变化。这种建筑格局，作为中国建筑的传统延续了几千年，已可追溯到此。所以这座女神庙不仅是中国最早的庙，亦可称为东方建筑之祖。

　　1983年秋季，牛河梁女神庙被发现。1984年，经国家文物局批准，考古工作者对女神庙进行了正式发掘。尽管女神庙的出土是人们翘首以待的事情，但当它真的被挖掘出来的时候，其建筑遗存的完好程度、结构的复杂性，尤其是女神像的规模和精湛的雕塑技艺还是让人大吃一惊。牛河梁遗址由女神庙、祭坛和积石冢等16个地点组成，占地约50平方千米。女神庙位于牛河梁诸道山梁的主梁之上，其地位的重要性从地理位置上也得到了表现。女神庙和其北部的大型山台是牛河梁遗址的主体。山台地势平稳，系人力加工所为，南北东西各长200米，四周砌以石墙，极似城址。引人注意的是，神庙与山台的走向完全一致，说明应是一个整体。在山台北侧也发现有塑像残片和建筑物架，说明另有一座神庙与女神庙以山台为中心呈南北对称分布，从而构成一台（或者也可以说一城）两庙的建筑群体结构。女神像发现于1984年10月31日的上午。一位参加发掘的考古队员后来回忆说，根本无法找到一个恰当的词来表达那时的心情。是欣喜若狂吗？显然不是。当女神像被一点点剥离出来的时候，人们都屏住了呼吸，整个工地悄然无声，只有小铲和小刷子剥离泥土的声音在沙沙响着。当女神头像完全显露出来的时候，辽宁省博物馆的摄像师不失时机地把这激动人心的瞬间定格在胶片上。后来，

牛河梁女神庙遗址
辽宁省建平县、凌源县。

这张照片被题为"5000 年后的历史性会面"。照片上，女神坦然而镇定地注视着5000 年后的人们，嘴角带着一丝若有若无的微笑。

牛河梁红山文化女神庙是中国首次发现的远古神殿，其遗址中文化内涵与宗教遗存的丰富程度都是任何其他遗址所无法比拟的。它的发现，对中国史前宗教及文明起源的研究都有着非同寻常的意义。女神被有些人称为"中国的维纳斯"，但是这个维纳斯究竟代表何方女神，她究竟从何处以什么样的身份来主持着古老的红山文化？有人从历史古籍神话传说里查找女神的庐山真面目：《帛书》简述了伏羲、女娲氏族的形成及历史贡献。说伏羲、女娲是中华各族的共祖，并不是神话。公元前 7704 年伏羲卒于桐柏鸡公山。女娲代立，时年 52 岁。伏羲二世、三世皆听命女娲，女娲死后葬于风陵渡。辽宁牛河梁（红山文化）女神庙中宫内端坐着一位比真人大 3 倍的裸体女娲娘娘，两边是龙凤巨型陶塑，四周坐满站满最小也与真人大小一样的裸体女神（有的还是孕妇），她们可能是历代黄帝、少昊、颛顼等氏族的母系祖先。也有人从女神所处的环境及女神庙的历史痕迹考察她的身世归属。但是作为无语的历史，女神的微笑如同蒙娜丽莎的微笑一样等待后人更加精确的解读。

良渚文化为何有众多玉器

良渚文化是我国长江下游太湖流域一支重要的古文化，因 1936 年原西湖博物馆施昕更先生首先发现于余杭市良渚镇而命名，距今 4000 ~ 5300 年。

经过半个多世纪的考古调查和发掘，初步查明在余杭市良渚、安溪、瓶窑 3 个镇地域内，分布着以莫角山遗址为核心的 50 余处良渚文化遗址，有村落、墓地、祭坛等各种遗存，内涵丰富，范围广阔，遗址密集。20 世纪 80 年代以来，随着反山、瑶山、汇观山等高台土冢与祭坛遗址的发掘，以大量殉葬精美玉礼器为特征的显贵者墓地被发现，以及莫角山大型建筑基址的被发现，表明良渚文化是中华五千多年前文明程度最高和最具规模的地区之一，良渚遗址堪称东方文明圣地。

良渚文化最著名，最有特色的就属它的玉文化，是中国玉文化的源头，并且一开始就显现出不凡的艺术魅力。良渚文化为何在五千年前就有如此出众的玉文化？先民们为何要雕琢那么多玉器，他们又是如何雕琢的？其中有许多谜等待解答。

有人说是因为装饰，美化生活的原因。

中国玉文化源远流长，玉在人们心目中有着崇高的地位。玉，一般晶莹剔透，即使有少量瑕疵，也是"瑕不掩瑜"，其石料很稀有，因此也非常珍贵。玉石还不能称为"玉"，要经过匠师的精心雕琢，成为具有各种内涵的玉器，正所谓"玉不琢，不成器"。玉有太多美好的品质，因此就往往把具有高洁品质的人和玉相联系。可以证实东周和春秋战国时期就形成了把玉当作自己（君子）的化身的礼仪。贵族、士大夫佩挂玉饰，以标榜自己是有"德"的仁人君子。"君子无故，玉不去身。"君子必配玉，玉只可配君子。汉许慎在《说文解字》中说，玉，石之美兼五德者。

瑶山遗址 良渚文化

浙江省余杭市。瑶山遗址是一处大型的良渚文化墓地，出土的玉器极为精美。

所谓五德，首先指玉的5个特性，即坚韧的质地、晶润的光泽、绚丽的色彩、致密而透明的组织、舒扬致远的声音。然后是比附人的五个美德：仁、义、礼、智、信。

装饰生活、美化自己是人的天性，远在9000多年前，生产水平极端低下的山顶洞人，在闲时也不忘磨制骨器、石头制作项链等装饰品。

7000年前鱼米之乡河姆渡的先民也是如此，在选石制器过程中，有意识地把捡到的美石制成装饰品，打扮自己，这就揭开了中国玉文化的序幕。在距今四五千年前的新石器时代中晚期，辽河流域，黄河上下，长江南北，中国玉文化的曙光到处闪耀。而最为著名的便是良渚文化出土的玉器。良渚文化玉器种类较多，典型的有玉琮、玉璧、玉钺、三叉形玉器及成串玉项饰等。这些玉器都造型精致，刻有各式图案，有很强的装饰作用，特别是成串的玉项饰。所以说良渚文化出现如此多优美的玉器，是出于装饰生活的原因不无道理。

另一种说法是，良渚玉器大量产生，不仅仅是装饰，而是有更深的文化内涵。把玉作为装饰品反而是更后的事情了。此说的证据是从良渚玉器本身情况来说的。

良渚玉器以体大著称，显得深沉严谨，不是很适合随身佩戴的装饰，是否用于装饰住所还没能考证，但在当时生产力并不发达的情况下，是否会产生这样的需求还是值得商榷。

最能反映良渚琢玉特色的是形式多样，数量众多，如使人高深莫测的玉琮和兽面羽人纹的刻画。良渚玉琮系软玉雕琢而成，从外观上呈外方内圆、上大下小形，每个面的转角上有半个兽面，与其相邻侧面转角上的半个兽面组成一个完整的兽面。这些物品充满神秘气息，现在看来其形状和图案也是令人惊异，隐隐透出一股凉气。这些玉琮的用途应该是与宗教祭祀、财富权力有关。战国《周礼》书中曾有"苍璧礼天""黄琮礼地"之说法。东汉郑玄注"璧圆像天，琮八方像地"，都说明玉琮与对鬼神的崇拜相关。

因此他们认为良渚玉器更深的文化内涵是对鬼神的敬畏，是用于祭祀的神器，由此衍生出"玉"被作为权力的象征。这一点从后来的"玉"的地位可以反证，"玉"不仅仅作为装饰，作为美好品质的象征，在中国文化上，从一开始就更多的是作为具有神圣地位的、能显示权力的神器。

长江中下游一直就有神秘的巫术文化传统，楚国文化强烈的巫术气息，可能就是从此地久远的文明——良渚文化继承的。有人认为，良渚文化就是以"蚩尤"为首领的部落的文化，据考证良渚文化时期已经有初步的政权，可以称为良渚古国。后被中原炎黄部落为首的青铜文化所打败，共同汇入中华文明之中。从历史上看，良渚文化时代的玉文化不仅没有随良渚文化的衰亡而消失，反而被后来的夏、商、周三代王朝全面继承下来，成为古代中华文明最具特色的内容。夏、商、周三代从良渚文化继承的玉文化，包括一些具体的礼器，如象征王权的军事统帅权的玉钺，祭祀天地的玉琮、玉璧、玉圭、玉璜等；甚至连玉琮上那个表征良渚文化宗教信仰系统的神人兽面纹，都被夏、商、周王朝全面继承下来，成为三代礼乐文明的重要内涵。

良渚文化是神秘而又辉煌的，其为何有如此多的玉器，主要是因为装饰，还是因为祭祀尚不能明确，不过良渚玉器形制奇特，肯定包含着先民神秘的思维。

禹王碑书写的是什么

禹作为一个做出多方面伟大贡献的英雄，因为制伏了史前大洪水而受到人们的崇拜，特别是为治水，三过家门而不入的精神深深打动了后人。因此关于他的神话传说也很多。

相传大禹开山制服洪水后留了一块碑竖立在衡山岣嵝山峰上，但人们一直没有找到它。据记载，早在唐代德宗时期，著名文学家韩愈、刘禹锡等就听说过衡山有禹王碑的事了。由此可见，最迟在唐代德宗以前，禹王碑就早已竖立在衡山上了。据说，韩愈曾游览衡山，但没有亲眼看到禹王碑。他在《岣嵝峰》一诗中写道："千搜万索竟何有？森森绿树猿犹悲。"同时，刘梦得却记述"祝融峰上有'神禹铭'古石，琅玕姿秘，文蚪虎形"，肯定此碑实有之，独异好古者搜索不得，遂致疑以传疑："岣嵝何须到，韩公浪自悲。"

直到南宋宁宗嘉定五年(1212)，有一个名叫何致的人游览衡山，在樵夫的指引下，终于找到了这块禹王碑。他照原样拓描下来，回到长沙，摹刻了一块碑竖立于岳麓山。从此，岣嵝峰的禹碑名扬四海。据描述，碑面宽110厘米，高184厘米，共77字，每字径约17厘米。

据学者研究，这篇碑文既不同于甲骨钟鼎文，也不同于籀文蝌蚪文，很难辨认，杨慎释文也只是一说，难做定论。据古代传说，大禹为了寻求治水方法，日夜奔波于三山五岳，后来，大禹在南岳衡山梦见苍水使者，在仙翁的指点下，获得有治水方略的金简玉书，终于制服了洪水，有些人便根据此神话传说猜测：禹王碑正面所刻77个奇字就是大禹记述的有关治水方略的内容。但传说毕竟是传说，要揭开石碑的真正面目还要依靠科学。据明代学者杨慎等对禹王碑的考译，全文77字，有两层意思，一是舜命禹去治水；二是禹治水历尽千辛万苦，累弯了腰，长年泡于水中，连汗毛也掉了，最后治平了九州洪水。还有其他学者考证过，结果大同小异。

许多学者认为，一个人有天大的本事，也不可能创造如此复杂的汉字。目前史学界、书法界普遍同意一种观点：汉字是远古时代的先民们在长期的生产、生活实践中，逐渐积累，几经约定俗成后，为人们共同认识、使用而创制的。但为何其字形奇怪，既不像大篆，更不像小篆，也没有一点甲骨文的痕迹。无论如何仅凭这些文字是考证不出其内容的。

禹王碑至今仍是一个无法彻底揭晓的谜，它涉及远古历史及古文字发展问题，只有等待哪一天像甲骨文样大量发现，才有可能通过相互对照来解读。

谜团重重的后母戊鼎

后母戊鼎是世界上罕见的青铜器贵重文物之一，而且也是到今天为止所有出土的鼎中最大最重的。它的存在和发现本身就是一个传奇故事。从它的发现和出土无不充满神奇色彩，再加上它的特定发现时期，使本来就具有很大价值的后母戊大方鼎蒙上了一层层神秘的面纱。

后母戊大方鼎的鼎耳为什么不翼而飞？这里有这样的传说：1939年是一个动乱的年代。时局的混乱，加剧了盗墓风气的盛行，身居河南省安阳市武官村的村民自然不会忘记身居殷墟之旁这块风水宝地，村民们开始有组织地在夜间盗掘古墓。3月的某个深夜，在河南安阳侯家庄武官村吴玉瑶家的农田里，距武官村大墓西南隅大约80米处，随着村民的铁锹"仓啷"的脆响，华丽雄伟的青铜之冠、国之重宝——后母戊大方鼎出土了。村民们忙碌了一夜，但因为鼎太大、太重而实在无法搬动，他们不甘心整夜提心吊胆地忙碌无功而返，于是一个私掘者取来锯子，将大鼎的一只鼎耳锯下，然后又将大鼎重新掩埋。事后他们相约谁也不准说出此事。后来，侵华战争爆发，日本人闻知此事，想花重金购买都没有得到。抗日战争胜利后，后母戊鼎在1946年6月重新出土，作为蒋介石的寿礼，被用专车运抵南京，拨交中央博物院筹备处保存。但当年被盗墓的村民偷偷锯下的一只鼎耳在动荡的年月里下落不明，这也成为后母戊大方鼎的永远的遗憾。今天我们看到的后母戊大方鼎，有一只鼎耳就是后来补铸上去的。1959年，中国历史博物馆在北京建馆，后母戊大方鼎又被运到北京展出。现在中国历史博物馆展出的是原鼎的复制品，真品早已作为珍贵的历史文物保护起来了。

后母戊鼎整个总重875千克，高达133厘米，口长110厘米，宽78厘米，足高46厘米，壁厚6厘米。因为此鼎大得足够做马槽，所以人们又称它为"马槽鼎"。后母戊鼎立耳方腹、四足中空，除鼎身四面中央是无纹饰的长方形素面外，其余鼎身各处皆有纹饰，而且各部分纹饰各具形态。鼎身四面的长方形素面周围以饕餮作为主要纹饰，四面交接处，则饰以扉棱，扉棱之上为牛首，下为饕餮。鼎耳外廓有两只猛虎，虎口相对，口中含人头，鼎耳侧是鱼纹纹饰。四只鼎足的纹饰也很有特色，在三道弦

后母戊鼎 商
后母戊鼎总重875千克，高达133厘米，口长110厘米，宽78厘米，足高46厘米，壁厚6厘米。

纹之上各饰以兽面。其造型、纹饰、工艺均达到极高水平，堪称商代青铜文化顶峰时期的代表作。

关于鼎身腹内的铭文也存在着种种猜测，据此，也产生了一些对大方鼎属商朝哪个时期的种种说法。有观点认为这鼎是商王为祭祀他的母亲戊而铸造的，这也是大多数人认可的解释。"母戊"是谁呢？根据最早的推测，"母戊"一般被认为是殷王武乙的配偶妣戊，即文丁的母亲，铸鼎者则为文丁。卜辞记载文丁的配偶为批癸，而武乙的配偶却不见记载，因此陈梦家认为，"母戊"可能是武乙的配偶。据此，则大鼎为殷墟晚期的器物（陈梦家：《殷代铜器》，见《考古学报》）。还有一种意见称，"母戊"可能是指武丁的配偶或祖甲的配偶。因此铸鼎者可能为祖庚、祖甲、或廪辛、康丁。这样，该鼎就是殷墟前期的遗物。

后母戊大方鼎最为神秘也最难让人猜测的是它是如何铸造的。后母戊大方鼎表明商朝青铜器的制作技术已经达到炉火纯青的地步，标志着我国古代青铜工艺出现第一个高峰。但是铸造后母戊大方鼎，在当时的生产力情况下是一件相当困难的事。据推测，后母戊大方鼎的铸造过程是这样的。在商代，冶炼青铜用的是陶制的坩埚，它的形状和后来倒放着的头盔差不多，考古工作者趣称它为"将军盔"。据科学估算，每个"将军盔"能熔铜12.7千克。假使铸造一个中小型的铜器，只需用一个坩埚就可以了。但是，要铸造后母戊大方鼎这样的庞然大物就需要七十多个"将军盔"同时浇铸，这意味着要求几百人同时操作。如此浩大的工程该如何施工呢？有人认为勤劳智慧的奴隶们采取化整为零的战略，先分别铸好鼎耳、鼎足、鼎身，然后再把铸好的各个部分合铸在一起。经过奴隶们的长期艰苦卓绝的劳动，终于铸成了后母戊鼎。但这种猜测没有得到相关科技的论证。直到今天，在发达的科技面前，都没有人能再现铸鼎的情况。

后母戊大方鼎是中华文明的瑰宝，它纹饰美观庄重，工艺精巧，一向为世人所钦羡。因此它的价值更高，而围绕它的种种迷雾也增添了它在世人心目中的地位，司母戊大方鼎之谜的解开，有待考古和科学技术的进一步发展。

西周微刻甲骨文之谜

1976年，考古工作者在陕西省岐山县凤雏村发现了西周初年的甲骨文。据研究，刻有微型文字的甲骨共有293块，大都是周文王晚期到周康王初期的作品。这些刻在甲骨上的文字细若发丝，需要借助5倍以上的放大镜才能辨清。在当时的条件下竟能刻写出这么小的字，简直让人难以置信！一团迷雾笼罩在考古学界：这些文字是怎么刻上去的？

2002年，考古工作者在陕西城固县宝山村商代遗址烧烤坑出土了一枚距今约3000多年的铜针。铜针首端又尖又细，末端还有一个微小的针鼻孔，孔径仅有0.1厘米。其做工精致，让现代人为之惊叹。这个铜尖针是做什么用的？有人认为，这样的铜针就是用来微刻甲骨文的。

那么，微刻出这么小的文字让别人怎么看呢？甲骨上的文字是需要借助数倍以上的放大镜才能辨别得出的！但即使没有放大镜，也不能说明当时就没有办法微刻出这么细小的文字。因为有些人的视力是可以超过常人数倍的。今天选拔飞行员的标准，其中一条就是要求视力必须超过常人。另外，现代医学研究发现，患有某些眼疾的人如中心性网络膜炎晚期、黄斑部病变结痂前期等，看东西会比实物大数倍。西周时期有没有人得这些病，我们不得而知，但也不能排除这种可能性。事实上，古人的视力究竟怎样，我们真的一无所知。在美洲丛林中有一个与外界接触较少的部落，他们竟然能用肉眼看见人造地球卫星！这是否说明，原始人类比现代人类的眼睛要好得多呢？

还有一个问题，这些微刻出来的甲骨文有什么作用呢？又是刻给谁看的呢？据专家研究，这几百片甲骨文所记载的内容多是周与商王朝的关系，商王的狩猎以及占卜之类。有人认为，这些内容之所以要微刻是因为关乎"军事机密"。众所周知，商王朝是被周王朝取而代之的，在灭商之前周人必须进行一番长期而又秘密的准备工作。"这些工作除了发展势力，访贤任能，研究周与商的关系，对商王行踪进行侦察也是必不可少的"。这种记录当然属于国家机密，必须严格保密，所以聪明的周人就想到了微刻的办法。

当然，微刻的办法可能是想出来的，也可能是偶然发现的。如果是想出来的，那说明微刻技术在当时就已经存在了，周王只需要任用一些微刻能手就行。但也许当时并没有什么微刻技术，只是那些专门负责占卜及观察天象等职责的巫史在长期思想高度集中的状况下视力得到了提高或者出现了眼疾，从而恰巧发生了看东西比实物大几倍的事情，于是微刻出这些甲骨文也就是自然的事情了。

在科技并不发达的古代，人们是怎么完成如此精细的工作的呢？至今尚无定论。

中国古代到底有没有指南车

有人认为黄帝是指南车的发明者。相传在4000多年前，黄帝同蚩尤在涿鹿大战，黄帝打败仗，因为蚩尤能做大雾，使黄帝的队伍迷失了方向。因此黄帝组织人力，研究创造了指南车，于是，再和蚩尤作战就取得了胜利。还有一个传说是西周初，居住在偏远南部的越裳氏派使臣来朝贺周天子，周天子怕他们回去时迷路，就造了辆指南车送他们。

上述传说给人们带来一系列思考：真的有指南车吗？它是什么形状的？

有一个叫马钧的人，生活在三国时期，是一个著名的机械制造家，他能做许多奇特的机械。他改进了提花机，使它操作方便而且省时，还能织出复杂精美的图案；他还创造出了龙骨水车，这个水车结构精巧，运转省力，为灌溉提供了连续不断的水源；他甚至还改进发明了兵器，据说，马钧改进了当时诸葛亮使用的一种"连弩"，让它在连续射箭的基础上再提高五倍的效率。他试制成一种很厉害的攻城武器，叫"轮转式发石机"，能连续发射砖石，射程几百步；他还创造了"变

马钧龙骨水车模型

幻百端"的"水转百戏"。这是一组木偶，利用机械传动装置，机关一开，各个木偶能够各自做着不同的动作，像是一台戏，机关一停，便马上停止运转。由此可见，马钧有杰出的机械设计才能并且发挥得淋漓尽致。

后来马钧在魏明帝的支持下，根据传说潜心研究指南车的造法。不久，马钧真的造出来一辆机械的、能指定方向的车子。他把齿轮传动机装在车上，车走起来，车上木人会自动指示方向。这种车子不同于利用磁铁造的指南针。

现在已看不到马钧造指南车的具体方法了，而且当时人们也没有使用指南车，只是作为陈设而束之高阁。西晋末，这辆指南车就下落不明了。留给后人的只是一个千古之谜。

后秦时，皇帝姚兴又让令狐生造了一辆指南车。可惜那辆指南车在后秦灭亡时，作为战利品被运到了建康。由于年久失修，机件散落，指南功能也就丧失了。

60 年后的齐王萧道成忽然想起这个奇宝来，他让当时著名学者祖冲之再研制一辆指南车，祖冲之便闭门钻研。同时代的索驭林骤由于不服气也造了一辆。又过了几百年，北宋中期的燕肃和吴德仁都制造过式样不同的指南车。

指南车制造困难，比较笨重，实用价值不高。但古时人们对指南车的不断探索与研究，反映了我国古代人民辛勤劳动和不断创新的精神。正是由于几代人不断地辛勤研究，不断地改进和提高，才有我们今天指南针的问世。

中国酿酒的始祖是谁

我国的酒文化十分悠远。早在原始社会末期，我国便发明和生产了酒。那是远古人在劳动中发现了发酵的果类和谷物带有一种味道甘美的浆液，可以取而饮之，他们将这种味道称为酒味。从此，我们的祖先通过不断的实践认识了果类和谷物是怎样被发酵而变得甜美的，最终摸索出了酿酒的技术，制作了各种成酒。1987 年底，在龙山文化遗址中就发现了各种陶制的酒器。一种密封保存完整的商代古酒在河南省被发掘，这酒距今已有 3000 多年的历史了，据专家测定，这种具有浓郁香气的酒是专用于祭祀祖先的，说明当时已有种类繁多的酒，酒也已成为专卖商品，难怪《诗经·商颂》里就有"既载清酤"的描写。商代出土的象形字中就有"酒"字，说明酒在商代已有很大的发展。有的学者认为是在商以前的 2000 ~ 3000 年前才开始发明酒的。因此，不管按哪种说法，出生在周朝的杜康，只能是个酿酒者或酿酒技术革新者，而并不是发明酒的始祖。即便是夏朝人仪狄（传说大禹曾饮过他酿造的酒），也不是酒的始祖，还有学者认为酒的起始是在距今 7000 年前的磁山文化时期，那时生产力发展了，粮食和果品逐渐有了剩余，人们就把它们储蓄起来，在存放过程中自然发酵而成为酒，先人们根据这个原理，再反复实践，才有了人工酿酒。

杜康生活的周代，出现了酒曲，这在酿造史上无疑是个飞跃，这也是世界化学史上的伟大创举。1974年曾在河北平山县战国时期的中山王墓内，发现过两种曲酿酒，一开启密封完好的酒壶盖，一时间酒香四溢，据说这就是闻名遐迩的"杜康"，意即好酒。此外"杜康"还应理解成品种名称。曹操说的"惟有杜康"，也是泛指好酒之意。《说文解字》上却说酒为"吉凶所造"，这里的吉凶不是说吉凶这个人造酒，而是说酒造吉凶。夏禹就曾主张禁酒，并预言"后世必有以酒之其国者"。果然，历代帝王中有许多嗜酒如命，甚至因酒精中毒而死去。商纣王也是过着"以酒为池"的荒淫生活，最后导致国破自焚。周代吸取了教训，颁发了禁酒令，因而酿酒集中在作坊中，开始专行专卖，而不是像以前分散在每家，每户均可自行酿酒，而酿酒技术也从家庭女主人的手中走向专业化，从而杜康之类的名师才得以崛起。我国古代典籍《周礼》也对酿酒过程中各个阶段作了详细区分，说明其产物名称，这体现了我国酿酒技术逐步走向专业化。

中国古代针灸之谜

传说中的神医扁鹊能用针灸治病，千百年来人们对此广有探究。神秘的针灸医术起源于何时呢？这儿有一个传说：远古时一位打猎的人鼻子上中了一箭，这一刺却治好了猎人长久未愈的头痛病。这个传说看似神奇，但并非毫无道理，这种医术的起源似乎可追溯到石器时代，因为在不同地方的石器时代遗址中，均出土了大量用来戳皮肤的石制尖锐工具。

针灸学在秦汉时期得到了充分的发展。1993年春，在四川省绵阳市永兴镇双包山发掘的二号西汉木椁大墓后室中，出土了一件涂有黑色重漆的小型木质人形，上面有一些针灸的经脉直行路径，但没有文字和经穴位置的标记，只用红色的漆线来表示这些路径，在木色烘托下格外清晰分明。这是迄今为止在世界上所发现最早的标有经脉流注的木质人体模型。后来在长沙马王堆三号墓出土了帛书《经脉》。书中论述了人体内十一经脉的循行、主病和灸法的古灸经。这也是有关医学理论基础的经脉学的古文献。另外，中国古代医学还有一部宝典是《黄帝内经》，它是春秋战国及西汉时期，不少古代医学家的宝贵经验总结，积累了各时代的医学成就。其中介绍九种不同的针，按用途来分，九针可分大针、长针、毫针、圆针、锋针等类型。各针有3厘米到24厘米长短不等。书中编有医治各种病痛和疾病方式的365个穴道，并为之一一命名。书中指出金针虽然价格昂贵，但因其有刺激身体的功能，所以医治某些疾病格外有效。而银针则有显著的镇静作用。河北汉代中山王刘胜墓出土有4根金针、5根银针，能识别的有金质毫针、锋针和银质圆针，而有的却残破不能识别针型。

虽然由皇帝创意实行了各种《黄帝内经》中的医疗方法。但中国历代还有许多帝王，对生理学，特别是对神经系统，有浓厚的兴趣。例如，据称 1 世纪，王莽在医生和御屠协助下曾切开一名敌对者的尸体，用竹签来研究人体神经系统。无独有偶，1000 年后，宋徽宗雇了一个画家，画出经肢解的一名罪犯的人体器官。在徽宗之前，宋仁宗叫工匠打造了一个铜人，铜人身上显示出人体的整个神经系统。这个铜人还用来做医官院学针灸的学生学习和考试的指导实物。据记载，凡针灸科学生考试，须先在铜人体外涂蜡，把水灌到体内，要求被考查者按向指定的穴位进针，下针准确，则蜡破水出，否则就没水出来，这成为检验学生的好手段。宋仁宗有一次因病昏迷，御医束手无策，最后只好找到一位民间医生来进行针灸。这个医生用针刺进了仁宗脑后一个不知名的穴位，刚一出针，宋仁宗就苏醒过来，睁开双眼，连声称赞："好惺惺！"夸赞医术高明，"惺惺"在当时就是高明的意思，"惺惺穴"这个名字便由此而来。在古书中，类似这种创新的例子很多。治疗全身麻痹、妇人难产、小儿脐风、腹痛、心口痛、头痛、风湿、五官科等病甚至是起死回生，针灸均能做到。

针灸医术的发明，是我国古代人民对世界医学的贡献，但它究竟为何有这么多功效还须进一步研究。

勾践剑和夫差矛为何在湖北出土

吴越之地，自古便以冠绝天下的铸剑术著称。在吴、越两国所铸青铜器中，兵器既精且美。春秋中晚期，随着吴越对外军事扩张的需要，其兵器铸造业也呈现出空前发展、繁荣的状态，因此，"吴矛越剑"不仅为时人所艳羡，其美名还流传千古，为历代所称道。

越王勾践剑出土于 1965 年 12 月，剑出土时，装在黑色漆木剑鞘内，剑与鞘吻合较紧。剑身寒光闪闪，毫无锈蚀，试之以纸，20 余层一划而破。可见史书记载的"夫吴越之剑，肉试则断牛马，金试则断盘盏"不是虚妄之语。剑全长 55.6 厘米，剑格宽 5 厘米，剑身满饰黑色菱形几何暗花纹，剑格正面和反面还分别用蓝色琉璃和绿松石镶嵌成美丽的纹饰，剑柄以丝线缠缚，剑首向外翻卷为圆箍形，内铸有极其精细的 11 道同心圆圈。剑身一面近格处有铭文两行 8 字，为鸟篆，释读为"越王鸠浅（勾践）自乍（作）用铿（剑）"8 字。

越王勾践剑经检测得出其主要成分为铜、锡、铅、铁、硫、砷等元素，各部位元素的含量不同。剑脊含铜量较多，韧性好，不易折断；刃部含锡高，硬度大，非常锋利。脊部与刃部成分不同，采用了复合金属工艺，即先浇铸含铜量高的剑脊，再浇铸含锡量高的剑刃，使剑既坚韧又锋利，收到刚柔结合的良好效果。剑格含铅量较高，这种材料的流动性较好，容易制作剑格表面的装饰。另外，在剑格、剑茎和剑身上所饰的菱形几何形黑色暗纹含硫化铜，有利于防锈，是当时一种先进的独特工艺，这也许就是该剑保存至今 2000 余年而毫无锈蚀的原因之一。该剑上的 8 字铭文，刻槽刀痕清晰可辨，是铸后镂刻而成，而非铸就。铭文为鸟篆，笔画圆润，宽度只有 0.3 ~ 0.4 毫米。越王勾践剑集当时各种先进的青铜冶铸技术于一体，代表了当时吴越铸剑技术的最高水准，制作之精湛，可谓鬼斧神工。

提及勾践剑，不禁使人想起"卧薪尝胆"这段史实。公元前 494 年，夫差领精兵伐越，大战于夫椒，越军被击败，勾践仅以五千甲兵退保于会稽山上，屈辱求和，卑身事吴。

勾践则表面上臣事于吴，背地里苦身焦思，发愤图强，伺机复仇。史载他平常置苦胆于座，坐卧即仰胆，饮食亦尝胆，时时提醒自己勿忘会稽之耻。公元前 473 年，勾践终灭吴，夫差自杀身亡。

"卧薪尝胆"的历史已经过去很久，但勾践这种矢志不移的精神却一直鼓舞后人自强不息，奋发向上，因此 1965 年越王勾践剑的出土格外引人注目。1983 年 11 月在湖北省江陵县的楚墓又出土了吴王夫差矛。越王勾践剑和吴王夫差矛都出土在当年的楚汉之地湖北，有什么巧合吗？

有些考古学家和史学家认为是礼赠和赏赐的缘故，由于吴越出宝剑，故在吴越两国与其他国家的交往中，被作为赠赐的贵重礼物而到了楚国。"季札挂剑"的著名典故，就是以剑礼赠外邦之君的一个例子。有些学者则认为是出于战争和掠夺的原因，战争是古代文化传播的重要纽带，吴矛越剑作为一种文化的象征或者战后的战利品，也随着战争来到了当时的楚国。还有人认为，楚越有姻亲，楚惠王之母系越王勾践之女，所以作为陪嫁品的勾践剑留存于楚。当然也不排除有其他可能，比如民间流失到楚国，毕竟当时的国家那么小。历史已远去，勾践剑和夫差矛的"相逢"仍然有待于考古学家的进一步考证。

传国玉玺流落何方

玺是中国古代封建帝王的宝印。而传国玉玺在所有的宝玺当中无疑是最为宝贵的，有关它的传说几千年来也无不充满了神秘的色彩。这枚玉玺之所以称为"传国玺"，与历史上赫赫有名的秦始皇有关。

自卞和发现和氏璧后，它一直是楚国王室的重器，后来楚王将它赏赐给了大臣。之后，和氏璧下落不明。后来，和氏璧流传到了赵国。这块和氏璧在赵国时还引出了一场著名的历史剧并留下了一个成语"完璧归赵"。后来秦灭赵国，和氏璧最终还是落到了秦王手里。秦始皇把和氏璧定为传国玺，令丞相李斯在玉上刻"受命于天，既寿永昌"，希望代代相传，没想到在秦二世手里就亡了国。刘邦进咸阳后，子婴"上始皇玺"，刘邦称帝"服之，代代相受"，又把"秦传国玺"御定为"汉传国玺"。到了西汉末年，外戚王莽篡位。当时的皇帝刘婴才两岁，传国玺由汉孝元太后代管。传国玉玺再一次失踪是在东汉末期。那时政局动乱，汉少帝连夜出逃把传国玉玺落在宫中，等他回来时，传国玉玺已经不见了。不久，长沙太守孙坚征讨董卓时，在洛阳城南甄官井中找到了这枚传国玉玺。

从这以后一直到唐代，随着政局的动荡和少数民族的南下，传国玉玺不断易主。唐高祖李渊得到传国玉玺后，把"玺"改称为"宝"。传国玉玺最终在历史上失踪是在五代。从宋太祖时，就再也没有人见到过这块刻有"受命于天，既寿永昌"的传国玉玺。

不过，有关发现传国玉玺的记载却不绝于书。如北宋绍圣三年（1096），咸阳段义在河南乡挖地基盖房时，竟挖出一枚"背螭纽五盘"的玉印。经十多名翰林学士鉴定，为"真秦制传国玺"。清朝初期，据说宫中藏有一枚刻着"受命于天既寿永昌"的玉玺。可是，这枚被当时人称为传国玉玺的玉玺却遭到乾隆皇帝的冷落。皇帝都认为是假的，看来这枚所谓的传国玉玺也是伪造出来的，并不是真正的国宝。

那么，真正的传国玉玺流落何方呢？直到现在也没有发掘出来。

泰山无字碑是何人所立

在山东泰山玉皇顶玉皇庙门前有一块石碑。石碑高约 6 米，宽约 1.2 米，厚约 0.9 米。碑顶上覆盖有一黄白色的石块，碑面上没有任何文字。就是这样一块形制古朴的石碑，千百年来却一直受到人们的争议。

围绕这块石碑，人们争论的焦点是究竟是何人立下了这块石碑。《史记·秦始皇本纪》记载："上邹峄山，立石，与鲁诸儒生议，刻石颂秦德。议封禅望祭山川之事。乃遂上泰山，立石封词。"从以上文字记载可以看出秦始皇确实曾在山东泰山立下过一块石碑。所以明清两代就有不少人附会这块石碑为秦始皇所立。那么，泰山的这块无字碑真是秦始皇所立吗？细细研究我们可以发现此说漏洞百出。首先，《史记·秦始皇本纪》中说秦始皇在泰山立的是一块有字的碑，而绝不是我们现在看到的没有任何文字的碑。也许有人会说这块碑原来是有文字的，只是由于历经千年的风吹雨打，字被剥蚀殆尽而已。但是，现在看来，现存的无字碑并没有人们想象中的风化得那样很严重。而且，这块石碑在宋代时已经被称为无字碑，秦二世所立的石碑在宋代都还能辨识出 146 个字，如果无字碑当真为秦始皇所立，那么到宋代剥蚀得一字不存是无论如何也说不过去的。

看来，泰山无字碑确实并非为秦始皇所立。那么会是谁呢？有人又提出了另一种推测，认为是西汉武帝所立。元封二年，即公元前 109 年，汉武帝登上泰山，"泰山之草木叶未生，乃令人上石立之泰山颠。上遂东巡海上，四月还至奉高，上泰山封"。汉武帝在泰山顶上立过碑是事实。同时，史书上也只说"立石之泰山颠"而没有明确说过曾经在碑上刻写过文字，这与现在的无字碑刚好吻合。所以很有可能，泰山的这块无字碑说是汉武帝立的。明末清初的学者顾炎武也认为无字碑就是汉武帝立的。不过，为什么汉武帝不在石碑上刻字高歌他的文治武功呢？原来，据史料记载，有这样一个规矩，即不是开国皇帝，就没有资格在泰山刻石纪号。像汉武帝般雄才大略的人会甘心就此留下一生的遗憾吗？

到目前为止，大多数学者倾向于泰山石碑为西汉武帝所立，虽然仍有一些谜团尚未解开。要使这个千古谜团大白于天下，还有待后人的进一步探索。

银雀山汉简是谁人所制

1972 年 4 月，在银雀山西汉一号墓和二号墓中发掘出土了以《孙子兵法》和《孙膑兵法》竹简书为主要内容的先秦古籍，震动国内外，被誉为中国当代十大考古发现之一。

发掘地点位于山东省东南部的临沂市，临沂历史悠久，文化灿烂。市区东南有两座山岗，相传古代两地均遍布一种灌木。此木春夏之交，鲜花盛开，花形似云雀，东岗为黄色，西岗为白色，故得名为金雀山和银雀山。两岗已被定为省级重点文物保护单位。自 1970 年以来先后发掘墓葬百余座，出土了大批珍贵文物，现已在银雀山西南麓建成了我国第一座汉墓竹简博物馆。

银雀山汉简数量之多，保存之好，令人惊奇。墓主人是什么身份，为何藏下这么一大批并不容易存放的竹简，而且使其能千年不腐？

有人说，墓主人肯定是个将军。因为发现的竹简都是兵书，其中还有失传已久的、人们不断争论是否曾有过的《孙膑兵法》。秦始皇焚书，使得先秦文献付之一炬，后世人们只能不断寻求散落在民间的文献，每一次发现都激动人心。《孙膑兵法》在其他文献中都有相关介绍，可是却一直没有找到原文，人们都开始怀疑其真实性，直到两千年后，现代人方有幸看到这部书。特别是《孙子兵法》和《孙膑兵法》同墓出土，失传了近两千年的《孙膑兵法》重见天日，解决了历史上关于孙武与孙膑其人其书的千古论争。由于《孙膑兵法》的失传，致使孙武与孙膑、《孙子兵法》与《孙膑兵法》的关系混淆不清。后人或说《孙子兵法》源出于孙武，完成于后人；或说《孙子兵法》是孙武和孙膑两人所为；再者认为孙武即孙膑，是一个人。竹简兵书的出土，证实了孙武仕于吴，孙膑仕于齐，分别是春秋和战国人，孙膑乃孙武之后世子孙，二人各有兵法传世。

《孙子兵法》是中国古典军事文化遗产中的璀璨瑰宝，是中国优秀文化传统的重要组成部分，其内容博大精深，思想、逻辑缜密严谨。它大约成书于春秋末年，作者为春秋时期伟大军事家孙武。该书自问世以来，对中国古代军事学的发展产生了巨大而深远的影响，被人们尊奉为"兵经""百世谈兵之祖"。历代兵学家、军事家无不从中汲取养料，用于指导战争实践和发展军事理论。三国时著名的政治家、军事家曹操第一个为《孙子兵法》作了系统的注解，为后人研究运用《孙子兵法》打开了方便之门。《孙子兵法》不仅是中国的谋略宝库，在世界上也久负盛名。8 世纪传入日本，18 世纪传入欧洲。现已被翻译成 29 种文字，在世界上广为流传。英国著名军事理论家利德尔向人透露，他的军事著作中所阐述的观点，其实在 2500 年前的《孙子兵法》中就可以找到。他也确实对孙武及其著作深感兴趣，不仅为《孙子兵法》英译本作序，还在自己的得意之作《战略论》前面大段引述孙武的格言。1991年海湾战争中，美国海军陆战队军官都奉命携带一本《孙子兵法》，以便在战场上阅读。

《孙子兵法》历代都有著录，而银雀山汉墓出土的竹书《孙子兵法》为迄今最早的传世本，真实地再现了作者的思想。后代传下的版本有多处改动，未能体现原貌，多是后人附会上去的，因此此次发现具有重要的历史意义。

银雀山汉简兵书的内容，除了鼎鼎大名的《孙子兵法》《孙膑兵法》外，还有《为国之过》《务过》《分土》《三乱三危》《地典》《善者》《五名五恭》《起师》《奇正》《将义》《六韬》《尉缭子》《守法守令》等篇；论兵的篇章有《将败》《将失》《十问》《略甲》《兵之恒失》《观法》《程兵》《将德》《将过》《曲将之法》《雄牝城》《五度九夺》《积疏》《选卒》《十阵》等，可以说就是个古代军事文献博物馆，如果其墓主人不是从军的将军，又如何会专门收集如此多的兵书。另外，有能力收藏如此多的文献，这个人肯定具有比较高的地位，有财力去收藏，猜测墓主是个将军是有道理的。

另一种说法认为墓主可能只是个普通人而已。墓地留下的材料除了一批珍贵的古书外，实在太少了，我们几乎看不到作为将军应有的富丽、奢侈的随葬品，而且连兵器等随葬物品也没有发现。所以，有人就认为，墓主人是个藏书家。从汉简上书写的字体可以推断，藏书时间可能是汉初，而且说是秦末也未尝不可。这段时间社会动乱，民生凋敝，几乎没有人会去特意藏书。从随葬品看，汉墓主人又没有什么显赫的身份，与大批藏书不符。那为何墓主又有众多书呢，有可能是其祖上传下的，为免于被战火烧毁，于是埋入地下。据考，竹简可能比墓主更早就放置墓中了。

银雀山是我国先秦典籍的博物馆，虽然保存这份珍贵材料的人不知是谁，但我们仍然感谢他的馈赠。

马王堆古尸为何千年不腐

1972年，在湖南马王堆古墓中出土了一具女尸，就是这具女尸震惊了世界，为什么呢？原来，尽管历经2000多年，但这具女尸外形完整，面色鲜活，发色如真。解剖后，其内脏器官完整无损，血管结构清楚，骨质组织完好，甚至腹内一些食物仍存。为什么这具古尸历经千年不腐呢？

一般来说，古墓中的尸体留至今天，只会出现两种结果：一是腐烂。因为在有空气、水分和细菌的环境里，大量的有机物质会很快腐烂，棺木也会腐朽，最后尸体也难免烂掉。二是形成干尸。这需要极为特殊的气候条件，在特别干燥或没有空气的地方，细菌微生物难以生存，这样，尸体会迅速脱水，成为"干尸"。

马王堆的女尸为何成为"湿尸"而不腐烂呢？其原因是：

第一，尸体的防腐处理完善。经化学鉴定，它的棺液沉淀物中含有大量的乙醇、硫化汞和乙酸等物。证明女尸是经过了汞处理和其他浸泡处理的，硫化汞对于尸体防腐的作用很大。

第二，墓室深。整个墓室建筑在地底16米以下的地方。上面还有高20多米，底径50～60米的大封土堆。既不透气也不透水，更不透光。这就基本隔绝了地表的物理的和化学的影响。

第三，封闭严。墓室的周壁均用可塑性大、黏性强、密封性好的白膏泥筑成。泥层厚约1米左右。厚为半米的木炭层衬在白膏泥的内面，共1万多斤。墓室筑成后，墓坑

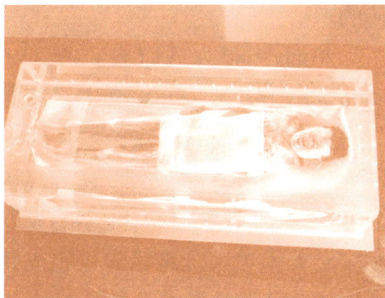

马王堆女尸——辛追夫人
湖南省长沙市马王堆出土。

再用五花土夯实。这样，地面的大气就与整个墓室完全隔绝了，并能保持18℃左右的相对恒温，光的照射被隔绝，地下水也不能流入墓室。

第四，隔绝了空气。由于密封好，墓室中已接近了真空，具备了缺氧的条件。在这种条件下，厌氧菌开始繁殖。存放在椁室中的丝麻织物、乐器、漆器、木俑、竹简等有机物和陪葬的大量的食物、植物种子、中草药材等，产生了可燃的沼气。从而加大了墓室内的压强。沼气能杀菌。细菌在高压下也无法生存。

第五，棺椁中存有具有防腐和保存尸体的作用的棺液。据查，椁外的液体约深40厘米，棺内的液体约深20厘米。但它们都不是人造的防腐液，而是由白膏泥、木炭、木料中的少量水分和水蒸气凝聚而成的。而内棺中的液体是女尸身体内的液体化成的"尸解水"。这种自然形成的棺液防止了尸体腐败，并使得尸体的软组织保持了弹性，肤色如初，栩栩如生。

在重见天日之时，尸体随同所有出土的文物，散发着奇异的光芒，让人惊叹于造化的神奇。

长沙楚墓帛画中的妇人形象是谁

1949年春天，湖南长沙市东南郊陈家大山楚墓出土了一幅帛画，距今2200～2300年，是目前世界上发现的年代最早的帛画之一。帛画高约28厘米，宽约20厘米，画面中部偏右下方绘一侧身伫立的妇女，身着卷云纹宽袖长袍，袍裾曳地，发髻下垂，顶有冠饰，显得庄重肃穆。在她的头部前方即画的中上部，有一硕大的凤鸟引颈张喙，双足一前一后，做腾踏迈进状，翅膀伸展，尾羽上翘至头部，动态似飞。画面左边自下而上绘一只张举双足、体态扭曲向上升腾的龙。由于长期埋葬在地下，帛画出土的时候显得比较灰暗，几乎难于辨认。于是也就出现了新旧临摹版的差别之说。早在20世纪50年代初，郭沫若就根据当时的旧的临摹版本进行过研究，先后在《人民文学》上发表过两篇文章，论述帛画在我国文化艺术史上的地位。郭老认为妇人左上方的一兽一禽为夔（古代传说里的独角兽）和凤，并把帛画定名为"人物夔凤帛画"。画中妇人的身份，郭老未做更明

确的考证。

20世纪80年代以来，通过对原画的重新鉴定，加上另外一些年代相近的帛画相继出土，不少专家学者多次撰文对帛画的主题思想以及它的用途做出了迥异的研究结论。如《江汉论坛》1981年第一期发表的熊传新的《对照新旧摹本谈楚国人物龙凤帛画》一文，认为帛画的结构和布局有上中下三层，上层为天空，左上方的兽是我国古代神化了的龙，而不应该是夔。作者认为画中妇人即墓主人的画像。美术史家金维诺先生也支持这种看法，他在《从楚墓帛画看早期肖像的发展》中，认为这些画上的中心人物均为死者本人是可以肯定的，并认为此类帛画是我国肖像画的滥觞。

但是帛画人物里的妇人究竟是谁？她的身份和地位究竟是什么？她的各种姿势确切的是要表达什么意思？这些还仍然是未解的谜，期待更进一步的考证和解读。

"金缕玉衣"真的能让尸体不朽吗

古代皇帝莫不希望长生不老、灵魂不灭，寻找长生不老药、喝甘露、炼丹丸等，这是他们一生中的大事。为了长生，他们想尽了一切可能的方法，这种求生的欲望也寄托在死后的裹尸衣上，这就出现了汉代特有的玉衣。玉衣是什么样的？它是如何制成的？它真可以使寒尸不腐？种种谜团被考古工作者解开了。

据载，玉衣是汉代皇帝、诸侯王和高等贵族死后特制的一种殓服，史书中称"玉匣"或"玉柙"，但它的形状究竟是什么样的，汉代以后就没有人知晓了。考古工作者在1968年河北满城县的一座小山丘上，发现了西汉中山靖王和他的妻子窦绾的墓。许多小玉片分散在刘胜和窦绾棺内的尸体位置上，经过考古工作者的精心修整和研究，终于复原出两套完整的玉衣，使我们得以目睹史书中记载的玉衣的样子，这个谜团随之被解开了。

这两套玉衣制作很精细，他们的外观和人体的形状一样，分为头部、上衣、裤筒、手套和鞋五大部分，各部分都由许多三角形、长方形、梯形、圆形等图形的玉片组成，玉片上有许多小的钻孔，玉片之间用编缀着纤细的金丝，所以又称为"金缕玉衣"。刘胜穿的玉衣形体肥大，头部的脸盖上刻画出眼、鼻和嘴的形状，腹部和臀部突鼓，裤筒制成腿部的样子，颇似人体。可能是出于对女性形体造型的避讳，窦绾的玉衣比较短小，没有做出腰部和臀部的形状，刘胜玉衣全长1.88米，由2498片玉片组成，用于编缀的金丝约重1100克。

金缕玉衣 汉
河北定州中山怀王刘修墓出土。

汉代人喜欢用玉衣做殓服与当时人的迷信思想想必有关联。在汉代，人们深信玉能使尸体不朽，玉塞九窍，可以使人气长存。九窍指的就是两眼、两鼻孔、两耳孔、嘴、生殖器和肛门，一共九个孔。出土的玉衣经常就搭配有用玉做成的眼盖、鼻塞、耳塞、口含、罩生殖器的小盒和肛门塞。其中最讲究的是要用玉蝉含口，因为古人认为蝉是一种代表清高而且品格修养好的昆虫，它只饮露水而不吃东西。人死后，其灵魂离开尸体，正如蝉从壳中蜕变出来时一样，所以古人可能就是借"以蝉为含"的寓意。还有的学者持偏向于生物学的解释，他们认为汉人用玉蝉作口含，是受这种昆虫循环生活的启发，从蝉蜕转生而领悟再生，因此给死者含蝉比喻这只是暂时的死亡，而生命可以获得再生。

在 2000 多年前的西汉时代是如何制作出来如此精美的玉衣的？让我们现代人确实捉摸不透。玉衣制作所用的玉料要经过开料、锯片、磨光及钻孔等多道工序，每一片玉的大小和形状都必须经过精心的设计和细致的加工，制作过程是很复杂的。据科学测定，玉片上有些锯缝仅 0.3 毫米，钻孔直径仅 1 毫米，它的工艺繁杂与精密程度实在令人惊叹。整个玉衣制作过程所花费的人力和物力当然也十分昂贵，据推算，汉代一名玉工制作一件玉衣需要花费十余年的工夫。

汉代皇帝可谓费尽心机，用玉衣作为殓服。但其结果适得其反，由于金缕玉衣价格昂贵，往往好多人去盗墓，以致汉代帝陵都被挖掘一空。盗掘者取出金缕玉衣加以焚烧，汉代帝王的尸骨也一并化为灰烬。因此，222 年，魏文帝曹丕下令禁止使用玉衣，从此历史上就没有玉衣了。有幸躲过被盗命运的那些诸侯墓葬，尸骨早已化为一抔泥土，但他们所留下的精美绝伦的玉衣，让我们不得不惊叹2000 多年以前工匠们的高超技艺。

中国古代"透光镜"之谜

汉代时，封建经济得到空前的繁荣，中国作为一个统一的多民族封建国家非常强盛。农业生产发展，铁器广泛应用，手工业生产的规模和水平都得到突飞猛进的发展，金属铸造工艺不断进步。正当许多青铜日用品逐渐被漆器和陶瓷器取代的时候，铜镜的制造却获得了重要发展。铜镜成为汉代铜铸制品中最多的产品。上海博物馆里藏的一面铜镜，就是当时一种非常流行的镜型。此镜直径12.1厘米，圆钮，内区有同心圆及八曲连弧纹，外圈刻着文字："内清以昭明，光象夫日之月不泄。……"其中夹以 7 个"而"字，共 21 字。边缘宽阔，铭文两边各有锯齿纹一周。不同时期，流行的铜镜也是有差别的，西汉前期和中期流行草叶纹镜，到武帝和昭帝时，草叶纹镜的地位渐为星云纹镜和连弧纹日光镜所取代，星云纹镜钮座呈圆形，不见草叶纹镜上的大方格，而且上面也不会有任何铭文；带座的大乳钉布于四方，其间安排若干小乳钉，乳钉高低错落，像星云一般灿灿，铜镜因此得名。连弧纹日光镜的内区有一圆连弧纹，镜缘上的连弧纹则被略去，代之以稍宽的平缘；外区中有一圈醒目的非隶非篆的铭文带，铭文开头大都用"见日之光"四字，铜镜也因此得名。连弧纹昭明镜图案与日光镜其实区别并不大，只是铭文较繁，可以看作是连弧纹日光镜的繁体。不过这件连弧纹昭明铜镜却因其新奇的透光效果而为人所关注。

铜镜的透光效果，就是指将镜面对着日光和其他光源时，在墙背上可以反映出镜背的纹饰和铭文。中国古代学者早就对铜镜的透光效应以及透光现象的成因做过深入的研究，《太平广记》记载，隋朝的王度得到一面古镜，发现将镜面对准日光，镜背上的图案竟然会在日影中出现。宋代周密在其《云烟过眼录》中提到，如果把透光镜对准日光，可以看到纤毫无损的镜背影像。此外，金朝的麻九畴《赋伯玉透光镜》和明代郎瑛《七修类稿》，对透光镜也都做了生动的描述。像宋代的沈括、元代的吾丘衍、明代的方以智、何孟春和清代的郑复光等，他们也都对铜镜的透光效应作过许多深入细致的研究。19世纪以来，西方学者和日本学者也相继做了不少研究工作，发表了许多见解，这些见解也都被后人继承下来。

目前多数学者经过研究认为铜镜的透光效果是由于镜体厚薄不一造成的，因为镜面各部分出现了与镜背图纹的凹凸不平和曲率差异而形成。但这种曲率差异是怎样产生的呢？学者们的认识也有所不同，有的认为是通过快速冷却方法加工出来的，有的认为是在铸造研磨时产生各种压力后形成的，有的认为是在铜镜加工过程中刮磨不均形成的，有的认为是铜镜在铸造过程中冷却速度不同形成的，尽管关于铜镜的透光效果的看法还存在着不少分歧，但它却是研究中国古代冶金技术的重要资料，对我国古代科技史的研究具有很重要的意义。

汉委奴国王印是真的吗

1784年，在日本北九州地区博多湾志贺岛，一农夫在耕地时发现一枚刻有"汉委奴国王"5个字的金印。金印为纯金铸成，长宽各2.3厘米。这一发现震惊中日两国，因为如果是真的，它将证明中日远在汉代就有密切交流。而这对日本的意义更大，因为当时日本是相当落后荒蛮之地，社会还处于奴隶制早期，他们的历史还没有专门的史官记录，几乎不可考。这次发现可以说明他们在很早就有能力出海到达大汉国。

对中日交往做明确记载的是在《后汉书·东夷列传》："建武中元二年（57）倭奴国奉贡朝贺，使人自称大夫，光武赐以印绶。"但这是否就是东汉光武帝赐给倭奴国王的那一枚印，日本学术界始终有争论。有人认为此印应为东汉光武帝所赐主印，即真印说。史书记载有此事应该不假，而且中国还发现了一枚"滇王印"可以作为此印的佐证。西汉时，夜郎古国及滇国均为西南夷中的强国，汉武帝为打通通向西域的商路，派使臣去滇国。滇王臣服汉室，汉武帝赐其"滇王之印"。除上刻"滇王之印"四字与日本出土的"汉委奴国王"不同外，其他无论从外观、尺寸、字体形状等以及质地均同于日本的那一枚。

有人认为是日本人自己所刻，即假印说；还有人认为是日本人仿刻，即伪印说。

这些看法，起始之因就在金印上所刻的是"委"而不是"倭"字。据《三国志·魏志·倭人传》对倭奴国的记载："旧百余国，汉朝有朝见者，今使译所通 30 国。"这就是说，日本有 100 余个部落国，到三国时，已逐步合并为三十国，由邪马台国女王卑弥呼统治。据日本学者考证，这个"倭奴国"应读为"倭"的"奴国"，它就是《魏志·倭人传》所述女王治下约三十国之一的"奴国"，位于今九州福冈市附近。为何印章上却是"委"字。而且要说明当时日本使者是否来过中国还要有更多的证据，不能仅凭史书上的一句话和一枚难辨真伪的印章，但这方面的材料却又只有这些。

这枚印章到底是不是真的呢，还不得而知，有待更明确的中日交流方面的记录。

诸葛亮制造木牛、流马之谜

《三国志·诸葛亮传》记载："（建兴）九年（231），亮复出祁山，以木牛运，粮尽退军……十二年春，亮率大众由斜谷出，以流马运。"文章描绘得那么奇妙，可说明诸葛亮以木牛、流马运粮是真实的事情。

诸葛亮到底用过木牛、流马没有，确实是一个谜，而且《诸葛亮集》中尽管对木牛、流马做了描绘，但由于没有任何实物与图形存留后世，多年来，人们对木牛、流马到底是什么东西做出了种种揣测。

一种说法为木牛、流马是诸葛亮改进的普通独轮推车。此说源于《宋史》《后山丛谈》《稗史类编》等史籍，它们认为汉代称木制独轮小车为鹿车，诸葛亮加以改进后称为木牛、流马，北宋才出现独轮车之称。

一种意见认为，木牛、流马是四轮车和独轮车，但是哪种为四轮，哪种为独轮，各人有不同的见解。宋代高承《事物继原》卷八说："木牛即今小车之有前辕者，流马即今独推者是也，而民间谓之江洲车子。"今世学者范文澜认为，木牛实际上是一种人力独轮车，有一脚四足，就是在车旁前后装四条木柱；流马是改良的木牛，前后四脚，也就是人力四轮车。

一种意见认为，木牛、流马是新颖的自动机械。《南齐书·祖冲之传》说："以诸葛亮有木牛、流马，仍造一器，不因风水、施机自运，不劳人力。"这是指祖冲之在木牛、流马的基础上造出更新颖的自动机械。

木牛和流马到底是一种东西还是两种东西，后世对此发起了广泛的争辩。如谭良啸认为，木牛和流马是一回事，是一种新的木头做的人力四轮车；王开则说木牛与流马是两种东西，前者是人力独轮车，后者是经改良的四轮车；王谌认为两者同属一物，并且还做出了一种模型，既具备牛的外形，又具备马的姿势。陈从周等勘察了川北广元一带现存古栈道的遗迹：畜在前面拉，后面有人推，流马与木牛差不多，但没有前辕，不用人拉，反靠推为行进，外形像马。

令人遗憾的是当年诸葛亮没有留下木牛、流马的详细制作图解，导致后人苦苦思索，上下探求，仍是难以明白究竟。

黄鹤楼的名称因何而来

"昔人已乘黄鹤去，此地空余黄鹤楼。黄鹤一去不复返，白云千载空悠悠。晴川历历汉阳树，芳草萋萋鹦鹉洲。日暮乡关何处是，烟波江上使人愁。"这首诗你一定不会感到陌生，它是唐代大诗人崔颢游黄鹤楼后所作。后来，诗仙李白也登上了黄鹤楼，他放眼楚天，胸襟开阔，诗兴大发，正要提笔抒发豪情时，却看到了崔颢的诗，自愧不如只好说："眼前有景道不得，崔颢题诗在上头"。崔颢题诗、李白搁笔，黄鹤楼从此名气大盛。

黄鹤楼虽建于三国，但屡遭破坏，各个朝代也不断修复，然而还是屡建屡坏，最后一座黄鹤楼初建于清同治七年(1868)，毁坏于光绪十年(1884)，此后在近一百年之内未曾重修。

中华人民共和国成立后，1981年10月，黄鹤楼的重修工程破土开工，于1985年6月落成，闻名遐迩的黄鹤楼再一次出现在人们的眼前。新修的黄鹤楼以清朝的同治楼为蓝本，但是在此基础上更加高大雄伟，飞檐5层，攒尖楼顶，金色琉璃瓦屋面。楼外还铸有铜制的黄鹤造型、胜像宝塔、牌坊、轩廊、亭阁等一批辅助建筑，将主楼烘托得更加壮丽。

黄鹤楼的名称究竟因何而来，还是个谜，没有定论。关于黄鹤楼名称的来历，有很多神话传说。最多是从崔颢的"昔人已乘黄鹤去"中的"昔人"一词化来。这个"昔人"就是所谓的黄鹤仙人。但是这个黄鹤仙人又是谁呢？有三种说法，一种是说仙人子安曾经乘黄鹤在此处经过，黄鹤楼因此而得名；另有一种是蜀国人费祎成仙后，曾骑着黄鹤在此休息，此楼由此称为黄鹤楼；还有一种说法是荀叔伟曾见仙人下降，并在这里摆宴设饮而得名。但是，这几个故事都没有交代黄鹤楼因何而建，由谁而建。倒是另一则"辛氏酒楼"的传说交代得最为完整。

古时候，有个姓辛的妇人在山头卖酒。一位道士经常路过此处，饮酒但却分文不给，辛氏也不予计较。在一次饮酒之后，道士为了感谢辛氏的千杯之恩，就在墙壁上画了一只仙鹤，并对辛氏说：以后客人一到，你就拍手引仙鹤下壁，它就会翩翩起舞，为客人祝酒。一说完，道士就不见了。后来，道士的话果然灵验，这个小酒铺一时宾客盈门，辛氏也由此成了富翁。10年后，道士故地重游，临行时，吹奏铁笛。随着悠扬的笛声，白云、仙鹤飘然而至，道士跨上黄鹤直上云天。辛氏为纪念仙翁，筑地起楼，取名"黄鹤楼"。

这些神话传说，给黄鹤楼增加了很多浪漫色彩，但是黄鹤楼究竟名从何来，一些专家、学者还是有不同的看法。很多学者认为，黄鹤楼是以地方而命名的。黄鹤楼所在的地点叫作"黄鹄山""黄鹄矶"。有人考证，黄鹄山就是黄鹤山。唐代李吉甫在《元和郡县志》中说："江夏（今湖北武汉）城西南角因矶名楼，为黄鹤楼"。

但还有人认为黄鹤楼是以人名命名的。《礼部诗话》一书载崔颢在诗中自注道："黄鹤乃人名也。"其诗云：昔人已乘白云去，此地空余黄鹤楼。云乘白云，则非乘鹤矣。……当以颢自注为正。也就是说黄鹤是人名而不是山名。

还有人认为黄鹤楼的来历既不是人名，也不是地名，而是根据形状而命名的。从楼的纵向看各层排檐看起来像展翅欲飞的黄鹤，所以才取名黄鹤楼。

自古以来，黄鹤楼名称的由来就是家家有说法，人人不相同，然而正是如此，黄鹤楼才有了这么多奇妙和神秘之处，引得无数人一睹它的风采，感念"白云千载空悠悠"的情怀和美丽。

岳阳楼是由谁建造的

江南三大名楼之一的岳阳楼因为一篇北宋范仲淹的《岳阳楼记》而妇孺皆知。自唐宋以来，它就久负盛名。"未到江南先一笑，岳阳楼上对君山"，这是 800 多年前，宋朝著名诗人黄庭坚登临岳阳楼时写下的句子。然而，长期以来，究竟是什么时候修建了岳阳楼，滕子京又是什么时候重修了此楼一直众说纷纭，谁也没有确切答案。

实际上岳阳楼的始建年代早已难以确定。南宋人祝穆就率先提出岳阳人"不知创始为谁"的说法。在祝氏的《方舆胜览》卷二十九中载称："岳阳楼在郡治西南，西面洞庭湖，左顾君山，不知创始为谁。唐开元四年，中书令张说出守是郡，日与方士登临赋咏，自尔名著。"

成书于宋理宗（1225 ～ 1264）在位时期的《方舆胜览》是南宋的一部地理总志，此书有一定史料价值，尤其对名胜古迹有比较翔实的记载。书中认为祝穆所说岳阳楼"不知创始为谁"是可信的。所以《岳州府志》也认为："岳阳楼不知俶落于何代，何人。"

岳阳楼到底"创始为谁"后来有各种不同的说法，大多数人认为是张说始建。这种意见又有两种说法，而这两种说法又大同小异。

如浙江人民出版社编辑出版的《初中古代诗文助读》说岳阳楼为"张说在唐代开元初年建造"。喻朝刚、王大博、徐翰逢编的《宋代文学作品选》又进一步确定了修建的具体时间，说岳阳楼是"唐开元张说做岳州知府时建的"。

第二种说法，讲岳阳楼"始建于唐"，此说法比较笼统。持这种说法的代表是新版的《辞海》。另外由郑孟彤主编的《中国古代作品选》、四川师范大学中文系古典文

岳阳楼

学教研组编写的《中国历代文选》、北京教育学院教研部编写的《语文复习资料》以及中国人民大学语文系文学教研室主编的《历代文选》（下册，中国青年出版社）都持这种说法，有的也说岳阳楼"始建于唐初"。

第三种是岳阳楼始建于周代说。如天津师专古典文学教研组编的《中学古代作品评注》中说，岳阳楼"相传建于周代，自唐代以来闻名于世"，这种说法不知是从哪里找来的依据。

在北宋以前，岳阳楼的修葺情况没有详细的记载，无从查考。原任庆路部署兼庆州（今甘肃庆阳）知州的滕子京在庆历四年（1044）被谪为岳州知府，"越明年，政通人和，百废具（俱）兴。乃重修岳阳楼"。依照范仲淹的《岳阳楼记》中的说法，滕子京重修岳阳楼是在庆历五年，他们把"越明年"解释为第二年，即庆历五年。宋来峰在《"越明年"辨》一文（见《北京师范大学学报》1980年第6期）中认为，范仲淹应嘱作文，"滕子京重修岳阳楼与巴陵郡的'政通人和，百废俱应'同是一年——庆历六年"。对"越明年"的不同解释导致这两种说法相异，但究竟孰是孰非，我们也不能妄下结论。

小雁塔为何乍离乍合

西安小雁塔底层北门楣有明嘉靖三十年（1551）"王鹤刻石"的刻石题字，上面写道："荐福寺塔肇自唐，历宋元两代，明成化末长安地震，塔自顶至足中裂尺许，明澈如窗户，行人往往见之。正德末地再震，塔一夕如故，若有神合比之者。"这里记载了小雁塔的第一次自裂自合。原来小雁塔是由于一次地震裂开的，不过又在另一次地震中自己将裂缝缝上了，真是奇怪至极。

清初名学者贾汉复、王士禛等人记述了小雁塔的另一次裂合："荐福寺塔……十五级，嘉靖乙卯（1555）地震裂为二，癸亥（1563）地震复合无痕，亦一奇也。"这第二次的裂开，距王鹤刻字所记不到五年，经过了8年又第二次自然复合起来了。

清道光十八年（1838），钱咏在其著作《履园丛话》中又有这样的记载："西安府南十里有雁塔，嘉靖乙卯地震，塔裂为二，癸亥复震，塔合无痕。康熙辛未（1691）塔又裂，辛丑复合，不知其理。"后面记载的是前一次砖塔复合128年后小雁塔又一次裂开，再经30年后自然复合的第三次裂合事实。一个砖塔经过6次地震不倒塌，反而自然复合起来，确是一件令人难

小雁塔
此塔里有一口重万余斤的金代大铁钟，钟声洪亮，"雁塔晨钟"为关中八景之一。

解的奇事。

小雁塔第四次裂开虽无具体时间记载，但是这是新中国成立后许多人共睹的事实，自顶至足有 1 尺多宽的裂口，后经西安市人民政府进行加固和整修，才恢复了原来的面貌。

小雁塔的自裂自合共有 3 次，这到底是怎样形成的呢？近年来有人推测：小雁塔的离合和西安地区地面裂缝的发展和消亡的机理是一样的，是地壳运动在不同物体上的不同表现，是一种"同质异相"，即地裂、塔裂，地合、塔合。一般裂开时要快速猛烈一些，容易被人们注意到；而合拢起来时则要缓慢得多，地壳在均衡的调整应力的作用下，会自动地缓缓合拢。由于合拢的速度小，所以一般不为人们注意到。

这种因地壳运动引起小雁塔的离合之说，还不能完全令人信服。因为除了小雁塔之外，西安地区在小雁塔发生离合的 3 次地震中，并没有其他自动离合的例子出现，为什么独独小雁塔会四离三合呢？也许当科学更发达的时候，小雁塔离合之谜就会被揭开了。

轮船是中国人发明的吗

在当代，轮船在人们的日常生活中发挥着重要的作用，追溯其历史，我们会发现，轮船的发明与中国人有着很大的关系。

最早的船称为车船，车船又称作车轮舟，其前身是南朝的祖冲之制成的千里船。这种船不受流向、风向的限制，内部没有机关，可以自己运行，日行 50 多里。千里船的推动工具在史书上没有明确记述，有的学者根据当时机械学的发展情况分析，它可能是由人力踏动木叶轮而前进。但从此以后，史书上再也没有出现车轮舟的记载，可见千里船在后来并没有被广泛应用。

唐朝德宗时，江南道节度使洪州刺史李皋设计制造了一种新型战舰，史书上关于车船最早的明确记载里写道：这种战舰两侧分别装置一个轮桨，士兵用脚踩踏，带动轮桨转动，使舰前进，能取得与挂帆船一样的速度。

宋朝时车船才得到实际应用和发展。北宋李纲根据李皋的遗制，造战舰数十艘，上下三层，装置车轮，用脚踩踏前进。车船作为水军的新型战舰被列入编制的时代是南宋。1131 年，鼎州（今湖南常德）知州程昌寓命令南宋造船厂工匠高宣打造了 8 艘车船来镇压杨幺起义。这种车船用人力踏车行驶，船旁设置车板，速度很快，却不见船桨，被人们叹为神奇。交战中，起义军俘获了造船工匠高宣并夺了车船 8 艘。高宣又在起义军中对车船进行了改造。他在两个月内为杨幺的起义军建造了大小船十多种、数百只，其中"和州载"号有 24 个轮子，"大德山"号有 32 个轮子，其上层还有三层建筑，高达 10 丈以上，可以载 1000 名士兵，前、后、左、右都装有拍竿。这种车船在和南宋官军战舰交锋中以轮击水，行驶如飞，官军的船只迎上去就被拍竿击碎，起义军在几百只官船中如入无人之境，擂鼓呐喊，踏车回旋，横冲乱撞，官军闻风丧胆。从此，杨幺的起义军声威大震。由此可见，车船在杨幺起义军的作战中发挥了相当大的威力。

1179 年，在江西出现了一种被当地人称为马船的新的车船，船上装有女墙、轮桨，可以拆卸。平时可以作为渡船运送物资，战时可以改装成战船用来作战。1183 年，陈镗制造了多达 90 轮的车船，而且使其航行速度更快。但是车船作为民间船只，一直没有发展起来。虽然如同许多专家说的那样，车船的发明给当今轮船的发展奠定了基础，也显示了中国古代人民的创造才能，但它只能算作轮船的始祖，因为外国人发明轮船不是受中国古代车船的启发，二者的动力来源本身就不一样，一个是依靠人力，一个是依靠蒸汽动力。

明代古海船有多大

明代开国几十年后，中国广州等沿海的大都市发展得十分繁荣。在经济获得良好的发展之后，发展海外交通和海外贸易已经是十分迫切的事。明成祖也想利用对外活动，展示自己的实力，并建立自己的声望。因此，远航活动就势在必行了。要航海就要有能经受大风大浪的海船，明代能造出巨型海船吗？答案是肯定的，因为郑和七次下西洋都使用了巨型海船，并顺利出访远在地球另一边的国家。

不过据史书描述，郑和用的船却不是一般地大，而是惊人地大，明代真的能造出这样的船吗？

在郑和下西洋的船队中，有 5 种类型的船舶。第一种类型叫"宝船"，最大的宝船长 44 丈 4 尺，宽 18 丈，载重量 800 吨。这种船可容纳上千人，是当时世界上最大的船只。它体式巍然，巨无匹敌。它的铁舵，须要二三百人才能举动。第二种叫"马船"，马船长 37 丈，宽 15 丈。第三种叫"粮船"，它长 28 丈，宽 12 丈。第四种叫"坐船"，长 24 丈，宽 9 丈 4 尺。第五种叫"战船"，长 18 丈，宽 6 丈 8 尺。

人们从这些原始记载里了解宝船的概貌，可是疑问也就从此产生了。船到底有多大？这是难解之谜。有的研究者把马欢记述的宝船尺度换算成现代公制，因明代的 1 尺相当于今天的 31 厘米，故宝船竟长达 138 米、宽为 56 米，这种巨型的木帆船，其排水量估计在 3 万吨左右，比现代国产万吨货轮还要大得多！宝船规模如此之大，引起了国内外学者的浓厚兴趣，这样在研究中便产生了一个疑问：如此大的"宝船"在明代可能出现吗？

第一种观点，有人相信史籍中关于宝船尺度的记载，他们认为，从历史渊源、明代生产技术水平、中国以及世界造船能力来看，出现郑和宝船那样的奇迹，并不是不可能的。汉朝时，我们已经是世界上最强大的海洋大国。我们的海上"丝绸之路"已经延伸到了波斯湾。中国是有航海传统的国家，郑和下西洋，不是一个偶然，而是一个必然，它是在我们前面航海传统上的延续。

郑和下西洋也需要造那么大的船，一是装载官军及应用物资的需要；二是装载赏赐品和贸易物资的需要；三是"欲耀兵异域，示中国富强"的需要。由此可见，不单是远洋航行的需要，还有明朝政治上耀兵、经济上示富的需要，促使郑和下西洋建造起这么大的船舶来。

郑和宝船与当时的其他船舶和现代船舶相比较，是很宽的。宽的船体对航行速度不利，为什么用于远洋的郑和宝船却如此之宽呢？原来，当时船舶均由木材建造，作为远洋航行的船只，就需要随带大量的人员和食品以及应付各种需要的财物，也就是说需要大的载重量和众多的舱室，而要增大载重量和舱室，就需要增加船长和船宽。

第二种观点认为《明史》没错，船的大小却不同。他们说《明史》记载宝船尺度是可信的，只是其使用的尺度不一样。其使用的度量尺度与明代通用的尺度不同，明代通用尺寸1尺相当于现在的31厘米，而量古船的尺度为更古老的"七寸"尺，这种尺在上古是通行的，相当于20多厘米。不过即使这样，古船也是大得惊人，充分说明我国造船业的先进。

第三种观点认为不会有那么大的船。他们认为，如果按照《明史》对古船的描述，古船大到超越现代万吨巨轮的程度，这显然不可能，因此，只能是史籍中的记载发生了错误。真正的史书已经被毁，《明史》本身的真实性受到怀疑，而且古人也一直有夸大的传统。

他们引用了南京静海寺出土的郑和下西洋残碑，碑文里说郑和船队为2000料或1500料的海船，据此推算，这种船只能是十几丈长宽而已。因此，郑和下西洋所乘宝船的尺寸，颇有可能是：长18丈，宽4.4丈。在明代有可能出现这样大小的船，但也不可能造得太多。

明代能否造出这么大的海船还有待考证，但我国当时的造船、航海技术是一流的，这一点却是不容怀疑的。

北京古城墙为何独缺一角

《诗经·商颂》云："商邑翼翼，四方之极。"可见古代筑城时就有了城墙。

封建社会后期建筑时期最长、工程量最大的城是北京城。它最初称为元大都，城方六十里，十一门，至元四年(1267)始用夯土板筑。今天北三环路北还有土城遗址。《光绪顺天府志》说，北京城雉堞一万一千三十八，炮窗二千一百有八。内城周长约四十里。墙高三丈五尺五寸，围栏高五尺八寸，通高四丈一尺三寸。明洪武、永乐年间都曾重修加固城垣。宣德九年(1434)，以五城神机营军工和民夫修城垣，这时才把城垣外壁包上砖。正统元年(1436)到四年（1439）才建成九门城楼和桥闸、月城（平常叫瓮城）和箭楼等，城垣内壁也包上砖。各城门外立牌楼，内城四隅各立角楼，城外挖濠建石桥。嘉靖年间又在南边增修了27里的外城。修建北京城一直是"皇极用建，永固金汤"的大事。

全城以前门至地安门为中轴，正南正北，整齐如划。从1972年和1975年美国发射的两颗地球资源卫星在北京上方900多千米的高空拍摄的卫星照片上看，最为清晰的就数明代修建的内城城墙了。一般说来，城墙应修筑成方形的，我国的一些古城大都如此。可是北京内城城垣的西北角却不呈直角，城墙到了这里，却成了东北－西南走向的。这究竟是为什么呢？

长期以来，人们解不开这个谜。

第一种说法是，从地形上分析，因为元时大都的北城墙，在现今德胜门和安定门以北5里处，至今遗迹犹存。它的西北角并无异常，是呈直角的。明代重修北京城，为了便于防守，放弃了北部城区，在原城墙南五里处另筑新墙。新筑的北城墙西段穿过旧日积水潭最狭窄的地方，然后转向西南，把积水潭的西端隔在城外，于是西北角就成了一个斜角。明初时，积水潭的水远比现在要深得多，面积也大得多。为了城墙的坚固和建筑的需要，城墙依地形而呈抹角是合乎情理的，所以这种观点被很多人所接受。

第二种说法是，从国外卫星影像分析，北京城西北角既有直角墙基的影像，又有斜角的墙基影像。这两道墙基的夹角为35度到36度，正东正西墙基线正位于元代海子西端北岸附近，和东段城墙在同一纬线上，这说明这里确实曾修过城墙。可是为什么没有修成呢？通过卫星影像还可以看到，从车公庄到德外大街有一条地层断裂带，正好经过城的西北角与那段直角边斜向相交。现在的北京城是明朝永乐年间修建的，建城时北京城四角都是直角。但明清两代，北京及其附近地区经常发生强烈地震，每次地震北京城西北角从西直门到新街口外这段城墙都要倒塌，虽经多次重修，但无论建得怎样坚固，总是被地震震塌。经风水先生察看，原来地下地基不牢，可能有活断层。皇帝陛下不得不屈服于地震的威力，决定将西北角的城墙向里缩小一块，避开不稳定地段。以后北京地区又经历几次地震，但城墙再没有倒塌。这就是为什么古城墙缺一个角的原因。

第三种说法是，北京城处处的设计都有含义，其中不修全可能是因为上天的暗示。如紫禁城这个名字取自紫微星垣，紫微星垣系指以北极星为中心的星群。古人认为紫微星垣乃是天帝的居所，而群星拱卫之。所以自汉以来皇宫常被喻为紫微。为佐证这个说法，紫禁城内特意设有7颗赤金顶（分别是五凤楼4颗，中和殿、交泰殿、钦安殿各1颗），喻北斗七星。有七星在此，谁能说不是天上宫阙？所以北京城墙缺一角必然有什么含义。其中就有这么一个故事：在明朝初年，燕王修建北京城，命手下的两个军师刘伯温和姚广孝设计北京城的图样。他们俩在设计的时候，不知为什么眼前都出现了哪吒的模样，他们很害怕，哪吒说不用害怕，我是上天派来的，告诉你们要如何建造都城，你们按我手中的图建造吧。于是两个人就都各自照着画了。姚广孝画到最后，吹来了一阵风，把哪吒衣襟掀起了一块，他也就随手画了下来。后来建城的时候，燕王下令：东城照刘伯温画的图建，西城照姚广孝画的图建。姚广孝画的被风吹起的衣襟，正好是城西北角从德胜门到西直门往里斜的那一块，所以至今那里还缺着一个角呢！

北京城墙缺少一角是因为上面哪个原因，或者都不是，不得而知。不过令人叹息的是，北京城墙现在都被拆除了，有人说那是一个始终会让人后悔的决定。

神秘墓葬

　　中国古代的墓葬文化含有浓厚的礼制内容，是研究当时经济、文化的重要依据，然而这些陵墓在地下沉睡数百年甚至几千年后，带给人们的，除了惊叹之外，更有无数的未知和疑团在其中：商代妇好墓的主人究竟是谁？秦始皇陵墓中为何含有大量汞？成吉思汗的陵为何在"马背"上……

　　这一个个考古学家、历史学家的谜题，也磁石般吸引着我们的目光，随着科技的发展和研究的深入，许多谜团已经解开，欣喜之余，却发现还有更多的疑问等待我们去解答……

轩辕黄帝陵在何处

黄帝是我国原始社会末期一位伟大的部落联盟首领。黄帝姓公孙，因长于姬水，又姓姬。曾居于轩辕之丘（今河南新郑轩辕丘），取名轩辕。祖籍有熊氏，乃号有熊。又因崇尚土德，而土又呈黄色，故称黄帝。司马迁所著《史记》记载："生而神灵，弱而能言，幼而徇齐，长而敦敏，成而聪明"，15岁就被群民拥戴当上部落领袖，37岁成为中原部落联盟的首领。轩辕黄帝一生历经52战，降服炎帝，诛杀蚩尤，结束了远古战争。由于轩辕黄帝为中华民族创造了丰富灿烂的文化，后世都尊称轩辕黄帝为"文明之祖""人文初祖"。黄帝死后，人们选择了"桥山之巅"，将他深深埋进黄土里，希望"黄帝灵魂升天，精神永远常在"。这就是今天海内外中华儿女拜谒的中华第一陵——黄帝陵。

不管黄帝众多传说的真伪，但黄帝陵却自古以来就有，黄帝陵在哪里呢？

第一种说法是黄帝陵位于陕西北部今黄陵县境内的桥山之巅。据《史记·五帝本纪》载："黄帝崩，葬桥山。"自秦统一六国后，历朝历代每岁祭奠黄帝陵持续不断，因此黄陵县境内的黄帝陵有很多各代的遗迹。陵冢在桥山之巅。桥山有沮水环绕，群山环抱，古柏参天，有大路可通山顶直至陵前。山顶立一石碑，名为下马石，上有"文武百官到此下马"字样。古代凡祭陵者，均须在此下马，步行至陵前，陵前有一祭亭，亭中立一高大石碑，上有郭沫若题"黄帝陵"三个大字。祭亭后面又有一块石碑，上书"桥山龙驭"四字。黄帝陵冢在山顶平台的中央，陵冢高3.6米，周长48米。四周古柏成林，幽静深邃。历代政府对保护黄帝陵古柏都很重视，宋、元、明、清都有保护黄帝陵的指示或通令。据《黄陵县志》记载，桥山柏林约4平方千米，共6.3万余株。历朝历代政府为了表示尊祖，宣扬礼制，都会去祭祀黄帝，又因为此处陕西黄帝陵最早由秦始皇祭奠过，于是后来者都到此祭祀。不过很多人并不认同这就是黄帝陵所在地。

第二种说法是黄帝陵应在今河北省涿鹿县的桥山。

根据《魏土记》的记载："下洛城东南四十里有桥山，山下有温泉，泉上有祭堂。雕檐华宇，被于浦上。"《史记·五帝本纪》载："（黄帝）与蚩尤战于涿鹿之野"；北魏著名地理学家郦道元所著《水经注·谨水篇》载"黄帝与蚩尤战于涿鹿之野，留其民于涿鹿之阿"，也有记载此处为"桥山"的介绍。涿鹿县的桥山，在今河北省涿鹿城东南20千米，它以山顶上天然形成的一座拱石桥而得名，海拔981米。在桥山附近的一道山梁上，还有一个巨大的四方石桌，传说是祭祀黄帝时在此摆设祭品的。石桌右侧有一峭壁，壁面平整，像一块巨大的石碑，上面布满与象形文字一样的图案。传说这是古人刻石记事而留下的遗迹。我国古代有许多帝王到桥山举行祭祀活动。

第三种说法是黄帝陵在北京平谷区。明《顺天府志》卷一上记载："（北京）平谷区东北十五里，传为轩辕黄帝陵，有轩辕庙。"黄帝当时曾在北京附近河北涿鹿一带建都，死后又葬在这里。唐代陈子昂的诗说："北登蓟丘望，求古轩辕台。应龙已不见，牧马空黄埃……"李白亦有"燕山雪花大如席，片片吹落轩辕台"的诗句。南宋爱国丞相文天祥诗曰："我瞻涿鹿郡，古来战蚩尤，轩辕此立极，玉帛朝诸侯。"北京市文物研究所与平谷区文化文物局组织中国社科院、历史博物馆、北京历史研究所等单位的专家学者，到平谷区山东庄村实地考察这个村西的轩辕陵，并确认这座轩辕陵即是中华民族始祖黄帝之陵。不过认为这个陵和陕西桥山的黄帝陵一样，是黄帝的衣冠冢。

黄帝像

　　据说全国共有黄帝陵 7 处，甘肃、河南、山东、河北等地都有黄帝陵，哪一个是真的黄帝陵呢，轩辕黄帝陵到底在何处？这同黄帝的其他传说一样还没有答案。

商代妇好墓的主人究竟是谁

　　殷墟是商王朝后期的王都，据文献记载，自盘庚迁殷至帝辛覆亡，历经 8 代 12 王。据历史学家确认，盘庚迁殷为公元前 1300 年，武王克商为公元前 1046 年，共有 200 多年，商王朝居殷最久是无可争辩的。按理，出土文物最多的就应为诸商王的陵墓了，特别是一些功勋显赫的商王，但可惜的是已发现的商王陵都被历代盗墓者洗劫，失去了研究的宝贵资料。直到妇好墓发现，一大批文物才得以面世。妇好墓位于当时小屯村的西北地，这里原是一片高出周围农田的岗地，1975 年冬考古工作者对其进行考古勘探，在这一带用洛阳铲打孔钻探，几天后在钻一个孔的时候发现土层有变化，工作人员马上兴奋起来，这预示着里面可能有遗迹。这时在场的人谁也没有出声，小心翼翼地向下铲去，在大概钻到 6 米深时，慢慢向上拔铲，探铲提上来了，满铲都是鲜红的漆皮，漆皮就是腐坏的棺木，气氛顿时活跃起来，大家异口同声地说，是墓葬。

　　发掘结果证实，这便是妇好墓。妇好墓保存完好，随葬品极为丰富，共出土不同质料的随葬品 1928 件，有玉器、象牙器、骨器、宝石器、青铜器、蚌器等，其中制作水平最高的是青铜器和玉器。青铜器共 468 件，以礼器和武器为主，礼器类别较全，有炊器、食器、酒器、水器等。尤为珍贵的是有诸多成套器皿，圆鼎 12 件，每组 6 件；铜斗 2 组，每组 4 件。还有成对的方壶、方尊、圆鼎；有的酒器竟配有完整的 10 觚、10 爵（觚、爵为古代的青铜酒器）。

　　玉器类别比较多，有琮、璧、璜等礼器，做仪仗的戈、钺等，另有工具和装饰品。其中，玉人是研究当时人的发式、头饰、着装等的形象资料。各种动物形玉饰有龙、凤，有兽头鸟身的怪鸟兽，而大量的是各种动物形象，以野兽、家畜和禽鸟类为多，如虎、熊、象、鹿、马、牛、羊、鹦鹉等，也有鱼、蛙和昆虫类。

　　人们惊异于墓藏的奢华，感叹随葬品的精美和极高的艺术成就，于是疑问产生了，这个墓主人究竟是谁呢？肯定是个显贵无疑，那么又是哪个显贵？商代历史几乎没有记载，甲骨文的发现及释读，却使我们得知了部分情况。

从出土文物看，有部分铸有铭文，其中铸好铭文的共 109 件，占有铭文铜器的半数以上。其实妇好墓的发现正好解决了一个难题，因为专家们在此之前早就知道有"妇好"这个人。解读甲骨文的记载，妇好为商王武丁的妻子，是我国有文字记载的第一位文武双全的女将军。甲骨文中有关她的记录有 200 多条，属于数量相当多的。她曾率领 1.3 万多人的军队去攻打前来侵略的鬼方，并大胜而归，因功勋卓著而深得武丁、群臣及国民的爱戴。妇好终因积劳成疾而先逝，国王武丁予以厚葬，并修筑享堂时时纪念。

这个墓葬便是妇好的了，大量的刻有"妇好"的铭文器物，说明是她所有。而且墓室中发现兵器：商妇好大铜钺。钺主要是作为军权的象征。妇好墓出土了 4 件青铜钺。其中一件大钺长 39.5 厘米，刃宽 37.5 厘米，重达 9 千克。钺上饰双虎扑噬人头纹，还有"妇好"二字铭文。该钺并非实战兵器，而是妇好统帅权威的象征物。

虽然墓葬与甲骨文一定程度上相印证，认定墓主就是妇好，不过她又是什么样的人呢，甲骨文本身的记录也是让人无所适从。

有的甲骨片上说她是个大元帅，带兵镇压奴隶起义，辅助国王武丁南征北战；有的龟甲上说她是个诸侯，有自己的领地和供奉；也有的龟壳片上说她是商王武丁最宠爱的王后，武丁对她情深意笃，为她的怀孕和生子而焦虑。从这些发现上看，有人综合以后，说她是王后又有独立的领地，兼为一方诸侯。

可是后来发现的龟壳片上又出现了奇怪现象，有一些铭文中居然说她又嫁给了武丁前几代的君主，而且嫁了三个人！这令研究妇好的人们产生疑问：妇好到底是一个人，还是一类人的总称？为什么她在时间跨度长达 300 年间嫁给 4 个商王？于是原来肯定的墓主"商王武丁的王后"这个妇好，究竟是不是墓主，还是另有其他妇好？历史之谜解开一层，又显出一层。商代妇好墓主人究竟是谁？

曾国国君墓为何建在随国

随县地处湖北省中北部，居长江之北，汉水以东，是江汉平原与中原之间的丘陵带。厉山，传说中为炎帝神农的家乡，即位于随县，这里至今仍遗留下了许多神农氏活动的踪迹，如神农洞、炎帝神农碑等。殷商时，随县是王朝的南土，这在殷墟甲骨卜辞上有清楚的记载。在西周时代，随县成为周天子所封同姓诸侯的领地。

1977 年，中国人民解放军某部为扩建营地，在距随县县城西北约 3 千米处名为擂鼓墩的丘陵地带实施修建工程。施工人员因红砂岩坚硬，阻碍施工，就用炸药把红砂岩炸得粉碎，然后用推土机推平，结果，发现了褐色的软土，再往下则推出了青灰色的石板。施工人员立即停止施工，迅速向上级做了汇报。

经多方支持，考古发掘工作于 1978 年 5 月上旬正式开始。首先是清理填土，接着是清理填土下的石板。石板向下是褐土与青灰泥相间的夯层，再往下是竹网、丝帛、篾席，木椁也随着发掘工作的深入展现在世人面前。在木椁四周与坑壁的空隙里，填有大量木炭。考古工作人员一铲铲地挖出木炭，共清理木炭 31360 千克，至此，墓室的椁板全部暴露出来。考古工作人员连续作战，至 5 月 30 日，淤泥清理工作基本完毕，发掘出的大批文物令世人为之一振。

曾国为楚国附庸国，公元前 433 年，楚惠王专门为曾国君主曾侯乙制造了礼乐器铜钟。

地下寝宫的墓坑方向正南，墓口东西长约 21 米，南北宽 17 米左右，总面积为 220 平方米。坑内置有木椁，高 3 米左右，分为北、中、东、西四室，且均为长方形。其中中室面积最大，长约 9.75 米，主要放置整架的宗庙编钟、编磬和其他多种乐器，并有大量的青铜礼器。编钟靠近西壁和中室南部，其他随葬品的摆放井然有序，这充分反映了墓主人饮酒作乐的生活场景。

东室长 9 米左右，为墓主的"寝宫"，放置着墓主的特大型双层套棺和 8 具陪葬棺，以及 11 具葬宠物的狗棺。墓中人骨经鉴定，墓主人为男性，45 岁左右；陪葬的均为女性，年龄在 13 岁～25 岁，尤以 20 岁左右居多。这些应是曾侯乙生前的妻妾嫔妃。各室中面积最小的是北室，南北长为 4.25 米，主要放置大量的兵器、车马器、皮甲胄，有 2 件高 1.3 米、重 300 千克 的大铜缶用以盛酒，并有 240 多支竹简，简文记载的是用于葬仪的车马兵器，有自制的，也有赠送的。西室与中室并列，长 8.65 米，主要放置了 13 具均为女性的陪葬棺，除了极少一些玩具与服饰外，再无其他葬品。

6 月底，发掘工作基本完成，出土文物共有 7000 件之多，如此众多的文物，令人叹为观止。其中乐器 1.2 万件，包括编钟 64 件；礼器、宴器 140 件；兵器最多，共 4500 件，由此可一窥当时楚国强大的武力。如此众多的随葬品充分说明了墓主人曾侯乙的地位。

曾侯乙墓出土的青铜器器种数量之多、器型之大、铸造之精、纹饰之美、保存之完整，在历代出土的青铜器群中独占鳌头。这批青铜器的材料主要为铜、锡、铅合金体，铜占 80% 左右。出土的这些青铜器体积较大，重量较重，有 5 件超过了 100 千克，另有两件大尊缶是迄今发现的东周时期最大最重的酒器。令人吃惊的是，铸镶法被首次发现于曾侯乙墓

曾侯乙编钟 战国
湖北省随州市曾侯乙墓出土，春秋战国时期，统治者为显示等级差别，制作了青铜礼、乐器供权力阶层使用，并制定了相应的礼制，不同地位使用不同等级的器物。曾侯乙编钟的出土，证明了当时"礼坏乐崩"的现象已相当普遍。

的青铜器上。在出土的这些青铜器中有一件造型精巧、结构复杂的尊盘。尊是一种盛酒器，盘则是一种盛水器，出土时，尊盘浑然一体，寓变化于整齐之中，达到了玲珑剔透的艺术效果。

曾侯乙墓出土的数量众多的青铜礼器和乐器在当时引起了轰动。这些编钟及其他古乐器的出土，是中外音乐史上的一大奇观。乐器或由青铜构件和木石构件混合组成，或由木竹制成，共125件（套）。其中的编钟，是目前中国出土乐器中规模最大、质量最佳、完整性最好、音律协奏性最高的顶尖精品。

曾侯乙墓共出土了5012件漆器，使用漆器的范围远远超过中原。曾侯乙墓出土的漆器彩绘和雕刻以鸟兽形纹、几何纹和龙形图案为主，大多是木制用品。这些用品包括衣箱、食盒、餐具、梳妆用品等，其中以5件衣箱和一件鸳鸯形盒的彩绘最为出色。春秋战国时期金银器极少，曾侯乙墓出土的那件金制酒器方唇直口，浅腹平底矮足，双环耳，名"盏"，是迄今出土的先秦金器中最大最重的一件，约2150克。

考古人员从墓主人尸骨周围清理出500多件玉饰品。曾侯乙墓出土的玉缨是一件16节的龙凤玉挂。整件玉挂集透、平、阴雕等玉雕技艺于一身，共刻有大大小小的37条龙、7只凤及10条蛇，皆栩栩如生，玲珑剔透，实为古代玉雕之精品。

曾侯乙墓的发掘，带给了人们一个个谜团，如战国时期的曾国在我国古代历史上只是一个名不见经传的小国，为什么这个小国的国君墓能具有如此规模呢？如在周代，礼器的使用权是泾渭分明的，其使用具有严格的限制，不同等级的人只能使用与自己身份和地位相符的礼器。曾侯乙的级别算是很低的，按当时规矩只能用"七鼎"，而曾侯乙墓出土的礼器却完全不管这些，规格极高，几乎达到天子的规格了。

除礼器外，曾侯乙墓出土的乐器也同样规格极高，这使不少学者怀疑墓主曾经是周天子执掌礼乐的"大乐"，只是目前为止还没发现充分证据可以支撑这种观点，更何况如果曾侯乙真是周的"大乐"，为何史书典籍中没有他的一点记载？不过，大多数学者不认同这种观点，他们认为这种现象不足为奇，因为众所周知，春秋战国时期正是"礼崩乐坏"的时代，周天子的地位已江河日下，越位的现象也屡见不鲜。

除了这个问题有争议以外，人们争论得最激烈的还是这个墓为何会在随县出现。

曾侯乙墓椁室（局部）战国
湖北省随州市擂鼓墩。

因为，曾侯乙是曾国国君，而湖北随县在当时则属于随国，堂堂一国之君，怎么会在别国建自己的墓地呢？有学者认为，战国时代的随国其实就是曾国。确实，这种一国两名的现象在我国古代并不鲜见。如魏又称为梁，晋又称为唐，韩又称为郑，等等。石泉先生的《古代曾国——随国地望初探》就详细论述了这一观点。他指出："随国和曾国都是姬姓国，都是西周分封于江汉的诸姬姓国之一。就两国的地望来看，也是一致的。从宋代出土的曾国青铜器，到曾侯乙墓，都分布在随枣走廊一带，而且都是从南阳盆地迁入随枣走廊的。"这个说法，也是有一定说服力的。

但是也有的学者不同意此种观点，他们认为，在西周时期，曾就已经与随并存了，这在文献中是有明确记载的，说随国就是曾国显然是不合理的。

究竟哪种说法接近事实呢？看来，只有躺在墓葬里的曾侯乙最清楚！

中山王墓为何有众多的鲜虞族珍宝

公元前770年，周平王迁都洛邑（今河南洛阳），中国历史进入东周时期。东周分春秋和战国两个历史时期。春秋时全国共有100多国，经过不断兼并，到战国初年，只剩下十几国，大国有秦、楚、韩、赵、魏、齐、燕7国，即有名的"战国七雄"。除七雄外，并存的越、宋、卫、中山、鲁、费等小国后来也都被7国所吞并。

中山国位于河北省中部，因城中有山而得名。1978年以来对中山王墓的发掘和对中山国都城灵寿城的勘探，揭开了中山国千古之谜。最令人叹为观止的是出土的文物诡异奇巧，是北方少数民族特色文化与中原文化融合的结晶，多为稀世珍宝，在世界各地展出时不断引起轰动。

1974年，考古学者在平山县三汲乡的南七汲村发掘了1号、3号、4号、5号和6号等战国时期的墓葬以及无数的车马坑和陪葬墓，发现了战国时期中山国的都城灵寿古城，而城西2千米处的1号墓就是中山国王后的陵墓，结果发现挖掘的出土文物都具有北方民族的文化风格。

1号墓和2号墓都有高大的封土台，其中1号墓保存较好，封土台南北长110米，东西宽92米，高15米，成三级台阶状。台上有带回廊和厅堂的三层建筑。两座墓都有陪葬墓和车马坑。王陵的墓室结构基本相同，平面为长方形，中间为方形椁室，南北为两条墓道。其中1号墓的椁室用厚约2米的石块砌成，椁室内约有4层套棺。两个墓出土的随葬器数量惊人，总数达到1900多件，其中包括青铜礼器、乐器、生活用器、雕塑，以及玉石器、漆器、陶器等。

春秋战国时期，大量错金银器的出现，成为这一时期工艺水平高度发展的一个标志。北方少数民族地区出土的大量金银器所体现出的工艺水平，令人瞠目结舌。

墓中出土的许多文物堪称艺术珍宝，比如错金银镶嵌龙凤形铜方案，错金银的青铜动物形器座，错银双翼青铜神兽以及牛、犀牛、虎噬猪等形象，形如大树的十五连盏铜灯和银首人俑铜灯等，这些器物的形制特点都是战国前期所没有的。尤其是翼龙、水牛座、犀牛座以及龙凤方案座等青铜镶嵌工艺品，其镶嵌的技巧和图案，与战国前期颇不相同，技艺精湛、造型生动、组合巧思，为其他镶嵌器物难以比拟。

如错金银镶嵌龙凤铜方案，周身饰错金银花纹，下部有两牡两牝四只侧卧的梅花鹿环列，四肢蜷曲，驮一圆环形底座。中间部分于环座的弧面上，立有四条神龙，分向四方。四龙独首双尾。龙身蟠环纠结之间四面各有一凤，引颈长鸣，展翅欲飞。上部龙顶斗拱承一方形案框，斗拱和案框饰勾连云纹。此案动静结合，疏密得当，一幅特殊的龙飞凤舞图跃然眼前。

再如十五连盏铜灯，高 82.9 厘米，座径 26 厘米，重 13.8 千克。由灯座和 7节灯架组成，全灯仿若一棵茂盛的大树，树干周围伸出 7 节树枝，托起 15 盏灯盘。每节树枝均可拆卸，榫口形状各不相同，便于安装。树枝上装饰着夔龙、鸟、猴等小动物，构思奇特，造型新颖。

中山陵墓作为处于北方地区的中山国陵墓，在铭文记述的资料和金银器工艺方面，向世人展示了中山国的历史与文化面貌。墓中出土了大量具有中原文化特点的文物，如青铜礼器、陶礼器等都与同时期的赵国、魏国墓葬出土的文物近似。有趣的是，它同时又出土了许多反映游牧生活的帐幕构件、巨大的山字形青铜饰件和动物造型的金银青铜饰品。

考古学家认为，中山国最早可能是北方民族鲜虞所建立的国家，所以有鲜虞族的器物在墓中。有些考古学家则认为，在战国时期，出现鲜虞族器物在中山墓中的原因，是由于不同民族长期的交往与共同生活，使得文化上的差异逐渐消失，中山国同其他列国一起经历了当时的民族大融合。

孰是孰非，还有待人们的进一步探索。

西施香魂归何处

绝代佳人西施，春秋时期越国人，是我国历史上著名的四大美女之一，据说有闭月羞花之容，沉鱼落雁之貌。然而她为历史所记载的不仅仅是她的美貌，更是她在吴越争霸中所充当的重要角色，以及她最后的归宿。

根据史料记载，西施与越国大夫范蠡在西施家门旁的若耶溪边相遇。西施仰慕范蠡言谈举止的不凡，范蠡也倾倒在西施绝美的姿色之中，两人一见钟情，相许终生。这段绝美的邂逅和爱情被后人写成小说和戏曲，尤其是明代戏曲家梁辰鱼笔下的《浣纱记》，可谓美丽绝伦。但是不久，战争开始了。吴王夫差为了给自己当初在吴越战争中被越国刺伤致死的父亲报仇，带兵攻打越国，而且大败越国，几乎使越国亡国。越国被迫成为吴国的臣属国，勾践和一些大臣到吴国做吴王的奴仆。勾践忍辱负重，过了三年奴隶般的耻辱生活，范蠡也跟随勾践夫妇为夫差服役三年才得归国。勾践回到越国后，励精图治，休养生息，时刻为报仇做好准备。但是报仇不仅仅需要自己的强大，还需要对方的削弱。为了达到这个目的，勾践采取了范蠡的"美人计"。范蠡设计献出了自己心爱的西施给吴王，来祸乱吴国的政治。

西施来到吴国后，因其绝世的美丽很快使夫差沉湎于女色之中，渐渐放松了对越国的

吴王采莲图

警惕。从此以后，他听信小人的奸佞之言，对伍子胥等贤良忠臣则百般厌恶乃至将他们赐死。伍子胥死后，吴王身边更加缺少了忠臣的劝谏，国力日下。同时，他又大兴土木，耗费国力民力，又发动了很多进攻中原的战争。可以说，吴国这些自取灭亡的种种行为，都是越国献西施这个美人计所预期的结果。彼竭我盈，越国不成功就是不正常了。果然，越国终于灭掉了吴国，夫差自杀谢先祖为天下所笑。这个时候，西施到哪里去了呢？

广泛流传在百姓中间的是一种较为圆满的结局，说越国灭掉吴国后，范蠡深知勾践这个人只能共患难却不能同甘甜，因此，尽管他忍辱负重三年返越，又为政治、为君主牺牲了自己最爱的女子，可以说是越国最后胜利的最大功臣，但是他选择了功成身退。于是吴国灭亡后，他接走了西施，与之泛舟江上，隐居江湖。一段时间以后，他们定居在陶地，改名为陶朱公，从此经商致富，并凭借自己的聪明才智成为大富人，地位不下公卿，司马迁在《史记·货殖列传》以及《越世家》中都盛赞了范蠡的智慧。这样西施也就从昔日的屈辱生活中走了出来，与范蠡度过了富足安宁的一生。这个结局反映了人们对这个美丽无辜的女子的同情，人们不忍心使她在付出了自己的青春后遭遇更大的不幸。明代梁辰鱼的《浣纱记》就是用的这个皆大欢喜的结局。

而与此相反的结局则是残忍的，带有对统治阶级忘恩负义的丑恶嘴脸的谴责和抨击。这种说法认为西施在战争之后被沉江淹死。《墨子·亲士》篇中曾经提到说西施被沉于江水中，因为西施实在是太美丽了。墨子的记载虽然在时间上接近事情发生的时间因而具有可信性，可惜记得实在太简单。后来，又有史料说，吴国灭亡之后，越王将西施装入了皮袋中沉江致死。唐诗和宋词中也有"肠断吴王宫外水，浊泥犹得葬西施"以及"蛾眉婉转，竟绞绡，香骨委沉泥"等说法，都反映了西施的悲惨结局，不知道所参阅和印证的是何古籍。这种说法尽管残酷，但是也有可能性。范蠡早就说过勾践"长颈鸟喙，可与共患难，不可与共乐"；勾践灭掉吴国后杀死当初帮助他振作奋起、治理国家立下卓越功勋的文种不就是证明吗？西施一个出身微贱的女流，被派去吴国施行美人计，这原本就是隐情，如果被"国际社会"知道勾践是靠一个女子这样一种不光明正大的手段来取得吴越战争的胜利的，一定会轻视勾践。勾践怎么能让"国际社会"这样看他？他惧怕西施回国后会泄露这段隐情，所以就杀掉西施灭口。大概只有这样，才能将"美人计"这一段隐瞒，才能显示他这个霸主的丰功伟绩吧。否则，被人说成是靠一女流争天下，岂不为后世笑？对西施这种归宿的推测，反映了百姓对统治者的卑劣的痛恨，是有一定的历史依据的。

还有第三种说法是西施最后自杀身亡。西施原本是一个善良淳厚的浣纱女，并已经深深地爱上了范蠡。然而为了越国的政治大局，她不得不告别爱人来到吴国，与另外一个男子在一起。这原本已经是一种屈辱。这样一个已经心有所属且善良淳厚的女子，到吴国来做"间谍"，更加难为她。而吴王夫差又非常宠爱她，对她言听计从，让善良的她更加地内疚。吴国被灭、夫差自杀更加重了她的负罪感。她回国后，面对为越人敬仰、身洁志廉的爱人范蠡，她不是会污了范蠡的名声吗？西施的心中该是怎样地凄楚！何况越国以美人计灭他国，原不是光明正大，西施何尝不知道越王必定不可能给她好的归宿，国人一定也不能对她认可。所谓"物是人非事事休"！在这样的重重矛盾中，西施只能选择自杀，用自己的死来成全范蠡的名声，用自己的死来成全国家的名声，也用自己的死来给自己的忠义做一个了断。

毫无疑问，认为西施和范蠡最后泛舟江上浪迹天涯的说法更多的是出自人们对于西施和范蠡这两个人物的喜爱，而后两种想法中西施无疑都是政治斗争的牺牲品。善良的美人西施，为了国家，被迫牺牲自己的幸福和名节，而国家成功了，君主扬名后，她所留给后世的就仅仅是一缕香魂的飘散，留给后世的是其归宿的无限的谜，更有后世对其凄美一生的惋惜和哀叹。

秦始皇陵墓之谜

家喻户晓的秦始皇，因完成统一大业而名垂千古，又因实施暴政而得千古骂名。秦王朝只存在了 15 年，他的万世皇帝梦也就破灭了。可皇帝制度、皇帝意识影响了中国几千年。不仅始皇帝的身世、生平、功过引人注目，连坐落在骊山脚下的始皇陵也因众多未解谜团而备受关注。

秦始皇陵

坐落在骊山脚下的那座小山包就是秦始皇的坟墓，山包下便是那幽深而神秘的地宫。封土北侧有寝殿礼仪建筑群、饲宫建筑群，封土外有两道长 10 千米的内外城垣，封土周围及东、西、南、北侧分布着数百座地下陪葬坑，秦始皇陵园封土、地宫、内外城垣形制及其礼仪建筑和布局都不同于先秦任何一座国君陵园。这座帝陵陵寝规模恢宏，设计奇特。陵园工程之大、用工人数之多、持续时间之久都是前所未有的。第一位记录秦始皇陵的是史学大师司马迁。他在《史记·秦始皇本纪》中留下160个字的记录。陵园工程的修建伴随着秦始皇一生的政治生涯。当他13岁刚刚登上秦王宝座时，陵园工程也随之开始了。工程的修建直至秦始皇临死时还未竣工。二世皇帝继位，接着又修建了一年多才基本完工。纵观陵园工程，前后可分为三个施工阶段。自秦王即位开始到统一全国的26年为陵园工程的初期阶段。这一阶段先后展开了陵园工程的设计和主体工程的施工，初步奠定了陵园的规模和基本格局。从统一全国到秦始皇三十五年，这9年当为陵园工程的大规模修建时期。《史记》记载："及并天下，天下徒送诣七十余万。"经70万人9年多大规模的修建，基本完成了陵园主体工程。自秦始皇三十五年到秦二世二年冬，历时3年多，是工程的最后阶段。这一阶段主要从事陵园的收尾工程与覆土工作。尽管陵墓工程历时三十七八年之久，整个工程最后仍然没有竣工。公元前209年即爆发了一次波澜壮阔的农民大起义，至此尚未完全竣工的陵园工程不得不中止。

20世纪60年代之前所有关于秦始皇陵的推测只能停留在文献记载与传闻的基础上。1974年3月29日，当下河大队西杨村生产队的几位农民一镢头惊醒了沉睡的兵马俑之时，立刻震惊了世界。这一惊人的发现，也撩起了秦陵神秘面纱的一角。当年无论是打井的农民还是参与勘探试掘的考古人员，谁也想不到兵马俑坑会有那么大的规模。当一号俑坑全面勘探试掘不久，又在一号坑北侧20米处发现二号兵马俑坑、三号兵马俑坑和一座甲字形大墓。单就兵马俑陪葬坑而言，它占地达20000多平方米，有与真人真马相仿的陶俑马8000余件，青铜兵器数十万件。如此规模宏大的陪葬坑不仅在中国，甚至在世界陵寝史上也是前所未有的。此后20余年来秦始皇陵园考古发现接连不断，陵园东侧发现了百余座马厩陪葬坑，17座陪葬墓。陵园西侧发现了31座珍禽异兽陪葬坑，一座曲尺形马厩陪葬坑和61座小型墓坑。10乘大型彩绘铜车马、木车马则位于地宫之西，原封土之下。近年来又在始皇陵北发现了一座较大的动物陪葬坑，在东内外城垣之间发现了铠甲坑、百戏俑坑……陵园地上地下精心设计、安置的这一切不正是一个理想的地下王国吗？始皇陵是一座充满了神奇色彩的"地下王国"。那幽深的地宫更是谜团重重，地宫形制及内部结构至今尚不完全清楚。

谜团一：幽幽地宫深几许？据最新考古勘探资料表明：秦陵地宫东西实际长260米，南北实际长160米，总面积41600平方米。秦陵地宫是秦汉时期规模最大的地宫，其规模相当于5个国际足球场。通过考古钻探进一步证实，幽深而宏大的地宫为竖穴式。司马迁说"穿三泉"，《汉旧仪》则言"已深已极"。说明深度已挖至不能再挖的地步。至深至极的地宫究竟有多深呢？神秘的地宫曾引起了华裔物理学家丁肇中先生的兴趣。他利用现代高科技与陈明等三位科学家研究撰文，推测秦陵地宫深度为500米至1500米。现在看来这一推测近乎天方夜谭。假定地宫挖至1000米，它超过了陵墓位置与北侧渭河之间的落差。那样不仅地宫之水难以排出，甚至会造成渭河之水倒灌秦陵地宫的危险。尽管这一推断悬殊太大，但却首开了利用现代科技手段探索秦始皇陵奥秘的先河。国内文物考古、地质学界专家学者对秦陵地宫深度也做了多方面的研究探索。根据最新钻探资料，秦陵地宫并没有人们想象得那么深。实际深度应与芷阳一号秦公陵园墓室深度接近。这样推算下来，地宫坑口至底部实际深度约为 26 米，至秦代地表最深约为 37 米。这是依据目前勘探结果推算的，这个数据应当说不会有大的失误。但是否如此尚有赖于考古勘探的进一步验证。

谜团二：地宫设有几道门？《史记》清楚地记载："大事毕，已藏，闭中羡，下外羡门，尽闭工匠藏者，无复出者。"棺椁及随葬品全部安置在中门以内。工匠正在中门以内忙活，突然间"闭中羡，下外羡门"，工匠"无复出者"，也成了陪葬品。这里所涉及既有中羡门，又有外羡门，其中内羡门不言自明。地宫三道门似乎无可辩驳。值得注意的是司马迁中羡门用了个"闭"字，外羡门则有了个"下"字，说明中羡门是可以开合的活动门，外羡门则是由上向下放置的。中羡门可能是横向镶嵌在两壁的夹槽中，是一道无法开启的大石门；内羡门可能与中羡门相似。三道羡门很可能在一条直线上。

谜团三："上具天文"做何解释？秦陵地宫"上具天文，下具地理"的记载出自《史记》，其含义是什么呢？著名考古学家夏鼐先生曾推断："'上具天文，下具地理'应当是在墓室顶绘画或线刻日、月、星象图，可能仍保存在今日临潼始皇陵中。"近年来，西安交大汉墓发现了类似于"天文""地理"的壁画。上部是象征天空的日、月、星象，下部则是代表山川的壁画。由此推断，秦陵地宫上部可能绘有更为完整的二十八星宿图，下部则是以水银代表的山川地理。在这座有着天、地象征的"地下王国"里，秦始皇的灵魂照样可以"仰观天文，俯察地理"，统治着这里的一切。

谜团四：地宫埋"水银"之谜。始皇陵以水银为江河大海的记载见于《史记》，《汉书》中也有类似的文字。然而，陵墓中究竟有没有水银却始终是一个谜。现代科技的发展为验证秦陵地宫埋水银这一千古悬案提供了必要的前提条件。地质学专家常勇、李同先生先后两次来始皇陵采样。经过反复测试，发现始皇陵封土土壤样品中果然出现"汞异常"。相反其他地方的土壤样品几乎没有汞含量。科学家由此得出初步结论：《史记》中关于始皇陵中埋藏大量汞的记载是可靠的。现代科技终于解开了地宫埋"水银"的千古谜案。至于地宫为何要埋入大量水银，北魏学者郦道元的解释是："以水银为江河大海，在于以水银为四渎、百川、五岳九州，其地理之势。"原来是以水银象征山川地理，与"上具天文"相对应。

谜团五：地宫珍宝知多少？"奇器珍怪徙藏满之"一语出自司马迁笔下。早于司马迁的大学者刘向也曾发出过这样的深切感叹："自古至今，葬未有如始皇者也。"那么，这座神奇的地宫珍藏了哪些迷人的珍宝呢？《史记》明文记载的有"金雁""珠玉""翡翠"等。其他还有什么稀世之宝谁也不清楚。不过 20 世纪 80年代末考古工作者在地宫西侧发掘出土了一组大型彩绘铜车马。车马造型之精致，装饰之精美举世罕见。之前，考古工作者还发掘出土了一组木车马，除车马、御官俑为木质外，其余车马饰件均为金、银、铜铸造而成。地宫外侧居然珍藏了如此之精美的随葬品，那么，地宫内随葬品之丰富、藏品之精致是可想而知的。

谜团六：地宫有没有空间？目前考古勘探表明，秦陵地宫为竖穴式，墓内可能有"黄肠题凑"的大型木椁。如果是竖穴木椁墓，那么墓道及木椁上部都会以夯土密封。这样一来，墓室内外严严实实，不会再有空间。然而，陵墓主持者之一李斯则说："凿之不入，烧之不燃，叩之空空，如下无状。"李斯这段话如果记载无误，那地宫就明显有个外壳。李斯曾以左丞相身份亲自主持过陵墓工程，对地宫的构造了如指掌。加之这段话是当面向圣上汇报的，应该说不会有掺假嫌疑。如果按李斯所言，可以推断秦陵当是一座密封的、真空的大地堡式地宫。不然，怎么会"叩之空空"？又怎么会"烧之不燃"？按文献记载推理地宫是空的，且有较大的空间，但由于考古勘探尚未深入到地宫的主要部位，所以地宫内部究竟是虚是实目前还是个谜。

谜团七：内部是否有自动发射器。秦始皇在防止盗墓方面也苦费心机。《史记》记载：秦陵地宫"令匠作机弩矢，有所穿进者辄射之"。指的是这里安装着一套自动发射的暗弩。如果记载属实的话这乃是中国古代最早的自动防盗器。秦代曾制造过连发三箭的弓弩，但是安放在地宫的暗弩当是一套自动发射的弓弩。当外界物体碰到弓便会自动发射。2200多年前的秦代何以能制出如此高超的自动发射器也是一大谜。

谜团八：秦始皇遗体是否完好。20世纪70年代中期长沙马王堆汉墓"女尸"的发现震惊中外。其尸骨保存之完好举世罕见。由此，有人推测秦始皇的遗体也会完好地保存下来。虽然客观上具备保护遗体的条件，但秦始皇遗体是否完好地保存下来了呢？如果单从遗体保护技术而言，相距秦代不足百年的西汉女尸能很好地保存下来，秦代也应具备保存遗体的防腐技术。问题是秦始皇死在出巡途中，而且更糟的是正值酷暑时节，尸体未运多远，便发出了熏人的腥味，为了防止腥味扩散，走漏风声，赵高、胡亥立即派人从河中捞了一筐筐鲍鱼，将鲍鱼与"尸体"放在一起以乱其臭。这样，经过50余天的长途颠簸，九月，尸骨才运回咸阳发丧。

秦始皇由死到下葬间隔近两个月，根据当代遗体保护经验，一般遗体保护须在死者死后即刻着手处理。如若稍有延误，尸体本身已开始变化，恐怕再先进的技术也无能为力。秦始皇遗体途中就开始腐败，尸体运回咸阳等不到处理恐怕早已面目全非了。据此推测秦始皇遗体保存完好的可能性很小。

以上谜团只是秦陵地宫众多谜团之冰山一角，随着我国考古研究工作的深入和高科技探测技术的实际运用，秦陵地宫终有一天将再次震惊全世界。

汉景帝陵墓为何如此奢华

大凡对历史教科书还有印象的人都应该记得西汉初年有一个"文景之治"。所谓的"文景之治"也就是指在汉文帝和汉景帝统治的40年中，汉王朝社会稳定，经济发展，百姓安居乐业。可以说，汉景帝在我们心目中是一位开明的贤君形象。

可是，随着阳陵，即汉景帝陵墓的初步发掘，这个观点却开始受到越来越多人的质疑。考古队不仅在阳陵中发掘出大批奢侈的随葬品，更令人震惊的是，在其陵墓南边发掘出了数里长的殉葬坑！坑中尸骨不计其数，以千百计，很多骨骸的手脚上还戴着镣铐。如此众多的殉葬者是怎么回事呢？难道汉景帝竟然是一个嗜杀成性的人吗？

有人认为，这也许是当时的一种丧葬仪式，不值得大惊小怪。或者说是奴隶制时代人殉的残余。毕竟，西汉离人类野蛮时代并不遥远，我们不能用现在的标准来要求古人。

有人认为，这些人也许是建墓工人。朝廷怕他们泄露了机密，于是在陵墓竣工后就干脆把他们全部坑杀了。这种说法听起来也不是没有道理，历史上坑杀建墓工人的事并不鲜见，如秦陵的修筑就是一个例子。再加上很多人骨的手足上还戴着镣铐，说是做工的奴隶也并不矛盾。

有人认为，这些是战俘的尸骨。因为在景帝统治期间，曾发生过著名的"七国之乱"，也许是平定这场叛乱后，汉景帝为防止这些人东山再起，就把这些战俘全部坑杀。地点刚好距离自己的陵墓不远，这也许是巧合，但也许是顺便就做了殉葬者，也能趁机显示自己的威仪。

也有人认为这些死难者既不是建墓工人，也不是战俘，而确实就是汉景帝显示自己尊贵地位的牺牲品，是纯粹意义上的人殉。他们还从史料上考证了汉景帝在历史上的口碑其实是徒有虚名的。

据《史记》《汉书》记载，有一次，汉景帝与吴王刘濞的儿子，也就是他的堂兄弟在未央宫下棋。下着下着，两个人争执起来，当时身为太子的汉景帝跳起来，一把抓起铜棋盘子就往堂兄弟头上砸，堂兄弟顿时脑袋开花，一命呜呼。从这件事上可以看出汉景帝应该是一个性格暴戾、做事不计后果的人。

阳陵陪葬坑发掘现场
陕西省咸阳市渭城区正阳乡张家湾村北。

平定"七国之乱"，维护和巩固了国家统一，是汉景帝在历史上留下的光辉一笔。可是，有人认为，汉景帝在这件事上其实没什么功劳；相反，还犯有严重过失。景帝即位后，听从晁错建议，采取削藩措施加强中央集权。当时势力甚强的藩王之一刘濞本来就有野心，又因为莫名其妙痛失爱子而早就记恨在心，以至于"多年不朝"，现在机会终于来了。吴王刘濞借口晁错离间刘家皇亲骨肉，联合其他王国打出"诛晁错，清君侧"的旗号起来造反。汉景帝惊慌失措，怪晁错惹来大祸，竟然把晁错给杀了。哪想刘濞一伙本来就不是为了"清君侧"，而是冲着皇位来的，杀了晁错照打不误。幸亏景帝身边还有一个周亚夫可以独当一面，力挽狂澜，把"七国之乱"给镇压了下去。这样一位大功臣，不久竟然也被汉景帝治罪，在狱中饥饿而死。由此可见，汉景帝是一位既昏庸又无能的皇帝。司马迁在《史记·景帝纪》中对景帝的评价也没有什么像样的言辞。"七国之乱"这么大的一个历史事件就不见于《史记·景帝纪》却散见于周亚夫、刘濞等人的传记中。莫不是连司马迁也认为汉景帝在平定"七国之乱"这件事上的作用是微乎其微的？

一些历史学者说"汉景帝只是沾他父亲和儿子的光，作为'文景之治'，他不够格。"事实难道真的是这样的吗？随着阳陵的进一步发掘，也许我们不久就能知道答案！

马王堆汉墓之谜

1971 年，全国各地的"深挖洞、广积粮"的群众运动如火如荼地展开了。马王堆旁一家部队医院将目光盯向了湖南省长沙市五里碑附近的两个大土冢，因为长沙临近湘江，地下水位高，土冢高几十米，自然成为修建地下医院的绝佳选择。在打孔探测过程中，马王堆汉墓被偶然地发现了。

发掘工作开始于 1972 年初，东边的土冢被考古人员编为 1 号墓。封土被挖开后，露出了斜坡墓道和四级台阶的长方形墓穴。墓穴的白膏泥被清除后，发掘出了大量木炭，约有 5000 多千克。木炭清除后，一座巨大的椁室完整地展现于世人面前，椁室上覆盖了 26 张黄色的竹席。整个椁室由厚重的松木板构筑而成，长 6.73 米，宽 4.9 米，高 2.8

帛书《老子》乙本 西汉
纵 48 厘米，湖南长沙市马王堆 3 号墓出土。

米。4 块隔板以"井"字形把椁室分为四个部分，第三层棺内外绘制的图案最为精美，并以朱漆辅之，象征祥瑞的龙、虎、朱雀和仙人的图案反映了汉人崇神及"事死如事生"的葬俗观念。第四层为殓尸的锦饰内棺，内为朱漆外为黑漆，两道质地精良的帛束横缠盖棺，棺四壁粘贴了一层菱花形的毛锦，锦的边缘加饰了一条绒绣锦。

千年女尸在封闭较好的 1 号墓内，她的身上穿了 18 层衣物，并覆以两层衾被掩盖住。由此可推断，在中国古代，对于处在贵族阶层的孝子贤孙来说，死去的先辈的墓葬是一定要认真对待的，所以形成了厚葬的风气，恨不得将死者生前衣食住行所用物品全放进墓穴里，以供死者进入阴间享用。1 号墓在规模和随葬品方面，均优于2号、3号墓，并且是女性，在当时"男尊女卑"的思想控制下，显然她应是家族中极有权威的长者，故考古学家判断，她的入葬应晚于前二者的入葬。

根据墓中随葬的一些印章、封泥、器皿上的铭文，并结合有关文献的记载，墓主的身份也就清楚了。2号墓的墓主是轪侯利苍，1号墓的墓主名为辛追，是利苍之妻，而3号墓的墓主是他们的一个儿子。

公元前202年，刘邦建立西汉。为稳固天下，刘邦分封了7个异姓王，各辖一方，听命朝廷。其中吴芮被分封在长沙，乃是长沙王。至刘邦末年，这些诸侯固守一方，严重危及中央统治，于是刘邦除掉了这些异姓王，代之以自己的亲戚。这样就加强了中央对地方的控制。但是长沙王吴芮却因长沙的特殊战略地位而保住了自己的位置，因为在长沙国南边有一个具有较强军事实力的南越国，西汉也为之忌惮。因此，长沙国成为西汉的战略要地。但刘邦并不放心，他既要笼络长沙国，保住这个战略要地，又要防止长沙国的叛乱，就把利苍派到了长沙国以监督、管束长沙王吴芮，使其不敢轻举妄动。又因长沙的重要地位，利苍不仅被封相且封侯。利苍的封地因在轪县（今河南信阳地区），故称轪侯。利苍死后，他的一个儿子利豨继任爵位。3号墓墓主却是利苍的另外一个儿子，即利豨的兄弟，他是一位带兵守戍的将军。墓穴里出土的十几万字的帛书证明了他非常好学，却极为短寿，大概活了30多岁，死因不明。最后一代轪侯名为利扶（有些史书上记为利秩，实为同一人），因其触犯汉朝法律，丢了列侯的爵位。轪侯在历史上就这样无声无息地消失了。

马王堆汉墓随葬品极其丰富，体现了鲜明的时代特点。马王堆汉墓出土的文物不仅数量巨大，而且保存基本完好，鲜艳美丽的丝织品和漆器，极具学术价值的帛书和帛画，都让世人吃惊。

中国自古即有"缫丝之国"的美誉，汉代的锦绮则以美丽的花纹、柔软的质地、闪耀的光泽、华贵的气息而闻名于世，不但令北部草原上的游牧民族着迷，也使当时世界上的许多文明古国，如波斯、罗马、印度的商人慕名而来争相采购，而且那些国家的贵族们以穿戴中国产的丝织衣物为骄傲，它象征着身份、财富与地位。

所出土的丝织品中最精美神奇的要数墓主辛追夫人身上穿着的两件薄素纱蝉衣。衣长128厘米，两袖伸直长190厘米，而重量却轻得出奇，分别为48克和49克，不足一两。这种纱质地又轻又薄，透明度也甚高，故古人称其为"动雾霭以徐步兮"。薄如蝉翼、轻若烟雾的纱衣穿在身上，看上去会产生一种朦胧感，使人显得美艳绝伦。这两件素纱禅衣之精美，完全可以和现代精工织造技术媲美。

·马王堆汉墓出土的各种各样食物很准确地反映了汉代发达的农业状况。食物本来是极难保存上千年的，但由于1号墓密封甚好，所以发掘出多种残存的食物，在椁室里到处都有食物，有的放在陶器、漆器里，有的放在竹筒和麻布袋里，其中有些是已烹饪好的菜肴。多种粮食，如稻、粟、豆、麦、黍等放在麻袋里。稻谷出土时就像新鲜的一样金黄、完整，但由于长时间地存放，内含物质大多分解消失，出土后，即脱水逐渐干枯。最多的是菜肴瓜果，如甜瓜、枣、梨、杨梅、藕、桃等。另外还有一些畜鱼类，如牛、鸭、斑鸠、鸳鸯等，它们多被烹调成熟食盛放于精美的陶皿或漆器里。让人觉得有趣的是，陶器里竟盛放着各种调味品及酒类，可见墓主人生前的生活饮食是极其丰富和奢华的。桃、藕等物刚出土时，还色泽鲜艳，不过很快就化成了一摊水。

九子奁 西汉

高 20.8 厘米，口径 35.5 厘米，长沙市马王堆 1 号汉墓出土。这件妆奁，由盖、上层、下层三部分组成。上层放三副手套、絮巾、组带、镜衣，下层底板厚 5 厘米，凿出凹槽 9 个，槽内放小奁 9 个，奁内装胭脂、白粉、油彩等化妆品，以及粉扑、假发、梳篦、针衣等物。器内皆红漆，器外黑漆上贴金箔，上施油彩，以金、白、红彩绘云气纹、云龙纹和锥书云纹。9 个小奁为夹芦胎，非常精致轻巧。

马王堆汉墓出土了大量漆器，1 号墓有 184 件，3 号墓有 316 件，这是全国各地发现的漆器中数量最多、保存最好的一批。其中 1 号墓的一件双层九子奁，在黑漆的器表上还贴饰了金箔，金箔上再用油彩绘出变形云纹，更加绚丽多彩。3 号墓的一件粉彩云纹漆奁，其彩绘则用具有油画效果的堆漆法画成，先用白漆勾出凸起的边框，再用红、黄、绿漆填绘云纹。与这种强烈立体感相反的装饰手法称为锥画，不用笔，而是用细尖锥或针在将干未干的漆膜上刻画出各种细如发丝而又栩栩如生的图案来，给人一种阴柔的朦胧美，需借助亮光仔细观察，才能欣赏到图案纹饰的精巧和纤丽。

许多漆器上烙有作坊地名；有些则写有"轪侯家"或"九升"等字样，表明物主及容量。最有趣的是许多耳杯和盒、卮、小盘上写有"君幸酒"或"君幸食"，令人遥想起当年"劝君更尽一杯酒"的宴饮情景。

墓中挖掘出的木俑是供墓主带到阴间遣役使用的，他们全都称职地守候在墓主的身边，随时听候派遣。木俑有平雕和圆雕两种，脸面均彩绘，有些着丝绸衣裳，有些则直接彩绘出衣裳。

除歌舞俑之外，还有乐俑和 25 弦瑟、7 弦瑟、6 孔箫、22 管竽等乐器，这些乐器都是首次发现的西汉实物。其中 1 号墓出土的 25 弦瑟是目前发现的唯一一件完整的西汉初期的瑟。3 号墓出土的一件竽在竽管中发现了竹子做成的簧片，簧片上有控制音调的银白色点簧，这是世界管乐器中最早使用簧片的实物证明。竽是中国古代的一种重要乐器，"滥竽充数"的故事想来大家都听说过。1 号墓出土的 12 支一套的竽律证明竽在当时不仅是主要的乐器，而且还可作为其他乐器的定音标准。

汉代画在缣帛上的绘画作品颇多，但大多失传。马王堆 1 号、3 号墓出土帛画共 10 余幅，占全国帛画出土量的近一半。

马王堆帛画最有代表性的应是在 1 号墓和 3 号墓出土的两幅帛画。画面呈"T"字形，顶部裹有竹竿并系有丝带，可以悬挂，是死者出殡时张举的旌幡。旌幡是古代丧葬仪式中的一种物品，使人高举，随丧葬队伍行进，大概起到识别死者、招魂、导引灵魂升天的作用。1 号墓中的旌幡保存比较完整，3 号墓中的则有些残破不清。

1 号墓旌幡表现的是一幅死后升天图，自下而上分成三个部分，分别表示地府、人间、天上的情景。最下面有两只红鳞青色的巨鱼相交，鱼尾各立一长角怪兽，有人说此怪是打鬼的"方相氏"。鱼背上立有一裸体力士，双手擎着表示大地的平板，其左右有双蛇环绕，再外边各有一大龟，龟背上站有猫头鹰。大地之上是人间部分。中间画有两条巨龙左右穿绕于圆璧。璧下左右流苏之上，有两个羽人，悬着一个巨磬，巨磬的下面，有鼎壶以及成列的人物。圆璧之上，两只凶悍的豹子支撑着一个白色平台，一位衣饰华贵的老妇人拄着拐杖，身后有 3 个婢女，前面则是两个拱手跪迎状的男子，一穿红袍，一穿青袍。画中老妇是 1 号墓主——轪侯夫人，画中的两个男子应是天国使者，前来导引墓主人升天。而在帛画最上面，天门已开，天门左右各有一个守门者，做等待、亲密对语形态。天门之上是天界，正中上方是一个人头蛇身的形象，有人说是女娲，有人说是伏羲，无论是谁，都应是天界的主宰。天界之中，凡人的一切想象都表现了出来。墓中女主人骑龙舞于空中。

3 号墓旌幡构图与前者基本相同，由于墓主身份不同，人间部分画的是一个佩剑的男子，前后有 9 个侍从，显示出地位高于 1 号墓主。

这两幅帛画特色鲜明，充满了绚丽的神话色彩。画中图案，极具生命力和人间气息。这两幅帛画在构图上，众多的人物、禽兽、器物处理得有条不紊，左右对称，通过昂扬龙首的蛟龙、迎候的司阍，将地下、天界联系在一起，渲染出了升天的气氛。墓主的形象位于画的中央，显示出了主人的高贵身份，使画的中心更为突出。画的线条流畅挺拔，设色庄重典雅，展示了西汉绘画的卓越水平。

马王堆 3 号墓随葬帛书、简牍是继汉代发现孔府壁中书、晋代发现汲冢竹书、清末发现敦煌图卷之后，中国历史上的第 4 次古文献大发现，可分成六艺、数术、兵书、诸子、方术 5 类。

1.六艺类。指儒家经典及一些辅助读物。《春秋事语》约 2000 余字，记载着春秋时的史实。《战国纵横家书》约 1 万余字，部分内容见于《战国策》《史记》，文句也大体一致。还有部分内容记载了苏秦的游说活动，属于现已不见于任何典籍的佚文。

2.数术类。此类书主要是自然科学的著作。马王堆出土的帛书，包括当时的阴阳五行学说、驱鬼辟邪信仰、天文气象书籍，其中的《五星占》是现存最早的一部天文书，在天文史研究上特别重要。

3.兵书类。内容属于兵阴阳家。发现了两幅地图，一幅是《长沙国南部地形图》，另一幅是《驻军图》。画得相当精确，一些水道的曲折流向，与今天的地图大体接近，并附有图例。而《驻军图》是中国乃至世界发现的最古老的彩色地图，反映出古代中国劳动人民的高超智慧。

4．诸子类。包括《老子》和《黄老帛书》。《老子》分《道经》和《德经》两篇，马王堆出土的《老子》，《德经》在前，《道经》在后，与现在通行本顺序截然相反，是目前所见《老子》的最古的抄本。

5．方术类。汉代将医经、经方、房中术、神仙术等4种称为方术。所出土内容最丰富的是《五十二病方》，全书有52题，记载着治疗各类疾病的医方，包括内、外、妇、儿、五官诸科，其中外科病方占70%以上，可以视为汉代的一部优秀外科著作。《导引图》是一幅绘有各种运动姿态并注有解说文字的图，还附有论述气功健身方法的文字。"导引"是把呼吸运动和躯体运动相结合的体育医疗方法，这是我国考古发现中最早的健身图谱。

满城汉墓的主人是谁

满城汉墓从一开始就让人觉得与众不同。为什么这样说呢？因为据考古工作者介绍，西汉流行的是竖穴土坑墓，而满城汉墓则显然是一座崖墓。所谓崖墓是指依山开凿的横穴墓。那么，墓主为何要如此别出心裁呢？这位墓主人又是何许人也？

满城汉墓位于河北省保定市满城区西南的一座陵山上。之所以称之为"陵山"，是因为当地相传这座山丘是一位古代帝王的陵墓。只是不知道这里埋的是哪一位帝王而已。

那么，满城汉墓的主人究竟是谁呢？满城汉墓其实有两座墓，一号墓全长51.7米，最宽的地方为37.5米，最高的地方为6.8米，容积近2700立方米；二号墓全长49.7米，最宽的地方为65米，最高的地方为7.9米，容积约为3000立方米。

满城汉墓内景
河北省满城区陵山。

打开一号墓，惊现一件传说中的"金缕玉衣"，此外当然还有不计其数的稀世珍宝。但令考古工作者摸不着头脑的是里面竟然没有发现人的尸骨！据说，当时的负责人郭沫若同志马上推测道：可能是一号墓原本就是一座埋殉葬品的仓库，所以没有埋入尸体。如果此种假设成立的话，那么周围肯定还有一座或几座大墓，墓主人也许就埋在里面。墓主人所在的墓葬在哪里呢？郭沫若同志认为，可能就在发现金缕玉衣的地方还藏有另一层墓穴，但也可能在一号墓的周围一带。后来，他经过认真思考，认定在一号墓北面的一座山坡上还有一座墓！就这样，满城汉墓的二号墓重见天日！

令考古队员大为震惊的是，二号墓竟然又发现了一件价值连城的"金缕玉衣"！不过，这件金缕玉衣与一号墓中的金缕玉衣有明显的不同，瘦小得多，似乎为女性所有。考古工作者还在二号墓中发现了两件刻字的铜器，上边有"长信尚浴……今内者卧"的字样，同时考古学家还发现了刻有"窦绾"和"窦君须"的铜印以及写着"中山祠祀"的封泥。

很显然，二号墓的墓主并不是我们要找的人，而是另有其人，而且还是一位女性。根据所掌握的资料来看，这位女性是中山王的妻子，名字可能就叫"窦绾"，字"君须"。

绕了一大圈子，问题还是没有得到解决，满城汉墓的主人究竟是谁？考古工作者不得不重新思考这个问题。在一号墓中出土了不少铜器和漆器，上面不少刻着"中山府""中山宦者""御"等字样；出土的封泥作"中山御丞"；墓中还出土了大量西汉时期的五铢钱；墓主还有玉衣，这在汉代是只有皇帝、诸侯王和高级贵族才配穿的殓服，而满城汉墓在汉代为北平县地，属于中山国。综合上述这些情况，一号墓主很有可能为西汉中山王的陵墓。

只是，在历史上西汉中山王共有10位。到底是哪一位呢？一号墓中的出土文物给我们提供了重要线索。细心的考古专家发现，在一号墓中出土的铜器和漆器中，刻有许多纪年。有"卅二年""卅四年""卅六年""卅七年十月""卅九年""卅九年九月"等，都是在30年以上。由此考古学家们断定，这必是中山国第一代王靖王刘胜无疑！因为据史料记载，中山国10个王中，只有靖王刘胜在位42年，其余的都没有超过30年。

满城汉墓的主人身份水落石出了，只是，靖王刘胜的尸骨究竟到哪去了呢？后来清理修整金缕玉衣时，专家们发现里面竟然有些灰褐色的骨灰与牙齿的珐琅质外壳碎片。原来，经历了千年，刘胜的尸体早已腐朽，而他身穿的金缕玉衣又全部锈蚀在了一起，所以当时谁也没有注意。就此，这个困扰考古学家多时的谜团终于解开。

身穿金缕玉衣，仍旧没能保住尸骨，恐怕是靖王刘胜做梦也没想到的吧！玉衣在史书中称为"玉匣""玉柙"等，据文献记载，玉衣是汉代皇帝、诸侯王和高级贵族死后的殓服。玉衣分为金、银、铜三个等级，对应不同等级的王公贵族，是很有讲究的。《后汉书·礼仪志》中提到，只有皇帝才有资格葬以"金缕玉匣"，诸侯王、列侯、贵人、公主等使用"银缕玉匣"，而大贵人、长公主只能穿"铜缕玉匣"。刘胜只是一个诸侯王，按规矩只能穿银缕玉匣，为什么他们夫妇俩胆敢冒如此之大不韪呢？

也许是为了显示自己的尊贵，但更可能是为了使尸体不朽。在汉代，人们普遍认为"玉能寒尸"。所以，汉代的皇帝贵族都争相大量使用玉衣作为葬服。《后汉书·刘盆子传》中对古尸不腐有这样一句总结，"有玉匣殓者率皆生"。可是，现在看来，这只不过是古人一厢情愿的美好愿望而已。刘胜夫妇虽不惜工本制作了两件金缕玉衣，但不朽梦落空，还是没有能保住他们的尸体。而与他们同时代的马王堆汉墓出土的一具女尸，身上并没穿什么金缕玉衣，历经千年却依然栩栩如生，这对刘胜夫妇来说，不能不算是一个极大的讽刺。

僰人悬棺为何凿于万仞绝壁

在我国四川南部的珙县境内，曾经生活着一支特立独行的少数民族：僰人。从春秋时期到明代万历年间长达2000年的时间里，他们一直在这片土地上耕作、生息、繁衍。在春秋时期，他们被称为"僰人野人"；在汉代，被称为"滇僰、僰僮"；明朝则呼为"都掌族"。然而在明神宗万历元年(1573)的"僰汉大战"之后，这个部落从此就神秘地销声匿迹了，除了高悬在离地高达百米的断壁悬崖上的265具棺材，他们没有给这个世界留下任何其他的信息。

这些高高在上的"僰人悬棺"总重超过千斤，都是用质地坚硬的整木雕凿而成。其外形主要有船形和长方形两种。有的选择最为险峻的天然或人工凿成的崖石安放棺木，棺木还裸露在外面；有的在绝壁上凿孔，插入木梁，把棺木架在上面。悬棺离地面数十米到100多米，在山风中凌空俯视地面，令人可望而不可即。这些悬棺已经在高高的空中悬挂了数百年，经历风风雨雨的剥蚀，至今仍牢实地迎空展示着。悬棺的崖壁上有许多红色彩绘壁画，内容丰富，线条粗犷，构图简练，形象逼真。

现存悬棺最集中的地方是宜宾地区珙县洛表乡的麻塘坝和曹营乡的苏麻湾两处景区。其中麻塘坝亦称僰人人沟，距四川省珙县县城60千米，南北狭长，东西两侧奇峰挺拔，险拔峻峭的岩穴之间现存有悬棺160多具，许多棺木半悬山崖，距地面一般25～50米高，最高的有100多米。苏麻湾距麻塘坝10多千米，在陡峭的石灰岩壁上分布着48具悬棺，沿着浩浩荡荡的江水，人们在船上就可以看见这些奇特的悬棺。

僰人为何要把棺木高悬于千仞绝壁之上呢？专家们认为，按古僰人的意思，悬棺入云，是吸日月之精气。从科学上来说，西南地区的少数民族由于长期居住在山水之间，他们对山水产生无比崇高的感情，死后葬在靠山临水的位置表明亡灵对山的依恋和寄托之情。至于把棺木放得很高，那是因为高处可以防潮保尸，并可以防止人兽的侵扰。

悬棺
四川省珙县。

可是所有放置悬棺的地方，上至峰顶、下距空谷，都有数十米到一二百米，而且到处都是异常陡峭的石壁，没路可走。古人是怎样将这些悬棺放置到悬崖峭壁上去的呢？对此，人们多方猜测，代表性的解释有"栈道论"和"吊装论"，还有"洪水说""隧道说""天外来客说"等，众说纷纭，悬棺因此被蒙上了一层异常神秘的色彩。

"栈道论"认为，悬棺是通过修栈道运到悬崖上的洞穴中的。古人可能就像今天造房子搭架子那样沿着悬崖向上搭，当搭到洞穴口时便可将棺一层层递上来，直至送入洞中，或者由山顶搭栈道向下直至洞口。证据是现在只要乘竹筏沿九曲而游还可以在两岸的岩壁缝隙处看到一些残存的木料，这就是安置船棺后为确保它的安全而将栈道拆除的遗物。但是存放船棺的悬崖多是单独成峰的，突兀峭拔，崖壁坚硬，由下而上搭架子能搭到数百米谈何容易，特别是在工程技术还极其落后的古代少数民族地区很难实现。"吊装论"认为悬索下枢可以解决千斤之物如何挂上悬崖的问题。1973年9月，公安部门曾侦破了一起盗悬棺案。两名盗贼供认，他们买了数百千克粗铁丝制成软梯，上端紧绑在岩顶的大树根部，一人把风，一人顺梯而下至洞穴，再设法在崖壁上开辟一条栈道，随后盗棺而出。有些人因此认为僰人是反其道而行：先找到安葬洞口，在洞口前架设数米长的栈道，棺木在峰顶就地制成，装殓死者后吊坠而下至洞口，再由人推进洞去。但人们至今不能断定古人是用什么简陋的机械将悬棺放到洞穴里。因为山顶到涧谷一般均有一两百米，鞭长力微，即使百人在峰顶一起用力绞拉辘轳之类的简单机械来吊升岩底的棺木，吊到洞口时也不能放进穴内。

悬棺隐身在云雾缭绕的峭壁之上，充满了神秘色彩，它作为文化发展史中的一个奇迹，沉积了往日逝去的回忆。僰人为何悬棺而葬？刀耕火种的年代如何置棺高岸？僰人是怎样消失的？悬棺上崖壁的红色岩画又在讲述什么故事？这些谜还有待今人解答。

刘备陵墓之谜

三国时蜀国皇帝刘备，其死后所葬的惠陵，至今仍然依傍在武侯祠旁。从现有的材料看，从未见惠陵被挖掘过的文字记录，甚至还有盗墓者进入惠陵被神鬼严惩之传说。这就让后人产生了疑问：历来皇帝陵墓鲜有不被盗挖的，为何此墓却完好无损？难道真的有神仙保护吗？显然这只是后人的无稽之谈。为此，早在两宋时期就有人怀疑惠陵并不是真的刘备墓，而只不过是纪念刘备的衣冠冢。

那刘备真正的陵墓是在哪里？

有人坚持惠陵即是真的刘备墓。史书记载，关羽败走麦城，为东吴所杀，刘备为了给死去的兄弟报仇，亲自带领军队攻打东吴，然而不幸大败。兵败后的刘备退回到了白帝城，在223年四月病逝。五月，诸葛亮扶灵柩回到成都，八月下葬。这说明刘备的陵墓确实就在成都的武侯祠，并且今天的武侯祠内确实也还有刘备陵墓的建筑。《三国志》记载说，刘备死后，尸体由奉节运回成都，后与甘夫人合葬在惠陵。《三国志》的作者陈寿曾任蜀汉的观阁令史，专门负责文献档案的管理工作，则他关于刘备墓地的记载必定是可靠的。

传说中的刘备安葬处

民间传说，刘备逝于四川省奉节县白帝城后，即安葬在此，后人在该处修建了一座亭子，以做纪念。

1985年，陈剑提出刘备应是葬在奉节。他认为，刘备死于四月，八月时下葬，并且是由奉节（即白帝城）运往成都。这里的四月和八月按照古时计月方式应是农历四月、八月，则此时的四川，正是酷热的夏天，温度极高，尸体最容易腐烂发臭。更何况，白帝城与成都相距千里，又都是逆行而上的水路和崎岖难行的山路，以当时的交通条件，即使是单行也需要一个多月的时间，若是大军扶灵枢而行，该用多长时间才能抵达成都？此外，当时几乎没有防止尸体腐烂的保鲜技术，一些民间的所谓的可以防止尸体腐烂的方法经专家的鉴定证明其实都是没有效果的。这样分析，刘备尸体在一个多月的时间里必然已腐烂不堪了。诸葛亮怎么可能拉着腐烂的帝王尸体，经过长达三个多月的时间去长途跋涉，非要把刘备葬于成都？这显然不合情理。陈剑还指出，宋元以来的典籍和地方志大都记载说甘皇后葬在奉节，而据《三国志》所载，刘备是和甘皇后合葬的，然而在惠陵中却没有甘皇后。这就表明刘备应该是和甘皇后一起葬在奉节。此外，历史上还有很多关于刘备葬于此地的传说，近代还曾在奉节城内发现了多处人工隧道口，很像是墓道。文物勘测队曾经使用超声波开展物探，发现在隧道所通往的当地人民政府大院内的地底深处，埋藏了两个建筑结构，分别为18米和15米，高5米，专家分析认为它们很可能就是刘备和甘皇后的真墓。

坚持惠陵说的学者又对此提出反驳。他们引《三国志·先主甘皇后传》关于甘皇后的记载说，甘皇后死后，被葬在今湖北江陵，后追谥为皇思夫人，并欲迁葬于蜀。然而甘皇后的灵枢还没有到，刘备就死了。之后护送刘备灵枢归成都的诸葛亮在途中给后主上奏章述及此，认为甘皇后"宜与大行皇帝合葬"，并告太庙。可见刘备确实是和甘皇后合葬于一处的。此事在陈寿的《三国志》中有非常明确的记载，陈寿生在蜀地，又在蜀国为官，怎么会把国君的墓记错？另外还有人说，秦始皇于酷暑死亡却也千里迢迢地运尸归葬咸阳，刘备为何不可？并且如果说秦始皇时期还没有较好的防腐技术，400年后的三国时期，防腐技术必然是大有发展的，因而说因天热而不可能运尸回成都，理由并不足信。更何况史书中有明确的记载说刘备归葬成都。

近来，又有人提出刘备墓是在四川彭山的莲花坝。地处牧马山、彭山脚下的莲花村依山傍水，并且向来被看作是风水宝地，是古人墓葬的最佳选择之地。并且，牧马山当时是刘备的养马场，刘备手下有四名心腹都是彭山人，因此说莲花村是其墓所在具有可能性。此外，牧马乡的莲花村自古就有皇坟的传说。附近的农民也说他们村里大部分都姓刘，都说皇坟里躺着的是刘备。

但是仅从地理位置的优越来判断刘备墓就在莲花村理由也不充分，明显的疑问在于：就算莲花村与成都相距很近，刘备尸体运往成都安葬不合理，难道运到莲花村就合理吗？

历史上还有一个传说，认为刘备当年病死在白帝城，就在那里被安葬。对此人们解释说，三国时期正是历史上的乱世，这个时期的皇帝，无论是刘备还是曹操，他们都要防止自己的陵墓被破坏以及被后世盗墓者所毁。出自这样的心理，在刘备出殡时便四路进行，以求死后能得安生。

帝王都愿意自己死后依旧能享受到安乐的生活，然而他们的神秘和历史对其葬地的记载却让后人陷入迷雾之中。至今，各种传说虚虚实实，扑朔迷离，人们对刘备的陵墓依然在猜测不已，只能等待考古学者的进一步发现方能拨尽眼前迷雾。

王羲之终老何处

东晋大书法家王羲之以其飘逸的《兰亭集序》流传后世，被历代书法家尊为"书圣"，《兰亭集序》亦成为我国书法艺术中的瑰宝。根据《晋书·王羲之传》的记载，东晋永和十一年，也就是兰亭聚会后的两年，王羲之因为不受朝廷的重用，即"称病去郡"，从此开始了山水之游。然而，王羲之"去郡"以后终老何处？只因史籍语焉不详，至今史家仍无定论。

第一种说法认为王羲之终老诸暨苎萝。这种说法是根据宋朝《嘉泰会稽志》。该志记载说，王羲之"墓在（苎萝）山足，有碑。孙兴公为文，王子敬所书也"。《晋书·孙楚传·附绰》也记载说："温、王、郗、庾诸公之薨，必须绰为碑文，然后刊石焉。"孙绰与王羲之是好友，有孙绰所作的碑文，又和正史的记载相符合。同时，主持编撰《嘉泰会稽志》的乃南宋的著名大诗人陆游，历史上向来都对此志的史学价值有较高的评价。所以以上的记载都当是可信的。

但又有人提出疑问：《晋书》中所说"王"姓者能妄断就是王羲之吗？难道不可能是王羲之的父辈王旷、王异，昆弟彪之、兴之，或者是侄辈徽之、越之等人？甚至也可能是是与王羲之"不洽"的王述等。也就是说，凡是当时与孙绰友善的王姓贵族和文人都有可能是那个"王"姓者。另外一些认为王羲之的生卒年为321～379年的学者认为，孙绰比王氏早9年去世，王羲之怎么可能在孙绰生前就请他为自己写好碑文？可见说王羲之终老诸暨苎萝说是不足信的。

第二种说法认为王羲之终老于山阴。

山阴即今天的浙江绍兴。当年王羲之徙至山阴时，绍兴鉴湖水利工程使绍兴的土地得到了较好的垦殖。发达的农业，山清水秀的自然风光，王羲之被这一切深深地吸引了。曾经咏出"山阴道上行，如在镜中游"的千古名句。之后的几年里，他又在这里任会稽内史，美丽的山水风情已经让他"不能自拔"，那么王羲之决心终老山阴就是情理中的事了。

还有一条史料可以证明王羲之终老于山阴，即智永移居云门寺。《绍兴县志》记载说，王羲之七世孙，隋初高僧智永，为了便于拜扫在绍兴云门山的先祖墓，便从永欣寺移居云门寺。智永作为王氏的后人，他书艺在当时也是堪称大家的。《宣和书谱》卷十七记录了后人对他的书法的评价说："以羲之为师法，笔力纵横，真草兼备，绰有祖风。"作为书法家的智永所祭祀的先祖无疑是被人称为"书圣"的王羲之。

对此，有人提出了反对。持异议者提出，说王羲之因为喜好稽山鉴水而决心终老山阴，这根本就是一种臆测，王羲之所赏叹的地域岂仅限于山阴？这位喜好山水的人，所赞叹的地方还包括今天的嵊州、新昌等地。若据此就判断王羲之"终老山阴"，不是很武断吗？至于智永，虽然他所谓的"先祖"可能包括有王羲之在内的智永父辈以上的祖父、曾祖等人，但是因为智永并没有明确说明"先祖"究竟为谁，因而也就不能据此断定智永所说的墓就是王羲之的墓。

第三种说法认为王羲之终老嵊州金庭。近年来很多学者都倾向于此种说法，颇有为大众认同之趋势。

学者们找到了很多可据的史料。如白居易在《沃洲禅记》中说，越之金庭，"高士名人许玄度、孙绰、王羲之等十八人或游焉，或止焉"。唐人裴通的《金庭观晋右军书楼墨池记》中说："（王羲之晚年）家于此山，书楼墨池，旧制犹在。"《浙江通志名胜》说王羲之的好友许询（玄度）听说王氏隐居在金庭，便特意从萧山迁到嵊州与王羲之为邻，死后葬在邻金庭的孝嘉乡济庆寺。李白还写诗说："此中就伫立，入剡（嵊州古称）寻王许。"此诗中所说的"王许"当指王羲之与许询。此外，宋人高似孙撰《剡录》中记载有："金庭洞天，晋右军王羲之居焉。"并说："王右军墓，在县东孝嘉乡五十里。"在王氏第47世孙王鉴皓主修的《金庭王氏族谱》也记载说，361年，王羲之病逝，他的后人知道他喜爱金庭胜景，就将他葬于他的居宅旁边。《金庭王氏族谱》中明确指出了王羲之是"自琅邪迁会稽、自会稽迁金庭之祖"。在今天的金庭，还有很多当年的遗迹。现在的新合乡有十几个自然村都以王姓为主，村民多自称是王羲之的后裔。

王羲之为什么会想到去金庭度过晚年？人们分析说，王羲之所生活的年代正是佛道鼎盛之时，整个社会都盛行着尊佛隐逸之风，王羲之本人更是如此。他与当时的高僧竺道潜、支遁、道猷等人都有着密切的交往。竺道潜出身于琅邪华族王氏，和王羲之的父辈有交，他所居住的地方是当时佛道修行者的中心地；支遁在原属剡县的沃洲建寺院教导僧众，人数多达百人；当时的金庭被称为是道家第七十二洞天。崇尚隐逸的王羲之，为了方便与高僧交往，便在辞官后选中了金庭作为自己归隐终老之所。

虽然这个说法所依据的史料甚多，但是还是有人对它提出异议，比如对《金庭王氏族谱》的怀疑，对王羲之墓中出土的砖乃梁大同年间一事的怀疑等。

看来王羲之这位飘逸如其书法的逸士，其人终老何处，还会让后人继续争议下去。

武则天无字碑之谜

在今陕西省乾县西北的梁山上，有一座气势宏伟的皇陵——乾陵。乾陵是唐高宗李治及其皇后即一代女皇武则天的合葬墓。乾陵东西两侧矗立着两块各高6米左右的墓碑，西面为"述圣碑"，碑文为武则天所撰写，歌颂着唐高宗的生前业绩，而东面就是举世闻名的无字碑。

武则天，中国古代唯一的一个女皇帝。郭沫若称她为"奇女子"。但就是这样一位曾经在中国历史上叱咤风云的女子，死后却没有依照惯例在其陵墓前树碑立传，以表彰其生前的功绩。为什么生前活得轰轰烈烈，死后却自甘沉寂呢？

有人说武则天自小就冰雪聪明，智慧过人。立一块无字碑就是她别出心裁的表现。她认为自己功德无量，无法用文字来表述，取《论语》中"民无德而名焉"之意，故立一无字碑。

也有人认为武则天立无字碑并非是夸耀自己，恰恰相反，是她在晚年时幡然醒悟，自感罪孽深重，无脸述字。当其还为昭仪时，就与王皇后和萧淑妃钩心斗角，最终把她俩活活整死；当上皇后后，又施展出泼辣的政治手腕，培养党羽，消除异己，连长孙无忌也被逼自杀；登上帝位后，更是实行"铁血"政策，任用酷吏，滥施刑罚，残酷镇压反对势力，杀害了大批唐臣。特别是她改李唐为武周，大逆不道，愧对列祖列宗。

还有一种折中的说法，那就是武则天有自知之明，知道时人对她看法不一，议论颇多，于是干脆遗言留下无字碑，"是非功过，留与后人评说"。

近年来，对武则天的无字碑又有新说，认为无字碑的碑文可能埋在了地宫里。因为无字碑的阳面已经打上了方方正正的格子，似乎已经做好了镌刻碑文的准备。

孰是孰非，至今还是一个谜。

乾陵石像为何没有脑袋

乾陵石像

乾陵是唐朝高宗李治与其皇后也就是后来成为一代女皇的武则天的合葬墓，位于今陕西省乾县的梁山上。乾陵除了武则天陵墓前的"无字碑"令人百思不得其解外，乾陵中的无头石像也为有关专家们出了一道不大不小的难题。

所谓乾陵中的无头石像，是指排列在乾陵朱雀门两侧的石人群像。东边有29尊，西边有32尊，每尊石像都与真人一样大小，看打扮好像是来自异域他邦的外国使臣，只是他们的头颅全部不翼而飞。

那么，为什么石像上的头都神秘失踪了呢？对于这个谜题，人们是仁者见仁，智者见智。有的人认为，那是八国联军做的。他们看见这么多外国使臣竟然这么恭恭敬敬地守立在中国皇帝面前，感到是奇耻大辱，于是把石像头都砸了个稀巴烂。可是史书上并没有提到过八国联军来过这里！

还有人根据文献记载，认为在明朝末年，乾县大面积流行一种可怕的瘟疫，死者不计其数。老百姓中普遍有一种看法，认为是乾陵中的这些外国使臣和洋人在作怪，只有让他们的脑袋搬家，才能拯救整个县。于是大家就商量着把所有石像的头都敲碎了。在明朝人李梦阳笔下还有这样一个故事，说乾陵的石人在太阳落山后都纷纷变成妖怪为害人间，在村里践踏田地，贪吃猪牛，无恶不作。老百姓气不过，抢起锄头把石像头都给砸了。还有一种说法，极富现代眼光，认为后人觉得这些石像肯定是价值连城的宝贝，就想方设法把这些石像的头给弄下来了。

总之，乾陵石像为何好端端地没有了头？那些石像头到底哪里去了？这些问题仍需要我们努力去探索。或许，在不久的将来，这个谜就能大白于天下。

杜甫死后葬何地

"朱门酒肉臭，路有冻死骨。"这是唐朝著名的现实主义大诗人杜甫的名句。杜甫生前忧国忧民，在他的诗歌中处处可见对国计民生的担忧和对君主的殷殷期待。然而，杜甫的一生更是穷困潦倒的一生。诗人的晚年生活更见窘迫，"亲朋无一字，老病有孤舟"，可谓悲凉！后世通常认为杜甫最终死在湘江水上的一条小船里。他死后，儿子宗武无力葬父，只好将父亲的棺材权厝着，直到40多年后，孙子杜嗣业才借助于乞讨，将祖父安葬。那么杜甫究竟被葬在何处？诗人生时经历催人泪下，身后也留下了依旧凄凉的谜。

关于杜甫最后的葬地，历史上通常有四种说法。分别是：湖南的耒阳县、岳阳县、平江县以及河南的偃师县。

《耒阳县志》记载说，杜甫开始时为避战乱到蜀，"往依严武。武卒，蜀乱，复移夔州。大历三年下峡，至荆南，游衡山，将适郴州，依舅氏聂十二郎，侨居耒阳。"当时正好赶上天降大雨，江水暴涨，杜甫很久都没有食物。聂氏县令乘船出迎，并赠牛肉和白酒给杜甫。有一天晚上杜甫大醉，住宿在江上的酒家，结果被水淹死，只遗落一只靴子在江上，聂氏县令只好将靴子收埋。其他史书如新、旧《唐书》也都这样记载。由此可以看出，杜甫死后连尸体都没有找到，那么耒阳的杜甫墓其实只是一个埋其靴子的衣冠冢。据说，这个墓在耒阳县城北郊二里，建于南宋理宗景定年间（1260～1264），明朝嘉靖年间曾为当时的知县马宣重修过。

而唐朝郑处诲《明皇杂录》等书也认为杜甫死于衡州耒阳，葬于县城北耒江

杜公祠
位于陕西西安,是纪念杜甫的建筑,建于明嘉靖五年(1526)。

左畔;但这个墓是杜甫的权厝冢,并不如前文所说的"尸体不存"。《偃师县志·陵墓志》记载,唐宪宗元和八年时,即杜甫死后的第四十三个年头,杜甫的孙子杜嗣业"启子美之枢,襄祔事于偃师",实现了祖父归葬祖茔的遗愿。那么究竟在偃师的什么地方?有史料说是在偃师县西土楼村,也有说是在首阳山,各种看法让人感到疑惑。

唐朝诗人元稹曾经应杜甫孙杜嗣业的请求撰写过《唐故检校工部员外郎杜君墓志铭》,这篇墓志铭对于确定杜甫的葬处有着重要的意义。铭中说:"适遇子美之孙嗣业,启子美之枢,襄祔事于偃师。途次于荆,雅知余爱其大父之为文,拜余为志。辞不能绝,今因系其官阀而铭其卒葬云……甫字子美……舟下荆楚间,竟以寓卒,旅殡岳阳,享年五十有九……嗣子曰宗武,病不克葬,殁,命其子嗣业。嗣业贫无以给丧,收拾乞丐,焦劳昼夜,去子美殁后四十余年,然后卒先人之志,与足为难矣。"这一段记载可以说是确定杜甫墓究竟是在偃师还是在湖南岳阳,或是在平江此三种说法的重要依据。

后人参照元稹的墓志铭以及《湖南通志》《巴陵县志》《平江县志》等文献,认为杜甫在耒阳死后,其子杜宗武并没有继续南下,而是举家移居岳州(即今湖南岳阳),并将葬于耒阳的父亲的灵枢暂时厝于此,即所谓元稹所说的"旅殡岳阳"。《巴陵县志》记载说:"杜甫墓在岳州,今不知其处。按元微之(元稹)墓志,扁舟下湘江,竟以寓卒,旅殡岳阳,是杜墓在岳阳也。元和中,孙嗣业迁墓偃师,后人遂失其殡处。"后人寻找今天的岳阳,没有找到杜甫的墓地,也没有找到杜甫的后裔。但是后来在《平江县志》中找到了一点线索:今天汨罗江畔的湖南平江县小田村有杜甫墓,还有杜甫的后裔。进而考察出,平江在唐代称为昌江,隶属于岳州,因此"旅殡岳阳"就是权葬岳州昌江。后来,杜嗣业将祖父杜甫的灵枢迁回了河南偃师县西土楼村的祖茔。据《艺文志》记载,清朝乾隆年间,偃师的杜公墓被村民侵成麦地,后邑令朱续志找出了杜甫墓的遗址,并造茔树碑表示纪念。

也有人认为杜甫原本就病逝于平江,而不是耒阳,所以他的墓所就在平江小田村。杜甫死后,杜宗武贫困无力迁葬,也在平江病逝。再加上当时的战乱,所以杜宗武、杜嗣业这一支就一直在平江留了下来,一方面也方便祭守墓地。清朝同治年间,张岳龄在实地考察偃师后,写了一篇《杜工部墓辨》,指出偃师既无杜甫墓，也没有杜氏后代。李元度的《杜工部墓考》也这样说，认为"岳属别无杜墓，遗迹在小田无疑"。

关于杜甫究竟葬于何处的争论仍在继续，一直没有得到一致的看法。战乱中的杜甫受尽了苦难，死后他的去处依旧是一个未解的谜。这是诗人的悲哀，也是时代的悲哀。

为何称西夏王陵为"东方金字塔"

970 多年前，西北大地耸立着一个与宋、辽鼎立的少数民族王国——"大夏"封建王朝，西夏语为"大白高国"。因其位于宋、辽两国之西，历史上称之为"西夏"。它"东尽黄河，西界玉门，南接萧关，北控大漠，地方万余里，倚贺兰山以为固"，雄踞塞上，立朝189 年，传位十主。13 世纪，蒙古迅速兴起并日渐强大，开始对外扩张和掳掠，西夏便成为蒙古对外扩张的首要目标。1227 年，成吉思汗包围西夏都城兴庆府达半年，威震四方的成吉思汗虽战无不胜，但西夏人拼死抵抗，双方陷入苦战之局。经过一番惊心动魄的战斗，蒙古大军攻下了西夏都城兴庆府，接着在城里四处抢掠、大肆屠杀，铁骑所到之处，白骨蔽野。历时 189 年，曾在中国历史上威震一方的西夏王朝灭亡了，党项族也从此消失。只有贺兰山下一座座高大的土筑陵台——西夏王陵，仍然默默矗立在风雨之中，展示着神秘王朝的昔日辉煌。于是，西夏王朝留给后人的，只剩下这些历史遗迹和一个又一个难解之谜。元人主修的《宋史》《辽史》和《金史》中各立了《夏国传》或《党项传》，但没有为西夏编修专史，这无疑给研究人员增加了困难。近年来，研究人员试图从那些废弃的建筑、出土文物和残缺的经卷中，寻找西夏王国的踪迹，以求破译众多谜团。

从 20 世纪 70 年代开始，考古人员对矗立在荒漠中的西夏王陵进行了科学的考察和研究，清理了一座帝王陵、四座陪葬墓、四个碑亭及一个献殿遗址，并从中发现了一些很珍贵的西夏文物。这些文物中有西夏文字，有反映西夏人游牧生活和市井生活的绘画，有各式各样的雕塑作品，有"开元通宝""淳化通宝""至道通宝""天禧通宝""大观通宝"等各个时期的流通钱币，有工艺精巧的各类铜器、陶棋子等文物。更让人惊讶的是，这当中出土了大量造型独特的石雕和泥塑。与此同时，考古工作者还对陵区进行了多次全面系统的测绘与调查，陆续发现了新的大小不等的陵墓。发现的陵墓从 15 座增加到 70 多座，后又增加到 200 余座，截至 1999 年共发现帝陵 9 座、陪葬墓 253 座，其规模与河南巩义的宋陵、北京明十三陵相当。东西 5 千米，南北 10 多千米，总面积 50 多平方千米，如此规模的皇家陵园在中国实属罕见。人们还惊奇地发现，在精确的坐标图上，9 座帝王陵组成一个北斗星图案，陪葬墓也都是按星象布局排列！为什么要这样排列呢？至今仍没人能够解释。

西夏王陵和其他陵园相比，有自己的特点。西夏王陵三号陵园陵城和角阙形制具有西夏佛教的显著特点。研究人员在清理陵塔墙基周围的堆积物时，未发现有登临顶端的任何形状的阶梯、踏步，角阙附近也仅发现大量的砖瓦及脊兽残片，而未发现明显的方木支撑结构，由此专家们推测角阙之上应为一种实心的，用砖瓦、脊兽垒砌的高低错落的塔式建筑，而决非可以拾级而上的亭台楼阁，而在此出土的铜铃应为佛塔角端悬挂的装饰物。研究人员说这种在陵园中修建的佛塔式象征性建筑目前尚属首见，这可能与西夏尊崇佛教有直接关系。另外陵园所有角阙和门阙皆由一座座大小不一的佛塔组成，与陵塔遥相呼应，形成一个气势恢宏的具有浓郁民族特色的建筑群。研究人员推想，西夏王陵应是以高大宏伟的密檐塔状陵台为中心，四周围绕高低相间、错落有致的佛塔群，从而使整个陵园充满尊崇佛法的宏大气势，突出了西夏王陵别具一格的建筑特色。

西夏王陵另一个与众不同之处是它放置石像的位置。石像生自东汉创制以来，列于陵园正门外的神道两侧，成夹道之势。而西夏却将月城作为列置石像生之地，与传统的正门外神道两侧置石像生完全不同。考古工作者从月城残留的遗迹现象中，已找出了四条摆放石像生的夯土台基，台基呈窄长条形，南北长41.5米，东西宽3.7～3.9米。月城出土了数百块石像生碎块，研究人员根据石像生碎块的分布状况分析，一条夯土台阶上可能有5尊石像生，两条台阶上约摆放石像生10尊。三号陵园石像生的摆放状况可能是4排20尊，改变了宋陵将石像生群列于神道两侧一字排开的做法，这样使石像生更加集中、紧凑，缩短了陵园的南北纵向距离，形成了"凸"形的基本结构，与宋陵方形布局有明显不同。研究人员认为，把文臣武将集中摆列在月城，突出了皇家陵园的威严和气势。西夏王陵月城的设置不同于宋陵，研究人员认为西夏陵园平面可能是仿国都兴庆府城之平面。陵园前凸出的一块，是仿常见的城门外之瓮城，突出了月城保卫陵园（陵城）的作用，可见西夏人仍按古代"事死如生"的丧葬要求设计陵园。另外，研究人员在西夏王陵还发现了中原地区陵墓所没有的塔式建筑。据此有关专家推测，西夏王陵可能吸收了我国秦汉以来，特别是唐宋陵园之所长，同时又受到了佛教建筑的巨大影响，使汉族文化和佛教文化、党项民族文化三者有机地结合在了一起。

西夏王陵以其独特之处吸引着众多研究者，而那一个个未解之谜也给它增加了几分神秘，使它备受人们的关注。

成吉思汗的陵寝为何在"马背"上

13世纪，成吉思汗率领蒙古铁骑横扫亚欧大陆，威震四海，人们称他是"一代天骄"。现存的成吉思汗陵园在伊金霍洛旗，是一个衣冠冢，号称"八白室"。八白室顾名思义是由八间白色的建筑构成的，建筑雄伟，具有浓厚的蒙古民族风格。"八白室"原来是八座白色的毡帐，是后来的蒙古人为了祭祀成吉思汗而为他建立的一座马背上的陵园。毡帐里供奉着成吉思汗的遗像，象征着墓地。这样的陵园既便于迁移，也便于祭祀，很符合游牧民族到处迁徙的特点。"八白室"迁移多处，最后迁到鄂尔多斯高原的伊金霍洛旗，里面有他的衣服、家谱，据说成吉思汗逝世前的最后一口气的灵魂也在灵塔里。但成吉思汗死后的遗骨究竟葬于何处，到现在为止还不能完全确定，这也成为了一个千古之谜。

成吉思汗的一生充满传奇色彩。关于他去世的经过，以蒙古国官方史书《蒙古秘史》（也称《元朝秘史》）的记载为最早。据记载，在出征西夏前一年，成吉思汗在一次打猎时，从马背上摔下受伤，并发起高烧。当时进攻西夏的计划已定，成吉思汗本来要和平解决，但西夏将领阿沙出言不逊使成吉思汗大怒，于是抱病出征。虽然灭亡了西夏，而成吉思汗因为病重最终也死在军营里。

成吉思汗死在西夏灵州的军中，可是陵墓为什么安放在鄂尔多斯草原上呢？有一种说法认为是为了满足他生前的愿望。七百多年前，成吉思汗率军

成吉思汗铜像
成吉思汗使他的受害者感到了无限地恐怖，也激起了继承者的野心。有一位同时代人曾经写道，他的继承者们都"效法他那恶毒的狡诈"。

西征路过鄂尔多斯草原，看见这里水草美丽，鸟鸣鹿奔，不禁心旷神怡，连马鞭不小心掉落都没有发觉，他的部下把鞭子捡起想要交给成吉思汗，然而成吉思汗却说："这里是强大王朝存在的地方，树木花草茂盛的地方，把马鞭就放在这儿吧！不管走到什么地方，就按照马鞭放的方向，死后就把我葬在这里。"不幸的是成吉思汗却死在即将攻克西夏都城的紧要关头，为了不动摇军心，骗取西夏早日投降，他留下遗嘱——"秘不发丧"的命令，由少数亲信将灵柩秘密运到传说中被成吉思汗所赞美过的地方安葬。为了不使外界知道他的死讯，亲信们在长途中"遇人尽杀之"。到了地点后把灵柩深埋，并将墓穴填平，把草仍然覆盖在上面，恢复原来的样子，还让群马在墓地上任意践踏，等第二年青草长起，与茫茫大草原再看不出什么区别才将军队全部撤走。他们为了让亲族想在祭奠他时找到埋葬地，就牵来一只驼羔，当着母骆驼的面将驼羔杀死并将血洒在墓地。骆驼有辨识自己血亲的天性，每逢祭祀时，人们把那只母骆驼牵来，它徘徊哀鸣的地方就是陵墓的所在地。

成吉思汗的陵寝在"马背"上的原因还有一种说法认为，主要是因为古代蒙古族特殊的葬制造成的。在各民族发展早期，这种"有墓无冢""有墓无坟"的葬俗在许多民族都有出现。如南方一些地区的黎族、怒族、哈尼族、拉祜族等民族直到近代还保持着类似的葬俗。蒙古人作为草原民族，没有肉身崇拜的传统。认为人的肉身来自于大自然，去世了也应该回归大自然。人去世实行土葬、水葬、天葬。因此，在成吉思汗陵中不可能保存他的遗体。《黑鞑事略》一书中记载蒙古人"其墓无冢，以马践蹂，使如平地"的习俗，讲到的就是蒙族实行土葬，但在地面上不留坟冢、碑记一类的标志物。元末人叶子奇的《草木子》一书也同样描写了蒙古贵族实行秘密潜埋的葬制习俗。他们死后一律被送到漠北墓区深埋，埋毕用万马踏平，

待草长之后再解严。

还有一种说法认为成吉思汗选择秘密藏身的方式可能还有保密的目的。成吉思汗的一生是在马背上度过的，他生前率领蒙古铁骑横扫亚欧大陆，威震四海。但也使不少民族遭到了灭顶之灾，不少人对他可说是十分仇恨。成吉思汗清楚地知道除了政治上或民族仇视的因素，还有不少人会为了盗取王者墓中的宝藏而使他的墓葬遭到野蛮毁坏。成吉思汗不愿意自己身后也遭此厄运，因为在蒙古人看来，人的遗体一旦被挖掘，他的灵魂就难以超生。所以他选择了秘密藏身的方式，不希望自己的陵墓被找到并被挖掘。

因此，由于墓地上无任何标志，从此也就无法辨认灵柩真正所在地点了。数百年来，一直不断有人寻找成吉思汗的陵寝，但都没有成功。有人认为成吉思汗墓地在今蒙古国境内，也有学者坚持成吉思汗的陵寝在中国内蒙古自治区，还有一种说法认为成吉思汗葬在一处深水湖底，或一条大河的河底。不久前中国新疆维吾尔自治区博物馆的考古学者还宣称他们最近在新疆维吾尔自治区北部阿勒泰山脉所在的青和县三道海附近，发现了一座人工改造的大山，很可能是成吉思汗的葬身陵墓。但这些都缺少足够的令人信服的证据。

成吉思汗的陵墓在何处，已成为难以揭开的千古之谜。

众说纷纭的明孝陵

据说，明孝陵是明代开国皇帝朱元璋和皇后马氏的合葬陵墓，坐落在紫金山南独龙阜玩珠峰下，东毗中山陵，南临梅花山，是南京最大的帝王陵墓，也是我国古代最大的帝王陵寝之一。

明孝陵规模宏大，建筑雄伟，形制参照唐宋两代的陵墓而有所增益。陵占地长22.5千米，围墙内宫殿巍峨，楼阁壮丽，南朝70所寺院有一半被围入禁苑之中。陵内植松10万株，养鹿千头，每头鹿颈间挂有"盗宰者抵死"的银牌。为了保卫孝陵，内设神宫监，外设孝陵卫，有近1万军士日夜守卫。

明孝陵是明太祖朱元璋的陵寝建筑，但其地宫的具体位置在哪里，众说纷纭，史无定论。加之曾有朱元璋下葬时13个城门同时出殡和葬于南京朝天宫、北京万岁山等民间传说，因此朱元璋是否真的葬在明孝陵也成为数百年来人们心中挥之不去的谜团。

谜团之一：朱元璋是否葬在独龙阜？

专家们采用的精密磁测技术是根据物体磁场原理，通过探测地下介质（土、石、砂及人工物质）磁场的空间分布特征，根据其空间磁力线分布图像的不同，输入计算机分析，来判别地下掩埋物是否存在及其形制的。

最初的测网布置乃以明楼为中心。探测结

孝陵博物馆正面近景

果发现这条中轴线上没有想象中的地下构筑物。通过异常的向东南延伸的磁导信号，找到了宝城内明孝陵地宫的中心位置，确认朱元璋就葬在独龙阜下数十米处，而且这座地下宫殿保存完好，排除了过去流传的地宫被盗之说。

谜团之二：墓道入口在哪儿？

在对明楼中轴线以北的测网资料分析中，通道状并无连续的异常，相反以东拐向东南的线状异常。而且这种隧道状构筑物的异常是连续的，长度达到120米，具有一定宽度，内径为5～6米。同时判断，该隧道状构筑物的入口之一位于明楼东侧的宝城城墙之下。

经地表调查，在相应的宝城城墙上可看到两处明显的张性破裂的裂口和下沉错位的痕迹，由此推测这里很可能就是隧道状构筑物即地下宫殿的入口之一。

谜团之三：墓道弯曲是岩石"作怪"？

明孝陵与历代帝王陵寝相比，有许多不同之处，其中之一就是墓道弯曲不直。

通过探测，结果发现竟是两种不同的岩石所致。明楼以北的山坡，地下由两种不同岩石组成，西侧是下中侏罗纪的砾岩，东侧是稍晚的长石石英砂岩。这两种岩石本身的磁性差异很大，更奇怪的是，这两种不同岩体的接触界面呈南北走向，并且位置也靠近明楼中轴线，开始时被误认为是墓道。

由于西侧岩石硬度强，开挖困难，专家根据宝城内的地质特征，认为不排除存在这样一种可能：当年明孝陵的建筑工程主持者已注意到本地岩石的磁性差异，而修改了原有的施工方案。

明孝陵地宫确实在独龙阜下，其墓道偏于宝城一侧的做法，起因是什么，目前尚不可知，但这种做法一直影响到明代后来的帝陵规制。如北京明十三陵中已发掘的定陵，其墓道入口便是偏向左侧，与孝陵墓道正好相反，但避免把墓道开在方城及宝城中轴线上却是它们共同遵循的法则。

谜团之四：宝顶表面巨大的卵石有什么用？

考古人员还发现独龙阜山体表面至少60%的地方是经过人工修补堆填的，宝顶上遍布有规则排列的大量巨型卵石。

经过研究分析，这些巨型卵石是当年造陵工匠用双手从低处搬运上去的，是帝陵美学的要求，还是为了防止雨水对陵表的冲刷和盗陵者的掘挖？

明孝陵坐北朝南、依山傍水，堪称风水宝地。它留给世人的这些谜团也散发着神秘魅力，给后人留下了广阔的想象空间。

定陵里面有什么

北京市昌平区北天寿山麓有驰名中外的明十三陵，即明代13个皇帝的陵墓区。十三陵依次为德陵、永陵、景陵、长陵、献陵、庆陵、裕陵、茂陵、泰陵、康陵、定陵、昭陵和思陵。其中，定陵为明神宗万历皇帝朱翊钧的陵寝。与其他陵墓不同，明神宗一反祖宗遗训，在其定陵里面合葬着其孝端皇后王氏与孝靖皇后王氏。

万历皇帝朱翊钧是明代第十三位皇帝，生于1563年，死于1620年。他10岁即位，在位时间为48年，是明代在位时间最长的一位皇帝。据史料记载，他在即位12年后，就开始忙着为自己建造陵墓，一共建了6年，耗银800余万两。在刚完工时，定陵本来有富丽堂皇的地上建筑，可惜后来遭受了几次浩劫，发掘时地面只剩宝城、明楼、陵门和几道陵墙了。

在定陵的发掘中，细心的考古专家们发现，宝城东南面的一处小小的缺口似乎有拆动的迹象。在缺口里侧石条上发现了浅刻的"隧道门"三个字。在继续发掘中，又在隧道的尽头发现了刻

定陵地宫通道 明
北京市昌平区明十三陵定陵。

有"此石至金刚墙前皮十六尺深三丈五尺"的小石碑。考古专家们根据这些文字的提示，发现了又一条石隧道，其尽头就是"金刚墙"，打开金刚墙便是隧道券，再往里走就是定陵的地宫，即所谓的玄宫。

开启玄宫的石门全部用石材建成，虽说制作得非常精致，但在中间仍留有一条3厘米宽的门缝。从门缝往里看，可以发现有一根顶门的石条将两扇大门从里向外顶着。要想把石门打开首先就得把这根石条移走。于是专家们便用一根开口的铁制板条从门缝中伸进去，利用板条的开口卡住顶门石的上端，以此推动顶门石离开了原位。当确定里面并没有传说中的暗藏着置人于死地的各种机关后，考古专家们打开了地下宫殿的大门。

定陵的地宫由5座高大宽敞的殿室组成。前殿呈长方形，长20米，宽6米，高7.2米。令人大惑不解的是，这里面没有发现任何随葬品，也没有任何陈设，只是在地面上铺着一层黄松木板，有人认为是下葬时为保护砖面而设。

中殿也是长方形，长32米，宽6米，高7.2米。西侧陈设着万历皇帝和孝端、孝靖两位皇后的汉白玉石神座，万历皇帝的神座居中，左侧为孝端皇后的神座，右侧则为孝靖皇后的神座。各神座前有黄琉璃五供，即一个香炉，两个烛台和两个花瓶。五供前又放着长明灯。当然，由于缺氧，长明灯早已熄灭。在中殿的南北两侧，还发现有左右两处配殿。

后殿是放置皇帝、皇后棺椁的地方，也是玄宫的主体部分，所以比起其他各殿自然更为高大和宽敞。其南北长约30.1米，东西宽约9.1米，高约9.5米。在中部偏西设有一座白石镶边的棺床，床四周做束腰须弥座，饰覆仰莲。棺床上放着三具棺椁，中间为万历皇帝，左为孝端王皇后，右为孝靖王皇后。

万历皇帝的椁室里面是一口楠木棺，长 3.3 米，宽 1.5 米，高 1.4 米。棺木上盖着黄色丝织铭旗，书有"大行皇帝梓棺"6 个烫金大字。打开棺盖，里面装满了光彩夺目的奇珍异宝！有光芒四射的金银器，价值连城的珠宝玉器，精美绝伦的青花瓷器，还有绚丽多彩的丝织品。让人惊叹不已！万历皇帝的尸体以锦被包裹，头上戴一顶乌纱翼善冠，身穿刺绣衮服，由于这件衮服是目前所见唯一的缂丝衮服制品，所以显得特别珍贵。腰间束一条玉带，穿着一条黄色素绫裤，脚着红素缎高统单靴。万历皇帝的尸体已经腐朽。

此外，在定陵内还发现了 29 个随葬的物品箱，都塞满了各种精美的随葬品，如金银器、冠、带、佩饰等等。据统计，定陵出土的各类遗物共有 2648 件，其中不少是价值连城的稀世珍品。许多遗物不仅大大丰富了文献资料的内容，也为明史的研究提供了大量的实物资料。

为什么十三陵中十二陵都无碑文

在北京的明十三陵中，有十二陵没有碑文。这究竟是为什么呢？

在这十三陵中，只有明成祖朱棣的石碑上有碑文，这块长陵石碑，正面上刻有"大明长陵神功神儒碑"字样，下刻有朱棣儿子明仁宗亲自题写的为其父歌功颂德的三千余字的碑文。既然十三陵中的第一陵有碑文，其余十二陵为什么不刻上碑文呢？

顾炎武在访问十三陵之后，写出了《昌平山水记》，他说，传说嗣皇帝谒陵时，问随从大臣："皇考圣德碑为什么无字？"大臣回答说："皇考功高德厚，文字无法形容。"而《帝陵图说》给出了另外一种解释，《帝陵图说》里明太祖朱元璋曾说："皇陵碑记，都是大臣们的粉饰之文，不能教育后世子孙。"他这一批评，使翰林院的学士们再不敢写皇帝的碑文了。后来，写碑文的任务，便落在嗣皇帝的肩上。所以孝陵（太祖）碑文是成祖朱棣亲撰，而长陵（成祖）的碑文，是明仁宗朱高炽御撰。

但明仁宗以后各碑，为何嗣皇帝不写了呢？依照这种说法，长、献、景、裕、茂、泰、康七陵门前，并没有碑亭和碑。到了嘉靖时才建，嘉靖十五年（1536）建成，当时礼部尚书严嵩曾请世宗撰写七碑文，可是嘉靖帝迷恋酒色，又一心想"成仙"，哪有心思写那么多的碑文，因此就空了下来。

世宗以外的各皇帝，看到祖碑上无字，自己也就不便只为上一代皇帝写碑文，但如果都写的话，也没有太多的精力，因此，一代一代的皇帝传下来，就出现了这些无字碑。实际上，自明朝中期以后，皇帝多好嬉戏，懒于动笔，而最主要的原因是，如不加以粉饰，他们所谓的"功德"已经不能直言了，因而这些皇帝干脆不写了。

还有人认为，这些皇帝的做法是效仿武则天。因为武则天是一个聪明的人，"无字碑"立得真聪明，功过是非让后人去评论，这是最好的办法。这些皇帝知道自己有可以肯定的地方，但同时肯定也有应该否定的地方。他们知道自己的一生人们会有各种各样的评价，碑文写得好坏都是难事，因此才决定立"无字碑"，功过是非由后世评说。

香消玉殒落何方——陈圆圆归宿之谜

"冲冠一怒为红颜"，清人吴梅村的《圆圆曲》向我们展示了一代奇女子陈圆圆的传奇经历。在那明末清初的动荡岁月中，在一系列重大历史事件的背后，陈圆圆是一个既有许多浪漫气息，又充满时代悲剧性的红颜女子。

作为一个风尘女子，陈圆圆是怎样到达京城而落于吴三桂之手，成为其宠妾的呢，说法不一。据《清史列传·逆臣吴三桂》记载，陈圆圆是由崇祯周皇后父亲嘉定伯周奎到苏州营葬时买回来的，后赐给吴三桂为妾；可据钱谦益《天童密云悟塔铭》说，是皇亲田弘遇在崇祯十四年（1641）到南海普陀山进香回来时，从苏州掠来，想纳她为一房宠妾，后因身体多病，无奈之下只好将陈送给吴三桂。

还有一种说法是陈圆圆在山海关之战后，就一直跟随吴三桂，当吴三桂被封为平西王时，陈圆圆也得专房之宠。当清兵攻破昆明城时，吴三桂之孙吴世璠服毒自杀。而吴世璠妻与陈圆圆均是自缢而死，或说其绝食而死，孙旭的《平吴录》就说吴三桂叛乱失败时"桂妻张氏失死，陈沅及伪后郭氏俱自缢，一云陈沅不食死"。《平滇始末》也说："陈娘娘（圆圆）、印太太及伪后郭氏，俱自缢。"

此外还有一说是陈圆圆在吴三桂败后，并没有自杀或绝食而亡，而是出家做了尼姑。但对于她于何时何种情况下出家，说法不一。有说是清兵攻破昆明时，吴将马宝护送陈圆圆及其子吴启华逃亡到贵州恩州府岑巩，从而在此定居下来，并取名叫马家寨。陈圆圆母子一直隐姓埋名，死后便葬于此地。其墓有碑文曰："故先妣吴门聂氏之墓位席。孝男吴启华媳涂氏立。""吴门聂氏"指的就是陈圆圆。也有的说陈圆圆当时在昆明宏觉寺削发为尼，后逃至城西三圣庵为尼，法名寂静，一直活到康熙二十八年之后，寿至八十而亡。还有的说是陈圆圆随吴三桂到云南后，处处遭吴三桂正妻的嫉妒，而当时陈圆圆开始人老色衰，与吴三桂发生分歧，一气之下便求为女道士，得到吴三桂应允后，便离宫入山。按当时情况，陈圆圆出家也有可能。

陈圆圆之所以成为千古风流人物，主要得力于吴伟业一曲《圆圆曲》："恸哭六军皆缟素，冲冠一怒为红颜。"有人认为吴伟业《圆圆曲》纯粹为文学作品，不能够引以为据。而从《武进县志》《明史》《清史稿》《明季北略》《甲申传信录》《圆圆传》《天香阁笔记》《影梅庵忆语》等史书记载上看，陈圆圆其人其事大体是可信的，基本可以概括为：她出身贫寒，后流落风尘，以色美艺佳成为苏州名妓。后被皇亲田弘遇买回，又转送吴三桂。李自成入北京，她被刘宗敏掠得，后又为吴三桂抢回，随之到云南，或死或出家。一代奇女香消玉殒，魂落何方这一千古之谜还有待进一步证实。

清东陵被盗之谜

在清朝统治时期，清东陵是一块与世隔绝、神圣不可侵犯的皇家禁地。由于中国数千年来奉行厚葬之风，清东陵的地宫内更是随葬着清朝统治者积聚的无数价值连城的奇珍异宝。然而在20世纪初，清东陵却遭到一场毁灭性的浩劫。1928年春夏之交，这座规模宏大、体系最完整的清代皇陵发生了一桩震惊中外的盗墓奇案，堪称地下宝库的慈禧太后定东陵和乾隆帝裕陵地宫被炸开，墓中珍宝被洗劫一空。令人奇怪的是如此备受关注的盗宝奇案，后来却不了了之。谁是这次盗墓的真正凶手？神秘的皇陵地宫是怎样被打开的？地宫里面究竟埋藏着怎样价值连城的珍宝？这些长期萦绕在人们心头的疑问一直都没有人给出答案。

东陵浩劫的罪魁是谁

1928年7月4～10日，清东陵发生了最为惨重的浩劫。据当地老村民回忆，由于事前的军事封锁，大家都不敢出门，只听到陵区内炮声隆隆，还以为是剿匪或者军事演习。可是等到一切平静下来，有大胆者进陵，才发现皇陵被盗了。乾隆帝裕陵和慈禧太后定东陵地宫被炸开，现场一片狼藉，墓中富可敌国的珍宝被洗劫一空。

清东陵发生的惊天掘墓开棺案被报道后，舆论立刻哗然，社会各界纷纷要求严惩凶手，保护文物。清室遗老们更是义愤填膺，悲痛欲绝，溥仪号啕大哭，发誓报仇。那么究竟是谁，犯下了这令国人至今痛惜不已的弥天大罪呢？

相信今天的人们，大多都通过书籍、影视等作品了解到，是一个叫孙殿英的军阀盗掘了皇陵，这个人也因此留下了"东陵大盗"的万世恶名。然而查阅史料却发现，当时孙殿英并没有受到任何法庭的传讯和起诉。孙殿英在东陵案发后还曾宣称，那是土匪盗陵，自己所率部队得到的珍宝完全取自土匪手中。

难道真有另一支土匪盗取了皇陵，孙殿英只是坐收渔翁之利？直到今天，在谁是真正的盗墓者这一关键问题上，就是研究清东陵的专家们也时常陷入困惑。东陵罪魁是否还另有其人？孙殿英是个什么样的人物，他是如何被后人定为盗陵元凶的？最后又怎样逃脱了惩罚？这中间究竟有着怎样的惊天内幕？

孙殿英，河南永城人，名魁元，一般也叫孙老殿，因为出过天花满脸麻子，也有人叫他孙麻子。此人出身贫寒，自幼就跟流氓地痞鬼混，出入赌场，精于赌技。年长后更是不务正业，闯荡江湖，广结流氓恶棍、军警胥吏，开设赌局，贩卖毒品，坑骗钱财。后来孙殿英又加入了豫西的庙道会，利用该组织贩运鸦片，制造"红丸"，大发横财，并购买枪支，纠集徒众，发展势力。1922年，孙投靠河南陆军第一混成团团长兼豫西镇守使丁香玲，被委为机枪连连长。依仗丁的权势，大肆贩毒。1925年春，孙又投靠镇嵩军憨玉昆任旅长和国民革命军第三军副军长。同年秋，又率部投靠山东督办张宗昌。1928年，国民革命军北伐中原，奉军大败。原属奉

— 281 —

系的孙殿英接受蒋介石收编，摇身一变成为国民革命军第十二军军长，进驻河北东陵附近。正是在孙部驻防期间，清东陵迎来了这次惨重的浩劫。

不过，由于事前孙殿英发出告示要在此地进行军事演习（也说是剿匪），清东陵方圆数十里内全部戒严，没有人知道盗墓者的来龙去脉。东陵盗案发后，面对强大的舆论压力，负有管辖权责的平津卫戍区总司令阎锡山下令严查。起初各方对盗墓者的猜测众说纷纭，并没有十分明确的目标。而这其中首先把矛头指向第十二军的是一个叫和钧的满族守陵官员。

和钧奋笔疾书向溥仪报告了东陵被盗后的惨状，同时指出当时国民革命军第十二军就驻扎在东陵附近的遵化，很可能是这支部队看见陵内守护形同虚设，从而监守自盗。不过这个报告在当时并没有引起人们的注意，真正让人们对第十二军产生怀疑的是随后又发生的一件事。

这年8月的一天，北京琉璃厂规模最大的古玩铺"尊古斋"迎来了一位神秘的客人，此人携带了一批罕见的绝世珍宝，并急于出手。老板黄百川热情地接待了他。双方经过一番讨价还价，最后以10万元秘密成交。不料，走漏了风声，事情败露，二人因涉嫌贩卖国宝罪被北平警备司令部拘捕。经过审讯后得知，这位涉嫌销售东陵珍宝的神秘男子正是第十二军的师长谭温江。

这一事件被报道后，舆论再次哗然，人们自然把怀疑的目光投向了身为谭温江顶头上司的十二军军长孙殿英。

面对这种情况，1928年七八月间，孙殿英向自己的顶头上司发出了一系列报告文电，解释了这些珍宝的来龙去脉，日本人创办的《顺天时报》连续13天全文刊登了这些文电内容。其中孙殿英详尽记载了东陵被盗前后十二军的换防调动情况，并着重指出：应乡绅之请，派部剿办盘踞马兰峪之悍匪马福田，这一仗剿获战利品若干，列出清单上缴。从清单上看，这些从土匪手中缴获的战利品大都是十分贵重罕见的珍珠翡翠。

在偏远贫瘠的遵化马兰峪，这些珍宝来自何方？显然出自地下皇陵。那么报告中所说的马福田惯匪，究竟是什么来头？是否有盗陵之举呢？据考证，北伐战争后期，原来占据东陵的奉军溃退关外而国民革命军尚未到来之际，东陵地区散兵游勇、土匪、强盗活动频繁，这其中确以土匪马福田势力最大。

马福田是清东陵东沟村人，早年就是一名土匪，专靠"绑票"过日子，后来投靠奉军当了团长。奉军败退后，他又纠集散兵游勇做起了土匪。对于马是否盗陵，今天有关专家分析："也是可能的。因为在东陵盗案发生18年后的1945年，马匪又窜回东陵，把当时没挖的几个陵盗掘了。"但是这次东陵被盗是否是他所为，就不得而知了。

由于当时清东陵被盗案情况复杂，土匪盗墓的可能性确实很大，孙殿英的报告立即发挥了作用。与此同时被捕的谭温江也一直否认自己参与过盗陵，关于珍宝来源，他也解释是缴获自土匪。因为查无实据，案件的审理一时陷入僵局。

事情并未就此结束，同年8月4日，在驶往青岛的一艘名叫"陈平丸"的轮

清东陵建筑群

清东陵位于河北省遵化市西北 30 千米处，界于京津、唐山、承德之间。清代入关后的第一位皇帝——顺治帝，最先安葬在这里，其后葬在这里的还有康熙帝（景陵）、乾隆帝（裕陵）、咸丰帝（定陵）、同治帝（惠陵）四位皇帝。另外还有孝庄太后、慈安太后、慈禧太后等后陵，以及五座妃园寝，一座公主陵。

船上，青岛警察厅抓获了两名逃兵，从他们身上搜出 36 颗珍珠，还有国民革命军第 12 军的标志。经过一番审讯，一名叫张歧厚的逃兵承认参与了东陵盗墓，从而把人们的目光再次引向孙殿英。

当时的报纸记载了张歧厚的自供："今年五月(公历 7 月)间……由军长（孙殿英）下命令，教工兵营用地雷将西太后及乾隆帝二坟炸开……我这三十六颗珠子就是在西太后的坟里拾的。我因当兵不易发这些财，再跟着队伍打仗去也无益，所以才由杨各庄偷着跑到天津卖了十颗珠子，卖了一千二百元钱……"这是第一份直接指证孙为盗墓嫌疑人的重要证据，产生了极大的影响。

南京国民政府迫于舆论压力，开始催促平津卫戍区总司令阎锡山尽快破案。1928 年 11 月，当时的四大集团军首脑都派出自己的代表组成高等军法会来会审此案，东陵盗墓案真相一时大有水落石出之势。

对此，不仅清皇室，社会各界人士也都翘首以待，期望能够早日查明真相，给大家一个交代。然而，令人奇怪的是，如此备受关注的案件，却一拖再拖，迟迟不见下文。

直到 1929 年 4 月底，也就是东陵被盗将近一年后才开始预审，经过匆匆一个半月的审理后，高等军法会在 6 月中旬，宣布了预审终结，结论是：东陵盗案系遵化驻军勾结守陵满members，盗墓分赃。对于所谓的"遵化驻军"是哪支部队？幕后主使究竟是谭温江还是孙殿英？判决草案模糊不清，含糊其词。

按照程序，高等军法会将"预审判决草案"的全部卷宗，呈交南京国民政府，静候最高当局的复核、宣判和执行。然而，案卷上报后却再也没了下文。为什么会这样呢？原来，当时无论是阎锡山还是蒋介石都是各怀鬼胎，明争暗斗，双方的军事大较量即将展开。而孙殿英手握一部分兵权，是双方都力争拉拢的对象。因此，谁也不愿意得罪孙殿英。

1930 年 4 月，中原大战爆发。孙殿英见反蒋势力强大，再次易帜，投靠冯玉祥和阎锡山集团，被羁押在阎锡山辖区北平陆军监狱的谭温江也获得释放。这个东陵要犯，正如当时一家报纸所言"不知何故又将其释放"，自此东陵盗案不了了之，成为民国历史上最大的悬案之一。

1949 年后，曾在孙殿英身边任参谋长的文强回忆，孙曾不无得意地对他说："乾隆帝墓中陪葬的珠宝不少，最宝贵的是乾隆帝颈项上的一串朝珠，上面有 108 颗珠子，听说是代表十八罗汉的，都是无价之宝。其中最大的两颗朱红的，在天津与雨农（戴笠）见面时，送给他做了见面礼。还有一柄九龙宝剑，有九条金龙嵌在剑背上，还嵌有宝石，我托雨农代我赠给委员长（蒋介石）和何部长（何应钦）了……"孙还说，"慈禧太后墓被崩开后，墓室不及乾隆帝墓大，但随葬的东西就多得记不清楚了……（其中的）翡翠西瓜托雨农代我赠宋子文院长，口里含的一颗夜明珠，分开是两块，合拢就是一个圆球，我把夜明珠托雨农代我赠给蒋夫人（宋美龄）。宋氏兄妹收到我的宝物，引起了孔祥熙部长夫妇的眼红。接到雨农电话后，我选了两串朝靴上的宝石送去，才算了事……"

这段记载也许回答了清东陵盗墓案最终风平浪静的又一原因和一些不为人知的内幕，更成为今天人们判断孙殿英是盗陵主谋的引用最广的证据。除此之外，有关学者还从民国时期的档案中发现了一些蛛丝马迹，比如一份档案中曾提到在乾隆帝裕陵地宫内发现一个军用铁尖锄，还有带着黄色炸药痕迹的墙砖碎块。另一份档案记载，案发后，当地百姓曾经看见第十二军的士兵到集市上，许多人裤脚沾满白灰。这个奇怪的现象意味着什么呢？专家认为由于东陵地宫为三合土夯成，地宫渗水，地上积满白灰浆，这正好表明了第十二军盗墓是实。再说定陵和裕陵规模宏大，坚固无比，如果没有主使，组织大量人力，也不可能在短时间内得手。

从现在掌握的资料来看，学者们认为尽管不能怀着先入为主的观念武断谁是真正的东陵大盗，但孙殿英无疑仍是最大的嫌疑人。

神秘的地宫是怎样被打开的

众所周知，历代皇陵都修建得固若金汤，甚至传说地宫还布满机关暗器。清裕陵是乾隆皇帝的陵寝，修建于清朝最鼎盛时期，耗银两百多万两，遍选天下精

裕陵 清

清朝修建裕陵整整用了 50 余年，裕陵的规模、质量在清帝陵中均属上乘。但谁也不曾想到裕陵地宫会遭到严重破坏。

工美料，陵墓美轮美奂，坚固无比。慈禧太后的定东陵建于清末，工程前后耗银 227 万两，持续 14 年，直到她死前才完工。陵墓金碧辉煌，奢华程度连皇宫紫禁城也难以匹敌。皇陵最重要的部分就是那高高封土宝顶下的地宫，那是安放帝后棺椁的地方。但据资料记载，陵墓的地宫"系用尺厚四尺纵横之玉石十三层建筑砌成。墓门三层，其外层门，系用尺余厚之玉石制造，第二、第三两层，系铁质包金者，墓门内又

有数千斤重之石球，由门外用巨绳牵引，使其自动滚入门后之深槽内封锁盗墓者。至墓门外更有五尺厚墙一堵，以资掩护"。因此，如果不能准确地找到入口，要想进入地宫是相当困难的。由此，我们不禁疑问，当年东陵盗墓者是如何进入地宫的？

从陵墓被盗后拍摄的照片看，起初，匪兵们确实不知道地宫入口在哪里，而是遍地乱挖，宝顶上、配殿外、明楼里，都留下了他们挖掘的痕迹。那么他们后来又是如何找到入口的呢？

有一种说法是，盗墓者找到了当时建造陵墓的知情者，在其帮助下找到了入口。有的书上是这样叙述的：工兵营在陵寝各处连续挖了两天两夜找不到地宫入口。孙殿英急了，派人把当地地保找来。这个地保是个40多岁的小地主，听说是要为盗皇陵当"参谋"，顿时吓得脸色蜡黄，浑身发抖，但又不敢得罪这个军长，只好说："陵寝面积这么大，我也不知道入墓穴的具体位置，还是找几个附近的老旗人问问吧！"孙殿英一听，立即派人抓来了五六个老旗人。但这些老人也不知道地宫入口，孙殿英以为他们不说实话，开始还好言哄劝，渐渐失去耐心，就用鞭子抽、烙铁烙。老人哪经得起这般折腾，不大一会就死去两个，有一个实在受不了这罪，说出离此地10多千米有个姜石匠，曾参加过修筑陵墓，兴许还记得地宫入口的位置。

这个姜石匠是否知道地宫入口呢？我们知道，古时修筑皇陵，为了不让外人知道地宫入口，封墓的工匠往往都被处死，不会留下活口。如果姜石匠参与了封闭陵墓最后一关封闭隧道，他有活下来的可能吗？当年慈禧太后入葬时，的确有81人被留下封闭墓道，并被告完事后从另一隧洞出去。工匠们都知道这意味着什么。姜石匠也在其中，但是他却不想就这么死了，因为他都40多岁了，几天前才听说老婆给他生了个独生子，他可不想连儿子都没看上一眼就死了。他正胡思乱想间，脚下一滑摔倒在地，恰巧被他自己搬的石头砸在身上，当场昏死过去。监工见他半天不醒，断定这家伙已经死了，就让人把他扔到了荒山上。谁知这个石匠命大，半夜时分就醒过来了。他见自己不在墓地里，连高兴都忘了就拼命跑回了家。

得到姜石匠知道地宫入口的消息后，不顾深更半夜，孙殿英马上命人把姜石匠"请"到东陵。姜石匠迷迷糊糊不知发生了什么事，孙殿英对他说，请指点一下进入慈禧太后寝宫的墓道入口就送你回去。姜石匠知道是怎么回事后，吓得跌坐在椅子上。姜石匠想，我怎么能做这种缺德事呢？孙殿英用元宝、金条来引诱，姜石匠还是一言不发。孙殿英很不高兴，真想大刑伺候他一番，可是，他又一想，如果这个笨蛋经不住折腾，没了小命，我不就找不到墓道入口了吗？于是，他眼珠一转，把桌子一拍，对着姜石匠骂道："妈的，给你脸你不要脸，再不说把你儿子抓来！"姜石匠一听这话，扑通一声跪倒地上。第二天，姜石匠乖乖地帮孙殿英找到了墓道口。

故事也许不可信，不过当年调查东陵盗案的国民政府接收委员会主任刘人瑞曾经接到报告：当时盗墓部队挖掘时，有人看见有两名白胡子工兵在现场。工兵中可能有这么大岁数的吗？刘人瑞当时就怀疑这二人可能是当初筑陵时的工人。今人分析，这种情况是完全可能的，按照古制，东陵周围几个村庄住着的都是守陵人的后代，不排除会有个别当年参加或者目睹过建陵的幸存者，盗墓部队很可能找到了这类了解内情的人。

慈禧太后定东陵隆恩殿
定东陵被盗文物不计其数，许多文物已经无法追回。

还有一种说法认为，清代负责皇家陵寝建筑事务的机构样式房保存有大量陵寝设计施工时的图纸、烫样，这些资料清楚地记录了清东陵的结构秘密。清帝退位后，样式房随之衰落，这些曾经属于清宫秘档的物品，随着样式房工匠们的四散谋生，而大量流落到民间。由此，当年的匪军可能找到了一份这样的施工图纸，从而最终顺利找到了地宫入口。

当然，当时的情况究竟如何，已经无法知道，但不管怎样，盗墓匪兵们最终还是进入了地宫。今人可以想象，由于害怕传说中的暗器，走在那阴森恐怖、霉臭刺鼻的斜坡甬道上，士兵们肯定是精神高度集中，相当害怕。东陵被盗后，当地留下一些传说，其中就有盗陵士兵死于地宫的。有人说是胆小吓死的，有人说是争抢财宝自相残杀，还有说士兵中墓中的暗器死的，众说纷纭。

至于匪兵们如何打开慈禧太后棺椁的，有些资料倒是可以给我们提供一些信息。在一本名为《世载堂杂忆》的书中有一段据称是盗陵连长的回忆：他们是用刀斧砍开光芒四射的金漆外椁的。外椁被砍开后，匪兵们看见了一具红漆滇金的内棺。匪官们怕伤及棺内宝物，就严令匪兵不要用刀斧去砍。于是，匪兵们小心翼翼地用刀子撬开了内棺。该连长说："当时将棺盖揭开，见霞光满棺，兵士每人执一大电筒，光为之夺，众皆骇异。俯视棺中，西太后面貌如生，手指长白毛寸余……珠宝堆积棺中无算，大者由官长取去，小者由各兵士阴纳衣袋中。于是司令长官下令，卸去龙袍，将贴身珠宝搜索一空。"孙殿英在谈起当时的情景时不无炫耀地说："老佛爷（慈禧太后）像睡觉一样，只是见了风，脸才发了黑，衣服也拿不上手了。"

另外，据《孙殿英投敌经过》一文记载："乾隆帝的墓修得堂皇极了，棺材里的尸体已经化了，只留下头发和辫子。陪葬的宝物不少，最宝贵的是颈项上的一串朝珠，有108颗，听说是代表十八罗汉，都是无价之宝。其中最大的两颗朱红的……"

清东陵终于在盗匪们的贪欲下，惨遭破坏，留下了永远无法弥合的重创！

有多少珍宝被盗，如今流落何方

慈禧太后的定东陵和乾隆帝的裕陵这次被挖掘盗走了多少稀世珍宝，成了永远的历史之谜，我们只有通过一些相关的资料管中窥豹，对其有个大致的了解。据有关资料记载，早在慈禧太后生前，地宫刚修好之时，就有大量殉葬物品陆续放入，直到慈禧太后入葬关闭地宫为止。

这些珍宝本身的材质就已价值连城，其所包含的艺术价值更是无法估量。比如翡翠西瓜，青皮、红瓤、白籽黑丝；翡翠甜瓜，有白皮黄籽粉瓤的，有青皮白籽黄瓤的。又比如玉藕，藕上有污泥，且在节处生出绿荷花，开出粉红荷花。这些珍品件件巧夺天工，总价值无法估量，说其可以富国毫不夸张。

乾隆皇帝在位期间，国家强盛，文化繁荣，乾隆帝本人精通书画诗词，酷爱金鼎玉石陶瓷。在他死后，他生前喜爱的那些物品大多陪葬入地宫。不过，由于史料记载有限，我们已经无法对这些宝物一一历数。其中的书画、金鼎玉石、瓷器等，宝物之多、价值之大不可计数。史料记载，孙殿英从地方强行征集了30辆大车。后人推测这些车就是用来运送东陵珍宝的。

孙殿英率部离开后，听到风声的散兵游勇和土匪一起奔向东陵，他们很快扒开地宫入口，蜂拥着钻入地宫，将剩余的珠宝洗劫一空。

那么，这些价值连城的珍宝最终流落到了什么地方呢？珍宝的命运大致有四：一部分被孙殿英用来四处行贿，落入了当时一些权贵之手。比如前面已述的，送给戴笠、蒋介石或何应钦、宋氏兄妹、孔祥熙夫妇等。另外，孙殿英的上司国民党陆军上将徐源泉，也接受了孙的大量贿赂，甚至还传言徐在湖北汉口附近的仓阜镇上修建的徐公馆地下还埋藏有一部分珠宝。一部分被孙部下瓜分，比如前面提到的张歧厚，只是一个普通的士兵，在地宫被盗后还从里面拣到了36颗珠子。那么，可想而知孙部的其他官兵们也自然人人有份。这些珠宝或者被变卖或者流落民间，下落不明。一部分珍宝被变卖或走私到国外，比如上面提到的师长谭温江就试图把大批珍宝变卖到琉璃厂古玩铺，这只是其中的一个花絮，当时变卖东陵珍宝的交易相当活跃。据记载，东陵珍宝被盗的消息也刺激着北平天津一带颇为兴盛的古玩业的老板们。当时，小小的遵化县城几乎住满了一些"形迹诡秘"的生意人，这些人都是闻讯前来寻宝和

孙殿英当年盗慈禧陵地宫的入口

购宝的古玩商。由于这些交易都是在极秘密的状态下进行的，交易双方都秘不外宣，从而造成东陵珍宝的大量流失。比如 1928 年 8 月 14 日中央日报有则新闻，天津警备司令部又在海关查获企图外运的东陵文物，计有 35 箱，内有大明漆长桌一张、金漆团扇及瓦麒麟、瓦佛仙、瓦猎人、瓦魁星、描龙彩油漆器、陶器等，系由某古董商委托通运公司由北平运到天津，预备出口，运往法国，价值 2.2 万元。同时，在遵化还截获了所谓国民政府内务部接收大员宋汝梅企图携带的铜质佛像 24 尊，以及乾隆帝所书用拓印条幅 10 块等。当时有关东陵珍宝的这种报道屡见不鲜；孙殿英向上司徐源泉上交的两箱珠宝，有史料记载，东陵盗案曝光后，徐源泉未敢全部私藏，而是由北平卫戍司令部出面，把它们存入大陆银行，当时还曾请古玩专家进行鉴定何为乾隆帝葬物，何为慈禧太后葬物。后来随着高等军法会审理的不了了之，这批文物被送到何处去就不知道了。有的说当时被送到了故宫博物院，但后来随着抗战和内战的相继爆发，这部分文物究竟被送到了台湾还是留在了大陆，或者一部分留在了大陆，一部分被送到了台湾，就弄不清了。

总的来说，这些无价珍宝最终被弄得七零八落，不知去向。

慈禧太后墓中珍宝知多少

清内务府的《孝钦后人殓、送衣版、赏遗念衣服》册中，对慈禧太后墓中的珍宝有着详细的记载：

光绪五年三月二十五日（1879 年 4 月 16 日）在地宫安放了金花扁镯一对，绿玉福寿三多佩一件，上拴红碧瑶豆三件。

光绪十二年三月二日（1886 年 4 月 5 日）在地宫中安放红碧瑶镶子母绿别子一件，红黄碧瑶葫芦一件，东珠一颗，正珠一颗，红碧瑶长寿佩一件，正珠二颗。

光绪十六年二月二十九日（1890 年 3 月 19 日）在地宫安放正珠手串一盘，红碧瑶佛头塔，绿玉双喜背云茄珠坠角，珊瑚宝盖、玉珊瑚杵各一件。绿玉结小正珠四颗。黄碧瑶葡萄鼠佩一件，上拴红碧瑶豆一件。红碧瑶葫芦蝠师一件，上拴绿玉玩器一件。绿玉佛手别子一件，上拴红碧瑶玩器一件。红碧瑶双喜佩一件，上拴绿玉一件。

光绪二十八年三月十日（1902 年 4 月 17 日）在地宫安放白玉灵芝天然小如意一柄，白玉透雕凤龙天干地支转心璧佩一件，红碧瑶一件。

光绪三十四年十月十二日（1908 年 11 月 5 日）在地宫安放金镶万寿执壶二件，共重一百九十七两七钱一分，上镶正珠四十颗，盖上镶正珠六十颗，米珠络缨一千零六十八颗，真石坠角。金镶珠石无疆执壶一件，共重九十一两六钱，上镶小红宝石二十二件，底上镶小东珠二十颗，盖上镶碎东珠二百零四颗，米珠络缨五百三十四颗，真石坠角。金镶珠石无疆执壶一件，共重九十三两七钱，上镶小宝石十六件，底上镶小东珠二十颗，盖上镶小东珠二百零四颗，米珠络缨五百三十四颗，真石坠角。金镶真石玉杯金盘二份，每盘上镶东珠二颗，共重六十六两五钱五分。金镶珠杯盘二份，每盘上镶东珠八颗，杯耳上镶东珠二颗，共重六十八两三钱二分。雕通如意一对。

光绪三十四年十月十五日（1908年11月8日）在地宫中安放金佛一尊，镶嵌大小正珠、东珠六十一颗。小正珠数珠一盘，共二百零八颗。玉佛一尊。玉寿星一尊。正珠念珠一盘，计珠二百零八颗，珊瑚佛头塔，绿玉福寿三多背云，佛手双坠角上拴绿玉莲蓬一件，珊瑚古钱八件，正珠二十二颗。正珠念珠一盘，计珠二百零八颗，红碧瑶佛头塔、镀金点翠，镶大正珠，背云茄珠，大坠角珊瑚纪念蓝宝石，小坠角上穿青石杵一件，小正珠四颗，镀金宝盖，小金结六件。正珠念珠一盘，珊瑚佛头塔，背云烧红石金，纪念三挂，蓝宝石小坠角三件，加间小正珠三颗，珊瑚玩器三件，碧玉杵一件。雕珊瑚圆寿字念珠一盘，计珠一百零八颗。雕绿玉圆寿字佛头塔，荷莲背云，红碧瑶瓜瓞大坠角上拴白玉八宝一份，珊瑚豆十九个。珊瑚念珠一盘，碧玉佛头塔，背云红色，纪念三挂，红宝石小坠角三件，催生石玩器三件。

这些都是慈禧太后生前明记在案的地宫殉葬物品，无一不是价值连城的宝物。慈禧太后死后，随之入殓的物品更多、更珍贵，内廷大总管李莲英的嗣长子李成武是慈禧太后的贴身侍卫，熟知内情，在《爱月轩笔记》中详细记着：

"太后未入棺时，先在棺底铺金丝所制、镶珠宝之锦褥一层，厚约七寸。褥上覆绣花丝褥一层，褥上又铺珠一层，珠上又覆绣佛串珠之薄褥。一头前置翠荷叶，脚下置一碧玺莲花。放好，始将太后抬入。后置两足登莲花上，头顶荷叶，身着金丝串珠彩绣礼服，外罩绣花串珠挂，又用串珠九练围后身而绕之，并以蚌佛十八尊置于后之臂上。以上所置之宝系私人孝敬，不列公账者。众人置后，方将陀罗经被盖后身。后头戴珠冠，其旁又置金佛、翠佛、玉佛等一百零八尊。后足左右各置西瓜一枚，甜瓜二枚，桃、李、杏等宝物共大小二百件。后身左旁置玉藕一支，上有荷叶、莲花等；身之右旁置珊瑚树一枝。其空处，则遍撒珠石等物，填满后，上盖网被一个。正欲上子盖时，大公主来。复将珠网被掀开，于盒中取出玉制八骏马一件，十八玉罗汉一份，置于后之手旁，方上子盖，至此殓礼已毕。"

西宫娘娘为何葬于东边

世人皆知有一位西太后慈禧，但并不是每个人都知道曾有一位与西太后并尊甚至身份应高于其上的东太后，即慈安皇太后。慈安皇太后何许人也？说起来她还是清朝咸丰皇帝的正宫皇后。西太后慈禧之所以能成为太后，是因为她是清朝的同治皇帝的生母，子荣母贵，所以在咸丰皇帝死后，慈禧才能由贵妃跃升为太后，与名正言顺的慈安皇太后并驾齐驱。

慈安皇太后对后世的影响之所以远远逊于慈禧，由她本人的性格所致。咸丰皇帝死后，慈禧出主意，东太后与西太后曾共同垂帘听政。不久，东太后就感到厌烦了，常常推说身体不适。慈禧自然就独揽了朝政大权，统治了中国近半个世纪之久。

定东陵 清

河北省遵化市马兰峪，定东陵是咸丰皇帝两位皇后慈安和慈禧的陵寝。两陵之间隔有一条马槽沟，建筑形制相同。

慈禧世称西太后，慈安世称东太后，有趣的是她俩的陵寝却一个在东边，一个在西边。具体地说，西太后慈禧死后葬于清东陵（今河北遵化）的东边，而东太后慈安死后却葬于清东陵的西边。这是怎么一回事呢？

民间流传着不同的说法，其中一种说法是对弈赌陵。前面已经提及，东宫太后慈安是由正宫皇后升为太后的，可以说是天经地义的皇太后，而西太后慈禧只不过是沾了儿子当皇帝的光才升级为太后的，所以在地位上远不及慈安太后，这样，西太后的陵墓无论是在风水上还是在规模上都不能与慈安太后相比。可是我们知道，慈禧太后向来争强好胜，心狠手辣，她怎么可能甘心屈居于慈安太后之下呢？于是她精心布置了一场赌局，与慈安太后约好，谁下棋下赢了，谁就先挑选陵墓。可怜慈安太后性格柔弱而又心无城府，自然不是诡计多端的慈禧太后的对手，于是西太后就毫不客气地把属于东太后的陵墓给霸占了。还有另一种说法，认为慈禧在柔顺的慈安太后面前根本就懒得去玩弄什么花招，说白了就是明抢了人家的陵墓。传说慈禧太后有一天晚上做了个怪梦，梦见自己死了以后被慈安葬在了清东陵的西边。这个梦给了慈禧一个大大的灵感，她想，如果慈安太后先于她死的话，把她葬在哪里还不是由自己说了算吗？于是，歹毒的慈禧太后就真的下药把慈安太后给毒死了，并如愿以偿地把她葬在了清东陵的西边。再后来，慈禧为了让自己死后继续过上豪华奢侈的生活，以"年久失修"为借口，对自己的陵寝花巨资大肆修整了一番。

当然也有人认为，慈禧太后生前虽然狡猾奸诈，不甘居人之下，但在祖宗面前她还是有所顾忌、不敢造次的，规规矩矩地葬在了属于自己的陵墓内。这个看法同样有不一样的观点：一种观点认为，东太后、西太后的名称，与她们的地位、资历是没有什么关系的，更不可能由她们的陵墓方位所决定。慈禧太后之所以称为西太后，是由于她生前居住于紫禁城内西边的储秀宫和长春宫，同样的道理，慈安太后之所以称为东太后，则因为她生前居住于紫禁城东边的钟粹宫。正是因为她们生前居住的方位不同，才决定了她们的称号。

西宫娘娘是否理应葬在东边？恐怕这个谜底将永远随着慈禧太后埋进坟墓。

文化迷踪

文化是人类历史的产物，世界各个民族在其历史进程中以不同的方式创造着不同的文化。作为历史的烙印，文化包罗万象，无处不在。

八卦的原意何在？中华民族为什么叫"华夏"？王羲之是否写过《兰亭序》……这些文化之谜耐人寻味，又令人陶醉。

甲骨文之谜

大约在公元前 16 世纪，商汤灭夏，在中原立国。从此中国历史进入商代。商王盘庚曾五次迁都于殷。直到商纣亡国总共 273 年，商代晚期的统治中心一直在殷。但商朝被灭之后，殷民迁走，殷都逐渐变成一座废墟。殷都的文明也只局限于文字记载上，甚至有人认为那些记载不可作为信史。后来，一连串的偶然事件逐渐否定了这种怀疑。考古者逐渐将殷都积淀的古文明展现出来。

1899 年，北京国子监祭酒王懿荣老先生感到身体不舒服，就买了一剂含有"龙骨"的药物，在准备将这些"龙骨"研碎时，王懿荣发现这些坚硬的东西并不是什么骨头，而是上面有许多划痕的变黄的龟甲。王懿荣是一位研究古文字的专家。好奇心驱使他拿起甲骨仔细地观察。他吃惊地发现这些划痕像是一种文字。他于是将这家药店的全部"龙骨"买下，经过细致研究和考证，断定这种非篆非籀的字形是商代的一种占卜文字。

我们现在已能解释商代的文字为什么要刻在甲骨或兽骨上，为什么这些刻着文字的甲骨碎片总是有许多裂纹或切痕。原来所有这些碎片都是史书上所称的"卜骨"。骨上的裂纹是人们有意用高温加热所造成的。根据商代的习俗，商代人上自王公下至庶民，无论是大事还是小事，都要用这种龟甲和牛胛骨进行占卜。占卜时，就用燃炽的木枝烧灸甲骨的反面凿出的槽和钻出的圆窠，这时甲骨因厚薄不匀而出现"卜"字形裂纹。这些裂纹就是他们判断吉凶的"卜兆"。占卜以后，将所问事项刻记在甲骨之上，这就是"卜辞"。占卜的内容是以当朝国王为中心的，有对祖先与自然神祇的求告与祭祀，有对天象、农事、年成以及风、雨、水的关注，也有对周围各国战争的关注和商王关于旬、夕、祸、福以及田游、疾病、生育的占问等。这样就为我们提供了许多有关商代历史事件或天气气象的资料。

王懿荣的发现引起了许多中外人士对甲骨的重视。1908 年，经罗振玉先生多方查询，才得知甲骨实出自河南安阳小屯一带。伴随着甲骨被确认、购藏和挖掘，古文字学家也开始对甲骨文进行破译。经过众多专家的努力，甲骨片上排列的文字成为可以通读的文句了，从而证实了出土甲骨文的小屯村正是古文献记载的殷墟。因此，一个湮没了三千多年的繁华古都终于在世人面前得以呈现。

自 1899 年发现殷墟甲骨至今，有 15 万片以上商代甲骨已出土，现分藏在中国大陆和中国台湾，以及中国香港、澳门等地区，另有一部分流散其他国家。殷墟甲骨文内容涉及商代的政治、经济、文化及天文等。可以说甲骨文的发现和破译帮助我们解开了历史上许多难解之谜，而发现的甲骨文共有 4500 多个单字，还有三分之二的文字等待人们去破解。

大型涂朱红牛骨刻辞 商

八卦的原意何在

八卦图是我国上古传下来的神秘未解的图形，传说是古代圣人伏羲创造出来的。《易经》中记载着在我国远古的伏羲氏时代，一匹龙马驮着一幅奇怪的图案游出黄河将它献给伏羲，这就是《河图》；又有一只神龟从洛水爬出来，龟壳上写着些神秘的符号，这就是《洛书》。伏羲氏得到《河图》和《洛书》后苦思冥想，恍然大悟后画出了八卦，用以推算历法、预测吉凶等。中国传统文化认为八卦图里面蕴含着极其深奥的道理，它可以推算天命、预测未来，这使八卦中掺杂进了万物天定的宿命论的内容。后来的学者否定了这种迷信的说法，但关于八卦只有传说和不确切的猜想，它因此成为中国历史中最引人入胜的未解之谜之一。

八卦图的外观是正八边形，每条边上都有一个特殊的符号，分别代表了宇宙的八种最主要的物质，即乾、坤、震、巽、坎、离、艮、兑。八卦图有"先天""后天"之分，先天八卦图又称伏羲八卦图，以乾坤代表天地定位，形成中轴经线；以坎离代表水火为界，作为横轴纬线。相对二卦阴阳爻相反，互成错卦。后天八卦图又称文王八卦图，即震卦为起始点，位列正东。按顺时针方向，依次为巽卦，东南；离卦，正南；坤卦，西南；兑卦，正西；乾卦，西北；坎卦，正北；艮卦，东北。一般来说先天八卦图是理论的支撑，而后天八卦图则是被实际运用的。诸如天干、地支、五行生克等配置，均是以后天八卦图作为背景参考的。

八卦反映的是什么呢？根据"五经"和《周易》中的记载，八卦是由太极推演出来的。《周易·系辞上传》上说："易有太极，是生两仪，两仪生四象，四象生八卦。八卦定吉凶，吉凶生大业。"这句话是说：生生之易的太极，运转中生成阴阳两种属性的物质，阴阳两种属性的物质不断分化、组合，又产生了"四象"和"八卦"。其中"四象"，有人解释为太阴、太阳、少阴、少阳，而"八卦"则是指构成宇宙的八种最主要的物质，即天（乾）、地（坤）、雷（震）、风（巽）、水（坎）、火（离）、山（艮）、泽（兑）。因此对八卦最普遍的看法是它反映了"天道""地道"和"人道"。天道所反映的是宇宙中所有事物产生、发展、变化乃至灭亡的规律，阴阳互补是这种变化的主要特征，如季节的变化、日月的起落等，先天八卦图是它的有机模拟和高度概括。"地道"反映的是地面万事万物之间相互依存、克制、促进的规律，如江河奔流、生态平衡等，后天八卦图是它的有机模拟和高度概括。"人道"反映的是人与自然界之间的关系，也就是说人的生存变化都不过是自然中的一员，人应该遵循自然的规律。邵庸在他的著作《皇极经世·天象数第二》中说："天地定位一节，明伏羲八卦也。八卦者，明交相错，而成六十四卦也。数往者顺，若顺天而行，是左旋也，皆已生之卦也。故云数往也。知来者逆，若逆天而行，是右行也，皆未生之卦也。"古代著名学者邵庸将先、后天八卦融会贯通，用先八卦图解释后八卦图，收获很多。他在《皇极经世》中对先、后天八卦这样说："乾坤定上下之位，离坎列左右之门，天地之所阖辟，日月之所出入。是以春夏秋冬、晦朔弦望、昼夜长短、行度盈缩，莫不由乎此矣。”

到了近代，对八卦又产生了许多解释。韩勇在《太易论》中认为八卦是反映太阳运动的："先天八卦反映了太阳相对于地球周期运转的循环规律，其运动方向与月亮相对于地球的运转方向恰恰相反，前者是顺时针，后者是逆时针，所以太阳运动的卦序方向是震、离、兑、乾、巽、坎、艮、坤。而后天八卦方位图中帝指的是太阳……是说太阳在南方乾卦位天气最干，太阳最炎，而至巽卦位，太阳就开始下落入地，到西方坎卦位太阳就已陷入地下，即日落西山。"还有科学家认为八卦是外星人的生物密码，还有人认为它是结绳记事的工具，总之是五花八门。

八卦图还有一些有趣的事。现代电子计算机二进位制的创始人莱布尼兹收到了他的朋友从北京寄给他的"伏羲六十四卦次序图"和"伏羲六十四卦方位图"，他居然发现八卦由坤卦到乾卦，正是由零到七这样八个自然数所组成的完整的二进位制层数形。受到八卦图的启发，才有了二进制的发明。1930 年，当时在法国留学的中国人刘子华发现太阳系的各星体与八卦的卦位有对应的关系，依据这个关系，利用天文参数进行计算，他推出当时未知的第十颗行星的速度、密度等，引起了一时轰动。

八卦图究竟是怎么创造出来的？八卦图有哪些作用？创造出它来究竟是有什么目的？这些仍是围绕在八卦图上的密云。

中华民族为什么叫 "华夏"

汉族的形成和发展，是以华夏为主体，融合他族，不断发展壮大起来的。在中华五千年文明的漫漫发展的历程中，随着各民族经济文化上互相交流，互相渗透，形成统一的中华民族——华夏民族。"华夏"是中华民族的称号，凡是今天在中华大地上生活的 56 个民族，都称之为"华夏民族"。作为一名中国人，常常以称自己是"华夏民族""华夏子孙"为荣。尽管我们经常这样自豪地称呼自己，但对于"华夏"的由来，却是很难给出一个定论，作为一个未解之谜，自古至今，有很多说法。

关于"华夏"的由来，上古时代就留传这样一个传说。蚩尤原来是炎帝的大臣，是个很有野心的人，他想独霸天下，于是联合有苗氏，想把炎帝从南方赶到涿鹿，自称南方大帝。决定胜负的一战开始了，他们大战于涿鹿的野外。大战当时，蚩尤一夫当关，手持长剑，指挥着自己的士兵冲向炎帝的阵营，炎帝部落明显处于下风。不得已，炎帝被迫一面抵抗，一面带着部队仓皇地撤离战场，并向黄帝求援。这时蚩尤已向涿鹿进军，黄帝下令重整队伍，两军开始了新一轮的对垒，黄帝心想，只要我和炎帝携手并肩、齐心协力，一定可以打败蚩尤。但他们低估了蚩尤的法力，蚩尤竟然施起了妖法，刹那间，天地间扬起一片浓雾，而且天黑得伸手不见五指，炎黄的军队什么都看不见，被打得节节败退。面对一意孤行、制造战争、祸害百姓的蚩尤，黄帝决定奋力一搏，他找到了炎帝商量作战计划，并让人利用太极推测演算，后来又派人到蚩尤的大本营，探听军情，找到克制攻妖法的办法掌握了战争的主动权。当蚩尤再次施妖法反攻时，便被炎黄联军团团包围。此时炎黄联军把骨头做的战鼓擂得震天响，使得联军的士气大振，士兵们个个变得更英勇了。最后终于将蚩尤的部落打得落花流水，蚩尤也被俘虏。不肯投降的蚩尤被黄帝下令斩首，而炎黄部落最后团结一致，统一了整个中原。从此以后，中原各部落都尊黄帝为共主，炎、黄等部落在黄帝的领导下融合成华夏民族，这就是"华夏"的由来。

炎帝像

炎帝即神农氏，曾遍尝百草为人治病，晚年在南巡途中因误尝毒草而身亡，死后葬于长沙茶乡之尾。

还有另外一个关于华夏由来的传说，对此有不同的解释。相传，我国历史上第一个朝代是夏朝。大禹历时数年，成功治水，被舜选拔为继任者。之后他开启了一个清明的历史时代。所以在当时，以禹为代表的夏后族在当时独领风骚，成为盛极一时的氏族部落。又加上夏后族以华山作为自己的活动中心，所以他们又被人们称之为华夏族。这也是为什么禹的儿子建立的第一个王朝叫夏的原因了。

今天，对于华夏由来的争论，仍然不断。一些专家学者将众多观点归纳为两类。第一种观点认为，"华夏"是民族的名称。他们认为我国古代以"夏"为族名，"华夏族定居在华山之周，夏水之旁，故而得名。"讲的就是这个意思。"夏"这个名词是由"夏水"得到的。中华民族自古以来就是融合了别的不同的民族构成的一个庞大的民族。她尽管不是一个单纯的民族，但是在历史的长河中她始终以一个核心民族为中心，逐渐地融合和同化别的民族，形成一种"单元性的多元化民族"，这就是今天的中华民族。在先秦时代，她被称为华夏或夏族。而"华"指的是居住在华山、以玫瑰花（华）做图腾的"华族"，"夏"则指的是居住于长江中下游的"夏族"祖先的夏后氏。华夏民族的称谓，由此而来。

还有一种观点认为，"华夏"根本上不是什么民族的称呼，它仅仅指的是一个地域文化概念。而在这个派别中，又有两种不同的解释。第一个派别是这样解释的：遥远的中华民族的远祖们曾经分为三个主要的集团，他们分别是华夏、东夷和苗蛮。在不断的争战和竞争中，黄帝取得了最终的霸主地位，他领导的华夏集团于是成为当时的文化和政治主流，东夷和苗蛮两大集团不得不俯首称臣，被迫纳入华夏文明的圈子里。第二个派别认为，远古时代是以文化高低来定名的。所以，文化高的周礼地区称之"夏"，同样另一个文化高的民族称为"华"。"华"

和"夏"合起来，统称为"中国"。相反的，对于华夏周围的四方，由于他们是文化低的地区和民族，所以被称为"东夷""南蛮""西戎""北狄"。后来华夏不断融合壮大，周围四方民族凡是接受华夏文化的，大都纳入了传统华夏文化的范畴，华夏渐渐地就成为了我们中华文明的象征了。

尽管现阶段我们还没有完全解开华夏之名由来的谜底，但我们相信，"华夏子孙"将永远是令我们每一个中国人自豪的称呼。

汉字起源真是"仓颉作书"吗

早在几千年前就产生的汉字孕育和记录了中华民族古老的历史文化，传承了黄土地上悠久的文明。汉字以它独特的形状和用法而在诸多文字中独树一帜，汉字是怎样产生的？又是什么人发明的？对于这个问题，历来有不同的说法，最为流行的是"仓颉造字"说。

关于"仓颉造字"，有个美丽而神奇的传说。仓颉本来是黄帝的史官，他有着四个眼睛，能上观天文，下察地理，还能看到一般人所看不见的东西。黄帝时期，人们都还在结绳记事，这种方法过于简单，没办法将复杂多变的各种情况记录下来，人们往往因为无法正确传达和交流自己的意思，而使农耕生产受到了阻碍。于是关心民生的黄帝就命令仓颉去想办法。仓颉接到命令后，把自己关在洧水河岸边上的一个房子里，天天想得饭都忘了吃，觉都顾不得睡，整天蓬头垢面，还是很长时间也没造出字来。有一天，他站在屋门口的大树下发呆，一只凤凰飞过，把嘴中的果实丢在他面前，仓颉捡起来仔细一看，发现上面有一个从来也没见过的图案，十分美丽。这时有一个猎人经过，看到那个图案就告诉他说那是貔貅的蹄印，与别的兽类的蹄印不一样，而且世界上万物的蹄印都是各不相同的。仓颉从这些话中得到了启发，意识到自己原来造不出字是因为闭门造车的缘故。于是，他周游四方，跋山涉水，看到什么都要仔细地观察和思考，将他们的特征记下来，风花雪月、飞禽走兽、日月星辰都成为他的灵感来源。他将这些灵感的美丽动人的地方整理出来，成为最早的象形字。传说他在造字的时候，天上竟然不可思议地下起米来，夜间听到天地间有野鬼凄厉的哭嚎声。仓颉把他造的这些象形字献给黄帝，黄帝看后

仓颉造字图 汉
西晋卫恒《四体书势》道："昔在黄帝，创制造物。有沮诵、仓颉者，始作书契以代结绳，盖睹鸟迹以兴思也。因而遂滋，则谓之字，有六义焉。一曰指事，'上、下'是也；二曰象形，'日、月'是也；三曰形声，'江、河'是也；四曰会意，'武、信'是也；五曰转注，'老、考'是也；六曰假借，'令、长'是也。"

非常满意，立即召集九州酋长前来，让仓颉把造的这些字传授给他们，九州酋长们又在各自的部落和领土大力推行。于是，九州大地人们都开始使用这些象形字，这给人们生产生活和交流信息提供很大的方便。

关于这段传说，很多书中有相关的记载，在汉代淮南王刘安著的《淮南子》一书中说："颉作书，天雨粟，鬼夜哭"。汉代最伟大史学家司马迁在《史记》一书中也说："造端更为，前始未有，若仓颉作为……是也。"到了东汉，许慎更是很明确地在《说文解字》中写道："黄帝之史仓颉，见鸟兽蹄远之迹，知分理之可相别异也，初造书契。"《兖州续志》中说"仓颉，冯翊人，黄帝史官也。生四目，观鸟迹而制字。"此外，为了纪念仓颉造字的功劳，后人还根据传说把河南新郑县城南仓颉造字的地方称作"凤凰衔书台"，到了宋朝时还有人在这里建了一座叫"凤台寺"的庙宇。甚至仓颉的坟墓也有多处，其中文物考古工作者在现在的铜城镇王宗汤村调查发现一处龙山文化遗址，距今约4000余年，据说原来就是被当地人称"仓王坟"，坟前原来还建有"仓王寺"。可以看出，仓颉造字的说法还是很有来历的。

但是如果客观和理性地分析的话，汉字的复杂和多变根本不可能由一个人在一个较短的时间内发明出来。仓颉所处的时代还是原始社会，人们每天风餐露宿，最基本的生活都无法保证，如此低的生产水平和文化水平要发明像汉字这样既是独立发展又有相当久远历史的文字，对仓颉这种原始人来说简直不可能。此外，根据学者的考证，当时的文字有许多异体字，无疑产生于很多人的手中，所以人们认为"仓颉造字"是一种不太可信的说法，可能性大些的是他对这种形体不一的文字进行了整齐划一的工作。荀子就曾经认为：古时候，创造文字的人很多，文字是众人发明的，仓颉的功劳只是在于整理它们罢了。一个很有说服力的考古史实是有人发现西安半坡出土的陶器上有一些刻画符号，笔画简单，距今大约6000年左右，比仓颉造字的时代早1000年。除了仓颉外，还有传说中的神农作穗书，黄帝作去书，祝融作古文，少吴作鸾凤书，曹阳氏作蝌蚪文，曹辛氏作仙人书，帝尧作龟书，大禹铸九鼎而作钟鼎文等，可以说是各有各的道理。文人学者们为此考证了2000多年，发表了各种看法，但谁也没能压倒对方，成为权威。

绘画的始祖是谁

在世界美术史上，中国画独树一帜。中国绘画的起源可追溯到原始社会，其绘画痕迹留于陶器上的各种花纹、图案上，但现代意义上的绘画并非这些花纹、图案。那么，谁是中国画的始祖？中国画起源于何时？我国有很多关于这个问题的传说，古籍上也对此众说纷纭。

"白阜始作图画说"。《画史会要》中说："火帝神农氏，命其臣白阜，甄四海，纪地形而图画之，以通水道之脉。"白阜是传说中神农氏的大臣，古人在讨论绘画起源诸问题时极少提及此说，因为白阜画的是地形图。

"绘画源于黄帝说"。《鱼龙河图》说："黄帝遂画蚩尤形象，以威天下。"这些可以说是绘画。《云笈七签》又云："黄帝以四岳皆有佐命之山，乃命潜山为衡岳之副，帝乃造山，躬形写象，以为五岳真形之图。"这两者都只能算是画地形图了。

"伏羲氏始作画说"。《周易·系辞上传》云："古者伏羲氏之王天下也，仰则观象于天，俯则观法于地，观鸟兽之文，与地之宜；近取诸身，远取诸物。于是始作八卦，而文籍生焉。"古今都有学者认为，伏羲氏所画八卦的爻象的意义原在图形，因为它们都是象形的。伏羲氏观察天象画出了"乾"，根据大地则画了个"坤"等。因而伏羲氏所画的八卦乃是中国最原始的绘画。

"绘画始作于史皇说"。史皇是黄帝的大臣。《文选》李善注中说："《世本》云：'史皇作图。'宋忠曰：'史皇，黄帝臣；图，谓图画物象。'"《云笈七签》则称："黄帝有臣史皇，始造画。"说得更为直截了当。在《画史会要》中，黄帝之臣史皇"体象天地，功侔造化"，颇"善画"，无一不通，无一不画。黄帝的另一大臣仓颉作文字便是授传于史皇的"写鱼龙龟鸟之形"。

"绘画始于仓颉说"。不仅书法，绘画亦源于仓颉。书画同源是得到我国大多数学者的肯定的。朱德润《存复斋集》云："书画同体而异文……类皆象其物形而制字；盖字书者，吾儒六艺之一事，而画则字书之一变也。"《孝经援神契》中说道："奎主文章，仓颉效象。"宋均注云："奎星屈曲相钩，似文字之画。"意即"屈曲相钩"的文字实际上就是中国最原始的绘画。

"绘画始祖为封膜说"。《画麈》中指出："世但知封膜作画。"意思是说人们只知晓封膜为绘画之祖。但此说没有根据。唐人张彦远见到《穆天子传》中有"封膜昼于河水之阳"之语后，误把"封"当作姓，又将"昼"解为"画"，并用郭璞的注来证实这一误解，很是牵强，有穿凿附会之意，使后人误传世上曾有过"封膜"其人，并说中国绘画之祖就是封膜。此说实为以讹传讹，故而不足凭信。

"敤首为绘画始祖说"。《说文解字》曰："舜女弟名敤首。"敤首是传说中英雄时代舜的妹妹，她曾"脱舜于瞍象之害"，向两个嫂嫂告发了恶徒们欲置舜于死地的阴谋，救了舜一命。《列女传》盛赞她善画，"造化在心，别具神技"。敤首又名嫘或画嫘。正是由于嫘创造了绘画，所以她又叫画嫘。

然而，敤首的绘画事迹，距今年代久远，某些古籍的记载又缺乏有力的根据，往往带有神话色彩，无从查考。中国绘画的始祖也许是黄帝时代的人物，究竟谁属目前仍是个谜。

十二生肖是怎样产生的

2004 年，是中国农历甲申年，被人称为"猴年"，这是用"十二生肖"来纪年的。"十二生肖"又称为"十二属相"，是用十二种动物为名称的纪时方法。那么，十二生肖的纪年法是如何创立的呢？它又是在什么时候开始的呢？

据传说，在很久很久以前，天上的玉皇大帝为了让人们按时耕作、起息，便想让人们学会纪时。玉皇大帝想选十二种动物作为十二生肖，按顺序每年一个生肖，每十二年又重新开始一轮。消息传出后，天下所有的动物都想成为十二生肖中的第一位，都愿意作为十二生肖之一。于是动物们纷纷赶往天庭，接受玉皇大帝的挑选。玉皇大帝见动物们如此踊跃，很是高兴，为了尽量做到公平，玉皇大帝让动物们举行了一次比赛，胜者即可入选。老鼠因其机敏灵活，跟巨大的大象搏斗时，它钻进了大象的鼻子使大象认输，赢得了所有动物的掌声，并以其聪明灵活被排在了选中的十二种动物的第一位。十二生肖就这样产生了。

十二生肖泥塑 南北朝

　　但这只是一个生动的神话而已。真实的情况是什么样的呢？早在距今6000年前，我国古代人民就通过对天象的观察发现太阳和月亮一年要会合十二次，而每次会合的位置不同。所以古人将太阳运行一圈的轨道分为十二等分，即"十二宫"，以"子丑寅卯"等相配使用，用以纪年、纪日。"天干地支"就是这么产生的，"天干地支"纪时的方法非常方便、实用，但还要用十二生肖与之配合，这是为什么呢？

　　一些史学家认为，这是一种动物崇拜。以十二生肖纪时的原因是因为古代人民非常崇敬动物，对大自然中各种或活泼或凶悍的动物有一种图腾情结。比如我国少数民族像蒙古族、维吾尔族、藏族等，均有自己民族的十二兽法用以纪年。在漫长的历史过程中，这种图腾情结就与天干地支联系了起来，后来就用于纪时了。

　　但各种说法都还没有形成一致的定论。今天，我们虽然仍在使用这种纪时方法，但是十二生肖之谜还未被破译。

《吕氏春秋》究竟成书于何年

　　《史记·吕不韦列传》曾载："《吕氏春秋》布咸阳市门，悬千金其上，延诸侯游士宾客，有能增损一字者予千金。"这便是有名的"一字千金"之说。此书的编纂者吕不韦是卫国都濮阳（今河南濮阳西南）人，早年通过经商成为大贾，"家累千金"。庄襄王做了秦王后，拜吕不韦为相，以酬谢其奔走请托的拥立之功。在秦执政期间，吕不韦不但学习信陵君、春申君的养士风气，还学习信陵君使用宾客著书立说的办法，命宾客综合各派学说之长，编成《吕氏春秋》一书。

　　《吕氏春秋》分三部分，即《八览》《六论》《十二纪》，共160篇。至今有关它的成书年代，说法不一。

　　第一，作于秦八年说。在《吕氏春秋》的《序意篇》中，吕不韦说："维秦八年，岁在涒滩，秋，甲子朔，朔之日，良人问十二纪。"高诱注云："八年，秦始皇即位之八年也。"古人习惯将序作于书做成后,那么,吕不韦自说《吕氏春秋》成于秦始皇即位八年(公元前239)当然可信。

第二,作于秦十年说。司马迁在《史记·自序》中说:"不韦迁蜀,世传《吕览》。"张守节的《正义》说:"即《吕氏春秋》。"也就是说《吕氏春秋》成于"不韦迁蜀"之后。司马迁可以用其作《史记·吕不韦传》记载的吕不韦迁蜀的那一段历史证明自己《吕氏春秋》成书于秦十年后的观点,"秦王(秦始皇)十年(公元前237年)十月免相吕不韦,出文信侯(吕不韦)就国河南。岁余,诸侯宾客相望于道,请文信侯。秦王恐其变,乃赐文信侯书,其与家属徙处蜀。吕不韦自度稍侵,恐诛,乃饮酖而死。"司马迁在《史记·太史公自序》中又说:"不韦迁蜀,世传《吕览》。"不韦迁蜀在秦十年之后,这一点是很清楚的,而这又与上所证吕氏之书成于秦始皇六年之说不相符。

究竟哪一个说法符合历史的真相,还是一个未解之谜。

《山海经》到底是什么性质的书

《山海经》是我国第一部描绘山川与物产、风俗与民情的大部头地理著作,还是我国古代第一部神话传说的大汇编,有着巨大的文化价值与历史价值。全书共十八篇,分为《山经》和《海经》两个部分。然而,对于这样一部体系庞大的"怪"书的性质归类,却是各有各的看法。

有一种比较有影响力的观点认为,《山海经》是一部巫术之书、记祭祀的礼书和方士之书,是古人行施巫术的参考书。鲁迅在《中国小说史略》中称:"《山海经》…… 盖古之巫书也。"他的观点对中国学者产生了重大的影响,绝大多数人都持此种观点。班固把《山海经》置于"术数略"的"形法家",是"大举九州之势"而求其"贵贱吉凶",类似后世讲究"风水"的迷信之书。这是对《山海经》性质的最早的说明。后司马迁认为它荒诞不经,难登大雅之堂,认为《山海经》中虽然记载了方位、山川、异域,但那是因为祭祀神灵的需要,如《海外西经》记载的"登葆山,群巫所从上下也"。此外,《海经》中所记载的海外殊方异域、神人居住的地方、怪物的藏身之处,都是秦汉间鼓吹神仙之术的方士的奇谈。由于诸多对巫术和祭祀的记载,《山海经》被归类为语怪、巫术书。

茅盾从神话学角度把《山海经》归为一部杂乱无章的神话总集,专记古怪荒诞的神话故事。这一看法很具有普遍性。《山海经》所收的神话故事源自上古历史传说,以及各地诸侯国的报表文书和采自民间的神话故事。如我们周知的"女娲补天"就来于《大荒西经》,还有《大荒北经》中的夸父追日,《北山经》中的精卫填海、后羿射日、共工怒触不周山、大禹治水、黄帝擒蚩尤等这些神话传说都来自于《山海经》中的记载。

此外,还有不少学者认为《山海经》是一部自然地理和人文地理专著,是"第一部有科学价值的地理书",具有极高的军事价值和政治价值,它详细地记载了境内山川地貌的距离和里数，还记录了各个地区的山脉、河流，以及草木、鸟兽、矿藏等，还有关于各地的特产和风情的记载。

近世的许多学者，也都认为它是一部既有科学内容、又杂有巫术迷信成分的地理志。既是历史地理学家又精通古代神话和宗教的顾颉刚颇赞同此观点，或许是为了在巫书与地理志之间寻求一种平衡与融合。很长一段时间内，《山海经》是地理书似乎成了定论。但是后来也有人认为，虽然《山海经》记述了山川、异域，但是它并不是以讲述地理为目的，不能够把它误认为是一部实用的地理书。

还有一种观点，认为《山海经》是根据图画记述的。在晋代，陶渊明有诗曰："泛览周王传，流观山海图，俯仰终宇宙，不乐复何如？"《山海经》中有些文字，如"叔均方耕""长臂人两手各操一鱼"，确实是根据图片来述说的。根据我国古代很早就有的关于山川地图的记载，可以推测出《山海经》成书时有一种绘载山川道里、神人异物的图画，也就是说最早的《山海经》是图文并茂的，上面既有图形图画，多为一幅幅线描的怪兽人神插图，也有文字，还有大量图画式的文字。

《山海经》是实用的自然地理和人文地理专著，还是杂乱古怪的神话？是奇士编撰的小说，还是巫术和方士之书？它成书于什么时代，作者又是谁？谜底仍未解开，还有待于新的发现和进一步探讨。

端午节吃粽子是为了纪念屈原吗

农历五月五日端午节是我国汉族人民最重要的传统节日之一。这一天人们举办各种各样的活动来庆贺，有句民谣是这样说的："五月五，是端阳。门插艾，香满堂。吃粽子，洒白糖。龙舟下水喜洋洋。"描述的就是那天的种种情景，各家各户要包粽子，挂菖蒲艾叶，薰苍术白芷，给小孩涂雄黄，尤其是盛大的龙舟竞赛，选手们随着隆隆的鼓声，奋力向前划，河的两岸人们高叫着呼喊喝彩，十分精彩。

但是关于端午节的来历，历来很多争执，归纳起来，大致有"纪念屈原说"、"恶月恶日驱避说""龙的节日说"这几种说法。

"纪念屈原说"是影响最为广泛的。屈原是战国时期楚国的大夫。他思想高洁，一心想振奋祖国。当时楚国被秦国打败了，国力一蹶不振，连国王楚怀王都被押在秦国，达一年多后死在异乡。屈原十分气愤，他劝楚顷襄王要励精图治，亲贤人远小人，操练兵马，使楚国强大起来。可是他这种抱负却招来了令尹子兰和靳尚等奸臣的仇视，他们在楚顷襄王面前说屈原的坏话。楚顷襄王听信这些谣传，把屈原流放到湘南去了。屈原到了湘南以后，经常在汨罗江边徘徊，他满怀悲愤，感到有生之年再难救国救民了，在写下了绝笔作《怀沙》后，抱着石头投汨罗江自尽了。楚国的人民知道这个消息之后，赶到江边来想打捞他的身体，但都找不到。为了不让水中的鱼虾把屈原的身体吃掉，他们就在江上划着龙舟、敲锣打鼓，希望能将鱼虾赶跑；还用粽叶包米饭，做成粽子，投到江喂给鱼虾吃，希望屈原的身体不要受到伤害。据说这就是划龙舟、包粽子的由来。端午节又因此被叫作

"诗人节"。然而，许多盛行于世的端午习俗的历史却比屈原的传说还要悠久。有学者据此推测，端午节或许另有起源。

持"恶月恶日驱避说"的人则认为端午节源于对恶日的禁忌。古人认为五月初五这天是恶日，是普遍现象。根据《史记》中的记载，孟尝君田文就是生在五月初五，他的妈妈认为这天生的孩子要使父亲受灾，让家人把他扔在荒山野地里。东汉的《风俗通义》也有"五月五日生子，男害父，女害母"的说法。东晋大将王镇恶五月初五生，他的祖父就给他起名叫"镇恶"。宋徽宗赵佶从小寄养在宫外，也是因为他是那天生的。而且端午时值农历五月，正是仲夏疫疬流行的季节，俗称"恶月"。所以《大戴礼》上说：沐浴啊，就是要去除毒气。因而到现在，在端午节要插菖蒲艾叶来驱鬼，薰苍术白芷和喝雄黄酒来避疫，也就是顺理成章的事。

"龙的节日说"主要是由闻一多先生所提出。在他的文章《端午考》《端午的历史教育》中写道：端午节最重要的两项活动——竞渡和吃粽子，都和龙有关。他还引了吴均的《续齐谐记》中的话作为证明：屈原死后，楚人常将竹筒里倒上米投入水中来祭祀他。一次有人在河中看到自称是屈原的人，并说人们祭祀的东西常常被蛟龙吃了，希望能用树叶包米并系上丝带来吓退蛟龙。竞渡与古代吴越地方的关系很深，当时吴越百姓还有断发纹身"以像龙子"的习俗。

此外，还有"纪念伍子胥说""纪念曹娥说""夏至节说"等各种说法，但都没有压倒性的证据。端午节带着未解的来历被人们世世代代的传承着。

"万岁"何时用作皇帝的专称

我们常在电视上看见大臣称颂皇帝时大呼"万岁"。在中国封建社会里，"万岁"一词是最高统治者的代名词。"万岁"是皇帝的专有称谓，除了皇帝，谁也不敢将自己与"万岁"联系起来。据说北宋大臣寇准出行，途中遇到一个精神病患者"迎马呼万岁"，此事被寇准的政敌上书告发，结果寇准被罢去了同知枢密院事的职位，降至青州任知州。就连明朝权倾朝野的大宦官魏忠贤，也只敢以"九千岁"自居。可见"万岁"这一称谓是被"万岁爷"独占的，一般人是绝对不能使用这个称谓的。那么"万岁"是何时被用作皇帝的专称的呢？

根据学者的考证，"万岁"这个词本来不是皇帝专用的。很久以前"万岁"只是表示人们内心喜悦和庆贺的欢呼语。在西周、春秋时，人们常用"万年无疆""眉寿无疆"等作为颂词和祝福语，传递喜悦与彼此间的祝福。如我国最早的诗歌总集《诗经》中有这样的诗句："跻彼公堂，称彼兕觥，万寿无疆。"这里的"万寿无疆"，就是人们经过一年的辛勤劳作后，举行欢庆仪式上举杯痛饮时发出的欢呼语。此外，西周金文中也有很多这类文字，如"唯黄孙子系君叔单自作鼎，其万年无疆，子孙永宝享"。那时也不是用于对天子的赞颂，表示的只是传之子孙后代之意。随着时间的推移，后来这些颂词、祝福语发展和简化成"万岁"一词。战国时期，人们还在频繁地使用"万岁"一词。"万岁"还没有成为身份的象征。

上至诸侯王，下至百姓都在使用它。而且这时"万岁"一词在不同场合还有不同的意思。这一时期，"万岁"有一种意思，即作为"死"的讳称。如《战国策》载，楚王游云梦，仰天而笑曰："寡人万岁千秋后，谁与乐此矣？"据史书上记载，孟尝君曾派门下食客冯谖，前往封邑薛（今山东滕州南）收取债息。但有些贫民实在无力还息，于是冯谖便自作主张，"因烧其券，民称万岁"。可见那时的"万岁"只是一种欢呼语。

那么，"万岁"一词究竟在什么时候归帝王专用呢？史学界意见并不一致，说法不一，有的认为是到秦汉以后，臣子朝见国君时时常呼"万岁"，但这时还不是皇帝的专称。如汉朝礼仪规定，对皇太子亦可称万岁。当时皇族中还有以"万岁"为名的，汉和帝的弟弟就叫"刘万岁"。从汉到唐，人臣称"万岁"的事例，也是不绝于书。到了宋朝，皇帝才真正的不许称他人为"万岁"。

目前多数人认为属于皇帝的"万岁"，始于汉高祖。刘邦本来不过是一介贫民莽夫，当登上皇帝宝座后，总觉得应该用一种方式来标榜自己的功德和地位。名臣叔孙通是个很聪明的人，他揣摩到了刘邦的心理，一天，在早朝上，叔孙通就说："皇上，我有事要奏。我认为必须制定一套御用礼仪制度，否则不利于维持天子的尊严。"刘邦十分高兴，连忙问他有些什么想法。叔孙通慢条斯理地将自己的想法告诉给刘邦，其中有一条认为，皇帝是天的儿子，能当皇帝的人都是有天命指派的，所以，汉高祖刘邦临朝时，人们应该一起高呼"万岁"，表示对自己的祝福和敬畏。并且"万岁"应该成为皇帝的专称，一般人不能再用，因为只有皇上才有资格活上万年而不朽。刘邦马上就同意了这套礼仪制度的推行。以后，每次早朝时，"殿上群臣皆呼万岁"，朝廷上下显得井然有序，连刘邦也感到十分快意："吾乃今日知为皇帝之贵也。"从以上的说法可以看出，"万岁"的专称是从刘邦开始延续下去，并和一整套朝廷礼仪连在一起的。这套礼仪被后世不断补充、修订，越来越完善。

还有一种意见认为，汉武帝独尊儒术，"万岁"才被儒家定于皇帝一人的。据说，有一次，汉武帝出外巡游，来到雄伟巍峨的华山，爬到山顶后，一行人在一个庙前休息，突然传来有一种苍老凝重的声音连喊了三声："万岁！万岁！万岁！"随从们急忙去四处查看，却发现没有什么人，因为皇室出游的地方是不许一般人前来的。庙里的主持说："刚才这三声万岁是山神的呼喊，是对天子的到来表示臣服啊！"汉武帝十分高兴，于是诏令天下人以后不能随便用"万岁"的称呼，只能用在皇帝身上。《汉书》上就写着，元封元年春正月，武帝诏曰："朕用事华山……在庙旁吏卒咸闻呼万岁者三。"十五年后，汉武帝又旧事重提："幸琅邪，礼日成山。……山称万岁。"汉武帝的意思是连山神、山石都得喊他万岁，臣民岂能不呼？从此，宫廷里，宝殿前，"万岁"之声不绝于耳，既然这种称谓已为皇帝独有，其他的人若再用就是对皇帝大不敬，要受严惩的。

到宋朝，"万岁"已经绝对成为"万岁爷"的尊称了。除了皇帝，绝对不允许任何人称"万岁"。"万岁"之称人臣决不可染指。一般百姓如果称了"万岁"，后果更不堪设想。大臣被人误称万岁，要受降职处分，北宋大将曹利用从子曹讷，一次喝醉了酒，"令人呼万岁"，被人告发，杖责而死。

由此可见"万岁"这一称谓是逐步演化成为封建帝王的专称。在这漫长的历史中，至于究竟何时"万岁"被皇帝独占，还是值得进一步探讨的。

造纸术始于蔡伦吗

作为我国四大发明之一，造纸术对世界文化的发展具有十分重要的作用。很长时间以来，人们一直认为造纸术的发明者是东汉宫廷宦者蔡伦。据传，蔡伦从小就对造纸很感兴趣，他经常看着竹子的内膜发呆，心里想道，要是字写在这薄薄的竹膜上，不是比写在竹筒上要方便得多吗？于是他就用竹膜试验，但是经过很多次失败之后，他意识到竹膜太薄，根本无法写字，于是他想到要加进一些与竹膜一样质地的东西，但那些东西必须坚韧，他开始尝试用一些棉、麻试验。在千百次的试验之后，他成功了。正史中关于蔡伦发明造纸术的记载最早出现在南朝宋代范晔的《后汉书》里。《后汉书·蔡伦传》说："（蔡）伦乃造意用树肤（皮）、麻头及蔽布、渔网为纸，元兴元年奏上之。帝善其能，自是莫不从用焉，故天下咸称'蔡侯纸'。"后来的教科书都用此说。

然而，许多考古发现证实，造纸术的发明者并不是蔡伦。在西汉时期，我国劳动人民已经学会了造纸。

在比《后汉书》更早的东汉官修国史《东观汉记·蔡伦传》（已逸）中记载："黄门蔡伦，典作尚方作纸，所谓'蔡侯纸'也。"原书只说蔡伦主管（即"典"）少府所属尚方造纸，根本没有蔡伦发明纸的意思。蔡伦于75年入宫为宦官，后因卷入宫廷内讧而服毒自杀。所谓蔡侯纸实出于尚方内众工匠之手，而绝非身为尚方令的蔡伦所亲制。

中国著名考古学家黄文弼于1933年在新疆维吾尔自治区罗布淖尔汉代烽燧遗址中发现了西汉麻纸。但是，此纸没有经科学鉴定，便毁于1937年的战火之中。

造纸术的发展与传播

造纸术一经发明，就被人们广泛使用。在以后的朝代里，人们对造纸术进行不断的改良和提高，工艺越来越先进，纸的质量也越来越高，品种也越来越丰富。造纸的主要原料也从破布和树皮发展到麻、柯皮、桑皮、藤纤维、稻草、竹以及蔗渣等。

我国发明的造纸术，对世界文明影响深远。造纸术大约在7世纪初传入朝鲜，隋时传入日本。8世纪，唐朝工匠将造纸术传入阿拉伯，在撒马尔罕办起造纸厂。此后又传入巴格达。10世纪传入大马士革、开罗，11世纪传入摩洛哥，13世纪传入印度，14世纪传入意大利，然后传到德国和英国，16世纪传入俄国和荷兰，17世纪传入美国，19世纪传入加拿大。

潘吉星在《造纸术的发明和发展》一文中这样总结道："我国古代在造纸技术、设备、加工等方面为世界各国提供了一套完整的工艺体系。现代机器造纸工业的各个主要技术环节，都能从我国古代造纸术中找到最初的发展形式。世界各国沿用我国传统方法造纸有1000年以上的历史。"

到 1957 年，人们又在陕西省西安市郊灞桥的一个砖瓦厂发现了一座西汉古墓，墓中有一个铜镜，用麻布包着铜镜，有一叠古纸，共 88 片，最大的有 100 平方厘米大小，最小的只有 12 平方厘米，平均厚 0.139 毫米，稍厚于现在的新闻纸，是用麻纤维做成的。

到了 1973 年和 1974 年，又有两片西汉纸在甘肃居延汉代遗址中发现了，一片有 400 平方厘米大小，是用大麻纤维制作的，其年代大约在西汉宣帝时期，另一片有 103.5 平方厘米大小，是用麻、线混合制成的，其年代大约在西汉建平年间。

到了 1986 年，考古工作者又在甘肃天水发现了一张西汉天水地区的纸画地图。该地图出土时被放在死者胸部上面，残长 5.6 厘米，宽 2.6 厘米，纸面光滑平整，是用细墨线条绘制的。这张纸大约有 14 平方厘米，出土时已非常残破，但却是我国劳动人民在西汉时期就已掌握了造纸技术这一史实的有力证明。

从 1990 年到 1991 年，考古工作者又在甘肃敦煌悬泉置遗址中发现了 24 片汉代麻纸，其中 4 块书写有字，这纸和 1500 多件有确切纪年的简牍同时发现，其年代当是西汉宣帝到哀帝时期。这说明西汉不仅有纸，而且开始用纸来进行书写。

上面这些重要考古发现有力地证明：我国造纸术的发明者并不是东汉蔡伦。远在西汉，我国劳动人民就已经掌握了造纸术；蔡伦的贡献是改进了造纸术，使造纸业的发展更进一步。也因为他在造纸术方面的改进，使得后来的史书将其列为造纸术的发明者。这同时反映出，造纸术在蔡伦改进之后技术水平的确有了很大提高，人们的书写也较以前更为方便了。

太平道符水治病之谜

东汉后期，社会越来越黑暗，政治上也愈来愈腐败，广大人民不堪重负，越发不能生活下去。从汉安帝时开始，农民发动的武装起义此起彼伏。起义的原因，汉安帝自己说出了一些，就是"万民饥流"（流亡）、"百姓饥荒，更相啖食"（人相食）。

当时，很多人仿佛教建立道教。张角创道教太平道，他自称大贤良师，并手执九节杖画符诵咒，让病人叩头忏悔自己的罪过。然后，就给病人符水喝，好了算是信道，死了算是不信道。事实上，张角的太平道符水确实治好了不少人的疾病，那么它为什么能治病呢？难道真的有神仙之术吗？经过研究，我们发现，太平道的符水是有奥妙的。张角事先将符咒浸泡在能治瘟疫的药水之中，然后再将符咒晾干，烧成灰冲水给病人服下。实际上起作用的并不是什么神仙符咒，而是能治人疾病的良药。张角为了壮大自己势力，便派遣弟子到各地方治病传教，十余年间，青、徐、幽、冀、荆、扬、兖、豫八州信徒数十万。汉朝官吏们认为"以善道教化，为民所归"，所以也没有禁阻太平道的活动。张角把信徒分为三十六方（部），大方万余人，小方六千人，还任命将帅统率各方。又收买一些宦官做内应，甚至皇宫卫士多人也准备响应。张角预定甲子岁甲子日即 184 年 3 月 5 日京内外同时起义，并发出口号动员起义军，说："苍天（汉）已死，黄天（张角自谓）

当立，岁在甲子，天下大吉。"正值万事俱备之际，张角的一个弟子反叛了，向汉灵帝告密。于是汉灵帝捕杀信教的卫士及京城内太平道信徒千余人，同时，他还命令冀州官吏捕杀张角。因为这时离起义日期还差一个多月，官府行动完全打乱了张角的部署。张角派人通告四方教众立即起义，开始向统治者进攻。因为起义人都戴黄巾做标志，称之为黄巾军。张角、张宝、张梁兄弟三人起兵后，烧官府，杀官吏，攻破地主堡垒，州郡长官们也都纷纷逃走。各地黄巾军群起而响应，黄巾起震动了整个统治阶级。

最后，在统治者的残酷镇压下，黄巾起义失败，事实上农民大规模起义的原因归根到底在于农民阶级的普遍要求，他们要推翻统治者黑暗的统治，信奉道教只是一种暂时的表面现象。所以，张角的太平道虽然起到了发动黄巾军起义的作用，但我们不能说它是反抗黑暗统治的宗教，而黄巾军虽然蒙着道教的灰尘，但它仍然是正义农民反抗黑暗的战争。

"广陵散"讲的是怎样的故事

金庸在《笑傲江湖》里引用有关"广陵散"的故事。而"广陵散"究竟是什么呢？有些辞典在"广陵散"条目下，常常引述《晋书·嵇康传》做如下解释："魏嵇康游洛西，暮宿华阳引琴而弹；夜分，忽有客诣之，索琴鼓广陵散以授康，声调绝伦，誓不传人。后康为司马昭所害，临别，弹之，遂成绝响。"这样当然只是一种解释。也有人根据宋朝沈括《梦溪笔谈》的记载"广陵散者，言王陵、毋丘俭辈，皆在广陵散败；言魏散亡，自广陵始也"，做出补充。

这两条解释只是比喻绝学不传的成语"广陵散矣"的出处，然而以对《广陵散》的解释来说，是不可尽信的。

《广陵散》的作者是谁无从考证。不过，按郭茂倩《乐府诗集》所引的注释"东武、太山皆齐之士风，弦歌讴吟之曲名也"，则"广陵散"可能是先在广陵一带流行的一种民间音乐，而作者或许是许许多多无名的老百姓，也就是在劳动人民中形成的。当然，支持这种说法还需是《广陵散》后来经人不断加工，发展至旋律繁复、曲体严密的合乐曲形式。但它的整理者都是谁呢？

与《广陵散》有关的故事，在汉朝蔡邕（132～192）所著、专门谈琴曲故事的《琴操》内，有这样的说法：聂政的父亲为韩王炼剑，因为炼出剑来而延误了交剑的期限，而且由此被韩王所杀。聂政为了报杀父之仇，逃到深山，历尽艰苦，费了十年工夫，练成卓越的古琴弹法，引起了韩王的注意。韩王听说国内出现了弹琴的高人，便召聂政入宫弹琴，却不知这位身怀绝技的人，是专门来找他报仇的。韩王正听得津津有味时，聂政抽出藏在琴腹中的刀子，一把刺死韩王。聂政杀死韩王后，怕连累母亲，也自毁容颜而死，因此没人知道刺客是谁。韩王的大臣出很高的赏金寻找刺客。聂政之母为使儿子扬名，前去认尸，同时死于聂政身旁。

《琴操》描述的故事并不叫《广陵散》，而称为《聂政刺韩王曲》。然而《广陵散》

因为每段都有标题，在体例上看来很切合这个故事的内容。可是，也有人认为这阕古曲描述的不是这个故事，而是另外一个关于聂政的故事。

人们从《广陵散》的标题及故事情理，说明蔡邕所述故事更合乎《广陵散》的内容要旨和它的艺术风格，但真相到底如何只能是一个千古之谜了。

《胡笳十八拍》究竟是谁的作品

"为天有眼兮何不见我独漂流？

为神有灵兮何事处我天南海北头？

我不负天兮天何配我殊匹？

我不负神兮神何殛我越荒州？"

怒涛滚滚般不可遏制的悲愤，诅天地咒神祇、雄浑不羁的气魄以及用整个灵魂倾诉出来的绝唱，绞肠滴血般痛苦的诘问，这就是著名的《胡笳十八拍》。对于《胡笳十八拍》的作者是谁，中国文学史上历来有争议。有的学者认为是当年曹操迎回汉家的蔡文姬，有的学者却持相反的观点，更有学者认为是董庭兰所作。下面把各家说法分别叙述出来。

郭沫若作话剧《蔡文姬》，著文六谈《胡笳十八拍》，认为蔡文姬是《胡笳十八拍》的作者。他说，这实在是一首自屈原《离骚》以来最值得欣赏的长篇抒情诗，只有身临其境的人，才能写出这样的文字来。郭沫若认为《胡笳十八拍》是蔡文姬被胡骑所掳后所写的作品。但是文史专家们有不同的看法。他们认为《胡笳十八拍》不是蔡文姬所作，主要理由有：

其一，《胡笳十八拍》的描写不合地理环境和历史事实。

第一，刘大杰等指出，在那时根本没有诗中所叙"城头烽火不曾灭，疆场征战何时歇？杀气朝朝冲塞门，胡风夜夜吹边月"那种汉兵与匈奴的争战不休。说明作者并不了解南匈奴和东汉王朝的关系。南匈奴已于东汉末年内附东汉王朝。距离文姬所居的南庭匈奴河套地区尚远。再者在建安八年蔡文姬归汉，而曹操则在建安十二年平定三郡、乌桓，在时间上也不对头。这与诗中"两国交欢兮罢兵戈"也不符。

第二，刘大杰等指出，汉末南匈奴分为二支，文姬可能被居河东平阳即今山西临汾的於扶罗、呼厨泉一支掳去。而诗中"夜间陇水兮声呜咽，朝见长城兮路杳漫""塞上黄蒿兮枝枯叶干"不合地理环境。

第三，否定者认为，诗中有"戎羯"一词，而羯族是晋武帝后"匈奴别种入居上党以后才有的名称"，蔡文姬在五胡乱华之前预先知道是不可能的。

其二，不见著录、论述和征引。

刘大杰等人认为，汉《后汉书》《文选》和《玉台新咏》以及晋《乐志》和宋《乐志》均无《胡笳十八拍》的记载，六朝论诗的人也没有称述，《蔡琰别传》也没有引用它的诗句。由此断定，它是唐人伪造。

其三，关于风格、体裁问题。

刘大杰等认为，从语言结构、音律对偶及修辞炼句上看，此诗具有和东汉诗不同的特征。诗中"杀气朝朝冲塞门，胡风夜夜吹边月"两句，东汉诗中不曾有过炼字、修辞如此精巧、平仄如此谐调、对仗如此工整的，在东汉诗赋中也没有"人生倏忽兮如白驹之过隙，然不得欢乐兮当我之盛年"这种错综句法。用语方面，诗中"泪阑干"是唐时始有的词汇。语句方面，"夜闻陇水声呜咽"是袭用北朝民歌《陇头歌辞》。用韵方面，《胡笳十八拍》和曹植《名都篇》《美女篇》的通押迥别。先韵和寒韵不通押，也是唐人用韵方法。

有人指出，全诗 1200 多字，只有两联对仗工整，比起同期建安诗篇不算多，不能抓住两联就说它不是东汉风格。

而朱长文《琴史》卷四《董庭兰传》："天后时，凤州参军陈怀古善沈、祝二家声调，以胡笳擅名。怀古传庭兰。"沈即沈辽。《崇文总目》载："《大胡笳十八拍》，沈辽集，世名沈家声。沈辽早于陈怀古，陈怀古为董庭兰师。"

以上说法各有道理，到底《胡笳十八拍》为何人所作这个问题，学术界至今仍未给世人一个满意的答案。

王羲之是否写过《兰亭序》

提起《兰亭序》，人们就会想起王羲之。王羲之是我国古代伟大的书法家，为历代学书者推崇，被尊为"书圣"。相传，书法史上的丰碑——《兰亭序》就是出自王羲之之手。东晋永和九年(353)三月三日，王羲之与谢安等当时名流，在山阴(浙江绍兴)兰亭修禊，作诗行乐，王羲之挥毫作序，即为《兰亭序》。后来，《兰亭序》为唐太宗所得，并断定为王的真迹。最后，原件成了唐太宗墓的殉葬品。

但到了南宋，姜夔因唐代何延之、刘悚二人对《兰亭序》流传途径记载的不同，开始对《兰亭序》作者产生怀疑。他认为，梁武帝收集王羲之书帖 270 余轴，提到了《黄庭》《乐毅》《告誓》，但却未提及《兰亭》。这还只是怀疑。清末李文田则干脆否认了《兰亭序》是王羲之所作，因为《世说新语》中刘孝标注引王羲之此文不叫《兰亭序》而称作《临河序》，李文田还认为定武本《兰亭序》是隋唐人添上去的。李还从文字字体上论述《兰亭序》帖是后人伪造，是隋唐间的书法创作。李文田成为公开否定《兰亭序》出自王羲之之手的"第一人"。

1965 年，郭沫若根据在南京附近出土的东晋《王兴之夫妇墓志》《谢鲲墓志》等文物，再次提出《兰亭序》为伪作。文章说在这年的《文物》杂志上发表了《由王谢墓志的出土论到〈兰亭序〉的真伪》的文章，文章说："《兰亭序》不仅从书法上来讲有问题，就是从文章上来讲也有问题。"他斩钉截铁地断定这篇文章"根本就是伪托的，墨迹就不用说也是假的了"。并进而推断它是陈僧智永所书。如此，《兰亭序》不仅字不是王羲之写的，连文章也不是他作的了。

此文发表以后得到了不少人的赞同，他们的主要论据是序文前后格调不一致，因为"夫人之相与俯仰一世"以后一段文字与王羲之一贯的思想不符，"悲得太没有道理""更不符合王羲之的性格",因此认为"《兰亭序》是在《临河序》的基础上加以删改、扩大而成的"。1972年第8期的《文物》杂志上又发表了郭沫若《新疆出土的写本〈三国志〉残卷》一文,认为晋代没有楷书与行书,文章中说"天下的晋代书都必然是隶书体",从而成为否定《兰亭序》为王作的又一论据。

但这种说法遭到了高二适、商承祚、章士钊等人的反驳,他们从东晋书法风格等角度出发,进行了一次外围考证,认为"东晋时代的章草、今草、行书、楷书确已大备,比较而言,后两者都是年轻的书体,到了羲之,把它向前推进变化,因而在书法史上起着承先启后的作用"。至于题目的前后差别,是因为"羲之写此文时并无标目,其标目乃是同时人及历代录此文者以己意加上去的",所以有《临河序》《兰亭诗序》《修禊序》《曲水序》等名。因为"羲之的思想有许多矛盾的地方""这些矛盾反映在《兰亭序》以及诗句的情感变化上",从而造成了思想上的矛盾之处。《世说注》中的《临河序》比《兰亭序》少了一段感伤文字,只是刘孝标删节了而已。

水墨山水的始祖是谁

山水画是一种表现山川之妙,并能为人类寻求某种精神寄托的画种。中国的山水画则以它抽象的笔墨,生动的气韵创造了一个虚灵如梦、物我两忘的奇妙世界。尤其是水墨山水,更是以其轻烟淡彩、洗净铅华的形式受到了古代清高文人的推崇。从古至今,水墨山水画名家辈出。那么,究竟谁是我国水墨山水的始祖呢?关于这个问题,历来就有很多的争论和传说。

一种说法认为顾恺之是我国水墨始祖的第一人。传说当年东晋著名的大画家顾恺之为了绘画创作,四处游山玩水,当他游行到三峡时,他站到船头,放眼望去,三峡那一片奇山异水上面还有蓝天白云,猿猴的叫声和飞鸟的鸣啼回荡在山

董源画江南

董源字叔达,又名董元,江南钟陵(今江西进贤西北)人,五代时期著名山水画家。南唐中主李璟时(943~957)以擅长绘画入宫,担任北苑(即后苑)副使,因此画史上又称他"董北苑"。

董源山水画的重要特点在于着色,景物富丽,有李思训金碧山水的画风。宋米芾评价董源的山水画说:"董源天真平淡……近世神品,格高无与比也。峰峦出没,云雾显晦,不装巧趣,皆得天真,岚色郁苍,枝干劲挺,咸有生意;溪桥渔浦,洲渚掩映,一片江南也。"董源在构图方面的特点是"出自胸臆",他"写山水、江湖、风雨、溪谷,峰峦晦明,林霏烟云,与夫千岩万壑,重汀绝岸,使览者得之,真若寓目于其处也,而足以助骚客词人之吟思,则有不可形容者"。董源画山最著名的手法是披麻皴。这是一种细长圆润的石纹画法,形如麻线下披,因而得名。董源画大树,曲处甚简,多做劲挺之状;"画小树,不先作树枝及根,但以笔点成形";"画杂树,只露根,而以叶点高下肥瘦,取其成形……最为高雅,不在斤斤细巧"。这些都表明了董源的技法在前人基础上有所发展。

董源是山水画中江南画派的开山祖师,他融会唐代画家王维的水墨技法和李思训的青绿技法,结合实际景物,发展创造,自成一家。

谷里，尤其是那些碧绿的山峰望过去，一层又一层渐淡，在雾气围绕中显得神秘莫测。面对鬼斧神工的大自然的杰作，顾恺之心情澎湃，感慨万千。他不禁感叹：真是风光无限好！我要把这些都画下来让人们都看到！一时兴起的他，叫来仆人铺开画案，摆上纸笔，在山风吹拂的船上，顾恺之对着秀丽的江山，拿起笔来，挥毫泼墨，便成就了一幅气象万千的山水画。相传这就是中国第一张水墨山水画。由于画的山水灵秀十分动人，一时被人们纷纷效仿。不过，这只是一种传说，顾恺之的这幅画并没有实物流传下来，因此无法确定他到底是不是水墨山水的始祖。但有一点可以肯定的是，今天我们所能见到的最早的山水画，应当是顾恺之的《女史箴图》和《洛神赋图》中的背景山水。虽然顾恺之的这两幅画是以表现人物为主体的，山水只是人物背景的衬托，但是，作为人物背景组成部分的山、兽、林、鸟却结合得很完整，表现得也很真实。画里用线条来表现山川的形态以及俯视的角度都成为后来山水画的基本表现技法，尽管这种表现还比较幼稚，但却不能否认它的开创性地位。从这种意义上说，顾恺之不但是中国人物画的第一人，而且也称得上是中国山水画的祖师爷。

不过，更多的研究者认为，水墨山水的开山始祖并不是顾恺之，而是唐代著名的山水诗人王维。

王维是个大才子，除了写诗外，琴棋书画样样皆通。他年轻时积极进取，一直官至尚书右丞。后来因为张九龄被贬到荆州，奸相李林甫独揽朝政，政治腐败，社会黑暗。不能在仕途得意的王维于是转向山林，回归自然。隐居期间，他斋戒禅诵，心无旁骛，过着居士生活。深山老林之中，朋友往来不便或者是诗人根本不愿与他们交往，也没有什么娱乐活动，于是王维就画下那些充满诗情画意的山水田园诗。正如《山中寄诸弟妹》一诗云："山中多法侣，禅诵自为群。城郭遥相望，唯应见白云。"中国向来是诗画一体的，诗中有画、画中有诗的境界最受推崇。王维的诗画就是一个最好的例子。他的画就像他的诗描写的那样，出现的都是空旷清幽的自然景色，比如：雪景、剑阁、栈道、晓行、捕鱼等都是他泼墨挥毫的对象。所以王维的画里是充满诗意的。另外，由于王维是一位参禅的诗人，他的画中总有着佛家的恬淡。王维的山水画和诗一样没有喧闹的景物，仅用水墨渲染，体现出一种清幽淡远的意境。所以，无论诗画，王维的作品都体现出一清字。另外，王维的画不拘于对景象事物的细部作具体而微的形、色的描绘，只是追求神韵。从艺术上看，王维的画笔墨精湛、渲染极佳，用墨"重""深"，功力非常之深。但让人遗憾的是，王维的绘画真迹现在已保留无几，我们只能从前人的文献记载里窥见他的非凡神采了。苏轼在一则短文中记载说王维曾在当时开元寺画过一铺壁画，壁画是一个高僧像，苏轼在"嘉祐癸卯上元夜"来看这幅画，当时夜已经很黑，风吹动油灯，那僧人竟然像要从画中的景色中走出来一样。

此外也有人提出，王维也不是水墨山水的开山始祖，真正的开创者应当是六朝刘宋时的宗炳和王微，正是他们对透视法的阐发及中国空间意识特点的揭示透露了千古的秘密。还有一种说法是，在拥有五千年文明的古老中国，山水画的起源很早。它的起源可以追溯到秦汉时期。据史书记载，秦汉时期已经有了山水画，可惜没有实物流传下来。总之，中国画博大精深、源远流长，后世对于水墨山水画的始祖究竟是谁众说纷纭。但因为无论是顾恺之还是王维，今天都看不到他们水墨山水画的真迹，甚至连复制品也没有，所以至今这个问题仍尚待考证。

石头和尚的肉身为何能千年不腐

无际大师是唐代有名的高僧，法名希迁（700～790），广东瑞州人，受法于青原行思，与马祖同时说法，一生云游天下，阅历深广，精通佛学。《参同契》就是他写的。人们称他为"石头和尚"，原因是他43岁云游到南岳，在南山的一块巨石上结庐而居。死后唐德宗赐谥"无际大师"。

据传说在790年，石头和尚已达91岁高龄了，自知不久于人世间，便不再进食，还吩咐僧徒将平时搜集的草药数百种泡制成大汤剂。据称，制好的大汤剂奇香无比。他每天都饮这种汤剂数十次，喝下以后浑身大汗，大小便频繁。僧徒们大惑不解，纷纷前来劝他不要这样。希迁笑而不答，照旧每日大饮不止。转眼一月有余，他渐减饮量。令人叹为观止的是，此时的石头和尚脸面变得润如枣色，两眼炯炯有神，镇坐如钟。一日，口念佛经，无病而终。

石头和尚的肉身停放月余不腐，且满室溢满香气。门下弟子与地方绅耆特意四处募捐，筹款建造了一座寺庙以纪念他的无量功德，并安置大师肉身于其中，让善男信女烧香供奉。千余年来，香火不断。

20世纪30年代，日本牙医渡边四郎无意中知道了无际大师的不朽肉身藏在这座寺庙中。他居心叵测，想尽一切办法毒死了寺庙内的小和尚，偷偷将无际大师肉身窃移至庙外隐藏。不久，此寺庙被乱兵纵火焚烧，故世人均认为无际大师肉身与寺庙俱毁于大火，无不为之惋惜。

1944年抗日战争末期，日本侵略军加紧掠夺我国的奇珍异宝。这也给渡边四郎偷运无际大师尸体创造了契机。渡边四郎将石头和尚肉身用掩人耳目的手法装船偷偷运回了日本本土，又辗转存放于乡下，尔后存放于东京郊外的一座小山里的地下仓库内，外人都不知道。直到1947年，渡边四郎死后，在清查遗物时，查阅他的日记，这件事才为世人所知。当揭去罩在大师身上的黄绸时，只见石头和尚躯体仍是生前盘腿打坐的姿势，保存完好，余香犹存。

1975年6月20日，无际大师肉身供奉东瀛的消息被香港《快报》披露了。该文称石头和尚肉身迄今

六臂如意观音坐像 唐

1100 余年仍栩栩如生，现供奉在日本横滨市鹤见区曹洞宗总部。

但是，为什么无际大师肉身千年不腐？他服食的特别醇香的大汤剂到底是些什么草药，因年代久远，无从探究，草药的成分则成了又一千古之谜。

僧人达摩是少林寺拳法的鼻祖吗

少林寺在中国历史上盛名远扬。少林武术向来有南北之分，北有河南嵩山，南有福建泉州少林拳著称。可是，泉州少林寺被毁于兵祸国难之中，着实令人心痛。中国少林武术，从来就是一个整体，其实可以归二为一，应该是一个少林，那就是"中华少林"。

但是，中国少林拳法的鼻祖是谁？关于这一点素来有许多说法。一说法是南北朝后期泛海来中国传教的天竺僧人达摩，一说是 502 年比天竺僧人早 7 年来中国传教的南印度香至国三王子菩提达摩。但是，前者有"创拳"祖师的传说，后者有"传拳"祖师的传说。那到底中国少林拳法"创拳"或"传拳"的鼻祖是谁？这给后人留下很大疑问。

说中国少林拳法鼻祖是南北朝后期泛海来中国传教的天竺国僧人达摩，也不是凭空捏造的，有一定理论根据，嵩山"碑林""少林初祖达摩颂"上刻"嵩山少林道场，达摩初祖之居地"（人民日报出版社 1985 年 4 月 2 日出版的《台港与海外文摘》总第 6 期第 35 页）。据民间传说，大约 1300 多年前，"在南北朝后期，有一个叫达摩的天竺僧人从海路来我国传教，先在南方，后辗转到北方"。但中国佛教史上却无这些记载，美国《世界日报》1984 年 11 月 11 日的《残留在印度的古少林拳法》一文（见《台港与海外文摘》1985 年第 4 期）中却有一段很长的论述："少林拳源自中国河南省登封县少室山北麓的少林寺⋯⋯少林寺建于北魏孝文帝太和二十年(468)，孝文帝为了礼敬跋陀（佛陀）禅师而建立，成为中国佛教史禅宗发源地。达摩于梁武帝大通元年(527年，比民间传说早198年)渡海到广州，梁武帝即派人迎至建业（今江苏南京），可惜二人话不投机，达摩遂渡江到北魏，于少林寺面壁九年，使少林寺成为少林拳的发祥地，达摩则被尊为禅宗东土初祖。

少林武僧壁画 明

达摩在少林寺传法，许多修行僧人体力不支，纷纷另求他处。达摩发觉这样不是办法，因此精心研究'洗髓经'和'易筋经'以传授门众，成为少林拳的由来，于是有'达摩创拳'的说法。"

还有一种说法认为中国少林拳法鼻祖是南印度香至国（现今塔米尔省的康吉普拉姆地方）的三王子菩提达摩。菩提达摩于梁武帝普通元年（520 年，比天竺国僧人达摩早来中国 7 年）从海路到达中国广州，后来又到了嵩山，开创了拳法。如果这是事实，那么，南印度香至国菩提达摩才是中国少林拳法的鼻祖。

有一些明智的学者怀疑"天竺僧人达摩"与"南印度香至国菩提达摩"是一人，但如是一人，为何来中国时间又差异那样大？如果这是事实，那么，相同之处是二人都是泛海来中国辗转到少林寺。但中国少林拳法是达摩创，还是菩提达摩所传？他们谁是少林拳法的"鼻祖"？这些问题尚在考证之中。

杜牧是《清明》诗的作者吗

清明时节雨纷纷，路上行人欲断魂。

借问酒家何处有？牧童遥指杏花村。

这是唐代诗人杜牧的一首脍炙人口的名作。千百年来，此诗以其清秀生动而又意境真切的文字征服了后世，成为老幼皆知的小诗，至今还有很多酒馆店铺以"杏花村"命名。但是，一直以来却都有这样一个怀疑：杜牧真的是这首《清明》诗的作者吗？有很多人提出了异议。不少人怀疑这首诗根本不是杜牧所写。比较有代表性的学者是文伯伦先生。他认为《清明》诗的渊源十分可疑。杜牧的诗文集是《樊川文集》，共二十卷。这个文集是由杜甫的外甥裴延翰编次的，裴延翰在此文集的序中提到，杜牧在临终的时候说，"始少得恙，尽搜文章阅千百纸掷焚之，才属留者十二三"。可见，杜牧对自己可以传世的文章是有着极其严格的要求的。他对自己所有的文章经过严格的挑选，保留下的不过是平生所有诗歌创作的十之二三。后来，从晚唐时候起一直到北宋，人们一直反复地收集和编纂杜牧的诗歌刻本，但是都没有找到这首《清明》诗。可见，它是值得人怀疑的。

收录这首《清明》诗的最早的文集是南宋时期刘克庄所编纂的《分门纂类唐宋时贤千家诗选》，这也是南宋刘克庄之前及之后唯一收录此诗的文集。但是人们认为这个选本有很多可疑的地方，而且历来评价也不高。

既然这首诗在唐人和宋人的文集中都没有提及过，那么起码收录此诗的文集的作者刘克庄应该在自己的相关著作中有所记载。然而，让人疑惑不解的是，刘克庄的《后村诗话》中提到过多次杜牧，也多次具体涉及到杜牧的作品，但是对这首《清明》诗却只字未提。相反，刘克庄在《后村诗话·前集》中甚至认为杜牧的《樊川外集》《樊川别集》中混入了一些不是杜牧所写的诗歌，而且认为杜牧有很多诗歌已经散佚。既然刘克庄已经注意到了这一点，那么他一定会对杜牧的诗歌多加留意，如果发现有新的杜牧诗，又怎么可能不在自己的文集中有所描述？

此外，这首诗的风格与杜牧的一贯风格不一致。杜牧向来以为诗歌创作"以意为主，以气为辅，以辞采章句为之兵卫"，又说"某苦心为诗，本求高绝，不务奇丽，不设习俗。不今不古，处于中间"。这些话在他的《答庄充书》《献诗启》中有明确的记载，明确表达了杜牧的创作态度。并且杜牧其人才气纵横，抱负远大，平生所研究的是"治乱兴亡之迹，财赋兵甲之事，地形之险易远近，古人之长短得失"。综观杜牧的诗文创作，可以看出他所追求的是一种情致高远、笔力劲拔的诗风。历代文学评论家论及杜牧的诗风的时候，也都一致认为其诗"豪而艳，宕而丽"。"豪"

杜牧《清明》诗意图 清 钱慧安

是指感慨淋漓，挺拔警悍；"宕"是指情韵悠长，清新多变。而《清明》诗显然是与他的写作风格不相一致的。这显然不是杜牧诗的诗风。

有人则坚持认为杜牧是此诗的作者，持这种看法的人通常是引用《江南通志》的记载。在此通志中记载说，杜牧在池州任刺史时，曾写过"清明时节雨纷纷"的诗句。而杏花村就在池州的城西不远处，据说城的附近还有一个名为"杜湖"的湖泊。但是认为此诗作者非杜牧的人则反驳说，很多地方通志中的记载往往有"攀龙附凤"之嫌，他们喜欢引入著名人物以增加本地的文采，这在历史上不乏例证。《江南通志》也不例外，所以尽管它言之凿凿，却不能成为杜牧是《清明》诗作者的证据。

可是为什么后世会将此诗看作是杜牧的作品呢？如果不是杜牧所作，又是出自谁之手呢？这又是一个难解的谜。人们猜测这首诗可能是南宋人所作，因为不仅诗风近似南宋，而且"雨纷纷"和"欲断魂"之句可能是用来表示时人国破家亡的凄凉心境。至于它的流传，文伯伦认为可能是在流传的过程中，由于刘克庄编纂的《千家诗》较为粗糙，很多作品都没有署上作者的姓名，因此就出现混乱姓名的情况。而杜牧的很多怀古诗在当时颇得人心，又曾经长期在江南做刺史，所以有人就将此诗假托在杜牧的名下了。又由于这首诗的通俗清秀，以及思想感情上与很多人达成了共鸣，可谓是妇孺皆知，杜牧也就成为人们心目中此诗的作者。

杜牧到底是不是《清明》诗的作者？这位风流俊秀的江南才俊，留下了"商女不知亡国恨，隔江犹唱《后庭花》"等著名咏史诗，也留下了这个富有生活气息的《清明》诗之谜。这有待于今人的破译。

宋真宗年间的"天书"之谜

北宋真宗年间，据传有"天书"突现泰山，乃降"祥瑞"。此事是真是假，已成为千古之谜。

史载，宋辽建立"澶渊之盟"后，畏敌如虎的宋真宗回到开封。在宋辽对峙的情况下，宋朝如何维持自己的政权呢？奸臣王钦若欺骗宋真宗说："戎狄之性，畏天而信鬼神，而今不如大搞符瑞，请天命以自重，戎敌便不敢轻视宋朝了。"他建议宋真宗"封禅"，说这是"镇服四海、夸示戎狄"的"大功业"。这正合崇尚迷信的宋真宗之意。大中祥符元年（1008）宋真宗想东封泰山，任命王旦做封禅大礼使，王钦若做经度制置使，陈尧叟、冯拯分别做礼仪使，宦官周怀政负责在泰山营建行宫，为东封做有关的准备。此时王钦若上奏，说自古以来，必须天降祥瑞，才能封禅。祥瑞即指河出图、洛出书、醴泉涌、甘露降、芝草生、佳谷现等种种灵异之事，据说乃上天有意降下的吉祥征兆。真宗正为难，王钦若又道，无人知晓上天何时降下祥瑞，所以祥瑞亦可人造。《易经·系辞》所载河图洛书并非实有其事，不过以神道设教罢了。真宗心领神会。

正月的一天，宋真宗对大臣们说："朕于去年十一月在梦境中看到仙者，说这个月会有天书出现在泰山。"几天后，王钦若对宋真宗说："泰山脚下有醴泉涌出，泉旁出现了'天书'。"事实上，这是王钦若在迎合真宗。当时还在修建行宫的周怀政，却拿着自造的泰山"天书"没日没夜地赶回京师，献给真宗，宋真宗亲自到含芳园奉迎泰山天书，还让送天书的功臣周怀政得到了高官厚禄。此"天书"为一书卷，上有泥封、丝结。内书"赵受命，兴于宋，付于恒。居其器，守于正。世七百，九九定"等善祷善颂之语。意为大宋江山永不倾倒。天瑞即降，十月，真宗开始东封，周怀政和皇甫继明拿着"天书"在前面，真宗在大批侍卫保护下，经过澶州、郓州来到泰山，到了山门，因为山路崎岖危险，只能下去走。登上岱顶，祭祀了昊天上帝，而且将"天书"陈放在圜台的左边，祭礼结束后，群臣高呼万岁，声音回荡在山间。下山后真宗又宴请大臣们，群臣皆加官晋爵。

就在满朝文武庆贺"封禅"时，有大臣劝告真宗节省开支、勤于政事。但真宗不听劝阻，执意于大中祥符四年（1011），率领文武百官到河中府汾阴祭祀后土。大中祥符五年（1012），真宗说他又梦见玉皇大帝授予"天书"。于是大设道场，在京师建景灵宫，供奉玉皇大帝。一时间，朝廷内外乌烟瘴气。

宋真宗整日不问政事，热衷于祭祀天地鬼神的迷信活动，这标志着北宋上层机关腐化，政治趋向形式化，北宋自此埋下了走向衰落的隐患。1126年，金国率兵南侵，掳走徽、钦二帝，宣告了北宋的灭亡。

《满江红》的作者真是岳飞吗

岳飞是南宋抗金卫国的名将，骁勇善战，在南宋初期抗金战争中屡建功劳。他一生征战，反对投降，代表了广大人民矢志抗金，执着地追求收复失地、报仇雪耻的愿望。

绍兴六年（1136），岳飞从鄂州移军襄阳北伐，一路上，顺利地收复了伊（阳）、洛（阳）、商（州）等州，大军围攻陈、蔡地区。但是，这次北伐，虽然五战五捷，却因钱粮不继抽回，而未能成功。岳飞面临着这种极其困难的处境，只好中途折回。岳飞的满腔热血沸腾起来，他想起自己从戎报国、风尘仆仆地转战在南北各地的战场上，虽然已经得到了节度使的荣誉与少保的官位，但是，这与自己追求的收复失地、报仇雪耻的壮志相比，个人的高官厚禄算得了什么呢？岳飞情不自禁写出了千古绝唱——《满江红》：

怒发冲冠，凭栏处，潇潇雨歇。抬望眼，仰天长啸，壮怀激烈。三十功名尘与土，八千里路云和月。莫等闲，白了少年头，空悲切。

靖康耻，犹未雪，臣子恨，何时灭！驾长车、踏破贺兰山缺。壮志饥餐胡虏肉，笑谈渴饮匈奴血。待从头，收拾旧山河，朝天阙。

人们一直以为这首豪气冲云天的词是岳飞所作。而近代学者余嘉锡却对《满江红》的作者是岳飞提出了疑问。他认为有两点值得怀疑：

疑点之一是这首词最早见于明代嘉靖十五年（1536）徐阶编的《岳武穆遗文》，在岳飞去世（1142）后，这首词从来不曾见于宋、元人的记载或者题咏跋尾，为什么会突然出现在 400 年后的明代中叶呢？这是令人生疑的。

另一个可疑之处是岳飞孙子岳珂所编《金陀粹编·家集》中没有收录这首词。岳飞的儿子岳霖和孙子岳珂，曾费尽千辛万苦、不遗余力地搜求岳飞遗稿，但在他俩所编的《岳王家集》中，却没有收录这首《满江红》，而且 31 年后重新刊刻此书时，仍然没有收录该词。如果真是岳飞所作，怎么会没有收入呢，岂不怪哉？据此，余嘉锡认为《满江红》可能不是岳飞所作，而是明代人的伪托。

继余嘉锡之后，上世纪 60 年代后期，夏承焘写了一篇《岳飞〈满江红〉词考辨》的文章，他除了赞同余嘉锡的怀疑外，又从词的内容上找出了一个新的证据，即"贺兰山缺"的地名有问题。他认为岳飞伐金要直捣的黄龙府，在今吉林省境内，而贺兰山却在今内蒙古自治区河套之西，南宋时属西夏，并不是金国土地，这首词绝非是岳飞所作。针对上述论断，一些学者又提出了不同的看法，认为不能轻易怀疑《满江红》的真伪，岳飞的确是《满江红》的作者：岳珂的《金陀粹编·家集》中没有收录此词，是当时复杂的政治局势使然，岳飞遭人陷害冤死时，他所有的奏议、文字都遭毁弃，岳珂没能及时发现此词；历史上也有很多重要篇章是在当时被遗漏或湮没后重见天日的，古代的私人藏书，往往被视为珍宝，不想宣泄外人，因而某些珍藏的典籍手稿不可能都有记载；至于词中的"胡虏""匈奴""贺兰山"等都是借古喻今，并不是实指，不能简单地当作是违背地理状况。

《满江红》这首耀煌古今、激动人心的爱国名篇究竟是否出于岳飞手笔？学者们各持己见，尚难统一观点。但是不管作者是谁，这首词抒发了作者"精忠报国"的怀抱，表现了这位英雄不愿虚度年华，迫切希望建立功名事业、报仇雪耻及收复国土的雄心壮志。风格豪迈悲壮，音调激昂，可谓"千载后读之，凛凛有生气焉"。

李清照晚年有没有改嫁

李清照，宋代杰出女词人，号易安居士，北宋著名学者李格非之女，21 岁嫁名士赵明诚，夫妻相得，皆好学能文。李清照在丈夫赵明诚亡故以后，是否改嫁张汝舟，成了后代学者深究而不得其解的历史之谜。

到了近代，有不少人提出李清照改嫁一事不存在。况周颐对张汝舟、李清照在赵明诚死后的行踪进行了考证，证明两人踪迹判然，当然不足信改嫁之事。黄墨谷几次著文为清照"辩诬"，对俞正燮等人的观点表示赞同，也将自己的不少看法提了出来。这些看法主要有以下几点：第一，黄墨谷对其他宋代李清照改嫁情况的记载提出异议。照他看来，宋代这么多人记载李清照改嫁一事，可是，赵明诚的表甥，又是綦崇礼的儿女亲家谢伋在他的著作《四六谈麈》中不但不提李清照改嫁一事，还称李清照为赵令人李，并且引了李清照对明诚表示坚贞的祭文，"坚城自坠，怜杞妇悲深"。第二，黄墨谷对李清照自传性文章《后序》提出了自己的看法。她提出，按照历法和宋代著作《容斋四笔》《瑞桂堂瑕录》的记载，《后序》应当作于绍兴五年（1135），这时张汝舟已经除名三年了。换句话说，即使清照有改嫁一事，《后序》中也应该提到。除了上面这些说法外，黄墨谷认为谈论清照改嫁一事，不应该摒弃她的自传性文章《后序》所反映的内容，也不应该摒弃她的诗、词、文章和生平事迹。李清照曾经讲过类似"虽处忧患而志不屈"等述志的话，她在明诚死后又为颁行《金石录》耿耿于怀，在68岁时还上表于朝。这些情况，也极好地证明了清照并没有改嫁。

另一些学者不赞同俞正燮、黄墨谷等人观点。他们认为，在记载清照改嫁的材料中，"就时间而论，胡仔、王灼、晁公武、洪适都是清照同时代人。就地域论，胡仔、洪适之书，一成于湖州，一成于越州，并不是去天万里，而胡仔、王灼成书时清照仍然健在。要说在清照生前他们就敢明目张胆地造她的谣言，伪造《谢启》，这是不近情理的。南渡后明诚的哥哥存诚、思诚都曾做到不小的官，赵家那时并不是没有权势"（黄盛璋《李清照事迹考辨》）。针对《谢启》的真伪问题，黄盛璋提出，李清照"颁金通敌"冤案发生在建炎三年（1129），从《谢启》中提到的"克复""底平"和称綦崇礼为"内翰承旨"等情况看，《谢启》当作于绍兴三年（1133）以后，因为建炎三年，朝廷正在仓皇避乱，不可能看"克复""底平"等事。再说，当时綦崇礼只担任中书舍人的官职，此职不能冠以"内翰承旨"的头衔。由此可见，发生在建炎之年的"颁金冤案"与《谢启》风马牛不相及。

有人提出张李二人在明诚卒后的踪迹判然，黄盛璋对此提出，从宣城、广德经吴兴有一条"独松岭道"，故不能肯定张汝舟是否去过杭州。黄盛璋还根据宋代社会习俗分析改嫁一事，他认为，明清两代妇女守节才趋严格。《宋史·礼乐志》中对治平、熙宁年间诏许宗女、宗妇两嫁之事有所记载。可见，宋代视改嫁为平常之事，宋人自然就不会惊诧于李清照改嫁一事了。

武当拳的始祖是张三丰吗

"北崇少林，南尊武当"。武当派是我国古代一支重要的武学门派，与著名的少林派齐名。两派并称中华武术的两大主脉。武当派武功的特点是以静制动，以柔克刚。武当派的源流却十分复杂，引起众多人士的争论。

据研究，武当派共有四大派，即正乙派、全真派、玄武派、三丰派。

武当正乙派，一般不外传，是武当山本宫龙门内部传接的一派。正乙派的"武当太乙揉扑二十三式"曾被金子弢先生向世人披露过。当年他向他的师傅李合林道长发誓不以此传人，才学得此拳。李合林道长称明弘治年间（1488～1504），由本宫龙门及道门流派中的吐纳、导引、技击等融会而成这"武当太乙揉扑二十三式"。此派要求做到"心息相依，腰随胯转，运行匀缓，动静自如""行与蛇之行，劲以蚕作茧""辨位于尺寸毫厘，制敌于擒扑封闭"。从技击角度看，幅度较小，行动较慢。虽然后人不断更新此武功，但它仍具有很强的古典特征。

武当全真派与玄武派都有许多拳术、剑术。众所周知的八卦掌、太极拳、形意拳以及鱼门拳、猿猴伏地拳、六步散手等民间珍贵拳种均包括在内；剑术有武当剑、白虹剑等。这一派传授之人众多。现存疑问颇多，如太极拳是否发源于陈家沟，董海川是否创立了八卦掌等。

历来认为武当派的鼻祖是武当三丰派。《武当拳术秘诀》云："本武当三丰之要诀，为武当之正宗。"1928年秋，万籁声先生所著《武当汇宗》谓："武当宗洞玄真人张三丰祖师。"裴锡荣、李春生主编的《武当武功》一书，也说是明代张三丰创立了武当武术。经过数百年的演变，武当武术由最简单的"八门五手"的十三势拳而发展今天，拥有众多门类，包括太极拳、八卦掌、形意拳、武当太极拳、武当八极拳、武当剑、玄武棍、三合刀和龙门十三枪等。

有人在对史料中的张三丰进行了考证研究后，却指出武当的祖师并不是明代道人张三丰，而是源于少林派。

经过武当拳法研究会和一些专家在1999年初开始的潜心挖掘整理，100多个武当拳法门派和500多种拳谱得到基本确认。几年中，武当拳法研究会和武汉体育学院的一批专家深入到民间考察，通过探访、召开武术名家座谈会等多方搜集资料，并查阅了成堆史料和数百件碑拓笔记。整理的资料总计1000多万字。他们从以上史实资料中得出武当祖师张三丰历史上确有其人，并认为，在他提出的"守内、崇实、修性、健身"的原则指导下，武当拳运用"太极说""阴阳说""五行说"等进一步发展，形成了"顺其自然、以静制动、技进于道"的特点，也进一步完善了武当派的独特理论和技术体系。

《永乐大典》正本流失何方

《永乐大典》是我国文化史上最早且最全面的一部百科全书，而且是迄今为止世界上最大的古代百科全书。明代永乐年间，明成祖朱棣命解缙、姚广孝前后用了6年时间编辑《永乐大典》，参加编写、撰稿、圈点的文人多达3000多人。《永乐大典》全书共22937卷，凡例、目录60卷，装订成11095册，3.7亿字。然而，这么一部重要的百科全书，在嘉靖年间重录之后，它的正本已丢失，委实奇怪。后人的有关记载又众说纷纭，而且以讹传讹，成了中国文化史上一件重大谜案，至今也没有形成定论。后人对《永乐大典》正本下落提出了种种看法和疑问。

有一种看法认为，随明世宗将此典殉葬于永陵。理由有三条：其一，从明世宗厚爱《永乐大典》来看，在明代帝王中，曾阅读过《永乐大典》的，不过明孝宗、明世宗两人。明孝宗曾命录《永乐大典》药物禁方赐御医房诸臣。和孝宗比，世宗则更爱《永乐大典》。据《明世宗实录》载：他"几案间每有一二帙在焉""按昀索览"；嘉靖三十六年（1557）宫中失火，世宗连夜多次下命令抢救《永乐大典》，之后又决定"重录一部，贮之他所，以备不虞"。由于明世宗对《永乐大典》视为珍宝，所以正本极有可能为其殉葬于永陵。其二，在明代，有用生者平时喜爱的书籍殉葬的习惯，如20世纪60年代山东发掘朱元璋子鲁王朱檀墓，发现殉葬的有《黄氏补千家集注杜工部诗史》等典籍；70年代上海郊区发掘的明墓中有成化本的《白兔记》等。明世宗在位时间很长，又极爱《永乐大典》，用《永乐大典》正本殉葬的可能性自然也极大。再者，从永陵的建筑特点来看，其工程甚为宏伟，超过明代诸陵，以其建筑规模，也存在将《永乐大典》正本殉葬的可能。

还有一种观点认为，《永乐大典》正本藏于皇史宬夹墙说。此说以著名历史学家、山东大学历史系教授王仲荦先生为代表。王先生对《永乐大典》素有研究，他始终认为"正本没有亡毁，我怀疑藏在皇史宬夹墙里"。皇史宬是修成于明世宗嘉靖十三年（1534）专门存放《实录》《圣训》及《玉牒》等的皇家档案库。而皇史宬的建筑，包括门、窗、大梁全用砖石修葺，殿基耸出地面，具有防火防水的功能。因此，《永乐大典》正本有可能藏于皇史宬夹墙内。

还有一种看法是《永乐大典》正本毁于明亡之际。坚持这一看法的人很多，以郭沫若署名的《影印〈永乐大典〉前言》为代表。郭沫若说："明亡之际，文渊阁被焚，正本可能即毁于此时。"

由于史籍没有明载《永乐大典》正本的下落，后人也在此问题上又有种种猜测和臆想，所以正本至今下落不明。要弄清它到底行踪何处，看来只有借助考古发现了。

施耐庵是《水浒传》的作者吗

施耐庵，一般认为他是元末明初人，并认为他是我国古代四大名著之一的《水浒传》的作者。迄今为止，所有版本的《水浒传》上都冠名施耐庵。

《水浒传》在我国是家喻户晓的文学名作。它主要记叙了北宋末年宋江等三十六人聚集梁山泊的农民起义，通过描述其爆发、发展直至失败的全过程，揭露了封建统治阶级的罪恶，歌颂了梁山英雄的反抗精神，也指出了农民起义的必然悲剧结果。《水浒传》中刻画了如鲁智深、林冲、武松、李逵等至今为人民所熟悉的梁山好汉，这些人物形象长久地活跃在人民心中，可谓妇孺皆知。

学术界对施耐庵是否为《水浒传》作者的怀疑有其自身的原因。

《水浒传》是根据以往长期流行的宋江起义的民间故事，在说书人的"水浒故事"话本和元朝的《水浒》杂剧的基础上进行再创造而最终完成的。在这个由民间口头流传再到文人加工创造的漫长过程中，再加上在那个历史时代，很多作品上并不署上作者的名字，甚至并不署名。后世对施耐庵是否为《水浒传》作者的怀疑正源于此。

有人提出了施耐庵并没有写过《水浒传》一书，《水浒传》的作者应该是罗贯中。罗贯中与施耐庵大致属同时代的人，也是一个大作家。考证罗贯中所作的《三遂平妖传》，其中二十一篇赞词中有十三篇直接被插入到《水浒传》中，这足以说明《水浒传》也是由罗贯中所作。

也有人认为《水浒传》是施耐庵和罗贯中合作共同写出的。他们查证说，在《忠义水浒传一百卷》上题有"施耐庵撰，罗贯中编次"。此外，在天都外臣作序的《水浒传》上也题署"施耐庵集传，罗贯中撰修"。这两个版本，一个是《水浒传》的祖本，一个是如今能见到的最早的《水浒传》的版本，其权威性是显然的，因此是可信的。

但是有人根据对《水浒传》问世时间的考证后指出，现在可能见到的最早谈到《水浒传》的文献出现在嘉靖年间，此时距离元朝灭亡已经有一百多年了。所以《水浒传》不会产生在元末明初。此外，在《水浒传》中提到了很多明朝的建制，而根据可见的史料记载，施耐庵是元末明初人，又怎么可能写出明朝的建制？

由此，他们判断说施耐庵并没有写作《水浒传》，并提出，真正的《水浒传》作者应该是郭勋，因为郭勋的百回本《水浒传》应该是《水浒传》的最早版本。

接着又有人对施耐庵的真伪问题提出了质疑。施耐庵在历史上真有其人吗？有考证说，明朝嘉靖时还没有公开在小说卷首上署作者的真实姓名的惯例，那么《水浒传》上署的"施耐庵"也就有并不是作者的真实姓名，很可能是为了逃避文字狱的迫害而伪造的名字。

看来，施耐庵是否写成了《水浒传》这部作品，还有很多的疑点。追究时代的原因，在那个时候，小说还只是末流文学，是被士人所不齿的，所以像"施耐庵"这些人仅仅流传下自己的作品，自己本人却被埋没了。他也许没有想到，多年以后，他的作品会在人们心中有如此大的震撼；也一定想不到，后人会因他所留下的甚少的资料而展开如此激烈的争论。这个谜，不知何时才能解开！

山西大槐树迁徙之谜

"问我祖先在何处，山西洪洞大槐树。祖先故居叫什么，大槐树上老鸹窝。"这首民谣从明朝初年开始在我国的河北、河南、江苏、安徽、福建甚至台湾等地区广为传颂。民谣记录的是从洪武初年到永乐十五年(1417)前后，明政府在山西进行了历时50年、人数达到数十万、迁出面积达到当时我国一半以上国土面积的大规模的强制性移民，这次移民是有史料记载以来中国历史上规模最大、时间最长、范围最广、意义最深远的一次大移民事件。由于当时明政府把这些移民都集中在洪洞县古大槐树下，进行登记注册后强制带走的，所以绝大部分移民后裔都把前辈出发的最后之地洪洞作为外迁之前的祖籍，将这棵大槐树作为祖籍的标志。人们也因此把这次迁徙俗称为"山西大槐树迁徙"。

关于当时迁徙的原因和情景，在这些移民的后裔中流传着这样的故事：相传在朱元璋在建立明朝的过程中，一个得力而勇猛的大将军胡大海为他出生入死，立下了汗马功劳，因此，在开国大典后，朱元璋要论功行赏，就问胡大海想要什么，结果胡大海竟然恶狠狠地要求杀光河南的百姓。原来胡大海参加起义前，由于一时落魄，在河南一带讨饭，但当地百姓看到他长得过于凶狠可怕都不愿施舍，胡大海差点被饿死，因此，他得势后只想报复。朱元璋觉得牵涉的面积太大，但又考虑到胡大海的赫赫战功，于是答应他可以在河南界内射一支箭，他只可以杀这支箭射出范围内的人。不料，胡大海这支箭射在一支大雁的尾巴上，受伤的大雁飞出河南界内，竟一直飞到了山东，胡大海跟着飞雁一路追杀，几乎将河南、山东等地的人杀光了。朱元璋因为"天子一言，驷马难追"，只好开始从当时地少人密的山西调拨人口过去。

当时，明政府完全不顾移民地区百姓的想法，贴出告示："愿意移民的人，在家等待。不愿移民的人，三天内赶到洪洞县的大槐树下集合。"于是，3天内大约有十来万的不愿离乡背井的人聚集到树下，大批官兵突然将他们通通围住，全部捆绑起来，在百姓一片哭喊叫骂中开始登记造册。移民们临行之时，悲伤地看着故乡，听着栖息在树杈间的老鸹发出一声声哀鸣，潸然泪下，频频回首。为此，大槐树和老鸹窝就成为移民惜别家乡的标志，也因此留下了那四句民谣。据说当时官兵怕有人逃跑，就在移民们的小脚趾上砍了一刀来识别身份，因此，移民后裔的小脚趾甲都是复形的，也因此留下了"谁是古槐迁来人，脱履足趾验甲形"的话来。还有在迁徙过程中，移民都是被反绑着双手来长途迁移的，因此，移民的后裔也喜欢背着手走路。从明初洪武三年(1370)直至永乐十五年(1417)，前后将近半个世纪。山西两府51县的百姓分别被遣送至北京、河北、河南、山东、安徽、江苏、湖北等地，范围之广几乎占到了大部分的国土，而他们的后辈还有再次迁徙到了国外的。

为了不忘故土，许多移民后代都纷纷登记族谱，将迁徙的事记录下来，也成为这次迁徙的佐证。如湖北省宜城县郭海村《周氏祖碑》载：始祖周继全，自洪洞古大槐树筷子巷迁到宜城县关集，后居张家村，又改为周家楼。还有些移民到了迁徙地后，还是用原来的故乡名字来命名村名，如北京郊区有赵城营、红铜（洪洞）营、蒲州营、长子营等，根据考证他们都是明朝从赵城、

山西省洪洞县大槐树祠堂外景
明太祖朱元璋先后七次下令将包括洪洞县在内的山西南部无田百姓迁往中原等地屯种。大槐树成为移民眼中故里的象征。

洪洞等地迁去的。

这些记录主要是来自移民后裔的口口相传，关于胡大海这个人在《明史》中确实有记录，但他杀光河南人口的事并没有相关史料，可能是后人的附会和猜测。现在大部分的专家和学者还是认为：山西大槐树迁徙还是与当时中原之地兵火连年和长期的黄河泛滥有关，元朝末年，河北、山东、河南、陕西及安徽一带，人口锐减，土地荒芜。而山西由于太行山的阻隔，没有遭受到战火摧残，风调雨顺，经济繁荣，人丁兴旺。附近省份的难民也逃到山西，使山西南部更加是地少人密。根据《明太祖实录》记载：洪武十四年(1381)，河南、河北人口均不过189万人，而山西却达403万人，超过河南、河北人口总和。当时刚刚建立的明王朝政权为能把各个省的经济都发展起来，才会大规模进行迁移。而洪洞又是山西人口稠密的县之一。所以明朝政府在这里给移民登记造册和编排队伍是完全有可能的。还有人认为移民是为了减少社会矛盾，平衡人口。这些都有一定道理。

600多年过去了，山西大槐树迁徙的原因仍待考察，那棵汉代古槐也早已消失。槐乡的后裔遍布全国二十多个省，四百多个县，有的还远在南亚一些国家和地区。槐树之乡牵动着海内外华人的心，每年4月1日至10日洪洞当地的人民还举办"寻根祭祖节"，牵动海内外大槐树后裔前来寻根。

谁是《金瓶梅》的真正作者

《金瓶梅》是一部惊世奇书，也是"明代四大奇书"之一，还被清代小说点评家张竹坡誉为"第一奇书"。它借《水浒传》中"武松杀嫂"一节引出以西门庆为主角的一段市井生活，借宋代的人物暴露明代社会的腐败。一般认为书名是以西门庆三个重要女人名字中的各一个字拼凑成的。"金"指潘金莲，"瓶"指李瓶儿，"梅"指庞春梅。这本书思想内容丰富、艺术手法娴熟，但是它问世时，作者并没有署上自己的真实姓名，所以学者们对它的作者问题始终抱有很大的兴趣，以至《金瓶梅》的作者到底是谁，迄今仍无定论。

《金瓶梅》的作者署名"兰陵笑笑生"，但其真名实姓考证至今并无定论，作者是谁也说法不一。因为作者声称写的是山东地面的人和事，署名中又有"兰陵"字眼，加之作品用语基本上是北方话，所以多认为是山东人。有的研究者认为作者是李开先。李开先是山东人，嘉靖进士，40岁罢官回家，他的身世、生平和对词曲等市井文学的极深的爱好和修养与前人对《金瓶梅》的说法不谋而合；作品本身也证明它同李开先关系密切；李开先的作品《宝剑记》也是用《水浒》的故事，把《金瓶梅》和李开先的《宝剑记》做比较，就会发现不少相同之处。所以《金瓶梅》和《三国演义》《水浒传》《西游记》一样，都是在民间艺人中长期流传之后，经作家个人写定的，而这个写定者就是李开先。还有人认为作者是另一个山东人贾三近，他是嘉靖、万历年间大文学家，因为《金瓶梅》一书从头到尾贯穿了大量的峄县人仅用的方言俚语，峄古称兰陵，从贾三近的生平事迹，以及宦游处所、人生经历、嗜好、著作目录等方面看，他是最接近"兰陵笑笑生"的一个人。

最流行的看法则认为，嘉靖年间的大文学家王世贞是《金瓶梅》的作者。王世贞，字元美，号凤洲，又号弇州山人，是南京刑部尚书，也是明代著名的文学家、史学家。王世贞才学富赡，文名满天下，与李攀龙、谢榛等合称为"后七子"。在前后七子中最博学多才。李攀龙去世后，他独领文坛20年。《明史》称他"才最高、地望最显，声华意气，笼盖海内"。

他为官清正，不附权贵。东林党杨继盛被严嵩陷害下狱，他经常送汤药，又代杨妻草疏。杨被害后，他为杨殓葬；父亲被严嵩陷害，他作长诗《袁江流钤山冈》和《太保歌》等，揭露严嵩父子的罪恶。他精于吏治，乐于提拔有才识之人，衣食寒士，不与权奸同流合污，受时人推重。

据说他作《金瓶梅》是想为父报仇，王世贞的父亲因献《清明上河图》的赝品，被人识破，因而得罪权臣严嵩和严世藩父子，最后被残害致死。王世贞为报父仇，特作小说《金瓶梅》献给严世藩投其所好。书的内容隐射严嵩父子，揭露他们的种种丑行，而书上又涂有毒药，当严世藩读完此书后就中毒而死了。

但是著名学者吴晗率先对这个观点提出质疑，他查阅了大量的正史、野史、笔记，以翔实的史料作为依据，推翻了前人据以立论的主要依据——《清明上河图》与王世贞家族的关系，得出历史上的王世贞之父并不是因为献假图被害，严世藩也不是因为中毒而身亡的结论，否定了《金瓶梅》为王世贞所作的传统看法。吴晗还从书中大量运用的"山东方言"这一点来看，认为王世贞虽然在山东做过三年官，但是要像本地人一样用方言写出这样的巨著是不可能的。他还明确指出，《金瓶梅》应为万历十年至三十年（1582～1602）的作品，作者绝不可能是王世贞。有不少研究者也撰文支持吴晗的观点。

20世纪80年代，国内开始有语言学家发表文章对作者的山东籍贯表示怀疑，理由是作品中有不少用语是当今山东方言所没有的，反而在吴方言区经常用到，于是大胆设想作者有可能是吴方言区人。30年代时，英国汉学家阿瑟·韦利就曾提出《金瓶梅》作者是徐渭这一说法，在60多年后的今天却被绍兴文理学院讲师潘承玉新近出版的《金瓶梅新证》给证实了。

潘承玉的《金瓶梅新证》首先从时代背景推断《金瓶梅》成书时代为明嘉

《金瓶梅》故事图 清
此是清初人依据《金瓶梅词话》第六十三回所绘的图画。画面中央艺人正在表现海盐腔，右下方的伴奏乐队有提琴、三弦、笙、笛、云锣等乐器，两旁是饮酒看戏的宾客，左上方是掀帘看戏的女眷。

靖末延续至万历十七年（1589）稍后，而这正与徐渭的生活时代相吻合。从地理原型、风俗、方言等诸角度多层面来看，小说与绍兴文化也有很深刻的联系，根据《金瓶梅》是一部"借宋喻明""借蔡讽严（嵩）"之作，指出当时正是绍兴形成了全国第一个反严潮流，披露了徐渭与陶望龄以及沈炼为代表的一大批"反严乡贤"鲜为人知的史实，从沈炼正是被严嵩迫害致死，断言徐渭是因感于乡风，感于沈炼的冤死愤慨而作《金瓶梅》。另外，徐渭在晚年曾暗示过他花40年心血而完成了一部长篇小说。而《金瓶梅》的措辞用语、文风都与徐渭十分吻合。另外，从作者写作《金瓶梅》的特殊心态，也跟徐渭的遭际一脉相承。

中国古典文学名著《金瓶梅》问世四百多年来，作者究竟是谁？创作背景怎样？笑笑生究竟是何人，还是一个未解的谜，这一连串疑问仍像重重迷雾笼罩，等待后人的解答。

中国古代太监娶妻之谜

太监又称寺人、奄（阉）人、中官、内侍、宦官等。它是中国封建专制主义政治体制特有的产物。在常人的心目中，太监是阉人，不能算男性。他们没有胡须，嗓音尖细，行为、声音皆有女性化的倾向，可以说是无性别的"中性人"。然而令人感到惊奇的是，有的太监还会娶老婆"成家"。

那么，太监为什么要娶妻呢？其目的何在？又有什么奥秘呢？这一问题，曾引起不少史学家、人类学专家和医学家们的兴趣，并进行了长时期的研究和分析，提出了各自的观点，其看法、观点主要体现在以下几个方面：

一是料理家务说。有一种意见认为，太监和常人一样，亦须整理家常以及做缝补浆洗等事，而最省事的办法，莫过于娶妻回家。太监之间等级森严，大致分为总管、首领、御前太监、殿上太监和一般太监。总管是侍候帝、后、太后，妃嫔身边只是首领。各管事的上层太监都有自己的小厨房和花园住宅，过着十分优越的生活。那些上层太监娶妻纳妾的目的主要是为了料理好家务。但是，有的学者有不同的看法："此则雇佣女佣足矣，何必定须正名而娶妻室？且有诸皇帝所赐，更有一妻不足，增至二三妻者，抑亦怪矣。"在他们看来，认为太监娶妻是为了料理家务的观点，于情理上是说不通的。

二是夫妻生活吸引力说。太监虽然已被阉割，不能过正常夫妻间的生活，但作为一个富有的人，他总是希望能享受一个家庭的"乐趣"，需要有个女人在身边侍候，最好的方法就是娶妻纳妾。

三是摆脱孤独心理说。这一派的代表人物是日本著名学者寺尾善雄。他在研究太监的力作《宦官物语》一书中写道："太监与女性组成家庭主要是摆脱孤独的心理，他们在世间受白眼，遭人蔑视，所以要求得到妻子的温暖，这倒也是不难理解的。太监的妻子大多为宫中女官。因为宫廷生活与世隔绝，只有宫内女官才能与太监成双作对，这样就可以相互依靠。"太监除了肉体上的变化之外，在性格上也会发生变化，他们会没有任何原因地哭泣，会为一点小事无故发火，发怒时又会突然不再生气，喜怒无常。他们看到比自己强的人便会摇尾乞怜，奴颜婢膝地去迎合，表现出自卑感和软弱性。他们还会对小孩和女性有爱情表白，也会变态地迷恋着饲养的小狗。这种特殊的心态再加上不少人不耻与太监为伍，他们几乎没有任何其他朋友，于是自然而然地会使太监产生一种孤独、失落感。在这种情况下，太监们有可能娶一个妻子回来，以便使自己能够摆脱这种孤独落寞的感觉。

四是净身（阉割）不彻底说。有的学者持这种说法是以小德张娶妻这一事例为依据的。小德张是从小净身的阉人，为什么到了青春期忽然对女性感起兴趣来呢？甚至于后来陆续讨了几个老婆，有人解释说，小德张没有经过彻底的净身，留了些根蒂，致有日后之变。我国著名的医学博士兼文史家陈存仁曾多年研究太监问题。他认为太监净身不彻底，阴茎重生，而导致性欲产生是极有可能的。

五是性基因启动说。太监虽然失去了男性的生殖器官，但他仍然是个男人。到了青春期自然有接近女性的欲望，"娶妻"只是揭露了太监对女性接近占有的一种欲望罢了。因此，我国学者孔宪璋等人认为，太监娶妻的真实原因是启动了性基因。

太监娶妻的真正动机的原因究竟是什么，这是一个十分复杂的问题，它和各种因素，比如历史、环境、心理、医学等都密切相关，要解开这一谜底，尚须学者们作进一步深入仔细的分析和研究。

高鹗续写了《红楼梦》吗

《西游记》《水浒传》《三国演义》以及《红楼梦》并称为我国古典文学的四大名著，其中又以《红楼梦》成就最高，达到了我国古典文学的顶峰。《红楼梦》成书至今已有二百余年的历史了。作为我国最重要的一部小说，它不仅感动了中国人，也得到了世界人民的重视与喜爱。《红楼梦》有各种不同的版本，数十种续书，流传到世界各国。

长期以来，人们普遍认为曹雪芹只写了《红楼梦》的前80回，后40回是清代文人高鹗所写。然而由于《红楼梦》的成就如此之高，人们对它的热爱如此之深，曹雪芹心中的《红楼梦》的后40回究竟如何，一直成为文学界乃至热爱"红楼"的人的一大遗憾。

"高鹗续书说"最早是由我国大学者胡适提出来的。他最早看到《红楼梦》的时候，认为小说的诗词是在暗示人物的命运和结局，但是看到后来，有些人物的结局并不按照诗词所预言的那样。所以他提出小说的前80回和后40回有矛盾，进而猜测《红楼梦》可能是由两人所写。同时，经他考证，高鹗的同年进士张船山在《赠高兰墅鹗同年诗》题解中写道："传奇《红楼梦》后四十回俱兰墅所补。"于是胡适便将补书的作者认定是高鹗。这种观点提出后长期被人们接受，也就是很多人普遍认为《红楼梦》后40回是由高鹗所写的原因。对于高鹗补写后40回，也有不同的说法。一种说法是高鹗根据自己的喜好编出自己喜欢的后40回，自娱自乐，还有一种说法更可笑，那就是高鹗奉清廷的要求，修改和续写"红楼"，所以在思想上必然受到约束。

然而，随着对内容的进一步研究，很多学者、专家认为高鹗不可能续后40回《红楼梦》。首先，从高鹗的生平来看他不可能续写《红楼梦》：高鹗，字兰墅，一字云士，清代文学家。因为他酷爱小说《红楼梦》，所以自取别号"红楼外史"。他是汉军黄旗内务府人，祖籍铁岭（今属辽宁）。他于乾隆五十三年（1788）中举人，六十年（1795）中进士。据胡适考证，高鹗续写"红楼"的时间是在1791至1792年，只有两年的时间。然而，这么短的时间，高鹗可能写出占原书一半篇幅的后40回吗？高鹗怎么可能求取功名的时间里花如此多的精力续写《红楼梦》？这显然是件不合情理的事情。其次，高鹗续写"红楼"的时候，真本的《红楼梦》并没有完成太久，可能根本就没有消失，只是零散不全，需要补充，那么高鹗何必又要舍弃原来的而自己另写后40回呢？难道他想替曹雪芹干活，自己做无名英雄吗？

而且据我国的红学专家周汝昌老先生考证，《红楼梦》的结果不是高鹗所续的那样，而是在大抄家后，贾府全家败落，在贾环及赵姨娘等的密告下宝玉和凤姐入狱，后来被小红（红玉）和贾芸搭救，凤姐因此心力交瘁而亡，宝玉沦为更夫时宝钗也已郁郁而亡。在抄家前黛玉与湘云投湖自尽，后来史湘云被搭救，沦落风尘。最后与宝玉邂逅二人结为夫妻。这才是故事真的结局。这么说，高鹗续书又何必两头不讨好呢？

我们再来看看曹雪芹。传说他曾"披阅十载，增删五次"，这说明《红楼梦》很可能本来就已经写完了，只是一些原因，我们没有看到后40回。那么高鹗是否真的续写后40回呢？

目前，一些专家学者认为高鹗不仅没有续写后40回，而且现存的红楼梦都是曹雪芹本人所写。据他们考证，将1959年山西发现的《乾隆抄本百廿回红楼梦稿》（简称《红楼梦稿》）与其他所有版本进行了比照，发现《红楼梦稿》才是曹雪芹的手稿本，而其他所有版本都是曹雪芹在这部稿本上一边修改一边由不同的人抄录出去的。只是由于全书修改的时间很长，抄出去的版本很多。另外，从语言上来考证，全书120回通用的语言风格都是南京话，而东北人高鹗是写不出来的。况且，"红楼"中的人物是变化发展的，不一定与诗词的预言发生矛盾。

无独有偶，一位计算机专家从数学统计方面入手，在语言风格上，通过计算机的统计、处理、分析，也对《红楼梦》后40回由高鹗所作这一流行的看法提出了异议，认为120回都是曹雪芹所作。

《红楼梦》后40回到底是由谁续写的？也许这并不重要，正如断臂维纳斯的完美之处，因为不完美而完美，后40回是给读者留个想象空间。到底是谁误读了《红楼梦》？高鹗是否钻了只有80回的这个空子？他是否真见到了80回以后的残稿？到底他的40回续书，和雪芹真书有无关系？这成了一个历史之谜，不过也正是因为后人的续写，才使得《红楼梦》这一经典成为一部有始有终的完整作品。

贴春联之谜

在中国过春节最为盛行也最具有诗情画意的应该是"总把新桃换旧符"的春联了。春联是对联的一种，也叫"门对""春贴""对联""对子"。过年时，各家的街门、屋门的门框上，都贴春联，门楣上还要贴"横批"。春联既可高悬在大雅之堂，又可张贴在茅屋之中，它以工整、对偶、简洁、精巧的文字描绘时代背景，抒发美好愿望，是我国特有的文学形式。

春联作为一种独特的文学形式，在我国有着悠久的历史。春联是从桃符演变来的，又称"桃版"。传说中黄帝时代，鬼国在度朔山上，那里有一棵枝干覆盖3000里的大桃树，黄帝的神官神荼、郁垒每到除夕都要在树下审问群鬼，把干坏事的鬼捆了喂白虎。所以古人认为桃木是五木之精，能制百鬼，从汉代起就有用桃木做魇胜之具的风习，以桃木做桃人、桃印、桃板、桃符等辟邪。最早的门神像是以桃木刻成的，后来改成桃木板或桃木条画神荼、郁垒画像，挂在两扇门上，称为"桃符"。后来人们为了方便书写开始在过年时写吉祥话于桃木板上，逐渐成为春联。但作为以文字形式表现的春联究竟是什么时候出现的，众说纷纭，到现在仍然是中国传统文化的未解之谜。

一种说法认为春联的出现是由于明太祖朱元璋的提倡，因此春节贴春联的民俗应该是在明代开始盛行的。据史书上记载，号称"对联天子"的朱元璋酷爱对联，不仅自己挥毫书写，还常常鼓励臣下书写。清代的陈云瞻在《簪云楼杂话》中记述道："春联之设，自明太祖始。"有一年除夕，朱元璋兴致大发，传旨全国，不论是公卿大臣还是平民百姓，家家户户门上都要贴一副对联，以示普天同庆。第二天他悄悄微服出宫去，沿着大街边走边看，看见有一家的门上什么都没有，朱元璋便敲门进去，装作路人打听他们怎么敢违抗圣旨。主人愁眉苦脸，唉声叹气地告诉他："我家以屠宰为生的，自己根本不会写字，请人代笔别人又看不起我的身份，不愿帮我写，实在是没办法啊。"朱元璋听后大笑，对主人说："拿笔墨纸砚过来吧，我写一副对联送给你。保证不仅符合你的身份，还会奇巧幽默、对仗工整、平仄协调。"等对联写成后，围观的人都连声叫好。此人也大喜过望。联上写着"双手劈开生死路，一刀割断是非根"。后来有人认出了朱元璋，这件趣事传开了。以后当时的文人也把题联作对当成文雅的乐事，写春联便成为一时的社会风尚。

但是专家认为如果以此就说春联始于朱元璋的说法是很不准确的。原因是历史记载，春联在我国有着悠久的历史，发展到今天已经有一千多年了，作为一种独特的文学形式。它从五代十国时就开始，到朱元璋的时候不过是很兴盛了。中国最早的一副春联是后蜀之主孟昶所写的，据《宋史·蜀世家》上记载着964年的除夕：蜀后主孟昶命学士为题桃符，以其非工，自命笔题云："新年纳余庆，嘉节号长春。"这副"新年纳余庆，嘉节号长春"流传开后才被认为是中国春联的来历。宋代过年写春联已经相当普遍了，在《宋史·五行志》《梦梁录》《癸辛杂识》等古籍中都有记载。王安石的《元日》诗中写的"千门万户曈曈日，总把新桃换旧符"就是当时春联盛况的真实写照。入清以后，乾隆、嘉庆、道光三朝，对联犹如盛唐的律诗一样兴盛，出现了不少脍炙人口的名联佳对。

虽然春联的来历还是未解之谜，但它代表了人们对新一年的期盼。历史上留下了众多佳句"春风阆苑三千客，明月扬州第一楼""爆竹一声除旧岁，桃符万户迎新年""天增岁月人增寿，春满乾坤福满门""门迎春夏秋冬福，户纳东西南北财"等，这些都成为中国传统文化中的宝贵遗产。

除夕放鞭炮之谜

每到春节，中国人都会燃放烟花爆竹来庆贺新的一年的来到，这就是王安石诗中说的："爆竹声中一岁除，春风送暖入屠苏。"除了喜庆之外，最早人们为什么要放爆竹呢？关于这个谜，还有一个有趣的故事。

相传在远古的洪荒时代，有一种凶恶的怪兽，人们叫他"年"，年兽生活在深海里，长得獠牙利爪，性情很凶猛。每到大年三十的晚上，年兽就要从海里爬出来破坏庄稼，见人就吞，见屋就毁，令百姓们不能好好地过年。为了躲避它，人们只好在除夕之夜把老弱病残送到深山老林里避难，青壮年的男人们留在家里拿着大刀锄头，把门反锁着守卫家门。一年的除夕，人们正在手忙脚乱地收拾干粮包裹，一个风尘仆仆的老人来到一个农家要水喝，他鹤发童颜、精神矍铄、气宇不凡。农户好心地告诉他关于年兽的事，让他赶紧和村里人一起逃到山里，老人微微一笑："不用担心，让我来赶走那个孽畜吧！"众人都以为这个老人疯了，可是老人任凭村里人怎么劝都不听，他来到一个荒弃的破房子里，闭门不出。眼看天就要黑了，人们只好不再管他各自逃命去了。半夜，年兽又来到村里，村里一片漆黑，它四处闻嗅着人类的气味，沉重的脚步声使看家的人无不心惊胆战。这时，那间废弃的小屋里突然出现了强烈的灯火，年兽立刻调头扑向那里，它刚顶开门跑进院子，突然出现了一团大火伴着"啪啪"的爆响，年兽听到巨响、看见火光吓得掉头逃窜，好像受了重伤一样嗷嗷痛叫。人们闻声赶来，看见老人身穿红袍站在院子中大笑着消失了，废屋门上贴着红纸，院里一堆未燃尽的竹子仍在"啪啪"炸响，屋内几根红蜡烛还发着余光。第二天，逃难的人回来听说这件事，都连连称奇。后来老人托梦给那个农家，说自己是天上的紫微星，他为了拯救人们，才决心消灭年兽。他已经用火球将年兽击倒后用粗铁链将它锁在石柱上了。消息传开后，人们都十分高兴。为了纪念这件事，每到除夕之夜，家家户户都贴红纸、穿红袍、挂红灯、敲锣打鼓、燃放爆竹，来庆祝这祥和平安的一年。

还有人认为鞭炮原来是人们用来避邪祛灾的，不少书已经有过详细介绍。而西汉东方朔的《神异经·西荒经》说得更加详细：西方的深山里有一种长得像人的鬼魅，面目狰狞，个子很矮，常常袒胸露臂在河里捕食小鱼小蟹，而且看到人也不害怕也不跑。看到山里有人露宿，他就在人们都睡着后，靠着火来取暖并烤食鱼虾吃，有时候还乘人不在偷人的盐，可是它跑得很快，人们也追不上，它还会使人得寒热病。人们根据它的叫声给它取名叫山臊。一次，一个猎人无意间用竹子点着火了，发出巨大的爆炸声，山臊吓得只发抖，急忙逃窜去了。史学家认为：东方朔所提的恐怕只是一种动物而已，后代人以讹传讹，于是爆竹便具有了避邪祛灾的功能。《诗经·小雅·庭燎》篇中有"庭燎之光"的记载。所谓"庭燎"就是用竹竿之类制作的火炬，竹竿燃烧后，竹节里的空气膨胀，竹腔爆裂，发出噼噼啪啪的响声，后人根据这些描写附会出来的"爆竹"的由来。《荆楚岁时记》

放爆竹图 清

中载："正月一日，是三元之日也，春秋谓之端日，鸡鸣而起，先于庭前爆竹以辟山魈恶鬼。"这段记载至少说明爆竹在古代是一种驱瘟逐邪的音响工具，这就使得燃放爆竹的习俗从一开始就带有一定的迷信色彩。

比较科学的看法是，在唐朝初年，由于战乱四起，死去的人很多，造成了民间瘟疫四起。有个很聪明叫李田的人，他想到烧火放烟可以祛除灾害，于是尝试把硝石装在竹筒里点燃，结果发出震天的巨响，还产生了浓烈的烟雾，他的家人都没有生病。于是人们纷纷学习这种做法，结果驱散了那些病毒，制止了疫病流行。这便是爆竹的最早雏形。后来，道家炼丹，出现了把硝石、硫黄和木炭按一定比例混合的可以控制的火药，人们将火药填充在竹筒内燃烧，产生了真正意义上的"爆仗"。到了宋代，纸的运用已经普及了，民间开始普遍用纸筒和麻茎裹火药编成串做成"编炮"（即鞭炮）。炸开后响声贯耳，纸屑飞扬，火药香四溢，于是爆竹又叫"爆仗"。又因为它的声音清脆得像抽鞭子的声音，所以也叫"鞭炮"。在"鞭炮"的基础上又出现了各种花炮乃至烟花关于上述爆竹的演变过程，《通俗编排优》写得很明白：古时爆竹。皆以真竹着火爆之，故唐人诗亦称爆竿。后人卷纸为之。称曰"爆竹"。此外，爆竹的功能也由避邪驱鬼完全转变为节日的吉祥、热闹、喜庆和欢乐。王安石诗曰："爆竹声中一岁除，春风送暖入屠苏。"爆竹成为老百姓们庆贺新禧的工具。

到了明清的时候，讲究礼仪的中国人还规定放爆竹的许多讲究。按燃放的时间，分为"关门爆竹"和"开门爆竹"。除夕晚上祭完祖宗和已去世的父母之后，全家关上门团圆饭的时候，要放"关门爆竹"，一般放一到三挂鞭炮，这挂炮的意思是将旧的一年的所有不愉快都送走，然后一家人就围坐在一起说说笑笑，一直守岁到新年的钟声敲响。大年初一早上一开门的时候或出去拜年的时候就要放"开门爆竹"，又叫"开财门"，一般放一挂鞭炮。寓意是新的一年日子过得红红火火，如果不放炮就出门去是一种很不吉利的做法。

鞭炮的来历究竟是什么至今仍有待考证。

佛教在中国立足之谜

佛教从印度传入中国，受到了中国本土的儒家和道教的抵制，历经多次劫难。

汉代以后，由于丝绸之路的开辟，佛教开始从印度传入中国。刚到中国，佛教没有汉文佛经为依据，更没有华人僧徒做内援，力量非常弱小，只得依靠黄老道术以图立足，于是便把佛陀释迦牟尼的神迹全都放在老子头上，产生了老子化胡说。由于佛门对这一说法没有提出过任何异议，所以人们对此也未介意，只是糊里糊涂地将二者视为一体共同祭祀。至此，佛教广泛流传，势力膨胀，西晋末年与道教产生矛盾。道教又提出了老子化胡说，佛教已经羽翼丰满，不再承认这一说法。于是道士王浮根据以往传说，作成《老子化胡经》贬斥佛教。《化胡经》使佛教在道教面前大为难堪，引得僧人群起而争论，纷纷指责此书，并竭力证明佛在道先。从此，《化胡经》的真伪成了历代僧道长期争执的焦点问题。

由于佛教的学说经义，常令人五体投地，深信不疑。特别是那些贪恋富贵的帝王们，很容易成为佛门说教的信徒，南朝梁武帝是其中最突出的一个。梁武帝萧衍，是十足的佛教迷，他曾亲自注解佛经，撰写论文，参加佛事，甚至还先后三次舍身佛门。在历代信奉佛教皇帝的支持下，僧尼寺院开始泛滥，直接危害国家财政，威胁王权统治，加之道教从中作梗，于是便发生了几次大规模以政权力量直接打击佛教的灭佛活动。"三武一宗之难"就是佛门的极大灾难。所谓"三武一宗之难"，即指北魏太武帝拓跋焘、北周武帝宇文邕、唐武宗李炎和后周世宗柴荣四人采取措施打击佛教的活动。佛教在沉浮兴衰和儒道围攻的漫长过程中逐渐变得圆滑变通，开始与儒道沟通以改造自身学说，以求更加适应中国统治者的要求。佛教吸取他家之长，逐渐中国化，逐渐儒学化，从而也就在中国文化中深深扎根，进而形成了中华民族普遍认同的中国佛教。

寺庙撞钟 108 响之谜

"姑苏城外寒山寺，夜半钟声到客船。"在我国的寺庙中都有撞钟的传统，并且撞钟次数也有严格规定，那就是撞 108 次。这 108 声，在我国已敲打了千年以上。在我国苏州市寒山寺，每年除夕撞钟 108 下。该寺在除夕之夜 11 时 42 分开始撞钟，当敲到 108 下时，恰是凌晨 0 时 0 分，预示来年的到来；而在受中国文化的熏陶的日本，全国寺院在除夕夜也是敲钟 108 下。因为在中国古律声学中，"徵"的律数为 108。

撞钟为何撞 108 次呢？难道仅仅因为"徵"的律数是 108 吗？诸多学者为解

释这 108 次钟响，努力研究，力图找到科学的答案。汇集这些前人的成果，分析起来共有三种说法：

第一，据麟庆《鸿雪因缘图记》记载："钟声之数取法念珠，意在收心入定。"该书又载，"素闻撞钟之法，各有不同，河南云：前后三十六，中发三十六，共成一百八声任；京师云：紧十八，慢十八，六遍凑成一百八。"撞钟 108 响是给 108 位神佛歌功颂德，并可以消除人们 108 桩烦恼忧愁，因此 "108" 成为佛的象征。所以为了表示对佛的虔诚，人们往往撞钟 108 下、念经文 108 遍或拨动一遍 108 颗佛珠。

第二，按照《周易》说法，"九"数含有吉祥之意，108 是 9 的倍数，将 "九"的吉祥之意推向了极限，象征至高无上。黄烈芬认为："一百零八也是一种文化运动的象征，是易经中思想的演化。在易学中，天一地二天三地四天五地六天七地八天九地十。天为阳，地为阴，阳中九为老、七为少，阴中六为老、八为少，老变而少不变。故阳爻称九，阴爻为六。一百零八，其和为九，九九归一。一主至高无上的天。"

第三，郎瑛的《七修类稿》中说："撞一百零八声者，一岁之意也。盖年有十二月，二十四节气，七十二候，正是此数。"这就是说将 12 加上 24 再加上 72 恰好是 108。108 这个数字经常出现在我国文史古籍中：《水浒传》中齐聚梁山好汉 108 位；在中国武术中，有 108 个穴位；泉城济南有趵突泉点 108 个；拉萨大昭寺殿廊的初檐及重檐间有 108 个雄狮伏兽；北京天坛祈年殿每层有石栏 108 根；北京雍和宫法轮殿内放的大藏经刚好是 108 部……这些 108 的含义如何，是表示对佛的崇敬还是什么，还有待深思。

"汗血宝马" 为何流汗如血

《史记》中记载说汉朝时大宛国（今乌兹别克斯坦的费尔干纳一带）的贰师城附近有一座高山，山上有一种野马，跑起来就像飞一样，人们没法捕捉它。于是大宛国人在春天晚上把五色母马放在山下。野马与母马交配了，生下来一种马像长了翅膀，日行千里，肩上出的汗像鲜血一样红，这就是汗血宝马，人们还管它叫 "马天子"。

汉武帝喜爱汗血马的高大、勃发，以为是一种奇特的动物。得知大宛国上好的马都在贰师城，藏起来不给汉使者，他于是叫车令等人拿一千两金和一具用黄金做的马去请贰师城的上马。大宛国王认为是国宝，所以不肯把马给汉朝使者。汉武帝大怒，拜李广利为贰师将军，于太初元年发属国 6000 骑兵、数万恶少年伐大宛，但因粮草不足只好留在敦煌。太初四年他又发兵 6 万、牛马上万准备攻破大宛。大宛的贵族于是把大宛王毋寡杀掉，头颅献给李广利，另立一位对汉朝友好的为大宛王。与汉军议和，汉军选良马数十匹，中等以下公母马 3000 匹，并约定以后每年大宛向汉朝选送两匹良马。

自汉代以来，西域汗血马的神话流传了一千多年。汗血马从汉朝进入我国一直到元朝，曾兴盛上千年，但是到后来却消失无踪。它真的存在于世上还是只是神话呢？许多专家都质疑史书上说汗血马能够"日行千里，夜行八百"只是传说。一般的马最多日行200多千米。速度最快的纯血马一分钟能跑1000米，但这样的速度只能在训练场或赛马场坚持一两分钟，时间一长，马就可能累死。我国养马史专家谢成侠教授曾对汗血马进行过

君车出行图 东汉
汉代一位中级官吏出行时的情景。从这里，我们可以看出马在汉代的应用相当普遍。

专门考证。认为从产地名称、体形等特征考证这种活在史书上的传奇之马"汗血马"的原型其实是现在的阿哈马。这种马体高，体形优美，头细颈高，四肢修长，皮薄毛细，轻快灵活。目前在土库曼斯坦仅有2000匹左右。它虽然不能日行千里，但却保持着千米1分零7秒的速度纪录，创造了84天跑完4300千米的纪录。但记录却没有显示有它流的汗像鲜血一样。

马汗一般是白色的，呈泡沫状，不可能像血一样。那么史书上记载的"汗血"到底是怎么回事呢？这里也有许多的争论。有人认为：这是一种由副丝虫病感染而造成的出血现象。这种病病源为多乳突副丝虫，它们寄生在马皮下组织内和肌间结缔组织内，虫体呈白色丝状，体质柔软，常呈S状弯曲，雌虫常在马皮下形成出血性小结节，以吸血蝇类作为中间宿主。这种病常在每年4月份开始发病，七八月份达到高潮，以后逐渐减少，来年又复发。因为到了夏天这种副丝虫就钻到外面排卵，这时就会刺穿马皮，尤其是在晴天的中午前后，病马的颈部、肩部、鬐甲部及体躯两侧皮肤上就会出现豆大结节，结节迅速破裂后流出的血很像淌出的汗珠。还有人认为马在高速奔跑时体内血液温度可以达到45℃到46℃，但它头部温度却恒定在与平时一样40℃左右。据此，有关动物专家猜测：汗血马毛细而密，这表明它的毛细血管非常发达，在高速奔跑之后，随着血液增加5℃左右，少量红色血浆从细小的毛孔中渗出也是极有可能的。

围绕汗血宝马的故事至今还谜团未解。1969年在我国甘肃武威雷台出土了一只极品文物青铜制品，为了表现汗血马四蹄离地，风驰电掣般地飞奔的形态，这件青铜器匠心独运创造出让马的后蹄踏在一只飞燕上安然无恙的形象，被郭沫若先生定名为"马踏飞燕"。这已经成为我国的国宝，享誉海内外，汗血马的故事更是名扬四海。

奇域之谜

　　人们总是对陌生的、神秘的未知疆域充满好奇，而对这些神秘的境域，世界各国的科学家有着怎样的认识、研究和探索呢？又有哪些最新成果已经或即将公之于世？还有哪些新生的神秘境域是你所不知的呢？真的存在天池怪兽吗？黄土高原的黄土从哪里来？罗布泊是游移湖吗？

扑朔迷离的太湖成因

美丽的太湖位于风景如画的江苏无锡，古称震泽，是我国长江中下游五大淡水湖之一，水面达 2400 平方千米。

太湖的水域形态就像佛手，作为江南的水网中心，太湖蕴藏了丰富的资源并孕育了流域内人们的繁衍生息，自古就被誉为"包孕吴越"；历代文人墨客更是为之陶醉，留下了许多脍炙人口的诗句。太湖风光秀丽，物产富饶，附近的长江三角洲河网纵横，湖荡星罗棋布，向来是中国的鱼米之乡。太湖四周群峰罗列，出产的碧螺春名茶与太湖红橘，在古代就是朝廷的贡品。太湖里还富有各种各样的水产品，其中的太湖银鱼，身体晶莹剔透，肉质细嫩，是筵席上的美味佳肴。

然而，就是这样一个兼具秀丽风景和浩渺壮阔气派的饮誉中外的太湖，关于它的成因，直到今天还争论不休。

早在 20 世纪初，我国地理学家丁文江与外国学者海登施姆就认为，是大江淤积导致了太湖的形成。他们指出，在 5000 年前江阴为海岸，江阴以东、如皋以南、海宁以北，即包括太湖地区在内都是长江淤积的范围，这是最初对太湖成因所做的理论上的描述。

发展到 20 世纪 30 年代，由于在湖区地下发现有湖相、海相沉积物等，所以学术界对太湖的形成有了较成熟和系统的看法。著名的地理学家竺可桢与汪胡桢等提出了泻湖成因论，泻湖论在以后又不断被充实进新的内容。德国人费师孟在 1941 年提出，经太仓、嘉定外冈、上海县马桥、金山漕泾，直至杭州湾中的王盘山附近，为一沙嘴组成的冈身，是 1～3 世纪的海岸线。以后经对位于冈身的马桥文化遗址下的贝壳碎屑进行碳 −14 测定，基本上公认冈身是 6000 年前的古海岸线。

华东师范大学海口地理研究所的陈吉余教授等在总结前人研究的基础上，发展和完善了泻湖论。该论点主要依据太湖平原存在着海相沉积来推断，认为因长江带来的大量泥沙逐渐在下游堆积，使当时的长江三角洲不断向大海伸展，从而形成了沙嘴。以后沙嘴又逐渐环绕着古太湖的东北岸延伸并转向东南，与钱塘江北岸的沙嘴相接，将古太湖围成一个泻湖。后来又因为泥沙的不断淤积，这个泻湖逐渐成为与海洋完全隔离的大小湖泊，太湖则是这些分散杂陈的湖群的主体，又经以后的不断淡化而成为今日的太湖。

近年来，随着对太湖地区地质、地貌、水文、考古和文献资料等方面的不断研究，尤其是几十处距今 5000～6000 年前的新石器时代遗址，以至汉、唐、宋文化遗物的发现，许多研究者对泻湖论中所存的问题提出了质疑。认为在海水深入古陆地的过程中，虽然是一边冲蚀，一边沉积，但这种情况对于整个古陆地来说是不平衡的，有的地方虽有泻湖地貌的沉积，但它不具整体意义。因此，泻湖论虽然可以解释太湖平原的地形和地质上的海湖沉积，但难以解释何以在太湖平原腹地泥炭层之下以及今日湖底普遍有新石器遗址与古生物化石的存在，同时这也与全新世陆相层的分布范围不符。许多人因此提出，太湖平原大部原为陆地，所以古代居民能够在上面聚居生存。

据推测，大约在6000～10000年前，太湖地区是一片低平的平原，人们曾经在这里生活和居住过。由于地势较低，终于积水成湖，人们还没有来得及搬走他们的家当，就被洪水淹没了。

至于太湖这片洼地的形成，他们认为和这里的地壳运动有关。太湖地区可能一直是一个地壳不断下沉的地带，由于地势低洼，从四面八方汇来的流水不能及时排出去，自然就形成了湖泊。

太湖的"平原淹没说"还没有得到更多的传播和响应，又一种成因说突然出现了。最近，一批年轻的地质工作者们，用全新的观点来解释了太湖的形成。

他们大胆地假设，可能是在遥远的古代，曾有一颗巨大无比的陨石，从天外飞来，正好落在太湖的位置上。也就是说，偌大的太湖竟然是陨石砸出来的！他们估计，这颗陨石对地壳造成的强大冲击力，其能量可能达到几十亿吨的黄色炸药爆炸产生的能量，或者等于10万颗在日本广岛上空爆炸的原子弹的能量。

提出"陨石冲击"假说的年轻人，列出了如下几个方面的证据：

第一，从太湖外部轮廓看，它的东北部向内凹进，湖岸破碎得非常严重；而西南部则向外凸出，湖岩非常整齐，大约像一个平滑的圆弧，与国外一些大陆上遗留下来的陨石坑外形十分相似。

第二，研究者在调查中发现，太湖周围的岩石岩层断裂有惊人的规律性。在太湖的东北部，岩层有不少被拉开的断裂，而西南部岩层的断裂多为挤压形成。这种地层断裂异常情况只有在受到一种来自东北方向的巨大冲击时才会出现。

第三，研究者还发现，成分十分复杂的角砾存在于太湖四周，在显微镜下观察这些岩石，其中还可以看到被冲击力作用产生的变质现象。另外，他们还在太湖附近找到了不少宇宙尘埃和熔融玻璃，这些物质只有在陨石冲击下才会产生。

由以上的证据，他们推断，这颗陨石是从东北方向俯冲下来的。由于太湖西南部正好对着陨石前下方，冲击力最大，所以产生放射性断裂，而东北部受到拉张力的作用，形成与撞周方向垂直的张性断裂。由于陨石巨大的冲击力，造成岩石破碎，形成成分混杂的角砾岩和岩石的冲击变质现象。

可见，目前对太湖的成因还没有形成统一的认识，但所有这些不同的观点，都有助于推动人们做进一步的调查和研究。随着不断地深入探究，相信人们最终一定能揭开扑朔迷离的太湖成因之谜。

太湖风光

大明湖形成之谜

大明湖位于山东省省会济南市内，旧城之北。大明湖呈东西长、南北狭的扁矩形，南面紧邻济南市中心区。湖周长 4 千米多一点，面积 46.5 公顷，约占济南旧城的 1/4。

济南市位于鲁中南山地北部与华北平原的交接带上，北面有黄河流过，南面紧接泰山的前山带。所以这座城市正好处在一个凹陷中，而大明湖正居于凹地的底部。虽然只是一个天然的小湖泊，但却以其美丽可爱而蜚声国内。一般而言，在城市里有一个封闭式的湖非常罕见，其成因肯定是非常特殊的。大概从什么时候起、在怎样一种情况下形成的这个美丽湖泊，我们还无法确定。

大明湖是一个由泉水在低地上汇集所形成的湖泊，湖水源主要靠南侧山麓的泉水补给。以前济南的名泉如趵突泉、黑虎泉、珍珠泉、五龙潭泉四大泉群的水或直接或间接汇入湖中，今天这些泉水大多数已经不再补给大明湖的水源，仅有珍珠泉、芙蓉泉、泮池、王府池诸泉仍注入湖内。湖水从东北隅汇波门流出，会合护城河水，流入北面的小清河，注入渤海。

这种特殊的现象，在我国还不多见，大概只为济南这样的"泉城"所特有。古时候，济南被称为"泉城"——"齐多甘泉，甲于天下"。这个古来著名的泉城究竟有多少泉水？过去说它的城内外有72处，其实远不止此数。据新中国成立后实地调查，仅在济南市区就有天然泉水108处。诸泉汇聚于地势低下的城北，形成一片广大的水域。今天这片水域的许多部分已填塞成为市街，而大明湖是留下的最大水面。济南为何如此多泉，这同它的水文地质条件有关。

科学家们认为，泉水跟倾斜的岩层也许有很大关系。济南处在石灰岩和岩浆岩这两种不同岩性的构造接触带上，这恰好为泉水形成和出露提供了有利条件。济南的南面有绵延的小群山，如千佛山等都是由厚层的石灰岩构成的，岩层略向北倾。石灰岩层内大小溶洞和裂隙很多。山地降水渗入地下，积蓄在其中，积蓄的水多了就顺着倾斜的岩层和裂隙向北流动，当流到济南北面时，遇到了组成北面丘陵的不透水岩浆岩的阻挡，便停滞下来，成为承压水，它一遇到上面地层薄弱的部分便冒出地面，成为大大小小的涌泉。而大明湖所在地正是济南北部最低洼处，众泉汇聚，所以成为湖泊。

大明湖在历史上变化很大。北宋以后，由于人类活动频繁，生态有所恶化，古大明湖已逐渐堰塞，现在的大明湖是由古大明湖东面的一片水域，即历水陂演变而来的。在新中国成立前，社会的动荡和贫困使大明湖黯然失色，失修的湖内多为杂乱

大明湖风光

的湖田，湖边为坍塌的泥岸，岸边道路泥泞不堪。新中国成立后，疏浚了湖底，用石头砌成湖岸，对环湖大道及各种建筑都进行了修整。此外，还添设了新景点、新设施，又恢复了"四面荷花三面柳"的风貌，这样，这处著名的游览胜地重新焕发出青春的光彩。

黄果树大瀑布的成因是什么

　　黄果树瀑布群是中国贵州省境内一处以瀑布、溶洞、石林为主体的独特风景区。位于镇宁布依族苗族自治县境内。白水河流经此地，因山峦重叠，河床断落，多急流瀑布，奇峰异洞，黄果树附近形成九级瀑布。黄果树瀑布是其中最大的一级，瀑布高 74 米，宽 81 米，集水面积达 770 平方千米，是中国最大的瀑布，也是世界著名的瀑布之一。

　　黄果树瀑布群是大自然的产物。黄果树瀑布发育在世界上最大的华南喀斯特区的最中心部位，这里的地表和地下都分布着大量可溶性的碳酸盐岩，区域地质构造十分复杂；加上这里位于亚热带湿润季风气候的南缘，水热条件良好，形成打帮河、清水河、灞陵河等诸多河流。它们在向下流经北盘江再汇入珠江时，对高原面进行溶蚀和切割，加剧了高原地势的起伏，从而形成了各种各样绚丽多姿的喀斯特地貌。由于河流的袭夺或落水洞的坍塌等原因，形成了众多的瀑布景观，黄果树瀑布群便是其中最典型、最优美的喀斯特瀑布群。

　　由于黄果树瀑布群的瀑布不仅风韵各具特色，造型十分优美，而且在其周围还发育许多喀斯特溶洞，洞内发育有各种喀斯特洞穴地貌，形成了著名的贵州地下世界，具有极大的旅游观光价值。

　　黄果树大瀑布是黄果树瀑布群中最为知名的瀑布，它位于镇宁布依族苗族自治县城关镇西南约 25 千米，东北距贵阳市 150 千米。最新测量结果表明，黄果树大瀑布高为 74 米，宽达 81 米。因此，黄果树大瀑布水量充沛，气势雄壮。漫天倾泻的瀑布，带着巨大的水流动能，发出如雷巨响，震得地动山摇，展示出大自然一种无敌的力量与气势。巨量的水体倾覆直下，又形成了大量的水烟云雾，使得峡谷上下一片迷蒙，呈现出了一种神秘的色彩。瀑布平水时，一般分成四支，自左至右，第一支水势最小，下部散开，颇有秀美之感；第二支水量最大，更具豪壮之势；第三支水流略小，上大下小，显出雄奇之美；最右一支水量居中，上窄下宽，洋洋洒洒，最具潇洒风采。黄果树瀑布之景观，随四季而替换，昼夜而迥异。

　　黄果树大瀑布还有二奇：一曰瀑上瀑与瀑上潭，是为主瀑之上一高约 4.5 米的小瀑布，其下还有一个深达 11.1 米的深潭，即瀑上潭。瀑上瀑造型极其优美，与其下的黄果树主瀑形成了十分协调的瀑布组合景观。二曰水帘洞，其为主瀑之后、瀑上潭之下、钙华堆积之内的一个瀑后喀斯特洞穴。

　　水帘洞高出瀑下的犀牛潭 40 余米，其左侧洞腔较宽大清晰，并有三道窗孔可观黄果树瀑布；右侧因石灰华坍塌，洞体仅残存一半，形成一个近 20 米高的岩腔。水帘洞不仅本身位置险要，而且洞内之景颇有特色。然而，长期以来，由于进洞道路艰难危险，除少数探险者敢冒险进洞游览之外，一般游人是很少进去的。下面的犀牛潭，其深达 17.7 米，在黄果树大瀑布跌落的巨量水流冲击下，激起高高的水柱，若游人不小心从水帘洞中滑入犀牛潭，则非常危险。

游人在水帘洞中观赏美景时，往往会想到自己正处在瀑布之下，巨量的水体正从头上压顶而过时，不禁会产生一种难以名状的压抑感，甚至是一种恐惧感，仿佛洞内的岩壁会随时被压垮倾覆，随时会跌落下来一般，以致不敢久留。只有当走出了水帘洞时，看到洞外一片明亮，灿烂阳光下，翠竹簇簇，婆娑起舞，林木葱茏，树叶扶疏，才不觉松了一大口气，精神为之一振。

那么，黄果树大瀑布如此壮美的景观又是怎样形成的呢？对于黄果树大瀑布的成因问题，可谓是众说纷纭。有人认为它是典型的喀斯特瀑布，由河床断陷而成；有人则认为是喀斯特侵蚀断裂——落水洞形成的。还有一种说法是，黄果树大瀑布前的箱形峡谷，原为一落水溶洞，后来随着洞穴的发育、水流的侵蚀，使洞顶坍落，而形成瀑布。由于一个瀑布的形成过程与瀑布所在河流的发育过程紧密相关，故探究黄果树瀑布的形成过程须与白水河的演化发育历史结合起来考虑。这样，就可以把黄果树瀑布的发育过程大致分成 7 个阶段：即前者斗期、者斗期、老龙洞期、白水河期、黄果树伏流期、黄果树瀑布期和近代切割期。其形成时代大约从距今 2700 万～1000 万年的第三纪中新世开始，一直延续至今，经历了一个从地表到地下再回到地表的循环演变过程。

真的存在"天池怪兽"吗

矗立在我国吉林省东南部中朝两国交界处的长白山，是一座多次喷发的中心式复合火山。火山喷出的炽热岩浆冷却后堆积在火山口周围，形成一个圆锥状的高大火山锥体。锥体中央的喷火口，形如深盆，积水成湖，即闻名遐迩的火山口湖——长白山天池。

天池水面海拔 2194 米，面积 9 平方千米，湖内深达 373 米，平均水深 204 米。它的水温终年很低，夏季只有 8℃～10℃。从科学的常规看，这里自然环境恶劣，地处高寒，水温较低，浮游生物很少，水中不可能有大型生物。

然而，1962 年 8 月，在有人用望远镜发现天池水面有两个怪物在互相追逐游动。1980 年 8 月 21～23 日，人们再次目睹了水怪。21 日早晨，作家雷加等 6 人在火山锥体和天文峰中间的宽阔地带发现天池中间有喇叭形的阔大划水线，其尖端有时露出盆大的黑点，形似头部，有时又露出拖长的梭状形体，好似动物的背部。9 点多钟，目击者们又一次见到三四条拖长的划水线，每条至少有 100 米长，这样的划水线，如果没有快艇的速度是不会形成的。翌日早晨，五六只"水怪"又突然出现在湖面上，约 40 分钟后才相继潜入水中。23 日，5 只怪兽又出现在距目击者 40 多米的水面，这回人们清楚地看到，怪兽头大如牛，1 米多长的脖子和部分前胸露出水面。水怪有黑褐色的毛，颈底有一白底环带，宽约 5 ~ 7 厘米，圆形眼睛，大小似乒乓球。惊慌的目击者边喊边开枪，可惜都未击中，怪兽潜水而逃。

长白山天池

此后，人们又分别在 1981 年 6 月 17 日和 9 月 2 日再次目睹了怪兽。《新观察》的记者还拍下了我国唯一的一张天池怪兽照片，证明怪兽确实存在。然而，对天池水怪持否定态度的人认为：天池形成的时间并不长，最后一次喷发 (1702) 距今只有 279 年，是不可能有中生代动物存活的，况且池中缺少大型动物赖以生存的必要的食物链，无法解释此类大动物的食物来源。

1981 年 7 月 21 日，朝鲜科学考察团在池中发现一只怪兽，他们依据观察和摄影资料，判断怪兽是一只黑熊。而中国一位科学工作者提出质疑，认为人们所见的水怪与黑熊的形态有很大区别，且黑熊虽然能游泳却不善潜水等，因此并不能解释"天池怪兽"之谜。于是有人又提出"怪兽"很可能是水獭。水獭身体细长，又善潜水，可在水下潜游很长距离。它为了觅食而进入天池，被人们远远看见，加上光线的折射，动物被放大，于是成了人们传说中的"天池怪兽"。

还有一种观点认为：天池中常有时隐时现的礁石从水中浮现，也如动物一样有时露头伸出水面，有时沉入水中。还有火山喷出的大块浮石，它在水中漂浮，在风吹之下也一动一动地在水面浮动，远远看去，也如动物一样在水中游泳。

难道许多目击者产生的都是同一错觉吗？如果不是，天池怪兽又是什么呢？它又是如何演变来的呢？

难识庐山真面目

在江西九江市南、鄱阳湖湖口之西，有一座令人神往的山，那就是以"奇秀甲天下"而著称的庐山。然而，云雾弥漫、峰峦隐现的庐山真面目，至今仍是个悬而未决的谜。

庐山的形成只能是地质年代地壳构造运动的结果。在遥远的地质年代，这里原是一片汪洋，后经造山运动，才使庐山脱离了海洋环境。现今庐山上所裸露的岩山，如"大月山粗砂岩"就是元古代震旦纪的古老岩石。那个时代的庐山并不高，在漫长的地质年代里，它经历了数次海侵和海退。庐山大幅度上升是在距今约六七千万年前的中生代白垩纪。当时，地球上又发生了强烈的燕山构造运动，位于淮阳弧形山系顶部的庐山，受向南挤压的强力和江南古陆的夹持而上升成山。山呈肾形，为东北—西南走向，形成了一座长 25 千米、宽 10 千米、周长约 70 千米，海拔 1474 米以上的山地。这就是千古名山庐山的形成过程。

庐山"奇秀甲天下山"之说并非过誉。因为这里无论石、水、树无一不是绝佳的风景，五老绝峰，高可参天，经常云雾缭绕。说到庐山多雾，这与它处于江湖环抱的地理位置密不可分。由于雨量多、湿度大，水气不易蒸发，因此山上经常被云雾所笼罩，一年之中，差不多有 190 天是雾天。大雾茫茫，云烟飞渡，给庐山平添了不少神秘色彩。凡到庐山者，必游香炉峰，因为香炉瀑布，银河倒挂，确实迷人。李白看见香炉瀑布后，万分赞叹，留下了千古

庐山龙首崖

不朽的诗句："日照香炉生紫烟，遥看瀑布挂前川。飞流直下三千尺，疑是银河落九天。"香炉瀑布飞泻轰鸣之美，至今令到此观光的游者大为倾倒。

庐山有没有出现过冰川的问题一直在我国地质界存在争议。

1931 年，地质学家李四光带领北京大学学生去庐山考察时，发现那里的一些第四纪沉积物，若不用冰川作用的结果来解释，很难理解。以后的几次考察，从不同的角度再研究这些现象，确信是冰川作用的结果。于是，他在一次地质学年会上发表了题为《扬子江流域之第四纪冰期》的学术演讲，提出了庐山第四纪冰川说，其主要证据是平底谷、王家坡 U 形谷、悬谷、冰斗和冰窖、雪坡和粒雪盆地。在堆积方面，他指出：庐山上下都堆积了大量的泥砾，这些堆积显示了冰川作用的特征。

当时，国际地质学界有一种流行的观点，认为第三纪以来，中国气候过于干燥，缺乏足够的降水量，形成不了冰川。英籍学者巴尔博根据对山西太谷第四纪地层的研究，认为华北地区的第四纪只有暖寒、干湿的气候变化，没有发生过冰期。他认为：一些类似冰川的地形，既可能是流水侵蚀所成，也可能是山体原状，而王家坡 U 形谷的走向可能和基岩的构造有关。法籍学者德日进也排除了庐山冰川存在的可能性。

以后的几年里，李四光也在寻找更多的冰川证据，以说服持怀疑论者。1936 年，他在黄山又发现了冰川遗迹，更加证明庐山曾有冰川。他的论著《冰期之庐山》，总结了庐山的冰川遗迹，进一步肯定了庐山的冰川地形和冰碛泥砾，描述了在玉屏峰以南所发现的纹泥和白石嘴附近的羊背石。该书专门写了《冰碛物释疑》一章，对反对论者所提出的观点进行了分析与反驳。对于泥砾的成因问题，他否定了风化残积、山麓坡积、山崩、泥流等成因的可能性，再次肯定泥砾的冰川成因。不久，他又著《中国地质学》一书，着重讨论了泥流和雪线问题。对于泥流，他认为既然承认如此巨大规模的泥砾是融冻泥流所形成的，那就完全有必要承认在高山上发生过冰川作用，因为如果山下平原区发生了反复的冰冻与融化，以致产

生了泥流的低温条件，按升高 100 米降低温度 0.6℃计算，庐山上面的温度就要比周围平原低 6℃~10℃，这样就不可避免要产生冰川。据此，反对庐山冰川的泥流作用，反过来却成了庐山冰川说的有力证据。对雪线问题，他认为在更新世时期，雪线在东亚有所降低，因此，虽然庐山海拔较低，也能发生冰川。

20 世纪 60 年代初，黄培华再次对庐山存在第四纪冰川提出质疑。其依据是：所谓"冰碛物"不一定是冰川的堆积，其他地质作用如山洪、泥流都可以形成；地形方面，庐山没有粒雪盆地，王家谷等地都不是粒雪盆地，而且山北"冰川"遗迹遍布，何以在山南绝迹？庐山地区尚未发现喜寒动植物群，只有热带亚热带动植物。支持冰川说的曹照恒、吴锡浩从庐山的堆积物、地貌、气候及古生物方面反驳了黄培华的观点。

20 世纪 80 年代初，持非冰川论观点的施雅风、黄培华等又进一步从冰川侵蚀形态、冰川堆积和气候条件等方面，对庐山第四纪冰川说加以否定。持冰川论观点的景才瑞、周慕林等人则从地貌、堆积，特别是冰川时、空上的共性与个性等方面进一步论证了庐山冰川的可能性。

在具最新论据的争论中，持非冰川论观点的谢又予、崔之久做了庐山第四纪沉积物化学全量分析，"泥砾"中砾石形状、组织的统计、分析，以及电镜扫描所采石英砂表面形态与沉积物微结构特征等，认为庐山的"冰川地貌"是受岩性、构造控制的产物，而不是真正的冰川地貌；所谓"冰川泥砾"也不是冰碛物，而是典型的水石流、泥石流和坡积的产物。

以上的争论并没有完结，面对庐山的地貌和沉积物这一共同事实，争论一方说是冰川作用的证据，而另一方却判定为非冰川作用的证据。庐山的真面目，至今仍是个谜。在庐山上是否存在过冰川，这对我国第四纪地层划分起着重要作用，因此有待于更深入的探讨。

自贡何以成为恐龙的"集体墓地"

20 世纪 70 年代初，地质部第二地质大队科技人员黄建国等人在四川自贡大山铺的公路旁裸露的岩石层中，意外地发现一处生物化石，后来经过考证，确认这就是恐龙化石。从此以后，中国考古专家云集这片丘陵僻壤，从中发现了大片连绵的化石脉，因此认定此必是化石宝库。

1977 年 10 月，一具 40 吨重的完整的恐龙化石展现在目瞪口呆的人们面前。两年后，一个石油作业队在附近山坡炸石修建停车场时，"炸"出了一幅令人惊心动魄的景象：恐龙化石重重叠叠堆积一片……世界奇观出现了，一座巨大的恐龙群族"殉葬地"重见天日。

经初步发掘，在大山铺出土恐龙化石 300 多箱，恐龙个体 200 多个，比较完整的骨架 18 具，极其难得的头骨 4 个。这些珍品引起国内外科学家的浓厚兴趣，他们纷纷前来进行实地研究，希望能解开恐龙生死存亡的千古之谜。

从大山铺恐龙化石来看，恐龙并非都是庞然大物。此地当时有长 20 米、重 40 吨的"蜀龙"，也有仅长 1.4 米、高 0.7 米的鸟脚龙。它们无论大小，都不显得笨重，而且精力旺盛，行动敏捷。

恐龙的智力也比较发达：剑龙类的脑智商平均值为 0.56；角龙类为 0.8 左右；属肉食性的霸王龙和恐爪龙则超过了 5，想来是因为它们要捕食素食性恐龙，没有较高的智力是不行的。尽管恐龙的体温比现代哺乳动物要低些，调温体制要差些，但它们不冬眠，没有羽毛，活动速度超过每小时 4.8 千米，所以科学家们认为它们是热血动物，而不是像蛇、蜥蜴一样的冷血动物。

据测算，这些恐龙是在 1.6 亿年前就被埋藏在地层里，在缺氧条件下，经泥沙、岩石的固结、充填、置换等石化作用，而形成现在所见到的化石。那么，是什么原因使恐龙集体死亡于此呢？

有学者认为，大约在 7000 万年前的白垩纪末期，地球又发生了一次强烈的地壳活动（燕山运动）。四川盆地继续隆起，浅丘开始出现，水枯林竭。从海水中隆起的四川盆地形成了得天独厚的自然环境，而自贡地区当时是一个大汇水池，于是恐龙漂集于此，直到死亡。

也有人认为，在白垩纪末期，整个地球发生了广泛性寒冷，日夜温差增大，季节交替出现。习惯热带环境的恐龙，不能像蛇、蜥蜴那样进行冬眠，又不能像毛皮动物那样躲进山洞避寒，因而这些地球霸王们受到了大自然的酷寒"惩处"。

关于恐龙在此"集体死亡"的原因说法甚多，比如有人认为是天外一颗超行星爆炸后，其强光和巨大宇宙射线引起恐龙的遗传基因突变而致灭绝。还有一种理论认为，是一颗小行星撞入地球的大海之中，使海水升温，并掀起 5000 米高的巨浪，使恐龙被埋入泥沙之中。另有专家认为，大山铺恐龙化石里砷含量过多，可能是恐龙吃了有毒的植物而暴死并堆积在一起。

"世界屋脊"青藏高原曾经是海洋吗

众所周知，青藏高原不仅是世界上最高大的高原，同时也是世界上最年轻的高原。它的面积约 250 万平方千米，平均海拔超过 4500 米。青藏高原由自南向北绵延不绝的一系列山脉构成。巍峨的喜马拉雅山、冈底斯山、念青唐古拉山耸立在青藏高原的西南部，中间是喀喇昆仑山、唐古拉山，北面则是广阔的昆仑山、阿尔金山和祁连山。

青藏高原有世界上最高的山峰——珠穆朗玛峰。全世界海拔超过 8000 米的山峰共有 14 座，都位于青藏高原。青藏高原雄踞地球之巅，确实无愧于"世界屋脊"的称号。青藏高原上有许多美丽的风景：无数蔚蓝色的湖泊镶嵌在广阔的草原上，雪峰倒映其中，美丽迷人；岩石缝里喷出许多热气腾腾的泉水；附近的雪峰、湖泊在喷泉的映衬下显得格外耀眼。青藏高原的大多数山峰都覆盖着厚厚的冰雪，许多银练似的冰川点缀在群山之中，这些冰川正是大江、大河的"母亲"。

发源于此的有世界著名的长江、黄河、印度河和恒河等，它们都从此汲取了丰富的水源。柴达木盆地是青藏高原地势较低的地方，但海拔也有 2000 ～ 3000 米。

人们在为这瑰丽景色发出惊叹之余，不禁会问：青藏高原是怎么形成的？它原本就是这个样子吗？

可能我们难以想象，如今世界上最高的青藏高原曾经被埋在深深的海底，而且，喜马拉雅山至今也没有停止过上升。对 1862 ～ 1932 年间的测量结果进行分析就会发现，其许多地方以平均每年 18.2 毫米的速度在上升。如果喜马拉雅山始终按照这个速度上升，那么 10000 年以后，它将比现在还要再高 182 米。

在青藏高原层层叠叠的页岩和石灰岩层中，地质学家们发掘出了大量的恐龙化石、陆相植物化石、三趾马化石以及许多古代海洋生物的化石，如鹦鹉螺、三叶虫、珊瑚、笔石、菊石、海百合、苔藓虫、百孔虫、海胆和海藻等的化石。面对这些古代海洋生物化石，地质学家们的思绪也回到了遥远的地质年代。早在二三亿年前，青藏高原曾经是一片汪洋大海，它呈长条状，与太平洋、大西洋相通。后来，由于强烈的地壳运动形成了古生代的褶皱山系，海洋随之消失，古祁连山、古昆仑山产生，而原来的柴达木古陆相对下陷，变成了大型的内陆湖盆地。经过 1.5 亿年漫长的中生代，长期的风化剥蚀使这些高山逐渐被夷平。高山上被侵蚀下来的大量泥沙则全部沉积到湖盆内。

地壳运动在新生代以后再次活跃起来，那些古老山脉因此而剧烈升起，"返老还童"似的重新变成高峻的大山。现今世界最高山脉所在的喜马拉雅山区在距今4000 多万年前是一片汪洋大海。这里原本是连续下降区，厚达 1000 米的海相沉积岩层深积于此，各个时代的生物也埋藏在岩层中。随着印度洋板块不断地北移，最终与亚欧大陆板块撞在了一起，这个地区的古海受到严重挤压，褶皱因此而产生。喜马拉雅山脉从海底逐渐升起，并带着高原大幅度地隆起，"世界屋脊"从此屹立于世。

高原的强烈隆升，对亚洲东部的自然地理环境产生了深刻的影响，高原大地形的动力作用和热力作用改变了周围地区大气环流的形势。经气象学家研究得知，夏季，高原的存在诱发了西南季风，使我国东部的夏季风能长驱北上，给广大地区带来充沛的降水；冬季，高原的存在产生了西伯利亚高压，强大的冷空气又足以席卷南部广大地区。如果我们把高原与其周围低地相比较，便可以看出它们的显著差别。高原南部的印度阿萨姆平原为热带雨林地带，而高原北

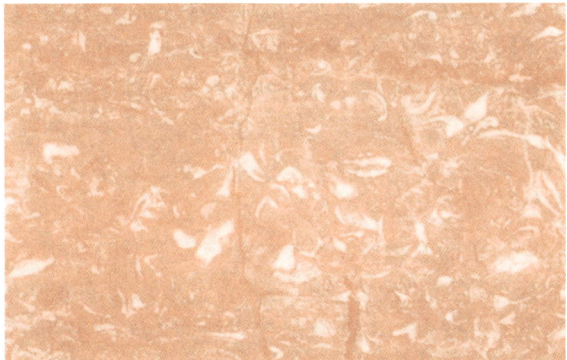

海贝化石
喜马拉雅山山体上的海贝化石，是青藏高原地质构造变化的物证。

部却是极端干旱的温带荒漠；高原东缘与亚热带湿润的常绿阔叶林地带相接；其西侧毗连着亚热带半干旱的森林草原和灌丛草原地带。青藏高原恰恰处在这南北迥异、东西悬殊的"十字街头"上。高原强烈隆升的结果，使气候愈来愈寒冷干燥，并且愈往中心地区愈明显，由隆升前的茂密森林过渡到了今天的高寒荒漠。相比之下，高原东南边缘变化最小，至今仍然保存着温暖湿润的森林景观。

世界最大的峡谷——雅鲁藏布大峡谷

一提起世界最大的峡谷，人们就会说是东非大裂谷。现在，经科学考证后，证明这种观点是错误的。因为科学家发现，实际上中国的雅鲁藏布大峡谷才是世界最大的峡谷。

大家都知道，雅鲁藏布江是世界上最高的河流。"雅鲁藏布"是藏语，它的汉语意思就是"天河"。雅鲁藏布江发源于青藏高原西部，它由西向东日夜不停地奔流。滔滔江水横贯青藏高原西南部，被西藏人民赞为"母亲河"。在喜马拉雅山和冈底斯山、念青唐古拉山之间有一块宽为 5 ~ 10 千米的谷地，它就是西藏的主要耕作区——雅鲁藏布江谷地。

人们对这条河进行科学考察时发现，它的沿途有许多河流汇入，这些河流的汇入增大了雅鲁藏布江的水量。江水在东经 95° 附近有个大拐弯，巨大的水流将这个地方冲出了一段大峡谷。这段峡谷又长又深，举世罕见。这一发现引起了众多科学工作者的兴趣。后来，又有许多人来到这里，许多新的发现不断被公布于众。

雅鲁藏布大峡谷的自然景观壮丽旖旎。从海拔 500 米高的地方到 5000 米高的区域内，分布着从极地到赤道的不同气候带，使来到这里的人们有不同的环境体验。雅鲁藏布江之所以有如此独特的风光，主要是由于它是印度洋南部的暖湿气流进入青藏高原的主要通道。

雅鲁藏布大峡谷有着丰富多样的气候资源。海拔 1100 米以下是常绿季风雨林地区，这里的平均气温在 16℃ ~ 18℃。在这里，热带的花木果树和亚热带的植物以及喜阴的农作物都能健康生长。海拔 1100 ~ 2400 米的地区年平均气温是 11℃ ~ 16℃，是常绿半常绿阔叶林地区，这里适宜亚热带经济作物和湿热带果树的生长。海拔 2400 ~ 3800 米处的气温下降为年平均 2℃ ~ 11℃，是亚高山常绿叶林带，这里生长着青稞、油菜、冬小麦、马铃薯等耐寒农作物。另外，这一区域还是用材林的生产基地。3900 米以上气候十分寒冷，湿气重，只能生长一些草。因此，这里成为适宜夏季放牧的优质高原牧场。

这里的生物资源十分丰富，品种多样。其中，维管束植物有 3768 种，是整个西藏高原植物总数的 2/3；大型真菌有 680 余种，占西藏真菌总数的 78%；鸟类有 232 种，占西藏鸟类总数的 49%。此外，还有两栖爬虫类动物 31 种，昆虫 200 余种。

这里的水能资源也十分丰富。因为这里地势高，多峡谷悬崖，重峦叠嶂，水流至此十分湍急，遇到悬崖时就形成了许多落差大的瀑布。这里水能资源总贮量约有1亿千瓦，占全国的1/7。大峡谷地区又被誉为"天然冰库"。因为这里冰雪资源极为丰富，拥有面积超过4800平方千米的现代冰川。

从1994年4月13日开始，中国科学家开始对大峡谷地区进行多次的科学考察和论证，最终证实世界上最大的峡谷是中国的雅鲁藏布大峡谷。它的核心峡谷河段最深达5383米，平均深5000米，长达496.3千米。这几项指标又刷新了两项世界纪录。1998年10月18日，国务院批准命名该峡谷为"雅鲁藏布大峡谷"。

1998年10月至11月，"1998年中国雅鲁藏布大峡谷科学探险考察队"成立。这次考察和以往考察的不同点在于，这是第一次徒步考察这个新发现的大峡谷。从该地区的大渡卡开始行程，到峡谷腹地墨脱县的邦博结束，全程约240千米。这中间有大约100千米的地区是无人区，那里河底陡峭，常有野兽毒虫出没，树木乱石密布，基本上没有道路，为行程增加了许多困难和危险。这次探险考察也因此成为20世纪末人类探险史上的一次壮举。这次考察的成果，也为21世纪人类对雅鲁藏布大峡谷的开发利用提供较为翔实的科学资料。

神奇的高原地热现象

在雄伟的冈底斯山和念青唐古拉山山下，常常能见到山峰白雪皑皑，山脚热气腾腾，蓝天雪峰的背景与冉冉升起的白色汽柱交相辉映，蔚为壮观。在青藏高原范围内共有1000余处地热区。以西藏南部的地热带为最强盛。青藏高原地热资源之丰富，类型之复杂，水热活动之强烈为全球罕见。

南起喜马拉雅山，北抵冈底斯山和念青唐古拉山，从西陲阿里向东经过藏南延伸至横断山脉折向南，迄于云南西部的强大地热带的形成，和年轻的喜马拉雅造山运动密切相关。我国科学工作者把它叫作喜马拉雅地热带。在这条地热带内有热水湖、热水沼泽、热泉、沸泉、汽泉和各种泉华等地热显示类型，还有世界上罕见的水热爆炸和间歇喷泉现象，是什么原因导致了这些现象呢？

在喜马拉雅地热带内一共找到11处水热爆炸区，其中以玛旁雍热田最为典型。据目睹者介绍，1975年11月在西藏自治区普兰县曲普地区发生了一次水热爆炸，震天巨响吓得牛羊四处逃散。巨大的黑灰色烟柱冲上天空，上升到大约八九百米的高度，形成一团黑云飘走。爆炸时抛出的石块直径大的达30厘米，爆炸后9个月，穴口依然笼罩在弥漫的蒸汽之中。留下了一个直径约25米的大坑，称为圆形爆炸穴，穴体充水成热水塘，中心有两个沸泉口，形成沸水滚滚、翻涌不息的湍流区。泉口温度无法测量，但热水塘岸边的水下温度已高达78℃。

水热爆炸是一种极其猛烈的水热活动现象，爆炸后地表留下一个漏斗状的爆炸穴，穴口周围组成的环形垣体堆积物逐渐流散，泉口涌水量慢慢减少，水质渐清，水温降低。水热爆炸通常没有固定的时间和地点，前兆不明显，过程也很短促，约在10分钟以内，因此只有少数人碰巧目睹过这种奇特的地热现象。

有人认为，水热爆炸属于火山活动的范畴，这是因为目前仅有美国、日本、新西兰和意大利等少数国家发现过水热爆炸，但几乎都出现在近代火山区内。然而，青藏高原上的水热爆炸活动和现代火山似乎没有什么联系。它是在以岩浆热源为背景的浅层含热水层中，当高温热水的温度超过了与压力相适应的沸点而骤然汽化，体积膨胀数百倍所产生的巨大压力掀开了上面的盖层而发生的爆炸。高原上水热爆炸的规模较小，但同一地点发生水热爆炸的频率却较高。如苦玛每年四五次，有的年份则多达20余次。这种罕见的高频水热爆炸活动说明，下覆热源的热能传递速率大，爆炸点的热量积累快。从地热带内其他各种迹象判断，这个热源可能是十分年轻的岩浆侵入体。19世纪末叶以来，涉足高原的任何外国探险家都没有报道过这里的水热爆炸活动，已经发现的水热爆炸活动大都发生在20世纪50年代以后，它们形成的垣体中也不见泉华碎块，这不仅说明这些水热区形成的年代较新，而且还暗示这里作为热源的壳内岩浆体很年轻，正处在初期阶段。

西藏自治区是目前我国境内发现间歇喷泉的唯一地区，共有间歇喷泉区三处。高温间歇喷泉是自然界一种奇特而又罕见的汽水两相显示，它是在特定条件下，地下高温热水做周期性的水汽两相转化，因而使泉口间断地喷出大量汽水混合物的一种水热活动。相邻的两次喷发之间，有着相对静止的间歇期。

冈底斯山南麓的昂仁县搭各加间歇泉区位于多雄藏布河源，海拔大约5000米，共有四处间歇喷泉，都坐落在高15～30米的大型泉华台地上。最大的一处泉口直径只有30厘米，泉口东面有直径两米的热水塘由一条裂隙连通。这个间歇泉活动比较频繁，每次喷发高度由一两米至十余米不等。喷发延续时间也很不一致，短的一瞬即逝，长的可达10余分钟。每次较大的喷发来临之前，泉口及旁边的热水塘的水位缓缓抬升，随后泉口开始喷发，水柱自低而高，然后回落。有时则经过几次反复才达到激喷，汽水柱一下子上升到10米左右，持续片刻后渐渐下降，有时则又回折，几经反复直至停息。其中有一次特大喷发，随着一声巨响，高温汽、水流突然冲出泉口，即刻扩展成直径2米以上的蒸汽水柱，高达20米左右，柱顶的蒸汽团不断腾跃翻滚，直捣蓝天。

这种奇特的、交替变幻的喷发和休止，决定于它奇妙的地下结构和热活动过程。间歇喷泉通常位于坚固的泉华台地上，其下有体积庞大的"水室"和四周的给水系统，底部有高温热水或天然蒸汽加热，还有细长喉管直达地面的抽送系统，酷似一个完整的天然"地下锅炉"。随着水室受热升温，汽化上下蔓延，至水室内具备全面沸腾的条件时，骤然汽化所产生的膨胀压力通过抽送系统把全部汽水混合物抛掷出去构成激喷。水室排空后重又蓄

西藏自治区朗久地热

水、加热，孕育着再一次喷发。

位于拉萨市西北90千米的羊八井盆地海拔4200米左右，也是典型水热爆炸类型的热田之一。这里一些巨大温泉和热水湖蒸汽升腾而成高10余米的几座白色汽柱，十分壮观。

羊八井地热田的发电潜力为17.9万千瓦，如果全部开发出来完全可以满足拉萨市及其附近地区的电力需求。

西藏自治区地热之谜仍有待于进一步研究。

现代冰川之谜

现代冰川有很多独特的景观，如冰蘑菇、冰塔林、冰桥、冰针、冰芽，还有迷人的冰川湖泊，阴森可怕的冰隧道，绚丽壮观的冰水喷泉和幽深迷人的冰洞。它们到底是怎么形成的呢？

我国是世界上山岳冰川最多的国家，青藏高原地区分布最为集中，面积达34000多平方千米，约占全国冰川总面积的80%。青藏高原的冰川可分为两大类，以丁青—嘉黎—工布江达—措美为界，东侧属海洋性冰川，西侧属大陆性冰川。海洋性冰川靠丰富的降水而存在，冰川运动速度快，进退幅度大。而大陆性冰川主要依赖于低温而存在，冰川运动速度缓慢。

珠峰地区纬度低，太阳辐射强。冰川表面局部的小气候差异，造成冰面差别消融，形成许多奇丽的景色。其中，冰蘑菇是大石块被细细的冰柱所支撑，有的可高达数米。冰桥像条晶莹的纽带，连接着两个陡坎。冰墙陡峭直立，像座巨大的屏风，让人生畏。冰芽、冰针则作为奇异美景的点缀，处处可见。最令人迷惑的还要数那千姿百态的冰塔林了。珠峰北坡绒布冰川上，发育有5.5千米长的冰塔林带。乳白色的冰塔拔地而起，一座连一座，高达几十米。有的像威严的金字塔；有的像肃穆的古刹钟楼；有的像锋利的宝剑，直刺云天；有的像温顺的长颈鹿在安详漫步，个个晶莹夺目。难怪人们都说，进入冰塔林，就把自己置身于上苍的仙境了。

在冰川发育地区，多姿的冰川湖泊景色更是迷人。有在冰川表面如蜂窝状的冰杯群；有呈长条状的冰面湖；有冰川末端的终碛堰塞湖。冰川湖泊的颜色也不尽相同，有乳白色，有蔚蓝色，也有褐黄色。随着气候的冷暖变化，冰川湖不时地打扮着自己，或大或小，或是碧水粼粼的湖面，或是明镜般的冰层。民间传说，冰川湖的水是圣洁的，仙女在冰川湖里洗澡，天马在冰川湖里饮水。在一些大的冰川湖里，还有着丰富的渔产资源，这些鱼也被藏民尊为"圣鱼"。

除上述冰川类型外，青藏高原上还有冰帽和平顶冰川。这种冰川像个盖子，覆于平顶山或冰碛平台上，其面积有大有小。祁连山脉特贴拉山的果青古尔班冰川，面积达55平方千米，是我国目前已知的最大平顶冰川。

高原地区的冰川主要分布于西昆仑和西喀喇昆仑山区、喜马拉雅山区、横断山区、祁连山区等地。其中以西昆仑、西喀喇昆仑山区的冰川最多，规模最大。

世界第二高峰乔戈里峰北侧的音苏盖堤冰川长约 42 千米，为我国目前已知的最大冰川。在喜马拉雅山区的南北坡发育着两种不同性质的冰川，南坡为海洋性冰川，现代雪线高度达海拔 4500 米，冰舌末端可伸至海拔 3000 米；北坡的冰川属大陆性，雪线最高达海拔 6000 米，冰舌末端可伸至海拔 5100 米。横断山区、念青唐古拉山和喜马拉雅山东段是海洋性冰川发育最集中的地区，冰川分布的最南界为北纬 27°。另外，在祁连山地和唐古拉山地也有较大面积的冰川。

珠峰地区悬冰川最多，其规模较小，面积一般不超过 1 平方千米，冰的厚度为一二十米。顾名思义，这种冰川的特征是冰川的末端悬挂在陡坡上，远远望去，成排的悬冰川就像一块块白色的盾牌挂在陡峭的山坡上。悬冰川一般是在古冰川残留地形上发育起来的。古冰期时，支流冰川向主流冰川汇集，由于主、支流冰层厚度、运行速度、冰蚀能力的差异，冰川主谷被强烈下切，支谷不得不悬于山腰上。现在，由于冰川规模缩小，主流冰川得不到足够的供给而退缩或消失，支流冰川仅能依贴于陡坡上，并时常因下端崩落而发生冰崩。

珠峰地区规模较大的冰川就是冰斗冰川，它们分布在山顶附近或分水岭两侧。在风化作用和冰蚀作用下，山地被切割，山岭被削成尖利的角峰、刃脊。角峰、刃脊间则为斗状的山坳，像一把巨大的座椅，冰川就发育在坐椅中。冰斗冰川的形状近似于卵圆形，有的近似于三角形，向冰川出口处缓缓倾斜，有些冰斗冰川向山谷推进，呈条带状伸展，成为山谷冰川。在冰川集中的地区，往往是几条山谷冰川相连，像条条玉龙盘绕于山间。

在冰雪消融的暖季，冰川表面的河流遇到冰裂隙，就潜入地下变成冰下河流。冰川融水穿凿冰层，塑造出深不可测的冰井、冰漏斗，阴森可怕的冰隧道，绚丽壮观的冰水喷泉和幽深迷人的冰洞。冰洞一般出现在冰舌末端，洞口像古城的拱门，它是冰下河流的出水口。在冰雪消融旺盛的季节，洞口水流汹涌，使人难以接近。只有在断流时，人们才能去欣赏那"水晶宫"。这里冰钟乳、冰笋、冰柱比比皆是。冰洞内光怪陆离，有些地方洞中有洞，大小不一；有些地方枝枝杈杈，像个迷阵；有些地方深不可测，似无尽无头。

冰川是重要的淡水资源。高原地区冰川冰的储量约 1800 立方千米，是巨大的固体水库。高原上的冰川融水是大江、大河、湖泊的重要补给水源，我国西北干旱区的河西走廊就是利用祁连山的冰川融水浇灌农田的。

"雪的故乡" 喜马拉雅山之谜

"喜马拉雅"一词来自梵文，原意为"雪的故乡"。它全长 2400 千米，宽 200 ~ 300 千米，主脊山峰平均海拔达 6000 米，是地球上最高而又最年轻的山系。

高耸挺拔的喜马拉雅山脉东西横亘，逶迤绵延，呈一向南凸出的大弧形矗立在青藏高原的南缘。喜马拉雅山系由许多平行的山脉组成，自南而北依次可分为山麓、小喜马拉雅山和大喜马拉雅山三个带。大喜马拉雅山宽 50 ~ 90 千米，地势最高，是整个山系的主脉。

位于中尼边境中部的喜马拉雅山，雪峰林立，有数十座海拔7000米以上的山峰。在这一地区，海拔8000米以上的极高峰也比较集中，仅在我国境内的就有5座，即珠穆朗玛峰、洛子峰、马卡鲁峰、卓奥友峰和希夏邦马峰。它们和境外的干城章嘉峰、马纳斯仟峰、道拉吉里峰及安那鲁纳尔峰等海拔8000米以上的山峰共同组成整个喜马拉雅山系的最高地段。

一队登山人沿危险的雪檐小心攀登。喜马拉雅山脉由巍峨的山峰环峙，相比之下，人显得格外渺小。

喜马拉雅山脉的南北翼自然条件差异显著，动物和植物的种类组成截然不同。这种悬殊的自然景观十分奇特，让人不得不惊叹大自然的造化之功。以喜马拉雅山脉中段为例：中喜马拉雅山的南翼山高谷深，具有湿润、半湿润的季风气候特点。在短短几十千米的水平距离内，相对高差达6000～7000米，垂直自然带十分明显。

海拔1000米以下的低山及山麓地带是以婆罗双树为主的季雨林带。海拔1000～2500米的地方为山地常绿阔叶林带，与我国亚热带的常绿阔叶林类似，主要有栲、石栎、青冈、桢楠、木荷、樟、木兰等常绿树种。林木苍郁，有多种附生植物及藤本植物杂生其间。森林中常可见到长尾叶猴、小熊猫、绿喉太阳鸟等，表现出热带、亚热带生物区系的特点。

海拔2100～3100米的地方为针阔叶混交林带，主要由云南铁杉、高山栎和乔松等耐冷湿、耐干旱的树种组成。植物组成具有过渡特征，随季节变化而做垂直的迁移。海拔3100～3900米的地方为以喜马拉雅冷杉为主的山地暗针叶林带。森林郁闭阴湿，地面石块及树木上长满苔藓，长松萝悬挂摇曳，形成黄绿色的"树胡子"。林麝和黑熊等适于这种环境，喜食附生在冷杉上的长松萝。冷杉林以上为糙皮桦林组成的矮曲林，形成森林的上限。

森林上限以上，海拔3900～4700米的地方为灌丛带。阴坡是各类杜鹃组成的稠密灌丛，阳坡则是匍匐生长的暗绿色圆盘状的圆柏灌丛。海拔4700～5200米的地方为小蒿草、蓼及细柄茅等组成的高山草甸带。再往上则为高寒冻风化带及其上的永久冰雪带。

中喜马拉雅山北翼高原上气候比较干旱，没有山地森林分布。在海拔1000～5000米的范围内生长着以紫花针茅、西藏蒿和固沙草等为主的草原植被，组成高山草原带。这里的动物多为高原上广布的种类，如藏原羚、野驴、高山田鼠、藏仓鼠、高原山鹑、褐背地鸦等。海拔5000～6000米的地方为以小蒿草、黑穗苔草等为主的高寒草甸以及坐垫植被带。主要动物有喜马拉雅旱獭、岩羚羊和藏仓鼠等。海拔 5600 米至雪线（6000 米）间寒冻风化作用强烈，地面一片石海，只有地衣等低等植物，形成黄、橙、绿、红、黑、白等各种色彩，组成独具一格的图案。

喜马拉雅山脉的东、中、西各段也有明显差异。东段比较湿润，以山地森林带为主，南北翼山地的差异较小；西段较干旱，分布着山地灌丛草原和荒漠；中段地势高耸，南北翼山地形成鲜明对照。

喜马拉雅山的顶峰终年白雪皑皑，在红日映照下，更显得晶莹剔透、绚丽多彩；一旦漫天风雪来临，它就被裹上一层乳白色的轻纱，犹如从茫茫太空中飘来的一座玉宇。

千百年来，生活在喜马拉雅山区的人们，利用河流切穿山脉的山口地带，南北穿行。喜马拉雅山区的农业开发历史约有 600 多年。

藏族和其他民族在河谷阶地和缓坡上开垦耕地，修筑梯田，他们把耕地分成"巴莎"（上等地）、"夏莎"（中等地）和"切莎"（下等地）等类别，开挖渠道，引雪水灌溉，种植青稞、燕麦、玉米等作物，在长期的生产实践中，积累了丰富的经验。他们根据高山冰雪消融引起的河流水量的变化，来判断气候的变化。他们看山影，观候鸟，观察报春花发芽、生叶和开花等物候现象，来掌握播种时节，安排田间管理。这些丰富的经验，对于发展喜马拉雅山区的农牧业有很实用的价值。

山体呈巨型金字塔的珠穆朗玛峰巍然屹立，为群峰之首。最先发现和熟悉这一世界最高峰的是我国的藏族同胞和尼泊尔人民。在西藏自治区的历史记载和传说中，也流传着不少关于珠穆朗玛峰的故事。据西藏佛经记载，藏王下命令把这个地区作为供养百鸟的地方，当地的喇嘛教则把所有的鸟视为神。尼泊尔人民称它为"萨加玛塔"，这是一个梵语复词："萨加"意为"天"，"玛塔"意为"头"或"山峰"，两个词合在一起便是"高达天庭的山峰"或"摩天岭"之意。18 世纪初，中国测量人员测定了珠穆朗玛峰的位置，并把它载入 1719 年铜版印制的《皇舆全览图》。

为了攀登珠穆朗玛峰，从 1921～1938 年，英国人在北坡进行过多次尝试，但都没有成功。1953 年 5 月 29 日，人们首次从南坡登顶征服了世界最高峰，其中一个是尼泊尔谢尔巴族人，另一个为新西兰人。1960 年 5 月 25 日，我国登山队王富洲等三人第一次从北坡登上珠穆朗玛峰，在世界登山史上写下了光辉的一页。

神农架之谜

神农架位于我国湖北省西部的大巴山区，面积有 3200 平方千米，林地占 85% 以上，海拔差不多都在千米以上，素有"中华屋脊"之称。神农架是个谜，神秘而博大：大量动物在此返祖变白，山溪之间出现大海独有的潮汐，真假虚实的动物故事，怪异莫测的洞穴……这些独特费解的神农架之谜，叫人眼花缭乱，浮想联翩。

动物白化现象

我国许多城市的动物园里都养有白熊。从外表看，它们实在没有什么区别，若注意到产地栏的记载，就会发现其中的大不同。原来多数白熊都属引进的北极熊，唯独武汉动物园里的白熊标记着"神农架"三个字，是地道的"国产货"。关于神农架白熊是否真是白熊的问题，科学界在20世纪50年代就有争议，至今余波未了。

20世纪50年代初期，在神农架山林里捕到的第一只白熊，送到武汉动物园，引起了科学界的震惊。依照常理，白熊只能生活在北极圈内、北冰洋地区，神农架属中纬度地区，是亚热带向温带气候的过渡地带，怎么可能出现白熊呢？

未过多久，在神农架又相继捕到四只白熊，而且雄雌老幼兼备。

20世纪70年代在两次大规模的"鄂西北奇异动物科学考察"过程中，科学工作者竟陆续见到、捕到了神奇的白蛇、白獐、白鹿、白龟、白金丝猴、白苏门羚、白鹳、白皮鹭、白冠长尾雉……当地百姓还曾目睹过白"野人"、白蟾蜍等，几乎所有的动物物种都有白的。

在古代传说中，白色动物一直被视为修行千载、始悟仙道的精灵或神物。《史记·五帝本纪》中记述的曾帮助轩辕黄帝立下赫赫战功的"罴"即为白熊，《白蛇传》中的白娘子也是白蛇修成人身的。

神农架的白色动物同非白色的同种动物相比，在生活习性方面尚未发现有多大差异。

通体白色的动物在当今世界上已为数寥寥了，非洲白狮、白人猿，印度白鹿，中国台湾白猴等无不被人视为珍宝。在我国珍稀动物名录里，诸如白鹳、白冠长尾雉等占据了相当大的比重，神农架被称为"白色动物之乡"的确当之无愧，而神农架所有白色动物均享受国家一类保护动物的待遇也是理所当然的。不过人们至今还是不清楚，为什么唯独在神农架才会出现这么大规模的动物白化现象？

山溪之间的潮汐

潮汐是由月球对地球的引力而产生的海水涨落现象。谁能相信，这海边特有的自然现象竟也能出现在神农架的山溪间呢？流经红花乡茅湖村境内林区的潮水河就可以看到这种现象。

观察潮水河奇观最理想的地方当数横卧于上游的一座小桥。桥不知建于何时，虽历经修补，却依然保留着原有的模样，桥墩用石头垒砌，桥身由树干架成，高丈余。平时看来，这座桥似乎架得多余。因为只有汩汩流水从桥

神农架的山溪水流湍急，清可见底。

下淌过，行人完全可以凭"石步子"安全过往。唯有到涨潮的时候才可以认识到桥的必要，那时候水位陡升，波涛翻腾，一下子便漫上桥头，需半个多钟头才会慢慢消退。溪水从观音岩上的一个岩洞中涌出，滚坡直下，最初为一挂瀑布，降至谷底才形成一条小溪。细观瀑流，时粗时细，一昼夜三变，因而引起溪水三起三落。涨潮时波澜翻滚，汹涌澎湃，落潮时水位锐减，露出岸边卵石。这与海边潮汐又不尽相同。

民间将潮水河潮汐的起因解释为犀牛翻身，讲潮水河的源头是一口深渊，有一头巨大的神犀终年睡在水里修炼，神犀有个习惯，每昼夜要翻三次身，每当它翻身时就会激起渊水外溢，因而造成了河水涨潮。此说是否可视为对间歇泉的神话解释呢？地质工作者曾探察过潮水河的源头，发现观音岩上的岩洞内通地下河，地下河的源头远在海拔 2060 米的"一碗水"，"一碗水"又是一处间歇泉，因此认为潮汐为间歇泉所致。但"一碗水"究竟有多大蓄水量？间歇泉是怎么形成的？间歇泉有能量使下游的溪水如潮水般定时暴起暴跌吗？潮水河还有许多令人费解的现象。譬如，它来潮时的水色因时节而不同。若逢干旱时节，水色混浊，像暴起的山洪；若逢阴雨时节，则碧波荡漾，如奔腾的清流。为什么如此泾渭分明呢？再譬如，它左右各有一条水溪，水色也因时节而异，不过恰与潮水河色相反，这是为什么呢？这些问题谁能解答呢？

真假虚实的动物故事

神农架动物世界奇闻特别多。1986 年 12 月 4 日的《江汉早报》上赫然登着一则报道，题曰《神农架巨型水怪之谜》，称新华乡农民发现三只巨型水怪，"栖息在深水潭中，皮肤呈灰白色，头部像大蟾蜍，两只圆眼比饭碗还大，嘴巴张开有 4 尺多长，两前肢生有五趾……浮出水面时嘴里喷出几丈高的水柱，接着冒青烟"。

与水怪传闻大致相似的还有关于棺材兽、独角兽和驴头狼等的传闻。《神农架报》称棺材兽是自然保护区科考队员黎国华最早在神农顶东南坡发现的，是一种"长方形怪兽，头大，颈短，尾巴细长能自由摆动，时而还能搭到背脊骨上，全身麻灰色毛……向山下疾奔，碰得树枝噼里啪啦地脆断，四蹄带起的石头轰隆隆地滚动"。《神农架之谜》里说独角兽"头跟马脑壳一样，体像大型苏门羚，四肢比苏门羚还长，后腿略长，尾巴又长又细，末梢有须……前额正中生着一只黑色的弯角，像牛角，长有 40 厘米，从前额弯向脑后，呈半回形弧弓。后颈部长有鬃毛，类似于马鬃"。

在谜一般的神农架，还生活着一种驴头狼身的怪兽，当地群众称其为"驴头狼"。据目击者说，驴头狼"四条腿比较细长，尾巴又粗又长，除了腹部有少量白毛外，全身是灰毛。头部跟毛驴一样，而身子又跟大灰狼一样，好比是一头大灰狼被截去狼头换上了驴头，身躯比狼大得多"。长着四只像狼那样的利爪，是一种凶猛的食肉动物。当地不少人都见过它的踪迹，在 20 世纪 60 年代，有的猎手还打到过这种怪兽，可惜尸体没有保留。

这些传闻似乎荒诞可笑，但又是如此地言之凿凿，我们能断定它不存在吗？

这是一幅根据大量考古发现绘制的原始人类生活复原图，神农架"野人"与这些古人类颇有相似之处。

盛夏结冰川的洞穴

一般岩洞内都是冬暖夏凉，但这也仅是相对暖和而言，凉倒也罢了，可是隆冬热风扑面来，犹如置身于暖气房；盛夏冰川林立，好像钻进了广寒宫，这样的现象就很奇怪了。神农架就有这样一个奇洞，名叫"冰洞"。冰洞山高耸在宋洛河西侧，主峰海拔2400多米，顶部呈棱台状，正中内陷，形成一个倒扣的漏斗形天坑。天坑约10米深，7米宽，20米长，原来曾盛着半池清水，大概是周围林木被砍伐殆尽的原因，水位渐跌，以至于到今天完全枯竭了。冰洞口便显露在石体上，仅有一人多高，宽也不过4米左右。在洞口处站不上1分钟，就能强烈地感到这里气候与外界截然不同。冰洞的主洞道不长，支岔却很多，门洞稍微宽展些，越向前越狭窄，可容游人通行者不足1000米。洞内有一条暗河，基本沿主洞道而流，水量不大，却可闻潺潺之声。究竟洞深几许，尚属未解之谜。冰洞内的景象因时而异：春来珠光宝气，夏至冰塔林立，秋季碧水轻流，冬时暖气融融。结冰一般在七八月开始融化，有人做过测试，化冰时洞口温度为21℃，山麓温度为30℃。三伏盛夏，进入冰洞，犹如登上了嫦娥蟾宫。刚才还是汗流浃背，马上就有了彻骨寒意，得赶紧加穿衣服，适应了才能慢慢观赏。只见头上悬着各式各样的冰灯，脚下踩着滚瓜溜圆的冰球，四壁耸立着奇形怪状的冰柱，深处飘逸着时隐时现的冰流。那些冰灯，无不灵巧生动，辉煌耀目；那些冰球，无不通体透明，漫地滚动；那些冰柱，无不攀龙附凤，熠熠生辉；那些冰流，无不从天而降，气势逼人。在冰洞里，似乎一切全是白银打造而成，所有景观都是翡翠装点，满目是玉树琼花，遍地皆锦鳞秀甲。那些银器，工艺精巧，无与伦比；那些翡翠，色泽纯正，沁人心脾；那些玉树，参差挺拔，交相辉映；那些锦鳞，生动活泼，奔腾逶迤。以科学的观点来分析，冰洞的奇特现象极有可能与洞体结构和所处的环境有关。冰洞山高达2000多米，冰洞深藏在天坑底部，洞道又呈正东西走向，洞体全是坚实的岩石，石体具有吸热快、散热也快的特点。冬季，地心温度高于地表，寒风有天坑遮挡，难以吹进洞内，来自地底的暖气流同外界的冷气流在洞口处相遇，于是形成了水珠。夏季情况则相反，外界的暖气流从天坑底部涌入洞内，遇上了来自地心的冷空气，温度骤降，就可能结水成冰。但这尚不是最终结论，人们仍须继续探索。

信疑难定的"野人"传说

神秘的神农架，如梦如幻的神农架，久为世人向往，而神农架"野人"之谜更是像磁石一般吸引着世人的目光。神农架"野人"被称为当今世界四大自然科学之谜中的一个（其他三个为尼斯湖水怪、百慕大三角和天外来客飞碟）。

神农架地区自古以来就有"野人"的传说。在鄂西北地区的历代地方志中都有"野人"出没的记载。据报载，至今有数百人声称他们见过"野人"。而且这样新的报道现在仍时有耳闻。在传说中，"野人"有许多与人类相似的特征：体形似人，满身红毛，无尾巴，身材高大，能直立行走，能发出类似鸟类的鸣叫声。

如此众多的报道、如此言之凿凿的描述，不能不引起科学界的关注。1976年5月，中国科学院组织了"鄂西北奇异动物考察队"深入神农架林区，收集了大量"野人"脚印、毛发、粪便样本。经初步鉴定，认为"野人"是一种接近于人类的高级灵长类动物，推测其正处于从猿到人进化过程中的一个阶段，即"正在形成的人"。

其后又有数支考察队进驻神农架林区，得出了相似的结论。但是到目前为止，还没有捕获到一个活的"野人"，因此神架"野人"仍是一个谜。它们是尚处蒙昧阶段的原始人类？是人类的近亲灵长类动物？或者是人们虚构出来的不存在的东西？如果人类能捕捉到一个活的"野人"，也许这一切都将迎刃而解，我们拭目以待。

黄土高原的黄土从哪里来

雄伟壮丽的黄土高原绵亘千里的景象蔚为壮观，几千年来无数文人墨客在此吟诗作画。一代伟人毛泽东曾在此发出"江山如此多娇"的感叹。人们在赞叹之余，不禁要问：黄土高原上的黄土到底来自何处呢？

中国西北部的黄土高原东到河北省与山西省交界的太行山，西至甘肃省乌鞘岭和青海省的日月山，南到渭河谷地关中平原以北的广大地区，北至长城，约占中国国土面积的1/20。

黄土高原海拔约为1000～1500米，高原上的黄土主要是一种未固结、无层理的粉沙。厚厚的黄土完全掩平了这里先期形成的地形，土层厚度达30～50米，最厚的地方甚至超过了200米。黄土由西北向东南方向逐渐变薄，颗粒由粗变细。这种黄土地貌在世界上许多地区都能看到，如欧洲、南北美洲的有些地方就分布着黄土，但面积和厚度却无法与中国西北部的黄土高原相提并论了。

黄土富含钙质结核及易溶盐，石英、云母、长石、电气石、角闪石、绿帘石等许多细粒矿物是黄土的主要成分，约占70%，余下的部分则是黏土矿物。如此大面积的黄土是从哪儿来的呢？它又是怎样形成的呢？

地质学家为了解释这些问题，综合运用地层、古生物、古气候、物质成分与结构及年代学等领域的知识进行研究，提出了20多种黄土形成的假说。现在影响较大的有4种学说，它们是水成说、残积说、风成说及多成因说。这4种学说的主要分歧点是黄土物质的来源及黄土本身的属性等问题。

大多数学者都赞同风成说的观点。特别值得一提的是，鲁迅先生也支持这种观点。鲁迅先生在一篇地质逸文中这样写道："中国黄土高原为第四纪初由中亚沙漠独藉风力，扬沙而东形成，并引起河水变黄成为黄河。"现代学者以大量的事实为基础，分析了黄土物质的基本特点后，得出结论说中国大面积的沙漠可能是黄土源，并且认为搬运黄土物质的主要动力是风力。黄土高原的形成的形成过程是地质历史中一种综合的地质作用过程，存在着物源的形成、搬运、分选及堆积成土这三个不同的阶段。

地质学家认为，在第三纪末或第四纪初的后半期时，今天的黄土高原所在地气候潮湿多雨，河流及湖盆众多，各种流水地质作用盛行。在河水的作用下，低洼盆地中堆积了基岩山区中大量的洪积、冲积、湖积、坡积及冰积物，松散沙砾及土状混合堆积变得越来越厚，黄土物质因此有了生长的基础。

在大约距今 120 万年前的第四纪后半期，气候发生了全球性的变化，气候急剧变冷，由潮湿变为冷干，新的冰期到来。中国西北部地区在西伯利亚—蒙古高压气流的影响下，冷空气长驱直入，并受祁连山的影响分为两支，一支转向东南，构成西北风进入鄂尔多斯地区；另一支向西南构成东北风进入塔里木盆地和柴达木盆地。与此同时，来自蒙古自治区的西风及西伯利亚的西北风分别进入中国新疆维吾尔自治区东北地区的准噶尔盆地。堆积在基岩山区的部分堆积物及盆地中的松散物质被强大的风力重新扬起，随风飘流、搬运、分选，然后分别沉积下来。日复一日，年复一年，各种堆积物越来越多，今天西北地区的砾漠、沙漠和巨厚的黄土堆积也就逐渐形成了。

另外三种关于黄土形成的假说，影响并不太大。水成说认为，流水作用使得黄土由不远的物源区搬迁堆积而成；残积说则认为基岩风化就地成土，导致了黄土的形成；而多成因说则认为黄土是上述几种因素共同作用而形成的。

时至今日，尽管 4 种假说都有一定的道理，但风成说还是在学术界占有绝对的优势。但是若要否定水成说、残积说等假说，也没有足够的证据。近几年，多成因说又重新抬头，向风成说提出了挑战，并且它也似乎比其他假说更为合理。孰是孰非，还很难分辨。究竟黄土高原之谜何时才能揭开呢？这只能寄希望于科学家的研究了。

"中国的百慕大" 之谜

在四川盆地西南的小凉山北坡，有个叫黑竹沟的地方，被人们称之为"魔沟"、"中国的百慕大"。这里古木参天，箭竹丛生，一道清泉奔泻而出，一切都那么宁静祥和，但是这里发生的一桩桩奇事却令人大惑不解。

传说，在黑竹沟前一个叫关门石的峡口，一声人语或犬吠，都会惊动山神摩朗吐出阵阵毒雾，把闯进峡谷的人畜卷走。1955 年 6 月，解放军测绘兵某部的两名战士，取道黑竹沟运粮，结果神秘地失踪了。部队出动两个排搜索寻找，仍一无所获。

1977 年 7 月，四川省林业厅森林勘探设计一大队来到黑竹沟勘测，宿营于关门石附近。技术员老陈和助手小李主动承担了闯关门石的任务。第二天，他俩背起测绘包，一人捏着两个馒头便朝关门石内走去。可是到深夜，依然不见他俩回归。从次日开始，寻找失踪者的队伍四处出动，川南林业局与邻近的峨边县联合组成 100 余人的队伍也赶来帮助寻找。人们踏遍青山，找遍幽谷，除两张包馒头用过的纸外，再也没有发现任何蛛丝马迹。

1986 年 7 月，川南林业局和峨边县再次联合组成二类森林资源调查队进入黑竹沟。因有前车之鉴，调查队作了充分的物质和精神准备，除必需品之外还装备了武器和通信联络设备。由于森林面积大，调查队入沟后仍然只好分组定点作业。副队长任怀带领的小组一行 7 人，一直推进到关门石前约 2 千米处。这次，他们请来了两名彝族猎手做向导。

当关门石出现在眼前时，两位猎手不想再往前走。大家好说歹说，队员郭盛富自告奋勇打头阵，他俩才勉强继续前行。及至峡口，他俩便死活不肯再跨前一步。副队长任怀不忍心再勉强他们。经过耐心细致地说服，好不容易才达成一个折中的协议：先将他俩带来的两只猎犬放进沟去试探试探。第一只灵活得像猴一样的猎犬，一纵身就消失在峡谷深处。

可半小时过去了，猎犬杳如黄鹤。第二只黑毛犬前往寻找伙伴，结果也神秘地消失在茫茫峡谷之中。两位彝族同胞急了，忘了沟中不能"打啊啊"（高声吆喝）的祖训，大声呼唤他们的爱犬。顿时，遮天盖地的茫茫大雾不知从何处神话般地涌出，9 个人尽管近在咫尺，彼此却根本无法看见。副队长任怀只好一再传话："切勿乱走！"大约五六分钟过后，浓雾又奇迹般地消退了。玉宇澄清，依然是古木参天，箭竹婆娑。队员们如同做了一场噩梦。面对可怕的险象，为确保安全，队员们只好返回。

黑竹沟至今仍笼罩在神秘之中，或许只有消失在其间的人才知道它的谜底，但却永远不能告诉我们了。

干旱的新疆可能再成海洋吗

新疆维吾尔自治区位于中国西北部，是一片神奇的土地。巍峨的昆仑山、天山和阿尔泰山高高耸立；黄沙似海的塔克拉玛干和古尔班通古特大沙漠静静地躺在那里。可是，又有谁会想到，在很久很久以前，这个有着高山和沙漠的地方竟然是浩瀚的古地中海的一部分？

自然界的这一沧桑巨变，早在中国古代时，就已被我国学者们发现了。宋代著名科学家沈括在太行山东侧山石中发现蚌壳化石时，便据此做出了先前这里曾是一片汪洋的论断。在现代地质学中，这些化石是记录历史变迁的最佳载体，了解新疆的过去正是凭借这些动植物化石。

远古时候的新疆与现在迥然不同。在 5 亿年前的寒武纪，新疆既没有昆仑山、天山和阿尔泰山，也没有塔里木和准噶尔两大盆地。新疆东北和东南有两片古陆，西部是一片汪洋大海，称"塔里木海盆"，也叫"塔里木海"，由于两片大陆夹着一片海洋，使得整个塔里木海盆看上去像一个朝西开口的大喇叭。当时有许多原始的小动物生活在海里，其中要数三叶虫最为常见。在地壳变动中这些三叶虫被沉积物掩埋，经过自然界的长期作用，最后变成了化石。现在，这种化石在新疆的许多地方都能找到。

距今大约 3 亿年左右的石炭纪，新疆海域的范围进一步扩大。当时，除了北面的阿尔泰山和南面的阿尔金山一带岛状山地已屹立在海面上，整个新疆几乎全都淹没在海水之中。新疆北面是准噶尔海盆，也叫"准噶尔海"，这里的海水主要来自东部；新疆南面是塔里木海盆，这里的海水主要来自西面。而深深的天山海槽则位于这两个海盆中间。由于中间没有多少阻隔，南北两个海盆当时可能是沟通的。根据推算，那时的新疆海域面积十分广阔，大小相当于现代的黄海和东海面积之和。

在那个时期，一些原始的鱼类其实和现代鱼类的样子已十分相似，只是各种器官的功能还很不完备。此外，珊瑚、带贝壳的腕足动物、海百合等也已十分普遍。在海滨地带和海岛上，许多今天已经灭绝的植物，如亚鳞木、星芦木、羊齿、轮木等蓬勃生长。地质历史时期有几个气候最温暖、湿润的时期，石炭纪便是其中之一。良好的气候条件导致当时的动物空前繁盛，可以想象那时的新疆海域欣欣向荣的情景：蔚蓝的海水拍打着岸边礁石；浅水处，珊瑚争艳，鱼儿戏水；海滨地带，高大的树林在微风吹拂下欢乐地哗哗响着。真是生机盎然，令人向往。

到了石炭纪晚期，新疆的海水开始消退，塔里木海盆的东部已抬升成为陆地。新疆海域面积从那时起就开始不断缩小。

2 亿年前是二叠纪，新疆海陆变迁在这一时期最为剧烈。大约 2.3 亿年前，又一次强烈的地球构造运动拉开了帷幕，地质史上称之为"华力西运动"。新疆在这次构造中出现了大规模的海退，海域面积急剧缩小。到二叠纪末期，新疆大部分已上升为陆地，只有最南边的喀喇昆仑山和东昆仑一带仍在海中。当时新疆

安吉海河背斜——大地隆起的佐证

已初具今天的规模，北面出现古阿尔泰山，中间是古天山，南面有古阿尔金山和古西昆仑山；古塔里木盆地和古准噶尔盆地也初步成形。这又一次的沧桑巨变使得新疆由海变陆。

二叠纪后，大约有6000万年的时间，新疆的海陆形势没有改变。那时，仅仅是古地中海的北部边缘有海水，而且很浅，且时进时退，其声势和规模已完全不能与昔日相比。新疆的再次改变发生在1.4亿年前的白垩纪到3600万年前的早第三纪。在这一时期内，塔里木盆地西部又经历了一次较大的海进。海水由西边的阿里莱海峡侵入，和田河以西塔里木地区首先被淹没。海水一直往东推进，最后进入东塔里木区，库车一带也浸入了海中。这可能是我国西部的最后一次海进。当时的海水约深100米，不算太深，并且东西不平衡，西部略深些，愈往东愈浅。在这个时期的海水中，体积微小的介形虫和有孔虫，比如形如小卵石、表面光滑的玻璃介，两侧长有突瘤的土星介及图片状币虫、圆片虫等是海水中的主要生物。大量海生物死后，其遗体掩埋在沉积物中，经过反复的物理化学变化，最后变成了石油。

早在第三纪以后，一次强烈的地质构造运动——新构造运动开始重新设计地球的样子了，地球的大部分地区因此又发生了一次沧桑巨变。正是因为新构造运动，地球上才出现了高山、盆地、大海和湖泊，并且与现在的布局大致相同。

新疆也受到了新构造运动的影响，自早第三纪以后，海水退尽，出现了帕米尔高原，阿里莱海峡封闭了起来。自此，新疆始终保持着大陆的形式，海水再未进过新疆。由于新构造运动的影响，青藏高原海拔升到了5000多米的高度。帕米尔高原、天山、阿尔泰山也都相继隆起，塔里木盆地和准噶尔盆地变为封闭的内陆盆地，新疆真正成为欧亚大陆的腹地。由于大陆性增强及气候变干，塔里木盆地和准噶尔盆地中出现了成片的沙漠，现代自然景观开始形成。

既然新疆历史上有过漫长的海洋时期，那么从现在的情况看，新疆还有可能再成为海洋吗？地质学家指出，随着地球历史的演进，并不排除这种可能性。当然，对人类来说，这个时期太过漫长了。只有得到更多、更深刻的科学数据，人类才能充分地了解地球历史的变迁，也才能预见到它的陆海变迁规律。

如今新疆的沙滩戈壁，不仅是一座天然的古地中海博物馆，而且是一个巨大的昔日海洋的迷宫。我们的探索只是揭开了冰山一角，它将永远吸引着一代又一代的科学工作者对其进行探索。

罗布泊是游移湖吗

罗布泊位于新疆维吾尔自治区塔里木盆地东部，面积约3000平方千米，湖面海拔768米，是我国仅次于青海湖的第二大咸水湖，由于河流改道和入湖水量变化，湖面逐渐缩小。沿岸盐滩、荒漠广布，人们虽然经多次考察，但还是没有找到罗布泊的确切位置，于是科学家们对罗布泊是否是游移湖产生了争论。

酷热、干旱、风沙、陡崖、盐滩，使得人们不能接近罗布泊，多少年来一直被称为"死亡之路"。历史上曾有许多中外学者试图冲破层层阻碍穿越大沙漠，完成对罗布泊的考察，然而许多人都是壮志未酬甚或是魂断沙漠。就是仅有的几次成功考察，却又在罗布泊确切位置上产生了分歧。

最先引起罗布泊是游移湖争论的是俄国探险家普热瓦尔斯基，他在1876年曾到罗布泊位于塔里木河口的喀拉和顺境内，比我国地图所记的位置还要往南，纬度大约有1°之差，而且，他所见到的湖泊是一片淡水湖，芦苇丛生的大沼泽地，聚集着成千上万的鸟类。而北罗布泊的水都已干涸，变成盐滩，十分荒凉。

普热瓦尔斯基认为，罗布泊从形成时期起，它的位置和形态就随着充水量的变化而南北变动着，有时偏北，有时偏南，有时水量很多，有时则很少，甚至干涸。

瑞典的斯文·赫定到罗布泊地区考察，也认为罗布泊游移到喀拉和顺去了。斯文·赫定还推测了罗布泊游移的原因，他认为罗布泊游移是由于进入湖中的河水（塔里木河）夹带着大量泥沙，泥沙沉积在湖盆，使湖盆抬高，导致湖水往较低的方向移动。过一段时期后，被泥沙抬高露出的湖底又遭受风的吹蚀而降低，这时湖水又回到原来的湖盆中。罗布泊像钟摆一样，南北游移不定，而且游移周期可能为1500年。

但也有人认为罗布泊从来就不是个游移湖。卢支亭先生认为罗布泊由于受湖盆内部新构造运动和入湖水量变化的影响，在历史上常出现积水轮廓的大小变动，此种变动本来是一种自然的历史演变过程，而不能称之为游移湖或交替湖。

中国科学院新疆维吾尔自治区综合考察队地貌组通过对罗布泊进行实地调查和卫星照片分析，证明罗布泊从第四纪以来始终没有离开过罗布泊洼地，虽然由于各个历史时期的气候变化、古代水文条件的改变以及最新断块运动而导致其水量的涨缩，但它始终是在湖盆内变动，湖水从未超湖盆范围以外的湖面。

罗布泊在水面涨缩变化过程中，除了最重要的结构因素、古代水文因素，还有人为因素。进入阶级社会，一些河道的改道总是以人的因素为主的，特别是干旱少雨的塔里木河、孔雀河下游的改道，如果不与社会联系起来，从人与自然的相处上面寻找原因，是难以找到正确的答案的。

从目前看，以上两种说法似乎各占其半，势均力敌，不管这个谜底究竟是什么，我们都应该好好思考，如何不要让短期的人为行动破坏自然的规律，怎样做才是对自己、对自然、对子孙负责的行为。

"魔鬼城"是谁"建造"的

新疆维吾尔自治区有两座"魔鬼城"：一座在东准噶尔克拉山区，另一座在准噶尔盆地西北缘的乌尔禾。每当夜晚来临时，就会有鬼哭狼嚎的声音像潮水一样从四面八方涌入城中。这时就会有狂风带着黑云，挟沙携石在城中东奔西突……整座城堡笼罩在一片可怕的黑暗里。这么可怕恐怖的"魔鬼城"究竟是谁"建造"的呢？

科学家在进行了一番科学考察后，提出了"风成说"。他们认为"魔鬼城"实际上就是"风都城"，这些奇异的恐怖景象并不是鬼怪们所为而是可怕的风造成的。"魔鬼城"就是科学家通常说的"风蚀地貌"。因为空气流动而形成的风将地上的沙砾和小石子吹起，不断地打击、冲撞、摩擦岩石，长年累月下来，这一地区各种不同软硬度的岩石就被风吹成了各种各样奇怪的形状。

"魔鬼城"的地层是古生代的沉积岩日积月累相叠而成的，所以它的岩层松实度不同，厚薄也不同。再加上这里是空气干燥终年少雨的沙漠地带，白天，火盆一样的太阳把大地烤得十分灼热；到了夜里，气温又会一下子降到很低。冷热变化过于剧烈，岩石由于忽冷忽热而碎开，这样就形成了许多孔道和裂缝。沙漠地区一年四季都有大风，且十分频繁，"风都城"因为正处于准噶尔盆地的老风口，更是常年受到从中亚沙漠地区而来的西北风的摧残。这些风都是风力很强的大风，其中有的风力竟可达 12 级。狂风携沙带石，冲向已被热胀冷缩弄得千疮百孔的岩石，这些软硬不一的岩石长年受此内外交攻，就变成了十分精致离奇的怪石。

"风都城"的地面上矗立着许多造型各异的山石。有的像飞檐斗拱的亭台楼榭，有的像纪念塔、金字塔，有的像"雉堞"起伏不平的古堡。岩壁中间还有蜿蜒崎岖、坎坷不平的小通道，如同城市里的马路，只是更加坎坷，更加曲折。这些已经风化的怪石，有的像鸟，有的像兽，有的像建筑，有的像人，形形色色，栩栩如生。

科学家继续对"魔鬼城"进行探索研究，想弄明白它的成因除了风以外是否还有别的因素。最后得知，这些形态各异的岩石在很大程度上还被沙漠中来之不易的雨水切割、侵蚀过，这也是形成"魔鬼城"的一个外在因素。科学家经过进一步地探索得知，能形成"魔鬼城"的地方必须具有软硬不同、色泽不同、矿物成分不同的岩石。这样，风和雨才能发挥雕刻家的作用，造出这样的奇景。同时，岩石的叠累应是水平的，否则，岩石不但不会被风雨雕琢成形，还会土崩瓦解，这样就不会形成"魔鬼城"了。

鸣沙之谜

所谓鸣沙，也就是会发出声响的沙子。鸣沙现象是普遍存在的，在美国的长岛、马萨诸塞湾，英国的诺森伯兰海岸，丹麦的波恩贺尔姆岛，波兰的科尔堡以及巴西、智利和亚洲与中东的一些沙滩、沙漠都会发出奇特的声响。

在我国有四处鸣沙地，第一处是已为古志（《太平御览》《大正藏》）所载的今天甘肃敦煌市南的月牙泉畔鸣沙山，又叫雷音门；第二处是竺可桢在《沙漠里的奇怪现象》一文中描述过的宁夏回族自治区中卫市沙坡头区黄河岸边的鸣沙山；第三处是新疆维吾尔自治区哈密地区巴里坤哈萨克自治县的鸣沙山；第四处是内蒙古自治区达拉特旗（包头市附近）南 25 千米库布齐沙漠罕台川（黄河支流）两岸的响沙湾，这处沙山有 60 米高，100 米宽，又叫银肯响沙（"银肯"一词的蒙语为"永久"之意）。

鸣沙这种自然现象，在世界上不仅分布广，而且鸣沙发出的声音多种多样，有的如同哨声、笛声、竖琴声、提琴声，有的像雷鸣、飞机和汽车发动机的轰鸣声，还有的像狗叫声。人们对不同的鸣沙，赋予不同的名称，有的称鸣沙，有的叫歌沙、音乐沙，也有的叫咕噜沙、神沙等。

然而，沙为什么会"鸣"呢？这个问题使人困惑，也激起了人们对它进行研究和探索的兴趣，对鸣沙原因也有各种各样的解释。

一些学者认为，沙粒涂上了一层薄薄的钙镁化合物，在大量的沙相互摩擦时，产生了类似提琴用搓上松香的琴弓沿着琴弦奏出乐曲一样的声音。

还有的研究者认为，鸣沙的基本原理在于空气在沙粒之间的运动，当沙粒在滑动的时候，它们之间的孔隙一会儿扩大，一会儿缩小；空气一会儿钻进这些孔隙，一会儿又被挤出这些孔隙，因此便产生振动而发声。

也有一种解释：沙因带了电而引起发声。前苏联学者雷日顺利地制成了人造的发声沙。他取普通的河沙弄干，清洗沙中尘土，再从中清除别的杂质，然后在一般的起电盘的帮助下充电，接着沙开始响起来——再用一只手挤压它时，沙就发出拉提琴的响声。

马里科夫斯基在考察前苏联卡尔岗上的鸣沙后，提出了自己的解释，他认为每个鸣沙沙丘的内部，都有一个密集而潮湿的沙土层，它的深度是随雨水的多少而改变的。夏季，潮湿层较深，它被上面干燥的沙土层全部覆盖起来，潮湿层的底下又是干燥的沙土层，这就可能构成一个天然的共鸣箱。当雪崩似的沙粒沿着斜坡倾泻下来时，干燥沙粒的振动波传到潮湿层，就会引发共鸣——像乐器的共鸣箱一样，使沙粒的音量扩大无数倍而发出巨大声响。

苏联另一位学者在考察了中国的中卫沙坡头和达拉特旗的响沙湾后发现，两地沙子的质地均属细沙类，而且石英质地的沙粒占其中的 52% ~ 62%，于是他认为，由于石英晶体具有特殊的压电性质，使鸣沙中的这些石英沙粒对压力非常敏感。一旦受到挤压就会带电，在电的作用下它又会反复伸缩振动。振动得越厉害，产生的电压越高；电压越高，振动越厉害，于是"歌声"就越来越响。

不过石英沙的分布是很广的，响沙却没有那么普遍，而且一般鸣沙换个地方就会变"哑巴"，所以更多的人还是认为鸣沙的形成与当地特殊的地理环境有关。

1979 年，我国的马玉明撰文《响沙》，提出新见解：响沙的"共鸣箱"不在地下，而是在地面上的空气里。他认为响沙的发生需具备三个条件：一是沙丘高大且陡；二是背风向阳，背风坡沙面呈月牙形；三是沙丘底下有水渗出，形成泉和潭，或有大的干河槽。而且提出，由于空气温度、湿度和风的速度经常在变化，不断影响着沙粒响声的频率和"共鸣箱"的结构，再加上策动力和沙子固有频率的变化，响沙的响声也经常变化。有时下雨天去看响沙，发现响沙不响，正是由于温度和湿度的改变破坏了响沙"共鸣箱"结构的缘故。像宁夏中卫沙坡头的响沙，就是由于周围造林绿化等原因破坏了共鸣的条件，响沙已有十几年不响了。

然而，国外一些海滨的响沙沙滩是相当平坦的，不存在高而陡的月牙形沙丘，而且它们往往只会在雨后不久，表面层刚刚干燥的时候发出响声。这又如何解释呢？日本京都府北面丹后半岛的海水浴场上有两处响沙：一处叫琴引滨；一处名击鼓滨。这两条沙滩不仅音色截然不同，甚至还有季节性变化。由此日本学者得出结论：海滨响沙最重要的条件是要洁净的海水不断地冲刷。夏天游泳的人太多，把海水弄得太脏，沙子便不愿响了，这与沙漠的响沙的"脾性"似乎完全两样。

我国的几种鸣沙山还有两个特别奇特的地方，在古代书籍里面曾经记载着：第一个奇特的地方是山麓都是清泉，尽管周围的沙丘一个紧连着一个，可是千百年来泉水一直没有被黄沙掩埋。第二个奇特的地方是不管有多少人爬到沙山顶上，滑落下来多少沙子，到了第二天风又会把沙子吹到山坡上去，使沙山变得跟原来一模一样。这到底是怎么回事儿呢？它们和响沙的秘密一样，也没有一个能说服人的答案。这个谜团什么时候才能够真正地解开呢？

西湖的前身是海湾吗

"欲把西湖比西子，浓妆淡抹总相宜。"历来为人们认作美的化身的西湖，究竟是怎么形成的？对于这个问题，至今学术界仍各持一端，争执不下。而弄清楚西湖形成之谜对西湖的现在和未来发展都有重要价值。

一种说法认为西湖是由于筑塘而形成的，这是古今比较一致的看法。西湖本与海通，东汉时钱塘郡议曹华信为防止海水侵入，招募城中人民兴筑了"防海大塘"，修成后，"县境蒙利"，因之便连钱塘县衙门也迁来了，这就是今日杭州市的前身，西湖从此与海隔绝而成为湖泊。历代学者都承袭此说，流传至今。

1909 年，日本地质学者石井八万次郎提出，是火山爆发喷出岩浆阻塞海湾从而形成西湖。

我国著名科学家竺可桢通过详细调查研究，认为西湖原是一个泻湖，否认了石井八万次郎的推断。他认为，西湖本来是一个海湾，后由于江潮挟带泥沙在海湾南北两个岬角处（即今吴山和宝石山）逐渐沉淀堆积发育，最后相互连接使海湾隔绝了大海而形成为泻湖。

魏嵩山先生根据《史记·秦始皇本纪》记载，公元前 210 年秦始皇东巡会稽，"至钱唐，临浙江，水波恶，西百二十里从狭中渡"，认为当时（杭州附近）的钱塘江水面仍相当辽阔。而《汉书·地理志》所载"武林山，武林水所出，东入海"，则更清楚地表明直到西汉时期西湖仍为海湾，杭州市区尚未成陆。因此，魏氏确信刘道真《钱唐记》所载华信筑大塘之事，认定西湖与海隔绝成为内湖，时间应当是在东汉。

林华东先生对"西湖是因为东汉华信筑塘成功后才形成"的说法提出异议，认为倘确有华信筑"防海大塘"，其功能也应是防御海潮冲击吞没陆地的捍海塘，认为东汉华信筑防海大塘时，内侧地带早已成陆，筑塘是为保护陆地不被海水吞没，而不是促成西湖的成因。林氏主张最迟在东汉之前，西湖就已形成。

吴维棠先生从西湖东岸望湖饭店地下四米深的钻孔采样中，发现有一黑色富有机质和植物残体的黏土层，通过碳 -14 年代检测得知在距今 2600 年左右。白堤锦带桥两侧的五六米深处的钻孔中，有一碳化程度较高的泥炭层，厚 10 ~ 50 厘米，用其上部的标本做碳 -14 年代测定，为距今 1805 年左右。泥炭层之下是青灰色粉砂质黏土，富有机质和碳化的植物干枝，孢粉分析结果，有黑三棱、眼子菜等陆上浅水生植物，表明当时西湖已是沼泽。据此估计，西湖在春秋时代已经沼泽化。在疏通西湖的时候，工人们曾发现一些石器和战国至汉代的铁斧，很可能是人们从事渔猎生产活动失落的。因此，吴维棠先生推断：在西汉前，杭州非但不是海湾，连海湾成陆后遗留下的残迹湖（西湖）都已沼泽化。这就无怪乎《史记》《汉书》《越绝书》等古籍中，只记及钱塘县和别的湖泊，而没有古西湖的记载。

尽管至今人们还不能清楚地知道西湖的成因，但随着研究的深入，相信科学家会给我们一个满意的答案。

风动石之谜

东山岛位于福建省东南部，古称铜山，是著名的海滨风景区。东山岛的闻名，除了美丽的热带海滨风光外，还因为岛上有一块奇石——风动石，它被誉为"天下第一奇石"。

风动石，危立于铜山古城东门海滨。石高 4.73 米，宽 4.57 米，长 4.69 米，重 200 多吨，外形像一只雄兔，斜立于一块卧地盘石上，两石吻合点仅有几厘米见方。当海风从台湾海峡吹来的时候，强劲的风流会使风动石微微晃动，让人觉得其岌岌可危，可风停后，风动石也随之平稳如初了。

风动石不仅在风的吹拂下会摇晃，而且人力也能使其晃动。如果找来瓦片置于石下，选择适当的位置，一个人就能把这硕大的奇石轻轻摇动起来。此时，瓦片"咯咯"作响，顷刻间化为齑粉，奇石摇动的轨迹清晰可见。

1918 年 2 月 13 日，东山岛发生 7.5 级地震，山石滚落，屋倒人亡，可风动石却安然无恙。"七七事变"后，日军企图搬走风动石，日舰"太和丸"用钢丝索系于风动石上，开足马力，可多条钢丝索被拉断了，风动石却纹丝未动，最后日军只得放弃这一企图。

风动石历经沧桑，依然斜立如故。这块奇石是怎样形成的呢？至今是个难解的谜。

蛇岛为何只有蝮蛇

在我国辽宁省旅顺市西北的渤海中、距老铁山角约 30 千米处，有一个面积约 1 平方千米（长约 1.5 千米、宽约 0.7 千米），由石英岩、石英砂岩等组成的岛屿。这里地势陡峻，自西北向东南倾斜，海拔 215.5 米，多海蚀洞穴及灌木草丛。在这个岛上盘踞着成千上万的蝮蛇，因而，人们把它称为蛇岛，亦称小龙山岛。

蛇岛以蝮蛇的数目众多而闻名中外。据统计，蛇岛上的蝮蛇有 14000 多条，并且每年增殖 1000 条左右。那么，在这弹丸之地的孤岛上为什么栖息着这么多的蝮蛇？

我国科学工作者经过考察研究后认为，蛇岛特殊的地理位置为蝮蛇的生存和繁衍创造了良好的环境。

首先，小小的蛇岛和台湾岛、海南岛等岛屿基本上都是第四纪时从大陆分离出去的"大陆岛"。蛇岛和旅顺、大连地区在地质构造、岩石性质、植物种数等方面的情况差不多。岛上的石英岩、石英砂岩和砂砾岩中，有许多大大小小的裂缝。这些裂缝既能蓄留雨水，又为蝮蛇提供了良好的居住场所。

其次，蛇岛位于暖温带海洋中，气候温和湿润，每年无霜期达 180 多天，是东北最暖和的地方，对植物生长和昆虫、鸟类繁殖极为有利。特别是该岛处于候鸟南北迁徙的路线上，同山东荣成、江苏盐城、上海崇明岛等候鸟栖息地连成一线。每到春秋两季，过往的候鸟有几百万只，树木茂密的蛇岛便是它们"歇脚"的好地方。由于蝮蛇有一套上树"守株逮鸟"的本领，它的鼻孔两侧的颊窝是灵敏度极高的热测位器，能测出 0.001℃ 的温差，因而只要鸟停栖枝头，凡在距离 1 米左右，蝮蛇都能准确无误地把它逮住，成为一顿美餐。"植物—昆虫—鸟雀—蝮蛇"，构成了蛇岛的生物链。

最后，岛上土壤相当深厚，土质结构疏松，水分丰富，宜于植物生长和蝮蛇"打洞"穴居。蝮蛇生性畏寒，洞穴为它们提供了越冬的条件。同时，岛上人迹罕至，也没有刺猬等蛇类的天敌，对蝮蛇的繁衍非常有利。蝮蛇是一种卵胎生的爬行动物，繁殖力较强，母蛇每次可产 10 多条小蛇。在生得多、死得少的情况下，蝮蛇日益繁盛。

如果说上述分析基本可信的话，那么，为何这些蛇竟是清一色的蝮蛇，却还是个疑谜。

有人认为，蛇岛面积很小，可供蛇类吞食的东西有限，捕食鸟类也并不容易，还往往会遭到老鹰的袭击，对于那些食性较窄、自卫能力弱的一般蛇类来说，很难在岛上生存，而蝮蛇的食性相当广，猎食和自卫能力都很强，在长期的自然演化中，蛇岛逐渐成为了单一的蝮蛇的天下。

但也有人对此不以为然，他们认为，蛇岛周围海域共有 5 个小岛，地理环境和气候条件差不多，为何其他 4 个岛上没有蝮蛇，唯独蛇岛上有这样多的蝮蛇呢？看来，这个谜还有待于科学工作者的进一步努力，才能探明其中的奥秘。

香格里拉只是传说中的地方吗

美国作家希尔顿在小说《失去的地平线》中，描绘了一个名叫"香格里拉"的地方，说它就在喜马拉雅群山之中，那里风光秀美，空气清新，居民品格高尚，而且健康快乐，长生不老，他们与世隔绝，以喇嘛教为中心，守护着自己的文明。

希尔顿笔下的香格里拉是以西藏自治区古典传说中的世外桃源"香巴拉"为依据的。西藏自治区经典中记载的"香巴拉"是个雪山环绕、天地之间纯净如水、黄金佛塔林立、处处宁静祥和的国度。对于虔诚的喇嘛僧侣来说，这不仅是个神话般的传说，而且是他们终生追求、可望而不可即的一处圣地。以前这传说只是在藏族群众和喇嘛僧侣中流传，自希尔顿的书问世以后，"香格里拉"引起了世人的美好向往。于是寻找香格里拉（或"香巴拉"）就成了世界上的一大热点。那么，神奇美丽的香格里拉究竟在何处呢？

经众多专家学者的多方考察，证实作为英语中一个外来词汇的"香格里拉"，只在云南迪庆藏族自治州香格里拉县的藏语中才有它的准确发音，它由藏传佛教经典中的"香巴拉"一词演化而来，意为"心中的日月"。其中的"香"和"格"的发音，更是仅为康藏地区南部土语群中的香格里拉方言所独有。而在别的藏区，英文"香格里拉"（shangrila）的发音，一般读作"森吉尼达"。而香格里拉县城的古藏语地名就叫"尼日宗"或是"独给宗"，意为日月城，与香格里拉藏语中"香格里拉"的含意完全吻合。

"香格里拉"与藏传佛教经典中的"香巴拉"关系密切，"香格里拉"很可能是由藏传佛教经典中的"香巴拉"演变而来。

"香巴拉"的概念来自藏传佛教的净土信仰。所谓净土信仰，其实就是大乘佛教中的"彼岸世界"信仰。

藏文、梵文经典所描述的古代各种进入香巴拉的入境指南都指出，"前往圣境要穿越荒漠与高山，

稻城亚丁——永远的香格里拉

这里高山连绵，起伏蜿蜒，银装素裹，高山湖泊多达 1154 个，犹如珍珠荟萃。河流纵横，溪沟密布，林木茂盛，田野似锦。尤其是亚丁自然保护区，与云南省的中甸毗邻，被誉为永远的香格里拉。

行者除了必须克服崇山、峻岭、大河等自然障碍以外，还得以神通求得诸护法神的协助，以慑服沿途之恶魔"。去香巴拉的旅途从印度或西藏自治区开始，要经过不毛之地与神秘地区；进入香巴拉的程序是，行者必须做各种精神修炼，变换其身心，使自己适应于进入香巴拉王国。

有人利用古代西藏文献的香巴拉指南，试图去发现实存之香巴拉王国国境。直至今日，藏族人民仍然相信，能在喜马拉雅山的一个偏远的山谷中找到香巴拉。

据西藏自治区民间传说，前往香格里拉圣地的入口就在布达拉宫的神殿之下。这种传说有一定道理，因为布达拉宫的选址和设计必然有其独特的匠心，而且布达拉宫结构复杂，如同迷宫一般。但直到现在，人们并未找到通往香格里拉的真正入口，也没有找到有关入口确实可靠的记载。

另一种传说是，香格里拉在印度和巴基斯坦交界处的克什米尔地区。这里位于喜马拉雅山西南，四周是银装素裹、冰河悬柱的冰峰雪山，中间却气候宜人、青葱碧绿，处处是五彩缤纷的梦幻般的雪中绿洲，这里空气清新，民风淳朴而又与世隔绝。因此也有人相信，香格里拉就在克什米尔的某个地方。

还有人提出，真正的香格里拉是在中国云南省的中甸。中甸位于云南省西北部连绵起伏的群山之中，著名的梅里山脚下，属于迪庆藏族自治州。有趣的是，当地的藏族群众有好多信奉天主教，他们自古以来就把梅里雪山看作是不容凡人足迹踏进的圣山。截至目前，梅里雪山主峰卡瓦格博仍然是一座无人登上的处女峰。南北100千米的雪山构成了怒江和澜沧江峡谷，从这里再往东30千米越过白马雪山就是金沙江峡谷，梅里雪山最高点卡瓦格博和最低点的枪江海拔落差达4800米，形成了近乎垂直的剖面。这里处于终年积雪的雪山、江水奔腾的峡谷和大片的原始森林之中，藏族群众始终认为，自己居住的地方就是香格里拉。一些到过中甸的国外探险家和学者认为，比起布达拉宫和克什米尔，这里更具有"世外桃源"意味，但此处并不在喜马拉雅山中，这与希尔顿的描写有较大出入。

神秘而又无限美好的香格里拉究竟在哪里呢？以上四种说法都有一定道理，但迄今为止尚没有一个真正的结论。或许，香格里拉只是一种世外桃源般美好的象征，一种人们对超然物外的美好生活的追求与梦想。

桃花源究竟在何处

千古名篇《桃花源记》出自我国屈原以后的又一伟大诗人、东晋时代杰出的诗词散文大作家陶渊明的手笔。它是我国古代散文中的奇葩，传诵千古而不衰。《桃花源记》就是他亲笔绘出的理想社会图：环境优美，怡然自得。在这样的理想社会，没有君主，没有战乱，没有贫穷，没有欺诈。人们淳朴厚道，和睦相处，过着自食其力、康乐幸福的生活。1600多年来，这篇不足400字的《桃花源记》，不知让多少人为之魂牵梦绕，可在现实生活中，怎么也寻它不到。"桃花源"究竟是纯属虚构，是东方的乌托邦，还是有它真实的原型呢？它的原型又在哪里呢？

陶渊明(365~427)，字元亮，又名潜，别号五柳先生，谥号"靖节先生"。原籍江州浔阳柴桑(今江西省九江市西南)人。他生于一个没落了的官僚世家。曾祖陶侃，封长沙公，赠大司马。祖父陶茂是武昌太守。母孟氏，是陶侃的外孙女。在这种家庭环境中，陶渊明自幼聪明好学。史称"潜少怀高尚，博学，善属文，颖脱不羁，任真自得，为乡邻之所贵"。

义熙十四年(418)，刘裕杀晋安帝，立恭帝，朝廷大权全归刘裕。为了笼络人心，任陶渊明为著作佐郎，而"不为五斗米折腰"的陶渊明厌倦了官场上尔虞我诈的生活，无心恋政，说自己有病而不赴任，于是有了"陶征士"之称。420年，刘裕称帝，国号宋，改元永初，废晋恭帝，晋朝灭亡。第二年，恭帝被刘裕杀死。就在宋永初元年前后，陶渊明写下了他的代表作《桃花源诗并序》。

湖南的桃源县被大多数人称为陶渊明笔下的桃花源，俯临沅水，背倚青山，景色绮丽，松竹垂阴，千百年来，吸引无数骚人墨客前去寻访、探幽，留下千古佳话以及墨宝遗迹。目前有神话故乡桃仙岭、道教圣地桃源山、福地洞天桃花山、世外桃源秦人村四个景区近百个景点。桃源地域东汉时置县，名沅南县，属武陵郡。隋开始直到唐和五代，撤县而成为武陵县的一部分。宋太祖乾德元年(963)，朝廷发出了分拆武陵县的政令，转运使张咏根在实地考察后，建议置桃源县。历史悠久的"桃花源"，是中国古代四大道教圣地之一，有"第三十五洞天，四十六福地"的美誉。它以山水田园之美，寺观亭阁之盛，诗文碑刻之丰，历史传说之奇而举世闻名。当地的人们用陶渊明的诗文命名在此修建了观、祠、亭、洲，比

桃源仙境图 明 王彪
此画是对晋代文学家陶渊明《桃花源记》的形象表现。图中丛山叠翠，桃花成云，其间有良田桑竹掩映，有一种不知有汉、无论魏晋的田园之乐。

如桃花观、集贤祠、蹑风亭、缆船洲等。不少学者认为陶渊明描绘的那幅美好的社会生活图景并不是他的臆想和虚构，而是桃源县实在的生活。

也有学者认为《桃花源记》是当时居住在武陵地区的苗族社会生活的写真，那时武陵地区的苗族人民已出现了自耕农的私有制，但由于生产力还比较低，剩余产品也比较少，还产生不了突出的富户和显贵人物，所以没有阶级压迫、阶级剥削的社会现象。除了陶渊明对此有记载外，另一个东晋文人在他的著作中也提到了这个"世外桃源"。此外，武陵的苗族人民素有对桃树的崇拜以及有客人"便要还家，设酒杀鸡作食"的习俗等，这些都能说明陶渊明所说的桃花源就是指湖南武陵地区的苗家社会。

在今天的连云港市区也有两个武陵的地名：一个是《魏书》中记载的武陵郡，遗迹犹存，在赣榆县的沙河城子村；另一个是云台山脉的宿城西山麓，至今留有武陵古邑的地名。位于江苏省连云港市北云台山东南侧的宿城山凹，三面环山，山川秀丽，景物清幽，除了翻越虎口岭，与外界无路可通。宿城区山雄水秀、风光旖旎，春生奇花异草，秋染五色层林，左映清流激湍，右带茂林修竹，还有悟正庵的千年银杏、保驾山的苍松掩映、滴水崖的漱玉喷珠、枫树湾的飞金流丹等人间奇景，四时好花常开，八节鲜果不绝。陶渊明确实曾经到过这个地方，他在著名的《饮酒诗》中写道："在昔曾远游，直道东海隅"。根据地理志的记载，陶渊明所说的"远游"，正是指处于东海一角的宿城高公岛之行。而且，宿城山的地理方位与入口，与《桃花源记》中的记载相吻合。南唐诗人李中早就在他写的"犹怜陶靖节，诗酒每相亲"诗句里发出了与陶渊明同样的感慨——看到秀丽的渔村，鲜美的芳草，一径通幽的石峡小口，只想忘记世间烦恼，常住于此。苏东坡知道陶渊明是游过宿城山的，他也曾模仿陶渊明写过这样的诗篇："我昔登远山，出日观苍凉，欲济东海县，恨无石桥梁。"陶渊明的后裔陶澍向道光帝讲述高公岛、宿城一带的太平景象时，把它们说成是与桃花源无异的人间仙境。后来，他还在宿城法起寺旁建起了"晋镇军参军陶靖节先生祠堂"，还仿照陶渊明故居的特点，在门前植柳栽桃。于是昔日"山有小口，仿佛若有光"的宿城山水，如今已出入通达，一片繁华景象。

桃花源究竟只是陶渊明失望于现实中的理想，一个激起无数人对美好生活的向往的美丽的梦幻，还是真的曾经有一个那样神奇而又美丽的地方，现在还是一个无法解答的谜。